「法と経済学」叢書XI

オレン・バー゠ギル著

消費者契約の法 と行動経済学

太田勝造監訳

太田勝造
谷 みどり
新堂明子 共訳
沖野眞已

木鐸社刊

日本語版への序文

　私の『消費者契約の法と行動経済学』が日本で出版されることを大変うれしく思います．日本は経済の様々な分野で世界のトップを走っており，とりわけ，様々な消費者市場で世界をリードしています．したがって，本書が日本の方たちに届けられることに，私は非常に感激しております．日本の読者の本書に対する反応からいろいろなことを学べればと期待しております．

　本書『消費者契約の法と行動経済学』は，記述的・解説的な内容と，規範的・政策提言的な内容の双方を持っています．記述的・解説的な内容においては，消費者市場に共通して見られる契約構造上の特徴を説明しています．その要諦は，消費者市場における製品，契約，および価格を，市場の諸力と消費者心理の間の相互作用の結果として説明することができるというものです．この相互作用によって，複雑性とコスト先送りという契約構造上の特徴の蔓延を説明できます．第1章で構築した基礎理論は非常に一般的な性格を有しているので，多様な市場にそのまま適用できるとともに，日本をはじめとする様々な国においても適用可能です．この基礎理論を用いて，本書は，続く第2章から第4章においてケース・スタディを実施します．第2章ではクレジット・カード市場，第3章では住宅担保ローン市場(サブプライム・モーゲージ市場)，そして第4章では携帯電話市場を取り扱います．これらのケース・スタディでは，アメリカ合衆国の消費者市場に焦点を当てます．基礎理論は，消費者契約に，複雑性とコスト先送りの構造を予測します．ケース・スタディはこの複雑性とコスト先送りを実証するものとなっています．消費者契約におけるこれら契約構造上の特徴の現れ方は，日本においてはアメリカ合衆国におけるとは若干異なるかもしれません．それでも，日本の読者にとって，本書の分析が重要で有益な視点を提供すると思います．

　市場の諸力と消費者心理の相互作用は，行動経済学の意味での市場の失敗をもたらしてしまいます．失敗した市場における消費者契約は，複雑性とコ

スト先送りの特徴を持つようになり，それは非効率で消費者にとって有害なものとなります．本書の規範的・政策提言的な分析の部分では，この市場の失敗のもたらす帰結としての社会厚生の減少を明らかにします．そして，法政策的な対処の様々な可能性を検討します．

本書『消費者契約の法と行動経済学』が焦点を当てるのは，強制的情報開示制度です．強制的情報開示制度の分析では，商品属性の情報開示に加えて，商品使用情報の開示の重要性を強調します．大量に開示される情報を効果的に消化する能力が消費者にはあまりないという認識から，本書では，消費者に対する単純明快な情報開示，および専門の仲介業者や他の売り手への完全な情報開示を提案します．この一般的な法政策的提言は様々な市場や様々な国家においても当てはまります．しかし，具体的な強制的情報開示制度の最適の設計においては，当該市場の在り方や，当該国家の経済的状況，文化的状況，および，規制システムの状況を慎重に考慮して行う必要がありまます．したがって，アメリカ合衆国でうまく機能した特定の情報開示規制だったとしても，日本に移植するためには，まず慎重な調整と検討が必要でしょう．

強制的情報開示制度が，本書で特定した行動経済学の意味での市場の失敗に対する，唯一の可能な対策であるわけではないことも，ここで強調しておかなければなりません．実際にも，例えば，任意規定の定立，義務付け，禁止，課税，補助金など，その他の規制手段の方が強制的情報開示制度よりも効果的であるような場合もありえます．『消費者契約の法と行動経済学』は情報開示に焦点を当てていますが，私の他の論文や，他の研究者の論文においては，その他の法的道具についての研究がなされています．立法担当者は，利用可能なすべての法政策選択肢を検討し，完全な費用便益分析を実践して，その結果に基づいて適切な法的介入を選択するべきです．

この日本語版への序文を終えるに際し，見事な出来栄えの本翻訳書を完成させてくれた監訳者の太田勝造氏に心からの感謝の意を表したいと思います．また，共訳者である谷みどり氏（第 2 章と第 4 章の一部），新堂明子氏（第 3 章），沖野眞巳氏（第 4 章の一部），および太田勝造氏（第 1 章と第 4 章の一部）に対して，本書の訳出の労を取って下さったことについて深く感謝する次第です．

2016年5月吉日

オレン・バー＝ギル（Oren Bar-Gill）

ハーヴァード・ロー・スクール教授

William J. Friedman and Alicia Townsend Friedman

Professor of Law and Economics, Harvard Law School

謝辞

　本書は，消費者契約についての，私の長年にわたる研究と著述の集大成である．本書の内容は以下の既発表の論文に基づいている．

Credit Card Pricing: The CARD Act and Beyond（with Ryan Bubb），97 *Cornell Law Review* 967（2012）.

Pricing Misperceptions: Explaining Pricing Structure in the Cell Phone Service Market（with Rebecca Stone），*Journal of Empirical Legal Studies*, vol. 9, n. 3, 430-456（2012）.

Product Use Information and the Limits of Voluntary Disclosure（with Oliver Board），14 *American Law and Economics Review* 235（2012）.

Competition and Consumer Protection: A Behavioral-Economics Account, in Swedish Competition Authority, *The Pros and Cons of Consumer Protection*, ch. 2（2012）.

Informing Consumers about Themselves（with Franco Ferrari），Symposium: Juxtaposing Autonomy and Paternalism in Private law, 3 *Erasmus Law Review* 93（2010）.

Mobile Misperceptions（with Rebecca Stone），23 *Harvard Journal of Law and Technology* 49（2009）.

The Law, Economics and Psychology of Subprime Mortgage Contracts, 94 *Cornell Law Review* 1073（2009）.

Making Credit Safer（with Elizabeth Warren），157 *University of Pennsylvania Law Review* 1（2008）.

The Behavioral Economics of Consumer Contracts, in Oren Bar-Gill and Richard Epstein, Exchange: Consumer contracts: Behavioral Economics vs. Neoclassical Economics, 92 *Minnesota Law Review* 749（2008）.

Bundling and Consumer Misperception, Symposium: Homo Economicus,

Homo Myopicus, and the Law and Economics of Consumer Choice, 73 *University of Chicago Law Review* 33 (2006).

Seduction by Plastic, 98 *Northwestern University Law Review* 1373 (2004).

本書の分析は，上記の研究に基づくとともに，それを拡張するものである．

消費者契約についての私の考え方と研究は，多くの同僚や友人たちからの寛大なコメントや指摘に負うている．そのようなコメントや指摘は，本書の草稿や，上記の私の既刊論文についてのものである．それらのコメントや示唆に対する感謝の意を以下の方々に表したい．

Barry Adler, Yael Aridor Bar-Ilan, Jennifer Arlen, Adi Ayal, Ian Ayres, Douglas Baird, Jonathan Baker, Lily Batchelder, Vicki Been, Jean-Pier Benoit, Susan Block-Lieb, Gabriella Bum, Jonathan Bolton, Paul Calem, Stephen Choi, Marcus Cole, Robert Cooter, Richard Craswell, Kevin Davis, Rochelle Dreyfus, Einer Elhauge, Lee Anne Fennell, Chaim Fershtman, Harry First, Eleanor Fox, Jesse Fried, Barry Friedman, Mark Geistfeld, Clayton Gillette, David Gilo, Ronald Gilson, Jeffery Gordon, Solomon Greene, Ofer Grosskopf, Michael Grubb, Assaf Hamdani, Sharon Hannes, Alon Harel, Claire Hill, Samuel Issacharoff, Raghuram Iyengar, Christine Jolls, Marcel Kahan, Ehud Kamar, Emir Kamenica, Louis Kaplow, Aron Katz, Avery Katz, Kevin Kordana, Lewis Kornhauser, Russell Korobkin, Adriaan Lanni, Michael Levine, Daryl Levinson, Adam Levitin, Ronald Mann, Yoram Margalioth, Florencia Marotta Wurgler, Martha Minow, Edward Morrison, Anthony Ogus, Eric Orts, Gideon Parchomovski, Nicola Persico, Richard Pildes, Eric Posner, Martin Raphan, Luis Rayo, Elizabeth Renuart, Ariel Rubinstein, Daniel Schwarcz, Alan Schwartz, Steven Shavell, Howard Shelanski, Peter Siegelman, Avi Tabbach, Doron Teichman, Richard Thaler, Diane Thompson, Avishalom Tor, Jing Tsu, Willem van Boom, Philip Weiser, Lauren Willis, and Eyal Zamir.

以下のワークショップの参加者に対しても謝意を表したい．

Bar-Ilan, Berkeley, Chicago, Columbia, Fordham, Haifa, Harvard, IDC Hertzelia, Jerusalem (Hebrew U.), NYU, Penn, Seton Hall, Stanford, Tel-Aviv, Texas, Univeristy of Illinois, USC, Virginia, and Yale.

下記の学会の学術大会やカンファレンスの参加者にも謝意を表したい．

ALEA（American Law and Economics Association），EALE（European Association of Law and Economics），ILEA（Israeli Law and Economics Association），University of Chicago Law School Conference on Homo Economicus and Homo Myopicus, Rotterdam Workshop on Juxtaposing Autonomy and Paternalism in Private Law, Swedish Competition Authority Conference on the Pros and Cons of Consumer Protection.

　素晴らしい研究補佐をしてくれた以下の方々に謝意を表したい．

Efrat Assaf, Michael Biondi, Osnat Dafna, Joseph Eno, Winnie Fung, Paul McLaughlin, Robin Moore, Tal Niv, Margot Pollans, Benjamin Roin, Michael Schachter, Lee Schindler, James Sullivan.

　本書はJames King, Briony RylesおよびOUP（Oxford University Press）の素晴らしいスタッフの支援のおかげで改善された．とりわけOUPの担当編集者であるAlex Flachに対して，本書刊行準備の当初段階からのたゆまぬ支援に謝意を表したい．

　本書刊行に際しての財政的支援について下記に謝意を表したい．

Filomen D'Agostino and Max E. Greenberg Research Fund at NYU School of Law, the John M. Olin Center for Law and Economics at Harvard Law School, the William F. Milton Fund of Harvard University, the Cegla Center for Interdisciplinary Research of the Law in Tel-Aviv University.

　本書第4章の研究のために，私とRebecca Stoneに対して，Telecom Datasetの使用許可を下さったCenter for Customer Relationship Management at Duke Univeristyに謝意を表したい．

　本書は考えうる最も良好な知的環境の中で執筆することができた．すなわち，New York University School of Lawである．その学部長であるRichard Reveszには，そのような素晴らしい研究環境を整備して下さり，私の研究に対する無限定の支援と励ましを賜ったことをここに銘記し，深い感謝の意を表したい．また，Tel-Aviv Universityに対して，私が本書の一部を執筆した際の訪問中の歓待に感謝したい．

　共著者であるOliver Board, Ryan Bubb, Franco Ferrari, Rebecca Stone, およびElizabeth Warrenには特に感謝の意を表したい．これらの素晴らしい同僚たちと一緒に研究し，学ぶことができたのは私にとって特別なものである．私の考え方は，本書に反映しているものであるが，それらはこれら共著者との共同研究において大部分が形成され獲得されたものである．共同研究で用いた

資料を第4章で使うことを許可してくれたRebeccaには特別の感謝をしたい.

　私は，私にとっての「敵」でもあるRichard Epsteinに感謝したい. 我々が刊行した*Minnesota Law Review*のExchangeにおいて，消費者契約の理論をRichardと議論し合えたことは，そしてそれ以降のやり取りは知的に最高の経験であった.

　私の先生であり友人であるAriel Poratに対して，20年にわたる助言と支援，そして本書に対する偉大なコメントの数々に感謝したい.

　最後に，私の師匠であり友人であるLucian BebchukとOmri Ben-Shaharに言葉で言い表せないほどの謝意を表したい. 彼らは私を学問の世界へ導いて下さった. 彼らはその知性，誠実さ，献身によって，私が後を追いたいと思う理想モデルを提示してくれた. 私の研究生活の全部を通じての，彼らの助言と指導は私にとって何物にも代え難い非常に貴重なものである. 彼らの忌憚のないコメントのおかげで本書ははるかにより良いものになった. 実際のところ，Lucianがいなかったら本書は成り立たなかったであろう. 彼こそ，本書出版のアイデアを下さり，それが実現するように苦労をして下さった恩人なのである.

［目次］

日本語版への序文……………………………………………………… 3

謝辞………………………………………………………………………… 6

図表一覧…………………………………………………………………… 12

略語表……………………………………………………………………… 13

序…………………………………………………………………………… 14

第1章　消費者契約の法学，経済学，
　　　　　　　　および心理学………… 太田勝造……23

はじめに…………………………………………………………………… 23

Ⅰ．消費者契約の行動経済学…………………………………………… 25

Ⅱ．社会厚生への影響…………………………………………………… 45

Ⅲ．市場による解決とその限界………………………………………… 49

Ⅳ．法政策上の意義：情報開示規制…………………………………… 57

結論………………………………………………………………………… 72

付録………………………………………………………………………… 73

第2章　クレジット・カード…………………………… 谷みどり……85

はじめに…………………………………………………………………… 85

Ⅰ．クレジット・カード市場…………………………………………… 91

Ⅱ．クレジット・カード契約…………………………………………… 104

Ⅲ．合理的選択理論とその限界………………………………………… 116

Ⅳ．行動経済学の理論…………………………………………………… 120

Ⅴ．社会厚生への影響…………………………………………………… 143

Ⅵ．市場による解決……………………………………………………… 148

Ⅶ．法政策上の意義：情報開示再考…………………………………… 153

結論………………………………………………………………………… 162

付録：導入感謝利率……………………………………………………… 162

第3章　サブプライム住宅担保ローン ……………… 新堂明子……167

はじめに…………………………………………………………………… 167

　Ⅰ．サブプライム住宅担保ローン市場······················183
　Ⅱ．サブプライム住宅担保ローン契約····················193
　Ⅲ．合理的選択理論とその限界··························208
　Ⅳ．行動経済学の理論·······························221
　Ⅴ．社会厚生への影響·····························235
　Ⅵ．法政策上の意義······························246
　結論·······································260

第4章　携帯電話 ···············沖野眞巳・谷みどり・太田勝造······263
はじめに····································263
　Ⅰ　携帯電話および携帯電話サーヴィス市場··············274
　Ⅱ　携帯電話サーヴィス契約·······················290
　Ⅲ　携帯電話サーヴィスの解説····················298
　Ⅳ　社会厚生への影響·························319
　Ⅴ　市場による解決···························323
　Ⅵ　法政策上の意義·························329
　結論·····································341

全体の結論 ··························太田勝造······343

参考文献····································346

監訳者あとがき·································363

索引·······································369

<図表一覧>

図1.1. 総価格と総便益に影響を与える要因
表1.1. 支払遅延からの便益
表1.2. 支払遅延からの総便益
表1.1.a(1). 支払遅延からの見かけの便益：事例(1)
表1.1.a(2). 支払遅延からの見かけの便益：事例(2)

図2.1. クレジット・カード借入れによる選好の逆転
図2.2. 近い将来と遠い将来の借入れ

図4.1. 携帯電話使用の蓄積分布関数
表4.1. 三部構成料金のメニュー
表4.2a. 要約統計量：プラン１
表4.2b. 要約統計量：プラン２
表4.2c. 要約統計量：プラン３
表4.2d. 要約統計量：プラン４
表4.2e. 要約統計量：全体
表4.3a. 過誤の起きやすさ
表4.3b. 過誤の大きさ
図4.2. プラン３の加入者：間違いの可能性と大きさ

＜略語表＞

第1章

APR　実質年率 Annual Percentage Rate
OIRA　調整情報事項事務所 Office of Information and Regulatory Affaires
TBO　所有の総便益 total-benefit-of-ownership
TBC　所有の総コスト total-cost-of-ownership

第2章

CARD　クレジット・カードの説明責任，責務，および情報開示に関する法律 Credit Card
　　　　　Accountability, Responsibility, and Disclosure
FRB　連邦準備制度理事会 Federal Researve Board
NSF　残高不足 no sufficient funds
T&ECard　旅行と娯楽カード Travel & Entertainment Card
TILA　正直貸付法 Truth-in-Lending Act

第3章

ARM　変動利率住宅担保ローン
CBO　連邦議会予算局 Congressional Budget Office
CFPB　消費者金融保護局 Consumer Financial Protection Bureau
FDIC　連邦預金保険公社 Federal Deposit Insurance Corporation
FRM　固定利率住宅担保ローン契約 fixed-rate mortgage
FTC　連邦取引委員会 Federal Trade Commision
GAO　政府会計検査院 Government Accountability Office
HMDA　住宅担保開示法 Home Mortgage Disclosure Act
HOEPA　住宅所有権持分権保護法 Home Ownership and Equity Protection Act
HUD　住宅都市開発省 Housing and Urban Development
LTV　融資比率 loan-to-value
OCC　連邦通貨検査局 Office of the Comptroller of the Currency
OTS　連邦貯蓄金融機関監督局 Office of Thrift Supervision
PMI　民間住宅担保保険 private mortgage insurance
RESPA　不動産取引公正手続法 Real Estate Settlement Procedures Act

第4章

CDMA　符号分割多重アクセス Code Division Multiple Access
CPUC　カリフォーニア州公益事業委員会 California Public Utility Commission
EA　経済地域 Economic Areas
ETF　中途解約料 early termination fee
FCC　連邦通信委員会 Federal Communications Commission
GSM　移動通信グローバル・システム Global System for Mobile
HHI　ハーフィンダール・ハーシュマン指標 Herfindahl-Hirschman Index
HV　高分散型 High-Variation
LV　低分散型 Low-Variation
TCO　所有の総コスト total-cost-of-ownership
TDMA　時間分割複数アクセス time division multiple access

序

　私たちは全員が消費者である．消費者として私たちは日常的に財貨やサーヴィスの提供者と契約を締結している．例えば，クレジット・カード，住宅担保ローン（mortgage），携帯電話，各種保険，ケーブル・テレビ，インターネット・サーヴィスなどから，さらには家電製品，観劇，スポーツ観戦，フィットネス・クラブ，雑誌の定期購入，飛行機・電車・バス・タクシーなどの旅客運送，などなどの契約である．

　本書は消費者契約について論じる．様々な種類の消費者契約の間で共通に見られる特性（design feature）を探り出し，消費者契約にそれらの特性が生じてきたことの意味と原因を探求する．例えば，消費者に短期的利益をもたらし長期的なコストを課すように消費者契約を売手業者は設計するのであろうか．継続的な消費者契約ではたいていの場合，関係初期の導入価格（introductory price）の方がより低く抑えられているのはどうしてであろうか．消費者が2年間の継続契約を結んだ場合には，携帯電話機が無料で提供されるのはなぜであろうか．

　消費者契約はどうしてかくも複雑なのであろうか．クレジット・カードやローンの抵当権設定の契約において，複雑な計算式で算定される多種多様な手数料や利息項目が設定されるのはどうしてであろうか．携帯電話サーヴィス契約において，固定された月額，上限通話時間（分），および上限超過料金という複雑な三部構成の料金表を用い，さらに混雑時間帯料金，夜間および週末料金，ネットワーク内料金とネットワーク外料金，事前に指定した「友だち」との通話料金，「友だち」以外との通話料金などが用いられるのはなぜなのであろうか．これら通話料金とは独立の，しかし同様に複雑な料金体系がショート・メッセージ・サーヴィスやデータ送信サーヴィスに適用される．

　消費者契約には細かい文字で印刷された「細則」が多数付いており，契約の複雑性を高めていることは確かであるが，細則は本書では主たる分析の対

象としない．細則など誰も読まない，ということは昔から言われている事実に過ぎない．売手業者が自己に一方的に有利な条項を細かい細則の中に隠し込んでいるという事実もさして驚くべきことではすでにない．本書『消費者契約の法と行動経済学』の目標は，多くの消費者契約において明示されている，料金体系の構造およびその他の契約条項を説明することである．すなわち消費者が認識し明示で同意した「交渉済み条項」の意味と原因を明らかにすることである．

市場の諸力と消費者心理

　本書の主たる主張は，市場の諸力（market force）と消費者心理の間の相互作用として消費者契約の構造が説明できるというものである．我々消費者は不十分にしか合理的でない（imperfectly rational）．つまり，我々の行う意思決定と選択はバイアス（bias）と誤解（misperception）の影響を受けている．その上，我々の犯す間違いはシステマティックで予測可能である．売手業者はこれらの間違いに付け込もうとして行動する．つまり，売手業者が商品を設計し，契約書を作成し，価格設定を行う場合に，当該商品の真の便益（ネット便益）を最大化させようとしているわけではない．そうではなくて，不十分にしか合理的でない消費者にとっての見かけの便益（見かけのネット便益）を最大化させようとするのである．消費者は契約の構造のために見かけ上はより魅力的だが，本当はそれほどでもないような商品やサーヴィスの方に引き寄せられる．この契約による誘惑（seduction by contract）は行動経済学の意味での市場の失敗（behavioral market failure）をもたらす〔訳注：本書の原題が *Seduction by Contract* である〕．

　競争は効率性を高め，消費者を保護すると多くの人々は信じている．しかし競争が行動経済学の意味での市場の失敗を緩和することはない．むしろ逆に悪化させることもある．その理由が以下である．競争市場での売手業者には，契約の構造を消費者の心理に沿うものにすることしかできない．なぜなら，〔消費者にとって真に〕最善であると考える契約を提案するような真っ正直な売手業者は，消費者が最善だと間違って思い込むような契約を提案するずるがしこい売手業者に競争で負けてしまうからである．ありていに言ってしまえば，消費者のバイアスと誤解につけ込むようにと売手業者を仕向けるものこそ競争に他ならないのである．

　市場の諸力と消費者心理の間の相互作用によって，消費者契約では非常に一般的に見られる複雑な契約構造の特性を説明することができる．コストと便益の時間的な配列，つまり便益がまずもたらされ，コストは先送りされるという時間的配列は，消費者の近視眼的選好と楽観主義の故である．消費者契約の複雑性は，消費者の不十分な合理性，多元的なコストと便益を記憶することの困難性，そしてそれらの総合計を求めることの困難性に対応している．複雑性(complexity)とコスト先送り(cost deferral)という消費者契約の2つの特性は究極的にはひとつの目的に奉仕するものである．すなわち，不十分にしか合理的でない消費者が主観的に認識するような商品の便益(ネット便益)を最大化するという目的である．

　このような行動経済学理論は，それが基礎を置く消費者のバイアスと誤解が，競争市場においては成り立っていないのではないかという，従来型の経済学からの標準的な批判に曝されている．この批判には重要な点が含まれていると私は考える．従って，私はまず，消費者契約の構造的特性のそれぞれについて，合理的選択と効率性に基づく説明の可能性を検討する．合理的選択による説明に納得できない，ないし，不完全であるという結論に至った場合にのみ，行動経済学的な代替的説明を構築することにする．合理的選択の枠組み内では説明しきれない契約構造や価格設定が消費者契約においては広くみられることから，行動経済学理論をもたらした消費者のバイアスと誤解というものが，確固たる事実的基礎を有するものであることが示されるであろう．

　本書の主要な目標は，消費者契約の構造を説明することである．しかしこのような記述理論は出発点でしかなく，最終目標ではない．市場の諸力と消費者心理の間の相互作用の産物として消費者契約を理解することで，様々な規範的問題を提起し，法政策的課題を設定することができるようになる．これらの問題と課題に答えることが本書のもう1つの主要な目標である．

行動経済学的な市場の失敗のもたらす社会的コスト

　先述の行動経済学的な市場の失敗は社会厚生を様々なレヴェルで脅かす．消費者の不十分な合理性(imperfect rationality)に応じて消費者契約の複雑性が高まるにつれて，購買の際に財の比較をするためのコストも上昇する．その結果競争が阻害されることになる．複雑で多元構造(multi-dimensional)の

携帯電話契約を採り上げよう．不十分にしか合理的でない消費者が，複雑で多元構造の様々な携帯電話契約の中から選択をしようとしているとする．この消費者の直面する課題は気が遠くなるようなものである．ゆえに多くの消費者は〔比較検討を止めて〕この困難な課題を回避する．こうして消費者が最善の契約を追求しようとしないなら，市場はうまく機能しない．購買の際に財の比較を実質的にできないなら，〔市場原理の作用で〕価格は高くなり，結局消費者の利益が害される．さらに，多数の売手業者をしっかり比較検討しようとしない消費者は，自分のニーズに最も合致する売手業者を見つけることができないかもしれない．これは市場の効率性が低下することを意味する．

　競争が阻害されると社会厚生(social welfare)が低下するが，それだけでなく，たとえ烈しい競争が存在しても，それが行動経済学の意味での市場の失敗を改善することは決してできないであろう．消費者市場においても存在する競争の諸力も，それは商品の本当の便益(ネット便益)の最大化ではなく，消費者が主観的に認識する見かけの便益(見かけのネット便益)(perceived benefit)を最大化するように作用するからである．具体的に述べよう．短期的な価格や目立つ価格(salient prices)が引き下げられる一方，長期的な価格や目立たない価格は引き上げられる．このダイナミクスの例として，クレジット・カードの低い導入感謝利率(teaser rate)と，高い解約手数料や高い後期利率がセットにされていることを挙げることができる．あるいは，携帯電話が無料で入手できる代わりに，2年間中途解約禁止契約の期間中の様々な使用料金および違約手数料を支払うことに「同意」しなければならないことを挙げることができる．

　生産コストを基準にした価格設定ではなく，目立つものか否かを基準にして価格設定をすると，消費者のインセンティヴ(誘因)を歪めてしまう．この歪みは商品の選択のみならず商品の使用方法の選択においても生じる．消費者が主観的に認識する見かけの総価格が本当の総価格を下回るようになるので，当該商品に対する需要は人為的に吊り上げられたことになる．例えば，本書で後に詳しく論じるように，〔信用不良債務者への住宅資金貸付担保である〕サブプライム・ローン抵当に対する人為的に吊り上げられた需要こそが，サブプライム・ローンの急拡大〔住宅バブル〕と，そしてその後2008年のサブプライム市場の崩壊〔サブプライム住宅ローン危機と世界金

融危機〕の原因に他ならないが，この危機をさらに悪化させたものは契約の構造であった．

　最後に，消費者契約における複雑性とコスト先延ばしは，分配的正義の観点からも問題を惹起する．というのも，消費者の様々なタイプごとに，複雑性とコスト先延ばしの影響が異なっているからである．

　市場の諸力と消費者心理の間の相互作用は，このように市場の失敗をもたらす．この行動経済学的な市場の失敗は社会厚生に深刻なマイナスをもたらす．では，この問題に法は役に立つであろうか？　その点についての完璧な解答をすることは本書の射程を超える．その代わりに，本書では法的規制手段の１つに焦点を当てる．すなわち強制的情報開示制度（disclosure mandate）である．我々は，情報開示制度についての新しいアプローチを試み，消費者の不十分な合理性の問題に対して正面から取り組む．

より実効的な強制的情報開示を目指して

　既存の強制的情報開示制度は主として商品属性情報の開示を目的としたものである．すなわち，いかなる商品で何をするものか，についての情報開示である．しかし，本書における分析と知見によれば，むしろ商品使用情報の方にもっと注目するべきである．つまり，消費者によって当該商品がどのように使われるかの情報が重要である．完全に合理的な消費者であれば，自分の将来の当該商品使用の在り方についてほぼ正確に予測できると期待できるし，少なくとも売手業者よりも正確に自己の商品使用パタンを知っていると期待できる．この場合，すなわち完全合理性の前提の下では，売手業者による商品使用情報の開示は余計なものにすぎない．

　しかし，このことは，消費者が不十分にしか合理的でない場合には当てはまらない．後に示すように，消費者が自己の将来の商品使用パタン（use pattern）についてあやふやであることの方がしばしばである．携帯電話の通話で〔将来〕どのくらいお金を使うかが〔現時点で〕わかるであろうか．どのくらいの数のテキスト・メッセージやショート・メイルをやり取りするであろうか．何メガ・バイトのデータを通信するであろうか．クレジット・カードでいくら〔将来〕お金を借りるかが〔現時点で〕分かるであろうか．クレジット・カードの請求をどのくらい迅速に支払うであろうか．キャッシング・サーヴィス（cash advance）を使用する必要が〔将来〕生じるであろうか．支払

いを遅滞して遅延手数料を負担してしまう確率はどのくらいであろうか. 不十分にしか合理的でない消費者は, 商品使用情報の開示によって多くの利益を受けることができる. そして, 個々の消費者の商品使用情報は, 携帯電話事業者やクレジット・カード発行事業者(credit card issuer)などのような売手業者が事業の一環として蓄積している情報なのである.

その上, 不十分にしか合理的でない消費者に鑑みるとき, 情報開示制度が実効的となるためには, 以下の2つの戦略のいずれかを採用すべきことが分かる.

・**第1戦略**：消費者を対象とした単純情報開示. 要するに, 競合する商品の間の比較検討を促進するように, 1次元的に総合された情報の開示をさせるのである. 例えば, 携帯電話事業者なら, 携帯電話使用の年間総コストを開示できる. その開示情報は, 商品属性情報と商品使用情報とを組み合わせたものとなる. すなわち携帯電話サーヴィスの年間コストは, 料金体系情報と消費者の使用パタン情報とが組み合わされたものなのである. このような単純化され総合された情報の開示によって, 不十分にしか合理的でない消費者も, より良い選択ができるようになる.

・**第2戦略**：情報開示というものを再定義して, 不十分にしか合理的でない消費者を対象とするものから, 専門の仲介業者(sophisticated intermediary)を対象とするものと考えるのである. この戦略によれば, 情報開示はより包括的でより複雑なものとなるであろう. 例えば, 現在使用している携帯電話会社から, 他の競合他社への乗換えを検討中の消費者がいるとしよう. さらにこのような消費者が自己のニーズに最も適したプランを選択することを手助けするような専門の仲介業者もいるとしよう. この専門的仲介業者は, 全ての携帯電話会社の提供する様々なプランについての全情報を持っているとする. しかし, この専門的仲介業者は, 個別の消費者が携帯電話をどのように使用するかについての情報はほとんど持っていない. 消費者のそれぞれにとって最適のプランは, 言うまでもなく各消費者の携帯電話使用パタンに応じて, 消費者ごとに異なっている. よって, 商品使用情報がなければ, この専門的仲介業者は最適なアドヴァイスをすることがなかなかできない. さて, 消費者の現在の携帯電話会社は当該消費者の携帯電話使用パタンについ

て厖大な情報を保持している. この情報の電子媒体による開示が強制されれば, 消費者はそれを専門的仲介業者に転送できる. そうすれば, 専門的仲介業者は, 消費者からの商品使用情報と, 自分の持っている様々なプランの情報とを組み合わせて, 消費者に対して価値の大きなアドヴァイスをすることができる.

＊ ＊ ＊

本書は, 消費者契約についての総論を展開することが目的の1つである. しかし, 個別の消費者契約, より正確に言えば, 個別の市場における各種の消費者契約はそれぞれ固有の特性を持っている. 従って, 第1章において消費者契約に共通してあてはまるトピックを検討した後に, 本書の大部分を使って3つの重要な消費者市場についてのケース・スタディを行う. すなわち, クレジット・カード(第2章), サブプライム住宅担保ローン(第3章), および携帯電話(第4章)である. 個別の消費者市場ごとの詳細な分析をしなければ, 当該市場の消費者契約が当該の特性を有しているのはなぜか, という記述的問題にも, それらの消費者契約のどこが問題か, という規範的問題にも, そして, それらの問題に対して法はどうしたら役に立つのか, という法政策的問題にも, 十分な解答を示すことができないからである.

消費者契約の法と行動経済学

第1章

消費者契約の法学，経済学，および心理学

はじめに

　消費者市場がいかなる状態をもたらすかは，市場の諸力と消費者心理の間の相互作用によって決まる．本書では，クレジット・カード(第2章)，サブプライム住宅担保ローン(第3章)，および携帯電話(第4章)という3つの消費者市場を採り上げて，主としてこの市場の諸力と消費者心理の相互作用を分析し，法政策的な提言に結び付ける．これら3つの章はそれぞれケース・スタディであり，各消費者市場における特徴的な経済・心理相互作用を明らかにする．実際のところ，それらの分析によれば，全ての消費者市場に当てはまるような一般理論を導くことができることは稀であり，まして，法が消費者市場を規制できるか否か，できるとしていかなる規制が望ましいかを考える場合にはなおさらである．

　それぞれの消費者市場は独自性を持っているが，異なる消費者市場を統一して分析するための共通の方法論がないわけではない．そのような共通の方法論が行動経済学(behavioral-economics)の方法であり，それを本章では扱う．本章の分析の多くは記述的であり，市場の諸力が消費者心理とどのように相互作用をして，現実の市場で観察される消費者契約の構造や価格体系をもたらすのかを検討する[1]．本章では，消費者の有するバイアスと誤解を記述

1　Michael S. Barr, Sendhil Mullainathan, & Eldar Shafir, *Behaviorally Informed Financial Services Regulation* (New America Foundation, 2008) (本書と同様に消費者心理と市場の諸力の相互作用の重要性を強調しているが，その相互作用が消費

的に分析することから始め，消費者契約と価格についての記述的な分析で終わる．本章の目標は，行動経済学理論の予測力にスポットライトを当てることである．本章とは対照的に，以降のケース・スタディの章では，まず現実に見られる消費者契約の構造とその価格体系を記述し，その後に，それらを理論的に説明して行く．さらに，これらケース・スタディの章の理論的分析においては，まず合理的選択理論，新古典派経済学を用いて，それがどこまで現実の消費者契約の構造と価格体系を説明できるか検討する．その上で，合理的選択理論による標準的な説明では不十分ないし不完全であることが分かった範囲で，行動経済学理論を用いた説明を試みる．実際のところは，標準的な合理的選択理論のアプローチがうまくゆかないがゆえにこそ，それに代わる理論として行動経済学理論が発達してきたのである．

　記述的分析をしたのちに，次のステップとして，市場の諸力と消費者心理の間の相互作用のもたらす結果が，どのような規範的政策的結論を導くかを探求する．現実にある消費者契約の構造とその価格体系は，個々の消費者の厚生および社会厚生を向上させているのであろうか，それとも低下させているのであろうか．先の序(本書20頁)で述べたように，不十分にしか合理的でない消費者による需要に対応して，売手業者が消費者契約の構造と価格システムを設計する場合，その結果は行動経済学の意味での市場の失敗となる．効率性のコストや所得分配上のコストなど，このような市場の失敗が通常もたらす社会厚生上のコストがいろいろと発生する．これら社会厚生上の

者契約の構造に与える影響には注目していない)．近時盛んになりつつある行動産業組織論(Behavioral Industrial Organization)の重要な成果は契約の構造の問題を取り扱うが，政策的提言については本書ほど重視しない．この分野の業績を整理し体系化した素晴らしい最近の概説書としてRan Spiegler, *Bounded Rationality and Industrial Organization* (Oxford University Press, 2011)がある．スピーグラーの概説書およびそれが整理する経済学理論研究は，本書が取り扱う課題の多くに対して根本的な重要性を有している．本章を通じて，スピーグラーのこの概説書が依拠する諸研究を直接引用する代わりに，この概説書の方を頻繁に引用している．より早期の経済学文献の概説としては，G. Ellison, "Beounded Rationality in Industrial Organization," in R. Blundell, W.K. Newey, & T. Persson (eds.), *Advances in Economics and Econometrics: Theory and Applications*, Ninth World Congress, Vol. II, Ch. 5 (2006)がある．

コストは市場の是正力によって緩和されることも多い．ここでの市場の是正力の主要なものとしては，消費者の学習能力と売手業者による消費者教育が挙げられる．しかしこれら市場の是正力も完璧なものではない．すなわち，社会厚生が最大化されることはないのである．そこに法政策的な対処を検討する必要性が生まれる．政策的な対処選択肢の範囲は広く，市場ごとに様々でありうる．本章および本書の残りの章において，もっぱら焦点を当てて行く政策選択肢は1つに絞ることにする．すなわち強制的情報開示制度である．

Ⅰ．消費者契約の行動経済学

行動経済学理論は以下の2つの前提を置く．

(1) 消費者の購入と使用における意思決定はシステマティック（系統的）な誤解（systematic misperception）の影響を受けている．

(2) 売手業者は，これら消費者の誤解に対応して商品，契約，および価格を設計する．

人間の意思決定が，無数のバイアスや誤解の影響を受けていることは多くの研究が明らかにしている[2]．ここで重要な問題は，これらのバイアスと誤解が市場行動においても影響を与えているのか否か，そしてもし影響を与えているとして，それは市場のもたらす結果を左右するほど十分に大きなものなのか，である．次章以下で述べるように，多くの消費者契約においてこの問題に対する解答は「イエス」なのである．

　消費者の心理は，どのようにして契約構造や価格体系に影響を与えるのであろうか．ここでの基本的主張は，市場の諸力の作用で必然的に，売手業者は消費者の心理に対応した行動をとらざるを得なくなる，というものである．消費者のバイアスや誤解を無視する売手業者は顧客を失い，売上げも利潤も喪失することになる．時間が経てばたぶん，結局市場に生き残る売手業者は，消費者の心理に対する最適な反応として契約構造や価格体系を適応させたものだけとなるであろう．この一般論の詳細は以下のA.で展開する．

2　例えば，Daniel Kahneman, Paul Slovic, & Amos Tversky (eds.), *Judgment under Uncertainty: Heuristics and Biases* (Cambridge University Press, 1982) など参照．

そこではとりわけ，消費者心理と市場の諸力の間の相互作用が，消費者契約に広く見られる契約の複雑性とコスト先送りという共通の特徴を導くことを示す．B.ではこれらの特性を説明し，多くの消費者契約でそれらが見られるのはなぜかを明らかにする．

A．消費者のバイアスに対応した消費者契約の設計

1．総論

標準的な理論である合理的選択理論の枠組みを使うことから始めるのが有益である．その上で，この標準的枠組みを是正し，消費者のバイアスと誤解を導入する．標準的枠組みと行動経済学の枠組みを並べて検討することで，これら2つのモデルにおける市場の帰結が比較しやすくなる[3]．

合理的選択理論の枠組みでは，消費者契約が消費者に期待価格Pと引き換えに期待便益Bをもたらす．以下で詳論するように，便益と価格はともに多元的なものとなりうる．売手業者の商品に対する需要Dとは，販売された財の単位数である．販売量が増えると，当該商品が提供する便益Bを増加させ，売手業者が請求する価格を低下させる．需要は便益と価格を変数とする関数として定義される：$D(B,P)$．売手業者の売上げは，販売した単位数，すなわち当該商品への需要と，1単位当たりの価格とを掛け合わせた積である．売手業者の利潤は，売上げから生産コストを差し引いて求められる．

消費者の合理性が不十分で，バイアスと誤解の影響を受けているときは，合理的選択理論の一般的枠組みは次のように補完されなければならない．すなわち，見かけの期待便益$\hat{B}$があり，それは本当の期待便益Bとは異なっているであろう．同様に見かけの期待価格$\hat{P}$があり，それは本当の期待価格Pとは異なりうる．この場合，需要は本当の便益および価格の関数ではなくなり，見かけの便益および見かけの価格の関数となる：$D(\hat{B},\hat{P})$．そして，売上げおよび利潤は，見かけの便益および見かけの価格の関数となる．こうして

3　この点に関する数学的により厳密な分析が，本章付録の（73-74頁）および（74-76頁）にある．以下A.で扱う諸問題についての経済分析の文献をサーヴェイする優れたリヴュー論文として，Spiegler，前掲注(1)を参照．また，M. Armstrong, "Interactions between Competition and Consumer Policy," *Competition Policy International*, 4 (2008), 97 も参照．

見かけの便益および見かけの価格は，商品への需要に影響を与えるとともに，本当の価格にも影響を与えることになる．

　次に進む前に，不完全情報〔不完備情報〕と不十分な合理性の関係を整理しておこう．合理的選択理論においても不完全情報は認められている．しかも，見かけの便益および見かけの価格と，本当の便益および本当の価格の間の乖離も，合理的選択理論においても，不完全情報しか持たない消費者という形で認められている．しかしながら，行動経済学で重視するのは，便益と価格の過小評価や過大評価がシステマティックに生じる点である．完全に合理的な消費者なら，システマティックにバイアスのかかった信念を持つことはありえないのに対し，不十分にしか合理的でない消費者はそのような信念を持つのである．両者の間の主要な相違点は，完全合理的消費者と不十分にしか合理的でない消費者との間の，不完全情報に対する対応の違いである．合理的選択としての意思決定によって，不完全情報に実効的に対処する方法がもたらされる．ところが，不十分にしか合理的でない消費者は，そのような方法を使うことがない．その代わりに，不十分にしか合理的でない消費者は，ヒューリスティクス(heuristics)〔簡便法——直感等であたりを付けて行う当たらずとも遠からずの判断方法〕や認知的経験則〔だいたいの目安や経験による見当付け〕で判断をする．そのため，予測可能でシステマティックなバイアスと誤解に陥ることになる[4]．

　売手業者は利潤を最大化するために，コスト・ダウンと売上げアップとに努め続けなければならない．先に見たように，売上げは販売した単位数，すなわち商品への需要量と，単位当たりの価格との積である．これらのことから，合理的選択論の枠組みにおける売手業者の戦略を決定する2つのトレード・オフ(両立不可能性)が見えて来る．すなわち，第1のトレード・オフは，売手業者が需要を増やすために商品のもたらす便益を増加させようとすると，逆に便益の増加のためにコストが増加してしまう〔よって価格が上昇し需要が増えなくなる〕，というものである．したがって，売手業者はコストの増加以上に売上げが伸びる限度でのみ便益を向上させようとすることに

4　さらに，完全合理的消費者なら自分が不完全情報しか持っていないこと自体も認識できるが，不十分にしか合理的でない消費者は，自分がどの程度無知であるかについての自覚がなく，おかげで幸せでいられるのかもしれない．

なる．第2のトレード・オフは価格についてのものである．価格が下がれば需要は増加するが，それは同時に販売した財の1単位当たりの売上げを減少させてしまうというものである．ゆえに売手業者はこれら2つの効果が最適にバランスするような価格設定をすることになる[5]．

　合理的消費者を相手にしている際に，売手業者が最適戦略を決定する上でのトレード・オフは，不十分にしか合理的でない消費者を前提とする行動経済学モデルにおいては問題とならない．見かけの便益が本当の便益と異なる場合，売手業者は見かけの便益の方を増加させることができればよく，本当の便益を向上させようとしてより多くのコストをかける必要はない．同様に見かけの価格が本当の価格と異なる場合，売手業者としては商品1単位当たりの売上げを本当の高い価格のまま維持しつつ，見かけの価格の方を下げることができれば，需要は増加させることができる．こうして売手業者は見かけの便益と本当の便益との間の乖離および見かけの価格と本当の価格との間の乖離を利用して便益を得ることができる．売手業者はこのような乖離を最大化するように，契約を設計し，価格を設定する．

2．誤解の対象：商品属性と商品使用パタン

　消費者が不十分にしか合理的でない場合，見かけの便益が増加すれば需要$D(\hat{B}, \hat{P})$は上昇し，見かけの価格が上昇すれば需要$D(\hat{B}, \hat{P})$は減少する．問題は，消費者が総便益を過大評価し，総価格を過小評価することから生じる．その結果，需要は不自然に引き上げられることになる[6]．では，消費者はなぜ，便益を過大評価し，価格を過小評価するのであろうか．この疑問に答えるには，これらの便益および価格を決定する要因を特定しなければならない．その上，以下に述べるように，誤解の対象を明らかにすることは，本章

5　それに付け加えて，価格の持つある側面は消費者が商品をどのように使うかに影響を与え，よって消費者が商品から享受する便益に影響を与える．これらの効果もまた，商品，契約，および価格の最適な設計に影響を与える．この点は以下の2.で説明する．

6　消費者が総便益を過小評価し，総価格を過大評価し，その結果，需要が不自然に押し下げられる可能性もある．しかしこちらの可能性はそれほど一般的ではない．なぜなら，消費者を失う方向の消費者の誤解に対しては，売手業者にはそれを軽減する強いインセンティヴ(誘因・動機付け)があるからである．

の後半で行う社会厚生分析および政策分析にとって重要となるのである．

　便益と価格は，商品属性と商品使用パタンの関数である．商品属性とは，その商品が何であり，何をするものであるかを定義づけるものであり，商品特性，契約条項，価格などである．例えば，クレジット・カードという商品の属性としては，カード使用可能枠(商品の特徴)や利率(価格条項)があげられる．商品属性は商品の総便益と総価格に影響を与える．商品属性についての誤解は総便益および総価格についての誤解を導く．

　商品の特徴が，それが何であり，何をする物であるかを定義づけるものであるのに対し，使用パタンとは，その商品がどのように使用されるか，として定義される．例えば，クレジット・カードのカード・ローン機能は，頻繁に使う消費者とあまり使わない消費者がいる〔訳注：アメリカ合衆国のクレジット・カードの場合，選択すれば銀行預金から自動引落しがなされるが，通常は，毎月請求書が消費者に送られてきて，その額を消費者は銀行小切手で支払う．アメリカ合衆国では個人も銀行に小切手口座を持って公共料金等の支払いに使う．さらにアメリカ合衆国のクレジット・カードには標準でカード・ローン機能が付いている．なお，カード・ローン機能はキャッシング機能とは別のものである．返済はリボ払いが原則である〕．高額のカード・ローン借入れをする消費者もいれば，全くしない消費者もいる．商品の使用が商品属性によって影響されることは明らかである．しかし，以下に詳しく論じるように，使用パタンはその他の要因によっても影響を受ける．商品の使用は総便益および総価格に影響を与える．使用パタンについての誤解は，したがって総便益および総価格の誤解を導く．

　使用パタンの重要性に鑑みれば，総便益を，使用 1 単位当たりの便益と使用レヴェルとの関数であるとして概念化することは有用であろう．同様に，総価格を，使用 1 単位当たりの価格と使用レヴェルの関数として概念化することも有用であろう[7]．

　消費者が，使用 1 単位当たりの便益または使用レヴェルを過大評価した場

---

[7]　単位当たりの便益が，全ての使用単位を通じて一定であるとは限らない．同様に，単位当たりの価格もすべての使用単位を通じて一定であるとは限らない．ときとしては，使用は単にゼロ・イチの変数のこともある．すなわち，商品ないし機能が使われるか使われないかのどちらかしかない場合もある．

合に，総便益は過大評価されることになる．例えば，消費者が借金1ドル当たりの便益を過大評価する場合には，クレジット・カードのカード・ローン機能の総便益が過大評価されることになる．消費者が将来いくら借金をするかについて過大評価する場合にも，クレジット・カードのカード・ローン機能の総価格が過大評価されることになる．

　同様にして，消費者が使用1単位当たりの価格または使用レヴェルを過小評価する場合に，総価格は過小評価されることになる．利息は使用1単位当たりの価格，言い換えれば借金1ドル当たりの価格と見做すことができるので，消費者が利率を過小評価する場合，利息の総支払額は過小評価されることになる．消費者が自分が将来いくら借りるかを過小評価する場合，利息の総支払額は，過小評価されることになる．

　よって，便益についての誤解は，使用1単位当たりの便益についての誤解や使用レヴェルについての誤解の関数となる．また，価格についての誤解は，使用1単位当たりの価格についての誤解や使用レヴェルについての誤解の関数となる．

　ここでは，もう少し掘り下げて検討しておこう．使用1単位当たりの便益や価格について消費者が誤解をしてしまうのはなぜなのであろうか．商品やその機能を使用する量や頻度について消費者が誤解をしてしまうのはなぜなのであろうか．

　使用1単位当たり便益について誤解が生じる理由を理解するには，使用1単位当たりの便益に影響を与える背後の要因を特定しなくてはならない．それらの背後の要因のどれかについて消費者が誤解すれば，使用1単位当たりの便益についての誤解が生じる．ここでクレジット・カードのカード・ローン機能で考えてみよう．この機能の便益は当該機能そのものの関数である．クレジット・カードには，カード・ローン上限額を高く設定して，より多くのカード・ローンを認めるものもあれば，それを低く設定してカード・ローンにより制限的なものもある．カード・ローン上限額に達してしまえば，借金による使用1単位当たりの便益はゼロに減少する〔もうそれ以上借りられない〕．借金による便益は消費者の時間選好の関数でもある．消費者の中には，他の者よりもお金を借りて現時点での消費をエンジョイしたい者がいる．最後に，借金による便益は，例えば，現在の所得と将来期待される所得など消費者のお金を借りたいという欲求やニーズに影響を与える外的な要因

の関数でもあるし，また，それは例えば病気や失業のように消費者の資金需要に影響を与える外的な条件の関数でもある．消費者がカード・ローン上限額について誤解をしたり，自分自身の選好について誤解をしたり，借金への欲求やニーズを創出する外的要因の強さについて誤解をしたりすれば，クレジット・カードのカード・ローン機能の使用1単位当たりの便益についての誤解が生じることになる．

　次に，使用1単位当たりの価格を検討しよう．使用1単位当たりの価格は売手業者が設定する．1次元的な単純明快な価格もある．例えば，映画のチケットが12ドルだとしよう．このような単純な価格について誤解が生じることはまずない．他方，複雑で多元的な価格体系も存在する．例えば，期ごとに変動する上限額があり，利率を上昇させる様々な条件が設定された変動利率を考えてみよう．使用1単位当たりの価格，ここでは1ドル当たりの借金に適用される利率について，消費者が誤解をしてしまうかもしれないことは予想に難くなかろう

　最後に，使用レヴェルを検討しよう．ある商品またはその機能をどのくらい頻繁に使用するかの意思決定は，使用1単位当たりの便益と使用1単位当たりの価格に影響を受ける．借金1ドル当たりの便益が増加すれば（例えば，消費者が失業して職探しをしている間），より多くの借金をするようになるであろう．同様に，利率が低いほど，もっと多くを借りるようになるであろう．使用レヴェルの選択は，合理性が不十分であることにも影響を受けるであろう．例えば，消費者が支払いを遅らせることを認めるようなクレジット・カードのサーヴィスを採り上げよう〔もちろん，この商品特性には遅延手数料等のコストがかかる〕．これは合理的消費者に対しては，資金流動性の便益を提供しうる商品特性である．この機能は，合理性が不十分で支払期日を徒過するような消費者の方が，より頻繁に用いることになるであろう．使用1単位当たりの便益または価格に影響を与える要因のどれについての誤解も，使用レヴェルについての誤解をもたらすであろう．自分が不十分な合理性しか持っていないことを自覚できない場合，やはり使用レヴェルについての誤解をもたらすであろう．上の例の場合，自分がどれだけ忘れっぽくて期限を徒過するかについて過小評価する消費者は，クレジット・カードの支払い先延ばしサーヴィスを使用する頻度を過小評価することになる．

　消費者が陥る誤解の対象をここで整理し類型化しておこう．第1の類型は

商品属性である．すなわち，商品特性とその使用1単位当たりの価格であり，これらは売手業者が商品や契約，および価格体系を設計する際に決定するものである．消費者が商品属性についての誤解をするのは，商品特性や使用1単位当たりの価格について誤解をする場合である．先に見たように，商品属性についての誤解は，総便益と総価格の双方についての誤解を導く．

　誤解の対象の第2の類型は使用レヴェルである．商品特性のそれぞれは，異なるレヴェルで使用される．消費者はしばしばこれらの使用レヴェルについて誤解をする．先に見たように，商品がどのように使用されるかは，商品特性とその使用1単位当たりの価格という商品属性の関数であるとともに，使用1単位当たりの便益に影響を与えるその他の要因の関数でもある（さらに，忘れっぽさなどのような，使用についての意思決定に影響を与えるその他の要因の関数でもある）．商品使用についての誤解や使用パタンについての誤解は，総便益と総価格の双方の誤解を導く．

　以上の分析結果を図1.1に示しておいた．商品属性が総便益と総価格にどのように影響を与えるかは，使用1単位当たりの便益，使用レヴェル，あるいはそれら双方を通じてであることを図1.1が示している．図1.1はまた，総便益と総価格を決定する上で，使用レヴェルが中心的役割を果たすことも示している．総便益と総価格は商品属性の関数であるとともに使用レヴェルの関数でもあるので，商品属性および使用レヴェルについての誤解は総便益と総価格の誤解を導く．

　商品属性と使用レヴェルの区別が，以下で論じる社会厚生と政策上の提言にとって中心的な重要性を持っている．以下に見るように，市場の諸力は商

図1.1　総価格と総便益に影響を与える要因

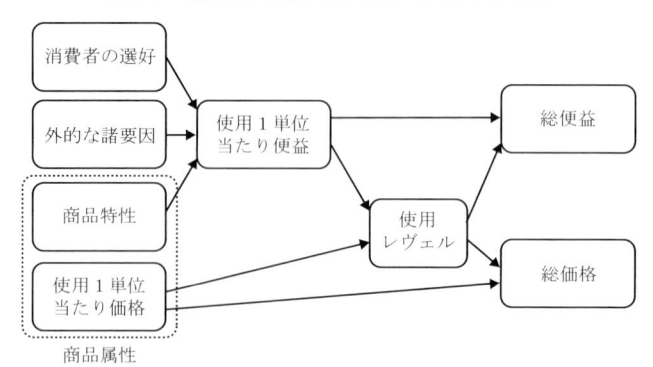

品使用上の過誤を防止する上ではそれほど実効的ではなく，よって，我々は使用上の過誤にもっと注目するべきである．この点に対応して，IV.で論じる政策上の対策提言では，商品使用情報の強制的情報開示制度の重要性に注目する．

　重要であるにもかかわらず，商品使用情報と商品使用上の過誤はこれまでほとんど注目されてこなかった．その上，政策レヴェルでは，情報開示規制は商品属性情報を中心にその対象としてきた．その背後の暗黙の仮定としては，使用パタンは消費者の選好の関数なので，消費者は十分認識しているとされてきたのであろう．しかしこれまでの分析が明らかにしたように商品使用は，商品属性の関数でもあり，また消費者が不十分な情報しか持っていない外的諸要因の関数でもある．その上，合理的選択理論から離れれば，消費者が自己の選好について完全な知識を有しているなどと簡単に前提することは決してできない．従って，誤解の対象としての使用レヴェルの演じる中心的役割に鑑みれば，行動経済学アプローチの重要性が浮かび上がることになる．

3．簡単な例

a. モデル設定　　消費者がクレジット・カードを入手したとしよう．この消費者はクレジット・カードを購買の支払いにしか用いず，請求額を毎月きちんと支払うつもりだとする．しかし，この消費者は若干忘れっぽいとする．具体的には，1年にちょうど1度だけだが，支払期限までに支払うのを失念してしまうとする．

　クレジット・カードの発行会社にはアカウントの一般管理費として固定コストが毎年4生じるとする．クレジット・カード発行事業者はさらに可変コスト，ここでは使用1単位当たりコストが，支払いの履行遅滞ごとに2ずつ生じるとする．これが支払遅延の処理コストと，支払遅延がもたらす不履行リスクの増加分の和に相当する．

　クレジット・カード発行事業者は2次元的な価格体系を構想しているとしよう．すなわち，年間契約料 p_1 と遅延手数料 p_2 である．すると総価格は年間契約料と遅延手数料の和の $p_1 + p_2$ となる．より一般化すれば，支払遅延の回数は変化しうるので，すなわち決して支払いが遅延しない消費者もいれば，年に1回遅延する者，年に2回遅延する者，などなどがいるので，総価

格は年間契約料と，遅延手数料と遅延回数を掛け合わせた積との和になる．（遅延手数料は，支払遅延の1回当たり価格であり，支払遅延の回数は，使用レヴェルに対応する）．

b. 誤解　賢く，完全に合理的な消費者なら，自分が年にちょうど1回支払いを遅延し，遅延手数料を生じさせることが分かる．この賢い消費者なら，総価格が$p_1 + p_2$となることを正確に理解できる．それに対し，合理性が不十分で，認識の甘い(naive)消費者は，自分の忘れっぽさを過小評価して，支払いが遅れることなど決してなく，遅延手数料を生じさせたりすることはないと誤って思い込むであろう．その場合，そのような認識の甘い消費者にとっての見かけの総価格はp_1だけとなる．本当の総価格と見かけの総価格の乖離が均衡における価格体系に影響することになる．

c. 契約の構造設計　ここでクレジット・カード発行事業者がクレジット・カード契約をどのように設計するか考えてみよう．年間契約料(p_1)と遅延手数料(p_2)の大きさはどうやって決まるのであろうか．その答えは，消費者の心理と市場構造とによって変わりうる．分析を分かりやすくし，消費者の誤解に焦点を当てるために，クレジット・カード発行事業者は競争市場で営業しており，従ってクレジット・カードを提供するためのコストをちょうどカヴァーする金額に価格を設定すると仮定しよう〔完全競争市場での価格決定〕．

　クレジット・カード発行事業者は年間固定費が4かかり，可変コストとして支払遅延ごとに2のコストが生じるのであった．これにより，効率的契約は$p_1 = 4$，$p_2 = 2$という価格設定を行うことになる．それぞれの価格をそれに対応するコストと同額に設定することで，価格体系$(p_1, p_2) = (4, 2)$という契約は最適なインセンティヴをもたらし，よって価値を最大化する．自分が年1回の期限徒過をすることを正しく認識している賢い消費者に対して，クレジット・カード発行事業者は効率的な$(4, 2)$という契約を提案するであろう．この契約は，消費者の支払う総価格を最小化し$(4 + 2 = 6)$，かつクレジット・カード発行事業者のコストを全てカヴァーする．実のところ，この単純化された例においては，$p_1 + p_2 = 6$の式を満たす全てのp_1とp_2の組合せは同様に売手業者のコストをカヴァーしつつ，消費者の支払う総価格を最小化するのである．なお，より一般化されたモデルでは，$(4, 2)$という価格

設定の契約のみが効率的となる[8].

　効率的な価格体系(4, 2)の契約は，認識の甘い消費者に対して提供されることはないのである．すなわち，支払遅延など決してしない，よって遅延手数料を生じさせたりしないと誤って思い込んでいる消費者には，この効率的価格体系は提供されない．そのような消費者にとって，価格体系(4, 2)の見かけの総価格は 4 である．従って，効率的価格体系(4, 2)が均衡において提供されることはない．なぜなら，そのような認識の甘い消費者にとっては，それと異なる契約の方がより魅力的に見え，しかもクレジット・カード発行事業者のコストをカヴァーするものが存在するからである．ここで例えば価格体系(0, 6)という契約を考えてみよう．この契約は，不十分にしか合理的でない認識の甘い消費者にとっては，総価格は見かけ上 0 となる．本当の総価格は 6 であるにもかかわらずである．こうして，認識の甘い消費者は価格体系(0, 6)の契約の方を効率的な価格体系(4, 2)の契約よりも選好するからである．

　このモデルでは，忘れっぽさを過小評価することで，使用レヴェルが過小評価されることとなった．商品使用におけるこの過誤が，見かけの総価格に与えるこの影響を，契約の構造が悪化させる．言い換えると，契約の設計の仕方を工夫することで，売手業者は商品使用上の過誤の効果を拡大させ，消費者にとっての見かけの総価格を最小化することができる．遅延手数料のような，特定の価格要素の発生をもたらすことの，見かけ上の見込みが小さいならば，それに対応する価格，すなわちここでは遅延手数料を大きくすればよいのである．目立たない価格を引き上げ，目立つ価格を引き下げるのである．ある価格が目立たないのは，消費者がその価格は発生しないだろうと

8　そのようになる例が付録(本書73頁以下)で展開されている．要するに，価格体系(4, 2)の契約は，限界価格設定の一般的な効率性をもたらす解である．遅延手数料を，支払遅延のカード発行事業者による処理のコストと同額に設定することで，消費者に最適なインセンティヴを与えることになる．すなわち，消費者にとって支払遅延のもたらす便益がそのコストを凌駕するときのみに支払いを遅延させるというインセンティヴを消費者にもたらす．このように価格体系(4, 2)が望ましくなるのは，消費者の中に契約後になって，支払いを意図的に遅らせる者がいることを仮定するからである．本文における単純なモデルのように，消費者の忘れっぽさという，意図によらざる結果として支払遅延が生じる場合には当てはまらない．

思っていたり，（例えば，支払遅延の可能性のような）該当する問題を消費者が考えもしなかったりするからである．

4．競争の限界

　売手業者の間の競争によって効率性が実現し，社会厚生が最大化されると広く信じられている．例えば，独占禁止法と，そこで独占やカルテルがもっぱら規制対象となっていることに，この信念は表れている．競争は，価格を引き下げることで消費者に有利に働くとも想定されている．

　行動経済学モデルは，この競争の機能の限界を強調する．上記の節で検討したモデルでは，完全競争を前提としていた．しかし，そこで見たように，均衡においても，売手業者は非効率的な契約を提供し，消費者の厚生は最大化されることはなかった．その理由は単刀直入である．競争のために売手業者は，〔本当の消費者便益ではなく〕消費者にとっての見かけの(ネットの)消費者便益の最大化に努めるからである．消費者が自分の便益を正確に認識できるならば，競争によって消費者は有利となる．しかし，消費者が不十分にしか合理的でないなら，競争は，本当の(ネットの)便益を犠牲にして，見かけの(ネットの)便益の方を最大化するのである．

　ここで，価格に注目しよう．消費者が完全に合理的であったなら，売手業者はより低い価格を提示することで競争し合う．消費者が不十分にしか合理的でないなら，売手業者は，安く見えるように価格体系を工夫することで競争し合う．ここで根底にある問題は，市場の需要側(デマンド・サイド)に存在している．不十分にしか合理的でない消費者は，バイアスのかかった需要を生み出してしまうということである．競争によって売手業者はこのバイアスのかかった需要に対応せざるをえない．その結果，行動経済学の意味での市場の失敗が発生することになる．

　近代経済学ないし新古典派経済学も，完全競争市場が失敗しうることを認めてはいる．すなわち，外部性や情報の非対称性が存在する場合である．行動経済学はそれに加えて，市場の失敗をもたらす第3の原因を明らかにした．すなわち，誤解とバイアスである．これがもたらす行動経済学的な市場の失敗は，不完全情報問題の直接的な拡張であるといえる．合理的な消費者なら，不完全にしか分からない値についても，バイアスのない見積りを出すことができる．同様の不完全な情報に直面したとき，不十分にしか合理的で

ない消費者はバイアスのかかった見積りを出してしまう．バイアスのない見積りでも市場の失敗をもたらす可能性はある．バイアスのある見積りならなおさらである．

　ここまでの分析およびその予測する競争の失敗においては，消費者のバイアスと誤解を，市場の外からもたらされる外生的なものと前提してきた．しかし，理解や誤解は，市場内部から生み出される内生的なものでもありうる．とりわけ，売手業者は消費者の認知に影響を与えることができる．市場というものはそもそも売手業者の影響力によって成り立っているともいえるのである．その場合，競争はどのように機能するのであろうか．一方では，売手業者は自己の商品について，消費者にとっての見かけの便益を釣り上げ，見かけの価格を引き下げるように，消費者のバイアスを拡大しようと努めるであろう[9]．他方で，より優れているが，まだ消費者によって評価されていない商品や契約の売手業者は，消費者教育に努め，消費者の誤解を解こうとすることで競争しようとするであろう．（この点の詳細は，後のⅢ. B.（本書55-56頁を参照．）

5．消費者の多様性

　消費者が全て同じようなバイアスを持っているわけではない．消費者の中には商品からのネットの便益を過大評価する者もいれば，過小評価する者もいるであろう．中には便益と価格とを正確に認識できる消費者もいるであろう．この消費者の多様性は，行動経済学の意味での市場の失敗の頻度と重篤性にどのように作用するのであろうか．

　多くの消費者が同一のバイアスを持っている場合には，消費者契約は，そのような消費者の心理に対応したものとして設計されるであろう．しかし，

9　この点について，Edward L. Glaeser, "Psychology and the Market," (2004) 94 *Ame. Econ. Rev. Papers & Proceedings* 408, 409-411（「市場は非合理性を取り除くものではない(むしろ多くの場合にそれを拡大する)」，「消費者を誤導しようとする体系的努力の中でも最も重要な経済学的な事例が広告業界である．そこでは供給側の業者が，自社の商品が素晴らしい便益をもたらすと，買手消費者に信じ込ませようとしている」，「競争によって誤った信念が雲散霧消するなどということはありえない．実際のところ多くの場合に，競争はそういった虚偽の供給を増大させるように作用するのである」)を参照．

様々な消費者が様々な誤解を抱いている場合でも，売手業者は消費者の誤解に対応した契約を設計しようとするであろう．場合によると，売手業者はそれぞれのバイアス・タイプの消費者グループを見分けることができて，それぞれのバイアス・グループに対応する多様な契約を設計できるかもしれない．あるいは，売手業者は事前には異なるタイプの消費者を見分けることができない場合もあろう．そのような場合でも，売手業者は様々なタイプの契約をメニューとして提示できるであろう．メニューの中の様々な契約は，様々なバイアスと誤解に対応して，それぞれ異なるタイプの消費者グループを惹き付けるであろう．

B．消費者契約に共通する特性

　消費者の心理と市場の諸力の間の相互作用は，消費者契約の構造と価格体系に影響を与える．現実世界でこの影響は，2つの共通する契約特性に反映する．すなわち，契約の複雑性とコスト先送りである．これらの契約特性は後の章で本書が扱う3つのケース・スタディにおいて顕著に示されている．本節では，複雑性とコスト先送りを契約構造の特性として定義し，これらの契約特性がなぜ消費者契約において顕著に見られるかを説明する[10]．

1．契約の複雑性

　消費者契約のほとんどは複雑であり，多元的な便益を提示するとともに，多元的な価格設定を行う．複雑性と多元性はともに効率的でありえ，消費者の利益に資するものでありうる．年間契約料と購入支払用の基本利率だけの単純なクレジット・カード契約と，それら2つの次元の価格要素に加えて，不履行時適用利率，遅延手数料，およびキャッシング手数料の加わった複雑なクレジット・カード契約とを比較してみよう．複雑なクレジット・カードは，多様な消費者のそれぞれに異なるニーズに対応して，各リスクに応じた価格設定とカード・サーヴィスのオプションの選択を可能とする．不履行時適用利率と遅延手数料とによって，クレジット・カード発行事業者がリスク

10　複雑性とコスト先送りは，不十分にしか合理的でない消費者のいる産業組織の理論モデルにおいても繰り返し議論されている．この点については，Spiegler，前掲注(1)の第12章を参照．また，Armstrong，前掲注(3)も参照．

のより高い消費者に対して価格を引き上げることを可能とする．そのような
リスクに応じた効率的な価格設定は，単純なクレジット・カードでは不可能
である．代わりに，単純なクレジット・カードの単一の利率が意味するもの
は，リスクの低い消費者からリスクの高い消費者への料金の〔非効率な〕内部
補助 (cross-subsidization) がなされるということである．同様に，キャッシン
グ手数料によってカード発行事業者は，キャッシングごとに別途料金を請求
することが可能となる．これによって，料金を払って利益を受ける消費者
と，利益を受けないので料金を払ってキャッシングを利用しようとはしない
消費者とが生じ，効率的な結果となる．このようにクレジット・カードによ
る様々なサーヴィスから，個々の消費者が自分に応じたサーヴィスを選択す
ることは，単純なクレジット・カードでは不可能である．代わりに，単純な
クレジット・カードの年間契約料はより高くなるが，それはキャッシングを
しない消費者からキャッシングをする消費者への〔非効率な〕内部補助がなさ
れるということを意味する．

　これらの効率性のもたらす便益によって，消費者契約に見られる複雑性と
多元性とをある程度は説明することができる．しかしもう 1 つの，行動経済
学からの説明もありうる．複雑性は，不十分にしか合理的でない消費者の目
から，商品の本当の価格を隠蔽するためのものである，というものである．
合理的な消費者であれば，複雑性もたやすく分析でき，それぞれの特別な利
率，手数料，および違約手数料が発生する確率を見積もることができる．そ
して，合理的な消費者は，それぞれの次元の価格要素が生じさせる期待コス
トを正しく計算できる．不完全情報しか持たなかったとしても，それでも合
理的消費者なら，自分で必要十分な情報を蒐集し，その情報に基づいてバイ
アスのない見積りをすることができる．従って，合理的消費者は商品の全体
評価において，それぞれの次元の価格要素に適切な重み付けを行って計算す
ることができる．

　他方，不十分な合理性しかない消費者の場合，そのような正確な見積りは
なかなかできない．複雑な文言で間接的にしか摘示されていない価格を正確
に計算することはできない．たとえ仮に，そのような計算をすることができ
たとしても，多元的な価格要素の全てを同時に考量することはできないであ
ろう．さらに仮にそのような多元的な価格要素全ての同時考量ができたとし
ても，これら諸価格が商品の総コストにどう計上されるべきかを正確に計算

することはできないであろう．結局，現実の消費者は目立たない次元の価格
要素を無視することで考量を簡単化しようとする[11]．そして，無視できない
目立つ次元の価格要素の影響についても，現実に計算する代わりに，当て推
量で済まそうとする．

　具体的には，注意力も不十分で記憶力も不十分な消費者は，様々な次元の
価格要素を考慮から排除してしまう．さらに，情報処理能力も不十分な消費
者であるから，様々な価格要素を正確に集計して，自分に最適な商品を選択
するための基礎となるべき単一の期待総価格を算出することなどできない．
複雑性があっても合理的消費者であったならば困らないであろうが，このよ
うに不十分な合理性しかない消費者の方は間違った選択をしてしまう公算が
高いのである．

　ここまで説明してきたように，不十分にしか合理的でない消費者のシステ
マティックなバイアスと誤解に対応して売手業者は契約を設計する．具体的
には，目立つ価格要素を引き下げ，代わりに目立たない価格要素を釣り上げ
ることによって，消費者にとっての見かけの総価格を引き下げようとする．
この戦略が可能となるのは目立たない価格要素が存在するからである．単純
な契約における，１つか２つしか次元要素のない価格体系の場合，全部目立
つのが普通である．複雑な契約の場合のみ，目立つ次元の価格要素と目立た
ない次元の価格要素が混在しうる．つまり，複雑性は消費者にとっての見か
けの総価格を引き下げるために使われているのである．

　その上，時間の経過とともにより多くの次元の価格要素をその意思決定に
おいて考慮するよう消費者が学習するにつれて，契約の複雑性は増加してゆ
くものである．売手業者が目立たない次元の価格要素を大幅に増加させる
と，消費者はそのうちその次元の価格要素にも焦点を当てることを学習する
ようになり，結局その価格要素は目立つものとなってくる．売手業者はそう
なると，目立たない次元の価格要素を新たに見つけなければならなくなる．
目立たない次元の価格要素が既存の契約構造の中になくなってしまうと，売
手業者はさらに新たに利率や手数料や違約手数料を追加して，価格体系に新

11　Richard H. Thaler, "Mental Accounting Matters," *J. Behav. Decision Making*, 12 (1999)
　183, 194（少額のバラバラの手数料は無視されることを見出している）を参照して
　欲しい．

たな次元を創り出すであろう[12].

　複雑性を増加させるためによく使われるもう 1 つの戦術がバンドル化（bundling）である〔セット販売，抱合せ販売など〕．その例としては，ロックイン契約〔期間中途解約禁止特約〕と中途解約手数料（early termination fee: ETF）付きの，携帯電話機と携帯電話サーヴィスのバンドル化が挙げられる．このバンドル化においては当然ながら多元的価格が設定される．具体的には，携帯電話機価格および携帯電話サーヴィスの価格体系である（携帯電話サーヴィス自体かなり複雑である）．異論はあるにせよ，バンドル化の主要な目的は，目立つ携帯電話機価格を引き下げ，代わりに目立たない携帯電話サーヴィスの価格を釣り上げることで，消費者にとっての見かけの総価格を低く見せようとするためのものであるとされる．このような価格戦略はバンドル化なしには不可能である．携帯電話事業者は，携帯電話機の価格を低額に，とりわけコスト割れレヴェルまでの低額に設定する以上，携帯電話サーヴィスの料金を高く設定せざるをえない．バンドル化なしでは，消費者は携帯電話機を安い売手業者から購入し，携帯電話サーヴィスの方は他の安い競合他社と契約するであろうし，そうなれば携帯電話機を低額で販売することはすぐにできなくなるであろう．バンドル化には他にも例が多い．クレジット・カードには，購入代金支払いとカード・ローンがバンドルされる．サブプライム住宅担保ローン契約には，担保付きローンに物件の点検，査定，保険がバンドル化される．

　契約の複雑性を高めるためだけでなく，バンドル化はコスト先送りを契約に設定するためにも用いられる．これは，短期的便益および短期的価格の商品やサーヴィスに，長期的便益および長期的価格の商品やサーヴィスがバンドル化される形でなされる．携帯電話機と携帯電話サーヴィスの場合，バン

12　産業組織論における最近の多数の論文において，企業は過剰な複雑性を料金構造に持ち込んでおり，それによって競争を禁圧し社会厚生を引き下げていると論じられている．例えば，Glenn Ellison, "A Model of Add-On Pricing," *Q.J. Econ.*, 120 (2005), 585, Xavier Gabaix & David Laibson, "Shrouded Attributes, Consumer Myopia, and Information Suppression in Competitive Markets," *Q.J. Econ.*, 121 (2006), 505, Ran Spiegler, "Competition over Agents with Boundedly Rational Expectations," *Theoretical Econ.*, 1 (2006), 207, Glenn Ellison & Sara Fisher Ellison, "Search, Obfuscation, and Price Elasticities on the Internet," *Econometrica* 77 (2009), 427 など参照.

ドル化によって複雑性の増加とコスト先送りの両方がなされている[13].

　これまでのところでは，契約内での複雑性に注目してきた．視野を広げると，消費者の意思決定プロセスは，単に1つの契約の複雑性を検討することよりもはるかに複雑なものであることが分かる．現在の消費者は，競争し合っている多数の売手業者が提供する多数の複雑な商品群の中から選択をしなければならない．一見したところ，選択の自由が広ければ広いほど望ましいように見えよう．消費者は多様であり，よって，より多様な商品の存在は，消費者が自己の個人的ニーズに最もマッチする商品を見つけることを可能にするものである．しかし，ここに落とし穴がある．複雑な商品の織りなす複雑な迷路の中から最適の商品を見つけ出すことには，合理的な消費者にとってさえも高い探索コストがかかる．不十分な合理性しかない消費者にとってはこの探索コストはさらに高いものとなり，探索を全く諦めさせてしまうかもしれない．従って，より広い選択とは，意味のある選択の喪失を意味しうるのである．

　ここで整理をしておこう．理論的にいえば，複雑な契約の不完全な理解は合理的選択理論と整合的である．複雑な契約に直面して，合理的消費者は契約書を読み，その意味を解読するために時間的コストを払う．契約についての完全情報を獲得し完全に理解するためのコストが高いなら，合理的な消費者はこの理論的理想までは追求しない．この場合には，さらなる情報獲得とよりよい理解のためのコストを，もう1つのコスト要素であると見做して，それが不十分な合理性をもたらすと考えることになる．すなわち，これがコスト要素として付け加えられれば，完全情報獲得のためのコストが上昇し，その結果，合理的消費者も契約についてのより少ない情報とより不完全な理解の状態で終わることになる．しかしながら，不十分な合理性は単にもう1つのコスト要素によるものでしかないのではない．契約のある条項を読んで理解するための追加コストについて，それ以上投入することを止めようと判断した合理的消費者は，その条項が自分にとって有利なものであるなどとは

13　一般的に，Oren Bar-Gill, "Bundling and Consumer Misperception," *U. Chi. L. Rev.* 73 (2006), 33を参照．明らかに，売手業者はバンドル化や抱合せ (tying) を利用して複雑性を増加させようとするのみならず，コスト先送りをしようとする．とりわけ，これらの戦術は競争回避目的で利用される．

仮定しないであろう．実際のところ，合理的消費者なら，読まなかった契約条項は一般的に見て売手業者の方に有利なものであろうことを認識しているであろう．これに対し，不十分な合理性しかない消費者の場合，読まなかったり忘れてしまったりした契約条項を完全に無視するであろうし，あるいはそれらは自分に有利なものであろうと，安易に甘い仮定を置くであろう．従って，複雑で，読まれることのない契約条項や隠された料金項目のために，合理的消費者ならぬ不十分な合理性しかない消費者は，商品の総コストを過小評価してしまう．その結果，複雑性を増加させ，料金項目を隠そうという売手業者のインセンティヴは，不十分な合理性しかない消費者の市場ではより強くなってしまう．このように，契約構造の行動経済学理論は不十分な合理性の理論であり，不完全情報理論とは異なるものである．

２．コスト先送り

　目立たない次元の価格要素とコストを過小評価させる価格体系は，売手業者が自己の商品の総価格を見かけの上で引き下げる機会を創出する．価格を目立たないものにするにはどうすればいいのであろうか．ある次元の価格要素に伴うコストを消費者が過小評価するように仕向けるにはどうすればいいのであろうか．これらの問いに対する単純な答えがあるわけではないが，目立つか否かと，理解か誤解かの両方に大きく影響力を及ぼす要素が１つある．それが時間である．

　ここでの基本的な主張は，条件の成否にかからない，短期的コストは多くの場合に正確に理解されるが，条件の成否に関係づけられた，長期的コストは過小評価されやすい，というものである．クレジット・カードの年間契約料は条件によらない確定した価格であり，クレジット・カードを消費者がどのように使用しようとすまいと，近い将来の特定の支払期日に支払わなければならないものである．このコストは消費者が数々のクレジット・カードの中から選択する際に必ず明確に意識されるものである．それに対し，遅延手数料は，条件の成否に関係づけられた価格であり，もっと遠い不特定の将来において，消費者が支払いを遅滞した場合にのみ発生する．このコストは，既に見たように，消費者によってしばしば過小評価され，従って消費者の選択に影響する可能性はより少ない．現在のコストが正確に理解され，将来のコストは過小評価されるなら，市場の諸力はコスト先送りの契約体系を創出

することになる.

　価格とコストの時間的次元の重要性はしばしば,その基礎にある2つの要因に遡ることができる.すなわち,近視眼的性向と楽観主義である.近視眼的消費者は現在のことの方を気にかけ,将来のことは十分に考慮しようとしない.将来のコストや便益を,それらが実現しないかもしれないという確率に基づいて割り引くこと自体は合理的である.貨幣の時間価値を考慮することも合理的であり,先送りされた税金や価格はすなわち税金や価格の節約であるといえる.しかし,将来のことを単に将来のことだからとして割り引いたり,将来のことは現実的に思えないとか思い描くのが困難だというだけで割り引くのは合理的ではない.近視眼的性向は過剰な割引きをもたらす.

　近視眼的性向は人類に普遍的な性向であるといえる.人々はせっかちで,眼前の便益の方を将来のコストを無視して選好するものである[14].近視眼的性向は,短期的利得にもっぱら衝き動かされる情動システムの,短期的利得と長期的利得の双方を考慮する熟慮システムに対する勝利のためであるとされている.このような近視眼的性向の理解は,そしてより一般的には異時点間選択のこのような理解は,脳科学の知見と整合的である[15].

　将来のコストも過小評価されやすい.なぜなら,消費者は楽観的だからである.楽観主義バイアスが人々の間で蔓延していることは多数の研究によって証明されている[16].楽観的な消費者は条件付きの将来のコストが発生する

14　Ted O'Donoghue & Matthew Rabin, "Doing It Now or Later," *Amer. Econ. Rev.*, 89 (1999), 103 (「人々はせっかちである.彼らはすぐに報酬を獲得する方を好み,コストの方は後回しにすることを好むのである.」), George F. Loewenstein & Ted O'Donoghue (2004) *Animal Spirits: Affective and Deliberative Processes in Economic Behavior* (May 4, 2004), これはSSRN:http://ssrn.com/abstract=539843で入手可能である(「人々はしばしば近視眼的行動をする強い動機付けを持つ」.すなわち,将来のコストを無視して,即座の便益をもたらす行為をしようとする)などを参照.

15　Loewenstein & O'Donoghue, 前掲注(14), Samuel McClure, David Laibson, George Loewenstein, & Jonathan Cohen, "Separate Neural Systems Value Immediate and Delayed Monetary Rewards," (2004) *Science*, 306, 503-507 を参照.

16　例えば,Neil D. Weinstein, "Unrealistic Optimism about Future Life Events," *J. Personality & Soc. Psychol.* 39 (1980), 806, Ola Svenson, "Are We All Less Risky and More Skillful than Our Fellow Drivers?," *Acta Psychologica* 47 (1981), 143, 143 (大多数の人々が「自分は平均的運転者よりも運転技術が上で事故リスクが小さいと思っている」

確率を過小評価しがちである．楽観的な消費者はそのような条件が成就する可能性を過小評価する．例えば，クレジット・カードの楽観的な保有者は自分が支払遅延をする確率を過小評価し，そのために遅延手数料の重要性を過小評価してしまうであろう．

　同様に，住宅担保ローン契約が低い導入感謝利率と高い長期利率を組み合わせている場合，楽観主義のために消費者は高い長期利率の重要性を過小評価するかもしれない．理論上は，家を売るとかローンを借り換える等によって，高い利率期間が始まる前に担保付融資契約から離脱すれば，高い長期利率は回避できる．しかし現実には，家を売ったり，ローンを借り換えたりする可能性は，不動産価格が下落しているときには減少してゆくのである．不動産価格の見込みが楽観的な消費者の場合，高い利率期間が始まる前に担保付融資契約から抜け出す可能性を過大評価するであろう．その結果，そのような楽観的な消費者は高い長期利率の重要性を過小評価することになろう．

　不十分にしか合理的でない消費者を相手にする賢い売手業者は，消費者が支払うことになる本当の総価格を引き下げることなく，自分の商品の見かけの総価格を引き下げようとするであろう．消費者が近視眼的であったり楽観的であったりする場合，見かけの価格と本当の価格をこのように引き離すことは，コストを長期価格という次元要素の方に先送りすることで達成することができる．その結果がコスト先送りの契約体系となるのである．

Ⅱ．社会厚生への影響

　コストを将来へと先送りする複雑な契約は消費者の利益を害し社会厚生を低下させる．そのような消費者契約は競争を阻害し，残存はしても弱体化された競争の諸力を歪め，より目立つ次元の価格要素を過度に引き下げ，より目立たない次元の価格要素を過度に引き上げる．競争が阻害されたり歪められたりすることによる社会厚生上のコストについて以下に詳しく論じる．複雑性とコスト先送りがもたらす所得分配上の一般的影響についても簡単

ことを明らかにした研究を説明している）を参照．その他の多くの認知的バイアスと同様，楽観主義は文脈によって異なる文脈特異的なものである．個別の消費者市場が持つ楽観主義のさらなる証拠は，本書のケース・スタディの各章で示される．

に触れる．効率性および所得分配に関するその他の問題については，個々の市場によって異なる市場特異的なものなので，後のケース・スタディの章で論じる[17]．

A．阻害された競争

　過度に複雑な契約は比較購買（comparison-shopping）を妨害し，競争を阻害する．売手業者は市場での支配力を増大させ，消費者の犠牲のもとに利潤を増加させる．競争が制限されると，非効率な資源配分という形で社会厚生を低下させる．消費者は最適選択をすることができなくなるからである．

　競争がうまく機能するには，様々な商品の便益とコストを比較すること，および消費者の嗜好とニーズに応じた最も高い価値をもたらす選択肢を選ぶこと，が消費者にできなくてはならない．しかし既に見たように，競合する商品についての情報蒐集にはコストがかかり，商品であれ契約であれその複雑性は，情報蒐集のコストを増大させる．合理的消費者なら，情報蒐集の限界期待便益がその限界コストによって凌駕されるようになるまで情報蒐集を続ける．情報蒐集のコストが上昇すれば，合理的消費者の蒐集する情報量は減少する．情報量の減少は，競争の弱化を意味する．

　不十分にしか合理的でない場合にはこの問題がもっと重篤化する．情報を蒐集し処理するコストは，不十分にしか合理的でない消費者にとっての方が大きい．しかも，不十分にしか合理的でない消費者には，追加情報の便益とコストとを最適に比較することができないかもしれない．複雑な商品の複雑な契約に直面して，不十分にしか合理的でない消費者は，不十分な情報蒐集しかしなかったり，あるいは比較購買を全くしなくなってしまうかもしれない．競争は重要な便益をもたらしはするが，このように万能薬ではない．複雑性は実効的な競争を阻害するのである[18]．

17　不十分な合理性しかない消費者がいる産業組織の理論研究における社会厚生上の検討は，以下で論じられている社会厚生上の検討と部分的ではあるが重なっている．Spiegler，前掲注(1)参照．

18　複雑な契約の持つ社会厚生上のその他の効果については，David Gilo & Ariel Porat, "The Hidden Roles of Boilerplate and Standard-Form Contracts: Strategic Imposition of Transaction Costs, Segmentation of Consumers, and Anticompetitive Effects," *Michigan Law Review*, 104 (2006), 983 を参照．

B．歪められた競争

　複雑性は競争の諸力を弱体化する．売手業者が消費者を求めて激しく競争し合っていたとしても，需要側のバイアスと誤解がこのような競争努力を歪め，消費者にとって最適ではない結果と社会厚生の減少とをもたらす．上記で論じたように，売手業者は自己の商品の，消費者にとっての見かけのネット便益を最大化させようとする．消費者の認知構造にバイアスがあるなら，見かけの便益を最大化させるような商品，契約，および価格は，本当のネット便益を最大化するものとは異なったものとなる．その結果，過度に複雑でコストを先送りする歪んだ契約構造が出来する．

　価格に注目した場合，合理的消費者を相手にする売手業者は商品の総価格を最小化しようとする．つまり競争は総価格のレヴェルに作用することになる．それに対し，不十分にしか合理的でない消費者の場合は，限られた数の目立つ次元の価格要素のみに基づいて商品を選択する．このため競争はこれら目立つ価格要素のみに作用し，それらを引き下げるが，その代わりに目立たない価格には競争の作用が及ばないことになり，それらは上昇する．例えば，短期価格は目立つが長期価格は目立たないというように，目立つか否かが時間の関数である場合には，競争によって短期価格はコスト以下に押し下げられ，それによる損失を売手業者は長期価格を釣り上げることで取り返そうとする．

　これらのもたらす競争の歪みによって，2つのタイプの効率性のコストが生じる．第1のタイプは商品の選択に関連し，第2のタイプは，選択された商品がどのように使用されるかに関連する．後者の方から検討しよう．

　価格は商品使用についての意思決定に影響を与える．遅延手数料が高額であれば，支払いの遅延は抑止される．導入時の利率が低ければ，導入初期における借金を誘発する．最適な価格設定は正確なインセンティヴをもたらす．すなわち，最適の遅延手数料によって，支払遅延のもたらす便益が，（支払遅延の含意するリスクの増加分も含めた）支払遅延のコストを凌駕するとき，そしてそのときのみ，消費者は支払いを遅延させる．最適のカード・ローン利率であれば，借金からの便益がクレジット・カード会社の信用供与コストを凌駕するとき，そしてそのときのみ，消費者は借金する．最適な価格設定とは，売手業者のコストに対応するものなので，商品使用による消費者便益が売手業者のコストを凌駕するとき，そしてそのときのみ，消費者は

価格を支払って商品を使用する．確かにこの説明は若干単純化しすぎではあるが，最適な価格設定を決定する要因についてのイメージや，最適な価格設定がもたらす効率性の改善のイメージをつかむことはできよう．

　これに対して，価格がコストではなく，目立つか否かの関数である場合，効率性の便益は損なわれる．あまり目立たない価格は過度の使用を導き，高額の目立たない価格は非効率な使用を導く．消費者は導入初期において過度に借金をしようとし，支払遅延がクレジット・カード会社にもたらすコストを，支払遅延の消費者便益が凌駕する場合にも，支払遅延を回避しようとする．歪められた競争は歪められた価格を導く．歪められた価格は歪んだインセンティヴをもたらす．

　ここで商品選択のトピックに戻ろう．売手業者は目立つ価格を引き下げ目立たない価格を釣り上げることで，不十分にしか合理的でない消費者にとっての見かけの総価格を最小化しようとする．見かけの総価格は本当の総価格よりも小さいので，バイアスのある消費者は，その価格に値するほどの価値はないような商品をも選びがちとなる．その結果，非効率な資源配分となってしまう．

　この非効率性は価格設定が最適である場合でさえ生じる．この場合でも，目立たない次元の価格要素は無視されたり過小評価されたりするので，見かけの総価格が小さくなるからである．契約構造が歪んでいる場合，この問題をさらに悪化させる．というのも総価格を，目立たない過小評価される次元の価格要素へと先送りするからである．こうして，本当の総価格と見かけの総価格の間の乖離が拡大する．その結果，自己の厚生を引き下げるような商品を多くの消費者が購入してしまうということにもなる．バイアスと誤解のために需要がバブルのように不自然に膨張することになる．歪んだ契約構造はこの需要バブルをさらに膨らませる．

Ｃ．所得分配上の問題

　複雑性とコスト先送りが所得分配に与える影響は，その大部分が個別の市場ごとに異なる市場特異的なものである．よって，それらは後のケース・スタディの章で論じる．とはいえ，いくつかの一般的な側面についてはここで触れておこう．

　賢明さの点でより劣った顧客や資金面でより貧しい顧客ほど，商品と契約

の複雑性に対処するために専門のアドヴァイザ(助言者)を雇うことができない場合に，過度の複雑性はより大きな困難を強いることになる．こうして，複雑性は〔より貧しい者ほど悪影響を受けるという〕所得分配上の逆累進的効果を生じさせる．

　コスト先送りの所得分配上の効果は上に比べるとそれほど明らかではない．歪んだ価格設定，とりわけ，目立つ短期的な価格を低額にし，目立たない長期的な価格を高額にするような価格設定は，目立たないので高く設定される価格の方を支払ってしまうようなタイプの消費者グループにコストを転嫁している．場合によっては，とりわけ目立たない価格要素が不履行時価格ないし違約価格であるような場合(例えば，遅延手数料や不履行時適用利率の場合)，より弱い立場の消費者ほど，高額だが目立たない価格のコストを引き受けることになることが多い．そのような場合，コスト先送りという価格設定の特性は，所得分配上の逆累進的な効果を生じさせる．

Ⅲ．市場による解決とその限界

　以上見て来たように，消費者の心理と市場の諸力の間の相互作用は，消費者の利益を害し，社会厚生を害することがある．その害悪の程度は，行動経済学の意味での市場の失敗をもたらす背後のバイアスと誤解を，市場の諸力が是正できる能力の程度に主として依存する．とりわけ，消費者の学習能力と売手業者による消費者教育に依存する．そして，このような市場の自浄作用には限界がある．以下で詳述する[19]．

A．消費者の学習

　バイアスと誤解は，商品選択の際の過誤および商品使用上の過誤を引き起こしうるが，消費者は自分の犯した失敗から学ぶこともできる．これは自己経験学習と呼ばれる．あるいは他者の失敗から学ぶこともできる．これは他者経験学習と呼ばれる．これらの学習によって失敗を繰り返さないようになる[20]．では，どのくらいのスピードで消費者は学習するのであろうか．そ

19　Armstrong, 前掲注(3)も参照．

20　例えば，Sumit Agarwal, et al., "The Age of Reason: Financial Decisions over the Life-Cycle and Implications for Regulation," (2009) *Brookings Paper on Economic Activity*,

の答えは，文脈，すなわち消費者の置かれた状況によって異なる．消費者の自己経験学習も他者経験学習もともに，状況によってその効率性は様々である．

　自己経験学習から検討して行こう．隠れた商品リスクについて消費者が自己経験学習をする速度は，その商品をどの程度頻繁に使用するか，およびその商品リスクがどのくらい頻繁に実現するかに依存する．自己経験学習の機会は，住宅担保ローンの場合よりも，クレジット・カードや携帯電話の方が多い．クレジット・カードや携帯電話の場合においても，さらに，より頻繁に起きるリスクとそうでないリスクがある．例えば，ファイナンス・チャージ（融資手数料）と使用限度超過手数料の方が，外国通貨交換手数料や国際ローミング手数料よりも頻繁に生じるであろう[21]．

　稀な事柄の場合，効果的な自己経験学習は難しいので，他者経験学習が重要となる．消費者が住宅担保ローン契約を結ぶのは，一生のうちでも数回がせいぜいであろう．従って，消費者がそのリスクについて個人的経験から学ぶ可能性は低い．しかし，百万人の消費者が同じタイプの住宅担保ローン契約を結ぶ場合には，その中のいくつかの契約で不履行に陥るであろうし，そうなれば，住宅担保ローン契約のいろいろな契約構造のそれぞれのリスクが明らかにされることになるであろう．

　とはいえ，他者経験学習が万能薬であるわけではなく，効果は状況次第である．例えば，商品が標準化されていれば，他者経験学習は効果が大きいが，標準化されていなければ効果は小さい．標準化された商品の場合，消費者が何らかの隠れた商品特性に気付けば，その情報を家族や友人に伝える

Issue 2, 51-117（消費者が学習能力を持つことを示している）．

21　効果的な学習の条件について，および，学習の限界については，Amos Tversky & Daniel Kahneman, "Rational Choice and the Framing of Decisions," in Robin M. Hogarth & Melvin W. Reder (eds.), *Rational Choice: The Contract between Economics and Psychology* (University of Chicago Press, 1987), 90-91 を参照．賢い意思決定者でも有する，「現実世界」における巨額の得失に絡む状況での，学習の限界については，Cade Massey & Richard H. Thaler, "The Loser's Curse: Overconfidence vs. Market Efficiency in the National Football League Draft" (2010), SSRN: http://ssrn.com/abstract=697121（アメリカ合衆国のナショナル・フットボール・リーグのドラフト会議において，選手を指名する際にいつも見られるバイアスを報告している）を参照．

であろう．その情報は標準化された商品のどれにも当てはまるので，他の多くの人たちにとっても関係があるからである．他方，商品が標準化されていない場合，そのような他者経験学習はそれほど効果がない．一人の消費者が非標準化商品について気付いた情報は，タイプの異なる商品を購入した他の消費者にとっては役に立たないかもしれないからである[22]．

　商品の性質を広く定義して，商品の本来の使用方法以外に，潜在的な使用方法をも含めた場合，標準化された商品の範囲は小さくなる．商品の価値はその本来の商品特性だけで決まるものではなく，潜在的な使用方法によっても決まる．商品について消費者がそれぞれ異なる使い方をする場合，本来の使用法なら標準化されているといえる商品も，機能的には非標準化商品となる．これが起きると消費者の学習が阻害される．ある消費者が商品をある方法で使用し，それによって商品の特定の情報に気付いたとしても，その情報は，異なる使用方法をする他の消費者にとっては役に立たない情報であるかもしれない．

　商品属性情報と商品使用情報の区別も，他者経験学習の効果に関連する．商品属性についての過誤の方が，他者経験学習によってより迅速に解消する．そのような過誤がどのくらい迅速に解消するかは，当該商品を含む同等商品の数量やタイプ数によって異なるとともに，商品の当該商品属性が商品使用のパタンとどれだけ関係しているかによっても異なる．例えば，高額の外国通貨交換手数料について，それがより多くの契約で規定されているほど，そして，海外へ渡航中にこの手数料を発生させる者が多いほど，消費者はより迅速に学習をするであろう．

　商品使用に関する過誤の場合，他者経験学習によってそれが解消されることは，あまり期待できない．消費者は，例えばクレジット・カードの支払いを自分がどのくらい頻繁に遅延するかを過小評価したり，携帯電話の通話料金体系で割り当てられた上限通話時間数(分)を自分がどのくらい頻繁に超過するかを過小評価したりするであろう．他の面では標準化された商品の場合でも，使用パタンが消費者の間で大きく変化するなら，他者経験学習は非常に困難となる．

22　非標準化商品にも，標準化された特性が存在することもある．そのような特性に対しては，他者経験学習は効果的となりうる．

　評判は，他者経験学習の他の側面に関連する．評判が問題となるのは，商品や契約構造よりも，売手業者自身の方であることが通常である．それゆえ，売手業者の評判は，非標準化の問題の対象とはならない．しかし，評判には別の問題がある．すなわち，評判が伝える情報はあまり正確でないという問題である．高品質の商品を販売し，信頼の置ける顧客サーヴィスを提供する売手業者は，たとえ消費者の利益を犠牲にして自身の利益を最大化するような構造の契約を使っていても，高い評判を享受できるであろう．もちろん，露骨な搾取はばれて売手業者は評判を損ねるであろうし，ゆえに売手業者はそのような見え見えの搾取は慎重に避けるであろう．ここでの問題は，消費者にとって有害であるにもかかわらず，売手業者が評判失墜によるコストを蒙ることがないような契約構造である．また，市場の底辺にいるような売手業者の場合には，市場の失敗是正の上で評判はさらに役に立たない．「安かろう，悪かろう」の評判を持つ売手業者を探し出して安く買おうとする消費者もたくさんいる．しかし，そのような消費者が気付かないことは，自分が単に低品質の商品を安く買っているだけではなく，低品質な商品を自分に有害な構造の契約によって買っているという点である．低い評判を敢えて選んだのである以上，そのような売手業者は評判失墜のペナルティを全く意に介さないであろう（少なくとも，それほどは気にしないであろう）．

　確かに評判の効果は不十分なものではあるが，とはいえ市場の失敗を是正する上で評判はやはり重要な要素である．評判は，行動経済学の意味での市場の失敗の悪影響を軽減することができるからである．評判は消費者が学習するものであり，売手業者は積極的に評判を高めようと努力するので，ここで分析している消費者学習にも，後述の売手業者による消費者教育にも関係が深い．

　学習のもう１つのタイプが専門家の助言である．自分らが不十分な合理性しか持ち合わせていないことを自覚した消費者は，自分の犯す過誤を少なくするような方策を実施する．すなわち，市場取引に入る前に，専門家の助言と指導を求めるのである[23]．ここでの専門家とは，民間のコンサルタントや相談機関，情報提供や指導をするための政府機関，および消費者団体であ

23　Richard A. Epstein, "Second-Order Rationality," in Edward J. McCaffery & Joel Slemrod (eds.), *Behavioral Public Finance* (Russell Sage Foundation, 2006), 355, 361-362.

る．専門家の助言は明らかに有益である．しかし他のタイプの学習と同じように，専門家の助言にも限界はある．

　第1の限界は，1つ1つの購入や使用方法の選択のたびごとに消費者が専門家に相談するということはありえない点である．大きな決定に直面した場合であれば，消費者は時間とコストをかけて専門家の助言を求めるであろう．しかし，小さな決定の場合にはあまり求めないであろう．例えば，高額の住宅担保ローンを組む際には，消費者は事前に第三者の専門的助言を求めることが多いであろう．それに対し，クレジット・カードでスニーカーを購入するような場合には，専門家の助言を求めることはあまりないであろう．多くの消費者市場において，消費者は少額の選択をたくさんする．そのような市場では，消費者が専門家の助言を求めることはあまりない．

　第2の限界は，専門家の助言，とりわけ専門家の良い助言は，常に手に入るわけではない点である．消費者の直面する意思決定の中には，あまりにも複雑すぎて，専門家でさえも過誤を犯すようなものがある．例えば，住宅担保ローン市場の場合，ローンの借換えに関する専門家の助言で入手可能なものでは，高利率期間開始前の繰上返済についての判断を先送りにすることのオプション価値が無視されている．これを無視することで，融資価値の最大25%までを債務者(借り手)は失う可能性が生じる[24]．また，助言者が被助言者の最善の利益のために助言している場合に，助言は最も有益となるが，これは常には当てはまらない．再び住宅担保ローンを例に採ろう．最近の法改正によって，ブローカーの仲介・助言の報酬体系の許容範囲が狭められた．これは住宅担保ローンのブローカーが，その助言に依存する借り手，つまり消費者を巧みに誘導して，より高額なローンを組ませることで，ブローカー自身の利益を追求しているのではないかという懸念に基づく法改正であった[25]．

24　Aumit Agarwal, John C. Driscoll, & David Laibson, "Optimal Mortgage Refinancing: A Closed Form Solution," 5-6 (2007) (*Nat'l Bureau of Econ. Research, Working Paper No. 13487*)を参照，これはhttp://www.nber.org/papers/w13487で入手可能である．

25　日本の中央銀行たる日本銀行に機能的に対応するアメリカ合衆国連邦準備制度理事会(Federal Reserve Board)の2010年8月16日付の記者発表参照．同様の報酬体系のために，保険市場においても保険ブローカーと消費者の間の利益相反が継続している．

　最後3つ目の限界は，専門家の助言は，商品使用上の過誤を是正する場合よりも，商品属性に関する過誤を是正する場合の方が役に立つという点である．個々の消費者の商品使用パタンや特異な商品使用パタンが問題の場合，過誤を是正する上で必要な情報を専門家が持っていることは稀でしかない．

　専門家のみに頼る代わりに，消費者はときとして他の消費者に頼る．他の消費者は，リスクの高い商品や契約についての他者経験学習を促進することができる．また，リスクの高い商品や契約を市場から放逐する上で役にも立ちうる．それらを放逐できれば，学習する必要もなくなる．これは「知悉した少数消費者理論」と呼ばれる考え方で，アラン・シュウォーツ（Alan Schwartz）とルーィス・ワイルド（Louis Wilde）の提唱する理論である[26]．理論上は，知悉した賢い少数の消費者さえいれば，売手業者が社会厚生を最大化するような商品と契約を提案するように誘導することができるとされる．

　知悉した少数消費者理論は多くの仮定の上に成り立っている．第1の仮定によれば，知悉した少数者といってもあまりに少数であってはならない．商品設計と契約構造に影響を与えることができる程度には十分な数の知悉した消費者がいなければならない．第2の仮定によれば，そのような知悉した少数の消費者の選好構造は，それほど賢くない普通の消費者の選好構造と同様でなければならない．第3の仮定によれば，市場を分割して，知悉した消費者の市場とそれ以外の消費者の市場を作り出すような力が，売手業者にあってはならない．これらの仮定が成立しない場合，知悉した少数消費者理論は適用できなくなる[27]．

26　Alan Schwartz & Louis L. Wilde, "Imperfect Information in Markets for Contract Terms: The Examples of Warranties and Security Interests," *Va. L. Rev.* 69 (1983), 1387, Alan Schwartz & Louis L. Wilde, "Product Quality and Imperfect Information," *Rev. Econ. Sud.*, 52 (1985), 251 を参照.

27　Oren Bar-Gill & Elizabeth Warren, "Making Credit Safer," (2008) 157 *U. Penn. L. Rev.* 1, 22-23 を参照. 少なくとも一定の消費者市場では，知悉した消費者の数が少な過ぎることの証拠については，Yannis Bakos, Florencia Marotta-Wurgler, & David R. Trossen, "Does Anyone Read the Fine Print? Testing a Law and Economics Approach to Standard Form Contracts," (2009) *NYU Law and Economics Research Paper* No. 09-40 を参照，これはSSRN: http://ssrn.com/abstract=1443256 で入手可能である.

Ｂ．売手業者による消費者教育

　消費者の誤解の問題に対して，学習はディマンド・サイド(需要側)からの市場の重要な解決策である．これとは異なる市場の解決策として，サプライ・サイド(供給側)からのものがある．すなわち，売手業者が消費者の誤解を是正するために資源を投資するというものである．以下のよくある例で考えてみよう．売手業者Ｂの提供する商品よりも値段は高いがより優れた商品を，売手業者Ａが提供するとしよう．ところが，消費者は売手業者Ａの商品が売手業者Ｂの商品よりもどれだけ優れているかを過小評価し，そのために売手業者Ａが要求する高い価格を支払おうとはしないとする．この例の場合，自社商品についての消費者教育を行う強いインセンティヴ(誘因・動機付け)，言い換えれば，商品の価値(ネットの総便益)についての消費者の過小評価を是正する強いインセンティヴが売手業者Ａには存在する．

　では，お互いに区別のない商品とか，区別はあってもある特定の商品リスクについては区別のない商品を，多数の売手業者が提供する場合はどうであろうか．この場合には集合行為問題と呼ばれる重大な問題が生じ，消費者教育への売手業者のインセンティヴを歪めることになる．具体例で見よう．売手業者Ａが商品リスクを軽減させ，そこで資源を投資して自社のより優れた商品の便益についての消費者教育を行うとしよう．売手業者Ａは多くの顧客を引き付け，競争均衡での利潤よりも大きな利潤を上げるであろう．しかし，この状態は均衡ではない．売手業者Ａが資源を投資して消費者教育をした後には，他の全ての競合他社が売手業者Ａの努力の成果にただ乗りするであろう．すなわち，他社は売手業者Ａと同じように商品リスクを軽減させ，売手業者Ａが得ていたであろう利潤を競争によって減らしてしまう．そのような他社の動きを読んで，売手業者Ａは，消費者教育に投資をしても，その投下資本を回収できないことに気付く．従って，売手業者Ａは，商品の安全性を改善しようとする代わりに，リスクの高い商品を売り続けるであろう．このような集合行為問題のために，消費者の誤解は解消されないことになろう[28]．

---

[28]　Howard Beales, Richard Craswell, & Steven Salop, "The Efficient Regulation of Consumer Information," *J. L. & Econ.* 24 (1981), 491, 527 (有利な情報も不利な情報もともに売手業者が開示しようとしないことの理由を説明している)を参照．広告(advertising)

　売手業者Aが享受する一番乗り効果によって，集合行為問題が解消される市場も存在する．言い換えれば，売手業者Aの技術革新による消費者にとってより安全な新商品を，他の売手業者が模倣するには十分長い期間がかかる場合，売手業者Aはその期間内に十分な利潤を上げることができて，従って消費者教育への投資がペイする（見合う）場合である．

　契約構造の改革の場合は残念ながら，売手業者Aが十分大きな一番乗り効果を享受できることはないであろう．物理的な商品の改良をコピーするためには，競合他社としては生産ラインを設計し直さなければならない．これには時間がかかる．しかし，契約構造の革新の場合，競合他社としては文言を是正した新契約を印刷（またはウェブサイトに掲載）するだけでよい．

　商品使用情報の場合には，売手業者による消費者教育は，とりわけあてにならない．売手業者に商品属性情報を開示させるように働く市場の力は，商品使用情報については働かない．商品属性情報を開示することで，売手業者は競争上有利な立場に立つことができ，それは競合他社がコピー商品で追いつくまで続く．この情報は，当該売手業者の商品が他社商品と比べていかに優れているかを，買い手消費者に理解させるための情報である．だから開示されるのである．これに対し，商品使用情報は，開示しても競争上有利とはならない．開示された商品使用パタンが同じ種類の商品全てについて同様に見られるものである限り，開示で情報を獲得した消費者は，情報開示をしなかった他の売手業者からも区別なく商品を購入するかもしれない．このようにして，売手業者は商品使用情報を自分から開示しようとはしない[29]．

　最後に，集合行為問題や商品使用情報の問題がたとえなかったとしても，売手業者は消費者の過誤をむしろ是正しないでおこうとする場合がある．さらには，売手業者はお金をかけて，消費者の誤解を誘導しようとさえするかもしれない．消費者の理解と選好に対するこのような誤導こそが，広告宣伝の主たる目的であると主張する者もいるのである[30]．

には，過誤の是正メカニズムとしての限界がある点については，Xavier Gabaix & David Laibson, "Shrouded Attributes, Consumer Myopia, and Information Suppression in Competitive Markets," *Q. J. Econ.*, 121 (2006), 505 も参照.

29　Oren Bar-Gill & Oliver Board, "Product Use Information and the Limits of Voluntary Disclosure," *American Law and Economics Review*, 14 (2012), 235 を参照.

30　Glaeser, 前掲注(9)を参照. 市場的解決策としての「売手業者による消費者教

Ⅳ．法政策上の意義：情報開示規制

　消費者心理と市場の諸力の間の相互作用が行動経済学の意味での市場の失敗をもたらす．この市場の失敗は社会厚生を引き下げ，消費者の利益を侵害する．市場内在的な解決策は存在するが，その効力には限界も大きい．すなわち，問題を軽減できるかもしれないが，解決することはできない．市場の失敗が起こり続けるので，法制度による介入を検討する必要が生じる．

　本節以降での法政策的な議論は，情報開示規制を主として扱う．これは，情報開示によって問題が常に解決できるからでもなければ，規制手段として情報開示が最適なものだからでもない．むしろそれは，強制的情報開示制度が規制手段として最も介入主義的色彩が薄いものだからであり，したがって，最も実現されやすい規制手段だからである．それとともに，強制的情報開示制度は，最適に設計されれば，行動経済学の意味での市場の失敗の問題の核心である過誤と誤解を，その是正の直接の対象とするものだからでもある[31]．

　人々の行動に影響を与えて市場を改善するための規制手段としての情報開示については，最近，オムリ・ベン＝シャハル（Omri Ben-Shahar）とカール・

育」の有効性に関するその他の限界についてはSpiegler，前掲注（1）の第6章が論じている．

31　強制的情報開示制度は，柔らかいパターナリズム〔後見的介入主義（paternalism）〕（あるいは，非対称的パターナリズム，自由主義的パターナリズムとも呼びうる）の典型例といえる．すなわち，賢い消費者にコストをできるだけ掛けないようにしつつ，あまり賢明でない消費者を支援するものである．Colin Camerer et al., "Regulation for Conservatives: Behavioral Economics and the Case for 'Asymmetric Paternalism'," *U. Penn. L. Rev.*, 151 (2003), 1211, Cass R. Sunstein & Richard H. Thaler, "Libertarian Paternalism Is Not an Oxymoron," *U. Chi. L. Rev.* 70 (2003), 1159, Richard H. Thaler & Cass R. Sunstein, *Nudge: Improving Decisions about Health, Wealth, and Happiness* (Yale University Press, 2008) を参照．強制的情報開示制度の利点と限界については，Spiegler，前掲注（1）の第10章と第12章，Armstrong，前掲注（3）を参照．その他の政策的手段，とりわけ消費者教育，読み書き・そろばんプログラム（education/literacy/numeracy program）は強制的情報開示制度と相乗作用を発揮できる．すなわち，それらは，開示された情報を消費者がよく消化できるようにするものであり，よって，より広範な情報の効果的な開示を促すことができる．

シュナイダー（Carl Schneider）がその有効性に対して疑問を提示している[32]．しかし，本書の対象である消費者市場においては，情報開示に一定以上の効果があることが証拠によって示されている．これらの証拠については後のケース・スタディの部分で説明する．しかも，たとえ現状における情報開示の有効性には限界があったとしても，規制手法として情報開示を用いることが無益とされなければならないわけではない．現行の強制的情報開示には制度的欠陥がある．このIV.の1つの目的は，消費者市場における強制的情報開示制度をより良い制度に改善する上での指針を，規制担当者に提供することである．

　このIV.の目標および，次章以降での個別の消費者市場ごとの強制的情報開示制度の分析の目標は，現状の規制や提案されている規制についての総合的な評価を提示することではない．むしろ，最適な情報開示規制を考える上で鍵となる論点を明確化し，問題を解明することが目標である．以下のA.では，商品使用情報の開示の重要性を明らかにする．続くB.では，最適な強制的情報開示制度について考察する．最後のC.では情報開示規制によって提起される規範的な問題のいくつかについて検討する．

A．商品使用情報の開示

　先のI.A.で商品属性情報と商品使用情報とを区別し，それに対応して，商品属性についての過誤と商品使用についての過誤とを区別した．その両方の過誤が市場の効率的な機能を阻害し，消費者の利益を侵害するのであった．情報はそのような過誤を治癒しうる．商品属性情報の開示によって，商品属性についての過誤を減少させることができ，商品使用情報の開示によって，商品使用についての過誤を減少させることができる．

　クレジット・カードを例に採ろう．クレジット・カードの利率および支払遅延手数料は，クレジット・カードの商品属性である．カード・ローンの借入れのパタンや支払遅延の発生状況は商品の使用情報である．商品についての総便益と総コストは，商品属性と商品使用パタンの双方の関数である．支払う利息の総額は，利率と消費者の借入残額の双方によって決まる．支払遅

32　Omri Ben-Shahar & Carl Schneider, *More Than You Wanted To Know: The Failure of Mandated Disclosure*（Princeton University Press, 2014）．

延手数料の支払総額は，支払遅延手数料と支払遅延回数の双方によって決まる．利率や支払遅延手数料を過小評価した消費者は，そして自分がどれだけ借りるかや，何回くらい支払いを遅延するかについて過小評価した消費者は，クレジット・カードという商品の総価格を過小評価することになる．誤解を減少させる上で情報開示が果たす重要な役割は，よく知られている．しかし，現行および提案されている強制的情報開示制度は概ね，商品属性情報の開示に限られている[33].

　強制的情報開示制度は商品使用情報についてもその対象とするべきである．先の I. で強調したように，消費者が最適な意思決定をするためには，商品使用情報も必要なのである．しかし，後のケース・スタディの章で明らかにするように，信頼できる商品使用情報へのアクセスが消費者には存在せず，その結果，自分の将来の使用パタンについてシステマティックに消費者は過誤を犯すことになる．

　とはいえ，消費者には商品使用情報がないというだけでは，商品使用情報を強制的に開示させる法的規制を正当化するには不十分である．さしあたって 2 つの反対論が考えられるので，まず検討しておこう．第 1 の反対論は，売手業者が消費者よりも優れた情報を持っている場合にのみ情報開示は意味を持つというものである．そして，売手業者は自らが提供する商品属性についてはより優れた情報を持っていると推定できるが，使用情報については商品を使用する本人である消費者の方により優れた情報があるという逆の推定が働く場合が多いというのである．しかし，主要な消費者市場においては，この逆の推定は当てはまらない．クレジット・カード市場がそのような市場の例である．シティグループ(Citigourp)の欧州と北米のクレジット・カード事業の法務部長だったダンカン・マクドナルド(Duncan McDonald)が以下のように述べている．

　　消費者とその取引行動について，クレジット・カード産業ほど情報を持っている産業は，この世の中の他のどこにも存在しない．クレジット・カード産業の消費者行動の分析は，DNA研究にも匹敵しうる科学

33　Oren Bar-Gill & Franco Ferrari, "Informing Consumers about Themselves," *Erasmus Law Review*, 3 (2010), 93 を参照.

の域に達している．消費者行動に関するデータは実質的にありとあらゆるものが蓄積されており，それらは，日々更新され，分類され，分析され，スコア化され，試験され，評価され，そして比較されている．しかも消費者行動データは，最高級のコンピュータを何百台も駆使して，最も優れた創造的な研究者らによって，あらゆる角度から分析されている．過去10年間だけでも，２億人のアメリカ合衆国の国民のクレジット・カード取引情報が，何兆億通りもの角度から分析されており，それによってクレジット・カードのリスクを最小化しようとしている[34]．

携帯電話サーヴィス市場がもう１つの例である．アメリカ合衆国の業界トップの携帯電話事業者の価格設定担当役員が次のように語っている．「人々は自分が携帯電話をどれくらい使うかについて完全に分かっていると思い込んでいるが，本当は何も分かってないのは驚くほどです[35]」．この価格設定担当役員は，人々にとっての見かけの商品使用パタンと，携帯電話事業者とその従業員には知られている本当の商品使用パタンとを比較しているのであろうと推測される．住宅担保ローン市場においてさえ，返済パタンや不履行確率などの商品使用情報については，貸手業者の方が借手消費者よりも多くの情報を持っていることが通常である．これらはたいていの場合，統計的ないし平均的な商品使用情報であるが，個人信用調査機関を通じて，あるいは，当該借手消費者との取引関係が長期化した場合の情報蓄積を通じて，貸手業者は個別の借手消費者についての商品使用情報をも持っている[36]．

34　Duncan A. MacDonald, "Viewpoint: Card Industry Questions Congress Needs to Ask," *American Banker*, March 23, 2007. Charles Duhigg, "What Does Your Credit-Card Company Know about You?," (2009) *New York Times*, May 17 も参照（クレジット・カード会社が蒐集し，心理学研究の成果に基づいて高度のアルゴリズムを用いて分析している消費者情報，とりわけ商品使用情報の莫大な量を描写している）．

35　Michael D. Grubb, "Selling to Overconfident Consumers," *Amer. Econ. Rev.* 99 (2009), 1770.

36　Philip Bond, David K. Musto, & Bilge Yilmaz, "Predatory Mortgage Lending," (October 10, 2008), *FRB of Philadelphia Working Paper*, No. 08-24, これは SSRN:http://ssrn.com/abstract=1288094 で利用可能である．

　売手業者の方がより優れた情報を持っている場合であっても，それだけでは強制的情報開示制度を正当化できないかもしれない．第2の反対論が考えられるからである．すなわち，売手業者が自主的に情報開示をすると期待できるならば，なぜ強制的情報開示制度が必要なのか，という反対論である．これに対する回答は，売手業者が自主的に情報を開示するとは限らない，というものである．こうして議論は市場による解決の可能性と限界という先に検討した問題に戻ってくる．先に論じたように，自主的情報開示や売手業者による消費者教育は，頼りにできるほどうまくゆくとは限らない．その上，商品使用情報の自主的開示はもっと起こりそうにない．商品属性情報の開示を要求するルールはたくさんあるが，それに比べて商品使用情報の強制開示ルールは僅かしかない．このことは，経済学理論が推奨する制度とはちょうど逆になっているといえる．これは重要な問題である．

　商品使用に関する情報開示制度は主として次の2つの形態をとる．すなわち，統計的・平均的な商品使用情報の開示と，個別消費者の商品使用情報の開示である．個別消費者の商品使用情報の開示制度は，当該消費者の過去の商品使用パタンに基づく情報の開示なので，消費者が最適の意思決定をする上での支援としてより効果的であることは明らかであろう．しかし，このタイプの情報開示制度は，クレジット・カード市場や携帯電話市場のようなサーヴィス市場でしか実現可能性がないことが通常である．そういう市場であれば，サーヴィス提供業者は顧客消費者との間に長期的取引関係を維持しており，その取引を通じて顧客消費者ごとの商品使用情報を蓄積できるからである．その他の市場の場合，商品使用情報の開示は，平均的消費者あるいは一定の顧客層の中の平均的消費者の商品使用パタンに基づく統計的情報に限定されることが通常である．消費者の間に多様性が大きい場合，平均的消費者の商品使用情報の開示には，それほど大きな価値がないことになる．消費者の楽観主義，すなわち，「自分は平均以上だ」という態度の場合も，平均的消費者の使用情報の開示にはそれほど大きな価値がないことになる．

　個別消費者の商品使用情報の開示は確かにより効果的ではあるが，それでも一定の限界がある．第1に，I. A. 2.(本書28-33頁)で説明したように，商品使用は商品属性等の関数である．従って，消費者がある商品から他の商品へと乗り換えた場合，その商品使用パタンも変化することがある．例えば，月200分プランの携帯電話，すなわち月々200分まで通話料が無料だが，そ

れを超えると高額の通話料が課される料金体系の携帯電話の使用者が，月500分プランの携帯電話に乗り換えた場合を考えてみればよい．この消費者は以降もっと通話をするように商品使用パタンを変化させるであろう．その場合，月200分プランのときの商品使用情報の開示は，ミスリーディングでしかない．第2に，個別消費者の商品使用情報の開示は，必然的に過去の商品使用に基づかざるをえない．過去の商品使用は将来の商品使用に対しては不完全な予測しかもたらさない．その上，例えば頻繁に支払遅延を犯したなど，過去に無節操な商品使用をしてきた楽観的な消費者の場合，将来はちゃんとするようになると安易に考えるかもしれない．

　商品使用情報の開示も完璧ではないが，それがなされない場合よりも消費者はより有利な立場に立つことができる．規制担当者は，情報開示制度を設計する際には，商品使用情報の開示の持つ潜在的な重要性をもっと考慮するべきである．

B．最適の強制的情報開示制度の構造

　強制的情報開示制度は広く普及しているが，多くの場合あまりよく設計されていない．単により多くの情報を提供するだけでは，消費者にとって必ずしも有益にならない．住宅担保ローン契約の締結の際に盲目的に署名された山のような契約書類とか，クレジット・カード契約のとても読めないような細かい条項とかは，情報開示規制の極端な失敗例であるといえる．賢い合理的な消費者にとっても，そのような複雑な情報開示を読んで理解するためのコストが便益を凌駕することが多いであろう．まして，不十分にしか合理的でない消費者の場合，情報過重はさらに大きな問題となる[37]．

---

[37]　Richard Craswell, "Taking Information Seriously: Misrepresentation and Nondisclosure in Contract Law and Elsewhere," *Va. L. Rev.* 92 (2006), 565（情報をさらに追加で提供させても，既に存在する情報開示の有効性を損ねるだけであると主張している），Russell Korobkin, "Bounded Rationality, Standard Form Contracts, and Unconscionability," *U. Chi. L. Rev.* 70 (2003), 1203（消費者が処理し得るのはほんの少しの量の情報である），Government Accountability Office, "Credit Cards: Increased Complexity in Rates and Fees Heightens Need for More Effective Disclosures to Consumers," (2006), これはhttp://www.gao.gov/new.items/d06929.pdf 46 で入手可能（クレジット・カードの情報開示は情報過多であるという知見），Mark Furletti, "Credit Card Pricing Developments

　強制的情報開示制度が実効性を持つためには，以下の2つのアプローチのいずれかを採用しなければならない．すなわち，第1のアプローチは，現行のほとんどの強制的情報開示制度と同じように，消費者を直接の対象とするものである．しかし，これらの情報開示が実効的であるためには，簡明なものでなければならない．ところが，現行のほとんどの強制的情報開示制度はそうはなっていない．第2のアプローチは，情報開示の概念を再定式化し，対象を消費者から，専門の仲介業者や売手業者の方に変更するものである．このような情報開示は，より広範でより複雑なもので構わない[38]．

1．消費者に対する簡明な情報開示

　不十分にしか合理的でない消費者を対象とする，簡明でしかも有益な情報開示制度を設計するのは困難な仕事である．より多くの情報を提供することと，理解しやすい情報を提供することとの間にある本質的な緊張関係を乗り越えなければならない点に困難さの核心が存する．売手業者は多くの重要な情報を持っている．情報開示が，消費者にとって理解できるほど十分に簡明であるためには，必然的に重要な情報の一部を開示対象から外さなければならない．従って，情報開示制度設計の目標は，情報開示によって消費者が実質的に獲得する情報量の最大化である．そのためには，規制担当者は最も重要な情報を特定し，それらを可能な限り簡単明瞭な形で提供させなければならない．

　様々に多様な消費者の場合，問題はより深刻となる．なぜなら，ある消費

---

and Their Disclosure," (2003) Federal Reserve Bank of Philadelphia, Payment Cards Center, Discussion Paper 19, これはhttp://www.philadelphiafed.ofg.pcc/papers/2003/CreditCard-Pricing_012003.pdfで入手可能(情報開示規制によってより詳細な情報開示を求めても消費者にとってより有益になるかは疑問であるという結論)を参照．

38　消費者への簡明な情報開示と，仲介業者や売手業者への広範な情報開示の区別は，調整情報事項事務所(Office of Information and Regulatory Affairs: OIRA)の所長(Administrator)のCass R. Sunsteinによる要約開示(summary disclosure)と全部開示(full disclosure)との区別にほぼ対応している．Cass R. Sunstein, "Disclosure and Simplification as Regulatory Tools," *Memorandum for the Heads of Executive Departments and Agencies* (2010), これはhttp://www.whitehouse.gov/sites/default/files/omb/assets/inforeg/disclosure_principles.pdfから入手可能, を参照．

者にとっては価値の大きな情報が，他の消費者にとってはそれほどの価値は
ないということが起きるからである．規制担当者は，統計的に重要な情報の
強制的開示をさせる必要がある．すなわち，大多数の消費者にとって価値
のある情報の開示である．他の選択肢として，それが可能であれば，規制
担当者は個別情報の開示を強制しなければならない．すなわち，個別消費
者ごとに対応した情報の開示である．「クレジット・カードの説明責任，責
務，および情報開示に関する法律」(Credit Card Accountability, Responsibility,
and Disclosure Act of 2009: Card Act)で規定されている最低返済義務額〔月々そ
の額以下の返済では不履行として高率の金利が適用される最低返済額〕の強
制開示ルールがその具体例である．そのルールによれば，個別消費者のクレ
ジット・カードの請求残高に応じて決まる，長期返済計画のコストについて
の情報を開示しなければならない[39]．

　多くの場合において，最も多くの情報を最も複雑でない方法で提供する有
効な手段は総コスト開示(total-cost-of-ownership disclosure: TCO)によるもの
である．総コスト開示は簡明な，数値１つだけの情報開示であり，当該商品
の使用期間全体で結局いくらのコストを負担することになるかの総額の見積
もりを消費者に提供するものである．消費者の過誤の対象が当該商品のコス
トや価格についてではなく，その便益についてのものである場合が多いなら
ば，総便益開示(total-benefit-of-ownership: TBO)がなされるべきである．場合
によっては，情報開示された総コストや総便益を一定の期間について計算す
ることができる．典型的には１年間分の合計を開示する．この場合，総コ
スト開示や総便益開示の内容は年間総コストや年間総便益ということにな
る[40]．

39　この点についてのより詳細な検討は第２章で行う．

40　Sunstein，前掲注(38)，５頁参照．総便益開示の例として，生涯所得開示法
　(Lifetime Income Disclosure Act (S. 267, HR. 1534))による情報開示が挙げられ
　る．この法律によれば，確定拠出型退職年金制度(Defined Contribution Retirement
　Plan)の年金運用者は，年金参加者が退職の際に購入できる年金額(生涯にわたり
　毎年受領できると保障された金額)を開示しなければならないが，その額は当該
　従業員のそれまでの退職用積立額によって決まる．教員保険年金協会＝大学退
　職持分基金(Teacher Insurance Annuity Association-College Retirement Equity Fund:
　TIAA-CREF)やヴァンガード相互基金(Vanguard)などのように，年金運用者の

　総コスト開示や年間総コスト開示，および総便益開示や年間総便益開示は，商品属性情報と商品使用情報を結合させたものであるといえる．例えば，携帯電話プランの年間総コストは，プランの単位料金と使用パタンの情報を結合させて携帯電話サーヴィスの年間コストを計算した見積額である．新しい顧客の場合，携帯電話事業者は平均的商品使用情報を使って年間コストを見積もらなければならない(その消費者が，以前の携帯電話事業者での個別商品使用情報を持参しない限り)．既に契約中の顧客の場合は，携帯電話事業者は既に持っている当該消費者の個別商品使用情報を使うことになる．同様の年間総コスト開示をクレジット・カードにも適用することができる．この場合もやはり，カード・ローン利用の程度，返済スピード，支払遅延を犯す確率などの商品使用パタンを用いることになる．住宅担保ローンの場合は，総コストの見積額の計算は，利率の上昇の可能性，高利率期間開始前の返済，および債務不履行を織り込んだものとなる．

　消費者向け金融商品，とりわけ住宅担保ローンに対しては，実質年率(annual percentage rate: APR)の開示が総コスト開示の 1 類型として当初は目論まれていた．実質年率は，ローンに関連する全てのコストを理論上は含むものであるファイナンス・チャージ(融資手数料)に基づいて計算される(実務上は，ファイナンス・チャージの定義から多くのコスト要素が除外されている．この点には第 3 章で触れる)．この総コストを計算し，1 年当たりに直し，それをパーセント・ベースで表示したものが実質年率だということになる．

　これらの簡明な総計による情報開示，とりわけ総コスト開示は，本章の冒頭で明らかにした行動経済学の意味での市場の失敗に対する直接的な対策である．不十分にしか合理的でない消費者を相手にする売手業者は，複雑でコスト先送りの契約を設計して，自社商品の本当のコストと見かけのコストの間のギャップを最大化させようとする．総コスト開示は，売手業者のこのよ

中には，そのような情報を自主的に開示しているものもある．Gopi Shah Goda, Colleen Flaherty Manchester, & Aaron J. Sojourner, "What's My Account Really Worth?: The Effect of Lifetime Income Disclosure on Retirement Savings," (2011) *RAND Working Paper* No. WR-873, これは http://ssrn.com/abstract=1925064 から入手可能(このような情報開示が有効であることを明らかにする)も参照．

うな社会厚生引下げ型の契約設計へのインセンティヴを抑止する．複雑性は契約の本当のコストを売手業者が隠蔽し，相対的に目立たない次元の価格要素の方にコストをシフトさせることを可能にするものであった．売手業者が総コスト開示を強制されれば，目立つ価格要素も目立たない価格要素もともに集計しなければならないので，複雑性は消費者にとっての問題ではなくなり，売手業者にとって魅力のある戦略ではなくなる．

　同様に，売手業者はコスト先送り契約によって近視眼的で楽観的な消費者が商品のコストを過小評価するよう誘導する．総コスト開示は売手業者に短期的コストと長期的コストの双方を集計して，消費者の選択を支援する数値1つを出させるものなので，売手業者のコスト先送りへのインセンティヴを大きく弱体化できる．

　商品から得られる便益がそのコストを凌駕するものか否かを消費者が判断する上で総コスト開示と総便益開示は有益である．しかし，総コスト開示と総便益開示には，おそらく，さらに重要な役割がある．すなわち，競合し合う商品の間の比較を促進するような共通の物差しを提供させることで，市場の競争を促進するという役割である．これこそ，当初の正直貸付法（Truth-in-Lending Act）が1960年代末に制定された際に，実質年率（APR）を開示させる規定が導入されたことの主要な目的の1つであったことは明らかである．実質年率の計算の仕方を平均的な消費者が理解できるなどとは，連邦議会は想定しなかったのである．しかし，計算の理解の有無は問題とならなくなった．どのような消費者であれ，検討対象の複数の金融商品の実質年率を知りさえすればよく，それによって実質年率の最も小さい金融商品を選びさえすればよいからである．もちろん，実質年率が正しい方向に競争を導くことができるためには，それは金融商品の総コストに対応したものでなければならない．

　競争促進手段としての総コスト開示と総便益開示の考え方は，他の商品評価システムの意義をも明らかにするものである．いくつかのインターネット上の消費者サイトでの商品評価を例に採ろう．総コスト開示や総便益開示と同様に，ネット上の商品評価は大量の情報を総合して，比較用の簡明な物差し（simple measure）を提供しようとするものである．総便益開示のように，商品評価は商品のコストよりも便益の方に焦点を当てる．（評価対象の商品にとって，消費者にとってのそのコストとは，単なる一元的な価格だけであ

る場合が通常である.）[41]

　消費者市場の中には，総コスト開示や総便益開示が最適ではなく，多元的な開示の方が必要なものもある．その理由は，総コスト開示や総便益開示という数値 1 つによる開示のためには，必然的に重要な情報を切り捨てなければならないからである．その切り捨てられた情報が，消費者の間の多様性が大きくなるとますます重要性を増してゆくような場合，そして，個別消費者の商品使用情報を総合することではその消費者多様性を適切に扱うことができないような場合に，一元的数値化が不適切となるからである．そのような場合の情報開示制度を設計する際に規制担当者は，より多くの情報と理解しやすい情報との間のトレード・オフに細心の注意を払わなくてはならない．

　最適の情報開示制度の理論はまだ十分に発達してはいない．強制的情報開示制度のほとんどは，情報開示の最適形態を目指して科学的に設計されたものではない．近時においては，連邦取引委員会（Federal Trade Commission: FTC），連邦準備制度理事会（Federal Reserve Board: FRB），および消費者金融保護局（Consumer Financial Protection Bureau: CFPB）などの規制当局は，消費者テストの手法を用いて，より効果的な情報開示の形態を明らかにする努力を始めている[42]．これらの努力はさらに拡張されなければならない．

2．仲介業者および売手業者に対しての包括的情報開示

　標準的な情報開示は消費者をその対象とするものである．言い換えれば，開示情報は消費者が読んで使うものと想定されている．しかし，消費者を直接の対象とするものでなくとも，情報開示は消費者のためになりうる．消費者は，仲介業者やさらには売手業者をも含めてのエージェント（補助・助言・相談・代理などをする者や機関）の支援を得て競合し合う商品の中から選択をすることも多い．しかし，これらのエージェントが十分な情報を持っていて消費者に有益な助言をすることができる場合はむしろ稀である．この

41　レストランの衛生状態評価が，商品評価のもう 1 つの例である．とはいえ，衛生状態評価は消費者の商品経験の 1 つの側面だけに焦点を当てるものであり，したがって，総コスト開示（TCO開示）や総便益開示（TBO開示）との類似性は若干薄くなっている.

42　この点についてのより詳細は，本書第 2 章と第 3 章を参照．より一般的には，Sunstein, 前掲注（38），p.5（消費者テストの重要性を強調している）を参照.

問題を，情報開示制度が解決することができる[43].

　例えば，２年間の携帯電話サーヴィス契約の終期を迎えている消費者を考えてみよう．この消費者は，従前の携帯電話事業者との従前の携帯電話プランを継続するか，それとも，同じ事業者の別のプランに移行するか，さらには，別の携帯電話事業者に乗り換えてしまうかを決めなければならない．この際，自分の特定の携帯電話使用パタンに応じた，最適の携帯電話プランを探し出すためには，数多くの複雑な商品の中から選択をしなければならない．そのために，ビルシュリンク社(BillShrink.com)のような仲介業者の支援サーヴィスを利用することができる．仲介業者は，利用可能な携帯電話プランについての情報，すなわち商品属性情報を有している．しかし，仲介業者には個別消費者の商品使用情報がない．もちろん，自分の商品使用情報を消費者自身が仲介業者に提供することはできる．しかし，先に論じたように（そして第４章で詳論するように），多くの消費者は自分の商品使用パタンについて十分理解していないものである．ここに情報開示の役割が生じる．必要な情報は消費者の従前の携帯電話事業者のデータベースの中に存在する．情報開示規制によって，従前の顧客の商品使用情報を電子的データとして，携帯電話事業者が当該顧客に開示するようにさせればよい．消費者がそのデータを仲介業者に渡せば，仲介業者は，その消費者が自己の商品使用パタンに最も適した商品を選択できるよう，当該消費者を支援することができるようになる．

　これと類似の支援モデルもありえ，そこでは仲介業者をスキップして，競合する売手業者に消費者のエージェントとして振る舞うことを期待する．例えば，先の携帯電話の例の場合，従前の携帯電話事業者には顧客の商品使用情報が蓄積されているので，他の事業者に比べて競争上優位な地位にある．従前の携帯電話事業者に顧客の商品使用情報の，電子的データとしての開示を強制すれば，消費者はその情報を競合他社に提供して，どのプランが自分の携帯電話使用パタンから見て最も良いプランかを尋ねることができる．このタイプの情報開示によって，従前の携帯電話事業者とその競争者らとの間の競争上の地位を対等なものにすることができ，それは消費者の利益になる．

43　Sunstein, 前掲注(38)，pp.6-7（全部開示について論じる）を参照.

　この第2の情報開示形態によって，より多くの情報と理解しやすい情報との間のトレード・オフの問題を回避することができる．開示された情報は，消費者が直接に利用するのではなく，専門の仲介業者や売手業者などの専門的知識のある者が利用するので，情報開示は包括的かつ複雑でも構わない．消費者を直接の開示対象とすることなく，消費者の利益になるような情報開示はリチャード・セイラー（Richard Thaler）とカース・サンスティーン（Cass Sunstein）が提案して注目を集めた[44]．サンスティーンは，調整情報事項事務所（Office of Information and Regulatory Affairs: OIRA）の所長としての立場を活かして，この提案内容の実装努力を開始している[45]．このアイデアは，関連する規制当局の間にも浸透し始めている．例えば，連邦通信委員会（Federal Communications Commission）が，照会通知において，電子的情報開示と仲介業者の両方の潜在的重要性を認めている[46]．さらに，連合王国(U.K.)のマイデータ・イニシアティヴ（Mydata Initiative）がこの新しい情報開示形態を採用している[47]．

C．規範的問題

　最適に設計されれば，情報開示制度は市場の諸力の効率的作動を促進し，消費者の利益を保護する．しかし，情報開示制度が万能薬だというわけではない．限界もあれば，コストも生じる．強制的情報開示制度の包括的なコスト・ベネフィット分析は本書の守備範囲を超えるが，ここでいくつかの規範的問題について触れておこう．

　まず前提問題として，情報開示がコスト無しで実施できるものではないこ

44　Thaler & Sunstein, 前掲注(31)．Bar-Gill & Board, 前掲注(29)も参照．

45　Sunstein, 前掲注(38)，pp.6-7参照．Cass R. Sunstein, "Informing Consumers through Smart Disclosure," (2011), *Memorandum for the Heads of Executive Departments and Agencies*, これは，http://www.shitehouse.gov/sites/default/files/omb/inforeg/for-agencies/informing-consumers-through-smart-disclosure.pdfで入手可能である．

46　Federal Communications Commission, "Notice of Inquiry: Consumer Information and Disclosure," CG Docket No. 09-158, これは2009年8月28日に発表された．

47　Department of Business Innovation and Skills and Cabinet Office Behavioural Insights Team, *Better Choices: Better Deals*, April 13, 2011, これはhttp://www.cabinetoffice.gov.uk/resource-libraery/better-choices-better-dealsで入手可能である．

とを押さえておくことは重要である．売手業者には，情報を蒐集し，情報を編集・蓄積し，情報を伝達するためのコストが生じる．売手業者に情報開示規制のもたらすこれらの追加コストの一部は，売手業者から価格引上げを通じて消費者に転嫁される[48]．しかし，これらのコストを過大評価してはならない．多くの消費者市場において，売手業者はいずれにせよ関連情報を蒐集し編集・蓄積している．したがって，強制的情報開示制度は情報を伝達するための比較的小さな追加コストを生じさせるだけである．

　これに関連して，情報開示規制のもたらす間接的コストも生じる．売手業者がその蒐集した情報の開示をしなければならないとされれば，売手業者の情報を蒐集するインセンティヴを減少させることになろう[49]．このようなインセンティヴ減少効果が存在することは否定できないが，それは多くの市場において小さいであろうと期待できる．なぜなら，情報を蒐集するビジネス上の必要性の方が情報開示減少効果を凌駕する場合の方が多いであろうからである[50]．消費者と情報を共有することが，売手業者にとっての当該情報の価値を毀滅するような場合は，たぶん，売手業者は消費者を搾取するために当該情報を蒐集していたのであろうと推定できる．このような場合，情報蒐集へのインセンティヴを弱めることは，何ら問題ではない．さらに，ある情報が社会的に価値が高い場合で，かつ，自発的には蒐集され難い虞れがあるときは，規制によってその情報の蒐集を義務付けることができる．実際，強制的情報開示制度は，開示されるべき情報の蒐集義務をも含んでいる．もち

48　消費者にはさらに，開示情報を読んで，それを処理するコストも生じる．これらのコストは，本文で述べたように，最適情報開示制度を設計することで最小化することができる．

49　Anthony T. Kronman, "Mistake, Disclosure, Information, and the Law of Contracts," *J. Legal Stud.*, 7 (1987), 1 (契約法による強制的情報開示は情報蒐集を抑止してしまいうると論じている).

50　クロンマンは，敢えて意図して蒐集した情報と，ルーティン的に(casually)蒐集された情報とを区別し，ルーティン的に蒐集した情報なら強制的情報開示制度の対象として差し支えないと主張する(前掲注(49)参照)．クロンマンの用語法に従えば，売手業者が開示しなければならない情報の大半はルーティン的に蒐集した情報ということになる．つまり，ビジネス上の必要からどのみち売手業者がルーティン的に蒐集する情報は強制的開示の対象ということになるであろう．

ろん，制度的強制がなければ蒐集されないような情報の場合，情報蒐集コストは情報開示規制のコストの一部となる．そしてそれは，少なくとも部分的には，売手業者から消費者へと転嫁されることになるであろう．

　こうして結局のところ，情報開示規制のコストと，その他の規制手段のコストおよび規制しないことのコストとを比較検討しなければならない．ここでの規制しないことのコストとは，行動経済学の意味での市場の失敗がもたらす社会厚生上のコストを意味する．

　もう1つの規範的問題は，情報開示規制と後見的介入主義(パターナリズム)との関係をめぐるものである．情報開示規制はしばしば，後見的介入の点で最小限のものであるとして称賛される．すなわち，消費者により良い選択ができるように支援するものであり，消費者に代わって選択をしてあげるような押し付け的介入ではないからである．強制的情報開示制度は確かに，他の規制形態よりも後見的介入(押付け)の程度が小さいが，かと言って全く問題がないわけでもないし，市場中立的(neutral)なものでもない．消費者を対象とする簡明な情報開示では，一部の情報が失われてしまうことは避けられない．規制担当者としては，何が失われてもよく，何が強調されるべきかの判断をしなければならない．その上，強制的情報開示制度は市場のもたらす結果にも影響を与える．消費者に分かり易く商品の特定の属性情報を開示するよう売手業者を強制すれば，売手業者はこの商品属性をめぐって競争をすることになる．すなわち，売手業者は開示される当該商品属性の品質を高めたり改良を加えたりして競争する．その結果，情報開示の対象とされなかった他の商品属性についての品質向上や改良が十分になされなくなってしまう虞れが生じる[51]．従って，情報開示制度においても，ある種の後見的介入主義は避けられないのである．

　専門の仲介業者や売手業者を対象とする包括的情報開示制度なら，上記の規範的問題の多くは生じない．とはいえ，このような情報開示形態は別の固有の問題を発生させる．専門の仲介業者の提供するサーヴィスは高価である．全ての消費者がこの高価なサーヴィスの提供を受けようとするわけではない．特に，より弱い消費者ほど，専門の仲介業者の支援を受けようとはしないであろうと思われる．売手業者に競合他社と情報，具体的には商品使用

51　Sunstein, 前掲注(38)も参照.

情報を共有するよう義務付ける強制的情報開示制度の場合，消費者に直接的なコストを課すものではない．それでも，消費者は電子的形態での情報開示を受け取らなければならず，かつ，それを競合他社に渡さなければならない．ということは，あまり賢くない消費者ほど，この制度の比較的簡単な手続きでさえちゃんと履行してこの制度の便益を享受しようとはしない，という問題がやはり生じることになる．

結論

　本章では，消費者市場分析のための一般理論，具体的には消費者契約分析の一般理論を展開した．行動経済学理論を用いて，消費者心理が市場の諸力と相互作用をして，消費者契約の構造にどのような影響を与えるかを説明した．この相互作用がもたらす行動経済学の意味での市場の失敗は，社会厚生上の重大なコストを惹起する可能性があり，そのコストを市場の機能が軽減することは可能であるが，完全に解消することはできないことを示した．最適に設計された強制的情報開示制度であれば，確かに特効薬とまでは言えないが，効率性を向上させ，消費者の利益を守ることができる．

　本章の目標は，消費者市場の総合理論を展開し，個別消費者市場の間で共通の課題を明らかにすることであった．本章冒頭で述べたように，一般理論でできることはそこまでである．世の中には多種多様な消費者市場があり，厖大な数の消費者契約が締結されている．それぞれの消費者市場には，それぞれ固有の歴史的経緯，制度的特徴，政治的背景，そして法的枠組みがある．最も重要な点は，前提としての消費者心理の動きと市場の諸力との相互作用が，一定の共通のパタンは示しつつも，それぞれの消費者市場ごとに固有の仕方で発現していることである．消費者市場への規制的介入を考慮する上では，個別消費者市場の詳細で緻密な分析が欠かせない．本書の以降では，そのような詳細で緻密な分析を，3つの主要な消費者市場，すなわち，クレジット・カード市場，住宅担保ローン市場，および，携帯電話市場について実践してゆく．

付録

この付録では，本文の I. A.1.（26頁以下）と I. A.2.（28-33頁）で説明した分析を，数学的なモデルを用いて展開する．それと同時に，もう少し一般的な例を説明し，本文の I. A.3.（33-36頁）で説明した具体例を補充しより一般化する．

1．総論

合理的選択理論の枠組みにおいては，消費者契約によって消費者は，価格の集合〔価格ベクトル$(p_1, p_2, ...)$〕を支払って，便益の集合〔便益ベクトル$(b_1, b_2, ...)$〕を享受する．その際，売手業者にはコストの集合〔コスト・ベクトル$(c_1, c_2, ...)$〕が生じる．総期待便益$B(b_1, b_2, ...)$，総期待価格$P(p_1, p_2, ...)$，および総期待コスト$C(c_1, c_2, ...)$を概念化しておくと有益である．販売された商品の総単位数は以下では売手業者の商品に対する需要Dと呼ばれるが，商品がもたらす便益Bが増大するにつれて需要Dも増大し，他方，売手業者が請求する価格Pの増大に連れて需要Dは減少する．従って，需要関数を便益Bと価格Pの関数$D(B, P)$と表せば，$\frac{\partial D}{\partial B} > 0$で，かつ，$\frac{\partial D}{\partial P} < 0$である．売手業者の収入$R$は販売された商品の単位数，すなわち当該商品の需要と，単位当たりの価格の積であり，$R(B, P) = D(B, P) \times P$となる．売手業者の利潤$\Pi$は収入$R$からコスト$C$を控除したものであり，$\Pi(B, P, C) = R(B, P) - D(B, P) \times C = D(B, P) \times (P - C)$となる．

消費者が不十分にしか合理的でなく，バイアスと誤解で十分正しく判断できない場合，上のモデルの枠組みを次のように拡張しなければならない．すなわち，本当の便益$(b_1, b_2, ...)$に加えて，それとは異なるであろう見かけの便益$(\hat{b}_1, \hat{b}_2, ...)$を概念する．また，本当の総期待便益$B(b_1, b_2, ...)$とは異なるであろう見かけの総便益$\hat{B}(\hat{b}_1, \hat{b}_2, ...)$も必要となる．同様に，本当の価格$(p_1, p_2, ...)$とは異なるであろう見かけの価格$(\hat{p}_1, \hat{p}_2, ...)$も導入する．さらに，本当の総期待価格$P(p_1, p_2, ...)$とは異なるであろう見かけの総期待価格$\hat{P}(\hat{p}_1, \hat{p}_2, ...)$も導入する．こうして，需要は，本当の便益と本当の価格の関数ではなく，見かけの便益と見かけの価格の関数となる．すなわち，$D(\hat{B}, \hat{P})$となるが，一階微分の関係は，$\frac{\partial D}{\partial B} > 0$で，かつ，$\frac{\partial D}{\partial P} < 0$と同様である．収入は見かけの便益と見かけの価格，および本当の価格の関数

となり，$R(\hat{B}, \hat{P}, P) = D(\hat{B}, \hat{P}) \times P$ と表すことができる．最後に，利潤 Π も，$\Pi(\hat{B}, \hat{P}, P, C) = R(\hat{B}, \hat{P}, P) - D(\hat{B}, \hat{P}) \times C = D(\hat{B}, \hat{P}) \times (P - C)$ と表されることになる[52].

2．誤解の対象

　誤解の対象についてよりよく理解するためには，商品特性という概念を用い，様々な商品特性と商品の利益，価格およびコストとを関連付けることが役に立つ．この考え方をはっきりさせるため，n 個の商品特性 $(f_1, f_2, \ldots f_n)$ を持つクレジット・カードで考えてみよう．それぞれの商品特性にはよく使用されるものもあればあまり使用されないものもある．したがって，それぞれの商品特性は使用レヴェル(use intensity level)と関連付けられる(これを $(l_1, l_2, \ldots l_n)$ とする)．これら使用レヴェルは，使用の頻度，および金額で測定される使用量の双方の程度を表している．例えば，クレジットのカード・ローンを消費者が 1 年あたり何回くらい利用し，いくらくらいを借り入れるのか，という使用レヴェルである[53].

　便益，価格，およびコストは当然ながら商品特性および使用レヴェルに関連している．まずコストから検討しよう．それぞれの商品特性ごとに，使用 1 単位当たりのコストを考えることができる．すなわち，1 回の使用あたりのコスト(または使用のたびの 1 ドル当たりのコスト)および総コストであり，後者は使用 1 単位当たりのコストと使用レヴェルの関数として定義される．そこで，商品特性 i には使用 1 単位当たりコスト c_i と，総コスト $C_i(c_i, l_i)$

52　見かけの便益や見かけの価格と，本当の便益や本当の価格とが乖離することは，不完全な情報しか持たない消費者というものを導入すれば，合理的選択理論の枠組み内においても観念することができる．しかしながら，ここでの焦点は，便益や価格のシステマティックな過小評価や過大評価の方である．完全に合理的な消費者はシステマティックに歪んだ信念を持つことはない．

53　当該商品を有すること自体からもたらされる一般的な便益で，使用レヴェルの多寡とは無関係な一般的商品特性という概念を使うことが役に立つ場合もある．これに関してより重要なことは，この概念によって一般的価格要素を考えることが可能になる点である．この一般的価格要素は使用レヴェルの多寡とは無関係となる．以下の 3 ．で挙げる例の中にそのような一般的商品特性の例が含まれている．

とがある．売手業者のコストの方は消費者にとって直接的には無関係であり，したがって消費者の側の誤解の対象ではない．コストと，商品特性および使用レヴェルとの間の関係について論じれば十分なのである．

　価格こそが消費者誤解の対象である．同時に，価格は，特定の商品特性およびその使用レヴェルと関係しているのが通常である．価格はしばしば使用1単位当たりの値段として表示され，商品特性のそれぞれが使用1単位当たり価格および総価格と関連付けられる．こうして商品特性iには使用1単位当たり価格p_iと総価格$P_i(p_i, l_i)$があることになる．

　商品からの便益もまた様々な商品特性と結び付けられうる．それぞれの商品特性ごとに，使用1単位当たりの便益および総便益を考えることが役に立つ．こうして商品特性iには使用1単位当たりの便益b_iと総便益$B_i(b_i, l_i)$があることになる[54]．

　使用1単位当たりの便益を決定するものは何であろうか．本章で説明したように，そこには3つの要素が存在する．すなわち，商品特性それ自体，商品特性に関する消費者自身の選好，および当該商品特性から得られる使用1単位当たりの便益に影響を与える外的要因である．では，使用レヴェルを決定するものは何であろうか．ある商品特性が使用される程度についてはこれまでのところ所与であるとされてきた．すなわち，使用レヴェルは使用1単位当たり便益と使用1単位当たり価格の関数として外生的に決定されるものとされてきた$(l_i = l_i(b_i, p_i))$．このようにすることによって，便益と価格についてさらに精緻な定式化が可能となる．すなわち，商品特性iの総価格は$P_i(p_i, l_i(b_i, p_i))$となる．さらに商品特性iからの総便益は$B_i(b_i, l_i(b_i, p_i))$となる．

　以上の精密な枠組みによって，誤解の対象をより正確に同定することが可能となる．便益についての誤解をまず検討し，次いで価格についての誤解を検討しよう．商品から得られる総便益について誤解が生じるのは，1つ以上

---

[54]　使用1単位当たりの便益が，全ての使用単位にわたって一定である必要はない．例えば，クレジット・カードの支払遅延に関する商品特性から得られる使用1単位当たり便益が，（初回支払遅延からの便益，第2回目の支払遅延からの便益，…）というような便益のベクトルとなっており，それぞれの便益が相互に異なっているということも考えられる．

の商品特性から得られる便益について誤解が生じたときである．１つの商品特性から得られる便益は使用１単位当たりの便益と使用レヴェルの関数であるから，これらの要素のいずれかについて誤解が生じていれば当該商品特性からの便益についての誤解が生じる．使用レヴェルそれ自体が使用１単位当たりの便益と使用１単位当たりの価格の関数であるから，消費者において，使用１単位当たりの価格か，使用１単位当たりの便益に影響を与える３つの要素(商品特性，消費者選好，および外的要因)のうちの１つ以上について誤解が生じれば，商品特性から得られる便益についての誤解が生じることになる．

　商品の総価格について誤解が生じるのは，１つ以上の商品特性価格について誤解が生じたときである．ある１つの商品特性の総価格について誤解が生じるのは，使用１単位当たりの価格について誤解が生じたとき，または，使用レヴェルについて誤解が生じたときである．さらに，使用レヴェルはそれ自体が使用１単位当たり便益と使用１単位当たり価格の関数であるゆえ，消費者が使用１単位当たりの価格か，使用１単位当たりの便益に影響を与える３つの要素(商品特性，消費者選好，および外的要因)のうちの１つ以上について誤解が生じれば，商品特性の価格についての誤解が生じることになる．

３．具体例

a. 便益，コスト，および価格

クレジット・カード契約で，次の２つの特性を持つもので検討しよう．(1) 当該クレジット・カードを保有することが一般的にもたらす利便性や，顧客サーヴィス利用可能性，その他の一般的特性．(2) 支払遅延に関する特性．ある消費者が，１年あたり便益 $B_1 = 7$ を一般的特性から得ているとしよう．この便益は当該クレジット・カードを保有するすべての消費者が享受するものであり，使用レヴェルの多寡にはよらないものである．これとは別途，使用レヴェル $l_1 = 1$ および使用１単位当たり便益 $b_1 = 7$ を定義して，これによって総便益を $B_1 = l_1 \times b_1 = 7$ とすることもできる．消費者はときどき現金不足に陥って月々の支払最小額の支払いが困難になるとする．従って，この消費者は，支払遅延オプション，すなわち支払遅延サーヴィスという商品特性から便益を受けることができる．具体的には，１年間に４回この消費者は支払遅延から

表1.1　支払遅延からの便益

支払遅延番号	1	2	3	4
便益	5	5	3	1

表1.2　支払遅延からの総便益

支払遅延回数(l_2)	1	2	3	4
支払遅延からの総便益(B_2)	5	10	13	14

便益を受ける事態に陥るとする．支払遅延からの便益は支払遅延ごとに異なるとする．それを一覧にしたものが表1.1である．表の数値は使用1単位当たりの便益である．

　期限通りの支払いが困難であると消費者が考えた場合にできることは，困難を乗り越えて期限通りの支払いをするか，支払遅延をするか，であるとする．この消費者にとって，表1.1で示されている支払遅延からの便益の方が（これは期限通りの支払いの困難の程度に対応する），以下で説明するクレジット・カード発行事業者が課す遅延手数料よりも大きいときに，当該消費者は支払いを遅延する．支払遅延から得られる消費者の総便益B_2は，使用1単位当たりの便益および使用レヴェル，すなわち消費者が支払遅延を決断する回数(l_2)によって異なってくる．例えば，消費者が1度だけ支払遅延を決断した場合，$B_2(l_2 = 1) = 5$となる．消費者が2度支払遅延をした場合，$B_2(l_2 = 2) = 5 + 5 = 10$となる．消費者が3回支払遅延をした場合，$B_2(l_2 = 3) = 5 + 5 + 3 = 13$となり，4回支払遅延をした場合は，$B_2(l_2 = 4) = 5 + 5 + 3 + 1 = 14$となる．支払遅延のもたらす総便益は支払遅延回数の関数であり，表1.2に示されている．

　クレジット・カードから消費者が得る総便益$B(l_2)$は，$B_2(l_2)$が上記の表で決定されるとして，総便益$B(l_2) = B_1 + B_2(l_2) = 7 + B_2(l_2)$と計算される．

　コストについてみよう．クレジット・カード発行事業者には年当たりの固定コスト4が生じる．これは一般商品特性に関するクレジット・カード・アカウントの一般管理費であり，$C_1 = 4$と表記する．クレジット・カード発行事業者にはさらに，可変コストないし使用1単位当たりのコストc_2として，支払遅延のたびごとに$c_2 = 2$が生じる．これは支払遅延の処理コストや，支払遅延の含意する不履行リスクの増加分などに対応する．支払遅延による

総コスト$C_2(c_2, l_2)$は結局，$C_2(c_2, l_2) = l_2 \times c_2 = l_2 \times 2$となる．よってクレジット・カード発行事業者の総コストCは$C = C_1 + C_2 = 4 + l_2 \times c_2 = 4 + l_2 \times 2$となる．

　クレジット・カード発行事業者は，年間契約料(p_1)と遅延手数料(p_2)からなる二次元的な価格体系を採用しようとしているとする．年間契約料は一般商品特性の価格として理解でき，これは使用レヴェルとは独立である．あるいは，取りうる値が1つに縮退した使用レヴェル変数として$l_1 = 1$を定義すれば，年間契約料は使用1単位当たり価格と一般商品特性に関連する総価格との和と考えることができ，それは$P_1(p_1, l_1) = l_1 \times p_1 = 1 \times p_1 = p_1$となる．遅延手数料は，支払遅延についての商品特性の使用1単位当たり価格である．支払遅延の総価格は，この使用1単位当たり価格と使用レヴェルの関数であり，消費者は毎年，p_2と年当たり支払遅延回数l_2の積の金額を支払う．よって年当たり遅延手数料の支払額P_2は$P_2(p_2, l_2) = l_2 \times p_2$となる．こうして，消費者が年当たりに支払う総額$P$は$P(p_1, l_1, p_2, l_2) = P_1(p_1, l_1) + P_2(p_2, l_2) = p_1 + l_2 \times p_2$となる．表記を簡略化するため，使用レヴェルの引数は総価格関数から省略する場合がある．すなわち，$P_1(p_1, l_1) = P_1(p_1) = p_1$や$P_2(p_2, l_2) = P_2(p_2) = l_2 \times p_2$および$P(p_1, l_1, p_2, l_2) = P(p_1, p_2) = p_1 + l_2 \times p_2$などである．

b. 誤解　　合理的な消費者であれば，便益$B = B_1 + B_2$と価格$P = P_1 + P_2$を正確に理解することができる．不十分にしか合理的でない消費者の場合はそうはゆかない．不十分にしか合理的でない消費者には，見かけの便益$\hat{B} = \hat{B}_1 + \hat{B}_2$と見かけの価格$\hat{P} = \hat{P}_1 + \hat{P}_2$がある．見かけの便益と見かけの価格は一般的に，真の便益と真の価格とは乖離している．この乖離が均衡での価格形成に影響を与えてしまう．

　この点を見るためには，まず消費者の理解ないし誤解の内容を特定しておく必要がある．消費者がクレジット・カード利用からの一般的便益および年間契約料として支払う額を正確に理解できると仮定しよう．すなわち$\hat{B}_1 = B_1 = 7$であり，かつ$\hat{P}_1 = P_1 = p_1$であると仮定する．誤解が生じるのは，支払遅延による便益とそのコストについてであるとする．以下の2つの場合がありうる．

事例(1)：消費者が誤解してしまい，現金不足になったり支払遅延をしたりすることは決してないと思い込む場合である．（あるいは，支払遅延の可能

表1.1a（1）支払遅延からの見かけの便益：事例（1）

支払遅延番号	1	2	3	4
真の便益	5	5	3	1
見かけの便益	0	0	0	0

表1.1a（2）支払遅延からの見かけの便益：事例（2）

支払遅延番号	1	2	3	4
真の便益	5	5	3	1
見かけの便益	5	1	1	1

性が消費者の脳裡に全く浮かばない場合である）．支払遅延からの便益についてのこの誤解は下の表1.1a（1）に示されている．

事例(2)：消費者は現金不足に陥り，よって支払遅延をすることで便益が生じることを正しく理解してはいるが，この便益を過小評価している場合である．具体的には，消費者が支払遅延によって得られる便益について，2回目と3回目の支払遅延の場合に過小評価しているとし，それを下の表1.1a（2）に示した．

事例(1)も事例(2)もともに使用1単位当たりの便益についての誤解の例であり，商品使用上の誤解をもたらすものである[55]．

c. 契約の構造設計　クレジット・カード発行事業者はクレジット・カード契約の構造をどのように設計するのであろうか．年間契約料(p_1)や支払遅延手数料(p_2)の規模をどのように決定するのであろうか．これらに対する答えは，消費者心理と市場の構造によって異なってくる．分析

---

[55] この例の場合，消費者は支払遅延をするか否かについての事後的判断の際には熟慮による合理的な意思決定をすると仮定している．合理性の不十分さは，事後になされるべき意思決定についての，事前の判断に誤解があるということを意味する．これとは異なる例としては，事前および事後の双方において合理性の不十分さがある場合が挙げられる．すなわち，事後の意思決定の際に消費者が誤って支払い期限を徒過してしまい，結果的に支払遅延に陥り，かつ，事前段階でも自分が将来誤って支払遅延を起こす可能性について過小評価していて，それらの結果，遅延手数料として支払うことになる総額を過小評価する場合である．

を分かり易くするため，および消費者の誤解の効果に注意を絞るために，クレジット・カード発行事業者は完全競争市場で営業しており，よってクレジット・カードを提供するためのコストをちょうどカヴァーするだけの価格設定をしていると仮定する．

クレジット・カード発行事業者は，年間固定費が4，支払遅延毎の可変コストが2であったことを思い起こそう．合理的消費者を相手とする場合には，クレジット・カード発行事業者は完全競争市場の仮定により$p_1 = 4$と$p_2 = 2$という価格設定を行う．この(4,2)という価格構造での契約はクレジット・カード発行事業者の諸コストを必ずちょうどカヴァーする．しかも消費者が享受するネットの便益を最大化する．支払遅延手数料の2に鑑みて，消費者は3回支払遅延をして便益13を享受する（表1.2参照）．このクレジット・カードから得られる総便益は$7 + 13 = 20$となる．総価格は$4 + 3 \times 2 = 10$となる．したがってネットの便益は10となる($= 20 - 10$)．これと異なるいかなる契約も効率性を下げる[56]．

例えば，これより低額の遅延手数料，例えば0.5の場合，消費者は4回の支払遅延をして総便益14という，(4,2)の契約での13よりも大きな便益を得ようとするインセンティヴを持つ．しかし遅延手数料の引下げに伴なう年間契約料の引き上げのために，消費者には便益の増加をもたらさない．4回の支払遅延のために，クレジット・カード発行事業者の総コストは$4 + 4 \times 2 = 12$となる．支払遅延からの収入は$4 \times 0.5 = 2$にしかならないので，クレジット・カード発行事業者は収支を釣り合せるためには年間契約料として10を請求しなければならない．この代替的構造の契約(10, 0.5)では，消費者は総価格として$10 + 4 \times 0.5 = 12$を負担することになり，ネットの便益が$7 + 14 - 12 = 9$となって，(4,2)の契約でのネットの便益10を下回ってしまうのである．

逆により高い遅延手数料，例えば4の場合も，効率性を引き下げてしまう．$p_2 = 4$であれば，消費者は2回の支払遅延を行って総便益10を得ようとする．クレジット・カード発行事業者の総コストは$4 + 2 \times 2 = 8$となる．支

---

56 この例の場合，便益関数が離散的に作られているので，(4,2)の契約と同じだけ効率的な契約が他にも存在する．この例よりも一般的な枠組みであれば，(4,2)の契約は他のいかなる契約よりも厳密により効率的となる．

払遅延から得られる収入は $2 \times 4 = 8$ であるゆえ，全てのコストをカヴァーするために完全競争市場で営業するクレジット・カード発行事業者は，年間契約料をゼロに設定する．この $(0,4)$ という代替的構造の契約によって，消費者は総価格 $0 + 2 \times 4 = 8$ を支払い，ネットの便益が $7 + 10 - 8 = 9$ となって，やはり $(4,2)$ の契約でのネットの便益 10 を下回ってしまうのである．

$(4,2)$ の契約の効率性は，限界コストに価格を設定することによってもたらされる，効率性の一般的な結果に他ならない．遅延手数料をクレジット・カード発行事業者の蒙る支払遅延のコストと同じ水準に設定すれば，消費者に対して最適のインセンティヴを与えることができる．すなわち，支払遅延のもたらす便益がクレジット・カード発行事業者に生じる支払遅延のもたらすコストを凌駕する場合にのみ支払いを遅延させる，と言うインセンティヴである．

このように効率的な $(4,2)$ の契約は，しかし，不十分にしか合理的でない消費者に対して提供されることはないであろう．まず事例(1)を採り上げよう．支払遅延によってもたらされる便益は存在しない，自分が支払遅延をすることは決してない，よって遅延手数料を払うことなどありえないと，消費者は誤って信じ込んでいる．このような消費者の場合，このクレジット・カードの見かけの便益は $\hat{B} = \hat{B}_1 + \hat{B}_2 = 7 + 0 = 7$ であり，見かけの総価格は $\hat{P}(4,2) = \hat{P}_1(4) + \hat{P}_2(2) = 4 + 0 = 4$ であり，よって見かけのネットの便益は 3 となる $(= 7 - 4)$．効率的な $(4,2)$ の契約が均衡において提示されることはない．なぜなら，カード発行事業者のコストをカヴァーするその他の契約の方がこのバイアスのかかった消費者にはより魅力的に見えるからである．例えば $(0,4)$ の契約を見てみよう．先に説明したように，この契約は 2 回の支払遅延を誘発し，かつその支払遅延 2 回分のクレジット・カード発行事業者のコストをカヴァーする．（事前時点では，バイアスのかかった消費者は将来自分は支払遅延は決してしないと誤って信じており，他方，事後時点では，バイアスのかかった消費者は遅延手数料を便益が凌駕する場合に支払いを遅延する）．この契約においては，バイアスのかかった消費者にとって，見かけの総便益は $\hat{B} = \hat{B}_1 + \hat{B}_2 = 7 + 0 = 7$，見かけの総価格は $\hat{P}(0,4) = \hat{P}_1(0) + \hat{P}_2(4) = 0 + 0 = 0$，見かけのネット便益は $7 (= 7 - 0)$ となる．こうして，バイアスのかかったこの消費者は，効率的な $(4,2)$ の契約の方が本当はより大きな価値をもたらすにもかかわらず，$(0,4)$ の契約の方を優先

して選好することになる.

　事例(2)においても同様の結果となる. 事例(2)の消費者は, 支払遅延によって得られる便益があることは正しく理解しているが, その便益の大きさについては過小評価している. 具体的には表1.1a (2)にあるように, この消費者は第2回目と第3回目の支払遅延がもたらす便益はそれぞれ1であると誤って確信している. しかし, 実際の便益はそれぞれ5と3なのである. 効率的な(4,2)の契約であったなら遅延手数料p_2を$p_2=2$に設定したであろう. これはこの消費者が支払遅延をして得られる便益が2よりも大きいならば支払いを遅延させるであろうことを意味する. したがって, この消費者は支払遅延を3回繰り返し, それらの支払遅延によって便益$13(=5+5+3)$を獲得する. しかし, この消費者は支払遅延は1回しか起こさず, その支払遅延からの便益は5だと誤って思い込んでいる. このような消費者にとって, クレジット・カーから得られる見かけの便益は$\hat{B}=\hat{B}_1+\hat{B}_2=7+5=12$となり, 見かけの総価格は$\hat{P}(4,2)=\hat{P}_1(4)+\hat{P}_2(2)=4+1\times2=6$となるので, 見かけのネット便益は$6(=12-6)$となる. 事例(1)の場合と同様, 効率的な(4,2)の契約は均衡において提示されることはない. なぜなら, このバイアスのかかった消費者にとっては他に, もっと魅力的に見えてしかもクレジット・カード発行事業者のコストをカヴァーできる契約が存在するからである. 例えば価格体系(0,4)の契約を考えてみよう. 事例(1)と同様, 2回の支払遅延へのインセンティヴを与え, かつその2回の支払遅延がクレジット・カード発行事業者にもたらすコストをちょうどカヴァーできる. この契約によって, バイアスのかかった消費者の見かけの総便益は$\hat{B}=\hat{B}_1+\hat{B}_2=7+5=12$, 見かけの総価格は$\hat{P}(0,4)=\hat{P}_1(0)+\hat{P}_2(4)=0+1\times4=4$, そして見かけのネット便益は$8(=12-4)$となる. このバイアスのかかった消費者はその結果, 本当はより価値の高い効率的な(4,2)の契約よりも(0,4)の契約の方を優先することになってしまう.

　これら2つの事例ともに, 当初のバイアスは便益の過小評価に関するものであったが, 契約構造をうまく設計して価格についての最大限の過小評価をさせ, それによって見かけのネット便益を最大化させるように仕組まれている. 商品使用パタンが, 見かけの便益と見かけの価格とを結びつけるリンクとなっている. 過小評価された便益のために, 商品使用が過小評価されている. 契約構造のこのような設計によって, 商品使用上の誤解が見かけの総価

格に及ぼす影響が増幅されているのである．

　これらの事例にみられる契約の特徴は多くの現実世界においても見られる．契約構造をうまく設計することで，見かけの総価格を最小化させるために，商品使用についての誤解の影響を増幅させている．ある次元の価格要素の発生をもたらすという見かけの可能性が小さくなれば，それに対応する価格の大きさが増す．つまり，目立つ価格が引き下げられる一方で，目立たない価格が引き上げられるのである．価格が目立たない場合とは，その価格を支払うような事態は決して発生しないと消費者が思い込んでいるためであるか，あるいは，当該要素(例えば，支払遅延の可能性)が消費者の念頭には全く浮かばないためである．

第2章

クレジット・カード

はじめに

　クレジット・カードは，重要な社会経済現象である．2008年に，消費者は15億枚近くのクレジット・カード(一世帯あたり12枚以上)を，2兆ドル〔1ドル＝110円として約220兆円〕以上の財やサーヴィスの支払いに使った．平均的な世帯は，米国の中央値(メジアン)の世帯収入の35%以上である1万8,000ドル〔1ドル＝110円として約200万円〕を，クレジット・カード取引で使った．クレジット・カードは，無担保信用の最大の手段でもある．クレジット・カードによる債務は，2008年には9,760億ドル〔1ドル＝110円として約100兆円〕に達した．[1]

　クレジット・カードは，何年もの間，激しい政治的な議論の対象になっ

1　Bureau of the Census, *Statistical Abstract of the United States: 2011*, 表689, 1187 (以下 "2011 Statistical Abstract"と略す)参照．(表689によれば，世帯数は117,181,000で，中位世帯収入は50,303ドル．表1187には，クレジット・カードの総数，クレジット・カードの購入総額，クレジット・カードの債務総額がある)．Thomas A. Dunkin "Consumers and Credit Disclosures: Credit Cards and Credit Insurance" (2002) *Fed. Reserve Bull.*, April, p.202 (「近年の消費クレジット増加の多くはリヴォルヴィング・クレジットの形で，このうちクレジット・カードが最大の部分である」)，Theresa A. Sullivan, Elizabeth Warren, & Jay Lawrence Westbrook, *The Fragile Middle Class: Americans in Debt* (Yale University Press, 2000) 129 (「クレジット・カードの債務は，消費者信用の中で最も速く増加している部分であり，米国人の破産の増加につながってきた……」)も参照．

てきた[2]．最近，金融危機の後，アメリカ合衆国連邦議会は，「クレジット・カードの説明責任，責務，および情報開示に関する法律(2009年)（Credit Card Accountability, Responsibility and Disclosure Act of 2009: CARD)」を可決した．クレジット・カードのカード発行事業者に相当の制約を強いる法律である．「ドッド＝フランク・ウォール・ストリート改革と消費者保護法(2010年)（Dodd-Frank Wall Street Reform and Consumer Protection Act of 2010)」によって，クレジット・カード市場を含む消費者信用市場をより厳重に監督する権限を持つ消費者金融保護局(Consumer Financial Protection Bureau: CFPB)が新設された．本章では，クレジット・カードの契約に焦点を当てる．ほとんどのクレジット・カード契約に共通にみられる2つの特徴，すなわち複雑性とコスト先送りを明らかにする．後半では，クレジット・カードに関する行動経済学の理論を示し，複雑性とコスト先送りという契約特性は，不十分にしか合理的でないクレジット・カード保有者に対する，賢いクレジット・カード発行事業者の戦略的対応を代表すると論じる．クレジット・カード産業には，効率性を損ないクレジット・カード保有者に被害を与える，行動経済学の意味での市場の失敗がある．規制による介入は，この市場の失敗による悪影響を最小化する助けになる可能性がある．

A．契約の構造

　一般的なクレジット・カード契約は，非常に複雑である．手数料や利子率の多さや複雑さは，驚くほどである．年会費，キャッシング手数料，残高移行手数料，外貨両替手数料，迅速支払手数料，無活動手数料，遅延手数料，限度額超過手数料，小切手不渡手数料がある．利子率については，基本利率，長期利率のほか，導入感謝利率，他のクレジット・カードから移した収支に対する利率，キャッシング利率，債務不履行への利率がある．それだけではない．これらの手数料や利子率のほとんどは，複雑な条件で変動する多

2　特に，議会は繰り返し，上限利率を再設定するかどうか議論してきた．特に，例えば，H. R. 78, 100th Cong. (1987)，S. 242, 100th Cong. (1987)，S. 647, 100th Cong. (1987)，H. R. 3769, 102nd Cong. (1991) H. R. 3860, 102nd Cong. (1991)，S. AMDTs 1033-34 to S. 543, 102nd Cong. (1991)，H. R. 4132, 103rd Cong. (1994)．上限利率に関する多くの法案は，成立しなかった．むしろ，議会は，正直貸付法 15 U.S.C §§ 1601 et seq. で情報開示を義務づけた．

元的なものである.

　クレジット・カード契約は, コストの先送りと便益の前倒しという特徴も持つ. クレジット・カードの料金の要素が多いことは, クレジット・カード発行事業者の基本的なコスト構造を必ずしも反映しない. むしろクレジット・カード発行事業者は, 目立つ, 往々にして短期的な料金要素は低くし, 目立たない, 往々にして長期的な料金要素は高くする. 例えば, 導入感謝利率は低いかゼロで, 長期的な利率はずっと高く, 債務不履行の利率がもっと高いのは言わずもがなということの蔓延について考えてほしい. 同様に, 取引ごとの手数料は無料で, むしろお得意様プログラムで負の手数料を設定したりする一方, 外貨両替手数料や遅延手数料, 限度額超過手数料を高くすることを, よくみかける.

B．契約構造の説明

　なぜ, クレジット・カードの契約は複雑でコストを先送りするのであろうか. 答えをみつけるために, まず, 一連の標準的な合理的選択理論をみてみよう. これらの理論は複雑性という要素を, 完全に満足がいくものではないが, よりよく説明する.

　多くの料金要素は, 効率的でリスクに基づく料金を設定し, クレジット・カード商品を多様なクレジット・カード保有者のニーズに合わせるために必要である. コストの先送りは, 合理的選択の効率性に基づく理論では, 説明することがより困難である. このため, クレジット・カード契約の構造, 特にコスト先送りという特徴は, 伝統的な合理的選択の枠組みでは十分説明できない. 必要なのは, これに代わる, クレジット・カード契約の行動経済学の理論である.

　複雑性は, クレジット・カード保有者の不十分な合理性にうまくはまる. 前の章でみたように, 不十分にしか合理的でないクレジット・カード保有者は, 複雑性に対してこれを無視することで対処する. 目立たない料金の要素を無視し, 無視できない目立つ要素の影響は, 計算するのではなく「当て推量」で判断することで, 意思決定の問題は簡単になる. 特に, 不十分にしか合理的でないクレジット・カード保有者は, 注意力と記憶力が限られているので, 特定の料金要素を全く考慮しない結果となるかもしれない. そして, クレジット・カード保有者は, 判断能力が限られているので, 様々な料金要

素を正確に合計して期待総価格という1つの数値を出して，最適なクレジット・カードを選ぶための基礎とすることができないかもしれない.

複雑性が増したことは，クレジット・カードの真実のコストを多面的な料金の迷路に隠せるため，クレジット・カード発行事業者には魅力的かもしれない. 不十分な合理性しかない消費者が複雑性にどう対処するかを理解しているクレジット・カード発行事業者は，複雑性によって，実際に料金を下げることなく，料金が安いかのように見せかけることができる. 例えば，もしクレジット・カード保有者が外貨両替手数料とキャッシング手数料をあまり認識していないなら，クレジット・カード発行事業者はこれらの手数料を上げることができる. これらの目立たない料金を上げても，需要は減らない. 逆に，クレジット・カード発行事業者は，より目立つ料金要素を引き下げたり，ポイントやマイルの提供等，より目立つ便益の要素を増加させたりして，クレジット・カード保有者を惹きつけることができる. 前章で論じたように，この戦略は，目立たない料金要素の存在に依存している. 料金要素の数が増えると，目立たない料金要素も増えると期待できる. このように，クレジット・カード発行事業者には，複雑性と多面性を増やす強いインセンティヴ(誘因・動機付け)がある.

コスト先送りに対する行動経済学の説明は，将来のコストは過小に見積もられがちだという証拠に立脚している. 将来のコストが過小に見積もられるとき，コストが先送りされる契約はクレジット・カード保有者にとって魅力的であり，したがってクレジット・カード発行事業者にとっても魅力的となる. 将来コストの過小見積りの大部分は，近視眼的で楽観的だという2つの基本的な認知的バイアスに由来する. 近視眼的なクレジット・カード保有者は，短期的な便益に焦点をあて，長期的なコストには十分注意しない. 楽観的なクレジット・カード保有者は，将来の借入れを過小評価し，その結果，クレジット・カードによる借入れに伴う多くの料金要素の重要性を過小評価する. クレジット・カード保有者が将来の借入れを過小評価するかもしれない主な理由は2つある. (a)自分の自制心の弱さという問題を過小評価するかもしれないことと，(b)経済的困難の発生という偶発的事態の可能性を過小評価するかもしれないこととである. 自制心と将来の財政状況に関する楽観主義が，過小評価のバイアスをもたらす.

目立たない長期的な価格要素がクレジット・カード保有者によって過小評

価または無視されるとき，クレジット・カード発行事業者はクレジット・カード契約のこれらの要素の料金を上げるかもしれない．競争的な市場で，これらの長期的な要素について高い料金をつければ，目立つ短期的な要素の料金を安くしてクレジット・カードの需要を増やすことができる．消費者心理と市場の諸力の間のこのような相互作用によって，契約は，コストを先送りして便益を前倒しするようになる．

　ここまでのところ，クレジット・カード契約は，消費者のバイアスを利用するように仕組まれた道具として描かれている．興味深いことに，クレジット・カードの市場が競争的であるほど，クレジット・カード発行事業者は市場で生き残るために，消費者の不十分な合理性を利用しなければならない．消費者のバイアスに乗じることなく，むしろ長期的な料金を安くして短期的な特典を減らすようなクレジット・カード発行事業者は，市場で成功しない．消費者は，長期的な料金が安いことの価値を認められず，別の事業者に行くからである．一方，競争はクレジット・カード発行事業者に，過度な複雑性とコスト先送りを増すバイアスや誤解を減らすために消費者を教育するインセンティヴを与えるという，よい影響をもたらすかもしれない．

C．社会厚生への影響

　クレジット・カード保有者の不十分な合理性と，その合理性の不十分さに対応した契約の仕組みは，いくつかの厚生上のコストをもたらす．第1に，クレジット・カード契約が複雑なことによって，消費者がクレジット・カードを効果的に比較して選ぶことが難しくなるため，クレジット・カード市場での競争が阻害される．第2に，クレジット・カードの料金は，多くの場合，コストを反映するのではなく目立つか否かを反映するため，これらの料金は，クレジット・カードの利用に非効率なインセンティヴをもたらす．年会費や取引ごとの料金が無料で特典制度もあると，クレジット・カードが多くなりすぎ，これらのクレジット・カードを使いすぎる結果となる．導入感謝利率があると，困窮する前に借り入れ過ぎるため，消費者は経済的困難に一層弱くなる．また，目立つ程度による料金設定は，実際にはあまり安くしないまま，より安く見せることによって，クレジット・カードへの需要を人為的に増やす結果になる．

　クレジット・カード市場の歪んだ料金設定が脅かすものは，効率性だけで

はない. 金銭借入の高いコストが財政的により弱いクレジット・カード保有者によって支払われるため, 行動経済学的な意味での市場の失敗は, 所得分配上の問題ももたらす.

D. 政策への示唆

　以上で述べた厚生上のコストは, 法的介入の必要性を示す一応の(prima facie)証拠である. ここで示された厚生上のコストの基礎にあるクレジット・カード保有者の誤解は, 契約の自由という原理から来る法的介入の禁止という原則の修正をももたらす. もし契約者が契約の将来の結果を誤解するなら, 契約による合意が持つ規範としての力は, かなり弱まる.

　この章は, 強制的情報開示という, 普遍的な規制手法に焦点を当てる. 行動経済学のモデルは, 利子率や料金など商品属性の情報開示にほとんど限定される伝統的な強制的情報開示に異議を申し立てる. クレジット・カード発行事業者は, 商品使用情報の開示も義務づけられるべきである. もし消費者が自分は支払遅延はしないと誤って信じたら, 支払遅延料金の大きさを開示しても, 消費者のクレジット・カード選択には影響がない. クレジット・カード発行事業者は消費者のクレジット・カード関係の使用パタンを消費者自身より知っているので, 彼らはその情報を共有するように義務づけられるべきである. クレジット・カード発行事業者は消費者に, 支払いがどれほど遅延しやすいか知らせるべきである.

　立法者と規制当局は, 商品使用情報の開示の重要性を認識し始めている. 「ドッド＝フランク・ウォール・ストリート改革と消費者保護法(2010年)」は, 新しい消費者金融保護局が設定したルールの条件下で, 使用情報データを含む消費者金融商品の市場の情報を開示する一般的な義務を課している[3]. そして, CARD法の施行規則と同時に施行された連邦準備制度理事会(Federal Reserve Board)の規制は, クレジット・カード発行事業者が月次利用明細に, その月と, 年初からその月までに課金された利子や手数料の合計, つまり商品属性と商品使用を合わせた情報を開示するよう義務づけている[4]. これら

3　Pub. L. 111-203, Title X, Sec. 1033.

4　CFPB, CARD Act Factsheet. <http://www.consumerfinance.gov/credit-cards/credit-card-act/feb2011-factsheet/>

は，重要な第1歩であると位置づけられる．

　本章の終わりでは，今後のさらなる研究のための指針を示す．まず，一般的なレヴェルの指針として，より多くの情報がもたらす便益は，情報過多によって不十分にしか合理的でない消費者が開示された情報を読んだり理解したりできなくなるリスクと，釣り合うようにするべきである．この問題には，2つ解決方法がある．第1の解決方法は，商品属性情報と商品使用情報を合わせた総コストの開示である．これなら消費者は，異なるクレジット・カードの選択肢から選ぶとき，総コストが最も少ないクレジット・カードを選ぶという簡単な作業をするだけですむ．第2の解決方法は，消費者のために情報を消化する仲介者に頼ることである．このような仲介者は既に存在するが，規制当局による支援が必要である．例えば，消費者の商品使用情報を仲介者が電子的に得ることができるように，クレジット・カード発行事業者にその提供を義務づけるなどである．

　この章のこれ以降の構成は，以下の通りである．

・第 I 節では，クレジット・カードの市場について，背景を示す．
・第 II 節では，複雑性とコストの先送りという，これまでに明らかにした2つの契約特性に焦点を当てて，一般的なクレジット・カード契約を解説する．
・第 III 節では，この2つの契約特性について可能な，合理的選択と効率性に基づく説明を評価する．
・第 IV 節では，これに代わる，クレジット・カード市場の契約の仕組みに関する行動経済学の理論を構築する．
・第 V 節では，クレジット・カード保有者の誤解と，この誤解に対応する契約構造がもたらす，厚生上のコストを明らかにする．
・第 VI 節では，市場による解決，具体的には消費者にやさしいクレジット・カードとデビット・カードについて議論する．
・第 VII 節では，情報開示規制に焦点を当てて，法的な政策による解決を探る．

I．クレジット・カード市場

A．クレジット・カードの2つの機能
　クレジット・カードとは何であろうか．それは，横$3\frac{3}{8}$インチ，縦$2\frac{1}{8}$イン

チの平らなプラスチックに，名前とクレジット・カード番号が彫られてい
るものである．この「プラスチック」で，よく知られているように，持ち
主は，取引を迅速かつ効率的に行うこと，およびお金を借りること（購入・
ビジネス・生活のための資金の借入れ）という，2つの異なることができる．
同じプラスチック片が提供するものではあるが，取引と借入れの機能は，ク
レジット・カード発行事業者が提供する2つの異なるサーヴィスである．

　もちろん，クレジット・カードの所有者が，この機能を2つとも使う必要
はない．クレジット・カードを支払手段としてだけ使い，取引はしても借入
れはしない人もいる．クレジット・カードをこのように使う人の数は無視で
きないものの，大部分のクレジット・カード保有者は，クレジット・カード
を取引サーヴィスと借入れサーヴィスの両方の機能のために使う[5]．

B．クレジット・カードの簡単な歴史

　「クレジット・カード」という用語は，1887年に，エドワード・ベラミー
（Edward Bellamy）の理想郷的社会主義小説『顧みれば』（*Looking Backward*）
の中で作られた．ベラミーは，2000年の未来予測として，クレジット・カー
ドが完全に現金にとってかわるとした．彼の予測は，それほど外れたわけで
はない．2008年に，支払カード（クレジット・カード，一括払い専用カード，
およびデビット・カード）は，米国の取引額の50%以上を占めた[6]．

5　Brian K. Bucks et al., "Changes in U.S. Family Finances from 2004 to 2007: Evidence from the Survey of Consumer Finances," *Fed. Reserve Bull.*, vol. 95 (February 2009), A1-A55（2007年の消費者金融調査によれば，家庭のうち73%は少なくとも1枚のクレジット・カードを保有し，これらの家庭のうち60.3%はカードの支払いを翌月以降に持ち越していた），David S. Evans & Richard Schmalensee, *Paying with Plastic* (MIT Press, 1999) 211（取引だけを行う人は「カード保有者のだいたい3分の1だが，請求金額の半分程度である」）参照．

6　Bellamyの予測については，Lawrence M. Ausubel, "The Credit Card Industry: A History, by Lewis Mandell," *J. Econ. Lit.* 30 (1992) 1517, 1518 (book review) 参照．実際の支払カード取引額については，2011 Statistical Abstract, 前掲注(1)，表683，1186, 1187（表683によれば，消費単位数は120,770,000，消費単位当たりの平均年間支出は50,486ドルで，その結果，年間総支出は約6.10兆ドルとなる．表1187によれば，デビット・カードによる購入総額は1兆3,470億ドルである．表1187によれば，クレジット・カードによる購入総額は2兆1,530億ドルである．これ

　もっと最近の消費者信用の歴史としては，20世紀初頭，シアーズ・ローバック社(Sears Roebuck)の商品を買うための資金を，顧客に貸し出し始めた時に始まる．こうして，販売事業者カード(または小売カード)が生まれた．しかし当時は，販売事業者カードはそのカードを提供した販売事業者でしか使えなかった[7]．

　現代のクレジット・カードに至る途中には，いわゆる「旅行と娯楽カード(T&E cards)」があった．これは，特別な目的のためだけの一括払い専用カードであったが，その後汎用性のあるカードに発展していった．ダイナース・クラブ・カード社(Diner's Club card)が1947年に嚆矢となり，次にアメリカン・エキスプレス社(American Express)とカルテ・ブランシェ社(Carte Blanche)が1958年に市場参入した．T&Eカードは，次第に汎用性のあるカードに発展したが，一括払い専用のカードであり続けてクレジット・カードにはならず，つまり，これらのカードの残高は毎月末に全額支払う必要があった[8]．

　1960年代半ば，Visaカードとマスターカード(MasterCard)のシステムが出現し，発展したT&Eカードの汎用性と，販売事業者カードの信用機能とを合わせた，近代的なクレジット・カードが生まれた．Visaカードとマスターカードの銀行カードは，クレジット・カード発行銀行と販売事業者をどんどんネットワークに加えて，急速に発展した．1985年には，シアーズ・ローバック社は独自に，ディスカヴァー・カード(Discover Card)という汎用性の

を合計した，デビット・カードとクレジット・カードによる購入総額は，3.5兆ドルになる．)参照．Ronald Mann, "Adopting, Using, and Discarding Paper and Electronic Payment Instruments: Variation by Age and Race," (2011) *FRB of Boston Public Policy Discussion Paper* No. 11-2. SSRN: http://ssrn.com/abstract=186216　参照．

7　Sullivan, Warren, & Westbrook, 前掲注(1)の109(「Sears と，そしてその他の小売事業者は消費者に，銀行が提供しない信用を提供した」)．この会社の初めての応募用紙には，「現住所にどのくらい長く住んでいるか?」，「搾乳する牛は何頭か?」等の質問があった(同所)．

8　同上．Lewis Mandell, *The Credit Card Industry: A History* (Twayne Publishers, 1990) 1-3(Diner's カードのはじまりの歴史的評価)，Evans & Schmalensee, の前掲注(5)のpp.10-11(American Express カードと Carte Blanche カードの参入を説明)も参照．

あるクレジット・カードを導入した．アメリカン・エキスプレス社は1980年代後半に，そのオプティマ・カード(Optima Card)でクレジット・カードの舞台に加わった．サリヴァン，ウォレン＆ウェストブルックは，「1990年代には，汎用カードが伝統的な店舗カードに優越し，何百万人ものクレジット・カード保有者は，歯医者の詰め物から駐車代金まで何でも支払えるようになった．」と表現した[9].

　クレジット・カードの発行事業者にとって，成功に至るまでの当初の歩みは不安定なものだった．利息制限法(usury law)〔高利貸規制法〕の厳しい規制によって利率には上限が設定され，クレジット・カード発行事業者は当初はクレジット・カード事業で損失を出した．銀行業界は，結局，巧妙な方法で利率の上限を克服した．利息制限法をより緩和するように向けて各州の議会にロビイングをする〔という正攻法の〕代わりに，クレジット・カード業界は連邦裁判所に対し訴訟を提起し，利率の「越境」の管轄問題を提起した．その越境問題とは，「ある州の銀行が別の州の消費者にクレジット・カードを発行した場合，どの州の上限利率が適用されるか」というものであった[10].

　1978年，越境問題は米国連邦最高裁判所に届いた．裁判所は，マークェット国立銀行対ファースト・オマハ・サーヴィス社事件(*Marquette National Bank v. First of Omaha Service Corporation*)の訴訟で，適用される上限利率はクレジット・カード発行事業者である銀行が所在する州によって規定されるとの判決を下した．その結果，連邦最高裁判所は，「利息制限法がない州にある100%子会社にクレジット・カード事業を移転するという選択肢

9　Sullivan, Warren, & Westbrook, 前掲注(1)の 109，Evans & Schmalensee, 前掲注(5)，pp.10-11.

10　不安定な当初の歩みについては，Evans & Schmalensee, 前掲注(5)，pp.68-9, 73，Lawrence M. Ausubel, "Credit Card Defaults, Credit Card Profits, and Bankruptcy" *Am. Bankr. L. J.* 71（1997）249, 260-1（「1982年より前，クレジット・カードの利子率は，ほとんどの州で，利息制限法の上限に制限されていた．1974〜75年，1980〜81年等，財務省証券や社債の市場利子率が急上昇した当時，これらの上限利子率は，クレジット・カードの利益率を制限した．この結果，これらの年のクレジット・カード事業の総資産利益率は急減し，または赤字化した．」)を参照．利子率の「輸出」解決については，Ausubel 同を参照．

を銀行に与えることになった.」マークェット判決は，クレジット・カード発行事業者を引きつけるための州の間の競争の火蓋を切った.　この競争に勝つために，または，少なくとも，銀行に逃げられないために，多くの州は，上限利率をかなり引き上げるか，利息制限法そのものを廃止した.　こうして，マークェット判決は，事実上規制緩和されたクレジット・カード市場を作った.　その上，この判決で，クレジット・カード発行事業者は全国的に事業を行えるようになり，このため規模の経済を享受した[11].

　1970年代後半と1980年代前半の非常に高いインフレーション率が，クレジット・カード産業の利益率に対する最後の障害を取り除いた.　利息制限法の事実上の廃止によって，クレジット・カード利率は高いインフレーション率に見合うように上昇した.　実際は，因果関係は双方向に働いたと思われる.　すなわち，高いインフレーション率は，法的な判断(具体的にはマークェット判決)の形成に役立ち，逆に，その判断が上限利率の撤廃の引き金を引いた.　いずれの方向の因果関係にせよ，クレジット・カードの利率はインフレーションとともに上昇した[12].

　1970年代後半から1980年代前半には高いインフレーション率が高利率を正当化したのだから，これに続く1982～3年からのインフレーション率の低下は利率の低下をもたらすと期待されたかもしれない.　しかし，そのような低下は起きなかった.　より正確に言うと，たいへん遅れて出現した(以下参照)[13].

11　最高裁の判決は，439 U.S.299 (1978) (以下，「マークェット判決」と呼ぶ).　マークェット判決で裁判所は12 U.S.C. §85を解釈した.　マークェット判決の影響については，Lawrence M. Ausubel, "The Failure of Competition in the Credit Card Market" *Amer. Econ. Rev.* 81 (1991) 50, 52, Sullivan, Warren, & Westbrook, 前掲注(1), pp.248-9, Evans & Schmalensee の 前掲注(5), pp.6, 71-2 を参照.

12　Sullivan, Warren & Westbrook の前掲注(1), pp.248-9 (「1970年代後半から1980年代前半にかけての非常に高いインフレーション率とともに，すべてが変わった.　二桁のインフレーション率で，議会と最高裁は事実上，規制的な州法を覆し，それまで高利貸しと呼ばれたものを合法化した.」)を参照.

13　Sullivan, Warren, Westbrook の前掲注(1)のp.255 (「クレジット・カード発行事業者の最大のコストは，支払期日までの間に借り手に貸すことになる資金のコスト(利息支払い)である.　1980年から1992年にかけて，銀行が資金を借入れるための利子率は13.4％から3.5％に下がった.　同時期に，平均的なクレジット・カー

　クレジット・カード産業の初期の歴史は，コストの低下と「粘着的でなかなか変動しない」クレジット・カードの利子率とをその特徴とする．クレジット・カードの高い利子率を，資金コストの低下に合わせて下げようとは頑としてしなかったので，クレジット・カード発行事業者は，クレジット・カードによる消費者金融をより多く提供すること，および信用力がより乏しい消費者を標的にすることができるようになった[14]．その結果，消費者金融は爆発的に急増したので，消費者の負債は劇的に拡大し，消費者破産の率は上昇した[15]．

　1990年代前半以降の，クレジット・カード産業のより最近の歴史は，技術的な進歩によって，リスクに基づく料金設定が可能になったことに特徴づけられる．利子率（とそれ以外の料金の要素）を借り手のリスクに釣り合わせる能力を持つようになったことで，クレジット・カード発行事業者は信用力がより乏しい借り手も相手にできるようになったため，クレジット・カードは一層拡大し続けた．リスクに基づく料金設定ということは，リスクの低い消費者には低い利率，リスクの高い消費者には高い利率を課すことを意味する．しかし，それは平均利率の低下は意味しない．ところが，利率が消費者により目立つようになって利率に焦点を当てた競争が起き，利率の低下が，ついに1990年代前半から起きた[16]．

ド利子率は，17.3%から17.8%に上がった．したがって，この期間クレジット・カード発行事業者は，最大のコストが急落していたときに，消費者へのクレジット・カードの価格を引き上げていたことになる」）．Id. pp.18-19, 248-9 と，Ausubel の前掲注(11)，pp.53-5 を参照．

14　あるいは別の説明としては，資金コストの低下によってクレジット発行会社は信用力のより乏しい消費者にクレジットを提供できるようになり，それによるリスクの増加のために利子率の引下げをしなかった，とも解しうる．

15　Dian Ellis, "The Effect of Consumer Interest Rates Deregulation on Credit Card Volumes, Charge-Offs and the Personal Bankruptcy Rate," (1998) 98-05 *Bank Trends* （上限利率の撤廃と，消費者金融の増加と，破産申告率の関連性を明らかにした）．クレジット・カードの増加と消費者の負債の急増の歴史的関連性は，とても重大である．James Medoff & Andres Harless, *The Indebted Society: Anatomy of an Ongoing Disaster* (Little Brown & Co., 1996) 9 （「クレジット・カードの導入以来，典型的なアメリカ人の負債水準は，その所得水準に比べはるかに分不相応に増加した」）．

16　リスクに基づく料金設定の発展とその影響については，Mark Furletti, "Credit

C．経済的な重要性

　クレジット・カードは主要な支払手段なので，その普及と重要性は増すばかりである．1995年には既に，クレジット・カードは支払手段として現金を超えていた．2008年には，消費者は15億枚近く（世帯当たり12枚以上）のクレジット・カードを，2兆ドル以上の財貨とサーヴィスの購入に使った．平均的な世帯は，1万8000ドル，すなわち世帯の中央値（メジアン）の収入の35％以上のクレジット・カード取引を行った[17]．

　クレジット・カード産業は，取引額，クレジット・カード発行数，残高など，あらゆる観点で著しい成長を遂げた．1970年には世帯のうち16％だけがクレジット・カードを持っていたが，2007年には世帯の73％がクレジット・カードを少なくとも1枚持っていた．世帯の月当たり平均カード請求額は，1970年には165ドル（現在の貨幣価値換算〔1ドル110円として約1万8000円〕）だけだったが，2008年には1,500ドル〔1ドル110円として約17万円〕を超えた．所得に占めるクレジット・カード請求額の割合は，1970年は4％未満だったが，2008年には約35％にまで増えた．全消費者の総支出に占めるクレジット・カードの割合は，このように大幅に増えた．クレジット・カードが，全消費者の総支出自体の拡大にも貢献したことを示す証拠も蓄積している[18]．

Card Pricing Developments abd Their Disclosure"（January 2003）（*Fed. Res. Bank of Philadelphia, Payment Cards Center, discussion Paper* http://www.phil.frb.org/pcc/papers/2003/CreditCardPricing_012003.pdf.を参照．その後の利子率低下については，以下のII.B.2を参照．

17　カードと現金の比較については，Sullivan, Warren & Westbrook, 前掲注(1)，p.108と，Evans & Schmalensee, 前掲注(5)，pp.25-6を参照．2008年の数値については，2011 *Statistical Abstract*, 前掲注(1)（表689に，世帯数117,181,000，中央値（メジアン）の世帯収入50,303ドルとあり，表1187にクレジット・カードの総数とクレジット・カードによる購入額がある）を参照．

18　クレジット・カード産業の成長については，一般的には，Evans & Schmalensee, 前掲注(5)，pp.235-6（「1971から1997年にかけて，世帯数は54％増加しただけだったが，カードの発行枚数は900％以上増加した．同じ期間，個人消費支出は125％増加し，クレジット・カード取引のドル総額は2,630％増加した．更に，消費者信用の総残高が140％増加し，クレジット・カードの未払い残高は2,700％増加した．……クレジット・カードによる支払いは，他の支払方法や他のクレジッ

　クレジット・カードは，支出を促しただけではなく，借入れも促した．サリヴァン，ウォレン，およびウェストブルック(Sullivan, Warren, & Westbrook)は，以下のように述べている．

　　クレジット・カードによる負債は，クレジット・カード自体と同様に，アメリカの生活の一部となった．……すべての世帯の４分の３がクレジット・カードを少なくとも１枚持ち，その中で４人のうち３人はクレジット・カードの債務を翌月以降に持ち越している．……ますます多く

トを犠牲にして，増えた」)参照．1970年の数値については，Evans & Schmalensee, 前掲注(5)，pp.85-7, 240 (1970年について，Evans & Shmalensee は，平均的な世帯のカード請求額が1998年のドル価値で125ドル，消費者物価指数(CPI)を使うと165ドルに相当すると報告している)参照．2007年の数値については，Bucks et al., 前掲注(5)，pp.A1-A55 (2007年の消費者金融調査(Survey of Consumer Finances: SCF)に基づく)参照．2008年の数値については，2011 *Statistical Abstract*, 前掲注(1)，表689, 1198 (2008年の数値) (平均的な世帯の月当たりのカード請求額は，年間のクレジット・カードによる購入額(表1157の21,530億ドル)を世帯数(表689の117,181,000)で割り，更に１年の月数12で割って１ヵ月の数値にし，収入に占めるカード請求額の割合は，平均的世帯のカード請求額を中位(メジアン)の世帯収入(表689の50,303ドル)で割った.)参照．クレジット・カードと消費支出については，Lloyd Klein, *It's In The Cards: Consumer Credit and the American Experience* (Praeger, 1999) (「クレジット・カードは消費財や消費サーヴィスに対する消費支出を促進した.」)，Elizabeth C. Hirschman, "Differences in Consumer Purchase Behavior by Credit Card Payment System," *J. Consumer Res.*, 6 (1979), 58 (より多くのクレジット・カードを持つ人々は，１回の百貨店訪問当たり，より多額の購入をする)，Richard A. Feinberg, "Credit Cards as Spending Facilitating Stimuli: A Conditioning Interpretation," *J. Consumer Res.*, 12 (1986), 384 (レストランのチップはクレジット・カードで支払われる方が多い)，Drazen Prelec & Duncan Semester, "Always Leave Home without It: A Further Investigation of the Credit-Card Effect on Willingness to Pay," *Marketing Letters*, 12 (2001), 5 (調査の回答者は，プロ・バスケットボールのセルティックス(Celtics)のチケットや野球のメジャー・リーグのレッド・ソックス(Red Sox)のチケットに対して，クレジット・カードで支払う場合の方が，かなり高い価格を支払うオファーをした)参照．これらの研究は，クレジット・カードの効果として，流動性の制約による説明〔手許のキャッシュの額をクレジットなら気にしなくて良いという効果〕を除外している．例えば，Prelec & Duncan, id.p.10参照．

の……〔アメリカ人は〕，〔クレジット・カードを〕支払いに使うのではなく，お金の借入れに使うようになっている．静かに，あまり誇示されることなく，アメリカ人は学校の靴やピザを借入れで購入し，何カ月，あるいは何年もかけて返済するようになった[19]．

クレジット・カードは今や無担保の消費者信用・負債の主要な源である．そして，クレジット・カードで資金調達するのは消費者だけではない．多くの小規模企業の自営業者たちが，事業資金を高利率のクレジット・カード借入れに頼っている[20]．

　2008年のクレジット・カードによる借入総額は，9,760億ドルに達した．米国の世帯当たりのクレジット・カードの平均負債額は，2008年には8,300ドルを越えていた．クレジット・カードを持つ73%の世帯に焦点を当てると，世帯当たりの負債額は11,400ドルを越える．クレジット・カードの負債を持ち越している60%の世帯の平均負債額は，2008年に19,000ドルを越えていた．クレジット・カードの負債が所得に占める割合の中央値(メジアン)は，全世帯では16.5%，クレジット・カードを持つ世帯では22.7%，クレジット・カードの負債を持つ世帯では37.8%だった．明らかに，クレジット・カードの負債は多くの世帯に相当重い負担を課している[21]．

19　Sullivan, Warren, & Westbrook, 前掲注(1)，pp.110-11. David B. Gross & Nicholas S. Souletes, "Do Liquidity Constraints and Interest Rates Matter for Consumer Behavior?: Evidence from Credit Card Data," *Q. J. Econ.*, 117 (2002), 149, 151 (銀行カードを少なくとも1枚持つすべての世帯の中で「少なくとも56%（驚くほど大きい割合）は，銀行カードで借入れをする，つまり，取引の支払いに使うだけでなく利子を支払う.」なお，これらの数字は，消費者金融調査(SCF)のデータに基づいており，SCF調査対象世帯はクレジット・カードの債務をかなりの程度過少申告することが分かっているため，クレジット・カードの債務がある世帯の割合を実際よりかなり低く見積もっている.)，Klein, 前掲注(18)，p.29 (「『自分中心世代(me generation)』はクレジット・カードの利用を通じて出現し，見るものすべてが欲しくて買いたいと行動する，負債を抱えた『欲張り世代(greed generation)』に変化した.」)も参照.

20　Sullivan, Warren, & Westbrook, 前掲注(1)，pp.115-17, Evans & Schmalensee, 前掲注(5)，pp.34, 103-7を参照.

21　クレジット・カードの負債総額と世帯あたり平均については，2011 Statistical

　こうなると，クレジット・カードの負債が消費者の破産に悪名高くも重要な役割を果たすのは，驚くにあたらない．クレジット・カードの債務不履行は，個人破産と相関が高い．消費者の破産申立てに関する経験的な調査に基づいて，サリヴァン，ウォレン，およびウェストブルック(Sullivan, Warren, & Westbrook)は「クレジット・カードの負債は，消費者の負債のうち最も急速に増加している部分として，ますます多くのアメリカ人の破産を招いた.」と結論づけた．ロナルド・マン(Ronald Mann)，アティフ・マイアンとアミール・シューフィ（Atif Mian & Amir Sufi），そしてミシェル・ホワイト(Michelle White)による，３つの独立した統計的研究は，クレジット・カードの負債と消費者の破産申立ての間の因果関係を指摘する[22]．

Abstract, 前掲注(1)，表689, 1187（世帯あたり平均負債額は，クレジット・カードの負債総額を表689の世帯数117,181,000で割って計算した）参照．クレジット・カードを保有する世帯の割合と，負債を持ち越す世帯の割合については，Bucks et al., 前掲注(5)，A1-A55（2007年の消費者金融調査によれば，73%の家庭がクレジット・カードを少なくとも１枚保有し，そのうち60.3%が債務を持ち越した）参照．所得に対する債務の比率は，前述の平均債務額を，中位世帯所得である50,303ドルで割って計算した．2011 Statistical Abstract, 前掲注(1)の表689参照．所得に対する債務の比率は，増加している．Sullivan, Warren, & Westbrook, 前掲注(1)，p.18（「実質消費者負債は，多くの人の実質所得が変わらないか低下していた長い期間にわたり，劇的に増加した.」）参照．一般的には，Durkin, 前掲注(1)，p.202（「近年の消費者金融の増加の多くは，リボルビング払い金融の形態であり，そのうちではクレジット・カードによるものが最大である.」），Sullivan, Warren & Westbrook, 前掲注(1)，p.129（「クレジット・カードの負債は，消費者の負債のうち最も急速に増加している部分であり，ますます多くのアメリカ人の破産を招いた……」）参照．

22　破産申し立ての研究については，Sullivan, Warren, & Westbrook, 前掲注(1)，p.129を参照．Sullivan, Warren, & Westbrook, 前掲注(1)，pp.119-20，Evans & Schmalensee, 前掲注(5)，p.5も参照．３つの統計的研究については，Ronald J. Mann, *Changing Ahead: The Growth and Regulation of Payment Card Markets around the World*（Cambridge University Press, 2006），Atif R. Mian & Amir Sufi, "Household Leverage and the Recession of 2007-09," *IMF*, 58 (2010), 74-117（「全体的に，統計的モデルによれば，2006年の世帯負債割合の増加とクレジット・カード借入れへの依存は，景気後退期の消費者の破産総数，住宅価格，失業，住宅投資，耐久財消費パタンの大きな部分を説明する」），Michelle J. White "Bankruptcy Reform and Credit

D．市場の構造

1．市場参加者

　クレジット・カード市場は，Visa，MasterCard，American Express，Discover という，主要なクレジット・カードのブランドによって分割されている．銀行カードのブランドであるVisaとMasterCardは，共通の，より複雑な構造を共有する．最近までVisaとMasterCardは，何千もの個別のクレジット・カード発行事業者である銀行の合弁会社であった．2006年に，MasterCardは会員銀行を所有者とする閉鎖会社として登記された．Visaも2008年にこれに続いた．これらのクレジット・カード発行銀行の多くは地元でだけ事業を行っているが，その他のかなりの数のクレジット・カード発行銀行は，広域的，そして全国的に事業を展開している．1990年代，AT&T社のような銀行でない新しいクレジット・カード発行事業者の一群が，クレジット・カードの舞台に参入した．これらの銀行以外のクレジット・カード発行事業者は，技術的にはVisaかMasterCardの発行銀行と提携する必要があり，発行されたクレジット・カードは実際にはAT&T社とMasterCardなどのように共同ブランド・カードだが，主要な戦略的決定は，銀行以外のクレジット・カード発行事業者が行う[23]．

　銀行カードのブランドに関しては，VisaとMasterCardの会社が非常に分権化

Cards" (2007) *J. Econ Persp.*, 21 No.2 (2007)（「1980年から2004にかけて，米国の年間の個人破産申請数は，288,000から150万に，5倍以上に増えた．……この主な理由は，クレジット・カードの負債が米国の家庭の中位（メジアン）収入に占める割合が，1980年の3.2％から2004には12.5％に急増したことであると主張する．」）を参照．しかし，Board of Governors of the Federal Reserve System, *Report to the Congress on Practices of the Consumer Credit Industry in Soliciting and Extending Credit and their Effects on Consumer Debt and Insolvency*, June 2006, 3, 26（「クレジット・カードを持っている家庭の割合は増え続けたが，世帯の負債負担は多少増えただけで，世帯の大多数はリボルビング払いの負債を期日に支払っている．」，そして，米国の破産の大多数は，実際は離婚，失職，保険でカヴァーされない疾病等の生活上の危機によって起きていると指摘している．），Todd J. Zywicki, "The Economics of Credit Cards," Chap. L. Rev., 3 (2003), 79, 82（クレジット・カードと破産率の関係に疑問を呈する）も参照．

23　Evans & Schmalensee, 前掲注(5), pp.4, 48-9, 75-7参照．Ausubel, 前掲注(11), p.51（カード発行銀行が4,000以上ある）も参照．

されているのが興味深い．ローレンス・オーサベル（Lawrence Ausubel）の調査によれば、「ほとんどの重要な事業決定は、クレジット・カード発行銀行の段階で〔VisaやMasterCardの組織の段階ではなく〕行われている．個々の銀行は自社のクレジット・カード保有者の口座をもっていて、その口座の利子率、年会費、猶予期間、クレジット限度額その他の条件を決定する．」とされる[24]．

それでも、VisaとMasterCardの組織は重要な役割を果たす．彼らは、加盟店の契約銀行からクレジット・カード発行銀行に送金される売上交換手数料を設定する．彼らは、広告によって自社のブランド名を高める．そして彼らは、他の銀行カードのブランドと、また、非銀行カードのブランドとの競争の先頭に立つ[25]．

2. 競争

クレジット・カード産業には、ブランドの段階の競争と、クレジット・カード発行事業者の段階の競争という、相互に関連した2つの段階の競争がある．

上の段階、つまり主要なクレジット・カードのブランド、特にVisa、MasterCard、American Express、およびDiscoverは、互いに競争する．Visaはクレジット・カード請求額と融資額の双方で業界の首位を占め、MasterCardが僅差でこれに続く．American ExpressとDiscoverはそれぞれ、より離れた第3、第4の位置にある[26]．この段階での競争の激しさについての証拠は肯定否定に分かれている．4つのブランドが互いに競争しているのは明らかだが、VisaやMasterCardに対する独禁法違反の一連の訴えからは、主要なブランドがネットワークの

---

24 Ausubel, 前掲注(11), p.51.

25 同．Evans & Schmalensee, 前掲注(5), p.199 も参照．

26 *Nilson Report*, February 2010 参照．2009年には、米国のクレジット・カード市場はカード発行事業者の間で以下のように分割されていた．Visaは購入額7,642億ドルで43.4%．MasterCardは購入額4,769億ドルで27.1%．American Expressは購入額4,198億ドルで23.8%．Discoverは1,004億ドルで5.7%．4つの主要ブランドによるクレジット提供額に注目すると、2009年の市場シェアは、Visaが47.4%で3,660.5億ドルのクレジット残高、MasterCardが34.7%で2,675.7億ドルのクレジット残高、American Expressが11.1%で860.6億ドルのクレジット残高、そしてDiscoverが6.8%で525.1億ドルのクレジット残高であった．

段階での競争を制限するための手段を講じていたことが窺われる[27].

　クレジット・カード発行事業者の段階での競争はもっと活発である．ただし，この段階の競争でさえ完全ではないという証拠がある．何千もの銀行が，（クレジット・カード発行事業者としての）American Express や Discover とともに消費者を求めて競争しているように見えるかもしれないが，実際は，比較的少数の大銀行が市場の大部分を支配している．クレジット・カードを切り替えるコストが競争にもたらす影響についても，証拠は割れている．多くの借り手にとって新しいクレジット・カードを作ることの，経済的な取引コストは相当わずかなので，消費者は頻繁にクレジット・カードを切り替えると思うかもしれないが，切替の心理的なコストと単なる惰性によって切替頻度は限られているという証拠がある．ある研究は切替の総コストを150ドルと見積もった．加えて，クレジット・カード発行事業者はお得意様プログラムによって，意図的に切替コストを引き上げる[28].

　競争は，情報の得やすさと，事業者を比較するために必要な情報を借り手が処理する能力からも影響を受ける．一見すると，得られる情報は，とりわけインターネットを通じて，たくさんあるように見える．しかし，どれほどの消費者が実際に情報を見つけて処理できるかは不明である．後述のように，クレジット・カード商品は，多元的で複雑である．いくつもの多元的で複雑な商品を比較するのは，多くの消費者にとってくじけそうになるほど大変な作業である．その上，クレジット・カード発行事業者の利益率は銀行産業の平均利益率を継続的に上回っているため，一部の学者はクレジット・カード市場の競争が不十分だと結論づける．そして，クレジット・カード発

27　これまでの Visa や MasterCard に対する独占禁止法違反の訴えの要約については，Evans & Schmalennsee, 前掲注(5)，Ch.11 を参照．

28　第 2 巡回区連邦控訴裁判所は，「競争は，……カード発行事業者の段階では活発である．」とした．*United States v. Visa U.S.A., Inc.*, 344 F.3d 229, 240（2nd Cir. 2003）参照．ただし，9 つの大手カード発行事業者が市場の約90%を支配している．CFPB, CARD Act Factsheet, 前掲注(4)参照．切替コスト（switching costs）については，Evans & Schmalensee, 前掲注(5), pp.234-5（経済的切替コストの低さ），Haiyan Shui & Lawrence M. Ausubel "Time Inconsistency in the Credit Card Market"（2004）Working Paper, http://ssrn.com/abstract=586622（心理的切替コストの高さ）参照．

行事業者間で不正な競争制限をしているとの訴えが，主要なクレジット・カード発行事業者に対して提起された[29].

　以下では，クレジット・カード発行事業者の間の競争の程度という解決されていない問題には触れないことにする．クレジット・カード市場の失敗の主要なもの，つまり行動経済学的な意味での市場の失敗が，完全競争でさえ是正できないような非効率につながることを示す．このことは，クレジット・カード産業が，たとえ激しい競争下にあって不十分な競争によるどんな過剰利益もなくなっているとしても，これを規制の下に置くことを正当化する．

Ⅱ．クレジット・カード契約

　クレジット・カードの料金設定のパタンは，行動経済学的な意味での市場の失敗が起きてることを示している．この節では，クレジット・カードの料金設定について，重要な特徴を検討する[30]．そして，これらの料金体系に対する合理的選択からと行動経済学からとの，相対立する説明について検討する．

A．複雑性
　一般的なクレジット・カードの契約には，多くの手数料や利率があり，複

29　利益率については，Federal Reserve Board, Report to the Congress on the Profitability of Credit Card Operations of Depository Institutions, June 2009（「大きなクレジット・カード発行銀行の利益率は年ごとに増減したが，クレジット・カードの利益率は継続して商業銀行の営業利益率より高かった．」）参照．不正な競争制限との訴えについては，*In re Currency Conversion Fee Antitrust Litigation*（MDL No. 1409）（クラス・アクションでの和解が裁判所によって承認された），*Ross et al. v. Bank of America, N.A.*（USA），No. 05-cv-7116, MDL No. 1409（S.D.N.Y.）（被告の一部との訴訟上の和解が成立した）参照．

30　ここでは，クレジット・カード市場の消費者側の料金設定に焦点をあてる．しかし，クレジット・カード市場は二面性のあるネットワーク市場であり，加盟店側にも，そして市場の両側の間にも（つまり，加盟店契約事業者が，カード発行事業者に払う売上交換手数料），興味深い料金設定のパタンがある．これら，クレジット・カードの料金設定の他の側面に関する研究文献のサーヴェイは，Sujit Chakravorti, "Theory of Credit Card Networks: A Survey of the Literature" *Rev. Network Econ*. 2（2003），50を参照．

雑で多元的である。クレジット・カード手数料には、サーヴィス手数料と違約手数料がある。サーヴィス手数料には、申込手数料、発行手数料、年会費、会員手数料、参加手数料、キャッシング手数料、残高移行手数料、外貨交換手数料、クレジット限度額引き上げ手数料、迅速支払いまたは電話支払いの手数料、無活動手数料、支払停止要請の手数料、支払明細のコピー手数料、クレジット・カード再発行手数料、電信送金手数料、小切手不渡手数料、クレジット・カード保有者の手数料についての情報開示についての手数料には、遅延手数料、限度額超過手数料、残高不足手数料(NSF fee)が含まれる。ある業界筋によれば、「クレジット・カード保有者の手数料についての情報開示によれば、1枚のクレジット・カードには手数料とコストが平均しして9種類付いている[31]。」

こんどは利子率を見てみよう。購入時支払いのための長期利率という主要なものに加えて、導入時の導入感謝利率、他のクレジット・カードから移転された残高の利率、キャッシング利率、そして不履行時適用利率がある[32]。利率は特定の指標に沿って時間の流れとともに変わることが多い。導入時の利率は、不履行適用利率がそうであるように、一定の期間だけ適用される。遅延手数料は、残高の大きさ等によって異なってくる[33]。

加えて、消費者が払う利子の金額は残高に依存し、そしてこの残高は複雑な式を使って計算される。1990年代後半には、クレジット・カード発行事業者は利子を月ごとでなく日ごとの複利で計算し、毎日の残高にファイナン

---

31 CardFlash, "Penalty Fees" January 20, 2009. Furletti, 前掲注(16), pp.5, 10-13, Federal Reserve Board, "Credit Cards—Fees," <http://www.federalreserve.gov/creditcard/fees.html> (最終アクセス2011年6月24日), Elizabeth Renuart & Diane E. Thompson, "The Truth, The Whole Truth, and Nothing but the Truth: Fulfilling the Promise of Truth in Lending," *Yale J. Reg.*, 25 (2008), 181,192-4 も参照.

32 Furletti, 前掲注(16), p.14 (「過去10年で、口座の残高に適用できる実質年率(APR)の数は劇的に増加した(例えば、購入実質年率、販促実質年率、キャッシング実質年率、残高移転実質年率)」, Federal Reserve Board, "Credit Cards—Interest Rates," <http://www.federalreserve.gov/creditcard/rates.html> (最終アクセス2011年6月24日)参照.

33 Federal Reserve Board, "Credit Card—Fees," <http://www.federalreserve.gov/creditcard/fees.html> (最終アクセス2011年6月24日)参照.

ス・チャージ(融資手数料)を加えるようになった．この変更によって，実効実質年率が0.1から0.2ポイントも上がった．その上，2009年のCARD法で禁止される前は，クレジット・カード発行事業者はダブルサイクル請求と呼ばれるもう１つの複雑な計算を使っていた．ダブルサイクル請求は，猶予期間(請求を全額払う消費者に認められる，購入してから支払期限が来るまでの無利子の期間)を，完全に支払った翌月に一部だけ支払った消費者や，残高ゼロの月の翌月に一部だけ支払った消費者に対しては，事実上無くしてしまうものであった[34]．

　クレジット・カード保有者が同一のクレジット・カード発行事業者に複数の残高(例えば，他のクレジット・カードから移転した残高と，キャッシングの残高と，通常の購入の残高)を持つ場合，クレジット・カード契約は，それぞれの残高にどれだけの支払いを振り向けるかについて定める．この支払振り向け方法は，利子の支払総額に影響する．2009年のCARD法で禁止されるまでは，多くのクレジット・カード発行事業者は支払いをまず低利率の残高に振り向け，これによってファイナンス・チャージ(融資手数料)を最大化した[35]．返済がよりゆっくりの場合には全体でより多くの利子を支払うことになるため，最低返済義務額も利子支払総額に影響する．こうして，利

34　Furlett, 前掲注(16)，pp.15-16（残高計算方法の説明），Federal Reserve Board, "What You Need to Know: New Credit Card Rules Effective February 22," <http://www.federalreserve.gov/consumerinfo/wyntk_creditcardrules.htm>（最終アクセス2011年6月24日）（以下，FRB, "Credit Card rules, February 22"）（新しいCARD法ルールの説明）を参照．

35　Furletti, 前掲注(16)，pp.14-15（CARD法で禁止される前の支払振分けの説明），pEW Reportm, Safe Credit Card Standards 1 (2009), <http://www.pewtrusts.org/our_work_detail.aspx?id=616>（トップ12のカード発行事業者からオンラインで提供される，クレジット・カード債務残高の88%以上を占める400のカードに関する調査によると，調査対象カードの100%で，カードの発行会社は，連邦準備制度理事会によれば消費者にかなり大きな損害を与える可能性が高い形で，カード発行事業者が支払いを振り分けることを許容していた．）Furlettiは，このような残高の計算と支払いの振分け方法が，カード発行事業者の収入に重大な影響を及ぼし，公表された名目的な実質年率に影響することなく実効利益を増やしたと結論づける(Furlett, 前掲注(16)，pp.14-16)．FRB, "Credit Card rules, February 22," 前掲注(34)（新しいCARD法のルールの説明）．

子の支払総額がいくらになるのか予想したいクレジット・カード保有者は，くじけそうになるほど大変な作業に直面する．

条件付の違約手数料や利率については，その料金や利率を引き起こす条件が特定される必要がある．例えば，支払いが遅延したことになるのはいつか，つまり期日までに届けばよいのか，期日の一定の時刻までに届く必要があるのか，もし期日が週末や休日だったらどうなるか，などの特定である．

いつ不履行時適用利率が適用になるのか．それほど遠くない過去においては，多くのクレジット・カード契約に「一般的債務不履行条項」があり，クレジット・カード保有者の信用度の変化や公共料金を期日までに払わなかったことなど，多数の要因に基づいて違約利率が適用された．CARD法は，明示的に「一般的債務不履行条項」を禁じたわけではないが，クレジット・カード発行事業者が利率を上げる手法を制限した[36]．

多くのクレジット・カードはまた，お得意様優待プログラム(マイレージ，現金払戻し等)，レンタカー保険など，長いリストの付随的便益を提供する．これらのプログラムや便益はそれ自体，非常に複雑である．例えば，プログラムの規則には，マイレージやポイントがどのように貯まり，どのように引き換えられ，使わないといつ期限切れになるかについて詳細な記載がある．最後に，多くのクレジット・カード保有者にとって，詐欺の防止は非常に重要である．様々なクレジット・カード発行事業者が自社クレジット・カードの保有者を守る様々な機構を提供する．もう1つの複雑な便益である．

これらすべての複雑な詳細が，クレジット・カード商品のコストと便益に影響する．

B.　コスト先送り

複雑で多元的なクレジット・カード契約は，消費者に便益をもたらすとともに，コストももたらす．これらの便益とコストは，契約の多くの部分にランダムに対応しているわけではない．逆に，便益は短期的な，より目立つ部分で発生し，コストは長期的な，より目立たない部分でかかる．例えば料金

36　Furletti, 前掲注(16), pp.8-9（クレジット・カード契約の普遍的な「一般的債務不履行条項」の記載を引用），FRB, "Credit Card Rules, February 22" 前掲注(34)（新しいCARD法のルールを説明）参照．

の期間については，長期的な条件付きの料金要素は高く，短期的で条件付きでない料金要素は安く設定される．言い換えれば，便益は前倒しされ，コストは先送りされる．

1．短期的便益

a. 年会費や取引毎の料金は無料

クレジット・カード発行事業者にとって，クレジット・カード口座の開設と維持にかかる固定費をまかなう最も素直な方法は年会費をとることである．実は，以前はそうしていた．しかし今は，クレジット・カード発行事業者は年会費を取らないのが一般的となっている[37]．

同様に，クレジット・カード発行事業者は，消費者がクレジット・カードで払う取引の処理コストを負担する．しかし，ほとんどのクレジット・カードの料金体系には，取引ごとの料金は設定されていない．実際，多くのクレジット・カードに伴う便益や特典プログラムを考えると，クレジット・カード発行事業者は取引ごとに負の料金を設定していることになる．会員特典プログラム，マイレージ，レンタカーや荷物の保険，将来の購入の値引き，現金払い戻し等のサーヴィスの増加はすべて，クレジット・カード契約のこれらの要素で競争の力が働いているという事実を示している．

クレジット・カード口座を維持し取引を処理するコストを負担することになるのに，一般的なクレジット・カード発行事業者はこれらのサーヴィスを無料にしたり，負の料金を設定したりさえする．これらの事実から，クレジット・カード契約の年会費や取引毎の料金要素で，クレジット・カード発行事業者が限界コスト以下の料金を請求していることが見てとれる．

しかし，話はもっと複雑である．ここまでの説明は，以下のこの章と同様に，クレジット・カード発行事業者と消費者の間の契約に注目していた．この契約では，取引ごとの要素に，低料金か，負の料金さえ設定している．より幅広く分析するには，クレジット・カード発行事業者が売上交換手数料を通じて販売事業者から受け取る収入も勘案しなければならない．（この売上

---

37 Furletti, 前掲注(16), pp.9-10（1990年代半ば，カード発行事業者は「特典プログラムを伴わない優良口座(prime portfolio)では」年会費を無料にした.）参照. Evans & Schmalensee, 前掲注(5), p.159 も参照.

交換手数料は，クレジット・カードによる購入毎に販売事業者からクレジット・カード発行事業者に移転されるもので，通常2％である．）大事なことは，クレジット・カードの提供する取引サーヴィスについて，クレジット・カード発行事業者は消費者には料金請求しないことを選択したということである．その上，販売事業者はクレジット・カード発行事業者に支払う必要があるこの「税金」をまかなうために価格を上げるかもしれないが，このより高い価格は，クレジット・カード保有者だけでなく他の支払い方法を選択する他の顧客も同様に負担する[38]．

b. 導入感謝利率　　導入感謝利率とは，クレジット・カード発行事業者が提供する低い導入感謝利率で，典型的には六ヵ月間続く．その後は，より高い長期的な利率が始まる．一部のクレジット・カードでは，導入感謝期間はゼロ利率を提供しさえする．他のクレジット・カードからの残高移行に対するゼロ利率も一般的だ[39]．

　低利率（またはゼロ利率）の享受は，それが一定期間後はなくなるとしても，消費者にとって明らかな便益である．もし消費者が，現在のクレジット・カードの導入感謝期間が終わって導入感謝期間後の利率が発生し始めたらすぐに，その残高を，低い導入感謝利率を提供する新しいクレジット・カードに移行すれば，導入感謝利率からより大きな便益が得られるだろう．その結果は，無期限で無料のクレジットとなる．導入感謝利率の期間が終わりつつあるクレジット・カードから新しい導入感謝利率が始まる新しいクレジット・カードへの残高移行は，確かに起きるが，得られた証拠によると，それほど一般的ではないことを示している．むしろ，導入感謝期間後にかな

38　これは，販売事業者がクレジット・カードによる購入に対してのみ，より高い価格を請求したとしたら，正しくないだろう．実際，このような価格差はクレジット・カード取引に対する事実上の取引ごとの料金を構成することになろう．しかし，支払手段によって異なる価格を請求するのは非常に稀である．（そして，最近まで，違法とされるか，あるいはカード・ネットワークの「無差別ルール」によって事実上防止されていた．）Chakraworti, 前掲注(30), pp.55-6を参照．

39　CardFlash, "Dec Card Offers," December 23, 2008参照．（「12ヵ月間0％の導入感謝利率は，2008年12月に再度有効になった．」）参照．Stefano DellaVigna & Ulrike Malmendier, "Contract Design and Self - Control: Theory and Evidence," *Q. J. Econ.*, 119 (2004), 353, 377-8, Ausbel, 前掲注(10), p.262も参照．

りの借入れが行われている．実際，大部分の借入れは，低い導入感謝利率ではなく，優待期間後の高い利率で行われている[40]．

導入感謝利率は，クレジット・カード利率とその根底にある資金コストの差を目立たせる．明らかに，資金コストはゼロより大きいのに，導入感謝利率がゼロなのは稀でない．導入感謝利率はまた，導入感謝期間が終わると不連続に急激に利率が上がることを示唆する．このような利率上昇がクレジット・カード発行事業者の資金コストの変化に対応していると論じるのは難しい．

２．長期コスト

a. 長期利率　　クレジット・カード料金の中心的な要素は，クレジット・カード債務に課される利率，つまり短期または導入感謝利率期間終了後の購入金額に対して始まる長期利率である．（購入に対するこれらの利率は，他のクレジット・カードからの残高移行やキャッシングに対する長期利率とは異なる可能性があることに注意することは重要である．）

クレジット・カード契約は，高い利率を設定する．クレジット・カードの平均利率は，2007年は13.30％で，2008年は12.08％だった[41]．これらの高い利率は，驚くことではない．クレジット・カードのような無担保債務が，抵当貸付，住宅ローン，自動車ローンのような有担保債務よりも高い利率を払うのは自然だからである．

1980年代から1990年代初めに，クレジット・カード利率に対する真の懸念が表面化した．この懸念は大部分，これらの利率の「粘着性」，つまりクレジット・カード利率がその根底にある資金コストに連動しないという証拠

40　Gross & Souletes, 前掲注(19)，pp.171, 179を参照．Ausubel, 前掲注(10)，p.263（「クレジット・カードによる借入れの大部分は，導入感謝期間後の利率で行われている．」，「クレジット・カード発行事業者に対して支払われるファイナンス・チャージ(融資手数料)は，導入感謝期間に提供される条件が示唆するほど下がっていない」），David I. Laibson et al., "A Debt Puzzle," in Philippe Aghion et al. (eds.), *Knowledge, Information and Expectation in Modern Macroeconomics: In Honor of Edmund, S. Phelps*, 228-9（Princeton University Press, 2003）（「導入感謝利率の増加にもかかわらず」消費者が高い実効利子率を支払っていることを発見）も参照．

41　Federal Reserve Statistical Release, "Consumer Credit"（Sep. 8, 2010）参照．

に対するものだった．デイヴィッド・イヴァンス(David Evans)とリチャード・シュマレンシー（Richard Schmalensee)は，二人ともVisaのコンサルタントで，「クレジット・カード利率は高いだけでなく，他の利率ほど迅速には，銀行が貸出し活動を支えるために集める資金のコストの変化に応じて変動しない．」と述べている[42].

クレジット・カード利率についてのこの懸念は消えていった．1990年代後半から，競争が利率の要素に注目し始め，利率を下げて，根底にある資金コストとの連動を強めさせた[43].

しかし，利率自体がより競争的になった一方で，利息の支払いについてはまだ懸念がある．前に説明したように，利子の支払いは利子率の関数であるだけではなく，収支がどのように計算されるか，支払いが様々な収支にどのように配分されるか，そして最低支払義務額にもよる．

CARD法で禁止されるまで，大部分のクレジット・カード発行事業者は，ダブルサイクル請求方法で収支を計算した．この方法に対する主な懸念はその複雑性と不透明性であるが，この方法はまた，一定の状況で高い利子の支払いを生む．同様に，CARD法で禁止されるまで，クレジット・カード発行事業者は一般的に，クレジット・カード保有者の支払いをまず利率が最も低い残高に充当した．その結果は，利子支払総額の上昇だった[44].

最低支払義務額も，クレジット・カード保有者の金利支払総額に大きく影響する．クレジット・カード発行事業者は，大きな収支残高に対しても，非

42　Evans & Schmalensee, 前掲注(5)，p. 248．Ausbel, 前掲注(10)，p.261（「その後1980年代を通して，クレジット・カード利子率は資金コストの変化にほとんど全く呼応しなかった」）も参照．

43　Furletti, 前掲注(16)，pp.2, 3, 29（「しかし，1992年から2001年にかけて，継続的な顧客に対してカード発行事業者が課す平均利子率は，17.4%から14.2%に，3.2ポイント下がった．カード発行事業者の利幅，つまり平均実質年率から6ヵ月の財務証券の利率を差し引いて資金コストを標準化した数値は，同じ期間に3.3ポイント下がった．」，「平均実質年率の全体的低下は，低所得のクレジット・カード利用者の増加とあいまって，多くのカード保有者にとっての平均的な利率低下が平均実質年率の示す以上に明白だったことを示唆する」，図3：クレジット・カードの平均利幅（クレジット・カード実質年率から6ヵ月の財務証券の利率を引いたもの）は1992年以降低下)参照．

44　前出のA.参照．

常に少額の月次支払いを義務づけることが多い．その訳は，クレジット・カード保有者が債務不履行にならない限り，月次支払いがより少ないということは「負債の返済期間が長くなるということを意味するので，支払われる利子総額が増えて，クレジット・カード事業者の総収入が増えることになる．」[45]からである．

b. 違約手数料と
　不履行時適用利率

クレジット・カード発行事業者は，典型的には，月次の支払いが遅れるかクレジットの限度額を超えた消費者から，かなりの手数料を徴収する．重要なことは，これらの違約手数料は，しばしば，クレジット限度額からの乖離や支払いの遅れの程度にかかわらず，典型的には35ドル前後〔1ドル110円として約4000円〕の固定的な金額になっていることである[46]．このため，例えば，クレジット・カード保有者は，10ドルの支払いが数日遅れたために35ドル払うことになるかもしれない．このような手数料体系を正当化する必要に迫られ，一部のクレジット・カード発行事業者は，遅延手数料の段階付けを始め，より少額の支払遅延にはより少額の手数料を課すようになった．

　支払遅延やクレジット限度額超過は，極端な現象ではない．クレジット・カード発行事業者の上位6社を対象にした米国会計検査院(Government Accountability Office: GAO)の調査によると，収入の35%は遅延手数料からで

45　Sullivan, Warren, Westbrook, 前掲注(1), pp.247-8.　FRB, "Credit Card Lending: Account Management and Loss Allowance Guidance," *SR Letter* 03-1, 3-4, January 8, 2003, <http://www.federalreserve.gov/boarddocs/srletters/2003/sr0301.htm>（「競争の圧力と，クレジット残高を維持したいという欲求によって，最低支払義務額が近年緩和された．」および「多くの場合，最低支払義務額の削減と，手数料やファイナンス・チャージ(融資手数料)の課金の継続によって，返済期間は合理的な期間を大きく超えて延びた」), Tamara Draut & Javier Silva, *Borrowing to Make Ends Meet: The Growth of Credit Card Debt in the '90s*, P. 37（Dēmos, 2003）(以下，「Dēmos」と表記).

46　CardFlash, "Fee Factor 08," January 14, 2009（1994から2008年にかけて，支払遅延手数料の平均は12.52ドルから35.36ドルに増加し，上限超過手数料の平均は12.74ドルから35.91ドルに増加した(<http://www.carddata.com>)) 参照.　*Pfenning v. Household Credit Services, Inc.*, No. 00-4213 (6th Cir., July 2. 2002)（クレジット上限からの乖離の程度にかかわらず，上限超過月ごとに29ドルの上限超過徴金), Sullivan, Warren, & Westbrook, 前掲注(1), p.23（「違約手数料が突然50ドル加えられた」）も参照.

あると評価され，収入の13%は限度額超過手数料によるものであると評価された．このように，遅延手数料と限度額超過手数料はクレジット・カード発行事業者の主な収入源であり，2008年には2百億ドル近く〔1ドル110円として2兆2千億円〕，クレジット・カード全収入の約10%に上った．クレジット・カード発行事業者はまた，違約手数料からの収入を一層増加させるため，猶予期間を短縮してきた[47].

　期日までに支払うことやクレジットを限度額内で使うことができない消費者には，より高いリスクがある可能性を勘案しても，貸出期間の延長や貸出限度額の増加に要する追加コストからみて，支払遅延やクレジット限度額の超過に対してクレジット・カード発行事業者が課す高い手数料を正当化する

---

[47]　遅延手数料を払っているカード保有者の数については，U.S. Government Accountability Office, Credit Cards: Increased Complexity in Rates and Fees Heightens Need for More Effective Disclosures to Consumers, 5 (2006)（以下，「GAO Complexity Report」と称する）参照．Furletti, 前掲注(16), p.11（Cardwebは，カード保有者の約半数が，2001年に遅延手数料を払ったと推定する）も参照．遅延手数料からの収入については，CardFlash, "Fee Income," January 11, 2010（2008年の違約手数料の収入総額は，190億ドルに上った．この190億ドルの大部分は遅延手数利用と限度額超過手数料だが，返還小切手手数料と外貨両替手数料も含まれる），CardFlash, "Fee Factor 08," January 14, 2009（2008年の総収入は1,690億ドル，総収入に占める割合は，違約手数料収入総額を収入総額で割って計算した）参照．"National Consumer Law Center, Truth in Lending" 27 (2002 Consumer Supplement)も参照（「上限超過手数料は，多くのクレジット・カード発行事業者の主な収入源である．」）．違約手数料は，最高裁がMarquette判決を拡張して支払遅延手数料や上限超過手数料も含むようにした1996年以降，急速に増加してきた．*Smiley vs. Citibank*, 517 U.S. 735 (1996)参照．CardFlash, "Fee Factor 08," January 14, 2009（「支払遅延，限度額超過，キャッシング/残高移行，迅速支払に対する手数料の増加は，カード発行事業者の手数料を州の規制から除外した1996年の最高裁のSmiley判決が引き金を引いて起きた」），Dēmos, 前掲注(45), p.35（遅延手数料は，カード発行事業者の最も速く増加している収入源だ）も参照．猶予期間の短縮については，Office of Comptroller of Currency, Advisory Letter: Credit Card Practices, 3, September 14, 2004, <http://222.occ.treas.gov/Advlsto4.htm>（「クレジット・カード発行事業者は，支払いを受ける期日を短縮するなど，一部の消費者のクレジットのコストを事実上増加もさせる他の行動をとる可能性がある．」とカード発行事業者の慣行を説明）参照．

ことは難しい．この料金とコストの乖離は，遅延や限度額超過の手数料が固定的なドル金額で，遅延の度合いやクレジット限度額からの超過幅にかかわらず設定されているとき，特に衝撃的といえる[48]．

現在のCARD法は違約手数料が，問題の口座条件違反と「合理的でつりあった」ものであることを義務づけていることに注意すべきである．これらの規制で，クレジット・カード発行業者の手数料収入の評価額がかなり減少した．CARD法はまた，クレジットの限度額を超えてもよいが超えると限度額超過手数料をとられるという限度額超過プログラムに，クレジット・カード発行事業者がクレジット・カード保有者を自動的に参加させることを禁じる．現在では，クレジット・カード発行事業者は，このようなプログラムへの参加を希望するクレジット・カード保有者から，明示的な同意をとらなければならない．オプトアウトからオプトインへのこの変更によって，多くのクレジット・カード発行事業者は限度額超過手数料を廃止した[49]．

違約手数料ど同様に，不履行時適用利率もクレジット・カード発行事業者の主な収入源である．不履行時適用利率は20%を越え，時には30%を越えており，支払遅延や，クレジット限度額を超える請求が起きた時に，容易に適用される．これらの利率は，CARD法によって一般的債務不履行が大幅に縮小される以前は，一層簡単に適用された．消費者金融分野の消費者保護NPOである「信頼できる融資センター（The Center for Responsible Lending）」によれば，2008年にはすべてのクレジット収支残高の11%近くが違約手数料を課されていたと推定した．そしてNGOの政策研究所である「PEW慈善信託センター（PEW Charitable Trusts）」の「クレジット・カードの安全プロジェクト（Safe Credit Cards Project）」の2008年の研究によれば，違約手数料が適用された典型的な口座に課された違約手数料の額は，500ドル〔1ドル

48　Nadia Ziad Massoud, Anthony Saunders, Barry Scholnick, "The Cost of Being Late: The Case of Credit Card Penalty Fees"（2006）*AFA 2007 Chicago Meetings Paper* <http://ssrn.com/abstract=890826>（違約手数料はリスク要因と相関していたが，市場のシェアとも相関していた．これは，最近の超過利潤獲得理論と整合的である）参照.

49　FRB, "Credit Card Rules, February 22," 前掲注（34）（新しいCARD法のルールを説明），CFPB, CARD Act Fact Sheet, 前掲注（4）（新しいCARD法のルールとその効果，特に遅延手数料の減少と，上限超過手数料の「事実上の消滅」を説明）参照.

110円として5万5千円〕近くに上っていた．米国のクレジット・カード保有者全体を合計すると，これは毎年70億ドル〔1ドル110円として約8千億円〕以上に及んだ[50]．

c. その他の手数料

長期コストの最後のカテゴリーとしては，外貨両替，キャッシング，残高移行，不活動，簡便手数料ないし電話支払手数料等〔税金や観劇チケットなどを電話でクレジット・カード払いで購入するような場合に請求される追加料金〕，いくつかの非違約手数料がある．これらの手数料はクレジット・カード発行事業者に，毎年約100億ドル〔1ドル110円として約1兆円〕という，かなりの収入をもたらす．これらのうち，不活動手数料と簡便手数料の2つは，最近CARD法で禁止された．もう1つの外貨両替手数料は，クラス・アクション（集団訴訟）の対象とされ，3億3600万ドル〔1ドル110円として約370億円〕で和解となった．クレジット・カード契約のその他の条件は，直接の手数料ではないが，長期的な，条件付きのコストをクレジット・カード保有者に課す．最近法的な批判や世論による批判に晒されている仲裁条項の書式による事実上の強制は，その主要な例である[51]．

50　不履行時適用利率の大きさについては，PEW Report, 前掲注(35)，p.1（上位12のカード発行事業者からオンラインで提供され，クレジット・カード債務の88%以上を管理する400以上のカードを対象とした最近の研究によれば，中位（メジアン）の許容される違約利率は年27.99%であった），William Week, "An Analysis and Critique of Retroactive Penalty Interest in the Credit Card Market" (2007) *mimeo*（20%, 30%, それ以上の違約利率を記載）参照．違約利率を課されている口座数については，Center for Responsible Lending, "Priceless or Just Expensive? The Use of Penalty Rates in the Credit Card Industry," (2008)参照．消費者にとっての違約利率のコストについては，PEW Charitable Trusts, "Safe Credit Cards Project: Curing Credit Card Penalties" (2009) 1, <http://www.pewtrusts.org/our_work_detail.aspx?id=616> 参照．

51　手数料収入については，CardFlash, "Fee Income," January 11, 2011（キャッシング手数料からの収入だけで，2009年は80億ドルに上った），Furletti, 前掲注(16)，p.22（簡便手数料とサーヴィス手数料「は一般的に，魅力的な利幅をもたらすように設定された」）参照．〔普通のクレジット・カードを作ることができない信用の乏しい消費者に高額の入会金と高率の手数料で入会を認める〕いわゆるフィー・ハーヴェスター・カードについても言及しておかなければならない．Report, *Fee-

Ⅲ. 合理的選択理論とその限界

なぜ一般的なクレジット・カード契約は現状の契約特性を有しているのか．何がその複雑性とコスト先送りという特徴を説明するのか．我々はこれらの問題について，まず合理的選択と，効率性に基づく説明を検討する．合理的選択理論は，特定の状況での契約の特定の特徴を説明できるが，説明できない空白部分が存在することがわかる．私たちはその説明できないギャップを，第Ⅳ部で，行動経済学理論によって説明する．

A. 複雑性

1. 利子率

一般的なクレジット・カード契約は，購入支払いのための基本的な利子率から残高移転の利子率やキャッシングの利子率まで，異なる利子率を規定している．合理的選択モデルによれば，もし異なる収支要素が異なるリスク水準を伴うなら，異なる収支要素を分けて，それぞれの収支要素ごとに異なる

Harvesters: Low-Credit, High-Cost Cards Bleed Consumers（National Consumer Law Center, 2007）参照．新しいCARD法の規制については，FRB, "What You Need to Know: New Credit Card Rules Effective August 22," <http://www.federalreserve.gov/consumerinfo/wyntk_creditcardrules.htm>（最終アクセス20111年6月24日）（不活動手数料の禁止を含む，新しいCARD法のルールを説明），Credit Card Accountability, Responsibility and Disclosure Act of 2009, Pub. Law 111-24, Sec. 102（May 22, 2009）（簡便手数料の制限）参照．外貨両替手数料のクラス・アクションについては，*In re Currency Fee Antitrust Litigation*（MDL 1409）（クラス・アクションの訴状と和解の暫定的認可の文書は<http://www.ccfsettlement.com/>で入手可能である，2006年11月8日，U.S. District Court for the Southern District of New Yorkは，VisaとMasterCardが違法な外貨両替慣行の訴えに対して3億3600万ドルの支払いに合意したクラス・アクションの和解を認可した．（VisaとMasterCardは違法行為を全面否定している）．このクラス・アクションでは，カード発行事業者が適切に開示されていない外貨両替手数料を課し正直貸付法と電子資金決済法（Electric Funds Transfer Act: EFTA）に違反した等と主張された）参照．仲裁条項の強制については，Dodd-Frank Act, Sec. 1028（消費者金融保護局（Consumer Financial Protection Bureau: CFPB）に紛争前の消費者仲裁を禁じる権限を付与），"The Arbitration Trap: How Credit Card Companies Ensunare Consumers," <http://www.citizen.org/publications/release.cfm?ID=7545>参照．

利子率を対応させることは，効率的だろう．単一の，共通の利子率を強制することは，リスクに基づく効率的な料金設定を妨げ，異なるクレジット・カード保有者集団の間の〔非効率な〕内部補助を招いてしまうだろう．

　収支残高計算と支払いの振分け方法も，利子の支払いに影響し，クレジット・カード契約の複雑性を増す．複雑な収支残高計算と支払振分方法について，合理的選択理論による効率性に基づく説明を見つけることは困難な作業である．どうやってダブルサイクル請求が効率性を改善するのか明らかでない．同様に，支払いをまず利率の低い収支に振分けることはクレジット・カード発行事業者の収入を増すが，全体的な効率性をどのように増すかは明らかでない．

2．手数料

　一般的なクレジット・カード契約には，違約手数料とそれ以外の手数料が数多く含まれる．違約手数料以外の手数料には，キャッシング，残高移行，外貨両替，そして迅速支払手数料が含まれる．これらの手数料は，クレジット・カード保有者の一部は使うが全員が使うわけではない，選択的サーヴィスに適用される．これらの手数料がないと，クレジット・カード発行事業者はこれらの選択的サーヴィスのコストを，例えば年会費のような，基本的な，条件付きでない料金項目を上げることで賄わなければならなくなる．個々の選択的サーヴィスに別の手数料や料金を設定することによって，単一の高い年会費がもたらす〔非効率な〕内部補助を避け，異なる借り手のニーズや選好に，より効率的に合わせることができる[52]．

　次に，遅延手数料，限度額超過手数料，そして不履行時適用利率という，違約手数料と利率について考えよう．合理的選択モデルでは，これらの料金は，リスクに基づく効率的な料金設定を反映する．その前提は，支払いが遅延したり，クレジット限度額を超えたり，その他の不履行利率を課されるよ

52　Furletti, 前掲注(16), p.10（「少数者の行動に伴うコストを年会費としてすべての顧客に転嫁する代わりに，〔カード発行事業者は〕コストを高めるカード利用行動を採る顧客に直接の手数料を課すことを始めた．カード発行事業者がコストを分解して，行動に基づく手数料を取り始めるに連れて，手数料は再び増加してカード発行事業者の収入の重要な部分になった(図6)」).

うな一連の行動が，不払いのリスクの高さと相関するということである．も
しこの高いリスクに応じた料金が，事後的な違約手数料と利率として設定さ
れていなければ，一般的な利子率や年会費など条件付けされていない事前的
な項目で設定されなければならなくなる．違約手数料や利率は，リスクと料
金のよりよい対応を促進する．また，非効率な内部補助を回避する[53].

3．複雑な商品の複雑な組合せ

　1つのクレジット・カード契約でも複雑である．そして消費者は，1つ以
上の契約に直面する．自分に最適なクレジット・カードを選ぶとき，消費者
はいくつも契約書を読み，理解し，比較する必要がある．くじけそうになる
大変な作業である．

　多くの市場にある商品の多様性についての，効率性による標準的な説明
は，消費者の多様性である．クレジット・カード市場では，異なる借り手が
異なる選好を持ち，異なる制約に直面する．あるクレジット・カード保有者
に最適なクレジット・カード契約は，別の人には間違いかもしれない．より
多くの商品から選ぶとき，個々のクレジット・カード保有者は，理論的に
は，自分に最適のクレジット・カードとそのクレジット・カード契約を選ぶ
ことができる．しかし，この説明は，選択の問題での複雑性が高いにもかか
わらず，情報に基づく賢い選択が可能であるとの前提を置いている．

B．コスト先送り

　私たちは，一般的なクレジット・カードがコストを先送りし便益を前倒し
することを見てきた．この料金設定のパタンは，合理的選択モデルの範囲内
で説明できるだろうか．クレジット・カード発行事業者が課す比較的高い利
子率について，合理的選択理論の効率性に基づく説明がいくつか提供されて
きた．前に述べたように，高い利子率についての懸念は，大部分，消えた．
より重要なのは，利子率の要素だけに焦点をあてると，全体像の大部分が見

53　Furlettiは，行動とリスクに基づく料金設定の利益に注目しつつも，「カード発
　　行事業者のリスクとサーヴィス支出をよりよく配分する料金構造は，料金を要約
　　することが困難な，複雑で個別化された商品というコストをもたらした可能性が
　　高い」と認める．Furletti, 前掲注(16), p.18.

えなくなることである.

　ダゴバート・ブリト(Dagobert Brito)とピーター・ハートリィ(Peter Hartley)は, クレジット・カードの利子率の高さは, 特に銀行の貸付け等の, より低利率の代替的資金源から信用を得るための取引コストによって説明可能であると論じた[54]. 取引コストは重要な役割を果たすかもしれないが, クレジット・カード市場で観察された料金設定のパタンを説明できない. その1つの理由は, 現在の技術によれば, なぜ, 一括払いの貸付けを提供するためのコストの方がクレジット・カードの口座を維持するためのコストより高いのか, もはや明らかでないということである. また取引コストのモデルは, なぜクレジット・カード発行事業者が高い料金総額を設定するかを説明するかもしれないが, クレジット・カード発行事業者がこの高い料金を達成するために, なぜ年会費や取引ごとの手数料でなく利子率を一貫して選択するのか説明できない.

　同様に, クレジット・カードの利子率の高さは, 存立可能なクレジット・カードの資産を構築するコスト, 運営費(家賃, 給与等), クレジット・カードが提供する貸し付け以外のサーヴィスのコスト等の, その他のコスト要素を賄うために必要だと論じられてきた[55]. しかし, これらの固定費, または少なくとも貸付けの観点からは固定されているコストは, 限界費用以上の料金設定は説明できるものの, クレジット・カード発行事業者が自らの固定費を賄うために, クレジット・カード料金のすべてのありうる要素の中で利子率の高さを使うことを選択したのはなぜか, を説明できない. なぜ, 年会費や取引ごとの手数料を使わないのか. 他の合理的選択モデルは, 同様に利子率の要素に焦点を当てているので, この章で確認した多元的な料金設定のパタンについて説明できない[56].

54　Dagobert L. Brito & Peter R. Hartley, "Consumer Rationality and Credit Cards"(1995) 103 *J. Pol. Econ'y.* 103 (1995), 4000. Zywicki, 前掲注(22), p.100 も参照.

55　Evans & Schmalensee, 前掲注(5), pp.249-50, 254-5参照. Zywicki, 前掲注(22), p.120 (資金コストではなく運営費が, カード発行事業者の主なコストである)も参照.

56　例えば, Loretta Mesterは, 担保付き貸し付けと無担保のクレジット・カード貸し付けについてスクリーニング・モデルを使い, なぜクレジット・カードの利子率は銀行の資金コストの低下に反応しないか説明する. Loretta J. Mester, "Why

　利子率の要素に限定されない他の説明は，合理的無知という観念に依存する．この理論によれば，消費者はクレジット・カードの契約書を読まず，このため，契約の様々な条項の変動に気がつかないか，これに無関心である．しかし消費者は，クレジット・カード契約の一部，特に短期的な部分には非常に敏感である．言い換えると，合理的選択モデルは不完全情報を許容する．しかし，なぜ消費者がクレジット・カード契約の，ある契約特性については情報を受け止めるが，他は受け止めないのかについては，説明しない．

C．まとめ

　クレジット・カード契約は複雑で，コストを先送りし便益を前倒しする．合理的選択理論には説明できない空白部分があり，特徴の一部は説明するが，すべては説明できない．次に見る行動経済学理論は，この空白部分を埋めることを試みる．

Ⅳ．行動経済学の理論

　第1章で説明したように，クレジット・カード契約の構造は，消費者心理と市場の諸力の相互作用の結果として説明される．行動経済学の説明は，以下のように展開する．まず，A.で，複雑性の特徴から始める．コスト先送りの背後にある理論は，B.で呈示される．C.では，複雑性とコスト先送りという特徴と緊密な関係がある目立つ性質という概念を紹介する．目立つ性質は，クレジット・カード保有者の不十分な合理性と，そんな所有者向けに設計された契約条件の間の，有用な関連性を明らかにする．最後に，D.では，行動経済学の理論が2009年のCARD法に対する市場の反応とどの程度整合的か，を手短かに検討する．

　このⅣ.では，クレジット・カードについての行動経済学理論を展開する．また，この理論を支持する経験的な証拠を提供する．この証拠は，2つの形をとる．第1に，観察された契約の特徴で，合理的選択の枠組みの中では説明できないものは，行動経済学理論を支持する強力な間接的証拠を提供す

Are Credit Card Rates Sticky?," *Econ. Th.*, 4（1994），505参照．しかしMesterは，なぜクレジット・カードの利子率がリスクで調整した資金コストを上回るか説明せず，この章で確認した他の料金設定パタンについても説明しない．

る．第2に，調査による証拠と，商品選択と商品使用における誤りという証拠の両方の直接的証拠は，多くのクレジット・カード保有者が不十分にしか合理的でないことを示す．この証拠は行動経済学理論を更に支持する．その上，不十分な合理性の直接的証拠は，合理的選択理論の枠組みの中でも説明できる特徴に対する行動経済学的な説明を提供する．たとえ仮に，特定の特徴が，クレジット・カード保有者が完全に合理的だという仮定を保持しても説明できるとしても，もし大部分のクレジット・カード保有者が完全合理性という理想に達しないことが示されれば，その説明は不満足なものとなろう．

A．複雑性

　典型的なクレジット・カード契約は，複雑である．それは，多くの利子率，手数料，制裁と，これらが将来の未知の出来事によって適用される条件を規定している．第1章で説明したように，不十分にしか合理的でないクレジット・カード保有者は，このような複雑性に対処することが非常に困難だろう．彼らは，一定の料金の要素を無視し，他を誤算し，その結果，クレジット・カード契約の総コストを評価できないだろう．

　多くのクレジット・カード保有者が完全合理性という理想にはるかに達しないことは，証拠によって確認されている．信頼できる融資センターの研究によれば，違約利率を課されている大多数の借り手はそれに気づいていない．連邦準備制度理事会の消費者調査によって，(1)クレジット・カードの多くの手数料をクレジット・カード保有者が認知していないこと，(2)クレジット・カードの異なる利率と手数料を認識している消費者でさえも，これらがどのように適用されるか理解していないこと，(3)消費者は，少額の手数料を毎月支払うことが積み重なった場合の影響について気づいていないことがわかった．シューミット・アガルワォル，ジョン・ドリスコル，ジャヴィヤ・ガベックス，およびデイヴィッド・ライプソン(Sumit Agarwal, John Driscoll, Xavier Gabaix, & David Laibson)の研究は，消費者が残高移行の提供の仕組みも理解していないことを発見した．Center for Responsible Lending のによるもう1つの研究によれば，クレジット・カード会社の支払振分方針を

評価する知識と能力があったのは，借り手のわずか3％であった[57]．

　より一般的なレヴェルとして，信頼できる融資センターによる社会調査によれば，消費者の38％が「抵当貸付やクレジット・カードなど，大部分の金融商品は，十分理解するには複雑で長すぎる」と思っている．連邦準備制度理事会による報告は，かなりの数の消費者が「クレジット・カードの口座がどのように機能するかについて，基本的理解を欠いている」とした．そして会計検査院は議会への報告で，クレジット・カード契約は消費者が理解するには複雑すぎると結論づけた[58]．

　複雑性の増加は，クレジット・カードの真のコストを多元的な料金設定の迷路の中に隠せるので，クレジット・カード発行事業者には魅力的かもしれない．複雑性に対する不十分にしか合理的でない対応を理解するクレジット・カード発行事業者は，実際に料金を下げることなしに，料金全体が安いように見せかけることによって，複雑性を有利に使うことができる．たとえば，もし外貨両替手数料とキャッシング手数料がクレジット・カード保有者に目立たなければ，クレジット・カード発行事業者はこれらの料金要素を引き上げる[59]．これらの料金を上げても，需要は減らない．逆に，クレジット・カード発行事業者はこれによって，より目立つ料金要素を引き下げる

57　Center for Responsible Lending, "Priceless or Just expensive?: The Use of Penalty Rates in the Credit Card Industry," December 16, 2008, Macro International, "Design and Testing of Effective Truth in Lending Disclosures" (2007) at vii, 9, 26, <http://www.federalreserve.gov/dcca/regulationz/20070523/Execsummary.pdf>, Ann Kjos, "Proposed Changes to Regulation Z: Highlighting Behaviors that Affect Credit Costs" (2008) *FRB of Philadelphia, Payment Cards Center Discussion Paper No. 08-12*, available at SSRN: <http://ssrn.com/abstract=1160257>, Sumit Agarwal, John Driscoll Xavier Gabaix, & David Laibson "The Age of Reason: Financial Decisions over the Life-Cycle and Implications for Regulation" (2009) *Brookings Papers on Economic Activity. Issue* 2, 51-117, Center for Responsible Lending, "What's Draining Your Wallet? The Real Cost of Credit Card Cash Advances," December 16, 2008 参照．

58　Ctr. for Am. Progress et al., *Frequency Questionnaire* (2006), <http://www.americanprogress.org/kf/debt_survey_frequency_questionnaire.pdf>, Macro International, 前掲注(57)，p.91, GAO Complexity Report, 前掲注(47)，p.49.

59　Furletti, 前掲注(16)，p.12（目立たないサーヴィス手数料は「一般的に魅力的な利益幅をもたらすように料金設定される」）参照．

か，（優待ポイントやマイレージのような）より目立つ便益要素を増やして，クレジット・カード保有者を惹きつけることができる．この戦略は，目立たない料金要素の存在に依存する．料金要素の数が増えると，目立たない料金要素の数も増えることが期待される．したがって，クレジット・カード発行事業者には，複雑性と多元性を増やす強いインセンティヴがある．

　実際，高い水準の複雑性がクレジット・カード契約の意図的な特徴だという証拠がある．クレジット・カード発行事業者の大手プロヴィディアン社（Providian）の前のCEOであるシャイレシュ・メータ（Shailesh Mehta）は，クレジット・カードの料金設定が「ある種の程度」の理解能力を必要とするように仕組まれていることを認めた[60]．

　クレジット・カード保有者がより多くの料金要素を効果的に勘案して意思決定することを学ぶにつれて，複雑性が増す可能性が予想される．もしクレジット・カード発行事業者が目立たない料金要素の大きさをかなり増やしたら，クレジット・カード保有者はいずれこの料金要素に焦点を当てることを学び，それは目立つようになる．クレジット・カード発行事業者は，別の目立たない料金要素をみつけなければならない．現存の契約の構造に目立たない料金がなくなったら，他の利子率，手数料，制裁条項を加えることで，新しい料金要素を作ることができる．

B．先送りされたコスト

1．総論

　契約におけるコスト先送りについての行動経済学の説明は，将来のコストがしばしば過小評価されるという証拠に基づいている．将来のコストが過小評価されると，コスト先送りという特徴は，クレジット・カード保有者にとって，そしてクレジット・カード発行事業者にとって，より魅力的になる．料金の要素が2つだけという単純化されたクレジット・カード契約を考えてみよう．導入時の利子率のような短期的料金P_{ST}と，長期的な利子率のような長期的料金P_{LT}である．$P_{ST} = 0.1$，$P_{LT} = 0.1$が最適なインセンティヴを提供し総コストを最小化するので，最適なクレジット・カード契約ではこれらの料金が設定されると仮定しよう．もしクレジット・カード保有者が合

60　Frontline誌のインタヴュー，"The Credit Card Game," November 24, 2009参照．

$$\hat{P}(0.05, 0.16) = 0.05 \times 100 + 0.16 \times 50 = 13$$

理的なら，クレジット・カード発行事業者はこの最適契約を提供する．

　ここで，クレジット・カード保有者が将来のコストを過小評価するとしよう．例えば，クレジット・カード保有者が導入感謝期間後にクレジット・カードで借りる可能性を過小評価するとする．彼らは導入感謝期間中とその後にそれぞれ100ドルを借りるが，彼らがクレジット・カードを作るときは，導入感謝期間中に100ドル借りるものの，その後は50ドルしか借りないと思っているとする．

　この誤解の結果，クレジット・カード発行事業者はもはや最適な契約を提供しない．これを確かめるために，最適な契約つまり$(0.1, 0.1)$契約と，$P_{ST} = 0.05$，$P_{LT} = 0.16$に設定した非効率な契約$(0.05, 0.16)$を比較しよう．どちらの契約でも，クレジット・カード発行事業者はクレジット・カード商品を提供する総コストだけを負担すると仮定する．最適な$(0.1, 0.1)$契約では，利子支払総額は，$P(0.1, 0.1) = 0.1 \times 100 + 0.1 \times 100 = 20$である（わかりやすくするために，導入感謝期間と導入後の期間はそれぞれ1年で利子は期間の最後に課すこととし，簡単にするために時間による割引も無視する）．非効率な$(0.05, 0.16)$契約では，利子支払総額は，$\hat{P}(0.05, 0.16) = 0.05 \times 100 + 0.16 \times 100 = 21$である．総コストと利子支払総額は，非効率なコスト先送り契約の方が高い．

　こんどは，不十分にしか合理的でないクレジット・カード保有者が認識するクレジット・カードのコストを考える．最適な$(0.1, 0.1)$契約で認識される利子支払総額は，$\hat{P}(0.1, 0.1) = 0.1 \times 100 + 0.1 \times 50 = 15$である．非効率な$(0.05, 0.16)$契約で認識される利子支払総額は，$\hat{P}(0.05, 0.16) = 0.05 \times 100 + 0.16 \times 50 = 13$である．カード保有者は非効率なコスト先送り契約を選好し，このため貸し手もそれを提供する．

　私たちは，将来のコストが過小評価されるとき，クレジット・カード発行事業者がコスト先送り契約を提供することを見てきた．今度は，クレジット・カード保有者が将来のコストを過小評価するという想定自体について見てみよう．近視眼的性向と楽観主義という2つのバイアスが，過小評価をもたらす根底にある．近視眼的なクレジット・カード保有者は，短期的な便益に焦点を当て，長期的なコストを無視するか過小評価する．楽観的なクレジット・カード保有者は，クレジット・カード使用に伴う自制心の問題と，経済的困難をもたらす予期せぬ出来事の可能性を過小評価する．この楽観主

義は，将来の借入れの過小評価をもたらす[61]．クレジット・カード契約の多くの長期的料金要素は将来の借入れで課されることになるため，将来の借入れの過小評価は将来コストの過小評価につながる．

　近視眼性が将来コストの過小評価に及ぼす影響は明白である．他方，楽観主義の影響は，より微妙である．前に述べたように，クレジット・カード市場では，自制心の程度の認識と経済的困難が起こる可能性について，楽観主義が影響している．このような楽観主義のバイアスの表れについては，以下の第Ⅱ節と第Ⅲ節で検討する．クレジット・カード債務のコストは，いくら借りるかだけでなく，どれほど早く返済するかにも依存する．楽観主義は，第Ⅳ節で説明するように，返済速度の予測にも影響する．その他の誤解については，第Ⅴ節で議論する．

2．楽観主義その1：自制心問題の過小評価

　不完全な自制心は，消費者が将来の借入れを過小評価することの大きな説明要素である．多くの消費者は，借入れで消費を賄う誘惑に打ち勝つ自己の能力を過大評価し，その結果，将来の借入れを過小評価する[62]．

　クレジット・カードを作るとき，消費者はそのクレジット・カードを取引の支払いだけに使うつもりであったり，あるいは借入れを一定限度内に限るつもりだったかもしれない．しかし，この制限事項はクレジット・カード契約には規定されず，したがって，消費者の「将来の自分」つまり借入れの決定をする時点での自分を拘束しない．そして，不完全な自制心のために，この将来の自分は意図した制限をはるかに超えてしまうかもしれない．

61　Ausbel, 前掲注(11)，pp.70-1（「借入れを意図せず，でも借入れ続ける消費者が存在する」），Lawrence M. Ausbel "Adverse Selection in the Credit Card Market"（1999）20（出版されていない原稿）（「過小予測仮説」を経験的に分析し確認）参照.

62　Evans & Schmalensee, 前掲注(5)，p.109（現実の人々は〔カードの〕月内の収支を把握して，今日の生活を将来の収入を使ってもう少し楽しくするといういつもの誘惑に打ち勝つことが難しい），Thomas H. Jackson, *The Logic and Limits of Bankruptcy Law*（Harvard University Press, 1986）234, 238-99（以下，*Logic and Limits*）（人々は「自分たちの現在の消費が将来の健全性に課すリスク」を過小評価し，「衝動を抑えられないという人間の傾向」を引き起こす，つまり，「後の便益の方が大きいとわかっていても，後より現在の満足を優先する」と論じる）参照.

a. 双曲線型割引　なぜ消費者は，当初予測していたよりも多く借入れてしまうのだろうか．何がこのような意思の弱さの源なのであろうか．その答えは，「双曲線型割引」と呼ばれる概念から導かれるかもしれない．新古典派経済学は，個人は将来を一定の割合で割引くと仮定し，この仮定を，指数型割引関数でとらえる．一方，消費者は，もしその短期的割引率が長期的割引率より大きいと，双曲線型割引をする人だといわれる．言い換えると，ある時点tで，双曲線型割引をする人は，近い将来$t+1$で実現するコストと便益を大きく割引くが，その後，遠い将来$t+2$で実現するコストと便益についての追加的な割引は，わずかしか行わない．人々の短期的割引率と長期的割引率の間の，このシステマティックな乖離は，実験室でも現実の世界でも一貫してみられる．双曲線型割引をする人が自分の時間選好の性格を自覚していなければ，彼らは楽観的に自らの意思の力を過大評価し，その結果，将来の借入れを過小評価する[63]．

63　新古典派経済学の指数型割引については，Paul Samuelson, "A Note on Measurement of Utility," *Rev. Econ. Stud.*, 4 (1937), 155, Tjalling C. Koopmans, "Stationary Ordinal Utility and Impatience," *Econometrica*, 28 (1960), 287 参照． 双曲線型割引モデルを支持する経験的証拠については，例えばRichard H. Thaler, "Some Empirical Evidence on Dynamic Inconsistency," *Econ. Letters*, 8 (1981), 201, 202 （最初の実験の1つ），Shane Frederick et al., "Time Discounting and time Preference: A Critical Review," *J. Econ. Lit.*, 40 (2002), 351, 360 （最近の研究）参照． 実験室の外での消費の意思決定で，双曲線型の割引が明らかなことについては，Richard H. Thaler, *The Winner's Curse: Paradoxes and Anomalies of Economic Life* (Princeton University Press, 1992) 94, 105 参照． 退職後のための不十分な貯蓄については，Brigitte C. Madrian & Dennis Shea, "The Power of Suggestion: Inertia in 401 (k) Participation and Savings Behavior," *Q. J. Econ.*, 116 (2001), 1149, 1150, David Laison et al., "Self-Control and Savings for Retirement" (1998) 1 *Brookings Papers on Economic Activity* 91, Ted O'Donoghue & Matthew Rabin, "Procrastination in Preparing for Retirement," in Henry Aaron (ed.), *Behavioral Dimensions of Retirement Economics* (Brookings Institute Press, 1999) 125 参照． アルコール中毒や煙草中毒や，より深刻な麻薬の中毒については，George Ainslie, "Derivation of 'Rational' Economic Behavior from Hyperbolic Discount Curves," *Amer. Econ. Rev.* 81 (1991) 334, Jonathan Gruber & Botond Koszegi, "Is Addiction 'Rational'?: Theory and Evidence" (2000) *NBER Working Paper* No. 7507 参照． ダイエットについては，Thaler, *The Winner's Curse*, 同, 98 参照． フィットネス・クラブへの出席については，Stefano Della Vigna & Ulrike Malmendier, "Paying Not to Go to the

　$T=0$の時点でクレジット・カードを作ろうと決めた消費者を考えてみよう．$T=0$時点でこの消費者は，$T=1$時点での借入れの可能性を考える．この消費者は，$T=0$時点での見通しで，$T=1$にクレジット・カードで購入する便益と，より遠い$T=2$に利子を含めて債務を支払うコストを比較する．$T=0$時点での見通しでは，$T=1$と$T=2$の間での割引は，比較的小さいことを思い出してほしい．したがって，クレジット・カードで借りるためのコストは相当大きいことから，借入れのコストはより遠い未来だとしても，$T=0$では，消費者は$T=1$に借りないことを選ぶ．そして消費者は，この事前の選好が実際にも行われると思うので，$T=1$には借入れは行わないと考える．

　この考えの妥当性を検討するために，時点を，実際に借入れの決定が行われる$T=1$に移してみよう．この時点では，$T=1$が現在で，$T=2$は近い将来である．以前検討したように，双曲線型割引は，$T=1$時点での見通しによると，$T=2$のコストが大きく割り引かれることを示唆する．このため，将来$(T=2)$の借入れコストが現在$(T=1)$の便益よりもかなり高くても，消費者は，$T=1$時点では自分のクレジット・カードで借入れる決定をするかもしれない．

　$T=0$での借入れないという選好が$T=1$では借入れるという決定に変化するという，この選好の逆転は，双曲線型割引から直ちに導かれる．図2.1は，クレジット・カード借入れについての選好の逆転を示している．

　$T=1$での垂直線は，$T=1$時点での借入れによる便益の価値を表す．この垂直線から(左側に)下がってくる曲線は，この便益の，$T=1$より前の様々な時点での割引価値，とりわけ$T=0$時点での割引価値を表す．同様に，

Gym," *Amer. Econ. Rev.*, 96 (2006), 694参照．最近の研究では，Laibson et al. が，双曲線型割引を認めることによって，クレジット・カードで借り入れる世帯の割合が大きいことを説明しやすくなることを示す．Laibson et al., 前掲注(40), pp.229-30参照．George-Marios Angeletos et al., "The Hyperbolic Consumption Model: Calibration, Simulation and Empirical Evaluation," *J. Econ. Perspect.* 15 (2001) 47 (「双曲線型割引関数をもつ世帯は，即座に満足するためにクレジット・カードで借り入れる可能性がたいへん高い．したがって，双曲線型割引関数をもつ世帯は，クレジット・カードで借りるコストが高いにもかかわらず，リボルビング債務の程度が大きい可能性が高い」)も参照．

図2.1　クレジット・カード借入れによる選好の逆転

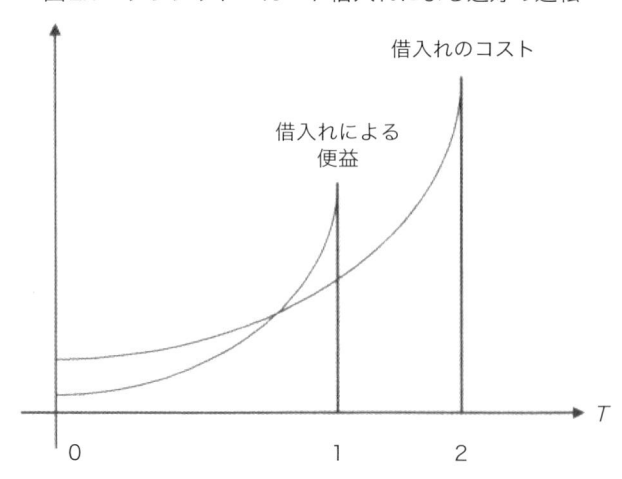

$T=2$での垂直線は，このクレジット・カード借入れに伴う$T=2$時点での
コストの価値を表す．そしてこの垂直線から（左側に）下がってくる曲線は，
このコストの，$T=2$より前の様々な時点での割引価値，とりわけ$T=1$と
$T=0$での割引価値を表す．図2.1で示されるように，2つの曲線は急に下
がり始め，そして起点からの時間の長さが増すにつれて，水平に近づいて
いく．割引きされた現在価値の傾斜がこのように変わることが，双曲線型
割引の現象をとらえている．

　図2.1から，$T=0$時点では，借入れコストの割引価値を表す曲線が，借
入れの便益の割引価値を表す曲線の上にあることがわかる．したがって，
$T=0$時点では，消費者は借入れないことを選好する．しかし，$T=0$から
$T=1$の間で2つの曲線の位置が逆転し，$T=1$では便益の曲線がコストの曲
線の上になることから，消費者は実際には$T=1$時点で借入れを選択するこ
とが分かる．

　図2.1は，双曲線型割引からくる時間的な不整合性を示している．すなわ
ち，$T=0$では消費者は借り入れようとは思わないにもかかわらず，$T=1$で
は借り入れることになってしまう．しかし，この時間的に不整合な選好が
必ずしも事前の誤った認識にはつながらないことには注意しよう．賢い消
費者なら，自らの双曲線型割引を認識し，選好が逆転することを予測する．

$T=0$時点では，このような消費者は，$T=1$で借りようとは思わないものの，それでも$T=1$が来れば借りることになることを認識する．不幸なことに，自らの時間選好に関してこれほど賢い消費者は多くない．多くの消費者は，$T=1$で$T=0$時点での選好を実行する能力について，$T=0$時点では少なくとも少し認識が甘くて実行できると思い込む．具体的には，$T=1$時点での選好の逆転について，$T=0$で勘案することができないかもしれない[64]．こうして，双曲線型割引をする認識の甘い人は，事前には借りないだろうと思い込み，でも実際には事後にクレジット・カードで借りる．言い換えると，この双曲線型割引をする人は将来の借入れを楽観的に過小評価する．

　クレジット・カードがどのようにして，事前に条件を固定しないクレジットの手段として，不完全な自制心と将来の借入れを増加させたかに注意しよう．消費者が事前に条件を固定する借入れを行うとき，借入金額を含むすべての変数は，最初の時点で決定される．その後は裁量の余地はなく，このため，自制心は問題にならない．一方クレジット・カードでは，カードを作る決定，そしてどのクレジット・カードを作るかという決定と，実際の借入れの決定とが分かれている．借入金額は後で決められる．そして，このように事前に条件を固定しない借入れは必然的に，自制心の問題の扉を開く．言い換えると，事前条件固定式の借入れはコミットメントの仕掛けとして働き，消費者が債務の上限を約束することによって，将来の自分を制約することができるようにする．クレジット・カードは，このようなコミットメントの仕掛けを提供しない[65]．

64　Madrian & Shea, 前掲注(63)（401K投資からの証拠），Della Vigna & Malmendier, 前掲注(63)（ヘルス・クラブの出席からの証拠）を参照．

65　クレジット・カード借入れについての多くの説明は，消費者の意思の弱さや不十分な自制心に言及する．この場合の前提認識は，消費者が借りようとしていなかったのにもかかわらず借りてしまうということである．例えばAusubel, 前掲注(10), p.262を参照．クレジット・カードで借りる人は，ときには，飲酒問題の危険がわかっていてもあと1本の酒瓶を買わずにいられないアルコール依存症と比較される．クレジット・カードで借りる人をダイエットに失敗する人と比べることもよくある．ダイエットをする人は体重を減らしたいが，チョコレート・ケーキが目に入ると，誘惑に勝てない．アルコール依存症とダイエットの類似性は，自制心の問題を強調する．Sullivan, Warren, Westbrook 前掲注(1), pp.120, 247, 250参照．

　スティーヴン・メイヤー（Stephan Meier）とチャールズ・スプレンガー（Charles Sprenger）の最近の研究は，行動経済学の説明を直接吟味し，確認する．メイヤーとスプレンガーは，「低所得から中所得の消費者を対象集団とした」フィールド実験で得られた時間選好データを，これらの消費者のクレジット報告のデータと比較した．著者たちは，双曲線型割引を示して異時点間の選択が動的に不整合な消費者が，より多く借入れ，特にクレジット・カードで多く借りていたことを発見した．この結果は，「人々は……その長期的な目標から見て借りることを選好する以上に借りる」ことを示唆する[66].

b. **少しずつの借入れ**　将来の借入れを過小評価する不完全な自制心は，クレジット・カードを作るという意思決定とクレジット・カードで借りるという意思決定との間の時間的な乖離に起因する．しかし，借入れの決定は1回ではなく，何回も行われる．消費者は，自分のクレジット・カードを読取機に通すごとに，新しい借入れをする．この小刻みな借入れ，ないし「少しずつの借入れ」は，自制心の問題を悪化させる[67].

　2008年のDēmosの調査によって，レストラン，映画，DVDなど必需品以外の財貨とサーヴィスが，クレジット・カード債務で最もよく挙げられる支出区分(回答者の48%が挙げた)であることがわかった．サリヴァン，ウォレン，およびウェストブルック(Sullivan, Warren, & Westbrook)は，「5,000ドルの銀行借入れは夢想だにしない債務者でも，50ドルごとのクレジットへの請求であれば，合計5,000ドルに上る債務を負うことになりうる」ことを示した．伝統的な個別の借入れと，だんだん積み重なるクレジット・カード債務の違いは，過小評価すべきでない．「人間の性質について深く理解しなくても，徐々に蓄積して行く愚かさのリスクを認識することはできる．1度でなら犯すことはなくても，少しずつなら犯してしまう間違いは，たくさんある……[68]」

66　Stephan Meier, & Charles Sprenger. "Present-Biased Preferences and Credit Card Borrowing," *Amer. Econ. J.,* 2 (2010), 193.

67　Sullivan, Warren, Westbrook, 前掲注(1), p.130（「クレジット・カードは，少しずつの借入れと，少なすぎる返済を奨励することによって，消費者が債務を負いやすくする」）参照.

68　Dēmos, "The Plastic Safety Net: How Households Are Coping in a Fragile Economy,"

　誤りがちな意思決定者として，私たちは必然的に間違いを犯してしまう．しかし私たちは，利害が大きい（または大きく見える）ときなら，賢くも，このような間違いを避けるように，一層努力する．この一般的観察は，追加的な債務を負う決定についても適用できる．すなわち「たとえ合計では多額になる債務であっても，債務自体は1度に少しずつ負う場合の意思決定では，25,000ドルとか〔1ドル110円として約300万円〕，あるいはたとえ2,500ドルであっても〔同約30万円〕，一定以上の額の債務を1度に負うときなら行うような，慎重な決定をしていない[69]」．

　クレジット・カードは，少しずつの借入れが示すように，「徐々に蓄積して行く無責任さへの誘惑」への扉を開けた．このような借入れ行動の結果は，通常，消費者に有害である．サリヴァン，ウォレン，およびウェストブルック（Sullivan, Warren, & Westbrook）は，彼らが「滑り落ちる人々」と呼ぶ債務者のタイプについて，「多くの人は，毎月少しずつクレジット・カードを使い過ぎるようになって行き，ついには破産するしかなくなるまで，借金地獄に滑り落ちる」と説明する．楽観主義によって，クレジット・カード保有者は，少しずつの借入れのリスクを十分理解できず，将来の借入れのコストと借入れによって先送りされるコストを過小評価する[70]．

3．楽観主義その2：経済的困難のリスクの過小評価

　クレジット・カードによる借入れのかなりの額が，不測の事態，特に，所得を減少させる失業および支出を増大させる健康問題によって引き起こされることを示す証拠がある[71]．将来の借入れの過小評価は，借入れの必要性を

---

　6 (2009), Teresa A. Sullivan, Elizabeth Warren, & Lay Lawrence Westbrook, *As We Forgive Our Debtors: Bankruptcy and Consumer Credit in America* (Oxford University Press, 1989) 178, Sullivan, Warren, & Westbrook, 前掲注(1), p.247参照．

69　Sullivan, Warren, & Westbrook, 前掲注(1), pp.245-6参照．

70　Sullivan, Warren, & Westbrook, 前掲注(68), p.179, Sullivan, Warren & Westbrook, 前掲注(1), p.111参照．

71　Dēmos, "The Plastic safety Net: The Reality behind Debt in America" (2005) 7-12, <http://www.accessproject.org/adobe/the_plastic_safety_net.pdf>, Dēmos, 前掲注(68), p.8（「低所得から中所得の債務を負った世帯の半数以上が，クレジット・カードの債務の増加要因として医療費を挙げた．実際，調査で質問された他のすべての

132

惹起する不運な出来事の可能性を過小評価する楽観主義のバイアスから起きているかもしれない．楽観的な人々は，自分や愛する人々が事故にあったり病気になったりして，お金のかかる(保険に入っていないか，一部しか保険が使えない)治療が必要になる確率を過小評価しがちである．人々はまた，仕事を失う可能性を過小評価しがちであったり，新しい仕事をみつけるまでの時間の長さを過小評価しがちである[72]．これらやその他の楽観主義バイアスによって，消費者は，クレジット・カードで借入れをせざるをえなくなる可能性を過小評価する．

　将来の借入れの過小評価は，消費者の意志力の過大評価と不測の事態の可能性の過小評価という，楽観主義バイアスの2通りの出現に起因する．この2つの問題は，お互いに強め合う可能性がある．不完全な意志力は，消費者の財政状況を弱め，事故，病気，失業などの不運な出来事に対する弱さを増すかもしれない[73]．

４．楽観主義その３：ゆっくりした返済のコストの過小評価

　借入金額は明らかに，借入れコストの主な要素である．しかし，これは唯一の要素ではない．借入れコストは，返済の速度にも依存する．多くの借り手は，クレジット・カード債務を返済する期間を過小評価する．双曲線型割引現象は，将来の借入れの過小評価を説明するとともに，返済期間に対する

支出項目と比較して，医療費の自己負担は，クレジット・カードの債務の増加要因として最も頻繁に回答された支出項目である．平均して，これらの世帯は，2,194ドルのクレジット・カード債務が医療費のためだったと回答した．」)参照．

72　Sullivan, Warren, & Westbrook, 前掲注(1)，pp.25, 114 (「最近失業して，何日間か何週間かのうちにまた仕事ができると思っている人は，子どもたちに，新しいサッカーの靴や新学期の服を今期は買えないと言えないかもしれない」)．

73　Sullivan, Warren & Westbrook, 前掲注(1)，pp.113-15 (多くの消費者は，債務を負った状況に陥り，その結果，予想しないコストに対して対処できなくなる．)参照．Bruce A. Markell, "Sorting and Sifting Fact from Fiction: Empirical Research and the Face of Bankruptcy: The Fragile Middle Class: Americans in Debt By Teresa A. Sullivan, Elizabeth Warren & Jay Lawrence Westbrook," (2001) 785 *Am. Bankr. L.J.* 149 (book review)(「破産申立をするアメリカ人は一般的に，合理的返済能力以上の債務を負っていて，このために，その危うい状況を襲う経済的事態に対して脆弱である」)も参照．

消費者の過小評価も説明する．双曲線型割引をする認識の甘い人は，早く返済できると予測することが多いが，実際に返済しなければならない時がくると，最小限の支払いに逆戻りする．1 つの説明によると，「毎月，債務者は最小限の少額の支払いをし，来月から収支を合わせると誓う」．ここでも，自制心問題についての楽観主義が，クレジット・カード債務のコストの過小評価を招いている[74]．

　経済的困難のリスクに対する楽観的な過小評価は，同様に，借り手による返済速度の過大評価を招く．楽観的なクレジット・カード保有者は，早期返済を困難にする不測の事態の起きやすさを過小評価するために，自らの早期返済能力をしばしば過大評価する．返済率が低いという証拠は，この行動経済学的な説明と整合的である．2008 年，月次支払率，つまりクレジット・カード保有者が自らのクレジット・カード債務を支払う割合は，18% 前後にとどまっていた[75]．消費者に将来の借入れを過小評価させるのと同じ要因が，また，自らの早期返済能力を過大評価させている．

　クレジット・カード発行事業者はゆっくりした返済から利益を得るために，しばしば最少返済額を低く設定する．クレジット・カードの請求書の書き方を，最少支払額が全体の収支より目立つようにしさえする．そうすることによって消費者を，最少支払額だけ支払うように「説得」するのである．例えば，「最少支払い」の欄はしばしば「実際の支払い」欄に近づけ色や字の大きさを違えて目立たせる一方で，「全体の収支」の欄はより遠く目立ちにくくする．時には，最少支払数値が支払票に表された唯一の数値である[76]．

74　Sullivan, Warren, & Westbrook, 前掲注(68)，p.178，Paul Heidhues & Botond Koszegi, "Exploiting Naiveté about Self - Control in the Credit Market," *Amer, Econ. Rev.* 100（2010），2279 参照．

75　CardFlash, "Payment Rates Hit a Four-Year Low in July," August 27, 2008, CardFlash, "Monthly Payment Rates Edge Up Slightly," March 18, 2009.

76　Scott D. Schuh & Joanna Satvins, "Summary of the Workshop on Consumer Behavior and Payment Choice," (2008) *FRB of Boston Public Policy Discussion Paper o. 08-5, 9*, available at SSRN: HTTP://ssrn.com/abstract=1310350（「月次のクレジット・カード利用明細は，債務総額ではなく，期限がきた最少支払額を，しばしば太字で強調している）参照．CardFlash, "Minimum Payments," December 17, 2008 も参照．（Neil

5．その他の誤解

　コスト先送りの契約は，将来のコストを過小評価することへの対応である．私たちは，不十分な合理性によってクレジット・カード保有者はどのように，将来の借入れを過小評価したり返済速度を過大評価したりして，将来のコストを過小評価するか見てきた．しかし，将来のコストはまた，借入れの程度や返済の速度に関係なく過小評価されうる．

　例えば，一般的なクレジット・カード契約は，支払遅延や限度額超過に高い違約手数料を課す．これらの特徴は，自制心の強さまたは経済的困難のリスクについての楽観主義という，前に論じた誤解に結びつけられる．不十分な自制心の結果，予想より多額の借入れをすることになり，その消費者のクレジット限度額を超えてしまって，限度額超過手数料を払うことにさえなるかもしれない．借入れ水準が高いと，最少支払額が多くなり，このため支払いが遅延して，遅延手数料を課されるかもしれない．また，消費者は，事故や，病気，失業のためにクレジット限度額を越えたり支払いが期日に遅れたりせざるをえなくなるかもしれず，このため，限度額超過手数料や遅延手数料が不慮の事態の過小評価に結びつく．

　しかし，消費者はまた，単に忘れっぽさから支払期日に遅れるかもしれない．同様に，単に収支の総額がわからなくなってクレジット限度額を超えるかもしれない．忘れっぽさは，クレジット・カード契約の違約条項が適用される一般的な原因であるため，このような忘れっぽさの程度に関する楽観主義は，クレジット・カードの料金設定のこれらの特徴を説明する上で重要である[77]．

Stewardによる2008年の研究は，利用明細に最少月次支払額が記載されていない場合，クレジット・カード口座の平均的な月次支払が70%増加していたことを発見した．この研究は，クレジット・カード会社が最少月次支払額を選択した場合の金額をクレジット・カード利用明細に示すとき，消費者により少なく支払うことを奨励していることを意味する）．

77　忘れっぽさによる説明と整合的に，Stango & Zinmanは，多くの消費者にとって，収支を確認できる手段を使ったり，クレジット限度額が十分ある別のカードを使ったりする容易な方法で，遅延手数料や限度額超過手数料を支払わずに済むことを発見できたはずなのに，現実にはそれをしていないと述べる．Victor Stango & Jonathan Zinman, "What Do Consumers Really Pay on Their Checking and

　クレジット・カード契約のその他の特徴は，様々なバイアスや誤解と結びついているかもしれない．どのクレジット・カードを作ろうかと考えている消費者は，海外でクレジット・カードを使う必要性を過小評価し，そのため外貨両替手数料を支払う可能性を過小評価するかもしれない．クレジット・カード保有者はまた，クレジット・カードを使って代金を電話で支払うことの便益を過小評価するかもしれず，そのために「簡便」手数料が生じる可能性を過小評価するかもしれない．

　これらの過小評価のバイアスの根底にある源は，必ずしも明らかでない．たぶん，人々は海外旅行や電話によるクレジット・カード支払いが特に便利になる場合の数など，将来の出来事の起きやすさを過大に割り引くという，時間的な要素がまた役割を果たしているのであろう．将来を想像することが難しいとき，出来事が将来起きる確率は，割り引かれる．

　消費者は，外貨両替や簡便手数料のような手数料が課される確率を過小評価するので，これらの契約条件に十分注意しない．彼らはまた，単にこれらの手数料が念頭に浮かばないので，これらの料金に十分注意しないのかもしれない．契約条件の重要性は，これらの条件が発生する可能性が少ないと思われるために過小評価されるかもしれない．しかし，契約条件はまた，特定し明示することが困難な理由によっても無視される．

C．目立つか否か

　複雑で多元的なクレジット・カードの契約に直面すると，不十分な合理性しかない消費者は，すべての条件に平等に焦点を当てることができない．少数の条件だけが目立つ．このため，目立つか否かは，複雑性という契約特性と固く結びついている．前述の分析は，目立つか否かが重要な時間的要素を有することを示した．短期的な料金は一般的に，長期的な料金より目立つ．このことが，コストの先送りという特徴を説明する．しかし，目立つか否かは重要な時間的要素を有するものの，価格やその他の契約の要素が目立つか否かに影響するものは，時間ばかりではない．例えば，クレジット・カード発行事業者の広告や，政府によって義務づけられた情報開示は，長期的な料

Credit Card Accounts?: Explicit, Implicit, and Avoidable Costs," *Amer. Econ. Rev.* 99 (2009), 424-9 参照.

金を消費者に目立つようにすることができる.

　いずれにしても，競争的な市場で事業をするクレジット・カード発行事業者は，どの特徴が目立ちどれが目立たないかをすぐに発見するだろう．目立つ特徴の料金を引き下げ，その便益を引き上げることによって，目立つ特徴は消費者にとって魅力的に映るようにされるだろう．一方，目立たない特徴は，中心的収入源になる．これらはクレジット・カード発行事業者のコストをまかない，目立つ特徴に資金を提供する．

1．目立つか否かとクレジット・カード契約の構造

　行動経済学の理論は，一般的なクレジット・カード契約の多くの特徴の背景にある構造設計の考え方を説明する．長期的な料金の要素の多くは，クレジット・カード保有者にあまり目立たない．これらには，遅延手数料，限度額超過手数料，キャッシング手数料，外貨交換手数料が含まれる．これらの手数料は，比較的高い水準に設定される．短期的な要素の多くは，クレジット・カード保有者に目立つ．これらには，年会費，導入時の利子率が含まれる．両方とも，非常に低い水準に設定され，年会費無料で導入感謝利率はゼロということが，かなりよくある[78].

　短期的な要素が長期的な要素より目立つという点には，強い経験的な基礎がある．イヴァンス(Evans)とシュマレンシー（Schmalensee)は，著書で，年会費無料はクレジット・カードを選択する際，消費者の15%にとって最大の判断基準であるという証拠を引用する．同様に，ローレンス・オーサベル(Lawrence Ausubel)は，「クレジット・カードの営業担当だった経験によれば，消費者は，年会費の上昇に対する方が，同等の利子率の上昇に対するよりも敏感である．」とする[79].

　導入感謝利率については，大部分の借入れが導入感謝利率による優待期間後の高い利率で行われるにもかかわらず，消費者は導入感謝利率に非常に敏感であるように見える．オーサベルは，「消費者は導入感謝時の利子率の変化に対して，それと同額に換算される優待期間後の利子率の変化に対する

78　導入感謝利率の背景にある理論は，もう少し微妙である．付録参照.

79　Evans & Schmalensee, 前掲注(5)，p.255，Ausubel, 前掲注(11)，p.72参照.

よりも，少なくとも３倍敏感である」ことを発見した[80]．調査による証拠は，全消費者の３分の１以上にとって，導入時の利子率がクレジット・カード選択の最大の判断基準だったことを示している[81]．

互いに競争し合う事業者から提供される導入感謝利率の中から，消費者がどう選択するかを精査すると，行動経済学モデルを一層支持することになる．シューイ(Shui)とオーサベル(Ausubel)は，他の条件は同じクレジット・カードの選択肢に直面した消費者は，4.9%の導入感謝利率が６ヵ月間の導入感謝期間続くクレジット・カードを，7.9%の導入感謝利率が12ヵ月間の導入感謝期間続くクレジット・カードよりも選好した．この研究対象の消費者には，１年間にわたり，平均2,500ドルの残高があった．６ヵ月の導入感謝期間という条件を受け入れた人々は，あとの半年は16%の導入感謝期間後の利率を支払った．これらの結果は，少なくとも一部の消費者が，より長期間の代替クレジット・カードよりも50ドル多く支払うにもかかわらず，短い導入感謝期間の低利率のクレジット・カードを選択するという，重大な過ちを犯したことを示す．１つの可能な説明は，消費者が導入感謝期間後に借入れる額，または少なくとも彼らが特定のクレジット・カードで借入れる額を，一貫して過小評価するということである[82]．

前に述べたように，時間的距離と目立つか否かの相関は，完全ではない．クレジット・カードによる取引はクレジット・カードによる借入れと同様に，クレジット・カード保有者がクレジット・カードを選びクレジット・カード契約を結ぶ時期と比べて，将来に起きる．しかし，取引ごとの手数料はなく，実際，クレジット・カードによる購入に一般的に付随する便益または特典を勘案すると，多くのクレジット・カード保有者は，負の取引手数料を享受している[83]．

---

80 Ausubel, 前掲注(61), p.21. また，「消費者は導入時の利子率の変化に対して，同額に換算される優待期間の長さの変化に対するよりも，２倍から３倍敏感である」ことに対しては，同 p.22参照.

81 Ausubel, 前掲注(61), p.21, Evans & Schmalensee, 前掲注(5), p.225参照.

82 Shui & Ausubel, 前掲注(28), pp.8-9参照.

83 行動経済学の理論と整合的に，特典がより高い長期的利率とセットでくるという，証拠がいくつか存在する．CardFlash, "Reward Card Review," June 2, 2008（Consumer Reportsによると，払戻し，ガソリン，食料品などの特典があるクレ

　もちろん，取引と借入れはたいへん異なる．楽観主義バイアスは，将来の借入れの過小評価を説明するが，取引には適用できない．クレジット・カードを申込む消費者は，クレジット・カードによる借入れはしないと思う一方，クレジット・カードを取引に使うことは確実に期待する．このため，取引と取引に関係する料金設定は，目立つ．多くのクレジット・カード保有者は，クレジット・カードを選ぶときに考える重要な特徴の中に，お得意様特典を挙げる[84]．前に述べたように，売上交換手数料は，それがより高い購入価格につながる分，取引ごとの手数料と見ることができる．しかし，このことは，取引ごとの手数料を課す場合，クレジット・カード発行事業者はそれが消費者にとって目立ちにくいよう必ず間接的に行うということであるから，行動経済学の理論を強めるだけである．

　同様に，購入に対する基本的な（導入感謝期間ではない）利子率は，長期的な手数料の要素だが，クレジット・カード保有者にかなり目立ち，そのためクレジット・カード発行事業者間の競争にさらされる．いつもそうだったわけではなかったことは，注目すべきである．前に説明したように，相当最近になるまで，基本的利子率はクレジット・カード保有者に目立たず，このため利子率はかなり高かった．しかし，目立ち方は動的な概念である．時が経つにつれて，消費者は，おそらく立法者や規制当局の支援も得て，利子率の要素の重要性がわかるようになった．利子率が消費者に目立つようになると．行動経済学理論が予測するように，競争は，この料金の要素に焦点を当てるようになった．

　おそらく，行動経済学理論にとって最も説得力をもつ証拠は，クレジット・カード産業の「自白」からくる．Visaのコンサルタントであるデイヴィド・イヴァンスとリチャード・シュマレンシーは，「サーヴィス手数料（遅延手数料，限度額超過手数料，キャッシングのファイナンス・フィーなど）は，クレジット・カード発行事業者に収入をもたらすが，いろいろなクレジッ

ジット・カードは，費用の高い必須品目の一定の助けになるが，伝統的なクレジット・カードよりも利率が高いことが多い）参照．

84　Evans & Schmalenseeは，20%の消費者が特典と割戻しをクレジット・カード選定の最大の判断基準としていることを示す調査結果を挙げている．Evans & Schmalensee，前掲注(5)，p.225参照．

ト・カード・プランから選択しようとしている大部分の消費者にとってはあまり見えない.」と認める. イヴァンスとシュマレンシーはまた, クレジット・カード発行事業者が目立つ手数料を下げると同時に目立たない手数料を引き上げることも自白した.「理論的には, 年会費を減らすクレジット・カード発行事業者が, 別の, より目立たない手数料を引き上げることは確かに可能である. 年会費とサーヴィス手数料(例えば遅延手数料や限度額超過手数料)についての得られる資料は, クレジット・カード発行事業者が全体的には徐々にそうしてきたことを強く示唆する[85].

　同様に, *Beasley v. Wells Fargo Bank*事件では, 銀行の「クレジット・カード・タスクフォース」が「遅延」手数料と「限度額超過」手数料の引上げを「よい収入源」として提案した. すなわち, クレジット・カード業界では, ここで構築した行動経済学の理論に沿って,「遅延手数料が高すぎるためにクレジット・カードを変更する消費者は極めて少ない」と見るゆえに, 違約手数料は「よい収入源」だと考えられたのである. プロヴィディアン社の元CEOであるシャイレシュ・メータ(Shailesh Mehta)が説明したように, 人々は自分が支払遅延をするとは思わないので, クレジット・カード発行事業者は遅延手数料を増やしたのである. もし人々が遅延をすると思わないなら, 彼らは遅延手数料が高すぎるという理由でクレジット・カードを変更しないだろう[86].

　業界筋はまた, クレジット・カード発行事業者が目立つ料金要素については攻撃的に競争し, 損失を目立たない料金要素で回収するという行動経済学の予測を確認した. 金融サーヴィスのコンサルタントで0％の導入感謝利率を(他の消費者貸付け戦略の一部として)発明したとされるアンドリュー・カー (Andrew Kahr)は, クレジット・カード発行事業者が導入感謝利率によ

85　Evans & Schmalensee, 前掲注(5), pp.211, 260参照.

86　*Beasley v. Wells Fargo Bank*, 235, Cal. App. 3d 1383, 1389 (1991), "Credit Card Fees Soar Again," *CNN Money*, August 18, 1998 (アトランタのSpeer and AssociatesのExecurive Vice PresidentであるPeter Davidsonが, カード業界は支払遅延手数料を高くしてもカード保有者を追い払うことにはならないと信じていると述べたことを引用), Frontline, "The Credit Card Game," November 24, 2009 (Shailesh Mehtaへのインタヴュー)参照.

る損失を賄うために違約手数料と違約利率を使うと論じた[87].

2．目立つか否かの動態

　行動経済学理論は，目立つ料金要素は安く，目立たない料金要素は高くなると予測する．このため，目立つか否かは市場の結果を分析する上で決定的となる．前に説明したように，目立つか否かには時間的な要素が強く，このことが多くのクレジット・カード契約のコスト先送りという特徴を説明する．しかし，目立つか否かには他の非時間要素もある．加えて，目立つか否かは流動的で，時とともに進化する．目立たない料金や条件は，やがて目立つようになるかもしれない．

　例えば，1990年代前半以前では，年会費は消費者に目立ち，クレジット・カード発行事業者は年会費を下げたり無料にしたりすることで競争した．その頃，利子率，つまり購入のための基本的利子率は，消費者に目立たなかった．このため，クレジット・カード発行事業者は利子率では競争しなかった．この状況は，1990年代前半に変わった．実質年率に対する消費者の認識は高まり，利子率は下がった．おそらく，実質年率が目立つようになったことは，導入感謝利率の発明にも，少なくとも部分的には影響を与えている[88].（導入感謝利率の成功に貢献した他の要因としては，導入感謝期間後の借入れと，別のクレジット・カードに変更して新しい導入感謝利率を使うこ

87　Patrick McGeehan, "Soaring Interest Compounds Credit Card Pain for Millions," *New York Times*, November 21, 2004（Kahr氏を引用）参照.

88　FRB, *Profitability of Credit Card Operations of Depository Institutions*, 5 (2009), http://www.federalreserve.gov/Pubs/reports_other.htm（「1990年代初め以前は，カード発行事業者は主に，年会費をなくすことと，航空マイレージ・プログラムのようなクレジット・カードのプログラムを増すことで競争した.」1990年代初めからは，「利子率の競争がずっと重要な役割を果たした…多くのカード発行事業者は，競争相手の会社から持ち越した残高や現在の優良顧客に非常に低い暫定利率を提供し，多様な促進策を提供することによって，市場のシェアを伸ばすか維持しようとした」），Furletti, 前掲注(16), pp.3, 7（「消費者が実質年率をコストの主要な部分と認識したことと，容易に新しいカードの提供社を見つけてカード発行事業者を変更することができたことは，不可避的に，料金の競争と利率の粘着性に影響を与えた」，「結局，カードの名目的な実質年率は競争の焦点となり，そのためリスクに基づく料金設定が幅広く採用されることになった）参照.

とに関する消費者の近視眼性と楽観主義がある.)

　競争が利子率に焦点を当てたので利子収入が減少すると, クレジット・カード発行事業者は新しい目立たない料金の要素を見つけること, あるいは, それを作り出すことに着手した. 1990年代後半から, クレジット・カード発行事業者は, リスクに基づいた手数料や簡便手数料などの行動に基づいた手数料に焦点を移した. 遅延手数料, 限度額超過手数料, キャッシング手数料はかなり増加し, 小切手不渡手数料, 外貨両替割増料金, 迅速支払手数料等の新しい手数料が導入された. ある業界筋によれば, 限度額超過手数料は1980年代には存在せず, 当時の遅延手数料は約10ドルで, 催促の電話をかけたり手紙を送ったりするコストを反映した金額だった. 1990年代後半には, 手数料は「コストに基づく」のではなく, 「利益志向」となった[89].

　フィラデルフィア連邦準備銀行 (Philadelphia Federal Reserve Bank) のエコノミストであるマーク・ファーレッティ (Mark Furletti) は, 1990年代後半と2000年代前半のクレジット・カード契約を調査し, 「リスクに基づく手数料がクレジット・カード発行事業者にとって重要な収入源となり, 年会費の無料化と実質年率の削減によって減少した収入のかなりの部分を補った.」と結論づけた. そして同じことが, 簡便手数料とサーヴィス手数料についても言えた. ファーレッティは, これらの手数料が「魅力的な利益率を提供するために」設定されたことを発見した. 2008年には, クレジット・カード保有者の手数料からの総収入は, 289億ドルに達した[90].

89　手数料の上昇については, Furletti, 前掲注(16), p.11, CardFlash, "Fee Factor 08," January 14, 2009参照. Furletti, 前掲注(16), p.33, 図 7 (「遅延料金の見積りの平均額」が1994年からどのように増加したかを示す)も参照. 手数料がコストに基づくものから利益志向になったことについては, CardFlashm, "Fees and Recession," December 19 2008参照.

90　リスクに基づく手数料については, Furletti, 前掲注(16)のpp.11-12参照, Furletti, 前掲注(16)のpp.10-11 (「平均利子率が低下傾向で, 年会費が顧客に不人気になりつつあったので, カード発行事業者は収入減少分を埋めるために, より狙いを定めた手数料構造を開発した」), Frontline, "The Credit Card Game," November 24, 2009 (Providian社の元CEOのShailesh Mehtaへのインタヴュー: 競争によって年会費がなくなり, カード発行事業者は懲罰的料金で補った)も参照. 簡便手数料とサーヴィス手数料については, Furletti, 前掲注(16), p.12参照. カード保有者からの手数料の総収入(289億ドル)は, 売上交換手数料391億ドル

D．最近の出来事：CARD法

2009年のCARD法（「クレジット・カードの説明責任，責務，および情報開示に関する法律」）は，クレジット・カード市場の規制の大きな変化に影響を与えた．行動経済学理論は，新しいルールへの市場の対応の予想を提供する．

CARD法は，遅延手数料や限度額超過手数料と，利子率の上昇に規制を加えた．これにより，後段階の利益が減った．これに対応して，クレジット・カード発行事業者は，前段階の手数料や，そのほかの年会費や購入の実質年率などの目立つ料金を上げることが予想されるだろう．クレジット・カード発行事業者はまた，前段階の特典に対する後段階の資金提供が干上がりつつあるというだけの理由で，特典プログラムなど前段階の目立つ便益を削減することが予想されるだろう．加えて，クレジット・カード発行事業者は，CARD法の範囲外の後段階の目立たない手数料を上げるか，新しい，または再設計した目立たない契約条件を導入するかによって，代替的な後段階の収入源を見つけることが予想される[91].

（CardFlash, "Merchant Fees," January 14, 2009）を総手数料収入680億ドル（CardFlash, "Fee Factor 08," January 14, 2009）から引いて計算した．Furletti, 前掲注(16), p.32, 図6（1996年以降，「総収入に占める手数料収入の割合」の急増を示す），Improving Federal Consumer Protection in Financial Services: Hearing Before the H. Comm. on Financial Services, 11th Cong. app. 94-95 (2007)（Sheila C. Bair, Chairman, Federal Deposit Insurance Corporationの発言）（被保険法人の利子以外の純収入が，純営業収入総額より速く増加していると指摘），CardFlash, "Fee Factor 08," January 14, 2009（手数料収入は，1994年は総収入の17.3%だったが2008年には総収入の40%である680億円に増加した．これらの数値は販売事業者とカード保有者の両方の手数料を含むが，手数料の増加は，支払遅延手数料，限度超過手数料，キャッシング手数料が，残高移行手数料，外貨交換割増料金，迅速支払手数料等の新しい手数料とあいまって増加したためである）も参照．この手数料への移行は，合衆国連邦最高裁判所の1996年の*Smiley v. Citibank*判決によって，全米的なカード発行事業者が州のカード手数料規制から除外されたことによって可能となった．CardFlash, "Fee Factor 08," January 14, 2009.

91　これらの予想された対応の一部はまた，クレジット・カード料金設定の合理的選択理論とも整合的であることに留意すべきである．Oren Bar-Gill & Ryan Bubb, "Credit Card Pricing: The Card Act and Beyond," 97 *Cornell L. Rev*. 967 (2012)

CARD法の影響について，現時点での証拠はまだ曖昧である．クレジット・カードの料金設定に対するこの法律の影響を経験的に評価するには，まだ早すぎるのかもしれない．それでも，業界筋が，クレジット・カード発行事業者が年会費と購入の実質年率を増加させることでこの法律に対応するか，または既に対応していると指摘していることには，留意する価値がある．そして，クレジット・カード発行事業者が，目立たない手数料やCARD法の対象外の契約条件の利用拡大と，新しい目立たない手数料や契約条件の導入による，代替的な後段階の収入源を探しているという証拠もある[92]．

Ⅴ．社会厚生への影響

本章で特定してきた契約の構造には，なかんずくそれをクレジット・カード保有者の不十分な合理性への対応として理解するとき，どんなコストがかかるのだろうか．第1に，複雑で多元的な契約は，クレジット・カード市場の競争を阻害する．第2に，複雑でコストを先送りする契約は，残存する

参照．

92 CARD法の影響についての現時点での証拠の限界については，Bar-Gill & Bubb, id. 年会費や購入実質年率の増加についての業界筋の示唆については，Andrew Martin, "Credit Card Industry Aims to Profit from Sterling Payers," *New York Times*, May 19, 2009（「銀行員や業界団体によれば，銀行は年会費の復活を期待している……」），CardFlash, "BofA Changes," August 18, 2009（バンク・オヴ・アメリカは，平均実質年率の増加と実質年率の分散の縮小を予想している），Card flash, "BofA Basic," September 17, 2009（「新しいクレジット・カード規則の影響は，本日，バンク・オヴ・アメリカが，中核的利子率を，これまでの10年間市場の主流だったプライム・レート＋9％の実質年率ではなく，プライム・レート＋14％とする新しいクレジット・カードを来月から始めるという計画を発表したことで，明らかになった），CardFlash, "CARD Act Impact," November 10, 2009（2009年10月の連邦準備制度理事会の"Senior Loan Officer Opinion Survey on Bank Lending Practices"によれば，銀行の約40％は優良借入者に対する年会費を上げることを予想し，銀行の約45％は非優良借入者に対する年会費を上げることを予想した）参照．カード発行事業者が代替的な後段階の収入源を探している証拠については，Joshua M. Frank, "Dodging Reform: As Some Credit Card Abuses Are Outlawed, New Ones Proliferate," Center for Responsible Lending, 2009, http://www.responsiblelending.org/credit-cards/research-analysis/CRL-Dodging-Reform-Report-12-10-09.pdf参照．

が，弱まってしまった競争の諸力を歪め，目立たない料金要素の高すぎる料金，目立つ料金要素の安すぎる料金を導く．第3に，このような契約の特徴は，経済的困難のコストを引き上げる．第4に，特定された契約の構造は，より弱いクレジット・カード保有者に不釣り合いな負荷をかけるため，所得分配上の問題性を高める．各コストについて，より詳しく見てみよう．

A．競争の阻害

　おそらく，複雑すぎる契約に伴う最大のコストは，それによって競争が阻害されることによるコストである．前に説明したように，複雑性は，活発な競争に必要な，効果的な比較選択を阻害する．クレジット・カード発行事業者は，市場支配力を持つことにより，クレジット・カード保有者の負担の下に，明らかに有利な地位を獲得することになる．しかし，競争が制限されることで，非効率な資源配分という形での厚生上のコストが生じる．つまり，クレジット・カード保有者は，最も効率的なクレジット・カード発行事業者と契約することができない．

　複雑性は，別の形でも消費者に損害を与える．不十分にしか合理的でない消費者や，たとえ合理的でもこれらの複雑な契約をすべて理解するために必要な時間と資金を投資したくない消費者は，自分にとって最良でないものを選択することになるかもしれない．これは資源配分の非効率性のもう1つの例である．

B．競争の歪み

　クレジット・カード市場の競争は，クレジット・カード契約の中の目立つ要素に焦点を当てる．目立たない要素をめぐる競争は，ずっと乏しい．その結果，目立つ規定はクレジット・カード保有者に有利に，目立たない規定はクレジット・カード保有者に不利になる．この結果は，クレジット・カード保有者に必ず不利になるのだろうか．答えはイエスである．前段階の便益は，後段階のコストを十分賄うには足らない．クレジット・カード市場の歪んだ競争は，非効率な契約を招く．非効率な契約は，クレジット・カード発行事業者とクレジット・カード保有者の関係から生じる総余剰と，その中に占めるクレジット・カード保有者の割合との，両方を減らす(Ⅳ.B.1. 123-125頁の例参照)．

　前段階の便益と後段階のコストを伴う契約は，社会厚生を低下させる方向でクレジット・カードを使うインセンティヴを提供するため，非効率である．クレジット・カード契約の要素が異なれば，具体的には料金要素が異なれば，クレジット・カード保有者の使い方に影響が生じる．例えば，導入感謝利率がより低いと，短期的な借入れが多くなる．外貨交換手数料が高いと，国外でのクレジット・カード利用が少なくなる．厚生を増加させる契約は，料金を効率的に設定する．言い換えると，様々な要素のそれぞれで，クレジット・カードを最適に使うインセンティヴを提供する．料金がそのコスト構造を反映せずに目立つか否かによって設定される非効率な契約は，誤ったインセンティヴを提供する．前の例を使うと，短期のクレジットがクレジット・カード発行事業者に正のコストを発生させるにもかかわらず，短期利率がクレジット・カード保有者に目立つようにゼロに設定されれば，クレジット・カード保有者は短期借入れをし過ぎる．もし，外貨交換手数料が目立たないために，クレジット・カード発行事業者が外貨取引を行うコストより高く設定すれば，クレジット・カード保有者が外国にいる間の使用は，最適より少なくなる．

　より根本的に，歪んだ契約を伴う歪んだ競争は，クレジット・カードへの需要を不自然にふくらませると予想される．クレジット・カード発行事業者が目立つ料金を下げて目立たない料金を上げるのは，実際に安い商品を提供することなく安く見せるためだということを思い出してほしい．クレジット・カード保有者が誤解によってクレジット・カードの総コストを実際より小さく見積もる（またはクレジット・カードからの純便益を実際より大きく見積もる）とき，クレジット・カードに対する需要は過大になる．これに加え，取引ごとの手数料は低いか，負でさえあり，私たちはクレジット・カードを持ち過ぎ，（取引に）使い過ぎるようになってしまう[93]．

C．経済的困難

　クレジット・カードと経済的困難の関係については，2通りの相異なる考

---

[93]　Sujit Chakravorti & William R. Emmons, "Who Pays for credit Cards?," (2001) Fed. Reserve Bank of Chicago, *Emerging Payments Occasional Paper Series, No.1*, p.1（クレジット・カードは「使われ過ぎ」と言えるだろう）参照．

え方がある.

　第1の考え方は, クレジット・カードが経済的困難を引き起こすというものである. ロナルド・マン(Ronald Mann)の研究, ミシェル・ホワイト(Michelle White)の研究, およびアティフ・マイアンとアミール・シューフィ(Atif Mian & Amir Sufi)の研究という3つの独立した研究からの経験的証拠は, クレジット・カード債務と消費者破産の間の因果関係を示している[94]. クレジット・カードと非効率なクレジット・カード契約は, 経済的困難のリスクを増す分, クレジット・カード保有者と社会にコストを課す.

　第2の考え方は, クレジット・カードは経済的困難を引き起こさなくても, 歪んだ契約によって, クレジット・カード保有者の経済的困難によるコストを悪化させるというものである. コストを先送りする契約は, しばしば, クレジット・カード保有者が経済的困難にあるときへとコストを先送りする. 経済的困難にあるクレジット・カード保有者は, 支払遅延手数料を課され, 限度額超過手数料を払い, 不履行時適用利率を適用されやすい. 経済理論によれば, 金銭の限界効用は逓減するので, これらの高い手数料を経済的困難なときに払うのは, 特に苦痛を呼ぶ.

　金銭の限界効用が低減するという抽象的な原理は, クレジット・カード保有者の非常に具体的な実体験を反映している. 高給で雇われているとき, 年会費や取引ごとの手数料や短期利率を節約することは, 快いにせよ, 取るに足らない特典でしかない. しかし, 消費者が失業して収支を合わせるのに苦労し, または予期しない多額の医療費の負担に直面したとき, 同額(現実的には, ずっと多額)の金銭を, 違約手数料や違約利率で支払うことは, 大きな苦痛となる可能性が高い.

D. 所得分配上の問題

　典型的には, 特典プログラムやマイレージから便益を受けるのは, 違約手数料や不履行時適用利率を払う消費者と同じ消費者ではない. これまでに見たように, 長期的な料金が短期的な特典の財源である. 同じ消費者の集団が長期的な料金を支払って短期的な特典を楽しむのかどうかという問題を, 我々はまだ検討していない. 支払う集団と受益する集団は, 一部しか重なっ

94　前出のI. C. (本書97頁以下)参照.

ていないと信じる理由がある．社会経済的な地位が，この2つの集団の間に
ランダムに分かれているのではないと信じる理由もある．クレジット・カー
ド市場の歪んだ料金設定は，異なる消費者集団の間で，非効率で逆進的な内
部補助を招く[95].

　非効率な内部補助の議論は，高所得者のための短期的な特典が，低所得者
が支払う高い長期的な料金によって賄われているということを前提にしてい
る．この議論には，留保が必要である．この章の分析は，クレジット・カー
ド発行事業者とクレジット・カード保有者の関係に焦点を当てており，クレ
ジット・カードによる支払いを受け，取引額の一定割合（売上交換手数料）を
クレジット・カード発行事業者に移転する販売事業者の重要な役割には触れ
てこなかった．高所得者のための短期的な特典が，これらの高所得者の高額
の取引からの売上交換手数料によって賄われている可能性がある〔そうであ
れば，内部補助は生じない〕．しかし，このことは別の所得分配上の懸念を
もたらす．販売事業者が，クレジット・カード発行事業者に移転する売上交
換手数料を賄うために小売価格を上げた場合，より貧しい現金購入の顧客も
含むすべての顧客が，高所得者のためのこれらの短期的な特典を賄うことに
なる[96]．いずれにせよ，より弱いクレジット・カード保有者は，短期的な特
典が長期的な料金からの収入によって賄われていないとしても，より高い長
期的料金を払い，より少ない短期的特典を享受する．

95　Federal Reserve Bank of Boston, "Consumer Behavior and Payment Choice: 2006
Conference Summary"（2007）Public Policy Discussion Paper 07-4, 49, http://www.bos.frb.
org/economic/ppdp/2007/ppdp0704.htm（以下，"FRB Boston Conference Proceedings"と呼
ぶ）（参加者が「特典プログラムの付いた，リボルヴィング払い以外の（non-revolving）
クレジット・カード保有者は，特典プログラムのないリボルヴィング払いのカー
ド保有者から補助されている」と発言した，2006年7月25-27日にFederal Reserve
Bank of Boston で開催された The Second Consumer Behavior and Payment Choice Confer-
ence の議事を要約）参照.

96　実際に販売事業者が売上交換手数料を賄うために小売価格を上げるかどうかは，
明らかでない．Steven Semeraro, "The Reverse-Robin-Hood-Cross-Subsidy Hypothesis: Do
Credit Card Systems Effectively Tax the Poor and Reward the Rich?," *Rutgers L.J.*, 40
（2009）, 419参照.

VI. 市場による解決

　消費者のバイアスに対応して設計されたクレジット・カードによる社会厚生上のコストは，大きいかもしれない．これらの社会厚生上のコストを減らすために，法的な政策による介入が必要かもしれない．しかし，法的な介入を検討する前に，私たちは，市場自体が行動経済学的な意味の市場の失敗を克服する能力について探求するべきであろう．このような市場による解決は存在する．一部のクレジット・カード発行事業者は，前に説明した歪んだ契約の仕組みを見せないクレジット・カード商品を提供する．おそらく一番重要なことは，デビット・カードの増加を，クレジット・カードの問題に対する市場による解決だと見ることができることであろう．クレジット・カード市場でよくある誤解の多くは，借入れに関するものである．借入れサーヴィスを除外することによって，デビット・カードはこれらの誤解が起きることを防ぐことになる[97]．

　しかし究極的には，これらの市場による解決は，クレジット・カードのごくわずかの部分，つまり，より賢い消費者に提供されるものに限られるため，不完全である．根底にある問題は，市場が消費者の需要に対応するということである．もし不十分に合理的な消費者が歪んだ商品を求めれば，クレジット・カード発行事業者はその需要を満たす．このため，解決には，需要の問題に焦点を当てなければならない．消費者には過ちやバイアスを克服することができるが(そしてしばしば克服するが)，そのための学習には長期間かかり，全員が学習できるわけでもない[98]．また，クレジット・カード発行事業者には，消費者を教育し不十分な合理性を克服する手助けをするインセンティヴが不十分である．結果として，あまり賢くない消費者は，歪んだ商品を購入し続ける．より賢く合理的な消費者(そして自らの不十分な合理性に気づいている人々)だけが，歪んでいない商品，市場による解決に引きつ

---

[97]　プリペイドカードも，潜在的な市場による解決として言及されるべきである．

[98]　Summit Agarwal, John C. Driscoll, Xavier Gabaix, & David I. Laibson, "Learning in the Credit Card Market," February 8, 2008, SSRN: http://ssrn.com/abstract=1091623 （借り手は手数料を避ける方法を学ぶが，学習は不完全で，借り手は学習したことを次第に忘れる）参照.

けられる[99].

A．消費者に優しいクレジット・カード

　クレジット・カード市場は，巨大で，かつ，多様な市場である．これまで
の分析は，一般的なクレジット・カードの特徴に焦点を当ててきた．しか
し，すべてのクレジット・カードが同じように作られているわけではなく，
すべてのクレジット・カードが本章の前の部分で強調した，問題のある特徴
を示すわけでもない．実は，一部のクレジット・カード発行事業者は消費者
に優しいクレジット・カードを提供している．

　例えば，これまで説明したものよりも複雑でなく，より透明性のある契約
構造のクレジット・カードが存在する．例えば，2009年，バンク・オヴ・
アメリカ社(Bank of America)は，すべての取引に単一の利率が適用され，
限度額超過手数料のない「バンカメリカード・ベーシック(BankAmericard
Basic)」を導入した．2011年，シティグループ(Citigroup)はすべての購入，
残高移行，キャッシングに単一の利率を適用し，支払遅延手数料や違約利率
がないという特徴がある「シンプリシティ・カード(Simplicity Card)」を導
入した[100].

　すべてのクレジット・カードが同程度にコストを先送りするわけではな
い．ライアン・バブ(Ryan Bub)とアレックス・カウフマン(Alex Kaufman)の
最近の研究によれば，信用組合(Credit Union)の提供するクレジット・カー
ドが示すコスト先送りは，投資家所有のクレジット・カード発行事業者が提

99　この問題は，もう１つの市場による解決，つまりcreditcard.comやcreditkarma.
comのような，カードが提供するものを容易に比べられるようにする第三者の仲
介の影響力も制限する．もし消費者が誤った商品要素を比較したり，異なる商品
要素に適切なウェイト付けをしなかったりすると，効率的な比較は助けにならな
い．V.B.（競争の歪み）（本書144頁以下）参照.

100　Bank of Americaの提供内容については，CardFlash, "BofA Clarity," November
30, 2009参照. Bank of Americaはまた，消費者のための貸付情報を単純化するキャ
ンペーンの一部として"Credit Card Clarity Commitment"を作り，顧客の利率，手数
料，支払情報を１ページに要約して，当時の4000万人のカード保有者に送った.
同所. Citigroupの提供内容については，CardFlash, "Citi Offers Credit with Single
APR and No Late Fees," July 26, 2011参照.

供するクレジット・カードのコスト先送りより少ない．バブとカウフマン
は，信用組合には会員の経費で利益を出すインセンティヴがより少ないから
であると説明する．信用組合の所有構造が，目立たない要素につけられた高
い料金を消費者に免れさせるためのコミットメントとなる．バブとカウフマ
ンは，自らのバイアスを自覚しているより賢い消費者は，信用組合に引きつ
けられると論じる．明らかにほっとさせる知見だが，信用組合の市場シェア
が限られたもので，5％以下だということによってそれほどほっとしてもい
られないことが分かる[101].

　クレジット・カード発行事業者の善い行動は，信用組合に限られない．例
えば，CARD法で禁じられる前，チェース銀行(Chase)は自発的に，ダブル
サイクル請求を廃止した．いくつかのクレジット・カード発行事業者は，
消費者が自分の信用状況を管理することを支援するるために，オンライン
の金融教育や専門化したツールを提供する．例えば，2010年に，ディスカ
ヴァー・ファイナンシャル・サーヴィス社(Discover Financial Services, 以下
ディスカヴァー社と呼ぶ)は，消費者がクレジット・カードの機能をより容
易に理解できるよう設計されたストレート・トーク(Straight Talk)という消
費者サイトを立ち上げた．ディスカヴァー社はまた，スペンド・アナライザ
(The Spend Analyzer)やペイダウン・プランナ(The Paydown Planner)など，消
費者が自らの信用状況を管理する助けになる多様なツールと教材を提供して
いる．その他のクレジット・カード発行事業者も類似のツールを提供してい
る．支払遅延のリスクをなくす，自動支払サーヴィスを提供する事業者もあ
る[102].

B．デビット・カード
　おそらく，クレジット・カード市場に起きている諸問題の解決としては，

101　Ryan Bubb & Alex Kaufman, "Consumer Biases and Firm Ownership," (2009) Work-
ing Paper参照．信用組合の市場シェア(5％以下)は，2007 *Card Industry Directory*
(SourceMedia, Inc.)の2006年のデータによる．

102　CardFlash, "Chase Pricing," November 20, 2007, CardFlash, "Straight Talk," February
23, 2010, CapitalOne, Credit Card Payment Calculator, http://www.capitalone.com/calculator/,
American Express, A Notice About Your Account Alerts, email message received by Oren Bar-
Gill, July 29, 2009 (Spend Tracking Alert と Balance Tracking Alert の紹介)参照．

デビット・カードという姉妹商品ということになる．デビット・カードは，最近かなりの成長を享受してきた．この成長は，少なくとも一部分は，クレジット・カードからの代替である[103]．前に指摘したようにデビット・カードは取引の支払いだけに用いられるため，バイアスが借入れ関係であるとき，消費者に優しい商品を提供する．

　デビット・カードの増加を理解し，デビット・カードがクレジット・カード市場の厚生コストを下げることができるか評価するためには，デビット・カードへの需要の原動力を理解する必要がある．一見したところでは，デビット・カード使用の増加は，少なくともその増加がクレジット・カードを持っているか，持つことができる消費者によって促されているという点で，不可解である．なんといっても，クレジット・カードはよりよい商品だからである．デビット・カードにできることはすべてできて，それ以上のことができる．便利で安全な支払手段を望む消費者は，クレジット・カードを使って毎月収支を支払えばよい．クレジット・カードは，借入れもできるのであり，借入れを強制するものではない．実際，取引はしても借入れをしない消費者にとって，クレジット・カードは，優れた詐欺防止を提供するため，よりよい選択である[104]．

　クレジット・カードはまた，より有利な特典の提供や，商品のより長期の保証やレンタカーの保険など，その他の魅力もあるので，借入れをしない人にとってデビット・カードに勝る[105]．行動経済学理論は，クレジット・カー

103　CardFlash, "Visa Debit," May 5, 2009参照．（2002年，U.S.Visaのデビット取引数はクレジット取引数を初めて上回った．2008年の第4四半期，U.S.Visaの取引の70%はデビット取引だった．また，2008年の第4四半期は，U.S.Visaの支払額でデビット・カードがクレジット・カードを初めて上回った：デビット支払額は2,060億ドルで，クレジットの支払額は2,030億ドルだった．）デビット・カードの成長の多くの部分は，現金と小切手の代替である．*FRB Boston Conference Proceedings*, 前掲注(95)参照．しかし，デビット・カードはクレジット・カードも代替している．Jonathan Zinman, "Debit or Credit?," (2006) *Dartmouth College Economics Department Working Paper* 3-4参照．

104　Mann, 前掲注(22)（デビット・カードが提供する法的保護は，より少ない），Privacy Rights Clearinghouse/UCAN, "Paper or Plastic?: What Have You Got to Lose," March 2011, http://www.privacyrights.org/fs/fs32-paperplastic.htm参照．

105　デビット・カードの特典は増えつつあるが，クレジット・カードの特典ほ

ドが借入れをしない人に提供する付加的便益について，１つの説明を提供する．借入れ関係の目立たない条件によってクレジット・カード発行事業者が借り手から得る後段階の収入が，借入れをしない人への前段階のより大きな便益と特典を賄う助けになるという説明である．クレジット・カードのこれらの優位性が，米国でデビット・カードの導入がかなり遅れたことを説明するかもしれない[106].

それでも，デビット・カードの取引額は急増している．なぜであろうか．その１つの説明は，消費者が，自らの意志の力，経済的困難を避ける能力，意図せずに隠された手数料を払うことになる確率について，より賢くなって来ているというものである．このような消費者は，新しく得た自覚によって，クレジット・カードによる借入れの誘惑とそれによるコストには近付

ど一般的で気前が良いわけではない．*FRB Boston Conference Proceedings*, 前掲注 (95)，pp.22-3（デビット・カードの特典プログラムは，比較的稀だが，速く増加している），Andrew Ching, & Fumiko Hayashi, "Payment Card Rewards Programs and Consumer Payment Choice,"（May 13, 2008），SSRN: http://ssrn.com/abstract=1114247, CardFlash, "Debit Cards," August 18, 2008（Oliver Wyman が PULSE のために，大銀行，コミュニティ銀行，信用組合を含む62の金融機関から発行された7,400万以上のデビット・カードについて行った2008 Debit Issuer Study によれば，回答者の51%は特典プログラムのあるカードを発行していたが，これは2006年は37% だった），CardFlash, "Debit Rewards," August 28, 2009（First Data の Consumer Loyalty Study によれば，報酬付きのデビット・カードの会員は，2008年の34%から，2009年は45%に増加したが，報酬プログラムが金融機関の選択に「非常に影響した」と答えたのは23%にすぎなかった）参照．

106　Evans & Schmalensee, 前掲注(5)，pp.55, 76-7 と第12章（「デビット・カードは〔米国では〕1990年代半ばまで低迷した」）参照．デビット・カードには独自の後段階のコスト，具体的には借越し手数料がある．CardFlash, "Debit Overdraft," July 12, 2007（Center for Responsible Lending の研究によれば，デビット・カードによる借越しは，借越し手数料の最大の源である．また，この研究によれば，消費者は158億ドルの濫用的な借越し貸付けに対して約175億ドルの手数料を払った）参照．これらの借越し手数料による収入は，少なくとも銀行が消費者を借越し防止計画に登録する前に明示的な同意を得ることを銀行に義務づける規制によって制限されるまでは，デビット・カードの報酬プログラムへの資金供給を助けたかもしれない．FRB, "What You Need to Know: New Overdraft Rules for Debit and ATM Cards," http://www.federalreserve.gov/consumerinfo/wyntk_overdraft.htm 参照．

かないと「前もってコミット」することを望む．このような賢い消費者は，自らの手を縛ることを願う．デビット・カードは，その手を縛るその縄を提供する．

　しかし，デビット・カードという市場による解決には，2つの問題がある．第1は，デビット・カードによる解決の範囲が限られていることである．クレジット・カードのリスクを理解する賢い消費者だけが，替わりにデビット・カードを選ぶ．クレジット・カード発行事業者は，後段階の収入を前段階の有利な特典を賄うために使いつつ，あまり賢くない消費者がデビット・カードに転換するのを防ぐことができるだろう．第2の問題は，デビット・カードへの転換が，それが起こる限度において，次善の策にしかならないということである．確かにデビット・カードは，消費者の誤解に対応して設計された悪いクレジット・カードよりは良い．しかし，良いクレジット・カードと比べると，必ずしも良いわけではない．クレジット・カードは，安いコストで便利に信用を提供して，多くの消費者のためになりうる〔よってデビット・カードへの転換は悪いクレジット・カードからの転換で，デビット・カードより良いクレジット・カードから見れば次善の策でしかない〕．

　目標は，クレジット・カードをなくすことではなく，クレジット・カード商品の形を変えることである．政策決定者は，市場をこの適切な方向に動かすために重要な役割を果たすことができる．

Ⅶ．法政策上の意義：情報開示再考

A．情報開示への焦点

　前に詳述した厚生コストと市場による解決の限界は，クレジット・カード市場への法的介入を検討する基盤を提供する．提案された行動経済学の理論は，ありうる政策対応の設計指針を提供する．ここで，私は規制手法の1つである強制的情報開示に焦点を当てる．

　クレジット・カード規制の議論をするなら，2009年のCARD法によって導入された重要な改革に注意しなければならない．CARD法とその施行規制は，次に見るように，クレジット・カードを律する強制的情報開示を強化した．しかし，クレジット・カード市場へのそれまでのほとんどの法的介入と異なり，CARD法は情報開示にとどまらなかった．従前の商慣行を禁じ価格

設定に制限を課して，厳しい規制をかけた．支払いをまず低金利の収支から充当することの禁止など，明らかに厚生を増加させる制約を課している．他方，リスクに基づいた料金設定の制限など，論争を呼んでいる規制もある．これらの論争は，前述のように情報開示に焦点を当てる本書の範囲外とする．

　規制手法としての情報開示を扱うときは，強制的情報開示が行動に影響を及ぼし市場のもたらす結果を改善できるかという，規制の有効性を問うことから始めるべきである．クレジット・カード市場では，情報開示が，少なくともある程度は，有効だったことを示す証拠がある．連邦準備制度のエコノミストによる一連の研究によれば，正直貸付法による強制的情報開示は，実質年率がクレジットのコストを決定する重要な要素であることについての消費者の認識を向上させた．また，これらの研究によれば，実質年率がより目立つようになったことが，この料金要素の競争を促した[107]．

　CARD法によって強化された強制的情報開示制度が有効だったという証拠もある．具体的には，*Consumer Reports*による調査によると，回答者の23%が，請求書に記載された新しい最少支払額の警告によって，クレジット・カード債務をより早く支払うように動機づけられていた[108]．しかし，仮に現行の情報開示制度の有効性に限界があったとしても，現在の強制的情報開示が最適に設計されているわけではないのだから，規制戦略としての強制的情報開示そのものを批判することは当たらない．以下では，規制当局がクレジット・カード市場のよりよい強制的情報開示制度を設計することが可能となる方法について見る．

B．商品使用情報の開示

　本章のこれまでの分析は，クレジット・カード契約の歪んだ仕組みの責任が消費者の誤解にあるということを示している．問題は，要するに，消費者

107　Furletti, 前掲注(16), p.9, Thomas A. Durkin, "Credit Cards: Use and Consumer Attitudes, 1970-2," *Fed. Reserve Bull.*, September 2, 623-34, Jinkook Lee & Jeanne M. Hogarth, "The Price of Money: Consumers' Understanding of APRs and Contract Interest Rates," *J. of Pub. Pol'y and Marketing*, 18 (1999), 66 参照.

108　CardFlash, "Consumer Reports," October 20, 2010 参照.

がクレジット・カードを選ぶとき，自分がクレジット・カード商品をどのように使用するか十分正確に評価できるようになっていないということである．法的な政策は，この問題に対処することができる．もし消費者が自らの使用パタンを誤解するなら，立法者や規制当局は，クレジット・カード発行事業者が商品使用情報を消費者に提供するよう義務づけるべきことになる．

　強制的情報開示はおそらくクレジット・カード市場で使われる主要な規制手法だが，現行の強制的情報開示は，ほとんど商品属性情報の開示のみに焦点を当てている．クレジット・カードの申込みと勧誘に適用される正直貸付法（TILA）と施行規則（Regulation Z）を考えてほしい．これらの規則は，商品属性情報，具体的には利子率と手数料の情報開示を義務づける[109]．

　情報開示規制は，現行の正直貸付法の範囲より拡張されるべきである．目標は，クレジットの契約条件について消費者を教育するだけではなく，消費者の自らの選好や認識のバイアスについても教育することである．消費者が誤って，将来の借入れの必要性はないと思っていたなら，クレジット条件の知識は意味をなさない．同様に，もし消費者が誤って支払遅延の可能性はないと思っていたら，遅延手数料の大きさを知ることは助けにならない[110]．

　正直貸付法に規定された法目的は，「クレジット条件についての意味ある情報開示を保証し……請求やクレジット・カードにおける不正確で不公正な実務慣行から消費者を守る」ことである．正直貸付法の冒頭部分に付された解釈上のコメントや決定によれば，正直貸付法の目的は「クレジット義務の性質とコストに関する消費者の広範な誤解・混乱として連邦議会が認識する状況の是正を支援する」ことである[111]．クレジット・カードのコストに関する誤解・混乱は，関連する商品属性のすべてを消費者が知ったとしても，解消しない可能性がある．「意味ある情報開示」は，商品使用情報を含むべき

109　15 U.S.C ∫ 1637 (c)，12 C.F.R. ∬ 226.18,226.5a．

110　Furletti, 前掲注(16)，p.5（「しかし，カード発行事業者がクレジット・カードの料金設定方法を最近変えたので，料金の複雑性は新たな水準となり，一部の消費者に他と非常に異なる影響を与えるクレジット・コスト構造を作り出した．つまり，消費者が直面するコストは，どのようにクレジット・カードを使うかに大きく依存する」），CardFlash, "Reward Card Analysis," June 2, 2008（消費者が自分に最も有利なカードを選ぶためには，自らの使用パタンを知る必要がある）参照．

111　15 U.S.C. ∫ 1601 (a)と，これに付随する Interpretative Notes and Decisions 参照．

である.

C. 商品使用の情報開示の設計

商品使用情報を組み入れた情報開示を設計することは，些末な仕事ではない. 商品使用情報は，様々なレヴェルで開示することができる. クレジット・カード発行事業者には，以下の開示を義務づけることが可能である.

- 平均的使用情報：これは消費者全体で平均された使用情報，ないし，より望ましくは，何らかの人口統計上または社会経済的な分類による下位集団の消費者グループで平均された使用情報，
  または
- 個人使用情報：個々の消費者について集められた，その者のこれまでの使用パタンに基づいた使用情報

個人使用情報が得られるときは，統計的な，平均的使用情報より好ましい. 統計的な証拠の開示は必ずしも説得的でないことを示す証拠がある. 特に，開示された平均的借入水準や平均的年間支払遅延数が大きな消費者集団全体からとられたものである場合，個々の消費者は，自分は借入れたり支払いが遅れたりしない少数に属すると信じるかもしれない. 個人使用情報は，このような「私は平均より良い」という考え方を免れられる. 自分自身が行った借入水準と支払遅延回数の開示に直面する場合，消費者はその情報を，抽象的な，自分と無関係の統計だとして捨て去ることができない. それでも，消費者は，過去の借入れは将来の選択を示さないと信じるかもしれないため，個人使用情報とても完全に説得的なわけではない[112].

---

112 平均的使用情報の開示の限界については，Christine Jolls et al., "A Behavioral Approach to Law and Economics," *Stan. L. Rev.*, 50 (1998), 1471, 1542 (人々は，平均的なリスクを実際に理解しても，自らの将来のリスクを過小に見積もる傾向がある)を参照し，Svenson (fn. 15, Chapter 1, this volume) 117 (運転者の大多数は，自分の運転技術は平均以上だと信じている)と比較. 個人化された開示の利点については，一般的にはCass Sunstein & Richard Thaler, *Nudge* (賢い商品選択方法であるRECAP: Record, Evaluate, and Compare Alternative Prices〔記録し，評価し，他の価格と比較せよ〕という提案を説明する) (本書第 1 章の注(31)) 参照. Barry

　重要なことに，クレジット・カード発行事業者は，多くの個人使用情報を持ち，利益最大化のために集めて使っている．シティグループ（Citigroup）の欧州北米クレジット・カード事業の元法務部長であるダンカン・マクドナルド（Duncan McDonald）は，以下を指摘した：

> 「銀行カード産業ほど，消費者とその取引行動を知っている産業は，世界にない．彼らの消費者分析は，DNA の研究にも匹敵しうる科学の域に達している．消費者の事実上すべての行動のデータは，何百台もの最高のコンピュータで，最も創造的な頭脳により，蓄積され，更新され，分類され，分析され，スコア化され，試験され，評価され，可能なすべての角度から比較される．過去 10 年だけでも，2 億人のアメリカ人の取引が，銀行カードのリスクを最小化するために何兆もの異なる方法で吟味された[113]」．

このような情報を消費者と共有することをクレジット・カード発行事業者に義務づけるべきである．

　最適な情報開示の設計においては，商品使用情報を商品属性情報と組み合わせることの利点も考えるべきである．例えば，昨年 1 年間の支払遅延の回数について情報を提供することは，助けになる．昨年 1 年間に支払われた遅延手数料の総額について情報を提供することは，もっと助けになる．この開示は，商品使用情報（支払遅延の回数）と商品属性情報（遅延手数料の大きさ）とを結びつけている．

Nalebuff & Ian Ayres, *Why Not?* (Harvard Business School Press, 2003) 181 (消費者が遅延や限度額超過の手数料を課される可能性について，できればカード発行事業者が個々の消費者から集める個人のデータに基づいて消費者に開示するよう，カード発行事業者に義務づけるべきだと論じる) も参照.

113　Duncan MacDonald, "Viewpoint: Card Industry Questions Congress Needs to Ask," *American Banker*, March 23, 2007. FRB, "Reports to the Congress on Practices of the Consumer Credit Industry in Soliciting and Extending Credit and their Effects on Consumer Debt and Insolvency," 19 (June, 2006), http://www.federalreserve.gov/boarddocs/rptcongress/bankruptcy/bankruptcybillstudy200606.pdf (カード発行事業者が持って使う膨大な情報の詳細を説明), Charles Duhigg, "What Does Your Credit-Card Company Know about You?," New *York Times*, May 17, 2009 (クレジット・カード会社が集める厖大な情報，特に商品使用情報を詳述し，カード会社がそれらを心理学の研究成果に基づく賢いアルゴリズムを使って分析していることを説明) も参照.

　強制的情報開示制度を設計する上で，特に商品使用情報については，開示の時期がもう1つの重要な要素である．情報をいつ開示すべきか．おそらく商品使用情報を開示する最も容易な方法は，月次利用明細に書き入れることである．消費者がクレジット・カードを使うと，クレジット・カード発行事業者は商品使用情報を集めて開示する．最近の改革によって，月次利用明細での開示は，商品属性情報と商品使用情報を結びつける開示を含めて，かなり改善された．CARD法の施行規則とともに施行された連邦準備制度理事会の規制によって，クレジット・カード発行事業者は，月次利用明細で，その月と年初からの合計の両方の利子請求と手数料を，別々に開示しなければならない[114]．

　しかし，月次利用明細での開示は，十分ではない．競争と，市場の望ましい結果とを確保するためには，消費者は今使っているクレジット・カードと，提供される他のクレジット・カードとを比較できなければならない．月次利用明細での情報開示は，商品使用情報を含むとき，消費者がそのクレジット・カードでいくら払っているかを知らせるものとなる．加えて，消費者は，他のクレジット・カードに変更したらいくら払うことになるかを知る必要がある．それを知るには，月次利用明細での情報開示の検討から，広告や勧誘での情報開示の検討に移る必要がある．現行法では，これらの情報開示は使用情報を含む必要がない．新しいクレジット・カード発行事業者は，開示すべき商品使用情報を持たないと考えられるからである[115]．

　商品使用情報を広告や勧誘に含めることは可能である．1つの選択肢は，統計的な使用情報を提供するか，統計情報を属性情報と結びつけることである[116]．もう1つの，より有望な選択肢は，クレジット・カード市場で消費者

114　CFPB, *Card Act Factsheet* 前掲注 (4) 参照.

115　Elizabeth Renuart & Diane E. Thompson, "The Truth, The Whole Truth, and Nothing but the Truth: Fulfilling the Promise of Truth in Lending," *Yale J. Reg.*, 25 (2008), 181, 188 (「手数料は知られないものと推定されている」) 参照.

116　Renuart & Thompson, id., 189 (借り手が支払った実効実質年率の平均として計算した「典型的な」実質年率の開示を義務づけた National Consumer Law Center による提案を説明．これらの実効実質年率は，広告，勧誘，口座開設時に開示される実質年率に含まれない遅延手数料や上限超過手数料などの手数料を含んでいる.) と比較せよ.

の過去の経験からの個人使用情報があれば，それを利用するというものである．この選択肢は，現在のクレジット・カード発行事業者が，これまで集めた商品使用情報のすべてを含む電子的ファイルを当該の顧客に提供することを義務づけるものである．これは，例えば，消費者の過去3年の個人の商品使用情報を入れたエクセルの表の形をとるかもしれない．消費者はこのファイルを新しいクレジット・カード発行事業者に渡し，その使用パタンに基づく料金総額の見積もりをもらうことができる．このような電子的な情報開示は，仲介者の仕事も促進することができる．ビルシュリンク社（BillShrink）のような企業は，商品使用情報を商品属性情報と結びつけ，消費者のニーズに最適なクレジット・カードを推薦することができる．

　広告や勧誘での情報開示，そして月次利用明細での情報開示は，情報開示時期についての2つの選択肢を提供する．第3の選択肢である同時情報開示（リアルタイム情報開示）は，商品使用情報について特に有望である．情報が請求周期の終了前に提供されると，情報開示がより有効になる場合がある．ロナルド・マン（Ronald Mann）の提案によると，クレジット・カード発行事業者はPOS（point - of - sale）情報の提供を義務づけられることになる．例えば，もし現在の購入を特定のクレジット・カードで払うと消費者がそのクレジット・カードの限度額を超過して手数料を請求されることになるなら，その情報は消費者にその場で提供されて，別のクレジット・カードか別の支払い方法を使うことができるようになる[117].

　最後に，最適な情報開示の設計は，情報過多の問題に対処する必要がある．これは，商品属性情報と商品使用情報の両方に適用される一般的な問題である．この問題には，2通りの対応がある．1つ目は，簡素な情報開示を設計するものである．年初から支払った利子の総額は，このような簡素な情報開示の例である．不十分にしか合理的でない消費者でも理解して対応できるように，全体的に合計した情報を提供するという考え方である．2つ目の方法は，ずっと多くの情報，つまり生の，個別の情報を，消費者以外に提供するというものである．詳細な情報が入ったエクセルのファイルを思い浮かべてほしい．消費者がこのようなファイルの情報を読んで自分で分析するとは思えない．消費者はむしろ，そのファイルを競合するクレジット・カード

117　Mann, 前掲注（22）参照.

発行事業者か仲介業者に渡して処理してもらうだろう.

D．正しい方向への歩み

　立法当局や規制当局は，商品使用情報の開示の重要性を理解し始めている.「ドッド＝フランク・ウォール・ストリート改革と消費者保護法(2010年)」は，新しい消費者金融保護局(Consumer Finance Protection Bureau)が定めた規則に従い，消費者向け金融商品の市場で，商品使用情報を含む情報を開示する一般的義務を課している[118].

　より具体的な歩みに焦点を当てると，CARD法は，クレジット・カード発行事業者が月次請求において，残額を完済するまでに要する期間と毎月最少支払額だけを支払った場合に支払うことになる総額を含む「最少支払警告」を開示するよう義務づける.CARD法はまた，クレジット・カード保有者が残額を3年で支払う場合の，毎月の返済額と，このより早い返済計画によって節約できる総支払額を計算して開示するようクレジット・カード発行事業者に義務づけている[119].最少支払額に関する情報開示は，前に示した遅い返済の問題に対処する.情報開示することで，商品属性情報を，法と施行規則が規定する一定の使用パタンと結びつけ，遅い返済(毎月最少支払額だけの支払い)とより早い返済(3年で完済)とを比較することを可能にする.

　最近の規制は，クレジット・カード発行事業者に，月次利用明細で，月ごとおよび年初からの合計の利子支払額と手数料を別々に開示することを義務づけた[120].前に述べたように，これは，個人使用情報と商品属性情報を結

118　Pub. L. 111-203, Title X, Sec. 1033.

119　FRB, "Credit Card Rules, February 22" 前掲注(34)（新しいCARD法の規則を説明）参照.

120　*CFPB, CARD Act Factsheet*, 前掲注(4)参照.すべての手数料が含まれていることが重要である.そうでなければ，クレジット・カード発行事業者に，除外された手数料を増額するインセンティヴを与えてしまう.Renuart & Thompson, 前掲注(115), pp.185, 203（一定の手数料を除外した実質年率開示の悪影響を説明して，RenuartとThompsonは，「除外された手数料は，クレジットのコストに大きく，しかし見えない形で影響する可能性がある.その結果，貸し手はそのクレジット取引を，これらの除外から利益を得る形に構成するよう動機付けられた」とした）と比較.

びつけた例である．この開示は有望ではあるが，改善されるべきである．第1に，1つの総コストの数字を開示する方が，利子と手数料という2つの別々の数字を開示するよりも効果的である．第2に，年初からの数字の月次利用明細での開示には意味があるが，そこに含まれる商品使用情報は限られている．おそらく3年間とか，より長期の使用パタンに基づく年間総コストの数字を含む年末概要を提供するよう，クレジット・カード発行事業者に義務づけることができるかもしれない．最後に，競争を促進するため，使用に基づく情報は新しいクレジット・カード発行事業者からも開示される必要がある．この目的のために，規制当局は，現在のクレジット・カード発行事業者が詳細な商品使用情報を，新しいクレジット・カード発行事業者または仲介事業者に転送できる電子媒体で提供するよう義務づけるべきである．

　使用に基づく総コストの情報が，現在のクレジット・カード発行事業者と新しいクレジット・カード発行事業者によって開示されれば，複雑性とコスト先送りの問題をなくせるかもしれない．もし，クレジット・カード発行事業者が基底的な総コストの開示を義務づけられたら，消費者は複雑性に注意しなくてよい．加えて，クレジット・カード発行事業者は，いずれにしても法律で総コストを開示しなければならないのだから，クレジットの真のコストを偽装してわざと複雑性を増すインセンティヴを持たない[121]．総コスト情報開示は，コスト先送りの問題にも対処できる．この総コストの尺度は，短期コストと長期コストを組み合わせて，クレジット・カード料金設定の時間的な要素を考慮する．したがって，総コストに基づいてクレジットを選ぶ消費者は，長期コストを過小評価しない．その結果，クレジット・カード発行事業者はコストを先送りするインセンティヴを持たなくなる．

121　Board of Governors of the Federal Reserve System and the Department of Housing and Urban Development, "Joint Report to the Congress Concerning Reforms to the Truth and Lending Act and the Real Estate Settlement Procedures Act" 9 (1998), <http://www.federalreserve.gov/boarddocs/press/general/1998/19980717/default/htm> （クレジット対策の総コストとしての実質年率の利点についての議論で，この報告は，「実質年率の概念は，手数料が実質年率の計算に含まれなければならない限度で，隠された手数料や『ゴミ手数料』を抑制する」とした）．

結論

　クレジット・カード契約は，複雑で多元的である．クレジット・カードの料金設定は，多くの場合，コストに基づくのではなく目立つか否かに基づいている．この契約の仕組みは，消費者心理と市場の諸力との相互作用の結果である行動経済学的な意味での市場の失敗である．この市場の失敗は，契約相手を比較選択するコストを引き上げることによって，競争を抑制する．不十分にしか合理的でないクレジット・カード保有者を惹きつけるために，クレジット・カード発行事業者は実際の総料金ではなく見かけの総価格を引き下げることによって競争するため，競争が歪められる．経済的困難のコストは増加し，所得分配上の問題が増大する．

　市場の失敗，つまり行動経済学的な意味での市場の失敗の確認は，法的介入への扉を開く．最近の改革，具体的にはCARD法とドッド＝フランク法は，正しい方向への重要な歩みを進めるものである．この章では，最適の強制的情報開示制度の設計に焦点を当て，CARD法とドッド＝フランク法の実施を担う人々を含む立法当局に，どのようにして行動経済学的な意味での市場の失敗に最も効果的に対処するべきか，についての手引きを提供した．

付録：導入感謝利率

　なぜ，導入感謝利率はそれほど効果的なのであろうか．その答えは，今借りる必要がある消費者にとって，導入感謝利率は「餌」だからである．新しいクレジット・カードで債務を負うことを既に決定した消費者にとって，その債務の利子率は重要である．加えて，もし新しいクレジット・カードが古いクレジット・カードからの残高移行を認めるなら，その切替は今すぐの便益を意味するであろう．一方，もし消費者が，自分は導入感謝期間以降は借りないと誤解すると，低い導入感謝利率から導入感謝期間後の高い金利に急に跳ね上がることは気にしない[122]．

　導入感謝利率の働きをよりよく理解するために，双曲線型割引のモデルに戻ろう．時点 $T=0$ から始まる時系列の，2組の点を考える．1組目の2つの点の間の時間的距離は，2組目の2つの点の間の時間的距離に等しい．そ

122　Ausubel, 前掲注(10)，pp.262-3 参照．

図2.2. 近い将来と遠い将来の借入れ

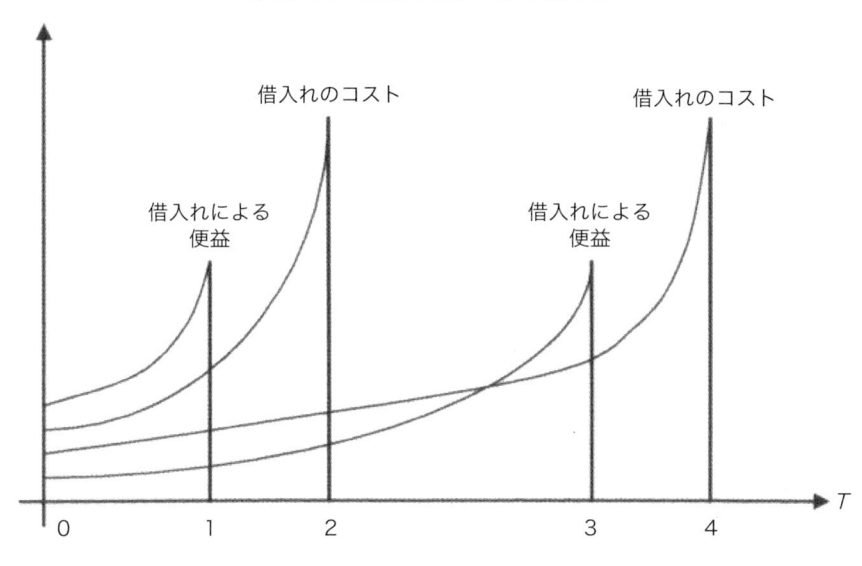

して，1組目は2組目よりも，時点$T=0$に近い．双曲線額割引は，$T=0$時点の視点からみると，1組目の2つの点の間の割引が2組目の2つの点の間の割引よりも大きいことを示している．その結果，選好の逆転は，時間的距離が離れた組の方が起きやすい．導入感謝利率に戻ると，このことは，予期しない借入れの可能性は，$T=0$時点から実際の借入れ決定が行われる時点までの間で増大することを示す．このことは，消費者は，近い将来の借入れ水準を過小に見積もる可能性が比較的低く，その結果，短期的利子率により敏感であることを意味する．

　図2.2は，近い将来の借入れ$(T=1,2)$を，遠い将来の借入れ$(T=3,4)$と比べて示す．遠い将来の借入れでは選好の逆転が起き，将来の借入れの過小評価につながるが，近い将来の借入れでは選好の逆転は起きない．消費者は，$T=0$時点では$T=1$時点で借りると考え，実際に$T=1$時点で借りる．近い将来の借入れの過小評価はないので，消費者は近い将来の利率により敏感である．このことが，クレジット・カード発行事業者の導入感謝利率の要素を説明する．

　導入感謝利率の蔓延についてのもう1つの関連する説明は，切替コストの

概念に基づく．単純な形でのその議論は，１つのクレジット・カードから別のクレジット・カードへの切替コストが，少なくともある程度は，このような切替えを妨げるというものである．このためクレジット・カード発行事業者は，切替コストが導入感謝期間終了後の他のクレジット・カードへの切替えを，少なくとも一部の消費者については妨げると期待して，低い導入感謝利子率で消費者を誘惑することができる[123]．切替コストの議論についてのこの単純な説明の問題は，合理的消費者はこのロックイン効果を予想するということである．競合するクレジット・カード商品の中から選択するとき，消費者は自分が新しいクレジット・カードに切り替えないことを認識して，導入感謝期間後の高い利子率をも勘案する．

　行動経済学理論は，切替コストのより説得的な説明ができる．消費者がロックインを予想しても，将来借りる(または，それほど多く借りる)とは思わないために，ロックインのコストを過小評価するというものである．双曲線型割引は，切替コストの議論についてのこの改訂された説明を強化する．双曲線型割引をする認識の甘い人は，新しいクレジット・カードに切り替えると誤って予想するかもしれないが，実際は導入感謝期間後に切り替えはし

123　Ausubel, 前掲注(10), p.263（探索・切替コストがかなりかかる市場での企業は，導入時の特典や申込み奨励金を利用して新規顧客を誘惑することの有利性を認識すると，経済理論は予想する）参照．クレジット・カード市場の切替コストは，ささいな額ではないかもしれない．Shui と Ausbel は，心理的コストを含む切替コストを，150ドルと推定した．Shui & Ausubel, 前掲注(28)参照．National Consumer Law Center, *Truth in Lending* (4th ed., 1999) 262 も参照．ポイントやマイレージを貯めることによる特典プログラムは，追加的な切替コストを生み出す．また，借り手の未払い残高の大きさが増すにつれて，切替えは非常に困難になる．Ronald J. Mann, "'Contracting' for Credit," *Mich. L. Rev*., 104 (2006), 899, 925, Paul S. Calem et al., "Switching Costs and Adverse Selection in the Market for Credit Cards: New Evidence," *J. Banking and Fin*., 30 (2006), 1653, 1655, Victor Stango, "Pricing with Consumer Switching Costs: Evidence from the Credit Card Market," *J. Indus. Econ*., 50 (2002), 475, 477, 479-80, Ronald J. Mann, "Bankruptcy Reform and the 'Sweat Box' of Credit Card Debt," *U. Ill., L. Rev*., (2007), 375, 389 参照．興味深いことに，導入感謝利率の戦略は確かに導入感謝期間終了後の離脱を制限する切替コストに依存するが，導入感謝利率の主な目的の１つは，〔他者カードから自社カードへの〕切替えを勧めることである．

ない．双曲線型割引をする認識の甘い人は，切替コストと切替の便益がとも
に未来である事前の視点では，自分は古いクレジット・カードが提供する導
入感謝期間の終わりに新しいクレジット・カードに切り替えると信じるであ
ろう．しかし，古いクレジット・カードが提供した導入感謝期間が終わる時
には，切替コストは差し迫っているが，切替えによる便益はまだ将来のこと
である．このため，高い短期的な割引率を適用して，消費者は切り替えない
と決める．切替コストの議論に関するこのより精緻な説明は，消費者が導入
感謝利率にとても敏感なことと，その結果クレジット・カードが提供する導
入感謝利率が蔓延していることの説明を助ける[124].

124　Della Vigna & Malmendier, 前掲注(39)，pp.26-7（認識の甘い主体は，自分が
「契約を更新する」，つまり導入感謝期間後も借入れを続ける可能性を過小評価す
る），Ran Spiegler, *Bounded Rationality and Industrial Organization* (Oxford University
Press, 2011), Ch. 2（導入感謝利率を，認識の甘い消費者による需要に対応した契約
設計として説明）参照.

第3章

サブプライム住宅担保ローン

はじめに

　2006年には，ほぼ300万に迫るサブプライム・ローン〔信用不良債務者への住宅資金貸付け〕が組成され，未払いのサブプライム・ローンの総額は1兆ドル〔1ドル110円として110兆円〕を超えるに至った[1]．その数ヵ月後，サブプライム危機が始まった．担保権実行手続に至る割合は急上昇した．借り手，貸し手，地域および都市は，数千億ドル──おそらく数兆ドル──を失った．合衆国および世界の経済にもたらした，そのより広汎な影響につい

---

[1]　Yuliya Demyanyk & Otto Van Hemert, "Understanding the Subprime Mortgage Crisis" *Rev. Fin. Stud.*, 24 (2011), 1848, 1853, 1854 (tbl. 1) を参照（著者らは，証券化されたサブプライム・ローンの約85％をカヴァーするデータを分析している．2006年には，サブプライム・ローンの75％が証券化され，また，著者らは，1,772,000に上るサブプライム・ローンのデータを分析している．したがって，1,772,000÷(0.85×0.75)＝合計2,779,608に上るサブプライム・ローンが組成されたことを意味する）．State of the U.S. Economy and Implications for the Federal Budget: Hearing before the H. Comm. on the Budget, 110th Cong. 10 (2007)（以下"Hearing"）(prepared statements of Peter Orszag, Director, Congressional Budget Office) を参照（「2006年末までに，未払いのサブプライム・ローンの価値は合計で1兆ドルを超え，その約13％が全て住宅担保ローンである」）．Center for Responsible Lending, "A Snapshot of the Subprime Market" <http://www.responsiblelending.org/issues/mortgage/quick-references/a-snapshot-of-the-subprime.html> を参照（2007年11月27日現在，720万に上る未払いのサブプライム・ローンが存在し，合計1.3兆ドルの価値に相当すると概算している）．

てはいうまでもない[2].

　本章では，我々はサブプライム住宅担保ローン契約（サブプライム・モーゲージ契約）とその主要な契約構造を考察する．後に見るように，多くの借り手にとって，これらの契約構造上の特徴は，社会厚生を最大化するものではない．事実，サブプライム住宅担保ローンの契約構造がサブプライム危機に寄与した限度で，この借り手らにとっての厚生の喪失——それ自体，かなりの額のもの——は，多額の社会的コストによっていっそう大きくなっている．これらの非効率的な契約を生み出した市場の失敗についてよりよく理解することは，サブプライム市場を律する規制を改革するための現在も進行中の努力に対して，多くの情報を与えることとなる．

A．契約の構造

　サブプライム危機に先立つ5年の間に，よりリスクの高いローンがよりリスクの高い借り手に対して組まれるに連れて，サブプライム市場は驚異的な成長を遂げた[3]．驚くに値しないことだが，これらのリスクのより高いローンは，貸し手側が引き受けたより高いリスクを補償するために，より高い利率を課していた．しかし，高い価格自体は，主要な問題ではない．ここでの問題の根本的な原因は，貸し手がこれらの高い価格を隠し，借り手がこれらの高い価格を過小評価したことにある．〔信用優良債務者への住宅資金貸付けの〕プライム市場の場合，伝統的なローンは，30年固定利率住宅担保ローン契約（Fixed-Rate Mortgage: FRM）として標準化されている．貸し手は，伝統的な固定利率住宅担保ローン契約における利率を単純に引き上げることによって，サブプライム・ローンの高くなったリスクを補償することもでき

2　Cong. Budget Office, *The Budget and Economic Outlook: Fiscal Years 2008 to 2018* (2008) 23（以下"CBO Outlook"）を参照，<http://www.cbo.gov/ftpdoc.cfm?index=8917 andtype=1>で入手可能（サブプライム関連の損失の合計が2千億ドルから5千億ドルの間であるとの概算について言及しており，また，サブプライム危機が経済に対して及ぼした，付加的で間接的な——かつ潜在的に実質的な——悪影響に言及している）．

3　Demyanyk & Van Hemert, 前掲注(1), pp.1852, 1854 (tbl.1)を参照. Center for Responsible Lending, "Mortgage Lending Overview," <http://www.responsiblelending.org/issues/mortgage/>を参照.

た．彼らがそれをしなかったのには，いくつかの理由がある．これらの理由のいくつかを発見するために，一般的なサブプライム住宅担保ローン契約の特徴を見ていこう．

　サブプライム市場は，多種多様なローンを誇り，それぞれが多元的な価格体系を持つという複雑なものである．混合利率ローン（固定利率と変動利率を併用するもの），利息のみローン，そして，返済オプション付き変動利率住宅担保ローン（option-payment adjustable-rate mortgages: ARMs）――商品類型はそれぞれ独自の多元的な契約構造を有する――は全て，拡大するサブプライム市場において一般的なものであった．注目すべきは，これらの契約構造の多くは，1980年代の初め以来，プライム市場において知られていたことである．しかし，それらが初めて舞台の中央に立ったのは，サブプライム市場においてであった[4]．

　一般的なサブプライム住宅担保ローン契約は2つの構造上の特徴を有した．この2つの構造上の特徴は本書全体を通じて強調されるものである．すなわち，複雑性とコスト先送りである．まず，第1に，コストの先送りを考えよう．再度，重要な指摘をする．すなわち，全てのローン契約は，当然のことながら，金銭貸付けという性質のゆえにコストの先送りという特徴を有する．しかし，我々が考察しているローンは，こうした金銭貸付けに必然的に含意されるところを超えたコストの先送りという特徴を有する．

　伝統的なプライム住宅担保ローンは，20％の頭金を要求しており，つまり，価値に対する貸付け（Loan-to-Value: LTV）の割合（融資比率）はたったの80％であった．サブプライム市場では，2006年の場合，融資比率が90％を超えるローンが4割を超えていた．購入資金ローン（Purchase-Money Loan）に焦点を絞ると，2005年，2006年，および2007年上半期には，中央値（メジアン）にいるサブプライムの借り手は，住宅の購入価格の100％を借りていた．

4　用語に関する注記：住宅担保ローン市場は，プライム市場とノンプライム市場とに分けられる．ノンプライム市場はさらに，サブプライム市場（より高いリスク）とAlt-A市場（より低いリスク）とに分けられるが，サブプライムとAlt-Aの間を分ける線は常に明瞭なわけではない．下記 I.A.〔サブプライムの定義〕を参照．本章で検討される契約構造の多くは，サブプライム市場とAlt-A市場の両方において一般的である．説明の便宜のため，以下では，これら2つの市場を一緒にして「サブプライム」として言及することがある．

ローンの返済計画自体も，コストの先送りという特徴を有する．標準的な
プライム固定利率住宅担保ローン契約（FRM）の下では，借り手は毎月同額
を返済する——定額返済計画と呼ばれる．通常の変動利率住宅担保ローン契
約（ARM）の下では，毎月の返済は，変動する指標に対し，パーセントで表
示される固定された数字を加えて計算される．返済金額は毎月変動するが，
それがシステマティックな軌跡を描くことはない．これに対し，大多数のサ
ブプライム・ローンは段階的に増額する返済計画を有する．これらの大多数
のサブプライム・ローンでは，導入期間中——典型的には2年間——は低い
利率が設定され，この導入期間後はより高い利率が設定される．他のサブプ
ライム・ローンは，さらに急勾配の返済計画を有する．利息のみローン契約
および返済オプション付き変動利率住宅担保ローン契約は，導入期間中はゼ
ロまたはマイナスの元本償還を認め，導入期間後の毎月の返済はいっそう段
階的に増額する．段階的返済の直接的影響は，しばしば「返済ショック」が
生じることである．この「返済ショック」とは，利率の再設定により毎月の
返済が大幅に——ときには100％も——増額することを指している．

　第2の契約構造の特徴は複雑性であり，ほとんどのサブプライム住宅担保
ローンに共通するものである．伝統的な固定利率住宅担保ローンは単一で不
変の利率を設定する一方，典型的なサブプライム住宅担保ローンは複数の利
率を含むものである．そのうちのいくつかの利率は，ある期間から次の期間
へと利率を調整するための重要な公式に従って黙示に定義される．また，典
型的なサブプライム・ローンは，多種類の手数料が設定されるという特徴を
有しており，しかも手数料の中にはローン期間を通して課されるのではな
く，ある一定の期間だけ課されるものや，様々な外部変化次第で課されるも
の，借り手の行動次第で課されるものなどがある．サブプライム・ローンに
関係する数多くの手数料は次の2つの種類に分類される．

(1)ローン組成手数料：信用調査料，財産価額評価料，洪水証明料，租税証
　　明料，エスクロー分析料，保険引受分析料，書類調製料および電子メー
　　ル，ファックス，宅配メール送付別途料金を含む．
(2)ローン組成後手数料：遅延損害金，担保権実行手続料，繰上返済違約金
　　および紛争解決または仲裁料を含む．

これらの手数料は合計数千ドルにもなり，あるいは，ローンの金額の20%にもなる．サブプライム市場で特に重要な，繰上返済オプションは，（暗黙の前提の）不履行オプションと同様，これらの契約の評価をいっそう複雑にする．

　借り手は，それぞれ異なる多元的な価格と多元的な契約構造の特徴が組み合された，多くの異なる複雑な商品群の中から，選択をしなければならない．そのため，借り手の商品決定の困難さは，1つの契約を締結するだけでも既に高いレヴェルの困難さがあるが，複数の中から選ばなければならないゆえに，それ以上に指数関数的に困難さは大きくなる[5]．

B．契約の構造の説明

　これらの契約構造の特徴は，どのように説明されるのか．それを見出すために，合理的選択理論に基づく，可能な説明を探究しよう．コストの先送りという特徴から始める．コスト先送り契約についてよくなされる説明は，負担可能性理論に基礎を置くものである．多くのサブプライムの借り手は，彼らがローンを受ける時点では，その流動性〔現金支払能力〕が不足している．彼らは，少ない頭金，少ない毎月の返済しか負担することができない．落とし穴はというと，もちろん，少ない頭金，少ない当初の毎月の返済は，結局，当初の導入利率から導入期間の終了後に高いレヴェルの利率に再設定された時に，毎月のより高額な返済に転換することである．したがって，負担可能性理論の合理性は，借り手が将来高額の返済をする能力か，またはこれを回避する能力に依存する．そうすると，議論は次に2つの下位の議論に分離する．すなわち「〔支払いが〕できる」理論，および「〔支払いを〕回避する」理論とである．

　「できる」理論は，次のように主張する．導入期間が終わるまでに，自らの所得が十分に増加するであろうと期待した場合，借り手はより高額の返済も可能であると合理的に期待できる．しかし，サブプライムの借り手の中には，そのような所得の十分な増加を合理的に期待しえた（期待した）者もいたが，その他の大多数は，こうした期待が外れてしまった．

5　"Truth in Lending," 73 Fed, Reg, 44,552, 44,524-25（July 30, 2008）（codified at 12 C.F.R. pt. 226）（「サブプライム市場の商品は，プライム市場の商品との比較においても，また，客観的に見ても，複雑になりがちである……」）．

　「回避する」理論は，次のように仮定する．導入期間が終わる前に，繰上返済ができると合理的に期待した場合，より高額の導入期間後の返済を回避することができる．しかし，繰上返済のオプションは，魅力的な契約条項を伴った借換えローンの利用可能性に依拠する．魅力的な借換えローンのオプションが可能なのは，借り手の信用度が改善した場合，市場利率が下がった場合，住宅価格が上がった場合などであろう．借り手の中には，サブプライム住宅担保ローンがブームの間に，このような事態の好転によって，コスト先送り住宅担保ローン契約に対して借換えローンを受けることができ，導入期間後の長期間の高いコストを回避することができると合理的に期待しえた（期待した）者もいた．しかし，その他の大多数の借り手にとっては，こうした期待は楽観的に過ぎた．

　合理的選択理論に基づくもう1つの説明は，コスト先送り住宅担保ローン契約を，不動産価格についての投機を容易にするよう設計された投資手段として描写する．この説明によれば，住宅価格が上がれば，投機家が住宅を売り（または借換えローンを受け），そして，コスト先送りローンにおける導入期間後の長期間の高いコストを全く支払うことなく，より安い購入価格とより高い売却価格との差額をポケットに入れることができる．この説明によれば，住宅価格が下がれば，投機家は住宅担保ローン契約に関し債務不履行を選択することになるが，これもまた，導入期間後の長期間の高いコストを回避することになる．もちろん，債務不履行はコストのかからない選択ではないが，しかし，価格が上がる可能性が十分に高い限り，プラスの便益はマイナスのリスクを相殺して余りあるであろう．サブプライムの借り手の中には，確かに投機家もいて，この戦略から利益を受けた．しかしながら，その他の大多数は投機家でなく，この戦略から利益を受けることはなかった．

　第2の契約構造の特徴へ移ろう．複雑性および多元性である．我々は，複数の，間接的に定義された利率から始める[6]．変動利率住宅担保ローン契約における指標連動型の利率再計算は，これは最大変動幅の存在によってさらに複雑になるが，利率変動のリスクを貸し手と借り手の間に効率的に配分する手段として説明されうる．しかしながら，この説明は，利率変動のリスクが

6　利率の複雑性がコスト先送りという特徴を構成するためのものである限り，先述の議論はここにも同様に当てはまる．

貸し手と借り手によって共有される場合なら，より強力なものとなっていたであろう．サブプライムの膨張期ならば，すなわち証券化が進行していた時期なら，この利率変動のリスクを多様な投資家へ移転させることができたであろうし，現実に移転させたこともあった．

　次に，サブプライム住宅担保ローンに共通の手数料の増殖を考えよう．合理的選択モデルは，これらの手数料のうちの，少なくともいくつかを説明することができる．異なるサーヴィスには異なる手数料を課すように変えたことは，それぞれの借り手が提供されたサーヴィスを個人の選好に従って選び取ることを可能にさせる．しかし，これは，選択することができるオプショナル・サーヴィスにのみ妥当し，選択することができず必ず別途手数料がかかる多くのノン・オプショナル・サーヴィスには妥当しない．例えば，信用調査および書類調製のサーヴィスなどである．また別の説明では，手数料の増殖を，リスクに基づく効率的な価格付けを反映したものであるとする．例えば，不履行は貸し手にコストを課す．遅延損害金および担保権実行手続料は，そのコストを，不履行をした借り手に配分する．そのような手数料がなければ，貸し手は，取れたはずの手数料を補償するために利率を上げるであろうし，また，不履行をしない借り手は，不履行をする借り手により課されたコストの大部分を負担させられることになるであろう．この説明もまた，特定の手数料にしか妥当しない．

　そういうわけで，合理的選択理論は，いくつかの文脈において観察される，いくつかの契約構造を説明することはできる．しかし，完全な説明は提供できない．合理的選択モデルは，コスト先送りの蔓延および過度に高いレヴェルの複雑性を完全には説明できない．このような説明の不足を埋めるために，我々は，サブプライム住宅担保ローン契約の行動経済学理論を考え，第1章の一般的な枠組みを住宅担保ローンの世界に適用していくこととする．我々は，サブプライム住宅担保ローン契約の構造が，借り手の不十分な合理性に対する市場の合理的な応答として説明しうることを明らかにする．

　コスト先送りの特徴は，借り手の近視眼的バイアスおよび楽観主義バイアスにまで遡ることができる．近視眼的な借り手は，ローン契約における短期的な契約要素にのみ注目し，長期的な契約要素には十分な注意を払わない．楽観的な借り手は，コスト先送り契約の将来のコストを過小評価する．彼らは，将来の所得を過大評価し，魅力的な借換えローンのオプションを非現実

的に期待している．あるいは，彼らはおそらく，昨年価格が10％上がったから来年もそれが繰り返されるであろうと期待しているため，不動産市場に置いた賭けの期待値を過大評価している．近視眼的で楽観的な借り手が短期的な契約要素にのみ注目し，長期的な契約要素を等閑視する場合，貸し手は，しばしば，短期的な契約要素には低い価格を付け，長期的な契約要素には高い価格を設定するという，コスト先送り契約を提供するであろう[7].

　同様の議論は，サブプライム住宅担保ローン契約の複雑性を説明する．不十分な合理性しかない借り手は，複数の価格と価格以外の契約要素を効率的に統合することができず，それらから住宅担保ローン商品の真の総コストを認定することができないであろう．必然的に，これらの借り手は，数少ない目立つ契約要素に焦点を合わせるであろう．借り手が複雑で多元的な契約を処理することができず，かくてより目立たない価格要素を無視する場合，貸し手は，ローンのコストの多くをより目立たない価格要素へとシフトさせるような，複雑で多元的な契約を提供するであろう[8].

　サブプライム問題の一部のみ，すなわちサブプライム・ローン契約の構造にのみ焦点を合わせる一方，本章では，サブプライム危機へと導いた原動力（ダイナミクス）についての以上とは異なる説明を展開する．よく見かける説明の1つは，リスクの大きなローンを，返済できそうもない借り手に押し付けた，悪徳貸手業者に焦点を合わせる．よく見かける説明のもう1つは，返済できそうもないローンを平気で引き受けた，無責任な借り手に焦点を合わ

7　Ben S. Bernanke, Chairman, Bd. of Governors of the Fed. Reserve Sys., *Speech at the Women in Housing and Finance and Exchequer Club Joint Luncheon*, Washington, D.C.: "Financial Markets, the Economic Outlook, and Monetary Policy"（January 10, 2008）を参照，<http://www.federalreserve.gov/newsevents/speech/bernanke20080110a. htm>で入手可能（変動利率住宅担保ローン契約の構造は，住宅価格に関する楽観主義に応答したものであると指摘している）．

8　Edmund L. Andrews, "Fed and Regulators Shrugged as the Subprime Crisis Spread: Analysis Finds Trail of Warnings on Loans," *New York Times*, December 18, 2007, at A1 を参照（エドワード・M・グラムリック（Edward M. Gramlich））前連邦準備制度理事長の問い掛け「なぜ，最もリスキーなローン商品が最も賢くない借り手に売られるのか……その問いはその問いに自らが答える──最も賢くない借り手が，おそらくこれらの商品を買うよう欺されるからである」を引用している）．

せる．両方の説明とも，サブプライム契約がブームだったときに起きていたことのいく分かを捕らえることができるが，しかし，両方の説明とも，不完全である．多くの事例では，借り手は無謀ではなかった．彼らには不十分な合理性しかなかったのである．そして，多くの事例では，貸し手は悪徳業者ではなかった．彼らは単に借り手の不十分な合理性に連動した金融需要に応答していただけであった．

　本章では，デマンド・サイド（需要側）の市場の失敗に光を当てる．不十分な合理性しかない借り手は複雑なコスト先送り契約を「需要し」，そして，貸し手はこの要求に応答した．しかし，サブプライム住宅担保ローン市場の失敗は，需要側には限られなかった．サプライ・サイド（供給側）の市場の失敗は，なぜ，貸し手が借り手の不十分にしか合理的でない要求に進んで応じたかについて説明する．すなわち，要求された商品の構造が，貸し手が負う借り手の不履行リスクを増やすものであったにもかかわらず貸し手が借り手の要求に応じたかについて説明する[9]．

　この供給側の失敗における主要な犯人は，証券化であった．すなわち，住宅担保権付き債権の大きなプールによって担保された証券の発行プロセスのことである．証券化は，プリンシパル（最終的に住宅担保ローンに資金を供給する投資家）と借り手の間に立つエージェント，すなわち，ローンを組成し，プールし，パッケージ化して，不動産担保証券（mortgage-backed securities）とし，また，異なる証券に関連したリスクを評価する責任を負う仲介業者であるエージェントの連鎖の中で，多くのエージェンシー問題を引き起こした．これらのエージェント（仲介業者）の報酬体系は，エージェントの利益とプリンシパル（投資家）の利益とが一致するようには設計されていなかった．その代わり，エージェントの手数料は，処理されたローンの量に基づくものであって，その質に基づくものではなかった．それゆえ，エージェント（仲介業者）は，組成した住宅担保ローン商品（mortgage products）の量，たとえそれが低品質，高リスクのものであったとしても，量を増やす強いイ

9　リスクの増加に対して，貸し手がまず行った反応は価格を上昇させることであった．しかし，貸し手がこの反応をしたというだけでは誤解を招くことになる．というのも，サブプライムのリスクが，価格に正確には反映されなかったことを示す証拠があるからである．

ンセンティヴを有した．また彼らがどのようにして組成の量を増やしたかというと，高いレヴェルの複雑性とコストの先送りを通じて，借り手が負担することができそうな外観を有する住宅担保ローン商品を開発し，その販売を促進することによってであった[10]．

　もう１つの要因としては，たとえ賢い投資家や金融仲介業者であっても，不動産ブームの狂乱に踊らされ，売買していた住宅担保ローン商品に関連するリスクを過小評価していたらしいことが挙げられる[11]．これらの賢い〔はずの〕プレーヤー（市場参加者）が負った何十億ドルもの損失を見れば，不十分な合理性がサブプライム市場の需要側に限られるものでないことが明らかである（少なくとも推認させる）[12]．この点については，より直接

10　HUD, Report to Congress on the Root Causes of the Foreclosure Crisis, 31-2（2010）（以下"HUD Report"）を参照．

11　HUD Report, 前掲注(10)，p.37を参照（投資家が，金融市場における新しい商品や新しい制度（例えば，CDO（Collateralized Debt Obligation, 債権担保証券）やCDS（Credit Default Swap, クレジット・デフォルト・スワップ））が投資家をリスクから保護する能力について過大評価していたと結論付けている）．彼らが住宅担保ローン商品に関連するリスクを過小評価していたのは，そもそも住宅価格について楽観的であったことに遡る．例えば，Kristopher S. Gerardi et al., *Making Sense of the Subprime Crisis*（2008）（*Fed. Reserve Bank of Boston, Public Policy Discussion Paper No. 09-1*），1 を参照，<http://www.bos.frb.org/economic/ppdp/2009/ppdp0901.htm>で入手可能（2005年に既にアナリストは住宅価格の急落のリスクを理解していたが，そのような下落の可能性はとても低いものと信じていた，ということを明らかにしている）．Julio Rotemberg, *Subprime Meltdown: American Housing and Global Financial Turmoil*（Harvard Business School, 2008）1 を参照（ファニー・メイ（Federal National Mortgage Association）の最高経営責任者(CEO)フランクリン・レインズ（Franklin Raines）が2002年に株主に送付した手紙を引用している．「住宅建築(Housing)は，安全な，レバレッジされた投資〔借入資金による投資〕であり，しかもほとんどの家庭にとっては，利用可能な唯一のレバレッジされた投資である．そして，最もリターンの多い投資のうちの１つである…住宅の価値は上がり続けるであろう．住宅の価値は1990年代よりも，この10年のほうが，よりいっそう速く上がると予想される」）．

12　Jennifer E. Bethel, Allen Ferrell, & Gang Hu, "Legal and Economic Issues in Litigation Arising from the 2007-2008 Credit Crisis," 21, 81 tbl. 2（2008）（*Harvard Law and Econ. Discussion Paper* No. 212）を参照，<http://ssrn.com/abstract=1096582>で入手可能（サ

的な証拠もある．例えば，証券取引委員会(SEC)がディスカヴァリ(証拠開示手続)を用いて入手した電子メールのメッセージの中で，カントリーワイド社(Countrywide)の最高経営責任者(CEO)であるアンジェロ・R・モジロ(Angelo R. Mozilo)は，次のように書いている．「我々には，バランス・シート上でこれらのローン〔返済オプション付き変動利率住宅担保ローン〕を保持することの真のリスクを，何らかの合理的な確実性をもって評価する方法など全くない……ありていにいえば，上昇し続ける失業率，住宅価値の減少，住宅販売の鈍化という逆境の中で，これらのローンがどのような損益をもたらすかについて，盲目のまま飛んでいるようなものである．」[13]

C．社会厚生への影響

　本章の焦点である，需要側の失敗に戻ろう．ここで提案する行動経済学理論の方が，サブプライム市場の原動力(ダイナミクス)，およびいかにこれらの原動力がサブプライム・ローンの契約構造を形づくったかについて，より満足のゆく説明を提供できる．これらの契約構造の特徴は，重大な社会厚生への影響を有するものであり，とりわけそれが，借り手の不十分な合理性に対する市場の応答として理解される場合に影響は大きい．第1に，過度の複雑性は，買い手側の効率的な比較購買を妨げ，かくして競争を妨げる．第2に，コスト先送りの特徴は，不履行と担保権実行の増加と相関しているので，借り手だけでなく，周辺の地域コミュニティ，貸し手，ローンの購入

ブプライム関連の数百億ドルの価値が銀行によって帳消しにされたと要約している．2008年2月現在，推定1,500億ドルの帳簿価格の引下げがあったこと，また，この総額はこの2倍を超えて増えるとの予測を引用している)．Press Release, Standard and Poor's, "Subprime Write-Downs Could Reach $285 Billion, but Are Likely Past the Halfway Mark"(March 13, 2008)を参照，<http://www2.stadardandpoors.com/portal/site/sp/en/us/page.article/4,5,5,1,1204834027864.html>で入手可能(スタンダード・アンド・プアーズが帳簿価格の引下額について，〔2008〕年初，2,650億ドルと概算していたのを，〔その3月には，〕2,850億ドルまで増加させたことを議論している)．これらの損失は，賢いプレーヤーもミスをすることを裏付ける決定的な証拠を提供するものではない．これらの損失は，事前時点での合理的な賭けにおいて，巨大な(！)マイナスのリスクが現実化しただけかもしれないからである．

13　Gretchen Morgenson, "S.E.C. Accuses Countrywide's Ex-Chief of Fraud," *New York Times*, June 4, 2009を参照(モジロ(Mozilo)の電子メールから引用している)．

者，そして経済全体にも重大なコストを課す．第3に，過度に複雑なコスト先送り契約は，資金力ではより弱い——しばしばマイノリティ〔黒人やヒスパニック〕である——借り手に対し不均衡な負担を課すという，所得分配上のマイナスの結果をもたらす．最後に，より目立たない価格要素や過小評価される価格要素にローンのコストを織り込むことは，住宅担保金融の需要を人工的に膨張させ，間接的に居住用不動産の需要を膨張させる．こうして，本章の提案する行動経済学理論は，契約構造と，サブプライムの拡大および不動産ブームとの間の因果関係を明らかにする．したがって，サブプライムの拡大に続くサブプライムのメルト・ダウンは，少なくとも部分的には，ここで特定された契約構造上の特徴に帰することができる[14]．

　ここで重要なことは，我々が特定した契約構造上の特徴およびこれに関連する社会厚生上のコストが，サブプライム市場における競争の不完全さゆえに生じた結果というわけではないことである．市場の競争を高めても，逆にこれらの契約構造上の特徴をさらに蔓延させることにもなりうる．借り手が，短期的な契約要素に焦点を合わせ，長期的な契約要素を割り引く場合，むしろ競争は，貸し手に対し，コスト先送り契約を提供させることになるかもしれない．そして，複雑で多元的な契約に直面した借り手がより目立たない価格要素を無視する場合，競争は，貸し手に対し，複雑で多元的な契約を提供させることになるかもしれず，また，ローンのコストの多くをより目立たない価格要素へシフトさせることになるかもしれない．

　他方で，競争は，貸し手の側に，消費者を教育し，過度の複雑性とコストの先送りの原因である，消費者のバイアスや誤解を減らすインセンティヴを創り出すかもしれない．サブプライム住宅担保ローン市場における力強い競争を確保するために設計された方策は，望ましいものであることはその通りであるが，しかし，行動経済学の意味での市場の失敗を解決する上で，さして当てにされるべきではないのである．

14　後述V.B.（本書237頁以下）参照．契約構造はサブプライムの拡大に寄与したが，さらに，サブプライムの拡大を生み出すのに，より中心的な役割を果たしたであろう別の要因が存在する．(1)リスクに基づく効率的な価格付けを可能にした新しい技術の出現，(2)証券化および世界的な貯蓄の過剰によってもたらされた資金の供給(または利用可能性)の増大である．

D．法政策上の意義

サブプライム危機は，大量の改革および改革案に拍車をかけた[15]．本章では，我々は，情報開示規制，特に，住宅担保ローンの伝統的で中心的な開示規制である，実質年率(Annual Percentage Rate: APR)の開示に焦点を合わせる．

実質年率，より一般には，ローンの総コストを測る指標の重要性は，新法および新規制により再確認されてきた．不動産担保制度改革および略奪的貸付禁止法は，ドッド＝フランク・ウォール・ストリート改革および消費者保護法(2010年)（以下「ドッド＝フランク法」という）の第XIV編として規定されたものであるが，総コストの情報開示を義務付ける．そして，ドッド＝フランク法による議会の直接の委任の結果，消費者金融保護局(Consumer Financial Protection Bureau: CFPB)が作成中の開示書式の新版は，実質年率を最も重要なものと位置付けている[16]．実質年率の開示は，本章で特定した契約構造の特徴およびそれらが課す厚生コストを含む不十分な合理性の悪影響を取り除く潜在的な可能性を有する．

実質年率の開示は，1968年の正直貸付法(Truth in Lending Act of 1968: TILA)における最も重要な新制度である[17]．ローンの総コストの標準化された指標

---

15 主要な新法および新規制としては，（1）「不動産担保制度改革および略奪的貸付禁止法(Mortgage Reform and Anti-Predatory Lending Act)」がある．これはドッド＝フランク・ウォール・ストリート改革および消費者保護法(2010年)（「ドッド＝フランク法」）(Dodd-Frank Wall Street Reform and Consumer Protection Act of 2010, Pub. L. 111-203（以下"Dodd-Frank Act")の第XIV編(Title XIV)として制定された．（2）2008年7月に連邦準備制度理事会により発令された，住宅担保貸付けに対する一連の新規制—「正直貸付け」("Truth in Lending," 73 Fed. Reg. 44,552, 44,524-525（July 30, 2008）(codified at 12 C.F.R. pt.226))を含む．

16 ドッド＝フランク法1419条(Sec. 1419)（総コスト情報の開示を義務付けている）および1032 (f)条(Sec. 1032 (f)）（消費者金融保護局(CFPB)に開示書式の新版の作成を命令している）を参照．CFPB, "Know Before You Owe Initiative," <http://www.consumerfinance.gov/knowbeforeyouowe/> も参照．

17 Truth in Lending Act, Pub. L. No. 90-321, § 107, 82. 146, 149（1968）(codified as amended at 15 U.S.C. § 1606 (2006)）（実質年率を定義している）．Truth in Lending Act, Pub. L. No.90-321, § § 121-31, 82 Stat. 146, 152-7（1968）(codified as amended at 15 U.S.C. § § 1631-49 (2006))（実質年率の開示を義務付けている）．

である実質年率は，異なるローン商品を比較する際に借り手を手助けする．理論上，実質年率は，複雑性とコスト先送りの問題の両方を解決——または少なくとも緩和——する．複雑性と多元性は，それらがローンの真のコストを隠す場合，問題を引き起こす．実質年率は，この問題に対して，複数の価格要素を単一の指標へ織り込むことによって対応する．実質年率は，同様に，近視眼的な借り手がコスト先送りローンの総コストを掴むのを助ける．というのは，実質年率は，長期的な価格要素に適切なウェートを置いて計算されるからである．さらに，理論上は，実質年率が，過度の複雑性やコストの先送りといった貸し手の側の競争上の利点を剥ぎ取ることから，貸し手にとっては，このような構造上の特徴をもつローン契約を提供すべき理由がなくなる．

　実質年率の強制的情報開示（制度）はこれらの問題を解決することができる．しかし，それは，実質年率の開示を制定した議会の期待に応える限りにおいてである．すなわち，実質年率が，タイムリーに，ローンの総コストの真の指標を提供し，借り手が，異なるローン商品のうちのどれかを選ぶ際に，これを信頼する場合に限ってである．サブプライム危機の前夜，実質年率の開示制度はこれらの期待に応えるものではなかった．なぜだろうか．理由は3つある．第1に，実質年率の開示のタイミングが，しばしば，比較購買に役立てるためには遅すぎたからである．第2に，実質年率は，ローンの真の総コストを算定していなかったし，いまなお算定していないからである．これは，つまり，住宅担保ローンの借り手によって支払われる数多くの手数料が，開示されるべき情報である「ファイナンス・チャージ（融資手数料）」の定義から除外され，かくて，実質年率の計算において無視されるからである．

　第3に，実質年率の計算は，借り手が名目上のローンの期間，典型的には30年間，ローンを保持するであろうことを仮定していたし，いまなお仮定しているからである．しかし，サブプライム市場における住宅担保ローンの実際の存続期間は，平均で5年近くである．ほとんどの借り手は，名目上の30年間よりずっと前に，借換えローンを受け，繰上返済（または不履行）をする．繰上返済（および不履行）の可能性を無視することによって，実質年率の開示制度は，ローンの真の総コストを反映できていない．この歪曲については，サブプライムが拡大した近年，特に言及された．というのは，多くの

ローンにおいて，繰上返済オプションが実質的な価値の成分を構成していたからである．ある借り手が低い利率が適用される導入期間が終了するまでにコスト先送りローンの繰上返済をすることを期待していたとしよう．この借り手にとって，実質年率を信頼することは意味をなさない．なぜなら，実質年率は，導入期間後は高い利率に再設定され，借り手がこれを返済し続けることを前提として計算されているからである．実質年率の開示のタイミングは，しばしば遅すぎたし，ローンの真の総コストを反映していなかったことから，借り手は，ローン商品間で比較購買をするときの主要なツールとなりうる実質年率を当てにしなくなったのである．このことが，不十分な合理性に対する有効な解毒薬としての力を減殺した．

　近年の改革および既存の改革案は，実質年率開示制度の欠点のいくつかに対処している．開示のタイミング(適時開示)の問題は手当てされ，連邦準備制度理事会による住宅担保ローンに関する新しい規制および近年制定された住宅および経済回復法(Housing and Economic Recovery Act)によって，部分的に解決された[18]．これらの改革は称賛に値するものではあるが，しかし，それ以上のことがなされるべきである．全ての手数料等を含んだ実質年率を作り出すべく，最近の最も包括的な提案において，エリザベス・リニュアート(Elizabeth Renuart)とダイアン・トムプソン(Diane Thompson)は，「ファイナンス・チャージ(融資手数料)」のより広い定義を提唱している．その定義とは，借り手によって支払われるコストの全てを含むか，またはそのほとんどを含むものである[19]．特定の価格要素を「ファイナンス・チャージ」の定義

18　Truth in Lending, 73 Fed. Reg. at 44,524を参照(「最終的なルールは，債権者に対し，全ての住宅担保閉鎖式ローン〔追加借入れが許されないもの〕に関して，ローンの申込後3営業日までに，かつ，消費者がいかなる手数料も支払う前に(ただし，消費者の信用履歴を調査するのに必要な手数料のうち合理性があるものを除く)，その債務者との取引に特化した住宅担保ローンに関する開示(例えば，実質年率や支払計画)の提供を義務付けるものである」)．Housing and Economic Recovery Act of 2008 § 2502 (a)を参照．

19　Elizabeth Renuart & Diane E. Thompson, "The Truth, the Whole Truth, and Nothing but the Truth: Fulfilling the Promise of Truth in Lending," *Yale J. Reg.* 25 (2008), 181を参照．もっとも，RenuartとThompsonは，実質年率が十分に包括的でないことに初めて気付いたわけではなく，また，より包括的な実質年率を最初に提案し

の範囲外としておくことが，包括的な費用便益分析によって正当化される
であろうことを留保しつつも，本章における分析は，リニュアート＝トム
プソン提案の精神を支持するものである．

　近年の改革および既存の改革案は，繰上返済オプション（および不履行
オプション）を，実質年率の定義から除外していることに対処していない．
我々は，実質年率の計算が繰上返済オプションを組み込むように調整される
方途を探究する．そこには計算にかかるコストが存在し，当然のことなが
ら，政策担当者は，これらの計算にかかるコストを，繰上返済オプションを
組み込んだ実質年率の潜在的で実質的な便益と比較して，衡量しなければな
らない．しかし，繰上返済オプションが除外されているからといって，借り
手が伝統的な実質年率の数字を無視するのであれば，政策担当者は，そのオ
プションを組み込んだ実質年率を採用すべきである．そして，実質年率が，
住宅担保ローンの情報開示制度の最前線という，その正当な地位を取り戻す
に連れて，借り手——そして，社会——は，不十分な合理性の悪影響を取り
除く実質年率の固有の能力から，再び利益を得るであろう．

　本章はサブプライム住宅担保ローン市場に焦点を合わせるが，その分析の
大部分は，その他の居住用不動産担保ローン市場にも適用されうるものであ
る．すなわち，Alt-A市場や，さらにはプライム市場にさえも適用可能であ
る．それらの市場でも，高度に複雑なコスト先送り契約が，伝統的な固定利
率住宅担保ローン契約と並んで，増え始めている．事実，最も極端な形のコ
ストの先送り，すなわち利息のみで返済オプション付きの住宅担保ローン契
約は，サブプライム市場におけるよりも，Alt-A市場およびプライム市場に
おける方が普及している．さらに，導入感謝利率が完全に市場利率に連動し
た利率を相当に下回るのは，Alt-A市場およびプライム市場においてなので

たわけでもない．U.S. Dep't of Hous. and Urban Dev. and U.S. Dep't of the Treasury,
Curbing Predatory Home Mortgage Lending (2000) 69，<http://www.huduser.org/
publications/hsgfin/curbing.html>（以下"HUD - Treasury Report"）を参照（法律は，実
質年率の中にローンの総コストを含めることを求めるように改正されるべきであ
ると提案している）．William N. Eskridge, Jr., "One Hundred Years of Ineptitude: The
Need for Mortgage Rules Consonant with the Economic and Psychological Dynamics of
the Home Sale and Loan Transaction," *Va. L. Rev.*, 70 (1984), 1083, 1166を参照（20年
以上前に，より包括的な実質年率を提案している）．

ある．危機はサブプライムとともに始まったが，そこで終わらなかった．数多くの不履行および担保権実行は，Alt-A市場において，さらには，プライム市場においてでさえ，発生したのであった[20]．

　本章は，次の通り進めることとする．

・第Ⅰ節は，サブプライム住宅担保ローン市場の背景を検討する．

・第Ⅱ節は，サブプライム住宅担保ローン契約の中心的な構造上の特徴を説明する．

・第Ⅲ節は，合理的選択理論の限界を強調しつつ，第Ⅱ節で明らかにした契約構造上の特徴に関する合理的選択に基づく説明を評価する．

・第Ⅳ節は，合理的選択に基づく説明によって残された間隙を埋めるために，合理的選択理論とは異なる行動経済学理論を展開する．

・第Ⅴ節は，第Ⅱ節で明らかにした契約構造上の特徴に関する厚生コストを説明する．

・第Ⅵ節は，法政策上の意義を考える．

Ⅰ．サブプライム住宅担保ローン市場

A．サブプライムの定義

　サブプライム住宅担保ローンは，一般に，より高いリスクを有する借り手に対して売られる．これらの高いリスクがあるローンは，より低い価格(より低い利率)となる，より低いリスクのプライム・ローンと比べて，高い価格(高い利率)となる．しかし，この定義，そしてプライム貸付けとサブプライム貸付けの差は，紛らわしい2分法を定着させる．リスク，そしてローンの価格は連続して変化するものである．政策担当者同様，住宅担保ローン産

20　Alt-A市場におけるコストの先送りについてはChristopher L. Cagan, First Am. CoreLogic, Inc., *Mortgage Payment Reset: The Issue and the Impact* (2007) 2 を参照．Alt-Aおよびプライム市場における不履行および担保権実行についてはStan J. Liebowitz, "Anatomy of a Train Wreck: Causes of the Mortgage Meltdown," in Holcombe, R.G. & Powell, B. (eds.), *Housing America: Building Out of a Crisis* (The Independent Institute, 2009)を参照(変動利率住宅担保ローンの不履行および担保権実行は，サブプライム市場と同様に，プライム市場においても流行していると説明している)．

業自体もなおこの粗い分類に従っていることから，たとえ，この高いリスク，高い価格のローンの分類を，より低いリスク，より低い価格の分類から分ける線が恣意的かつぼやけたものであったとしても，高いリスク，高い価格のローンの部分集合に対して焦点を合わせることは有用である．

　サブプライム市場の境界線はぼやけたものであるかもしれないが，消費者金融業者，研究者，規制者はみな，あるローンをサブプライムと分類するために同じパラメータ〔指標〕を用いる．大まかな定義によると，FICO スコア——FICO 社が提供する消費者の信用度の共通指標——が 620 より低い借り手は，サブプライムの借り手と位置付けられる．もちろん，借り手の FICO スコアは，リスクのレヴェルを決定する，いくつかの要因のうちの１つにすぎない．かくて，消費者金融業の参加者は，あるローンをサブプライムと分類する場合，追加的なリスク要因，たとえば融資比率〔LTV: 購入不動産の価値と購入借入金の比率〕を考慮する[21]．リスク要因から価格へ目を転じれば，サブプライムに共通する最低基準は，ローンの実質年率である．すなわち，同じ満期日のアメリカ合衆国財務省証券〔日本の国債に相当〕の利率に，３ポイント以上を上乗せしたものである．３ポイントという最低基準は，住宅担保開示法（Home Mortgage Disclosure Act: HMDA）に規定する「より高い価格のローン」の範囲を定義するものである．なお，連邦準備制度理事会は，サブプライム住宅担保ローンに関する新規制において，「より高い価格の住宅担保ローン」につき，実質年率の最低基準を「プライム市場における提供利率の平均」に 1.5 ポイントを上乗せしたものと設定し，僅かに異なる定義を採用した[22]．

21　Credit Suisse, *Mortgage Liquidity du Jour: Underestimated No More* (2007) 13, 21（以下"Credit Suisse Report"）．Kristopher Gerardi, Adam Hale Shapiro, & Paul S. Willen, "Subprime Outcomes: Risky Mortgages, Homeownership Experiences, and Foreclosures," (2007) 5-7 (*Fed. Reserve Bank of Boston, Working Paper No. 07-15*), <http://www.bos.frb.org/economic/wp/wp2007/wp0715.htm> で入手可能．

22　より古い住宅担保開示法による定義については Michael LaCour-Little, "Economic Factors Affecting Home Mortgage Disclosure Act Reporting," *J. Real Est. Res.*, 29 (2007), 479, 506 n. 3 を参照．新しい定義については Truth in Lending, 73 Fed. Reg. 44,522, 44,531-32 (codified at 12 C.F.R. pt. 226) を参照（「『より高い価格の住宅担保ローン』の定義は § 226.35 (a)にあり」，また，平均的なプライムの提供利率は Freddie Mac Primary

B．サブプライム住宅担保ローンに関する統計

　サブプライム住宅担保ローン市場は，2000年代の初めから2006年までに，大きな成長を遂げた．2001年には，約985,000の第1順位の担保権が設定されたサブプライム・ローンが組成されたが，2006年には，その数約2,780,000となり，ローン総組成量の20％を超えるものとなった．米国連邦議会予算局（Congressional Budget Office: CBO）によると，2006年末時点で，サブプライム住宅担保ローンは，全未払い住宅担保ローンの13％と報告された．Alt-A市場——サブプライムとプライムの間の「中間のリスク」のローンを含む——もまた，大きな成長を遂げ，2003年には，ローン総組成数の2％であったが，2006年には，13％に拡大した[23]．

　サブプライム・ローンの平均額も上昇した．2001年には，第1順位の担保権が設定されたサブプライム・ローンの平均額は126,000ドルであったが，2006年には，212,000ドルに上昇した．ローンの目的の点から見ると，2006年には，第1順位の担保権が設定されたサブプライム・ローンの42.4％は購入ローン，57.6％は借換えローンであった．平均的なサブプライムの借り手の所得に対する負債の比率は約40％であり，FICOスコアは618.1であった．サブプライムの借り手が有するFICOスコアの中央値（メジアン）は，620

Mortgage Market Survey®から得られると述べている）．

23　Demyanyk & Van Hemert, 前掲注(1), pp.1853, 1854 (tbl. 1)を参照（著者らのデータによれば，2001年には452,000，2006年には1,772,000のローンが組成された．これらのデータは，証券化されたサブプライム・ローンのうちの85％をカヴァーする．2001年には，サブプライム・ローンの54％が証券化された．このことは，総計で452,000/(0.85 × 0.54) = 984,749のローンが組成されたことを意味する．2006年には，サブプライム・ローンの75％が証券化された．このことは，総計で1,772,000/(0.85 × 0.75) = 2,779,808のローンが組成されたことを意味する）．CBO Outlook, 前掲注(2), pp.23-4を参照（20％および13％という数字を報告している）．Christopher J. Mayer, Karen M. Pence, & Shane M. Sherlund, "The Rise in Mortgage Defaults," 3 (2008) (*Bd. of Governors of the Fed. Reserve Sys., Fin. and Econ. Discussion Series Paper No. 2008-59*) を参照（サブプライムのローン組成量が，2003年には110万，2005年には190万に増加したことを示すLPデータ（Loan Performance data）を記録している）．Alt-A市場についてはTruth in Lending, 73 Fed. Reg. at 44,533を参照．Mayer et al., 前掲注(23), p.3参照（「Alt-A市場でのローン組成量は，2003年には，304,000，2005年には，110万に増加した」と説明している）．

であった．Alt-A 市場の借り手が有する FICO スコアの中央値は，705 であった．[24]

C．市場の構造

1．参加者

　伝統的には，単一の法人，通常は地方銀行が，住宅担保ローン取引に関係する唯一の当事者(もちろん借り手以外の者)であった．銀行は，ローンを組成し，ローンの資金を提供し，そして，ローンを管理する．しかし，現代の住宅担保ローン市場においては，これらの様々な役割——ローン組成，融資，そして，管理——は，しばしば，異なる法人によって実行される[25]．ローン組成および融資に関係する当事者に焦点を合わせよう．彼らは，住宅担保ローン契約の構造に最大限の影響力を行使するからである．

　サブプライム市場と Alt-A 市場においては，主に預金機関(銀行または銀行の子会社もしくは関連会社)と住宅担保ローン会社が住宅担保ローンを組成した．特に，住宅担保ローン会社は大量の住宅担保ローンを組成した．住宅担保ローン組成プロセスにおける，もう 1 つの重要な参加者であるブローカー (仲介業者)は，2006 年には，ローン総組成事業量の58%を担った[26]．

24　Demyanyk & Van Hemert, 前掲注(1)，p.1854 (tbl. 1)を参照．Mayer et al., 前掲注(23)，p.6参照．Michael Fratantoni et al., Mortgage Bankers Ass'n, *The Residential Mortgage Market and Its Economic Context in 2007* (MBA Research Monograph Series, 2007) p.24を参照．

25　Henry M. Paulson, Jr., U.S. Sec'y of the Treasury, "Remarks on Current Housing and Mortgage Market Developments at the Georgetown University Law Center"(October 16, 2007)を参照，<http://www.treasury.gov/press/releases/hp612.htm>で入手可能(「住宅担保ローンは，たいてい 3 つの異なる法人によって組成，融資，そして所有される．ローン組成業者はしばしば証券化業者に住宅担保ローンを売却し，証券化業者はこれらを不動産担保証券(mortgage-backed securities: MBS)としてひとまとめにし，これらの証券は分割されて，投資家の世界的ネットワークに対し再び売却される」)．

26　U.S. Gov't Accountability Office, Report to the Chairman, Subcommittee on Housing and Transportation, Committee on Banking, Housing, and Urban Affaires, U.S. Senate, GAO-06-1021, *Alternative Mortgage Products: Impact on Defaults Remains Undear, but Disclosure of Riskes to Borrowers Could Be Improved* (2006) 7 (以下" GAO AMP

　伝統的には，預金機関がローンを組成し，その預金者が保持する預金を担保に資金を供給した．しかし，サブプライムの拡大期には，組成したローンの原資たるべき財産を自前では保持しない住宅担保ローン会社へと，住宅担保ローンの組成の中心がシフトした．これらの住宅担保ローン会社は，そして預金機関も徐々に，自らが組成したローンをウォール・ストリートの投資銀行に対して売却した．投資銀行はローンをプールし，期待されるキャッシュ・フローに分割し，そして，これらのキャッシュ・フローを住宅担保権付きローン(モーゲージ)によって担保される債券に転換した．サブプライムの絶頂期には，大部分の住宅担保ローンに対し，この証券化プロセスを通じて資金が供給された．その結果，不動産担保証券(Mortgage Backed Securities: MBS)（または資産担保証券(Asset Backed Securites: ABS)）を購入した投資家こそが，ローンの「オーナー（所有者）」なのであった[27].

　ローン組成者は，住宅担保ローン契約の構造に対して直接のコントロールを及ぼす．投資銀行や彼らの顧客もまた，住宅担保ローン契約の構造に影響を及ぼす．というのは，不動産担保証券への需要——従って投資銀行がローン組成者に支払おうとする〔上限〕価格——は契約の構造に依存するからである．

2．競争

　市場における競争もまた，市場で売却される商品および契約の構造に影響を及ぼす．サブプライム危機以前の数年間，ローン組成市場は，相当程度競争的であるように見えた．2006年には，トップ15のサブプライムの貸し手が市場の80.5％を占め，かつ，13％より高い市場占有率を保持する貸し手は

Report"). Robert B. Avery, Kenneth P. Brevoort, & Glenn B. Canner, "Opportunities and Issues in Using HMDA Data," *J. Real Est. Res.* 29 (2007) 351, 353, Press Release, Access Mortgage Research and Consulting, Inc., "New Broker Research Published" (August 17, 2007) <http://accessmtgresearch.com/?p=40> で入手可能.

27　例えば，Kathleen C. Engel & Patricia A. McCoy, "Turning a Blind Eye: Wall Street Finance of Predatory Lending," *Fordham L. Rev.* 75 (2007), 2039, 2045を参照．証券化の割合についてはCredit Suisse Report, 前掲注(21), p.11を参照(75％の割合で証券化されたとしている). Demyanyk & Van Homert, 前掲注(1), p.1853 (n.6)を参照(2005年には，76％，2006年には，75％の割合で証券化されたと報告している).

いなかった．住宅都市開発省（Department of Housing and Urban Development: HUD）の，サブプライム貸付けに特化した貸し手のリストは，210の貸し手（これらの貸し手の全てがローンを全米で提供していたわけではないが）を挙げていた．この産業に参入する障壁は，新規で小規模の貸し手にも参入を可能にした証券化の成長によって，十分に低いものとなった．インターネットは，買い物のコストを下げることによって，競争を促進した．これらの理由をもとに，連邦準備制度理事会は，本市場を競争的と性質づけた[28]．

　しかしながら，多くの消費者が限られた範囲でしか購入をしていなかったので，サブプライム市場における競争のレヴェルにつき懸念を表明していた研究者も多数いた．V.（本書235頁以下）で説明されるが，住宅担保ローン商品の複雑性が増大すれば，〔効率的な〕比較購買がより困難なものとなり，また，実際に行われる比較購買の効力は限定されたものとなる．比較購買の効力が限定されていたので，これに対する合理的な反応として，多くの消費者

28　市場占有率についてはCredit Suisse Report, 前掲注(21)，p.22を参照． *2 Market Share Reporter: An Annual Compilation of Reported Market Share Data on Companies, Products, and Services: 2008*（Robert S. Lazich, ed., 2008）p.704-5 も参照（マーケット・シェア・リポーター（Market Share Reporter）中に挙げられた2つの出典データを控え目に組み合わせれば，トップ10の貸し手の合計の市場占有率は58.8％以下であり，また，8.3％を超える市場占有率の貸し手は1人もいないと報告している）．210のサブプライムの貸し手を挙げる住宅担保開示法のリストについてはRandall M. Scheessele, "HUD Subprime and Manufactured Home Lender List," *HUD User*, March 16, 2007, <http://www.huduser.org/datasets/menu.html>を参照（2005年のリストを説明している）．サブプライム貸付けに特化しているわけではなかったその他の多くの貸し手もまた，サブプライム・ローンを提供していた．Avery et al., 前掲注(26)，p.353を参照（2005年には，住宅担保情報開示法に基づいて報告義務を課された機関が8,850あったと述べている）．参入障壁の引下げにおいて証券化が果たした役割についてはEngel & McCoy, 前掲注(27)，p.204を参照．競争の促進においてインターネットが果たした役割の指摘に関しては，例えば，LendingTree.com, Lender Ratings, <http://www.lendingtree.com/stm3/lenders/scorecard.asp>を参照．連邦準備制度理事会の評価に関してはTruth in Lending, 73 *Fed. Reg.* 1672, 1674（proposed January 9, 2008）（codified at 12 C.F.R. pt. 236）を参照（「近年，貸し手——特に，預金機関ではない機関，その多くは，その後，倒産した——が市場占有をめぐってより攻撃的に競争したことによって，住宅担保ローン市場の大部分において証券の引受基準が引き下げられた」）．

が限られた範囲でしか買い物を行っていなかったのかもしれない．その結果
として，不完全な情報および不完全な競争が発生する．

　不動産取引公正手続法（Real Estate Settlement Procedures Act: RESPA）に基
づく規制に対する住宅都市開発省による改正は，住宅担保ローン市場にお
ける競争の促進を目的としていた．2つの研究——1つは政府会計検査院
（Government Accountability Office: GAO）によるもの，もう1つは〔日本の公正
取引委員会に相当する〕連邦取引委員会（Federal Trade Commission: FTC）およ
び司法省（Department of Justice: DOJ）の共同によるもの——が，上で説明し
たように，ローン組成プロセスにおいて重要な役割を担う不動産仲介業にお
ける競争のレヴェルについて，懸念を表明していた[29]．

29　限られた範囲で行われる買い物に関するコメンテーターの懸念については
Eskridge, 前掲注(19)を参照．Marsha J. Courchane, Brian J. Surette, & Peter M. Zorn,
"Subprime Borrowers: Mortgage Transitions and Outcomes," *J. Real Est. Fin. and Econ*.
29 (2004), 365, 371-2を参照．Lauren E. Willis, "Decisionmaking and the Limits of Dis-
closure: The Problem of Predatory Lending: Price," *Md. L. Rev*. 65 (2006), 707, 749を
参照．サブプライム市場における広告の制限は，比較購買のコストをいっそう増
加させる．Truth in Lending, 73 Fed. Reg. 44,522, 44,524 (July 30, 2008) (codified at
12 C.F.R. pt. 226)を参照（「サブプライム市場における価格の情報は，消費者にとっ
て，広く，たやすく利用可能なものではない．新聞を読み，ブローカーや借り手
に電話をかけ，あるいはインターネットを探索している消費者は，たやすく現行
プライム利率の相場をただで入手することができる．これに対して，サブプライ
ム利率は，個々の借り手のリスク構成に基づき大きく変化するものであることか
ら，広く宣伝されず，普通は，申込みをし，手数料を払った後に初めて入手する
ことができる」）．住宅都市開発省の住宅担保開示法の改正およびこれらの改正の
理由については"Real Estate Settlement Procedures Act (RESPA): Rule to Simplify and
Improve the Process of Obtaining Mortgages and Reduce Consumer Settlement Costs,"
73 Fed. Reg. 68,204, 68,207 (November 17, 2008) (codified at 24 C.F.R. pts. 203, 3500)
を参照（「住宅担保ローン市場において，消費者の知識を増加させ，また競争を
増大させるであろう，重要な変更」について説明している）．ブローカー間の限
定された競争についてはU.S. Gov't Accountability Office, *Report to the Committee
on Financial Services*, House of Representatives, "Real Estate Brokerage: Factors That
May Affect Price Competition," GAO-05-947 (2005)を参照．U.S. Dep't of Justice and
Fed. Trade Comm'n, "Competition in the Real Estate Brokerage Industry: A Report by the
Federal Trade Commission and the U.S. Department of Justice" (2007)を参照，<http://

　既に述べたように，契約上の構造は，ローン組成者のみによって決定されるわけではない．かくて，その他の市場における競争(またはその欠如)が，住宅担保ローン契約の構造に影響を及ぼしたかもしれない．特に，証券化は，ローン組成市場における競争を促進したが，同時に，契約上の構造に対するコントロールのいくらかの部分をローン組成者から証券化業者〔資金調達者〕の手に移した．証券化市場は，比較的競争的であるかのように見えた．2007年には，トップ10の証券化業者——リーマン・ブラザーズ，ベア・スターンズ，モルガン・スタンレー，ＪＰモルガン，クレディ・スイス，バンク・オブ・アメリカ証券，ドイチェ・バンク，ロイヤル・バンク・オブ・スコットランド・グループ，メリル・リンチおよびゴールドマン・サックス——が市場の73.4%を支配し，かつ，10.8%より多く市場を支配している銀行はなかった[30]．

D．規制制度

　金融危機以前，住宅担保貸付けに対する規制権限は，連邦と州レヴェルの間で分割されており，また，連邦レヴェルにおいてもいくつかの規制者の間に分割されていた．連邦の様々な銀行規制官庁——連邦準備制度理事会，連邦通貨検査局(Office of the Comptroller of the Currency: OCC)，連邦貯蓄金融機関監督局(Office of Thrift Supervision: OTS)，連邦預金保険公社(Federal Deposit Insurance Corporation: FDIC)および全国クレジット・ユニオン管理庁(National Credit Union Administration: NCUA)——が，預金機関を規制していた．1980年の連邦取引委員会改善法(Federal Trade Commission Improvements Act of 1980)は，連邦準備制度理事会に対し，銀行による不公正または詐欺的な行為または実務を特定し，それらを禁止する政令を発布する権限を与えていた．さらに，連邦の銀行規制官庁は，特定の不公正または詐欺的な行為または実務を定義する連邦準備制度理事会が発布する政令の有無にかかわらず，連邦取引委員会法5条に基づいて，不公正または詐欺的な行為または実務を，連邦預金保険法8条を用いて禁じることができた．高価格の住宅担保ローンに焦点を合わせると，住宅所有権持分権保護法(Home Ownership and

www.ftc.gov/reports/realestate/V050015.pdf> で入手可能.
30　Bethel et al., 前掲注(12), p.81, tbl. 2を参照.

Equity Protection Act: HOEPA)は，連邦準備制度理事会に対し，不公正または詐欺的な貸付実務を取り締まるための広汎な権限を与えていた．連邦準備制度理事会はまた，正直貸付法(TILA)に基づく情報開示規制を発令した．非預金機関——すなわち，ノンバンク，住宅担保ローン会社，ブローカー（仲介業者），アドバイザー（広告業者)を含む——は，連邦取引委員会の管轄下にあった．連邦取引委員会は正直貸付法，住宅所有権持分権保護法，および連邦取引委員会法5条を執行していた[31]．

　州レヴェルでは，ミニ連邦取引委員会(mini-FTC)の制定法が，不公正または詐欺的な行為または実務を禁じていた．同様に，ミニ住宅所有権持分権保護法(mini-HOEPA)が，その他の制定法と同じく，例えば，繰上返済違約金条項や満期全額一括弁済条項（風船式支払条項(balloon clause))〔期間中は利息のみの返済で，満期とともに元利全額弁済をする風船のように返済額の膨らむ支払方法〕を禁止または制限していた．しかし，州レヴェルの法においては，その範囲および履行強制についてかなりバラバラであった．いくつかの州は，借り手を保護すべく，連邦の規制者よりも先を行こうと試みたので，規制の激しい上乗せ競争が生じた．特に連邦通貨検査局および連邦貯蓄金融機関監督局と州規制者との間で上乗せ競争が勃発した．これらの上乗せ

31　銀行規制官庁による，不公正または詐欺的な行為または実務に関する規制については15 U.S.C. §§ 57b-1 to -4 (2006)を参照(連邦準備制度理事会の規制を発する権限)．Comptroller of the Currency, Administrator of National Banks, "Guidance on Unfair or Deceptive Acts or Practices," Advisory Letter No. AL 2002-3 (March 22, 2002)を参照，<http://www.occ.treas.gov/ftp/advisory/2002-3/dpc>で入手可能(銀行規制官庁の執行権限)．Truth in Lending, 73 Fed. Reg. 44,522, 44,527 (July 30, 2008) (codified at 12 C.F.R. pt. 226)を参照(連邦準備制度理事会の高価格ローンに関する権限)．情報開示規制については12 C.F.R., Part 226, Subpart C (Regulation Z)を参照．ローン契約締結(Closing)のプロセスを規制する追加的な開示規制が，不動産取引公正手続法(RESPA)の下で，住宅都市開発省によって発布された．24 C.F.R. pts. 203, 3500を参照．連邦取引委員会の非預金機関に関する権限についてはLetter from Donald S. Clark, Sec'y, U.S. Fed. Trade Comm'n, to Jennifer L. Johnson, Sec'y, Bd. of Governors of the Fed. Reserve Sys.1 (September 14, 2006)を参照，<http://www.federalreserve.gov/SECRS/2006/November/20061121/OP-1253/OP-1253_53_1.pdf>で入手可能(以下，"FTC Comment")．

競争では，連邦の規制者の方が勝つことが多かった[32]．

　以上の規制の概観は，2010年のドッド＝フランク・ウォール・ストリート改革および消費者保護法によって本質的に変更された．連邦議会は，次のことを認めていた．すなわち，借り手を保護すべき権限と責任が複数の連邦の官庁に分割される場合，調整問題および規制競争がつまずけば，借り手は不十分にしか保護されない．さらに，古い規制体制は，根本的なミスマッチを明示していた．すなわち，一方で，金融機関の安全性と健全性についてより高い関心を持ち，消費者保護についてより低い関心しか持たない銀行規制官庁が存在する一方で，連邦取引委員会——消費者保護を主要な任務とする連邦の官庁の1つ——は預金機関を規制する権限を否定されていた[33]．

　これらの組織上の失敗への対応として，ドッド＝フランク法は，消費者金融保護局を創設し，これに対して消費者ローン提供者を規制する広汎な権限を委任した．すなわち，連邦議会は，複数の官庁にわたって分散されていた消費者保護権限を引き取り，そして，消費者金融保護局に対して，いくつかの新権限とともに，これを与えた．連邦議会は，また，規制の上乗せ競争の中で州に握られていた，いくつかの権限を取り戻そうとした[34]．

32　州レヴェルの規制については Raphael W. Bostic et al., "State and Local Anti-Predatory Lending Laws: The Effect of Legal Enforcement Mechanisms," *J. Econ. and Bus.* 60 (2008), 47 を参照．Anthony Pennington-Cross & Giang Ho, "The Termination of Subprime Hybrid and Fixed Rate Mortgages," (2006) (*Fed. Reserve Bank of St. Louis, Research Div., Working Paper No. 2006-042A*) 8-9 を参照，<http://research.stlouisfed.org/wp/2006/2006-042.pdf> で入手可能．Ctr. for Responsible Lending, CRL State Legislative Scorecard: Predatory Mortgage Lending, <http://www.responsiblelending.org/issues/mortgage/statelaws.html>.州レヴェルと連邦レヴェルの規制間の緊張関係については Oren Bar-Gill & Elizabeth Warren, "Making Credit Safer," *U. Penn. L. Rev.* 157, (2008) 1, 79-83 を参照．Kurt Eggert, "Limiting Abuse and Opportunism by Mortgage Servicers," *Housing Pol'y Debate*, 15 (2007) 753, 774-5 を参照．Julia Patterson Forrester, "Still Mortgaging the American Dream: Predatory Lending, Preemption, and Federally Supported Lenders," *U. Cin. L. Rev.*, 74 (2006), 1303 を参照．Christopher L. Peterson, "Preemption, Agency Cost Theory, and Predatory Lending by Banking Agents: Are Federal Regulators Biting Off More Than They Can Chew?," *Am. U. L. Rev.*, 56 (2007), 515 (2007) を参照．

33　Bar-Gill & Warren, 前掲注(32)を参照．

34　Dodd-Frank Act, Title X を参照．

E．まとめ

　サブプライム住宅担保ローン市場は，2000年から2006年までの間に，大きな成長を遂げた．2006年には，この急速な成長は劇的な様相を呈し，2007年には，サブプライム危機が勃発し，市場は基本的にシャット・ダウンした[35]．後述する分析は，もはや存在しないこの市場についての歴史的な説明以上のものが，なお存在する．サブプライム・ローンが新規に組成されることはもはやほとんどないが，数多くのサブプライム・ローンは未払いのままである．本章の目標は，これらのローンによって生み出されてきた──そして生み出され続けている──社会厚生上のコストをより完全に評価することへ貢献することにある．本章の分析は，また，サブプライム貸付けが再開したときのために，第2のサブプライム危機の予防のための政策改革を強調するであろう．また，我々の分析の結果は，住宅担保ローン市場におけるサブプライム以外の市場のローン契約が，サブプライム契約が有する特定の構造上の特徴を共有している場合に，サブプライムを超えて，実際的な重要性を有する．最後に，サブプライム市場の分析は，市場の諸力と借り手の心理との間の相互作用に関して，重要な教えを与える──それは，その他の消費者金融市場に対して，さらには非金融市場に対してでさえも，適用可能な教えを与える．

Ⅱ．サブプライム住宅担保ローン契約

　伝統的なプライム住宅担保ローン契約は，比較的単純であり，固定利率，30年，住宅価格の80%またはそれより少ない価値を担保とする(すなわち，少なくとも20%の頭金を要求する)ローンであった．典型的なサブプライム住宅担保ローン契約は，この伝統的な形態とは大いに異なるものであった．本節では，我々は，一般的なサブプライム住宅担保ローン契約を，伝統的な

35　例えば，Ben S. Bernanke, Chairman, Bd. of Governors of the Fed. Reserve Sys., *Testimony before the Committee on the Budget, U.S. House of Representative: The Economic Outlook*（January 17, 2008）を参照，<http://www.federalreserve.gov/newsevents/testimony/bernanke20080117a.htm>で入手可能(「実際上のサブプライム住宅担保ローン市場のシャットダウン」と述べている)．

プライム固定利率住宅担保ローンから識別する，２つの主要な契約構造の特徴を見ることにしよう．すなわち，コスト先送りおよび高いレヴェルの複雑性である．

Ａ．コスト先送り

　一般的なサブプライム・ローンは，次の３つの契約構造上の特徴によって，コストを先送りする．すなわち，少額の頭金と高い融資比率（LTV ratio），段階的に増額する返済，そして，繰上返済違約金である．

１．少額の頭金と高い融資比率

　頭金は，ローン契約の構成要素ではないが，住宅の買い手が直面する一連の返済（payment stream）の構成要素である．この一連の返済は，「タイム・ゼロ」返済，頭金，そして，ローン契約において定められる返済計画からなる．この一連の返済という広い見方は，２つの理由で有用である．第１に，住宅の買い手の視点からは，住宅の売り手に返済しようがローンの貸し手に返済しようが，ほとんど違いはない．第２に，多くの事例においては，住宅の売り手とローンの貸し手との間には密接な（公式または非公式の）関係があり，住宅の買い手の返済金はこれらの２当事者の間を移動する[36]．

　住宅購入に関連するコストを先送りする１つの方法は，頭金を減額するものである．実際にも，サブプライムの拡大期に，頭金の平均額は下落した．伝統的に，住宅の買い手は，購入価格の少なくとも20％と同等の頭金の支払いを要求された．2005年および2006年には，サブプライムの住宅の買い手の中央値（メジアン）は，頭金ゼロ，すなわち，住宅の購入価格の100％を借り入れていた．頭金は，（リスクの大きなサブプライム市場とリスクの小さいプライム市場の中間の）Alt-A市場では，少し高くなり，2006年には，Alt-A市場の住宅の買い手の中央値（メジアン）は，住宅価額の５％を頭金として差し入れていた[37]．

36　Eskridge, 前掲注(19)，pp.1124-7を参照．

37　伝統的なローンでの頭金支払いの要件についてはFTC Comment, 前掲注(31)，p.5を参照．2005年および2006年のサブプライム市場における頭金支払いの要件についてはMayer et al., 33 tbl. 2Bを参照．FTC Comment, 前掲注(31)，p.10, n.45 も

　頭金の反対概念が融資比率である．購入ローンで，10％の頭金を支払うとすると，90％の融資比率となる．借り手にとって，より高い融資比率は，現在におけるより低いコスト，しかし，将来のより高いコストを意味する．伝統的な住宅担保ローンが融資比率を（せいぜい）80％としていたのに対して，2006年に組成されたサブプライム・ローンの40％超が90％を超える統合融資比率であった．Alt-A市場での融資比率は，それより少し低いものであった[38]．

参照（2005年までの数年間，初めて住宅を購入した者の40％超が，全く頭金を支払わなかったと述べている）．Gerarde et al., 前掲注(21), p.44, tbl. 2も参照（住宅都市開発省のリストにおける「サブプライム」の定義およびマサチューセッツ州のデータを用いて，次のことを示している．サブプライム・ローンを初めて購入する者の平均的な融資比率は，1988年の0.76から，2007年には0.84へ上昇し，また，融資比率の中央値（メジアン）は，1988年の0.80から，2007年には0.90へと上昇した）．Amy Hoak, "100 Percent More Difficult: First-Time Home Buyers Struggle to Find Down-Payment Money," *Market Watch*, March 9, 2008, <http://www.marketwatch.com/news/story/first-time-home-buyers-struggle-fine/story.aspc?guid=%7B4BF19BCo-C4EE-4107=ACFC-F6524E878D5A%7D)> も参照（全米不動産業者協会（National Association of Realtors）は，2006年7月から2007年6月までの間に，初めて住宅を購入する者の45％が100％の融資を選択したと概算している）．2006年のAlt-A市場における頭金の要件についてはMayer et al., 前掲注(23), p.33, tbl. 2Bを参照．

38　サブプライムの融資比率に関してはBen S. Bernanke, Chairman, Bd. of Governors of the Fed. Reserve Sys., *Speech at the Independent Community Bankers of America Annual Convention, Orland, Florida:* "Reducing Preventable Mortgage Foreclosures"（March 4, 2008）を参照<http://www.federalreserve.gov/newsevents/speech/bernanke20080304a.htm>で入手可能（以下"Bernanke March 2008 Speech"）（住宅担保ローンの信用調査会社であるファースト・アメリカン・ローンパフォーマンス社（First American Loan Performance）提供の証券化のためにプールされたローンについての情報に依拠してこの数値を挙げている）．Alt-A市場の融資比率に関してはMayer et al., 前掲注(23), p.33, tbl. 2Bを参照．関連する指標として統合融資比率があり，それは第1順位および第2順位の担保権の両方を統合して計算する．第1順位の担保権が設定された住宅担保ローン契約はしばしば80％の融資比率を有する．しかし，その後，借り手は，さらに第2順位の担保権を設定し――おんぶローンと呼ばれる――，統合融資比率はさらに高くなる．

２．段階的に増額する返済

　伝統的な固定利率住宅担保ローンは，ローン期間中は定額の返済が続くという特徴を有する．対照的に，典型的なサブプライム・ローンとAlt-Aローンは，ローン期間中に毎月の返済が増額するよう約定されている．2006年に，第１順位の担保権が設定されたサブプライム・ローンのうち，固定利率住宅担保ローンはたった19.9％であった[39]．大多数のローンは，初期の固定利率期間の後に変動利率期間が続くという特徴を有する変動利率住宅担保ローンまたは混合利率住宅担保ローンであった．連邦準備制度理事会によると，2003年から2004年までの間に証券化されたサブプライム「プール」におけるサブプライム・ローン組成の約４分の３が，変動利率住宅担保ローンまたは混合利率住宅担保ローンであった．なお，混合利率住宅担保ローンとは，２年間または３年間の導入感謝利率(teaser rates)の後に利率が上がり返済額が実質的に増えるものである(いわゆる「2-28住宅担保ローン」および「3-27住宅担保ローン」)[40]．2006年には，導入利率の平均が8.4％であった．すなわち，関連する指標値(通常は６ヵ月 LIBOR（London Interbank Offered Rate)〔ロンドン市場の銀行間平均貸出金利〕)と契約によって定められた利ざやとが合算された長期利率の平均11.4％よりもかなり低かった[41]．低い利率の導入感謝期間の終了時に予想される毎月の返済の増額は，大きなもので

39　Demyanyk & Van Hemert, 前掲注(1)，p.1854 (tbl. 1)を参照(利息のみローンではなく，かつ，風船式ではない固定利率住宅担保ローンのみ数えている)．Pennington-Cross and Ho, 前掲注(32)，p.1 も参照(2003年から2005年までの間に，「証券化されたサブプライム・ローンにおける，変動利率住宅担保ローンの市場占有率は，約60％から80％超にまでなった」としている)．

40　Truth in Lending, 73 Fed. Reg. 44,522, 44,540（July 30, 2008）(codified at 12 C.F.R. pt. 226)を参照．

41　Demyanyk & Van Hemert, 前掲注(1)，p.1854 (tbl. 1)を参照(平均的な導入感謝利率を8.4％と，平均的な利ざやを6.1％と報告している)．平均的な長期利率は利ざやと指標値の合計として計算される．最も普及している指標値(６ヵ月 LIBOR)の平均値は，2006年には，5.3％であった．ARM Index Values──2006 Fannie Mae LIBOR, <http://www.efanniemae.com/sf/refmaterials/libor/index.jsp>を参照．Mayer et al.,前掲注(23)，p.11 も参照(2006年および2007年の初めには，完全指標連動利率は，導入感謝利率をおよそ300ベーシス・ポイント(basis point)〔＝３％〕も超えるものであった)．

あった[42]．Alt-A市場（やいくつかのプライム市場）の住宅担保ローンの毎月の返済は，導入感謝利率が市場利率よりもずっと下に設定された場合，ずっと急激に増額する．これらの契約は，導入期間の終了時点で，毎月の返済が100％までの増額または平均で1,500ドル〔1ドル110円として約17万円〕までの増額が約定されている[43]．ある概算によれば，導入利率から長期利率への利率の再設定は，借り手の毎年の住宅担保ローンの返済を約420億ドル〔1ドル110円として約46兆円〕増額させた[44]．

　段階的に返済が増額するこの契約の特徴は，利息のみ住宅担保ローン（I/O mortgage）および返済オプション付き（または単にオプション付き）住宅担保ローンにおいて，最も明白に現れる．利息のみ住宅担保ローンの下では，借り手は，通常1年から10年の導入期間の間は利息のみを支払い，導入期間の終了後に至って初めて元本を返済する．最も普及していた利息のみ住宅担保ローンは，混合利率ローンであった．すなわち，導入利率は固定され，

42　2005年と2006年に締結された2-28住宅担保ローンの低い利率が高い利率に再設定された2007年と2008年は，市場金利が比較的低く，また市場金利に対応して指標値も低かったため，2005年と2006年に締結された2-28住宅担保ローンの返済ショックは，実際には，比較的厳しくないものとなった．Bernanke March 2008 Speech, 前掲注(38)を参照（現行の低いLIBORの下でさえ，典型的な利率の再設定〔導入感謝利率から長期利率への切換え〕によって，毎月の返済額の上昇は10％を超えるであろうと述べている）．Paul Willen, "Would More Disclosure of Loan Terms Have Helped?," (presentation at FTC Mortgage Conference, May 29, 2008) 10を参照，<http://www.ftc.giv/be/workshops/mortgage/presentations/willen_paul.pdf>で入手可能（典型的なサブプライム・ローンにおける借り手が2007年に受けた返済ショックは15％であったとしている）．ともあれ，契約構造は，ローン組成の際に事前に予想された返済ショックによって決定されるのであり，2年後に現実化した事後的な実際上の返済ショックによって決定されるものではない．

43　Alt-Aローンの利率の再設定の数値に関してCagan, 前掲注(20), p.13, tbl. 4, 44を参照（「オレンジ」サブプライム・ローンよりも急勾配の利率の再設定が約定された「レッド」ノンサブプライム・ローンにおいては，毎月の返済が97％または1,500ドル増額するとの概算を示している）．

44　Cagan, 前掲注(20)を参照．420億ドルという数字は，全住宅担保ローン市場，すなわち，サブプライム市場とAlt-A市場以外も含む全市場をカヴァーする．しかし，変動利率住宅担保ローンおよび利率の再設定は主にこの2つの市場において普及している．

導入期間後の利率は変動するものである．2006年には，組成されたサブプライム・ローンのうちの約20％が，また，組成されたAlt-Aローンのうちの40％超が，利息のみ住宅担保ローンであった[45]．

　いっそう極端に段階的に返済が増額する契約は，オプション付き変動利率住宅担保ローン（option ARM）である．連邦取引委員会による説明では，

　　オプション付き変動利率住宅担保ローンは，一般に，借り手に対し，彼らが導入期間内に毎月いくら返済することになるかに関して4つの選択肢を提供する．すなわち借り手は，次のいずれかを返済することになる．（1）元本から生ずる利息の額より少ない，最少返済額，（2）ローンの元本から生ずる利息の額，（3）15年の返済計画にそってローンの元本を完全に償還できる元本および利息の額，（4）30年の返済計画にそってローンの元本を完全に償還できる元本および利息の額．

オプション付き変動利率住宅担保ローンには，貸し手が提供する導入期間の長さが異なる様々な種類のものがある．特にサブプライム市場においては，導入期間がたった1年のもの，6ヵ月のもの，さらに，1ヵ月のものすらある．ローンの導入期間が終了する時点で，ローンは再計算がなされ，ローンの残りの期間を通して，元本および変動利率による利息を償還していく[46]．

　利息のみ住宅担保ローンが導入期間における元本償還ゼロのローンであるのに対して，オプション付き変動利率住宅担保ローンは，毎月の返済が利息を下回るのを許容することにより，導入期間における元本償還がマイナスとなるものである．したがって，導入期間の終了時点で，またはそれより早い時点で，借り手は，住宅の価額以上のものを負担することになる．このこと

45　FTC Comment, 前掲注（31），pp.6-7を参照（利息のみローンを説明しており，混合利率利息のみローンの人気を述べている）．利息のみローンの市場占有率についてはCredit Suisse Report, 前掲注（21），p.28を参照（サブプライム・ローンの8,240億ドルのうち，利息のみローンは1,710億ドルを占めていたことを示している）．Mayer et al., 前掲注（23），p.7も参照（「Alt-A住宅担保ローンの40％は，元本の返済が予定されていない利息のみの支払いである（サブプライム・ローンの約10％しか，このような利息のみという特徴を有さない）」）．

46　FTC Comment, 前掲注（31），p.7.

は，住宅価格が不変か上昇している場合にも生じるが，しかし，もちろん，住宅価格が下落している場合にはよりしばしば生じる[47]．オプション付き変動利率住宅担保ローンは，サブプライム市場では珍しいが，Alt-A市場ではたいへん普及している．2006年および2007年には，Alt-Aローンの25%がオプション付き変動利率住宅担保ローンであった[48]．

　総じて，2006年のAlt-A市場では，組成されたローンの大部分は非伝統的な住宅担保ローン商品であり，借り手に対し元本または元本と利息の両方の先送りを許容するものであった．これらのコスト先送りは，導入期間の終了時点において，毎月の返済を大幅に——いくつかの事例では倍増以上に——増額させることになった[49]．

3．繰上返済違約金

　サブプライム契約とAlt-A契約に共通の，もう1つのコスト先送りの構成要素は，繰上返済違約金である．これは満期前にローンの繰上返済をする借り手に対して課される違約金である．サブプライム・ローンの約70%が，また，Alt-Aローンの約40%が，繰上返済違約金を含んでいる．違約金の額は，通常，ローンの未払残額の百分率（5%を上限とする）として表現されるか，あるいは毎月の返済額の，指定された月数分（通常は6ヵ月）の合計と

47　Cagan, 前掲注(20), p.56, tbl. 30を参照(2006年12月現在，2004年から2006年までの間に組成されたサブプライム変動利率住宅担保ローンの22.4%が，ゼロまたはマイナスの純資産額であったとしている)．2006年12月に起きたように，住宅価格がもう5%下落した場合，この22.4%という数字は36%に増加する．

48　Mayer et al., 前掲注(23), pp.13-14を参照．Credit Suisse Report, 前掲注(21), pp.26, 28も参照(非政府部局〔準政府部局ではない．準政府部局とは，ジニー・メイ，ファニー・メイ，フレディ・マックのこと〕による不動産担保証券(Nonagency: MBS)に関するデータによると，2006年には，サブプライム市場の約0.5%，Alt-A市場の約30%がオプション付き変動利率住宅担保ローンであったとしている)．

49　Truth in Lending, 73 Fed. Reg. 44,522, 44,541 (July 30, 2008) (codified at 12 C.F.R. pt. 226)を参照(ある概算によると，2006年に組成されたAlt-Aの78%が，利息のみ住宅担保ローンまたはオプション付き住宅担保ローンであった，としている)．GAO AMP Report, 前掲注(26), p.14を参照(5年の返済オプション期間の終了時点で，毎月の返済が128%増額する例を説明している)．FTC Comment, 前掲注(31), p.9を参照(「返済ショック」に言及している)．

して表現される．この加算金はかなりの額となる．例えば，20万ドル〔1ドル110円として2,200万円〕の残額に対して3％の違約金を課すと，6,000ドル〔同，66万円〕に達する[50]．貸し手にとっての，繰上返済違約金の重要性は否定しがたい．それらは，実質的な収入を生み出す．例えば，カントリーワイド社(Countrywide)が繰上返済違約金から得た収入は，2006年には，2億6800万ドル〔同，約300億円〕に達した[51]．

　繰上返済違約金は，段階的に返済が増額するとの特徴に対する必要的追加金として考察されうる．すなわち，低い利率の導入期間の終了前に繰上返済をし，かくて利率の再設定後の高い利率を回避した場合，段階的に返済が増額するとの特徴は実際的な意義を失うこととなる．繰上返済違約金は，借り手が段階的に増額する返済を回避するのをより困難にさせる．したがって，繰上返済違約金は，一定範囲の段階的返済増額契約を補強する役割を果たす．しかし，その他の多くの段階的返済増額契約においては，この繰上返済の抑止の役割はさほど明白でない．繰上返済違約金を支払い，繰上返済をすることができるのは，たいてい特定の期間内に限定されている．換言すれば，繰上返済をする借り手は，ある指定された期間内に繰上返済をする場合

50　繰上返済違約金の普及率についてはMayer et al., 前掲注(23)，p.7を参照．Demyanyk & Van Hemert, 前掲注(1)，p.1854 (tbl. 1) も参照(2006年には，第1順位の担保権が設定されているサブプライム・ローンの71％が，繰上返済違約金を含んでいたとしている)．繰上返済違約金は，混合利率ローンにおいて最も普及している．すなわち，混合利率ローンの70％が繰上返済違約金を含んでおり，これに対して，固定利率住宅担保ローンの40％が繰上返済違約金を含んでいるに過ぎない．Pennington-Cross & Ho, 前掲注(32)，pp.11-12を参照．繰上返済違約金の額(size)についてはMichael D. Larson, "Mortgage Lenders Want a Commitment —and They're Willing to Pay You for It," *Bankrate.com*, August 26, 1999, <http://www.bankrate.com/brm/news/mtg/19990826.asp>を参照(1年目に繰上返済をする場合の違約金に関して，未払残額の3％，2年目に繰上返済をする場合，2％，3年目に繰上返済をする場合，1％と指定する契約について説明している)．

51　Gretchen Morgenson, "Inside the Countrywide Lending Spree," *New York Times*, August 26, 2007, § 3, at 1. Eric Stein, Coal. for Responsible Lending, "Quantifying the Economic Costs of Predatory Lending," (2001) 7-9 も参照，<http://www.responsiblelending.org/pdfs/Quant10-01.pdf>で入手可能(繰上返済違約金から得る収入は，毎年，230億ドルと概算している)．

にのみ，違約金を支払うことになる．サブプライムの拡大期に締結された多くのローン契約において，繰上返済違約金を支払い，繰上返済をすることのできる期間は，低い利率の導入期間の終了前に終わっていた[52]．

繰上返済違約金は，段階的に返済が増額するとの特徴を補強する役割を果たすか否かにかかわらず，住宅担保ローンにおける，独立したコスト先送りの構成要素である．繰上返済を抑止し損ねた限りで，繰上返済違約金はかなりのコストとなるが，このコストは繰上返済の時点まで先送りされる．この繰上返済の時点のコストは，ローンの初期コスト削減に関連付けられる．繰上返済違約金付きのローンはより低い利率なので，毎月の返済額はより低くなる[53]．したがって，繰上返済違約金は，コスト先送り契約におけるコストの一時的なシフトという特徴をもたらす．今はより少なく返済し，後でより多く返済する．

繰上返済違約金の利用は，2010年のドッド＝フランク・ウォール・ストリート改革および消費者保護法によって実質的に禁止された．同法は，プライム固定利率住宅担保ローンの一部の類型に対して，繰上返済違約金を禁じる．さらに，たとえそれが認められたとしても，繰上返済違約金は，額および存続期間につき制限される．すなわち，繰上返済違約金は，契約締結後1

---

52 Michael LaCour-Little and Cynthia Holmes, "Prepayment Penalties in Residential Mortgage Contracts: A Cost-Benefit Analysis," *Housing Pol'y Debate*, 19 (2008), 631, 635 を参照（繰上返済違約金を支払い，繰上返済をすることができる期間は，たいてい早いうちに終わっていた）．Mayer et al., 前掲注(23), p.12 を参照（「2003年から2007年までに組成された短期間の混合利率サブプライム・ローンの7％しか，導入感謝期間の終了後も繰上返済違約金が有効であり続けることを予定されておらず，また，この間を通じて，このような条項を有するローン契約の割合は，10％から2％に下落した」）．

53 Gregory Elliehausen, Michael E. Staten, & Jevgenijs Steinbuks, "The Effect of Prepayment Penalties on the Pricing of Subprime Mortgages," *J. Econ. and Bus.*, 60 (2008), 33, 34 を参照．LaCour-Little & Holmes, 前掲注(52), p.642 を参照．Christopher Mayer, Tomasz Piskorski, & Alexei Tchistyi, "The Inefficiency of Refinancing: Why Prepayment Penalties Are Good for Risky Borrowers," (2011) *Columbia Business School Working Paper* を参照．しかし，Engel & McCoy, 前掲注(27), p.2060 を参照．（他の研究は，繰上返済違約金と事前の利率との間の，〔通常予想される〕マイナスの相関ではない，プラスの相関を見出している）．

年目は，繰上返済額の３％を超えてはならず，その上限割合は，２年目は
２％，３年目は１％となる．３年目終了後は，繰上返済違約金なしというこ
ともありうる[54].

B．複雑性

　様々な種類のコスト先送りという特徴に加えて，住宅担保ローンがブーム
であった間におけるサブプライム・ローンとAlt-A住宅担保ローンは，高い
レヴェルの複雑性という特徴を有していた．複雑性は，手数料とその他の価
格要素(price dimensions)が増殖した結果であり，また，これらの複数の価格
の適用を統制する精巧なルールを有していた[55]．多元的な価格設定(pricing)以
上に，繰上返済オプションおよび(黙示の前提である)不履行オプションは，
これらの住宅担保ローン商品の評価に伴う複雑性を増大させる．これに加え
て，複雑性は，個々の契約レヴェルではなく，市場レヴェルで測定されるべ
きなので，数多くの複雑な商品の存在は，借り手が直面する意思決定の複雑
性を——指数関数的に——増大させた．

1．利率

　伝統的な固定利率住宅担保ローンは，単一の利率を有し，このことは毎月
の返済が定額であることを意味する．サブプライムがブームであった間の典
型的なサブプライム住宅担保ローンである2-28混合利率ローンでは，最初

54　Pub. L. 111-203, Sec. 1414.

55　U.S. Gen. Accounting Office, *Report to the Chairman and Ranking Minority Member,*
Special Committee on Aging, U.S. Senate, "Consumer Protection: Federal and State
Agencies Face Challenges in Combating Predatory Lending," Gao-04-280（2004）6, 21
を参照(プライム・ローンと比べて，サブプライム・ローンに関する「住宅担
保ローン取引の複雑性」および「リスクの多様性と複雑性」を強調している)．
Renuart & Thompson, 前掲注(19), p.196を参照(「貸し手が創り出した住宅担保ロー
ンの複雑性は，今や，消費者のほとんどが，高度の教育を受けた消費者でさえ
も，理解できるところを超えている」)．Todd J. Zywicki & Joseph D. Adamson, "The
Law and Economics of Subprime Lending," *U. Colo. L. Rev.* 80（2009）, 1, 55-6を参照
(サブプライム・ローンはプライム・ローンよりも複雑であり，サブプライムの
借り手は自分のローンの契約条項を誤解しがちである，と説明している)．

の2年間につき導入利率が適用された．2年間の導入期間の終了後，ローンは，約定の指標値と事前に取り決められた利ざや(margin)の合計として計算される利率を有する変動利率住宅担保ローンとなった．変動利率はそれぞれの変動利率期間の終了時に計算し直された．ことをさらに複雑にしたのは，ローン契約は通常，定期的になされる利率再計算の幅と利率再計算の結果たる合計利率の大きさの双方を制限する上限を設定していたことである[56]．

　他の商品は，よりいっそう複雑であった．上で詳しく述べたように，オプション付き変動利率住宅担保ローンは通常，毎月の返済に関して4つのオプションを設定していた．これらの返済オプションにおいては，前もって定められた合計額ではなく，オプションがどのようなものかを見積もるためには，とても簡単とはいえないような計算が必要であった．さらに，これらの契約は，マイナスの元本償還を認める一方で，一般的には，マイナスの元本償還が許容されるレヴェルに対して上限を設けており，この上限に達した場合——たとえ導入期間の終了前であっても——ローンを計算し直していた．

2．手数料

　複数の利率以外にも，サブプライム・ローンとAlt-Aローンの典型的なもは，手数料の長いリストを誇らしげに有していた．これらの手数料は，2つの種類に分けることができる．すなわち，ローン組成手数料とローン組成後手数料である．ローン組成手数料は，住宅売買契約締結の時点で支払われるものである．すなわち，ローン契約締結時点である．ローン契約の締結前に，貸し手は信用調査を行い，これから引き受けようとしているリスクの査定評価報告書を取得する．貸し手は，また，様々な検査，調査および証明を依頼する．例えば，害虫検査，権原調査，洪水証明，借り手の未払租税債務に関する租税証明である[57]．サブプライムがブームであった間，多くの貸し手は，借り手に対し，これらの情報取得サーヴィスのそれぞれについて別々に手数料を課していた．例えば，カントリーワイド社の住宅売買契約締結

56　Joe Peek, "A Call to ARMs: Adjustable Rate Mortgages in the 1980s," *New Eng. Econ. Rev*, March-April, (1990), 53 を参照．

57　Elizabeth Renuart, "An Overview of the Predatory Mortgage Lending Process," *Housing Pol'y Debate*, 15 (2004), 467, 493 を参照．

サーヴィス子会社であるランドセイフ社(LandSafe)は，信用調査料として36ドル，洪水証明料として26ドル，租税証明料として60ドルを課していた．2006年には，カントリーワイド社の査定料収入は，総計1億3,700万ドル，その信用報告料収入は総計7,400万ドルであった[58]．

　取得された情報の分析に対してもまた，別途，料金が課された．これらは，取引のために一時的に設定する口座であるエスクロー口座の適切な残額計算および借り手のエスクロー口座への毎月の返済の差額を決定するためのコストとしてのエスクロー分析料や，借り手の信用度を分析するコストとしての信用分析引受料などである．さらに多種類の手数料が，信用保険，権原保険，民間住宅担保ローン保険(private mortgage insurance: PMI)の保険料という形で課された[59]．

　また，貸し手は，これらの多くのサブプライム・ローンに関する契約締結において，ローン組成プロセスに関連する管理業務，例えば，書類の調製，書類の公証および電子メール，ファックス，速達の送付に関する手数料を課していた．例えば，カントリーワイド社のいくつかのローン契約は，翌朝到達の書類の送付に関して45ドル，書類の電子メール送信に関して100ドルの手数料を課していた．そして，ローンの組成，ローンの処理，書類への署名および住宅売買契約締結手続きのような一般的な手数料も存在していた[60]．いくつかのサブプライムの貸し手は，合計数千ドルに達する，または，ローンの額の20%に当たる，15もの異なるローン組成料を課していた[61]．手

58　Morgenson, 前掲注(51)．

59　Renuart, 前掲注(57)，p.493を参照．Willis, 前掲注(29)，p.725を参照．ある概算——現在ではもう古くなってしまったが——によると，借り手は，信用保険に対し，毎年，21億ドルを支払っている．Stein, 前掲注(51)，pp.5-7を参照．

60　Renuart, 前掲注(57)，p.493, Morgenson, 前掲注(51)．

61　Willis, 前掲注(29)，p.786を参照．HUD-Treasury Report, 前掲注(19)，p.21も参照(ローンの額の10%に及ぶローン組成料について，「経済的根拠に基づいて予想または正当化されるであろうものをはるかに超えている」と述べている)．住宅都市開発省によると，借り手は，住宅担保ローン1つに対して平均700ドルの余分な手数料を支払っている．News Release, U.S. Dep't of Hous. and Urban Dev., "HUD Proposes Mortgage Reform to Help Consumers Better Understand Their Loan, Shop for Lower Costs," (March 14, 2008)を参照，<http://www.hud.gov/news/release.cfm?content=pr08-033.cfm.>で入手可能．マイクル・クラッツァー（Michael

数料は，しばしばローンの額に紛れ込み，追加的な利息負担の原因となった．

　住宅売買契約締結の際の複数の手数料に加えて，遅延損害金，担保権実行手続料，繰上返済違約金，紛争解決または仲裁料などの，将来の条件次第でかかる手数料がローン契約には約定されていた．これらの手数料もまた，大きかった．繰上返済違約金および担保権実行手続料は，総計数千ドルにも達した．遅延損害金は，毎月の返済の５％にも達しうるものであった[62]．

３．繰上返済と不履行

　合衆国における最も多くの住宅担保ローン契約は，借り手が満期前にローンの繰上返済をすることを認めている．繰上返済オプションは，簡単なもののように見えるかもしれないが，しかし，住宅担保ローン契約に対して，大きな複雑性という一服を盛る．契約を正確に評価するために，借り手は，繰上返済の期待とタイミングを見積もらなければならず，それらは，将来の市場の条件と個人の状況とに依存する．それらには繰上返済違約金の存在も含まれることはいうまでもない．繰上返済の最適なタイミングの計算は，この決定がいかに複雑なものとなりうるかの例を示す．借り手にとってのありふれた経験則は，低い利率の借換えローンに切り換えることによる期待節約額

Kratzer，住宅担保ローンに関する手数料を減らすために消費者を助けることを目的としたウェブサイトFeeDisclosure.comの創設者）によると，住宅担保ローンの借り手によって支払われた取引手数料の推定値500億ドルのうち（サブプライム市場とAlt-A市場以外のものも含む），170億ドルはジャンク（不要ながらくた）手数料である．例えば，100ドルの電子メール料金，75ドルの書類調製料および25ドルのフェデックス（FedEx）配送料金である．Gretchen Morgenson, "Clicking the Way to Mortgage Savings," *New York Times*, December 23, 2007, § 3, at 1を参照．クラッツァーは，「ジャンク手数料」は近年50％上昇したと推定する．Gretchen Morgenson, "Given a Shovel, Digging Deeper into Debt," *New York Times*, July 20, 2008, at A1を参照．

62　Willis, 前掲注(29)，p.725を参照．繰上返済違約金の額については前記II.A.3（本書199-201頁）を参照．遅延損害金の額についてはFreddie Mac, Glossary of Finance and Economic Terms, <http://www.freddiemac.com/smm/g_m.htm#L>を参照．Morgenson, 前掲注(51)，も参照（2006年には，カントリーワイド社の遅延損害金からの収入は2億8,500万ドルにも上ったと述べている）．

が，１つのローンを終結させ，もう１つを組成するという切換えにかかる諸々の取引コスト（繰上返済違約金を含む）を超えるならば，繰上返済をすべきである，というものである．しかし，この経験則は実は，最適な繰上返済の決定に対する，極めてお粗末な近似法でしかない．なぜならば，たとえ期待便益が取引コストを超える場合であっても，現在の借換えローンの提案を拒絶して，将来におけるよりよい借換えローンの機会を待つというオプションを無視しているからである．

　この将来の機会のオプション価値の計算は，最適な繰上返済の意思決定を複雑にする．事実，最適な繰上返済の問題はとても複雑なので，精巧な計算手法を実行する高性能コンピュータによってのみ解決されうるほどである．有限個の基本的な演算で計算できる閉形式の近似法は存在するが，しかし，それもまた簡単というにはほど遠い[63]．明示の繰上返済オプションに加えて，全ての住宅担保ローン契約は，黙示の不履行オプションを含んでいる．借り手は，いつでも，住宅担保ローンから逃げることができる．ただし，かなりの犠牲を払わなければならない．すなわち，通常，担保物受戻権は失われ，信用度は傷つけられ，そして，その他の資産を失うリスクがある（ローンが，追及手段なしローンでない場合）．繰上返済オプションと同様に，不履行オプションを評価するのは複雑で骨の折れる仕事なのである．

４．複雑な商品の複雑な組合せ

　住宅担保ローンがブームであった間，典型的なサブプライム契約とAlt-A契約は，多元的で複雑なものであった．複雑性は，しかし，単一の契約レヴェルで評価されるべきではない．機能的見地からの評価の方が，借り手が直面する意思決定の複雑性を評価するには，より多くの情報を得られる．

　借り手は，数多くの住宅担保ローン商品の中から選択しなければならない．情報を得た上で選択するためには，借り手は，数多くの複雑な契約の書面を読み，そしてそれを理解しなければならない．このプロセスは，たとえ競合する契約が同じ価格要素を共有し，ただそれぞれの価格要素に割り当て

63　Sumit Agarwal, John C. Driscoll, & David Laibson, "Optimal Mortgage Refinancing: A Closed Form Solution," 5-6 (2007) (*Nat'l Bureau of Econ. Research, Working Paper* No. 13487)を参照，<http://www.nber.org/papers/w13487>で入手可能．

られた価値が異なるだけであったとしても，骨の折れる仕事である．しかし，サブプライム市場とAlt-A市場において，借り手は，契約ごとに，独自の多元的な価格体系と，異なる価格が適用される場合を決定する独自のルールとを有する，相異なる複雑な契約を比較しなければならなかった．2-28混合利率ローン契約とオプション付き変動利率住宅担保ローン契約に直面した借り手を考えよ．2-28混合利率ローンは，導入期間と導入利率を有するものである．オプション付き変動利率住宅担保ローンは，異なる導入期間を有するものであり，その4つの異なる返済オプションが利用可能である．2-28混合利率ローンは，導入期間の終了後の利率再計算に必要な，一定の指標と利ざや(利率再計算に一定の上限が設定されている)が設定されている．オプション付き変動利率住宅担保ローンには，異なる指標，利ざやと再計算幅に上限が設定されている．この選択の複雑性は明らかである．現実には，借り手は，2つよりも多い数の商品の中から選択しなければならなかった[64].

C．まとめ

　以上で我々は，サブプライム住宅担保ローンとAlt-A住宅担保ローンにおける，いくつかの一般的な契約構造の特徴を考察した．注目すべきは，これらの契約構造の特徴が，サブプライムの拡大から生じた革新ではなかったことである．例えば，比較的複雑な変動利率住宅担保ローン，すなわち，導入期間中のより低い導入利率と導入期間後のより高い長期利率により組成されるコスト先送り構造を持つローンは，1980年代初めより，プライム市場において提供されてきた[65]．コストの先送りと高いレヴェルの複雑性は，サブ

64　William C. Apgar, Jr. & Christopher E. Herbert, U.S. Dep't of Hous. and Urban Dev., "Subprime Lending and Alternative Financial Service Providers: A Literature Review and Empirical Analysis," § 2.2.3 (2006)を参照(「入手可能な，ひどく混乱させる契約構造の住宅担保ローン商品」を説明している)．

65　Peek, 前掲注(56), pp.50, 54を参照．Zywicki & Adamson, 前掲注(55), pp.5-7も参照(1980年代初期の法改革がいかに住宅担保ローン契約の構造に対する厳格な制限を取り払ったか——特に1982年の代替的(非伝統的)住宅担保ローン取引対等法(Alternative Mortgage Transaction Parity Act of 1982)——を説明している)．さらに，コスト先送りのローンは，他の諸国でも一般的であり(利息のみ住宅担保ローンは連合王国では標準的であり)，また，他の分野でも一般的である(社債は

プライム・ローンに特有のものではないが，これらの契約構造の特徴は，サブプライム市場とAlt-A市場において強化されてきた．複雑なコスト先送りのローンは，この間，あちこちで活躍してきたので，それらは，サブプライムの拡大とそれに続いて起きたサブプライム危機の唯一の原因ではありえない．それらは，おそらく，主要な原因ですらない．しかし，我々が次に見るように，これらの複雑でコストが先送りされたローンは，確かに，サブプライム市場の栄枯盛衰において，重要な役割を果たした．

Ⅲ．合理的選択理論とその限界

なぜ，サブプライム住宅担保ローン契約はコストを先送りするように設計されたのであろうか．なぜ，ローンの総コストはこれだけ多くの異なった利率や手数料に分けられたのであろうか．ここでは，我々は，これらの契約の構造上の特徴に関する，合理的選択理論による一般的な説明を評価することとする．合理的選択理論は，サブプライム市場においてしばしば観察される実務のいくつかを説明するが，しかし，合理的選択理論が説明することのできないものがたくさん存在する．この説明のギャップは，Ⅳで，行動経済学の理論（221頁以下）によって埋められるであろう．

A．コスト先送り
1．負担可能性

おそらく，コスト先送り契約の最も一般的な正当化は，負担可能性である．借り手が十分な頭金の支払いを負担することができない場合，彼らは，高い融資比率を有する住宅担保ローンを選択することになる．借り手が，現在，高額の毎月の返済を負担することができない場合，彼らは，最初は低額の毎月の返済で済む住宅担保ローンを選択することになる．コスト先送り契約は，短期的な負担可能性を創り出す[66]．もちろん，どのような考え方に

利息のみローンとして設計される）．

[66] GAO AMP Report, 前掲注(26) at Abstractを参照（「連邦または州により規制される銀行と，独立系の住宅担保ローンの貸し手およびブローカーは，代替的（非伝統的）住宅担保ローン商品（alternative mortgage product: AMP）〔ほとんどが利息のみおよび返済オプション付きローン〕を市場で売る．これらの代替的住宅担保ローン商品は，長い間，富裕かつ金融上賢い借り手により，金融上の資金運用

よっても，コスト先送り契約は，短期的な負担可能性を確保するよう設計されたと説明できる．しかし，短期的な負担可能性は，合理的選択に基づく説明ではない．コストの先送りに関して，負担可能性が合理的選択に基づく説明となるためには，長期的な負担可能性が鍵となる考察でなければならない．換言すれば，借り手は，現在と将来の両方において，ローンを支払うことができなければならない．コスト先送り契約が短期的な負担可能性を高めるというのは明らかなことであるが，長期的な負担可能性を高めるかについては決して明らかとはいえない．今，より少なく支払うことは，後で，より多く支払うことを意味する．より少ない頭金(より高い融資比率)およびより少ない当初の返済は，将来において，より多い毎月の返済が後に続く．長期的な負担可能性は，借り手の利用可能な所得が，次々と増額される住宅担保ローンの返済と同じくらい早く(またはそれより早く)増額することが期待される場合にのみ，コスト先送り契約を合理的に説明することができる[67]．

ツールとして利用されてきた．しかし，近年，代替的住宅担保ローン商品は，「負担可能性を上げる」商品として市場で売られるようになってきた．すなわち，非伝統的な住宅担保ローン商品は，伝統的な固定利率住宅担保ローンのみではコストを負担できなかったであろう借り手が，住宅を購入できるようにさせる」）．Mayer et al., 前掲注(23), p.7を参照（「サブプライムの借り手は，より負担可能な低額の毎月の返済を獲得しようとして，これらの商品に目を向けたのかもしれない」）．負担可能性に対する懸念は，住宅価格が急騰し，借り手がより多額のローンを受けることを強いられる場合，特に深刻であった．

67　この長期的な負担可能性の観点を採り入れ損ねた点は，批判の対象となってきた．特に，貸し手は，低い利率による短期的な返済はできるが，高い利率の長期的な返済はできない借り手に対し，融資資格を与えていることについて批判されてきた．Hearing, 前掲注(1), p.11を参照（「いくつかのサブプライム・ローンの貸し手は…当初の低い導入感謝利率を基礎にして住宅担保ローンの借り手になりうる資格を判断してきた」）．この問題は，ドッド＝フランク法1402条の返済能力要件によって対処された．Truth in Lending, 73 Fed. Reg. 44,522, 44,539 (July 30, 2008) (certified at 12 C.F.R. pt. 226)も参照．これらの規制の影響は，より速やかに設けられたのであれば，より大きなものとなっていたであろう．カントリーワイド・ファイナンシャル(Countrywide Financial)社は，投資家に向けたプレゼンテーションの中で，次のことを認めた．連邦準備制度理事会の規制に採用された長期的な負担可能性の標準を遵守していたとすれば，2006年の借り手の89％，2005年の借り手の83％に対して融資を断っていたであろう．これは1,380億ドルの住

　このような精神において，連邦準備制度理事会は，借り手に対し，次のように助言している．「これらのローンのリスクにかかわらず，利息のみ住宅担保ローンの返済または返済オプション付き変動利率住宅担保ローンは，あなたにとって正しい選択となりうる．そのための条件は，あなたの現在の所得は低いが，将来それが確実に上昇すると合理的に確信できる場合である（例えば，あなたが学位をとり終えつつあるとか，職業訓練課程を済ませつつあるとかの場合)…[68]」．しかし，何人の借り手がこの条件に適合するだろうか．連邦準備制度理事会は，一般的な定期昇給のことを意味しているのではないことに気付いてほしい．これら定期昇給は，多くのサブプライム契約とAlt-A契約が約定する導入期間の終了時点における住宅担保ローンの毎月の返済の実質的な増額に匹敵するものではない．連邦準備制度理事会は，学生や訓練生を引合いに出している．確かに，2-28混合利率ローン，さらには利息のみローンおよびオプション付き住宅担保ローンでさえも，卒業後，所得の急増が期待されるロー・スクールの2年生にとっては，利益をもたらすものかもしれない．そのような学生や訓練生は返済額が急増する契約にとっての優良な候補者である．しかし，サブプライム市場の絶頂期には1年で約200万もの混合利率ローンが組成されたが，それらのうちの意味のある一部分としても，そのような学生や訓練生の数では足りない[69]．

　所得が上昇している借り手が，段階的に返済が増額する契約にとっての本来の候補者であるが，所得が変動する借り手もまた，これらの契約の構造の

宅担保ローンを意味している．Binyamin Appelbaum & Ellen Nakashima, "Banking Regulator Played Advocate over Enforcer: Agency Let Lenders Grow out of Control, Then Fail," *Wash. Post*, November 23, 2008, at A1 を参照．

68　Bd. of Governors of the Fed. Reserve Sys. et at., "Interest-Only Mortgage Payments and Payment-Option ARMs: Are They for You?," (2006) 7 を参照，<http://www.federalreserve.gov/pubs/mortgage_interestonly/mortgage_interestonly.pdf> で入手可能(以下，FRB, Interest Only)．FTC Comment, 前掲注(31)，p.8 も参照（「出世を続けている(upwardly mobile)」借り手に対する，代替的住宅担保ローン商品の利点を説明している）．

69　200万という推定値は，2006年に組成された2,780,000の第1順位の担保権が設定されたサブプライム・ローンを基礎としている．前記I.B（185頁）を参照〔2,780,000 × 75%（混合変動利率住宅担保ローンの割合）≒ 210万〕．前記II.A.2（196-199頁）を参照．

いくつかは利益をもたらすと気付くかもしれない．連邦準備制度理事会は，次のように助言している．所得が大きく上下するような借り手は，低所得の間は毎月僅かな返済しか負担できないので，その時期により低額の返済が義務付けられるローン契約を選択することは合理的である[70]．しかし，典型的なローンで，低額の返済オプションを2年より長く提供するものはない．したがって，ターゲットとなる借り手の所得が大きく上下してよいのはほんの短い期間でなければならない．さらに，たとえ所得が大きく上下する者であっても，合理的な借り手にとっては，住宅担保ローンの定額の返済に何の問題もないはずである――彼らがしなければならないのは，高所得の間に彼らの稼ぎの少しを貯めることだけである．所得が上昇している借り手と同様，所得が変動している借り手であって，コスト先送りローンから利益を受ける借り手の数は，コスト先送りの契約構造を持つローンの数と比べれば，少ないと思われる．

　長期的な負担可能性の説明は，組成されたコスト先送りローンのうちの，ごく小さな一部についてしか説明として十分でない．この評価は，担保権実行手続にまで進んだ割合が特に高いのが，コスト先送りローンによって融資された住宅であるという証拠と矛盾しない[71]．コスト先送りローンが，短期的な流動性〔支払能力〕の問題に対処するために設計されたものであるとすれば，不履行と担保権実行は稀なことのはずだからである．しかし，おそらく，もう1つの，よりもっともらしいヴァージョンの，負担可能性に基づく説明が存在する．これまで，長期的な負担可能性は，所得の上昇によって将来的に高額の返済が可能となることを暗黙の前提としてきた．字句に拘泥することなくこれを解釈するとすれば，長期的な負担可能性は，低い利率の導

70　FRB, Interest Only, 前掲注(68)を参照(借り手に対し，もし「不規則な所得(例えば，歩合給または季節的な収入)しかなく，また，利息のみローンまたはオプション付き変動利率住宅担保ローンを，低所得の期間は最少限の返済をし，より高所得の期間はより多額の返済をするという内容でローン組成できるような柔軟性を欲するならば」，利息のみローンおよびオプション付き住宅担保ローン商品は彼らにとって適切なものかもしれないと助言している)．FTC Comment, 前掲注(31)，p.8も参照(所得が変動しやすい借り手にとっての代替的住宅担保ローン商品の利点を論じている)．

71　Paulson, 前掲注(25)を参照．

入期間が終わる前にローンに対して借換えローンを受けることにより，導入期間後の高額の返済を現実に行うよりもむしろ，導入期間後の高額の返済を回避することに対する期待を含むものであろう[72].

以下の3つの事情のいずれかがあれば，借り手は，より低額の毎月の返済で済む新しい住宅担保ローンへの借換えを期待することができる．

(1) 導入期間中に定期的に低額の返済をすることによって，借り手の信用度が改善した場合[73].

(2) 市場利率が下落した場合.

(3) 住宅価格が上昇した結果，新しい住宅担保ローンでの融資比率がより下がった場合.

---

72 Truth in Lending , 73 Fed. Reg. 1672, 1687（January 9, 2008）（codified at 12 C.F.R. pt.236）を参照（「消費者も，次のような場合であるならば，少額の返済で済む当初の期間の後に返済が増額するようなローンから便益を受けるかもしれない．すなわち，返済の負担が大幅に増額する前に，より低い利率のローン（長期ベースで，負担可能性が増す）に借り換える機会を有している場合である．しかしながら，この便益は，極めて不確実で，大きなリスクを伴っているものである」）．FTC Comment, 前掲注(31), p.8 を参照（「導入感謝期間が終わる前に，同等か，より増した価額で，自分の住宅を売るか，〔ローンを〕借り換えるであろうと確信している借り手は，代替的ローンという選択肢から便益を受けるかもしれない」）．サブプライム危機が起こり，信用の引締めが始まる前は，再設定後の高い利率を回避するために繰上返済をすることが一般的であった．Pennington - Cross & Ho, 前掲注(32), p.10 を参照（LPデータ（Loan Performance data）をもとに，混合利率住宅担保ローンは，もともとの住宅担保ローンの利率再設定日前後で，早めに繰上返済がなされる傾向があるとしている．Shane M. Sherlund, "The Past, Present, and Future of Subprime Mortgages," （2008）10 (*Bd. of Governors of the Fed. Reserve Sys. Fin. and Econ. Discussion Series Paper No. 2008-63*) を参照（「繰上返済は，〔利率〕再設定期間中に急増する」としている）．

73 Mayer et al., 前掲注(23), p.11 を参照（「業界筋は次のように断言する．導入感謝期間を持つ住宅担保ローンが長期間に及ぶ住宅担保ローン商品として設計されたことはいまだかつてなかった．その代わり，彼らは次のように主張する．信用度が低下した消費者が〔数年間〕定期的な返済をすることによって彼らの信用度を改善させるために，導入感謝期間が2年間ないし3年間しかない住宅担保ローンが設計された…」）．

そこで, 問題は, 何人の借り手が上記(1), (2), および(3)のような事態の進展を合理的に期待しえたか, である. つまり, このようなプラスの方向の進展によって, コスト先送り住宅担保ローンに対して借換えローンを受けられるようになることを, そして, 高額の長期的なコストを回避できるようになることを, 何人の借り手が合理的に期待しえたか, である. 事後的見地からは, サブプライム危機と, それに続く信用の引締めは, 明らかに, 多くの借り手から借換えローン・オプションを消し去った. 連邦準備制度理事会は, 事前的見地からでさえも(これは負担可能性に基づく説明にとって重要な見地であるが), 多くの借り手は, 魅力的な借換えローン・オプションから便益を受ける機会を有すると合理的に期待することなどできなかったはずだと推論する.

> 最近の事態からの証拠は, 以下の結論と矛盾がない. その結論とは, 〔低い利率から高い利率に変わる時の〕返済ショックが起きる前に, 消費者は借換えローンを受けるのに十分なだけの純資産を蓄積し, かつ信用度を改善するとの仮定の下に, 比較的短期間の導入期間の後の返済ショックを組み込んだサブプライム・ローンを組むという広く行き渡った実務は, 消費者に対し, 便益よりも多くの損害を与えた[74].

借換えローンおよび繰上返済の可能性は, 短期的な負担可能性に対する懸念と相俟って, もう1つの価格先送りの契約要素が普及していることも説明することができる. 繰上返済違約金のことである. 繰上返済オプションは, 借り手に便益をもたらす. しかし, 借り手は, この便益のために, 代償を支払わなければならない. 彼らが支払う代償の1つの方法は, 最初から, より高い利率の利息を支払う方法である. 短期的な負担可能性に対する懸念は, この事前の支払いを魅力のないものにする. 代案としては, 事後に繰上返済違約金を支払って, 繰上返済オプションを行使する方法である. 換言すれば, 繰上返済違約金は, 借り手にとって, 繰上返済オプションの価値を下げ, 他方, 貸し手にとって, 繰上返済オプションが課すコストを下げる. これは,

---

74 Truth in Lending, 73 Fed. Reg. at 1688.

214

繰上返済違約金付きのローンがより低い利率であることを説明できる[75]. 繰上返済違約金が普及していることに関する以上の説明には説得力があるが, これは不完全である. なぜなら, これは, 繰上返済違約金がより高い利率に代替することを意味するからである. しかし, 事後に繰上返済違約金として支払われる額は, それまでの利息のうちでも支払わずに済んだ分を超えるという証拠が存在するのである[76].

2. 投機

合理的選択に基づくもう1つの説明としては, コスト先送り住宅担保ローンを, 不動産価格についての投機を促進するために設計された投資手段として位置づけるものである[77]. この説明は, 投資財産に基づいて組成されたローンのかなりの部分——サブプライム市場では10%, Alt-A市場では25%——に対して適用される[78]. これは, 所有者の現住財産に基づいて組成されたローンに対してもまた適用される. 投機家は, コスト先送り住宅担保ローンで住宅を購入し, 当初の, 低額の毎月の返済を開始する. 住宅価格が上昇した場合, 投機家は住宅を売り, より低い購入価格とより高い売却価格の間の差額をポケットに入れるか, あるいは, ローンに対し, 住宅の増えた純資産額を用いて, より低い長期利率を取得するような借換えローンを受けるであろう. 住宅価格が下落した場合, 投機家は, 住宅担保ローンに対し, あっさりと不履行を決め込むであろう. 投機家はプラス面の利益を享受する一

---

75 前出II.A.3 (199-202頁)を参照.

76 LaCour-Little & Holmes, 前掲注(52), p.662を参照(より低い導入感謝利率, 繰上返済違約金ありの2-28変動利率住宅担保ローンを, より高い導入感謝利率, 繰上返済違約金なしの2-28変動利率住宅担保ローンと比較した場合, 利息の差額は, 予想される繰上返済違約金の額より有意に少ないとしている). そして, いくつかの研究によると, 繰上返済違約金と事前の利率〔導入感謝利率〕とには, マイナスの相関すらない. 前記II.A.3 (199-202頁)を参照.

77 ここでは, 住宅価格の動向の影響および住宅価格の動向に関する予想に焦点を当てる. 市場利率および市場利率に関する予想についても, 同様の議論をすることができる.

78 Mayer et al., 前掲注(23), p.19 (サブプライム市場とAlt-A市場における投資財産に基づいて組成されたローンのシェアを報告している).

方，貸し手はマイナス面のコストを負担することになる．この魅力的な組合せは，コスト先送り住宅担保ローンにおいて，導入期間中の低額の，お買い得な価格で購入される．導入期間後の高額の，長期的なのコストは回避される[79]．

コスト先送りローンに助けられての投機は，しかし，実際には，リスクなしの儲け話ではない．投機家は，住宅担保ローンに対し，あっさりと不履行を決め込めるわけではない．不履行は高く付く．第1のコストは，貸し手に借り手の資産に対する追及手段を認める管轄区〔州〕においては，不履行はこれらの資産をリスクに曝すことになる．しかし，注意すべき重要なことは，多数の州(カリフォーニア州，コロラド州，ネヴァダ州，アリゾナ州のような，サブプライム過熱州を含む)が，貸し手には追及手段なしと定める法を有することである．そして，追及手段なしとは定めない法を有する州においてでさえも，不足額に関する訴訟を提起するには，貸し手にとってしばしば費用対効果が悪く，かくて，ローンは事実上，追及手段なしのローンとなるのである．

不履行の第2のコストは，失われる純資産額である．ただし，当初の高い融資比率，不履行の時点ではよりいっそう高くなっている融資比率のために，このコストもまたしばしば小さいものである(不履行は住宅価格の下落が引き金となることを想起せよ)．不履行のコストの第3は，借り手の信用度に対する損傷であり，損傷された信用度が含意する，信用に関する将来のコストの上昇である．最後に，不履行は，担保権実行手続きおよび引越しを強いる——両方とも高く付くことになろう．不履行および担保権実行手続きのコストに関して一致した見積りはないが，多くの借り手にとって，このコストは，総計数万ドルにも達するであろう．これらのコストは，(住宅価格が未払いローン額を下回る場合になされる)戦略的な不履行が比較的稀であ

79　「コインの表＝借り手の勝ち，コインの裏＝貸し手の負け」戦略を採用することは，借り手にとっては合理的だが，貸し手にとっては合理的でない．投機による説明は，貸し手のインセンティヴについての説明がないので，不完全である．なぜ，貸し手はとりあえず協力するのだろうか．この点については，エージェンシー問題，すなわち貸し手機関どうしの，そして，証券化プロセスにおける異なる当事者の間のエージェンシー問題が，1つの解答を提供する．前掲注(10)およびそれに対応する本文を参照．

216

ることを説明できる[80].

　しかし，不履行のコストにもかかわらず，結果がプラスとなる可能性が十分に高い限り，なお，プラス面の便益がマイナス面のリスクにまさる．換言すれば，住宅価格が十分に高く上昇し，かつ十分に早く上昇すると期待される場合，たとえ，不履行という起こりそうもない事態において課されるコストがかなりのものであっても，投機は合理的なのである[81].

　したがって，問題は，住宅価格が永続して急速に上昇するとの借り手の期待が合理的か否か，である．当初の観測によると，サブプライムの拡大期，住宅価格はファンダメンタルズ〔経済の基礎的条件〕に比べて割高であった．米国連邦議会予算局の局長であったピーター・オースザーグ（Peter Orszag）が述べたように「しばらくの間は，価格上昇に対する期待は，例えば人口動態，建設費用，家計の所得の増加のような，需要に関する基礎的な決定因とほとんど関係のない，自己実現的予言となっていた[82]」．しかし，長期的な

80　資産に対する追及手段の問題についてはMichael T. Madison, Jeffry R. Dwyer, & Steven W. Bender, *The Law of Real Estate Financing* vol. 2 § 12:69（Thomson Reuters/West, rev. edn. 2008）を参照．Zywicki & Adamson, 前掲注(55)，p.29, n. 134を参照（約15から20州（多くの大きい州を含む）が追及手段なしと定める法を有すると予測している）．Zywicki & Adamson, 同，p.30を参照（事実上の追及手段なしのローンについて）．信用度の損傷についてはKenneth P. Brevoort, & Cheryl R. Cooper, *Foreclosure's Wake: The Credit Experiences of Individuals Following Foreclosure*（October 12, 2010）を参照，<http://ssrn.com/abstract=1696103>で入手可能．戦略的不履行が比較的低い頻度であることについてはLuigi Guiso, Paola Sapienza, & Luigi Zingales, "Moral and Social Constraints to Strategi　Default on Mortgages"（2009）*NBER Working Paper No. 15145*を参照．

81　プラスの便益はまた，最初の説明に含意されたように明白なものではない．売却をしたり借換えをするには取引費用がかかり，そして，多くの事例で，繰上返済違約金もかかる．さらに，住宅価格が上昇しているとしても，当初の高い融資比率と長期間続く元本償還——当初は元本償還がゼロ，ときにはマイナスのこともあるため——の結果，借り手には少額またはマイナスの純資産しか残されず，そのことが売却および借換えを激減させている．しかし，これもまた，合理的な投機家が住宅価格の相当の上昇——売却および借換えのコストおよび困難にまさる十分な——を見込んだに違いないことを意味するだけである．

82　Hearing, 前掲注(1)，p.10. Robert J. Shiller, "Understanding Recent Trends in House Prices and Home Ownership,"（2007）4-5（*Yale Univ. Econ. Dep't, Working Paper No.*

ファンダメンタルズと乖離した期待が，必ずしも非合理的だというわけではない．例えば，合理的な借り手は，住宅価格がいつかは下落することを認識しているのだろうが，しかし，価格反落の前に市場から退出することを期待しているであろう．この期待は，多くのサブプライム・ローンとAlt-Aローンの借り手にとって，事後には誤ったものだったと判明しようが，事前にはおそらく合理的なものだったのであろう．

　サブプライム市場とAlt-A市場には，確かに，合理的な投機家が存在していた．彼らは，不動産バブルに乗っかり，そして，不可避であるバブルの崩壊のタイミングにつき，正確な事前の期待（事後には誤ったものだったと分かるが）をもって武装していた．しかし，また，合理的な投機家とは異なる借り手や投機家も存在していた．彼らは，将来の住宅価格に関して楽観的な期待を有していたが，それは合理的に形成されたものではなかった．具体的には，非合理的な借り手は，価格の過去の傾向を将来に外挿して推断した．すなわち，住宅価格が昨年を通して10％上昇した場合，翌年もまた10％上昇すると期待した．実際に，カール・ケイス（Karl Case）とロバート・シラー（Robert Shiller）は，その影響力ある研究において，多数の住宅の買い手が，過去の傾向と将来の価格の動向との間の相関を過大評価することを発見していた．換言すれば，過去を顧みる傾向は，将来の価格の上昇に対する期待を（合理的期待モデルにおいて，もっともらしく正当化されうるところを超えて）引き起こすのである[83]．サブプライム市場とAlt-A市場は，合理的な投機

28）を参照，<http://www.econ.yale.edu/ddp/ddp25/ddp0028.pdf>で入手可能．

83　Karl E. Case & Robert J. Shiller, "The Behavior of Home Buyers in Boom and Post - Boom Markets," *New Eng. Econ. Rev.*, (November - December 1988) 29 を参照．Karl E. Case & Robert J. Shiller, "Is There a Bubble in the Housing Market?," (2003) *Brookings Papers on Econ. Activity, No. 2*, at 299 も参照．Robert J. Shiller, "Speculative Prices and Popular Models," *J. Econ. Persp.*, Spring (1990), at 55, 58-61 も参照．さらに，ケイスとシラーは，多数の住宅の買い手は，住宅価格が下がるわけがないと信じていたことを発見した．Id., at 59. ケイスとシラーは，近時の住宅バブルに関しても同様の研究を繰り返し，同様の結果を得ている．Karl E. Case & Robert J. Shiller, "Home Buyer Survey Results 1988-2006," (unpublished paper, Yale University, 2006) を参照．Shiller, 前掲注(82), p.11 も参照．これらの調査結果は，また，借り手の行動という証拠によって支持される．特に，価格上昇の歴史を持つ市場で住宅を買う場合に，より高い融資比率と，所得に対するより高い返済比率を通じて，

と非合理的な投機との両方を経験した[84]．これら2種類の投機の相互割合は，未決の問題として残されている．

B．複雑性

1．利率

住宅担保ローンは，他の長期ローン商品と同様に，利率リスクを蒙りやすい．すなわち，市場利率はローンの存続期間を通して変動し，ローン組成の時点での利率から，しばしばかなり離れるというリスクを蒙りやすい．合理的選択理論の枠組みにおいては，複雑な数式によって利率を設定する変動利率住宅担保ローンが貸し手と借り手の間に利率リスクが最適に配分されるよう設計される．固定利率住宅担保ローンがあらゆる利率リスクを貸し手に配分するのに対し，その利率が市場の指標をぴったりと追跡する純粋な変動利率住宅担保ローンは，あらゆる利率リスクを借り手に負わせるという正反対の配分を提供する．その利率の再計算を制限すべく上限を設ける，より複雑

住宅の買い手は背伸びしようとする．Christopher Mayer & Todd Sinai, "Housing and Behavioral Finance"（2007）（unpublished manuscript）を参照，<http://real.wharton. upenn.edu/~sinai/papers/Housing-Behavioral-Boston-Fed-v9.pdf>で入手可能．メイヤー（Mayer）とカレン・ペンス（Karen Pence）は，「2004年の住宅価格の1標準偏差分の上昇は，2005年のサブプライム・ローンの39%の増加と相関している」ことを発見した．Christopher J. Mayer & Karen Pence, "Subprime Mortgages: What, Where, and to Whome?"（2008）（*Nat'l Bureau of Econ. Research, Working Paper No. 14083*），<http://ssrn.com/abstract=1149330>で入手可能．サブプライムの組成量の〔2005年の〕増加と相関する変数が，〔2004年〕以前の住宅価格の上昇なので，この発見は，サブプライム・ローンの需要が，過去の傾向からの外挿による将来の住宅価格上昇への期待によって引き起こされているという行動経済学の説明と整合的である．

84 これは，合理的な取引者と非合理的な取引者の両方の存在を仮定する，バブルに関する主要な経済理論と整合的である．J. Bradford De Long et al., "Noise Trader Risk in Financial Markets," *J. Pol. Econ.'y* 98 (1990), 703, 705 を参照．J. Bradford De Long et al., "Positive Feedback Investment Strategies and Destabilizing Rational Speculation," *J. Fin.*, 45 (1 990), 379, 380 を参照．Andrei Shleifer & Lawrence H. Summers, "The Noise Trader Approach to Finance," *J. Econ. Persp.*, Spring (1990), at 19, 28-9 を参照．Shiller, *Irrational Exuberance* (Princeton University Press, 2000) 60-4 も参照（バブルに関する市場心理学理論を展開している）．

で，かつ普及した変動利率住宅担保ローンは，これらの両極端の間のあらゆる点のところで(連続的に)リスクを配分することを可能ならしめる．

　変動利率住宅担保ローンは，もともと，貸し手が伝統的な固定利率住宅担保ローンの下で負う利率リスクから貸し手を保護すべく，1980年代の初頭に発展した[85]．ローン組成者が自分の貸借対照表上に住宅担保ローンを保持した期間において，ローン組成者が借り手にリスクをシフトさせることは，ローン組成者のリスクを最小化する重要な手段であった．この変動利率住宅担保ローンに関する説明は，しかし，証券化時代に有力なものではない．ローン組成者はもはや，利率リスクを，たとえあるとしても，たいして負わない．証券化業者は，このリスクを，複数の投資家の間に分散させる．通常，これらの投資家は，典型的な借り手よりも，このリスクを負うためにより良い立場にある．

2．手数料

　前記Ⅱで説明したように，住宅担保ローン取引には，多くの異なるサーヴィスやコストが結び付けられている．従来，これらのコストの大部分は，ローンの利率に組み込まれていた．サブプライムの拡大期，貸し手とその関連会社——住宅担保ローン契約締結・住宅売買契約締結の会社およびサーヴィサー——は，提供したサーヴィスまたは負担したコストそれぞれに対して別々の手数料を設定した．このような手数料の増殖に関して，効率性に基づく合理的選択理論による説明が2つ存在する．

　第1に，いくつかのサーヴィスが最適なものである限り，これらのサーヴィスに対して別々の価格を設定することは，様々な借り手のニーズと好みに合わせて，より効率的に商品を仕立てることを可能にする．この説明は，いくつかのサーヴィスや手数料については妥当と思われるが，それ以外についてはそうでない．具体的には，選択肢のない多くのサーヴィス，すなわち全ての借り手が購入するサーヴィス，例えば信用調査，書類調製およびリスク査定報告書については妥当でない．さらに，大部分が標準化されたサーヴィスに対して課される手数料について「途方もないばらつき」が存在するという証拠は，借り手が，自身が依頼したサーヴィス・オプションのコスト

85　Peek, 前掲注(56), p.48を参照．

だけを支払うべきであるとの主張と矛盾する[86].

　第2の合理的選択に基づく説明は，サブプライム住宅担保ローン契約における手数料の増殖を，リスク・ベースの価格設定へのシフトとして説明するものである．例えば，不履行と担保権実行手続きのコストが利率に組み込まれていた場合，不履行をしなかった借り手は，不履行をした借り手の不履行と担保権実行手続きのコストをも支払うことになる．遅延損害金と担保権実行手続料を別建てとすることは，このような〔非効率的な〕内部補助を消去することになる．この説明もまた，一定の手数料については妥当と思われるが，それ以外についてはそうでない．

3. 繰上返済と不履行

　暗黙の前提である不履行オプションは，いかなるローン商品にも不可避の構成要素である．そこで，合衆国における住宅担保ローン契約ではいたるところにあるが，大多数の国においてはよりいっそう制限されているところの繰上返済オプションに焦点を合わせよう[87]．繰上返済オプションは，2つの主要な目的に資する．第1に，繰上返済オプションは，借り手が信用度を改善し，より低い利率の借換えローンが認められることを通して，人々がより早い段階で住宅の所有権を取得することを可能にさせる．第2に，繰上返済オプションは，現行の市場利率をかなり超える住宅担保ローン利率を支払う危険から借り手を保護する．しかし，これらの便益は，繰上返済オプションを有する住宅担保ローンを評価する困難との間で比較衡量されなければならない．

4. 複雑な商品の複雑な組合せ

　典型的なサブプライム・ローンやAlt-A住宅担保ローンの複雑性は，潜在

86　Mark D. Shroder, "The Value of the Sunshine Cure: The Efficacy of the Real Estate Settlement Procedures Act Disclosure Strategy," *Cityscape: J. Pol'y Dev. and Res.*, No. 1, (2007) at 73, 84を参照(例えば，信用報告を取得するコスト，すなわち，「標準的かつ全米的な，ほとんど自動化されたサーヴィス」は通常約50ドルかかるが，信用報告手数料は25ドルから100ドルまでのばらつきがあると述べている)．

87　Richard K. Green & Susan M. Wachter, "The American Mortgage in Historical and International Context," *J. Econ. Persp.*, Fall (2005) 93, 101．

的な借り手が直面する意思決定の問題を解決困難なものとする．そして，複数の複雑な住宅担保ローン商品の間で選択する必要があることは，その問題をさらに解決困難なものとする．標準的な効率性の説明によれば，消費者が多様であるからこそ，多数の市場において多様な商品が入手可能なのである．住宅担保ローン市場では，異なる借り手は異なる選好を有し，異なる制約に直面している．ある1人の借り手に対して理想的な住宅担保ローンの契約構造は，他の者に対してはとんでもないものかもしれない．より多くの商品を選択できることは，それぞれの借り手をして，理論的には，その借り手にとって最適な住宅担保ローンを選択できることを意味する．しかし，この説明は，選択の問題に関する高いレヴェルの複雑性にもかかわらず，情報に基づく賢い選択が可能であることを仮定しており十分ではない[88]．

C．まとめ

　効率性に基づく合理的選択理論は，サブプライム市場とAlt-A市場において観察される契約構造の特徴の，全てではないが，多くを説明することができる．しかし，合理的選択理論の枠組みの範囲内で説明されうる契約構造の特徴に関してでさえ，合理的選択理論は限られた適用範囲しか有さない．合理的選択理論は，合理的な借り手の需要構造と，この需要に対して契約構造がどのように応答したかを説明する．しかしながら，以下のⅣ.C.でみるように，借り手の全てが，特にサブプライム・ローンとAlt-Aローンの借り手の全てが，金融に関して賢い合理的な借り手であるわけではない．合理的選択理論の説明にはギャップが残っている．このギャップがどのように埋まるかを見ていこう．

Ⅳ．行動経済学の理論

　サブプライム住宅担保ローン契約は，サブプライム住宅担保ローン市場に

88　合理的選択に基づく説明は，単一の商品の複雑性および提供された商品の間の組合せという複雑性が買い物のコストを増大させることを認識している．買い物のコストが増大すれば，合理的な借り手は買い物をしなくなる．買い物はプラスの外部性を作り出すので，市場が非効率的な高いレヴェルの複雑性を作り出すリスクが存在する．

おける供給の力と需要の力の相互作用の結果である．貸し手が借り手の心理により促された融資の需要に対して応答する場合，結果として締結されたローン契約は，コスト先送りおよび高いレヴェルの複雑性という特徴を有する．かくて，サブプライム市場の直近の歴史は，第1章で提案した一般理論の具体例を提供するものといえる．

A．コスト先送り

前章までで見てきたように，コスト先送り契約に関する行動経済学に基づく説明は，将来のコストはしばしば過小評価されるという証拠に基づくものである．将来のコストが過小評価される場合，コスト先送りの特徴を有する契約は，借り手にとってより魅力的なものとなり，かくして貸し手にとってもより魅力的なものとなる．2つの価格要素を有する簡単なローン契約を考察しよう．導入期間中の短期的な価格をP_{ST}，導入期間終了後の長期的な価格をP_{LT}とする．最適なインセンティヴと総コストの最小化をもたらす最適な住宅担保ローンを$P_{ST}=5$，$P_{LT}=5$と仮定しよう．借り手が合理的である場合，貸し手はこの最適な契約を提供する．

今度は，借り手が将来のコストを過小評価すると仮定しよう．すなわち，借り手が長期的なコストを現実の長期的なコストの2分の1と認識すると仮定しよう．すなわち$\hat{P}_{LT}=\frac{1}{2}\cdot P_{LT}$となる．そのような誤解の結果，貸し手はもはや最適な契約を提供しない．このことを見るために，最適な$(5,5)$の契約と，非効率的なコスト先送り契約，すなわち$P_{ST}=3$，$P_{LT}=8$，$(3,8)$の契約とを比較する．両方の契約の下で，貸し手はローンを組むための総コストを賄うものと仮定する．（総コストは，非効率的なコスト先送り契約の下ではより高い．すなわち，$8+3>5+5$）．最適な契約の下での総返済額は，不十分にしか合理的でない借り手の認識によれば，$\hat{P}(5,5)=5+\frac{1}{2}\cdot 5=7.5$となるであろう．（時間の割引は，簡単化のために無視する）．非効率的なコスト先送り契約の下での認識上の総コストは，$\hat{P}(3,8)=3+\frac{1}{2}\cdot 8=7$となるであろう．借り手は非効率的なコスト先送り契約を選好し，かくして貸し手もこれを提供することとなる[89]．

89　正直貸付規制の見直し時，連邦準備制度理事会により注記されたところによると，次の通りである．

　将来のコストに関してシステマティックな過小評価が生じることには，いくつかの理由がある．近視眼的であることは，その理由の1つである．高い融資比率を有する契約は，近視眼的な借り手にとって魅力的である．低額の頭金(または借換えローンにおける高額の差額現金〔もともとのローン残額以上の借換えローンを得て現金で受け取る差額〕)という短期的な便益に過剰な重きを置き，そして，高い融資比率のもたらす長期的な影響，例えば，より高額の利息の支払いや，より高額化する借換えローンの困難性に不十分な重きしか置かない．段階的に返済が増額する契約は，同様に，近視眼的な借り手にとって魅力的である．当初の低額の返済に惹かれる一方で，将来の高額の返済を考えない．近視眼的である借り手は，繰上返済違約金に関連するコスト(繰上返済違約金自体または繰上返済が遅くなることのコスト)を割り引いて考えるようなる．

　将来のコストを過小評価する原因である，もう1つのバイアスとは，楽観主義である．借り手は，自らの将来の所得に関して楽観的である．また，不

　消費者は，ローンの契約属性のうち，明白かつ即座に影響をもたらすものに焦点を合わせるであろう．例えば，ローンの額，頭金，当初の毎月の返済額，前払金(ただし，前払金は，ローンの額に加えられた場合，より曖昧なものとなろうし，また特に「割引ポイント」〔1ポイントがローンの額の1％に相当する利息の前払いのことで，前払額に対応して事後の利率＝価格が下がる〕については，消費者がこれを理解するのは困難であろう)などのことである．したがって，消費者は，即座に重要だとは思えない契約条項には焦点を合わせないであろう．例えば，将来の返済額や利率の上昇，繰上返済違約金，マイナスの元本償還などには焦点を合わせない…．しかしながら，そのような契約条項や契約の特徴を完全に理解しない消費者は，重大なものとなりうる自らのリスクを正しく認識することができない．例えば，返済は急に増額するであろうし，繰上返済違約金は返済の増額を回避するために借換えローンを受けることを妨げるであろう．かくして消費者は，返済に困難を来すであろうようなローンを知らず知らずのうちに受け入れてしまうであろう．Truth in Lending, 73 Fed. Reg. at 44,525-26. David Miles, "The U.K. Mortgage Market: Taking a Longer-Term View, Interim Report: Information, Incentives and Pricing,"(2003) 3 も参照，<http://www.hm-treasury.gov.uk/consult_miles_index.htm>で入手可能(借り手は，長期的なコストではなく，ローンの初期のコストに不相当に強い焦点を合わせる傾向にあると述べている).

利な不測の事態が起きる確率を楽観的に過小評価する．例えば，経済的な困難をもたらすであろう，失業，事故または病気のことである．結果として，借り手は，コスト先送りローンの高い利子を支払うべき自分の能力を過大評価するであろう．これに加えて，借り手は，魅力的な利率でローンに対し借換えローンを受け，そうすることによって，コスト先送りローンに関連する高い長期的なコストを回避する自分の能力を過大評価するであろう．そのような自己についての過大評価は，将来の住宅価格，将来の利率，そして，借り手の将来の信用度に関して楽観的であることに起因する．

　サブプライムの拡大期，借り手の中には近視眼的かつ楽観的な者もいた．さらに，貸し手やブローカー（仲介業者）の中には，借り手の近視眼的なバイアスと楽観的なバイアスとに勢いを付けた者もいた[90]．これらのバイアスは，コストの先送りに対する選好に関して，合理的選択理論とは異なる，行動経済学に基づく説明を提供する．近視眼的バイアスと楽観主義は，なぜ，合理性のある長期的な負担可能性ではなく短期的な負担可能性がサブプライ

---

[90]　Truth in Lending, 73 Fed. Reg. 44,522, 44,542 (July 30, 2008) (codified at 12 C.F.R. pt. 226) を参照（「加えて，ローン組成者は，借り手が返済を続けられない場合，しばしば，借換えローンを受ける能力に関して借り手が過剰に楽観的になるよう勇気付ける．例えば，ローン組成者は，しばしば，市場利率が低いままであろうし，住宅価格は上がるだろうといって安心させようとする．借り手は，専門家がそのような安心の言質を与えたということで，そのような安心の言質に強く影響されてしまうだろう」）．Complaint, *People v. Countrywide Fin. Corp.*, (Cal. Super. Ct. June 24, 2008) も参照（カントリーワイド社が，借り手に対し，低い導入感謝利率を強調し，長期的コストにつき不実表示をすることによって，複雑な混合利率ローンおよびオプション付き変動利率住宅担保ローンを取得するよう奨励していると主張している）（the complaint, the California settlement, signed by the California Attorney General on October 6, 2008, and the Multistate Settlement Term Sheet, signed by the Attorneys General of Arizona, Connecticut, Florida, Illinois, Iowa, Michigan, Nevada, North Caroline, Ohio, and Texas, <http://www.consumerlaw.org/unreported> で入手可能）．Gretchen Morgenson, "Countrywide Subpoenaed by Illinois," *New York Times*, December 13, 2007, p.C1 も参照（イリノイ州の司法長官が，シカゴ市の住宅担保ローン・ブローカーに対し，不正貸付実務(特に，低額の短期的な返済を強調し，高額の長期的なコストを強調しないことによって，借り手を返済オプション付き変動金利住宅担保ローンに駆り立てた)で訴え，このブローカーの主たる貸し手たるカントリーワイド・ファイナンシャル社を捜査中であると述べている）．

ム市場とAlt-A市場で舞台の中央に立ったかを説明する．これらのバイアス——特に，将来の住宅価格に関して楽観的であること——は，また，投機に基づく説明に対して現実味という重要な一服を加える．

B．複雑性

　ブームであった数年間，典型的なサブプライム・ローンとAlt-A住宅担保ローンは複雑な契約であった．これらの契約では，数多くの利率，手数料および違約金が規定されており，しばしば，これらの大きさと適用の可否は将来の未知の出来事を条件として決定されると約定されていた．合理的な借り手なら，この複雑性を容易に操縦することができた．彼らは，それぞれの利率，手数料および違約金の引き金が引かれる可能性を正確に査定することができたので，それぞれの利率，手数料および違約金の大きさの期待値についても正確に計算することができた．したがって，それぞれの価格要素には，住宅担保ローン商品の総合的な評価のための適切な重み付けがなされていた．

　しかしながら，不十分にしか合理的でない借り手は，そのような正確な査定をすることができなかった．彼らは，直接明記されていない価格を計算することができなかった．また，たとえ彼らがそれらを計算できたとしても，彼らが10種類や15種類（またはそれ以上）もある価格要素を同時に考慮できたとは考えられない．また，たとえ彼らが全ての価格要素を記憶していたとしても，彼らは，おそらく，ローンの総コストに対する，これらの価格の持つ重みを計算することができなかったであろう．合理的な借り手が複雑性に動じなかったのに対して，不十分にしか合理的でない借り手は複雑性に惑わされていたのである．

　既に見たように，不十分にしか合理的でない借り手は，しばしば無視することで複雑性に対処する．彼らは，目立たない価格要素を無視することにより，そして，無視しえない目立つ価格要素の重みは計算するのではなく，当て推量をすることにより，商品選択の意思決定に関する問題を簡単化しようとする．特に，限られた注意と限られた記憶は，一定の範囲の価格要素を，その考察から除外する．そして，限られた処理能力は，借り手が様々な価格の構成要素を正確に統合して，最適なローンを選択する基礎となる，単一の

総期待額の計算を妨げることとなろう[91].

　増大した複雑性は，貸し手にとっては魅力であるかもしれない．それは，彼らが多元的な価格設定の迷宮の中に真のローンのコストを隠すことを可能にするからである．貸し手は，複雑性に対する不十分にしか合理的でない借り手の反応を理解しているので，複雑性を有利に利用する．つまり，実際に価格を下げることなく，より低い総額の外観を創出する．例えば，租税証明料および遅延手数料が借り手にとって目立たない価格要素である場合，貸し手はこれらの価格要素の大きさを引き上げる．これらの価格を上げても，需要を損なわないであろう．反対に，より目立つ価格要素の大きさを引き下げることによって，貸し手が借り手を惹きつけることが可能となるであろう．この戦略は，目立たない価格要素の存在に依存する．価格要素の数が増えれば，目立たない価格要素の数も増えることが予想される．かくて，貸し手は，複雑性と多元性を増やすことに強いインセンティヴを有する．

　貸し手は，オプション付き変動利率住宅担保ローンにおけるオプションや，2-28混合利率ローンにおける再計算の上限幅がある変動利率のような，目立つ価格要素の複雑性を増やすことにも強いインセンティヴを有する．これらの価格を計算することができない借り手は，これらの価格について当て推量をしようとする．このことは，貸し手にとって複雑性を魅力あるものとする．なぜなら，借り手の当て推量は常に過小評価をしたものとなるからである．

91　GAO AMP Report, 前掲注(26) at Abstract を参照(「規制者等は，次のことを懸念している．代替的(非伝統的)住宅担保ローン商品の複雑性のために，また，貸し手およびブローカーによる販売促進資料が代替的住宅担保ローン商品の利益とリスクに関してバランスのとれた情報を提供しないために，借り手は代替的住宅担保ローン商品のリスクに関して十分な情報を得られていないのではなかろうか」)．FTC Comment, 前掲注(31)，p.14を参照(「より複雑なローン——例えば非伝統的な住宅担保ローン——について，消費者は，その全ての重要な契約条項およびコストを理解する上で，さらなる難題に直面することになる」)．Hearing, 前掲注(1)，p.13を参照(米国連邦議会予算局は，次のことを指摘した．「サブプライム住宅担保ローンの不履行の増加もまた，住宅担保ローンの複雑な契約条項に対する完全な理解を欠いて，後に返済に窮するようになるのに担保を設定した借り手がいたという事実を反映しているのであろう」)．

　最後に，借り手が効率的により多くの価格要素を意思決定に組み込むことができるようになるに連れて，複雑性が増大してゆくことが予想される．貸し手が目立たない価格要素の大きさをかなり増加した場合でも，借り手は，最終的にはその価格要素に焦点を合わせることができるようになり，当該価格要素は，最終的には目立つものとなるであろう．貸し手は，別の目立たない価格要素を見つけなければならなくなるであろう．貸し手が既存の契約構造における目立たない価格要素を使い果たした場合，彼らは，より多くの利率，手数料または違約金を付け加えることによって，新たな価格要素を創り出すかもしれない．この新たな価格要素は，目立つものとはいえ，複雑な数式を使用して遠回しに定義され，その効果発生は多数ある将来の出来事の実現に依存するであろうが，これらの価格についても，借り手は，最終的には，正確に見積もることができるようになるであろう．借り手がこの新たな価格を正確に見積もることができるようになったらなったで，貸し手もこれらの価格をさらにより複雑なものにし，あるいは他の別の価格をさらにより複雑なものにするインセンティヴを有するであろう．

C．認識能力における多様性

　上記Ⅲ.で探究した合理的選択理論の限界は，行動経済学理論の考察という新たな扉を開く．心理学と経済学の統合によって，この理論は，サブプライム市場とAlt-A市場で観察される契約構造の特徴をよりよく説明することができる．しかし，これら2つの理論的アプローチ——新古典派の合理的選択アプローチと行動経済学アプローチ——は，互いに排他的ではない．合理的選択理論は，より賢い借り手の行動と，これらの借り手によって生み出された需要に対する市場の応答——特に，契約の構造設計による応答——を説明する．それに対し，行動経済学理論は，合理性が不十分な借り手によって生み出された歪んだ需要と，この需要に対する応答において貸し手がどのように契約を構造設計したかを説明する[92].

92　Allie Schwartz, "Who Takes Out Adjustable Rate Mortgages?," (2009) *Harvard University Working Paper* (2009) (cited in Daniel Bergstresser & John Beshears, "Who Selected Adjustable-Rate Mortgages?: Evidence from the 1989-2007 Surveys of Consumer Finances," (2010) *HBS Working Paper* 10-083, 5) と比較せよ (変動利率住宅担保ロー

　これら2つの競争し合う理論的アプローチの妥当領域の大小は，借り手の認識能力に関する証拠を利用して間接的に査定されうる．入手可能な証拠は次のことを示している．不十分な合理性は，住宅担保ローン市場，特にサブプライム市場において浸透している．シューミット・アガルウァル，ジーン・アムロミン，イツァーク・ベン＝デイヴィド，スファラ・チョムシセングフェト，およびダグラス・D・エヴァノフ（Sumit Agarwal, Gene Amromin, Itzhak Ben-David, Souphala Chomsisengphet, & Douglas D. Evanoff）による近時の研究は，次のことを見い出した．融資相談を義務付けることは，よりリスクの低い変動利率住宅担保ローン契約が締結されること，特に，短期的なより高い導入感謝利率と導入感謝期間終了後の長期的なより低い利率を有するローン契約が締結されることとの間に相関があるということである[93]．すなわち，これらの相談のための会合によって，借り手の情報不足と認識不足の両方の問題が適切に対処されるのである．

　連邦準備制度理事会および連邦取引委員会により実施された調査研究およ

ン市場は2つの異なる下位市場に分かれるとしている——高所得で富裕な層の市場と低所得で信用度の低い層の市場である）．

93　Sumit Agarwal et al., "Can Mandated Financial Counseling Improve Mortgage Decision-Making?: Evidence from a Natural Experiment," (2009) (*Fisher Coll. of Bus., Working Paper* No. 2008-03-019) 27, <http://ssrn.com/abstract=1285603>で入手可能．関連研究において，同著者らは，金融教育が住宅担保ローンの不履行を減少させ，なかんずく大卒者と締結した住宅担保ローン契約の履行の改善〔不履行の減少〕に寄与したことを発見した．Sumit Agarwal et al., "Learning to Cope: Voluntary Financial Education Programs and Loan Performance During a Housing Crisis," (2009) *Charles A. Dice Center Working Paper No. 2009-23*を参照，SSRN: <http://ssrn.com/abstract=1529060>で入手可能．Annamaria Lusardi, "Household Saving Behavior: The Role of Financial Literacy, Information, and Financial Education Programs," (2008) (*Nat'l Bureau of Econ. Research, Working Paper No. 13824*) 2も参照，<http://www.nber.org/papers/w13824>で入手可能（家計は，金融教育を受けていないために，リスクのある融資契約を結んでしまうと論じている）．より一般にはHoward Lax et al., "Subprime Lending: An Investigation of Economic Efficiency," *Housing Pol'y Debate*, 15 (2004), 533, 544-6を参照（サブプライムの借り手は，住宅担保ローン市場に関して，より教育されておらず，より賢さが足りない傾向にあることを指摘している）．

び消費者テストは，借り手が住宅担保ローンの契約条項を全く理解していないことを明らかにした．また，連邦取引委員会は，提案された方法による情報開示の効力をテストすることにより，〔同じ意味内容であっても，提示の方法などの枠組み（フレーミング）の違いで効果が大きく異なるという〕枠組み効果（フレーミング効果）が大きいことを明らかにした．すなわち，同じ情報が含まれるが，異なる開示方式が採られたとき，借り手は異なる選択へと誘導されたのである．借り手が完全に合理的であれば，そのような結果は期待できないであろう[94]．アンナマリア・ルサルディ（Annamaria Lusardi）による近時の調査研究は，次のように結論付けている．多くの人々は，借入契約の条項に関する十分な情報と知識を持っておらず，また，かなり大きな割合の人々は，自らの住宅担保ローン契約の条項を知らない．ルサルディは，次のことも明らかにした．「大多数のアメリカ人は，基礎的な計算能力を欠いており，また，基本的な経済原理，例えば，インフレの作用，リスクの分散，元本価格と利率との関係に関する知識を欠いている[95]」．

　他の研究は，借り手が常に陥る特定の過誤について詳細に記録してきた．シューミット・アガルウァル，ジョン・ドリスコル，ザヴィア・ガベックス，およびデイヴィド・ライプソン（Sumit Agarwal, John Driscoll, Xavier Gabaix, & David Laibson）による近時の研究は，ローンの申込みにおいて，借

94　James M. Lacko & Janis K. Pappalardo, Fe. Trade Comm'n, "Improving Consumer Mortgage Disclosures: An Empirical Assessment of Current and Prototype Disclosure Forms," (2007) at ES-6 を参照（住宅担保ローンについての情報開示の限界を立証しており，多くの借り手が「直近取得した自らの住宅担保ローンの重要なコストと契約条項を理解していなかった．多くは，自らが信じるよりも相当にコストがかかるローンを組み，あるいは，自らが気付いていない重要な制限，例えば繰上返済違約金を含むローンを組んでいる」と述べている）．James M. Lacko & Janis K. Pappalardo, Fed. Trade Comm'n, "The Effect of Mortgage Broker Compensation Disclosures on Consumers and Competition: A Controlled Experiment," (2004) at ES-7 を参照（枠組み効果を明らかにしている）．

95　Annamaria Lusardi, "Americans, Financial Capability," (2011) N*BER Working Paper 17103*. Brian Bucks & Karen Pence, "Do Borrowers Know their Mortgage Terms?," (2008) 64 *J. Urban Econ.*, 64 (2008), 218 も参照（住宅担保ローンの返済において潜在的に大幅な変化〔増額〕に曝される借り手の間では，住宅担保ローンの契約条項の理解が低いことを明らかにしている）．

り手の実質年率を平均で125ベーシス・ポイント〔＝1.25%〕も増加させるような，借り手が常に陥る過誤を明らかにした．スーザン・ウッドワード（Susan Woodward）によるまた別の研究は，1,500ドルにも達する過大な仲介料を支払うことになるような，構造的過誤を明らかにした．これに加えて，数多くの研究が，借り手による最適な借換えローンに関する意思決定の失敗を詳細に記録してきた．例えば，多くの消費者は，借換えローン・オプションを行使し損ね，市場利率よりかなり高い利率に終わってしまう．他の消費者は，借換えローンを受けるのが早過ぎてしまい，利率が下がり続ける可能性を取り損ねてしまう．ある概算によると，これらの借換えローンに関する過誤によって，借り手は，数万ドルまたはローンの価値の25%にも達する金額を失っている[96]．

迅速な不履行——ローン組成から，6ヵ月から12ヵ月内に生じる不履行——に関する証拠は，行動経済学理論に対してさらなる支持を与える．ローン組成のほぼ直後から借り手に毎月の返済を負担する能力がない場合に関する1つの説明は，彼らは自らが引き受けようとしていた債務の範囲を全く理

96　Sumit Agarwal et al., "The Age of Reason: Financial Decisions over the Lifecycle," (October 21, 2008) 9-11 を参照，<http://ssrn.com/abstract=973790> で入手可能（ローンの申込みにおける過誤）．Susan E. Woodward, "Consumer Confusion in the Mortgage Market," (2003) を参照，<http://www.sandhillecon.com/pdf/consumer_confusion.pdf> で入手可能（過大な仲介料を支払うことになるような過誤）．借換えローンに関する過誤については John Y. Cambell, "Household Finance," *J. Fin.*, 61 (2006), 1553, 1579, 1581, 1590 を参照．LaCour-Little & Holmes, 前掲注(52)，p.644 を参照（「住宅価格が下落するときに〔合理的に〕期待される限度の不履行をしなかったり，利率が下落するときに〔合理的に〕期待される限度の繰上返済をしなかったりする，住宅担保ローンの借り手の側の明白な非合理性」を説明している）．Agarwal et al., 前掲注(63)，p.3 を参照（借り手が最適な借換えの意思決定をし損ねる証拠を調査している）．Agarwal et al., 前掲注(63)，pp.25, 28, tbl.5 を参照（多くの借り手が，最適な借換えのルールの代わりに，NPVルール（Net Present Value Rule）に従っており〔ネットの現在価値がプラスであれば投資し，そうでなければ投資しないという判断基準〕，かなりの大きさの期待損失を被った．すなわち，100,000ドルの住宅担保ローンについて26,479ドル，250,000ドルのそれについて49,066ドル，500,000ドルのそれについて86,955ドル，100,000ドルのそれについて163,235ドルの期待損失を蒙った）．

解していなかったというものである．ローン価格は不払いのリスクと無関係
な要素に影響されるという証拠は，自らが引き受けようとしていた債務の範
囲に関する借り手の過誤についての間接的な証拠となる．データと，ローン
の貸し手の役員による証言のどちらもが，次のことを示唆する．プライム・
ローンを受ける資格を有する多くの借り手が，より高い価格のサブプライム
住宅担保ローンに終わってしまう．これは，彼らが構造的過誤に陥っている
証拠である．ローンの買い物のときに2つ以上の価格要素を考える借り手
が，たった1つの価格要素しか考えない借り手よりも，より多く返済しなけ
ればならないローンに終わってしまうという証拠は，行動経済学に基づく説
明に対してさらなる支持を与える[97]．

　ダニエル・バーグストレッサーとジョン・ベシアス（Daniel Bergstresser &

----

[97]　迅速な不履行についてはMayer et al., 前掲注(23), p.16を参照（「2007年に組成
されたローンの2％がローン組成から6ヵ月内に不履行に陥り，その8％がそれ
から12ヵ月内に不履行に陥った」と述べている）．プライム・ローンの有資格者
がサブプライム・ローンに終わってしまうことについてはFreddie Mac, *Automated
Underwriting: Making Mortgage Lending Simpler and Fairer for America's Families* (1996)
Ch.5を参照，<http://www.freddiemac.com/corporate/reports/Moseley/chap5.htm>で入手可
能（サブプライムの借り手の10％から35％がより低いコストの伝統的なローンを受
ける資格があったであろうと報告している）．Freddie Mac, "Half of Subprime Loans
Categorized as 'A' Quality," *Inside B&C Lending*, June 10, 1996を参照（サブプライム
の貸し手50機関が，サブプライムの借り手の半数はプライム・ローンを受ける資
格があったであろうと回答したとの調査結果について説明している）．"Fannie Mae
Has Played Critical Role in Expansion of Minority Homeownership over Past Decade, Raines
Pledges to Lead Market for African American Mortgage Lending," *Bus. Wire*, March 2, 2000,
LexisNexis Academicを参照（サブプライムの借り手の半数までもがより低いコストの
伝統的なローンを受ける資格を有していたであろうと述べている）．Lew Sichelman,
"Community Group Claims CitiFinancial Still Predatory," *Origination News*, January 2002, at
25を参照（シティバンク（Citibank）の調査員が，2002年に，高い利率のサブプライ
ム・ローンを売り付けられた者のうち，少なくとも40％が，低い利率のプライム・
ローンを受ける資格があったであろうと結論付けたことを報告している）．Willis,
前掲注(29), p.730も参照．Morgenson, 前掲注(51), p.9も参照（2006年12月に，カン
トリーワイド社が，ニュー・ヨーク市の司法長官との間で，「2004年に高いコスト
のローンを不適切に与えられた黒人とラテン系の借り手に対して填補賠償をする」
旨の合意をしたことを詳しく述べている）．

John Beshears）による研究は，借り手の不十分な賢さを，住宅担保ローン市場における商品選択に直接関連付ける．具体的には，バーグストレッサーとベシアスは，『消費者金融（理解度）調査』における金融問題に関する質問に対する回答者の理解度と，これらの回答者によって選択された住宅担保ローンとの関係につき評価をした．そして，彼らは次のことを発見した．「2004年から2007年の間に，理解度の『優秀（Excellent）』から『不十分（Poor）』への変化が，おそらく，住宅担保ローンを有する住宅の所有者が変動利率住宅担保ローンを組んでいる確率が6.6％増加したことと相関していた」．同様に，モーガン・ロウズ（Morgan Rose）による研究は，次のことを発見した．ノンバンクは，地方で，金融に関する賢さがより足りない借り手に対して，繰上返済違約金付きローンを，不釣り合いなほど多く組成している[98]．

　業界筋の情報が行動経済学に基づく説明に対してさらなる支持を与える．国立不動産仲介人協会（National Association of Realtors）は，変動利率住宅担保ローンおよび固定利率住宅担保ローンの説明書に，次のように記している．「変動利率住宅担保ローンは理解するのが困難な商品である．貸し手は，証拠金，上限，再計算指標やその他の事柄の決定に関してよりいっそうの柔軟性を有するので，賢さの不十分な借り手は，うさんくさい住宅担保ローン会社によって，容易に混乱させられたり，罠を仕掛けられたりする[99]」．

　サブプライム住宅担保ローン契約に関連するコストと便益を完全に理解することなく，これらの契約を締結した借り手が少なくとも存在していたという事実について，それを争う者はほとんどいないといえる．連邦準備制度理事会は，住宅担保ローンに対する新規制を正当化する際に，契約条項を完全には理解しないまま，「うっかりローンを承諾した」借り手の存在を引合いに出した．同様に，米国連邦議会予算局も，「サブプライム住宅担保ローンの不履行の増加はまた，借り手の中には住宅担保ローンの複雑な契約条項に

98　Daniel Bergstresser & John Beshears, "Who Selected Adjustable-Rate Mortgages?: Evidence from the 1989–2007 Surveys of Consumer Finances," (2010) *HBS Working Paper* 10-083, 4を参照．Morgan J. Rose, "Origination Channel, Prepayment Penalties, and Default," *Real Estate Economics*, 40 (2012) を参照，<http://ssrn.com/abstract=1908375>で入手可能（金融上の賢さの代用データとして，教育水準，所得および年齢を使用している）．

99　Bergstresser & Beshears, 前掲注(98), p.3を参照．

関して完全な理解を欠いたまま，返済が困難となるのが予測されるような住宅担保ローンを借り受けたという事実を反映しているのだろう」と述べている．そして，住宅都市開発省（HUD）による担保権実行危機の根本的原因に関する議会への報告は，「存在する証拠によれば，借り手の中に，〔よりリスクの高い〕ローンの真のコストとリスクを理解していなかった者がいることが示されている」と結論付けている[100]．

D．市場による是正

　人々には情報が不十分にしか提供されておらず，また，人々は不十分にしか合理的でない．しかし，大多数の市場は，これらの不十分性にかかわらず，十分にうまく機能している．市場による是正のメカニズムのいくつかは，不十分な情報および不十分な合理性の悪効果を最小化するよう機能している．サブプライム市場とAlt-A住宅担保ローン市場においても，この是正の力は存在する．しかし，次に見るように，これらの市場においては，この是正の力が弱い．このため，借り手の過誤は長い間しつこく繰り返される．貸付実務の変化は，サブプライム市場の崩壊と法改革の実施後やっと始まったばかりである．

1．需要側：借り手側による学習

　人々は過誤に陥る．大多数の人々は，また，自らの過誤から学習し，これらの過誤を繰り返さないよう学習する．学習は住宅担保ローン市場にないわけではないが，よりゆっくりしている．これは，人が生涯の間に署名する住宅担保ローン契約の数が少ないからである．借り手が住宅担保ローン関連の経験を共有するに連れて，他者経験学習（他人の過誤から学習すること）は，自己経験学習（自分自身の過誤から学習すること）を補うことができる．しかし，いずれにしても，他者経験学習は，過誤を消し去るほど十分には一般的に行われておらず，また十分に詳細でもない．概していえば，融資について

100　Truth in Lending, 73 Fed. Reg. 44,522, 44,525-26 (July 30, 2008) (codified at 12 C.F.R. pt. 226) (FRB), Hearing, 前掲注(1), p.13 (CBO), HUD Report, 前掲注(10), pp.viii, 22, 52 (HUD).

の意思決定に関する学習は，いくらよく見ても，不十分でしかない[101].

　多くの市場においては，人が自らの限界に気付き，専門家の助言を求める場合に，効果的な学習が行われる．このメカニズムもまた，住宅担保ローン市場では不完全にしか機能しない．借り手は，通常，住宅担保ローン・ブローカー（仲介業者）に助言を求める．これらのブローカーは，彼らが借り手の忠実な代理人となることを妨げるようなインセンティヴ構造に直面する．（ドッド＝フランク法の1403条がこの問題に対処する）．さらに，サブプライム住宅担保ローン契約は，いわゆる専門家でさえもしばしば間違えるほど複雑なものである．例えば，シューミット・アガルウァル，ジョン・C・ドリスコル，およびデイヴィッド・ライプソン（Sumit Agarwal, John C. Driscoll, & David Laibson）による近時の研究は，次のことを明らかにした．借換えローンに関する利用可能な専門家の助言は，繰上返済の決定を延期することのオプション価値を無視している——そうした無視によって，借り手は25％にも達するローンの価値を失いうる[102].

2．供給側：売り手側による過誤の是正と評判の効果

　競争している売り手らは，しばしば消費者の過誤を是正するインセンティヴを持つ．これは，例えば，広告を通して行われる．競争市場においても，消費者の過誤を是正するインセンティヴが常に強いわけではないが，不完全

101　意思決定が稀である場合の学習の限界については Truth in Lending, 73 Fed. Reg. 1672, 1676（January 9, 2008）（codified at 12 C.F.R. pt. 226）を参照（「情報開示それ自体が，複雑で，消費者が稀にしか行わない取引について最低限の理解を提供することはおそらくない」）．Shlomo Benartzi & Richard H. Thaler, "Heuristics and Biases in Retirement Savings Behavior," *J. Econ. Persp.*, Summer（2007）81を参照．数学や金融のような比較的抽象的な領域における学習の限界，持続するバイアスについては Thomas Gilovich et al. (eds.), *Heuristics and Biases: The Psychology of Intuitive Judgment*（Cambridge University Press, 2002）を参照．Keith E. Stanovich, "The Fundamental Computational Biases of Human Cognition: Heuristics that（Sometimes）Impair Decision Making and Problem Solving," in Janet E. Davidson & Rober J. Steinberg (eds.), *The Psychology of Problem Solving*（Cambridge University Press, 2003）291を参照．住宅担保ローン市場における持続する過誤の証拠は，学習に限界があることを立証している．前記 IV. C.（227頁以下）を参照．

102　Agarwal et al., 前掲注（63），pp.24-5を参照．

な競争市場においては，よりいっそう弱い．先に説明した通り，借り手による効率的でない買い物は，サブプライム住宅担保ローン市場における競争を阻害する．多くの市場においては，売り手の評判は，売り手が消費者につけ込むことに対する強い抑止力となる．しかし，いくつかの理由で，サブプライム住宅担保ローン市場においては，またしても評判の力はより弱い．第1に，1人の借り手が住宅担保ローンを何度も取得するということはなく，また，ローンとローンの間では比較的長期間が経過していることから分かるように，これはしばしば繰り返されるようなビジネスではない．第2に，多くの貸し手組織は比較的短命である．証券化の革新のマイナス面は，夜逃げするような無責任なローン組成者に対しても市場の扉を開いたことにある．そのような者は，失うような評判をほとんど持ち合わせておらず，また，評判を築き上げることに対して十分なインセンティヴを持っていない[103]．

V．社会厚生への影響

　ここまでで明らかにしてきた契約構造の特徴がもたらすコストはどれほどの大きさであろうか．とりわけそれらが借り手の不十分な合理性に対する応答として理解された場合はどれほどであろうか．以下では，4つの潜在的に重大となりうるコストについて見てゆく．

・第1に，複雑で多元的な契約は，サブプライム住宅担保ローン市場における競争を阻害する．
・第2に，複雑なコスト先送り契約は，市場の，残ってはいるが，弱められた力を歪め，より目立つ価格要素に関し過度に低い価格へと，また，より目立たない価格要素に関し過度に高い価格へと誘導する．
・第3に，これらの契約構造上の特徴は，不履行および担保権実行手続きに至る可能性を上昇させ，これに伴って生じるコストも増加させる——借

103　Engel & McCoy，前掲注(27)，p.2041を参照．小規模で短命な売り手の増殖は，近時の危機の間に廃業したローン組成者の数が示している．Worth Civils and Mark Gongloff, "Subprime Shakeout: Lenders that Have Closed Shop, Been Acquired or Stopped Loans," *Wall St. J. Online*, <http://online.wsj.com/public/resources/documents/info-subprimeloans0706-sort.html>を参照(2006年11月から2007年9月の間に廃業または倒産手続きを開始した80のローン組成者を列挙している)．

り手，貸し手，地域社会，そして，経済全体に対するコストを増加させる．
・第4に，ここまでで明らかにされた契約構造上の特徴は，資源分配上の問題を提起する．というのは，より弱い借り手——しばしばマイノリティ〔米国の文脈では，黒人，ヒスパニックなど〕である——に対し不均衡な負担を課すからである．

A．阻害された競争

おそらく，過度に複雑な契約に関して最もコストが高く付く結果は，競争を阻害することである．上記の通り，複雑性は，活発な競争のために必要である効率的な比較購買を妨げる．これによって貸し手が獲得する市場の力は，明らかに，借り手を犠牲にして貸し手を助けることになる．しかし，制限された競争は，非効率的な資源配分の形で，厚生コストを課す．すなわち，借り手は，最も効率的な貸し手と組み合わされない．

サブプライム住宅担保ローン市場における競争の機能不全は，過剰なコストを課す価格設定に反映されている．借り手は，現実のコストをカヴァーするためのものと称されていたローン組成手数料を支払わされたが，その額は，数百ドル，あるいは数千ドルにすら及ぶほど，現実のローン組成手数料を超過していた．また，借り手は，借り手のリスク構成が正当化する以上に高い利率を支払わされていた．最も極端な事例は，より低いコストで済む伝統的なローンを受ける資格を有するにもかかわらず，コストの高いサブプライム住宅担保ローンをつかまされてしまった借り手の事例である．サブプライム市場での利益率は，他の市場より高かったので，貸し手はサブプライム・ローンへと借り手らを誘導する強いインセンティヴを持っていた[104]．こ

104　過剰な手数料については Susan E. Woodward, U.S. Dep't of Hous. and Urban Dev., *A Study of Closing Costs for FHA Morgages* (2008) を参照．ウッドワード（Woodward）の研究は，ローン組成手数料の複雑性と多元性が効率的な比較購買を妨げ，競争を阻害し，騰貴した価格へと誘導することを明らかにした（同書）．住宅都市開発省によると，借り手は1つの住宅担保ローン当たり平均で約700ドルもの過剰な手数料を支払っており，これらの過剰な手数料は競争を促進するであろう情報開示制度を改善することによってなくすことができる．News Release, U.S. Dep't of Hous. and Urban Dev., 前掲注(61) を参照．過剰な利息については Engel & McCoy, 前掲注(27), p.2058 を参照．Howard Lax et al., "Subprime Lending: An Investigation

の問題は，連邦準備制度理事会によって明確に認識されていた．「規律が緩んだ状況の下では，不誠実なローン組成者を市場へと導き入れることになり，また，それと同時に，より無防備な借り手を市場へと誘導することにもなった．それらによって，濫用的な貸付実務の発生率が上昇するであろう．これらの濫用的行為は，そのリスク構成が適正に担保する額を超える大きな額を借り手に返済させることができるのである[105]」．

B．歪められた競争

　制限された競争によって，貸し手には，コストを超えた価格を設定することで，競争的な利潤を超える超過利潤の獲得が可能になる．しかし，たとえ借り手が，貸し手の獲得する超過利潤の全てを消し去るような，精力的な買い物に従事したとしても，なお，厚生コストが生じるであろう．なぜなら，借り手の買い物は，精力的である一方，誤った方向へ導かれたものだからである．２つの価格要素，すなわち，短期的な導入利率P_{ST}と導入期間後の長期利率P_{LT}を有する典型的な住宅担保ローン契約の例を再度考察しよう．これら２つの価格は，借り手がしなければならない２つの意思決定に対して影響を与える，すなわち，導入期間の終了後にローンから抜け出るか否か，そして，そもそもまず初めにローンを受けるか否か，である．最適な契約は，効率的な意思決定を誘導するような２つの価格を設定するであろう．借り手が合理的である場合，競争は最適な契約を生み出す．借り手が不十分にしか合理的でない場合，そうはゆかない．借り手が長期利率P_{LT}に関連するコストを過小評価する場合，競争は短期利率P_{ST}に集中し，結果として過度に低

---

of Economic Efficiency," *Housing Pol'y Debate*, 15（2004），533を参照（サブプライムの利率はリスクのみによっては正当化されえないと議論している）．Stein, 前掲注（51）を参照（借り手に対する過剰な利息のコストを29億ドルと評価している）．プライムの資格を受けることができる借り手がサブプライム・ローンで終わってしまうことについて前掲（97）を参照．Morgenson, 前掲注（51）を参照（カントリーワイド社では，プライムの資格を受けることができる借り手をサブプライム・ローンに誘導していると説明している）．

105　Truth in Lending, 73 Fed. Reg. 1672, 1675（January 9, 2008）（codified at 12 C.F.R. pt. 226）.

いP_{ST}と過度に高いP_{LT}を有する非効率的な契約に終わる[106].

これには厚生を害する2つの含意がある．第1に，過度に高いP_{LT}は，導入期間の終了後に非効率的に契約から出て行く買い手を出現させることになる．第2に，そしてより重要なことに，そもそもまず初めのローンを受けるという決定が歪められるであろう．現実の支払総額$P_{ST} + P_{LT}$は非効率な契約構造によって発生した増加コストを償うために上がる一方で，借り手によって認識された総額は下がるであろう．その結果，過剰な借入れが起きる[107].

以上の分析は，以前に検討したコスト先送りの全ての例，つまり，少額の頭金，高い融資比率，段階的に増額する返済，および繰上返済違約金に適用される．この分析は，複雑性が存在する例，すなわち，より目立たないまたは間接的に約定された価格要素が借り手により無視または過小評価される場合にも適用される．（P_{LT}がより目立たない，過小評価された価格要素に対応し，P_{ST}がより目立つ価格要素に対応する．）これらの全ての例において，不十分な合理性は，価格を歪める結果に終わる．価格が歪められた結果，コスト総額および支払総額が増加し，長期的および短期的な意思決定の両方が歪められることになる．最も重要なことには，価格が歪められた結果，ローンの実際のコストは増加する一方，ローンの見かけのコストは減少する．このことが住宅担保融資の需要を不自然に膨張させることになる．

住宅担保融資に対する需要と不動産に対する需要とが関連すると仮定すれば，ここまでで明らかにした歪められた価格は，住宅バブルにも寄与したであろうことが分かる．住宅都市開発省は，担保権実行危機の根本的原因に関する議会への報告書において，非伝統的な住宅担保ローン（コストの先送りが最も明白である）は，借り手に高価な住宅の獲得を可能ならしめることによって，住宅バブルに寄与したものと観察していた．したがって，住宅担保ローン市場における行動経済学の意味での市場の失敗は，金融危機の間接的な原因であると考えられる[108].

106　前述本書222-226頁を参照.

107　過剰な借入れは，契約構造による応答がない場合，すなわち，最適な契約のもとでさえ生じる．契約構造による応答は厚生コストを悪化させるのである．

108　HUD Report, 前掲注(10), p.24を参照(Mian & Sufi (2008), Pavlov & Wachter (2008), and Shiller (2007)による研究を参照している）．Andrey Pavlov & Susan Wachter, "Subprime Lending and Real Estate Prices," *Real Estate Econ.*, 39 (2011), 1 も

C．不履行および担保権実行手続き

　ここまでで明らかにした契約構造上の特徴は，不履行および担保権実行手続きに至る比率を上昇させる，という証拠が存在する．コスト先送り契約が不履行および担保権実行手続きに至る比率は高い．これらの不履行および担保権実行手続きに至る比率の高さは，高い融資比率，段階的に増額する返済および繰上返済違約金と結び付けられてきた．連邦準備制度理事会は，住宅担保ローンに関する新規制を擁護するに際し，次のことを認めていた．「高い融資比率(LTV)」および「変動利率住宅担保ローンによる返済ショック」を含む「リスクの高いローンの契約属性」は，「2005年から2007年初期にかけて組成されたサブプライム・ローンが重大な不履行に陥り，担保権実行手続きに至るリスクを上昇させた」．住宅および都市開発省は，担保権実行危機の根本的原因に関する連邦議会への報告書において，次のように結論付けた．「住宅担保ローンにおける不履行および担保権実行手続きの急増は，根本的には，高い不履行リスクを伴うローンの急成長の結果である．これらのローンの契約条項，およびローン引受けに関する監督と引受基準が緩んだことの両方が，ローン急成長の原因である[109]」．

参照．Atif R. Mian & Amir Sufi, "Household Leverage and the Recession of 2007–09," *IMF Econ. Rev.*, 58 (2010), 74-117と比較せよ（「2006年の世帯負債割合の増加とクレジット・カード借入れへの依存は，景気後退期の消費者の破産総数，住宅価格，失業，住宅投資，耐久財消費パタンの大きな部分を説明する」としている）．
109　契約構造の不履行および担保権実行手続きに対する影響について，一般的にはEdward M. Gramlich, "*Subprime Mortgages: America's Latest Boom and Bust*," (Urban Institute Press, 2007) 66-7を参照（住宅担保ローン契約の構造が借り手の経済的苦境と関連すると議論している）．Gene Amromin, Jennifer Chunyan Huang, Clemens Sialm & Edward Zhong, "Complex Mortgages," (2010) *FRB of Chicago Working Paper* No. 2010-17を参照（「複雑な住宅担保ローンの借り手は，同様の性質を有する伝統的な住宅担保ローンの借り手より，事後的には，かなり高い不履行率を有する」としている）．連邦準備制度理事会と住宅都市開発省による，住宅担保ローン市場における契約の構造と有害な結果との間の関係に関する評価についてはTruth in Lending, 73 Fed. Reg. 1672, 1674 (January 9, 2008) (codified at 12 C.F.R. pt. 226)を参照（連邦準備制度理事会の評価）．HUD Report, 前掲注(10), p.29を参照（住宅都市開発省の評価）．高い融資比率の影響についてはGerardi et al., 前掲注(21), p.4を参照．Sewin Chan, Michael Gedal, Vicki Been, & Andrew Haughwout, "The Role of

　担保権実行手続きに関連する厚生コストは深刻なものである．連邦準備制度理事会の議長(2006-2014)，ベン・バーナンキ(Ben Bernanke)は，次のように概算した．担保権実行手続きによる損失総額は，平均して，「元本残額の50％を超え，その中の訴訟関連費用〔弁護士費用等〕，売却費用および管理費用だけでも元本の10％以上に達した.」ある産業調査は，担保権実行手続きによる損失はローンの価値の37.5％になるとの仮定の下に，2004年から2006年までの間に組成されたサブプライムの担保権実行手続きによる損失総額は，ほぼ375億ドル〔1ドル110円として約4兆円〕になると概算した．

Neighborhood Characteristics in Mortgage Default Risk: Evidence from New York City," (2011) *NYU Working Paper*, 12 and tbls. 3, 5 を参照．段階的に増額する返済の影響については，変動利率住宅担保ローンおよび混合利率ローン(段階的に増額する返済の特徴を有する)は，固定利率住宅担保ローンと比べて，かなり高い不履行率と担保権実行手続きに至る比率を有したとする証拠が存在する．Bernanke, March 2008 Speech, 前掲注(38)を参照．Mayer et al., 前掲注(23)，p.8を参照．Chan et al, 前掲注(109)，pp.12, 26 and tbl. 3 も参照．利率再設定の影響は，当時，再設定利率の大きさを抑えるよう機能するLIBOR〔ロンドン市場の銀行間平均貸出金利〕が低率であったおかげで，そうではなかった場合と比較して，より限定されたものであった．繰上返済違約金の影響についてはDemyanyk & Van Hemert, 前掲注(1)，p.1862 (tbl. 3)を参照(不履行率と担保権実行率手続きに至る比率を説明するための回帰分析によれば，繰上返済違約金の相関係数がプラスとなることを見出している〔繰上返済違約金が不履行と担保権実行手続きを導いていると解釈できる結果である〕)を参照．Roberto G. Quercia, Michael A. Stegman & Walter R. Davis, "The Impact of Predatory Loan Terms on Subprime Foreclosures: Special Case of Prepayment Penalties and Balloon Payments," *Housing Pol'y Debate*, 18 (2007), 311, 337 を参照(LPデータ(Loan Performance data)によると，「非常に長い」，すなわち3年以上続く繰上返済違約金〔訳注：前掲注(50)および注(54)参照〕は，担保権実行手続きに至るリスクを約20％増加させることを発見している)．段階的に増額する返済と繰上返済違約金を定める住宅担保ローンの高い不履行率は(これは，固定利率住宅担保ローンと対比しての変動利率住宅担保ローンの高い不履行率のことである)，コスト先送りの特徴に内在的なリスクに一部起因し，また，コスト先送りの特徴と関連するローンの引受基準の低さに一部起因する(段階的に増額する返済を使えば，貸し手は，低い初期利率で始めても，借り手に対して融資資格を与えることができるようになる．同様に，ある説明によると，繰上返済違約金を使えば，貸し手は，より低い初期利率を適用できるようになり，したがって，よりリスクの高い借り手に対しても融資資格を与えることができるようになる)．

バーナンキの50％という数字で37.5％を置き換えれば，担保権実行手続きによる損失の概算は，387億ドルまで増える．この387億ドルの中の，元本の10％（または77億ドル）に相当する取引コスト——バーナンキが引き合いに出した「訴訟関連費用，売却費用および管理費用」——は，明らかに厚生コストである．残りは，ある部分は厚生コストであり，また，ある部分は厚生中立的な移転コストである．この移転コストの構成要素は，「担保権実行による割引」，すなわち市場価格と，担保権実行がなされた財産の売却価格との差額である〔担保権実行による売却価格は市場価格よりも低い〕．この割引による減価は，貸し手と借り手にとっては損失となるが，担保権実行がなされた財産の買い手にとっては利益となる〔がゆえに厚生中立的である〕．厚生コストの構成要素は，財産が空き家のままである場合にかかる社会的損失である——担保権実行手続きによる売却まで空き家のままであり，また，担保権実行手続きによる売却の後でさえも空き家のままであることがある．不動産市場の下落の中で，この空き家の期間も事実上長期化する[110]．

　上記の概算に含まれない，もう1種類の厚生コストは，担保権実行が近隣および都市に課す，負の外部性によって構成される．連邦準備制度理事会は，「担保権実行手続きが集中発生すると，そのことが，周辺地域における財産価値の減少によって，地域全体を傷つける」と認めている[111]．最後に，

110　Bernankeの概算に関してBernanke, March 2008 Speech, 前掲注(38)を参照．産業調査の概算に関してCagan, 前掲注(20), pp.69-71を参照．Paul S. Calem & Michael LaCourLittle, "Risk-Based Capital Requirements for Mortgage Loans," (2001) 12 (*Bd. of Governors of the Fed. Reserve Sys., Fin. and Econ. Discussion Series Paper No. 2001-60*) も参照（担保権実行手続きによる財産の処分には，未払残額の10％の費用がかかり，また，担保権実行手続きの取引費用は，未払残額の5％に及ぶと仮定している）．担保権実行による割引きについてはCagan, 前掲注(20), p.70を参照（担保権実行がなされた財産は最大30％まで値引きされて売却されると議論している）．

111　Truth in Lending, 73 Fed. Reg. 44,522, 44,524 (July 30, 2008) (codified at 12 C.F.R. pt. 226). Vicki Been, Dir., Furman Ctr. for Real Estate and Urban Policy, *Testimony before Committee on Oversight and Government Reform Subcommittee on Domestic Policy*, "External Effects of Concentrated Mortgage Foreclosures: Evidence from New York City," (May 21, 2008) 4-5を参照（ニュー・ヨークでは，最近，担保権実行手続きがとられた財産に隣接した財産は，1.8％から3.7％まで値引きされて売却さ

242

担保権実行が不動産市場の停滞と信用危機に寄与した限度での，マクロ経済に生じた瞠目すべき大きさのコストもまた，考慮されるべきである．

　借り手にとって，不履行および担保権実行手続きは，かなりの苦難を必然的に伴う．借り手は，他に融資を受ける場合に，より高い利率に直面し，融資へのアクセスも制約される．貸し手が担保権実行手続きに進んだ場合，借り手は，それまでに蓄積していた住宅資産価値の全部ないし一部も失うことになる．これに加えて，借り手は，別の家かアパートに引っ越すための取引費用を負担しなければならない[112]．

　不履行および担保権実行手続きは，貸し手に対してもコストを課す．担保権実行手続きによる売却からの純収益が未払いローン残額よりも少ない場合，貸し手は損失を蒙る．貸し手は，利率を上げることによって，部分的にはこのリスクの埋め合わせをしてきた[113]．しかし，サブプライム危機の間は，

れると報告している）．William C. Apgar & Mark Duda, Homeownership Pres. Found., "Collateral Damage: The Municipal Impact of Today's Mortgage Foreclosure Boom," (2005) も参照，<http://www.995hope.org/content/pdf/Apgar_Duda_Study_Short_Version. pdf> で入手可能．Ctr. for Responsible Lending, "Subprime Spillover: Foreclosures Cost Neighbors $202 Billion: 40.6 Million Homes Lose $5,000 on Average" (2008) も参照，<http:// www.responsiblelending.org/issues/mortgage/research/subprime-spillover.html> で入手可能．U. S. Dep't of Hous. and Urban Dev. and U.S. Dep't of the Treasury, "Curbing Predatory Home Mortgage Lending" (2000) も参照（外部性，例えば，近隣財産の価額下落，犯罪率の増加等について詳述している）．Family Hous. Fund, "Cost Effectiveness of Mortgage Foreclosure Prevention: Summary of Findings," (1998) 5 も参照（担保権実行手続きのコストは，借り手にとっては，約7,000ドル，貸し手にとっては，約2,000ドル，追加的コストが第三者に対し15,000ドルから60,000ドルかかると述べている）．Dan Immergluck & Geoff Smith, "The Impact of Single-Family Mortgage Foreclosures on Neighborhood Crime," *Housing Stud.*, 21 (2006), 851 も参照．Engel & McCoy, 前掲注(27), p.2042, n. 12 も参照．

112　Truth in Lending, 73 Fed. Reg. 44,522, 44,524 (July 30, 2008) (codified at 12 C.F.R. pt. 226) （「不履行の結果は，住宅所有者にとって過酷なものである．彼らは，担保権実行手続きに至る可能性，それまで蓄積してきた住宅資産価値の喪失，他の借受けでの高い利率，そして，融資へのアクセスの制限に直面する」）．

113　Demyanyk & Van Hemert, 前掲注(1), pp.1871-3 を参照（融資比率がより高い借り手は，過去5年の間に，不履行および担保権実行手続きに至る比率が上昇したという意味で，ますますハイ・リスクの借り手となり，また，貸し手は，このことを認識していたため，それに応じて徐々に住宅担保ローンの利率を引き上げて

このリスクの多くに価格が付けられて来なかった．事後的に生じた損失がたいへんな大きさであったことは——金融機関によるサブプライム関連の借金帳消しが数千億ドルにも達したことに反映されるように——，このリスクが事前には十分に計算されていなかったことを意味する．さらに，サブプライム市場の崩壊に続く，連邦証券取引委員会の調査は，次のことを明らかにした．すなわち，自らが引き受けたリスクに関して，極めて拙劣な理解しかしていなかった借り手が存在していたことである[114]．

　担保権実行の社会的コストを測定するに際しては，一方で，借り手と貸し手が負担するコストと，他方で，第三者——近隣に住む人々，近隣および都市——が負担するコストとを区別することが重要である．借り手と貸し手にとっては，取引の当事者が合理的である限り，担保権実行という事後に生ずるコストは，相互に有益な，事前に行ったギャンブルがハズレに終わった，ということを示すだけである．したがって，我々は，プラスの価値を事前に確保しなかった，不十分にしか合理的でない当事者だけを心配すれば足りる．そこで，以下では，第三者が負担するコストを考察する．これらのコスト——ローン契約により課される負の外部性——は，たとえ契約の両当事者が完全に合理的であったとしても，社会的コストに転換される．

D．所得分配上の問題

　契約構造はまた，所得分配上の影響をも及ぼす．富裕な借り手は，通常，サブプライム市場とAlt-A市場の参加者ではなかったにもかかわらず，サブプライム・ローンとAlt-Aローンの借り手の財産レヴェルには，大きな多様性があった．これらの契約の複雑性を考慮すれば，専門家の助言を見つけ出すだけの経済的余裕がある，より富裕な借り手は，そのような助言を見つけ出す経済的余裕のない借り手よりも，うまくやりそうである．借り手の富裕さと契約の複雑性との間のマイナスの相関——より裕福な借り手は，通常，より複雑でないプライム・ローンを獲得し，より貧しい借り手は，通常，より複雑なサブプライム・ローンまたはAlt-Aローンを獲得する——は，所得

きたとしている）．

114　サブプライム関連の借金の帳消しについては前掲注(12)を参照．連邦証券取引委員会の調査結果については前掲注(13)を参照．

分配上の新たな問題を提起する.

　「サブプライム住宅担保ローンは，黒人やヒスパニックの居住者の割合が高い場所に集中しており，しかも，借り手の居住地の郵便番号で特定される地域の所得および信用度を統計的に統制した上でも，そうであった[115]」という証拠もまた，所得分配上の問題を提起する. 金融に関する高度な知識と，効率よく比較購買する能力における格差は，マイノリティの借り手が有する比較対象オプションがより乏しかっただけのためであったとしても〔マイノリティへの差別がなかったとしても〕，大きな価格格差を生み出す. スーザン・ウッドワードによる研究は，次のことを発見した. アフリカ系アメリカ人の借り手は，手数料を415ドル余分に支払っており，ラテン・アメリカ系の借り手は，手数料を365ドル余分に支払っていた. その他の価格条項も同様に，大きな格差を示していた. 特に，「黒人の住宅所有者は，黒人でない住宅所有者よりも，非常に高い確率で，住宅担保ローン契約に，繰上返済違約金条項および風船式支払条項が盛り込まれていた. 年齢，所得，性別および信用度を統計的に統制した後でさえも，そうであった[116]」.

　性による格差もまた明らかにされてきた. 集団としての女性は，より質の

115　Mayer & Pence, 前掲注(83), p.2.

116　マイノリティが居住する地域にサブプライムが集中していることについてはMayer & Pence, 前掲注(83), p.2を参照. マイノリティの借り手が十分な比較購買をしていないことについてMichael S. Barr, Sendhil Mullainathan, & Elder Shafir, "Behaviorally Informed Home Mortgage Credit Regulation," in Eric S. Belsky & Nicolas P. Retsinas (eds.), *Understanding Consumer Credit* (Brooking Press, 2009)を参照(「低所得かつマイノリティの買い手は，金融商品を複数比較してまわる可能性が最も小さかった…」). Jinkook Lee & Jeanne M. Hogarth, "Consumer Information Search for Home Mortgages: Who, What, How Much, and What Else?," *Fin. Services Rev.* 9 (2000), 277, 283を参照. Zywicki & Adamson, 前掲注(55), pp.55-6を参照. マイノリティの借り手により支払われるより高い手数料についてはWoodward, 前掲注(104), p.ixを参照. その他の価格条項における人種に基づく格差についてはMichael S. Barr, Jane K. Dokko, & Benjamin J. Keys, "Who Gets Lost in the Subprime Mortgage Fallout?: Homeowners in Low-and Moderate-Income Neighborhoods," (April 2008) 2-3を参照, <http://ssrn.com/abstract=1121215>で入手可能. Ruben Hernandez-Murillo, Andra C. Ghent, & Michael Owyang, "Race, Redlining, and Subprime Loan Pricing," (2011)を参照, <http://ssrn.com/abstract=1881894>で入手可能.

悪い住宅担保ローン商品を受け取らされてきたとする証拠がいくつか存在する[117]. 社会経済的な地位もまた，役割を演じた．より少ない所得とより少ない教育しかない借り手は，住宅担保ローン契約の条項を理解してはいなかった．このことは，借り手が先送りされたコストや隠されたコストを非常に過小評価していたことと，より良い条項を求めて効率よく買い物をする能力が限られていたこととを意味している．より良く教育された借り手は，ローン契約のより良い条項を受け取ってきたとする証拠ももちろん存在する[118].

---

[117]　John Leland, "Baltimore Finds Subprime Crisis Snags Women," *New York Times*, January 15, 2008, p.A1 を参照．Allen J. Fishbein & Patrick Woodall, Consumer Fed. of Am., "Women Are Prime Targets for Subprime Lending: Women Are Disproportionately Represented in High-Cost Mortgage Market,"（2006）1 も参照，<http://www.consumer-fed.org/pdfs/WomenPrime TargetsStudy120606.pdf> で入手可能（女性は男性よりサブプライム・ローンを受け取りやすく，また，男性と女性の格差は所得が上昇するに連れて拡大するとしている）．Nat'l Cmty. Reinvestment Coal., "Homeownership and Wealth Building Impeded: Continuing Lending Disparities for Minorities and Emerging Obstacles for Middle-Incom and Female Borrwers of All Races,"（2006）12-14 も参照，<http://www.ncrc.org/index.php?option=com_contentandtask=viewandid=344andItemid=76> で入手可能（2005年に，女性は，低コストのプライム・ローンの28%のみを受け取ったのに対して，高コストの住宅ローンの37%を受け取ったとしている）．Prudential Ins. Co. of Am., *Financial Experience and Behaviors among Women*（2006），7 も参照，<http://www.prudential.com/media/managed/2006WomenBrochure_FINAL.pdf> で入手可能（「大半の金融および投資商品は，全女性の約半数にとってなじみがない」としている）．Annamaria Lusardi & Olivia S. Mitchell, "Planning and Financial Literacy: How Do Women Fare?,"（2008）（*Nat'l Bureau of Econ. Research Working Paper* No. 13750）も参照，<http://ssrn.com/abstract=1087003> で入手可能（より高齢の女性は，高齢者全体よりも，より低いレヴェルの金融知識（リテラシー）しか有していないとしている）．Women in the Subprime Market, Consumers Union, October 2002, <http://www.consumersunion.org/finance/women=rpt1002.htm> も参照（離婚や家族の急病から生じる，女性の信用度の不安定性と，女性は男性より所有する富が少ないという事実の両方に，男女間のいくつかの格差は起因するとしている）．

[118]　住宅担保ローン契約の条項の理解に対する所得と教育の影響については Bucks & Pence, 前掲注(95), pp.3, 20-1, 26 を参照．ローン契約の条項に対する教育の影響については Woodward, 前掲注(104)を参照（ブローカーによる，大学教育を受けていない借り手に対する申込みは，大学教育を受けている借り手に対する申込みよりも平均で1,100ドル高額であるとする）．Thomas P. Boehm & Alan Schlottmann,

　しかし，バイアスがあるとする証拠は，争う余地のないものではない．75,000以上の変動利率住宅担保ローンのサンプルを調査した，アンドリュー・ハウイツ，クリストファー・メイヤー，およびジョゼフ・トレイシー（Andrew Haughout, Christopher Mayer, & Joseph Tracy）は，導入利率と利率再計算による増分のいずれにおいても，人種，民族，または性差による差別的な価格設定がなされたという証拠はないことを発見した．しかし，著者らが認めているように，彼らの分析は利率に焦点を合わせ，ローン組成の際に，バイアスが手数料に対して影響を与える可能性には触れていない．これに加えて，彼らの分析は，借り手が差別的に〔他のローンより借り手に不利な〕サブプライム住宅担保ローン商品の方におびき寄せられた可能性を排除してもいない[119].

VI．法政策上の意義

　これまで我々が見てきたように，借り手の不十分な合理性は，サブプライ

“Mortgage Pricing Differentials across Hispanic, African-American, and White Households: Evidence from the American Housing Survey,” *Cityscape: J. Pol'y Dev. and Res.*, No. 2, （2007），9, 93, and 105 を参照（教育と利率とはマイナスの相関関係があるとする）．J. Michael Collins, “Education Levels and Mortgage Application Outcomes: Evidence of Financial Literacy,” （2009） *Institute for Research on Poverty Discussion Paper* No. 1369-09 を参照，SSRN: <http://ssrn.com/abstract=1507276> で入手可能（2005年の住宅担保情報開示法（2005 Home Mortgage Disclosure Act）に基づき，標準地域人口調査によって集められたデータによると，高いコストのローンを提供する貸し手によって報告されているように，大卒者がより高い割合で居住する地域の者は，より低い平均利率を支払っているとしている）．Annamaria Lusardi, “Financial Literacy: An Essential Tool for Informed Consumer Choice?,” （2008） 10 （*Nat'l Bureau of Econ. Research, Working Paper No. 14084*）を参照，<http://ssrn.com/abstract=1149331> で入手可能（ダナ・ムーア（Danna Moore）による2003年の研究（低い理解能力の借り手は，高いコストの住宅担保ローンを購入しがちであるとしている）を引用している）．少ない教育しか受けていない個人，女性，アフリカ系アメリカ人およびヒスパニックは，とりわけ低いレヴェルの理解能力しか有していない．同，p.1.

119　Andrew Haughwout, Christopher Mayer, & Joseph Tracy, “Subprime Mortgage Pricing: The Impact of Race, Ethnicity, and Gender on the Cost of Borrowing,” （2009） *FRB of New York Staff Report* No. 368.

ム住宅担保ローン市場におけるいくつかの契約構造の特徴を説明する．借り手の不十分な合理性は，特にそのような不十分な合理性に対する応答として設計された契約と連結する場合，重大な厚生コストを生み出す．市場による是正の力はゆっくりしすぎていて，これらの問題に対応することができないので，これらの問題の再発を防止するためには，法的介入が考慮されるべきである．情報開示規制が出発地点として正当である．最適に設計された情報開示規制は，完全な解決策ではないが，重要な差異を生じさせうる．それは，より賢い借り手が利用できる選択肢をほとんど制限することなく，より賢さの足りない借り手を助けることができる．

A．ローンの総コストの開示：非常に有望な実質年率の情報開示

　情報開示規制に焦点を合わせる最も重要な理由は，既存の強制的情報開示制度が，少なくとも理論上は，サブプライム市場とAlt-A市場における行動経済学の意味での市場の失敗に対する効果的な応答と思われるからである．それが，実質年率の情報開示であり，正直貸付法の下で，貸し手はこれを提供しなければならない．実質年率は，ローンの総コストに関する標準化された指標である．貸し手は，借り手がローン契約の下で支払いを義務付けられる種々の価格と手数料の全部を，単一の総計たる「ファイナンス・チャージ（融資手数料）」として合算し，この総額をドルで開示するよう義務付けられる．そして，比較購買を促進するために，貸し手は，このファイナンス・チャージを，ドルで表示された総額から実質年率に翻訳し，この数字をも開示するよう義務付けられる[120]．

　総コスト，とりわけ実質年率の情報開示の重要性は，2010年のドッド＝フランク法の第XIV編として制定された，住宅担保ローン改革および略奪的貸付禁止法（Mortgage Reform and Anti-Predatory Lending Act, enacted as Title XIV of the Dodd-Frank Act of 2010）によって再確認された．ドッド＝フランク

120　Truth in Lending Act, Pub. L. No. 90-321, § 107, 82 Stat. 146, 149 (1968)（codified as amended at 15 U.S.C. § 1606 (2006)）を参照（実質年率を定義している）．Truth in Lending Act §§121-31, 82 Stat. at 152-57（codified as amended at 15 U.S.C.§§1631-49 (2006)）を参照（実質年率の情報開示を義務付けている）．Renuart & Thompson, 前掲注(19), p.217 も参照（「連邦議会は，実質年率を，ローンを購入する際に消費者が焦点を合わせやすくするため，単一の数値となるよう設計した」）．

法の1419条は，いくつかの準総コストの情報開示(quasi-total cost disclosure)
を義務付けている．すなわち，債権者らは，借り手がローンの期間を通じて
支払うであろう利息の総額，ローンに関連する住宅担保ローン組成者に対
して支払う手数料の総額，および文書内容確定(settlement)サーヴィスに対
する支払額を開示しなければならない．これらが，「準総コストの情報開示」
と呼ばれる．それらが，単一の，現実の総コストの数字を開示する代わり
に，種類(諸利息，諸手数料および文書内容確定のためのコスト)ごとに，総
コストを計算するものだからである．

　ドッド＝フランク法における連邦議会の直接の委任に基づき，消費者金
融保護局により作成された規制のための新書式は，実質年率に対して重要な
地位を与える．消費者金融保護局によって試行されている書式は，総コスト
の情報開示の鍵として実質年率を含んでいる．つまり，住宅売買契約締結手
続きのコストの見積りとともに，実質年率をその目玉とする「比較」条項を
含んでいる．この書式は，次のような注意さえしている．「この情報を活用
して，本ローンを他のローンと比較して下さい[121]」．

　現実の総コストの情報開示，とりわけ実質年率の情報開示は，2つの理由
により，不十分な合理性の影響に対する強力な解毒薬としての働きをする．
第1に，実質年率は，サブプライム住宅担保ローン契約の複雑性や多元性に
対し，有効な応答を提供するであろう．貸し手は，借り手に対し，ローンの
総コストを計算し，開示するよう義務付けられる．この手近にある標準的な
指標を用いて，借り手は，2つの異なる複雑なローン契約の総コストを比較
することができる．全ての料金と手数料とを合わせ，それらを単一の総計価
格に織り込んだ実質年率は，借り手の認識不足——限られた注意力，記憶
力，および処理能力——を関係のないものとする．第2に，実質年率は，コ
スト先送り契約を生み出す近視眼性および楽観主義に対し，有効な救済を提
供する．実質年率は導入期間中の短期利率と導入期間後の長期利率の合成物
であり，長期的なコストと短期的な便益の両方をとらえているので，コスト

121　Dodd-Frank Act, Sec. 1032 (f)を参照(消費者金融保護局に対し，新しい開示方
　　式を開発せよと指示している)．CFPB, Know Before You Owe Initiative <http://www.
　　consumerfinance.gov/knowbeforeyouowe/>を参照．

先送り契約の誤った魅力を暴くものである[122].

　借り手の不十分な合理性を克服したり，迂回したりすることによって，実質年率の情報開示は，我々が既に探究した，多くの契約構造上の特徴の利用を抑圧することにもなる．複雑性と，特に「ジャンク手数料」の蔓延を考えよう．目立たない手数料を加算することは，貸し手にとって有利である．なぜなら，不十分にしか合理的でない借り手は，それらを無視するからである．しかし，これらの手数料が実質年率に包含され，また，借り手が低い実質年率を求めて買い物をする場合，貸し手がより多くの手数料を山と積むインセンティヴは消滅する[123]．同様に，コストの先送りは，貸し手にとって魅力的な戦略であった．なぜなら，近視眼的かつ楽観的な借り手は長期的なコストに十分なウェイトを置かないからである．借り手が実質年率を手引きとして見る場合，かつ，実質年率の計算が短期的および長期的コストの両方に適切なウェイトを割く場合，貸し手は，コストを先送りするインセンティヴを持たない．

　実質年率の情報開示はうまく機能する，との証拠が既に存在する．多くの借り手は，実質年率を探索し，その情報開示に基づく比較購買をする必要を熟知している．このことは，競争の強化と料金の低下を導く[124]．実質年

122　複雑性に対する解毒薬としての実質年率についてはRenuart & Thompson, 前掲注(19)，p.214を参照(包括的な，手数料を含む実質年率は，複数の手数料を自身では合計することができない，不十分にしか合理的でない消費者を助けるであろうと議論している)．短期利率と長期利率の合成物としての実質年率については12 C.F.R. § 226.17 (2008)を参照．Official Staff Commentary § 226,17(c)(1)-(10)を参照．

123　Bd. of Governors of the Fed. Reserve Sys. and U.S. Dep't of Hous. and Urban Dev., *Joint Report to the Congress Concerning Reform to the Truth and Lending Act and the Real Estate Settlement Procedures Act* (1998) 9 を参照, <http://www.fedralreserve.gov/boarddocs/press/general/1998/199880717/default.htm>で入手可能(「実質年率の考え方は，諸手数料が実質年率の計算に含まれなければならないとする限りにおいて，隠されたまたは「ジャンク手数料」を抑止する」)．

124　消費者の実質年率の利用についてLee & Hogarth, 前掲注(116)，p.286を参照(住宅ローンを借り換えた住宅所有者の78％が，実質年率に基づいて比較購買をしたと報告している)．Jinkook Lee & Jeanne M. Hogarth, "The Price of Money: Consumers' Understanding of APRs and Contract Interest Rates," *J. Pub. Pol'y*

率は不十分な合理性との戦いに勝利しているとする証拠さえ存在する．特に，ヴィクター・スタンゴとジョナサン・ジンマン（Victor Stango と Jonathan Zinman）は，次のことを明らかにしている．バイアスに最も毒された消費者——返済計画にある実質年率をひどく過小評価する消費者——も，正直貸付法に基づく情報開示が一貫してなされる市場で借りる場合，融資に対して払い過ぎることはなく，他方，これらの同じタイプの消費者は，正直貸付法に基づく情報開示が一貫してなされない市場では，バイアスにそれほど毒されていない消費者よりも，利息に関して，ベーシス・ポイントで300から400〔＝3％から4％〕も多く支払っている[125]．

B. 実質年率の情報開示の失敗

　実質年率の情報開示の一定以上の成功にもかかわらず，次のことは広く一致を見ている．実質年率は，その大きな可能性に十分に応えてきておらず，また，現行の情報開示体制は，借り手を保護し，効率的な市場を確保するこ

---

and Marketing, 19（1999），66, 74を参照（人口の70％以上の人々が，一括払い融資（closed-end credit）を受けた際に実質年率を利用していると報告している）．Renuart & Thompson, 前掲注(19)，p.189を参照（「正直貸付法に基づく情報開示は，融資のコストの鍵となる指標としての実質年率に注意を向けるよう消費者を教育する際に，非常に有効に機能してきた」）．実質年率が競争促進に向けて果たす役割についてはRep. No. 96-368, p.16（1979），reprinted in 1980 U.S.C.C.A.N. 236, 252を参照（消費者の間での実質年率に対する認識の高まりと，最高の利率を課す貸し手の市場占有率の大幅な減少とは，正直貸付法の成果であると評価している）．Randall S. Kroszner, Governor, Bd. of Governors of the Fed. Reserve Sys., Speech at the George Washington University School of Business Financial Services Research Program Policy Forum: "Creating More Effective Consumer Disclosures,"（May 23, 2007)を参照，<http://www.federalreserve.gov/newsevents/speech/Kroszner20070523a.htm>で入手可能（正直貸付法に基づく情報開示義務，とりわけ実質年率の情報開示は，「一般には，競争を増進し，消費者個々人を助けてきたと信じられている」（Bd. of Governors of the Fed. Reserve Sys., Annual Percentage Rate Demonstration Project（1987)を引用している））．

125　Victor Stango & Jonathan Zinman, "Fuzzy Math, Disclosure Regulation and Credit Market Outcomes"（2007）*Tuck Sch. of Bus. Working Paper* No. 2008-42, <http://ssrn.com/abstract=1081635>で入手可能.

とに失敗してきた——特に，サブプライム市場とAlt-A市場において失敗が著しい[126]．それはなぜだろうか．その答えは，実質年率がその大きな約束を果たすのを妨げている，いくつかの欠陥に見出される．

　第1に，実質年率の情報開示は，しばしば，遅きに失する．貸し手は，ローン取引締結（契約締結）まで，拘束力のある実質年率——つまり，情報開示後は変更することができないもの——の情報開示を義務付けられていなかった．借り手によるローンの購入に際して，貸し手は，ローンの申込みを受けた後3日以内に実質年率の誠実な見積りを開示することを義務付けられていた．しかし，貸し手は，この見積りに拘束されなかった．かくて，借り手は，ローンの購入の途中でこれを信頼することができなかった．これに加えて，実質年率の見積りは，しばしば，かなりの額の申込手数料が支払われた後になってやっと提供された．当然のことながら数多くの申込手数料を支払いたくない借り手は，比較購買のために，この見積りを利用することができなかった．借換えローンの際は，状況はさらに悪くなる．貸し手は，住宅売買契約締結以前には，いかなる情報開示も義務付けられていなかったからである．住宅売買契約締結時点でしか拘束力のある実質年率を開示しなくてもよいとすることは，実質年率を基礎とする比較購買を抑制することになる．住宅売買契約締結段階まで進んだ借り手のほとんどは，実質年率をやっと知った後となれば，その段階でローン文書への署名を拒絶して再び買い物を始めたりはしない．（ある1つのローンの実質年率を，競合するローンの

126　実質年率の成功を示す証拠は，プライム市場に限って存在している．前掲注（124）と注（125）を参照．Patricia A. McCoy, "Rethinking Disclosure in a World of Risk-Based Pricing," *Harv. J. on Legis.*, 44 (2007), 123, 126, 138-9 も参照（プライム市場における活発な競争と，正直貸付法に基づく情報開示がこの競争を有効に促進していることを述べている）．プライムではない市場における正直貸付法に基づく情報開示体制の全般的な失敗については，例えば，GAO AMP Report, 前掲注（26），p.21を参照（現行の情報開示義務は，「より複雑な商品に対処するよう設計されていない，例えば〔代替住宅担保ローン商品〕」，と述べている）．Edward L. Rubin, "Legislative Methodology: Some Lessons from the Truth-in-Lending Act," *Geo. L.J.*, 80 (1991) 233, 236を参照（情報を求めて行う買い物は，「〔正直貸付法に基づく情報開示〕の恩恵がなくとも完全にうまく〔買い物を〕成し遂げるであろう高収入の消費者」に限定されていると述べている）．

実質年率と比較するために，借り手は，前者のローンと同様に後者のローンについても契約締結段階に進まなければならない点に注意してほしい[127].)

　実質年率がその可能性に応えることができていない第2の理由としては，それがローンに関する総コストの指標を提供することを意図する一方で，実質年率は，実際のところ，数多くの価格要素を除外していることが挙げられる．例えば，権原保険料，権原調査料，財産調査料，査定料，信用報告料，文書調製料，公証料，洪水調査および害虫調査料，売り手から貸し手に支払われる通常1％の手数料，繰上返済違約金，遅延損害金が除外されている．これらの価格要素を除外することにより，実質年率は，ローンの総コストを過小評価していることになる．さらに，この除外は，貸し手による戦略的な価格設定を招く．ある特定の価格要素が実質年率から除外される場合，貸し手は，ローンのコストをこれらの除外された価格要素にシフトさせることにより利益を得るであろう[128]．以上の問題は，実質年率の有効性を浸食する．実質年率がローンの総コストを算定しないために，借り手は実質年率に焦点をそれほどは合わせなくなる．にもかかわらずローンの比較のために実質年率を用いようとする借り手は，おそらく，より低い実質年率を高らかに謳いながらも，全体としてより多くのコストがかかる商品を購入するはめに終わるであろう．

　第3の欠陥として，実質年率の情報開示は，繰上返済オプションを計算し

127　McCoy, 前掲注(126), pp.137-43を参照．Willis, 前掲注(29), pp.749-750も参照．FTC Comment, 前掲注(31), pp.11-12. 例外は，拘束力のある早期の開示が義務付けられている住宅所有権持分権保護法(Home Ownership and Equity Protection Act: HOEPA)の下でのローンであった．McCoy, 前掲注(126), p.141を参照．

128　実質年率から除外されている価格要素に関してはComptroller of the Currency, *Truth in Lending: Comptroller's Handbook* (2006) 98を参照，<http://www.occ.treas.gov/handbook/til.pdf>で入手可能(実質年率は遅延損害金，権原保険料，権原調査料，財産調査料，査定料，信用報告料，文書調製料，公証料，洪水調査および害虫調査料，売り手から貸し手に支払われる通常1％の手数料を含まないと定めている)．Willis, 前掲注(29), pp.744, 747, 750を参照(実質年率はローン組成料を含むが，利率の段階的な上昇，繰上返済違約金，遅延損害金，権原保険，申込料金，評価料，文書調製料を含まないと述べている)．戦略的な価格設定を招くことについてはRenuart & Thompson, 前掲注(19), pp.185, 221を参照．Zywicki & Adamson, 前掲注(55), p.71を参照．

ていない点が挙げられる——近時の住宅担保貸付けの拡大の中で，サブプライム・ローンとAlt-Aローンの価額に対して劇的な影響を及ぼすオプションである．繰上返済オプションは，伝統的なプライム・ローンの価額に対してでさえも重大な効果を及ぼす[129]．低い利率の導入期間が終わる前に繰上返済をする計画の下に受けたサブプライム・ローンやAlt-Aローンに対する繰上返済オプションの影響はよりいっそう大きい．150,000ドルの2-28混合利率ローンで，初めの2年間の毎月の返済額が1,000ドル，残りの28年間の毎月の返済額が1,500ドルのローンを考えよう．このローンの実質年率は，繰上返済オプションを無視すれば，10.74%である．利率が再計算される2年後より前に，借り手が30年の固定利率住宅担保ローンで，毎月の返済額が1,000ドルの借換えローンを受けられると仮定すれば，実際の実質年率は7.19%となる[130]．このように魅力的な繰上返済オプションの効果は大きいものがある．

　さらに，繰上返済オプションは，様々な契約構造に対して様々な影響を及ぼすため，繰上返済オプションを無視する実質年率は，様々なローン商品間の比較を歪めうる．繰上返済オプションの存在によって，それを計上していない実質年率の開示は，たとえ単純なローン契約であったとしても誤解を招きやすいものとなる．ここで2つのローン，ローンAとローンBを比較しよう．繰上返済のないローンAについては，そのローンに関する総コストがより低いことを反映して，その実質年率がより低くなるかもしれない．し

129　繰上返済オプションの除外についてはHUD-Treasury Report, 前掲注(19)，p.66を参照(「実質年率は早期の完済を計算しない」と述べている)．この問題は，(消費者金融保護局: CFPB)によって考案されつつある新しい開示方式においても解消されていない．にもかかわらず，この方式での実質年率の情報開示の後に以下の記載がされている．「この実質年率は，今後30年にわたる，あなたのローンのコストを表すものである」CFPB, Know Before You Owe Initiative, <http://www.consumerfinance.gov./knowbeforeyouowe/>を参照．繰上返済オプションがローンの価額に対して及ぼす影響についてはAgarwal et al., 前掲注(63)，p.28を参照(繰上返済の意思決定のために誤ったルールを用いると，10万ドルの住宅担保ローンに対して26.8%の影響力があると算定している．繰上返済オプションを全て無視すると，その影響力はより大きい)．

130　実際の(繰上返済をしないときの)実質年率および実際の(繰上返済をするときの)実質年率は，APRWIN (Ver. 6.1.0)を用いて計算されたものである．

254

かし，繰上返済があることを反映して，ローンBの総コストの方がより低くなったとしてもおかしくはない[131]．複雑な契約における一連の様々な条項が様々に繰上返済オプションと相互作用する場合，以上の問題はさらに悪化する．

繰上返済オプションの価値に対して影響を及ぼすことが最も明白な契約条項は，繰上返済違約金である．多くの者が繰上返済違約金に関して懸念を表明し，またその使用はドッド＝フランク法によって事実上制限されてきた[132]．繰上返済違約金が実質年率に組み込まれていないため，借り手はローンの総コストに対する繰上返済違約金の効果を過小評価するのではないかとの虞れがある[133]．この懸念は根拠の確かなものであるが，しかし，問題のたった1つの局面しか扱っていない．これらの繰上返済違約金に関する批判の焦点は，借り手が実際に支払う違約金と，これらの支払いに関する借り手の過小評価とに集中している．これらの批判は，繰上返済オプションの価値に対する繰上返済違約金の効果を無視している．さらに，繰上返済違約金は，事後的には，たとえそれが支払われなくても，事前的には，繰上返済オプションの価値を下げる．

繰上返済オプションを無視する実質年率は，完全に合理的な借り手がどのような買い物をするかを決定するに際し，不十分な役割しか果たさないであろう．それは，繰上返済オプションの価値を過大評価する，不十分にしか合理的でない借り手がどのような買い物をするかを決定するに際し，よりいっ

131　特に，繰上返済オプションを無視することによって，実質年率は，契約締結時点で発生するローン組成料（実質年率計算に含まれるもの）の重要性を過小評価することになる．Renuart & Thompson, 前掲注(19), p.231を参照．このことは，ローン組成料の蔓延の，もう1つの説明となるであろう．

132　Pub. L. 111-203, Sec. 1414. Truth in Lending, 73 Fed. Reg. 44,522, 44,551（July 30, 2008）（codified at 12 C.F.R. pt.226）も参照．

133　Truth in Lending, 73 Fed. Reg. 44,522, 44,525（July 30, 2008）（codified at 12 C.F.R. pt. 226）を参照（「サブプライム・ローンは繰上返済違約金条項を持つことがよりいっそう多い．実質年率が繰上返済違約金の価格を反映しないために，消費者は自分で，数式を用いて繰上返済違約金の額を計算するとともに，違約期間中に引越しをしたり借換えをする可能性を評定しなければならない．このような意味において，またその他の意味において，サブプライム商品は消費者にとって複雑なものとなる傾向がある」）．

そう不十分な役割しか果たさないであろう．不幸なことに，この実質年率の計算における繰上返済オプションの無視という欠点は，たとえ正直なブローカーやローン会社の担当者であっても，借り手の注意を実質年率の開示から逸らすことを可能にする．例えば，コスト先送りローンにおける実質年率は，当初の導入感謝利率よりもずっと高いであろう．ローン組成者は，借り手が，高い実質年率ではなく，低い導入感謝利率に焦点を合わせることを望んでいる．これらのブローカーやローン会社の担当者は，借り手に対し，次のように告げても正直であり続けることができる．すなわち，あなた〔借り手〕は，たぶん繰上返済をして，30年という名目上のローン期間が終わるより相当以前にこのローン契約から出て行くであろうし，したがって，あなた〔借り手〕にとって，30年間ローンの返済をし続けることを前提とした実質年率は，ほとんど注目するに値しないのですよ．

　実質年率の情報開示は失敗したといえる．実質年率の情報開示は，しばしば，借り手による異なるローン商品間の選択を助けるには，開示が遅すぎた．数多くの価格要素を除外することによって，また，繰上返済オプションを無視することによって，実質年率は，ローンの総コストに関する正確な指標を提供するという，その宣言された目的に応えることができなかった．結果として，借り手は実質年率を見捨て，その結果，実質年率は，サブプライム住宅担保ローン市場において，比較購買における注目一致点（フォーカル・ポイント）たることを止めた．結果として，借り手と社会全般に対して生じたコストは重大であった．

　先に言及したように，実質年率は，不十分な合理性の悪影響を改善する可能性を有する．しかし，実質年率は，不十分にしか合理的でない借り手が実質年率を頼りにする場合にのみ，借り手の不十分な合理性に対して有効に応答できる．しかしながら，多くの借り手は，実質年率を頼りにしなかった．

C．実質年率の情報開示制度の修正

　借り手の不十分な合理性を補正する実質年率の情報開示の可能性を考慮すれば，実質年率問題の是正は政策立案者にとって優先事項たるべきである．事実，適時開示の問題は，近時の法改正によって，すでに対処され，かつ部分的には解決された．特に，連邦準備制度理事会の新規制は，貸し手に対し，借り手によるローン申請の提出後3日以内，かつ，〔借り手に対し〕い

かなる手数料も課す前に，新規購入ローンおよび借換えローンの両方について，実質年率の開示を義務付ける．さらに，住宅および経済回復法は，貸し手に対し，以前に開示した実質年率が「もはや正確でない」場合には，ローン取引締結の3日前に，最新の実質年率を開示するよう義務付ける[134]．

　これらの近時の制定法および規制による対応は，適時開示の問題を縮小させたが，しかし解決にまでは至っていない．2つの問題が残っている．第1に，貸し手は，借り手によるローン申込みの受領後もなお，低い実質年率を開示し，後で，より高い実質年率を開示することができる．借り手は，比較購買のためにローン申込み段階の実質年率を利用することには慎重とならざるをえない．なぜなら，この実質年率は変更されうるからである．住宅売買契約締結の3日前，すなわち，最新の実質年率が提示される時点は，効率的な比較購買にとっては，既に遅すぎる．第2に，これらの改善された適時開示ルールの強制は不十分である．具体的には，控訴裁判所の中には，正直貸付法の民事損害賠償責任条項を，〔実損額の証明が不要な〕法定損害賠償の適用を排除するものであると解釈してきた．このため，借り手は，現実の損害を賠償請求しなければならず，また，開示情報を信頼したことによって生じた現実の損害を証明しなければならない——このことは損害の回復に対する大きな障害となる[135]．連邦議会と連邦準備制度理事会は適時開示の問題を縮

134　Truth in Lending, 73 Fed. Reg. 44,522, 44,590-92（July 30, 2008）（codified at 12 C.F.R. pt. 226）を参照．Housing and Economic Recovery Act of 2008, Pub. L. No. 110-289, § 2502 (a), 122 Stat. 2654, 2855-57 (codified at 15 U.S.C. § 1638 (b) (2))を参照．

135　貸し手が低い実質年率を設定し，住宅売買契約締結の3日前にこれを引き上げることに対する懸念についてはKathleen C. Engel & Patricia A. McCoy, "A Tale of Three Markets: The Law and Economics of Predatory Lending," *Tex. L. Rev.*, 80（2002），1255, 1269を参照（貸し手は，誠実な見積りにおいて（Good Faith Estimate: GFE）過誤（実質年率の過誤を含む）を犯しても，責任を負わないことを指摘している）．さらに，貸し手が住宅売買契約締結の3日前に提供した最新の実質年率を，その後ローン契約締結の前に再び変更することができるかについては，制定法の文言からは明らかではない．正直貸付法の民事損害賠償責任条項，15 U.S.C. § 1640 (2006)に関する狭い解釈については，例えば，*Dykstra v. Wayland Ford, Inc.*, 134 F. App'x 911（6th Cir. 2005）; *Baker v. Snny Chevrolet, Inc.*, 349 F.3d 862（6th Cir. 2003）; *Brown v. Payday Check Advance, Inc.*, 202 F.3d 987（7th Cir. 2000）; *In re Ferrell, 358 B.R. 777*（B.A.P. 9th Cir. 2006）を参照．他の裁判所は，正直貸付法の民事損害賠

小させたことについて褒められるべきであるが，なおより多くのことが行われうるし，行われるべきである．拘束力のある実質年率の情報開示はもっと早い時点で義務付けられるべきであり[136]，また，正直貸付法の民事損害賠償責任条項は強化されるべきである．

　第2の主要な実質年率をめぐる問題，つまり包括性がないことについては，対処されてこなかった．実質年率の目的は，ローンの総コストに関する統一の指標を提示することにあった．現行の実質年率は数多くの価格要素を除外し，かくて，ローンの総コストを示すことができていない．我々の分析は，最近になってエリザベス・リニュアートとダイアン・トンプソン（Elizabeth Renuart & Diane Thompson）によってなされた，より包括的な実質年率を創造すべきであるとする提案を支持するものである[137]．現行の実質年率の定義から除外されているいくつかの価格要素は，実質年率に容易に加算されうる．その他のものは，コストをかければ，実質年率に加算されうる．例えば，全く自由選択のサーヴィスの価格を実質年率に加算することは，ある1つの住宅担保ローンに対して，複数の実質年率を生み出し，借り手を助けるというよりはむしろ，借り手を混乱させる可能性がある．偶発的な価格，例えば遅延損害金や繰上返済違約金を加算することには，異なるコスト

償責任条項に関してより広い解釈を採用してきた．例えば，*Bragg v. Bill Heard Chevrolet, Inc.*, 374 F.3d 1060（11th Cir. 2004）を参照．

136　HUD-Treasury Report, 前掲注(19)，p.67を参照（ローン組成者は，実質年率などについての，正確な，法定の誤差の範囲内の，誠実な見積りを提供するよう義務付けられるべきであると提案している）．しかし，以下のことは認識されるべきである．すなわち，より早い時期に実質年率を固定することは，利率変動のより大きなリスクを貸し手に課すことになり，この付加されたリスクは，少なくとも部分的には，借り手に転嫁されるであろう．比較購買のための注目一致点として実質年率を必要とする借り手ならば，このような帰結を快く受け入れるであろう．McCoy, 前掲注(126)，p.138と比較せよ（プライム市場では，貸し手は拘束力のある実質年率の開示を義務付けられていないにもかかわらず，それでも固定された実質年率の開示がよく見られると論じている）．

137　Renuart & Thompson, 前掲注(19)，HUD-Treasury Report, 前掲注(19)，p.69も参照（「ローンの全てのコストを実質年率に包含することを義務付けるように」法を改正すべきであると提案している）．Eskridge, 前掲注(19)も参照（20年以上も前に，より包括的な実質年率を提案していた）．

がかかる．これらの偶発的な価格は，手数料の引き金を引く偶発事態が現実化する確率の平均値を予測することによって初めて，実質年率に組み込むことができる．この平均予測に基づく実質年率は，多くの借り手にとっては不正確なものであろう．もちろん，現行の実質年率も，多くの借り手にとっては不正確なものである．なぜなら，これらの偶発的な料金の引き金が引かれる確率をゼロと仮定しているからである．より包括的な実質年率が必要であることは当然の前提として，価格要素の中には，それらを包含するか否かの決定に，周到な費用便益分析が要求されるものもある．

　第3の実質年率問題は，無視された繰上返済オプションである．これもまた政策担当者によって対処されてこなかったし，研究者の注意さえ免れてきた．合理的にせよ非合理的にせよ，借り手が，導入期間後の長期的な高いコストを，借換えローンを受けることで回避できると期待した場合，彼らは，繰上返済オプションを含んでいない実質年率を無視することになろう．したがって，繰上返済オプションを実質年率の計算に組み込もうと考えることは有益である．確かに，繰上返済の可能性を計算するのは，容易なことではない．繰上返済の可能性とタイミングを予測しなければならず，同様に借換えローン契約の条項も予測しなければならない．これらの予測は，将来の住宅価格（主要都市における統計上の地域ごと）と利率の予測に基礎を置く必要がある．これらの将来の市況は，特定の借り手に利用可能な借換えローン・オプションを予測するために，予測された借り手とローンの性質，例えば，将来のFICOスコア（FICO社が提供する消費者の信用度の共通基準），将来の所得，将来の融資比率などと組み合わされる必要がある[138].

　これらの予測は，必然的に，一連の仮定の上に基礎を置く．仮定を用いることは情報開示規制にとって新しいことではないが，仮定の選択において，ある程度の恣意性は不可避であること，そして，選択された仮定が全ての借り手の状況を完全に反映するものではないことが認められてしかるべきである．しかし，正確な予測をすることの困難さは，誇張されるべきではない．

138　とりわけ将来の融資比率を予測することは難問である．この予測は，現行の融資比率，契約上明記された支払計画，繰上返済違約金——これは新しいローンによって賄う必要がある——，そして，予測された将来の住宅価額に基礎付けられるであろう．

住宅担保ローン産業は既に精緻な評価手法を採用し，特定の住宅とローンの特質とに合わせて仕立てた予測をしている[139]．これらの予測を用いて繰上返済オプションに関する計算を行った実質年率の情報開示は，かくて，貸し手と借り手の間の情報の非対称性を縮小させるであろう．より重要なことに，この情報開示は，借り手の実質年率に対する信頼を回復させることができる．こうして，不十分な合理性の影響を打ち消す実質年率の潜在能力を活用することができるようになる[140]．

　最適に設計された実質年率でさえも完全でないということは，押して言うに値する．住宅担保ローンの多元性を1次元の基準によって完全に捕捉することは不可能である．この避けて通れない限界は，しかし，実質年率の情報開示の社会的な価値を減ずるものではない．複雑性と多元性に対処できる賢い借り手は，実質年率だけに頼らないであろう．実質年率だけに，または主

139　予測および予想は，住宅担保ローン産業において一般的に用いられている．例えば，Cagan, 前掲注(20)を参照．Sherlund, 前掲注(72), p.11を参照（「私は，ファニィ・メイ社およびフレディ・マック社の2008年6月の月々の経済見通しから，住宅価格，利率および失業率予想を引き出す…」）．W. Miles, "Boom-Bust Cycles and the Forecasting Performance of Linear and Non-Linear Models of House Prices," *J. Real Est. Fin. and Econ.*,, 36 (2008), 249と比較せよ（競合する住宅価格を予測するためのモデル間の力を比較している）．将来の市場は，価格の軌跡を予測する助けとなるよう用いられうる．そして，精緻な評価アルゴリズムは，特定の住宅と特定のローンの予測をよりきっちり立てるのに用いられうる．Cagan, 前掲注(20), p.5を参照（評価のアルゴリズムを説明している）．Philip Bond, David K. Musto, & Bilge Yilmaz, "Predatory Mortgage Lending," (2008) *FRB of Philadelphia Working Paper* No. 08-24も参照，SSRN: <http://ssrn.com/abstract=1288094>で入手可能（貸し手の有する大量の情報（特定の性質を有する借り手によって締結された，特定の種類の住宅担保ローン契約の履行実績に関する情報を含む）について説明している）．

140　本文に提示した繰上返済オプションを計算に組み込んだ実質年率の開示は，合理的な借り手をも手助けする．今のところ，これらの借り手は，繰上返済オプション（または魅力的な繰上返済オプションに出合う可能性）の価値を，自分自身で計算しなければならない．これはコストがかかる作業である．そして，借り手の中には，この作業をなしで済ませようと決心する者も出てくるであろう．本文に提示した繰上返済オプションを計算に組み込んだ実質年率の開示は，計算のコストを節約し，あるいは，この作業をなしで済ませる借り手にとっては，繰上返済オプションに関する不確実性を下げることになろう．

に頼る者は，より賢くなく，実質年率の開示がなければ，より不正確な〔実質年率の〕代用品にさえも頼るような借り手であろう[141].

結論

サブプライムがブームであった数年間，サブプライム住宅担保ローン契約とAlt-A住宅担保ローン契約は複雑で，多元的なものであり，しばしば将来へとコストを先送りするものであった．この契約の構造は，借り手の不十分な合理性に対する市場の応答として説明されうる．この市場の失敗による厚生コストは，重大なものであった．競争は阻害され，かつ，歪められ，資源の非効率的な配分を帰結した．不履行および担保権実行手続きに至る割合は上昇し，借り手，貸し手，地域，都市，そして経済全体に対してコストを課した．所得分配上の問題も浮上した．

本章では，実質年率の情報開示を再活性化することによって，サブプライム市場とAlt-A市場における帰結がどのように改善されうるかを探求した．実質年率は，ローンの総コストに関する共通の指標を提供することによって，不十分な合理性に対する有効な解毒薬としての働きをする．しかしながら，実質年率は，種々の住宅担保ローン商品から選択している最中に借り手が実質年率に焦点を合わせる場合にのみ，機能することができる．サブプライム市場とAlt-A市場においては，借り手の大部分が実質年率を見捨てた．しかし，これは変えられる．実質年率が十分に早く開示されるならば，そして，ローンの総コストに関する包括的な指標を提供するよう再設計されるな

141　実質年率の限界は，たとえ最適に設計された場合でさえも，補完的な手法を考えるに値することを示している．例えば，消費者金融保護局は，ウェブ・ベースの住宅担保ローン・サーチ・ツールのスポンサーとなることができるであろう．本ツールは，借り手に対し，ローン引受けに関連する情報を求め，そして，（最良の貸し手からの）最良の選択肢のリストを提案するであろう．さらに，それらの最良の選択肢，または少なくともそれらのうちのいくつかは，実質年率だけに頼っていては拾い上げられなかったようなもの〔選択肢〕であろう．John Lynch, *Consumer Information Processing and Mortgage Disclosures* (2008) と比較せよ，<http://www.ftc.gov/be/workshops/mortgage/presentations/Lynch_John.pdf>で入手可能（「地域における最良の選択のための，個人向け審査代行ウェブサイト」を提案している）.

らば，借り手は再び実質年率に頼るようになるだろう．このために，連邦議会と消費者金融保護局は，実質年率の定義から除外される価格要素の数を最小化し，また，実質年率の計算に繰上返済オプションを組み込むことを検討すべきである．これらの提案の実施によって借り手の実質年率に対する信頼の回復に成功した場合，サブプライム市場とAlt-A市場は，不十分な合理性と戦うことができるという固有の能力を有する実質年率から，利益を得ることが可能となろう．

　次のことは銘記されるべきである．すなわち，ドッド＝フランク法は，住宅担保ローンに関する情報開示体制の改善に向けて重要な方策を講じているのに加えて，情報開示以上の対策へと動いている．具体的には，同法は，上述したコスト先送りの特徴のいくつかを標的にしている．同法は，貸し手が借り手の返済能力を証明するように義務付けているが(1411条)，そこでの返済能力の要件に関して貸し手のためのセーフ・ハーバー（免責ルール）を設定している．すなわち，一定の要件を満たした住宅担保ローンについては，返済能力の証明の要件充足を貸し手のために推定するが，その推定要件として，そのような住宅担保ローンはコスト先送りの特徴のうちの一定のものを包含することができないとしている(1412条)．さらに，同法は，繰上返済違約金を用いることを厳しく制限している(1414条)．これらの改革は，次のような連邦議会の認識を反映している．すなわち，不十分にしか合理的でない借り手は，コスト先送りの重要性を過小評価する，という認識である．

第4章

携帯電話

はじめに

　携帯電話サーヴィス市場は，経済的に非常に重要な市場であり，消費者の厚生を大いに高めてきた．1990年から2009年までに，合衆国の市場は，契約者数500万人から，契約者数2億9100万人へと急成長を遂げた．本書執筆時点において，アメリカ人の93％が携帯電話1台を持っており，また，固定電話をやめ無線の通信のみを用いる家庭の数が増加しつつある．全国レヴェルの携帯電話事業者4社——AT&T社，ヴェライゾン社(Verizon)，スプリント社(Sprint)，Tモバイル社(T-Mobile)——の年間収入は，総計1,800億ドル〔1ドル110円として約20兆円〕を超えている．

　このような成功および厚生面の便益を認めつつも，本章は，この市場の失敗に焦点を置く．以下では，携帯電話事業者が，消費者が構造的に陥る過誤および誤解に対してどのようにその契約を設計しているかを見る．その契約の設計を通じて，携帯電話事業者は，消費者が無線通信のサーヴィスから享受する総便益を削減し，厚生コストを消費者に負担させている．以下では，大半の携帯サーヴィス契約に共通する次の3つの契約の構造設計上の特徴に焦点を当てる．

・三部構成料金
・ロックイン条項(lock-in clause)〔囲い込み条項〕，および
・純然たる複雑性

　もちろんすでにお気づきのように，本書の主たるテーマは，消費者の心理と市場の諸力の間の相互作用が，複雑性とコスト先送りとを特徴とする契約を生じさせるという点にある．ロックイン条項および三部構成料金は，両者が合わさってコストの先送りを生んでいる．ロックイン条項は，携帯電話機端末と携帯電話サーヴィスとのバンドル化〔抱合せ〕を可能にしている．このバンドル化によって，携帯電話事業者は，無料で，あるいは手厚い代金補助〔値引き〕のもとで携帯電話機を提供し——先行する便益——，その後最終的には，携帯電話サーヴィスの代金を通じてそれを回収することができるようになっている．このコストの先送りは，消費者が短期の特典を求め，かつ，長期のコストに対して相対的に注意を払わないことが一因となっている．この長期的なコストに対する過小評価を増幅させているのが，三部構成の料金体系である．消費者が携帯電話サーヴィスのコストを過小評価するに至っているのは消費者の誤解が原因であるが，三部構成料金は，この消費者の誤解の効果をとらえたものであり，また，誤解の効果を増大させている．純然たる複雑性は，市場の失敗に貢献している契約設計上の特徴の３点目である．

A．契約構造設計上の３つの特徴

　一般の携帯電話サーヴィスの契約の基本的な価格のスキームは，(1)月次の基本料金，(2)その基本料金に含まれる無料の通話分数，(3)プランの上限を超えた通話分数についての，１分ごとの課金，という三部構成の料金体系である．この三部構成料金は，賢い携帯電話事業者による，消費者自身の携帯電話の使用についての誤解に対する合理的な対応である．消費者は，将来の使用パタンについての予測を基に通話プランを選択する．問題は，多くの消費者がこれらの使用パタンについてあまり適切な感覚をもちあわせていない——将来の使用について過小に評価する者もあれば過大に評価する者もある——ということである．三部構成料金は，携帯電話事業者にとって都合がよい．なぜなら，当該料金体系は，消費者の誤解の効果を増大させ，それにより，消費者に携帯電話サーヴィスのコストを過小評価させるからである．

　三部構成料金中の超過料金部分は，過小評価する者をターゲットにしている．これらの消費者はプランの上限を超え，超過料金の負担が生じる可能性を過小評価している．その結果，これらの消費者は，携帯電話サーヴィスの総コストを過小に評価する．三部構成料金の他の部分，月ごとの基本料金と

その中に含まれている決まった分数分の通話料は，過大評価する者をターゲットにしている．これらの消費者は，割り当てられた通話分数の全部またはほとんどを使うだろうと考えている．したがって，これらの消費者は，基本料金を割り付けられた通話時間（分）で割ったのと同額の 1 分当たり料金を支払うことになるものと考えている．実際には，過大評価者は，ずっと少ない通話分数しか使わず，1 分当たりずっと高額の料金を支払うことになる．そして，このようにして，過大評価者もまた，携帯電話サーヴィスのコストを過小に評価する．

　携帯電話事業者は，これらの誤解について認識しているようである．ある米国のトップの携帯電話事業者の料金設定の担当部長が次のように説明していた．「人々は自分がどのくらい使うか知っていると確信しているが，それがどれほど間違っているかには，まったく驚かされます[1]」．消費者の誤解が非常に一般的になっていることは，ある固有のデータセットによって，実証的にも確認することができる．そのデータセットは，ある 1 社の携帯電話事業者の契約者3730人について，契約者のレヴェルでの月々の請求と利用に関する情報のデータである．これらのデータによって，各消費者が選択したプランの下での携帯電話サーヴィスのコストの総額を算出できるのみならず，仮に消費者が他の選択可能なプランを選んでいたならどれだけの支払いをしていたかの総額も算出することができる．これにより，実際の携帯電話の利用に合った最適のプランを決定することができる．当該データから，65%を超える消費者が誤ったプランを選択したことが明らかになっている．無料通話の時間数（分）が足りないプランを選んだ者もあれば，無料通話分数が多すぎるプランを選んだ者もある．契約者は，通話の17%において，平均して許容分数の33%ほどを超過していた．これは，利用についての過小評価があったことを示唆している．そして，通話の81%において，許容分数を使い切っておらず，契約者は，平均して，無料通話時間の47%しか使っていなかった．これは，過大評価があったことを示唆している．

　三部構成料金という料金設定の構造に加えて，通話プランの大半は，無料あるいはかなりの割引での携帯電話機の提供と，消費者を相当の期間——典

1　Michael Grubb, "Selling to Overconfident Consumers," *Amer. Econ. Rev.*, 99 (2009), 170, 1771 (note 2).

型的には2年間——，実効的に囲い込む，中途解約料（ETF）付きの長期契約とを伴っている．これらのロックイン条項〔囲い込み条項〕とそれに伴う中途解約条項もまた，消費者の不十分な合理性に対する市場の反応として説明することができる．不十分にしか合理性を有しない消費者は，ロックインのコストを過小評価する．というのも，彼らはこの先，携帯電話事業者を変更することが利益になる可能性について過小評価をするからである．携帯電話事業者を変更することは，例えば，現在のサーヴィスが約束されたほどの良質なものではない場合や，予想したよりも月々の支払額が高額である場合（上記に述べた，使用レヴェルについての誤解に基づく），あるいは，他の携帯電話事業者がより有利な条件での取引を提示している場合には，利益になる．

中途解約料により強制されるロックインもまた，携帯電話機器とサーヴィスとのバンドル化という一般に見られる実務慣行を容易にしている．ロックインによって保証される長期の収入によって，携帯電話事業者は，携帯電話機の無償提供や補助〔値引き〕をすることができるようになる．合理的な消費者は，長期的には，この「無料の」携帯電話機の料金を払うことになることを分かっており，無料の電話機という申出には釣られない．これに対し，不十分な合理性をもった消費者は，長期的なコストについて割り引いて評価してしまい，「無料の」電話機という申出を追い求めてしまう．

最後に，行動経済学の意味の市場の失敗の一因となっている3番目の設計上の特徴が，携帯電話契約の純然たる複雑性である．携帯電話の契約は，複雑であり，かつ，多元的である．多くの契約から選択するのは，気力をくじかせるほど大変な作業である．三部構成料金自体が複雑である．ロックイン条項および中途解約料条項は，さらに複雑性を加重する．加えて，通話プランの真のコストは，多くの他の契約特徴に依拠する．例えば，大半のプランは，夜間や週末には無制限の通話し放題プランを提供しているが，携帯電話事業者によって「夜間」や「週末」の定義は異なっている．また，消費者は，ネットワーク内部での通話し放題プラン，5つの番号まで通話し放題，スマホなどをダイアル不要のトランシーヴァとして使えるWalkie-Talkieし放題プラン，未使用時間を次期に繰り越せる通話時間の繰越しプラン，その他のプランの中から選択しなければならない．最後に，携帯電話事業者が異なると携帯電話機も異なったさまざまなものが提供されており，携帯電話機代

の補助〔値引き〕も異なる，といった具合である．家族プランが組み合わせに付加され，音声通話サーヴィスにデータ通信サーヴィスが加えられ，事後支払いプランに加えて料金前払いプランも考慮できる，等によって，複雑性はさらに増大する．業界筋のある推計によれば，携帯電話市場には，プランと追加の組合せは1,000万を超えるという．

このようなレヴェルの複雑性自身もまた，消費者の不十分な合理性に対応した契約構造設計の特徴の1つと見ることができる．複雑性によって，携帯電話事業者は契約の真のコストを隠蔽することができるようになる．不十分な合理性しか有しない消費者は，携帯電話契約における異なるオプションや価格によるコストを実効的に積み上げて算出しない．必然的に，消費者は，部分的な，目立った特徴と価格に焦点を当て，残りのさほど目立たない特徴や価格については無視するか，過小評価してしまう．これに対応して携帯電話事業者の側では，目立たない特徴の価格を引き下げたり，そのような特徴の品質を落としたりする．これによって浮いた費用が，ひいては，目立つ特徴についての競争の激化を可能とする原資を提供することとなるのである．競争によって，サーヴィス提供者は，目立つ特徴については魅力あるものにしたり，目立つ価格を引き下げることを余儀なくされる．これは，超過利潤を生み出す，目立たない特徴および価格を追加することで達成しうる．その結果が，市場内生的に創発する高度の複雑性と多元性である．興味深いことに，消費者の学習は，問題を悪化させる．消費者が，以前は目立たなかった特徴の重要性を学習すると，携帯電話事業者は，新しい特徴を持ち出す強いインセンティヴを有し，これが，複雑性のレヴェルをさらに増加させてしまう．

B．合理的選択による説明？

これらの行動経済学の諸理論から規範的示唆や処方箋の提案を導く前に，より伝統的な合理的選択モデルによってこの同じ契約構造上の特徴を説明することができるかどうかを検討しなければならない．もし，合理的選択モデルでは十分な説明ができないとなれば，そのときには，適切な政策的対応の評価を行うべく行動経済学に訴えかける十分な理由があることになろう．

三部構成料金に対する，合理的選択理論の指導的な見解は，これらの料金体系を，異なる特徴を持った合理的消費者の事前のニーズの間での，価格差

別化のためのメカニズムないしは市場によるスクリーニング〔区別〕のためのメカニズムであると捉えている．価格の差別化という議論は，消費者タイプの分布に関する特定の仮定に基づいているが，その仮定は，携帯電話市場においては実証されていない．実際に観察される消費者タイプの分布をもとにすると，合理的な消費者に対して売るのであれば，携帯電話サーヴィス提供者は，三部構成料金を提供することはないだろう．

　ロックイン条項は，消費者が合理的であるときにも，存在することはできる．そのための条件は，売り手の側に消費者1人当たりの大きな固定コストが生じ，流動性制約下の，つまりキャッシュ不足の消費者が，この固定のコストと同額の料金を加入時の頭金として支出する余裕がない場合である．しかしながら，携帯電話市場における固定コストは高額であるが，と同時に，それは市場内生的でもある．携帯電話事業者は，新たな顧客を獲得するにあたり，顧客1人あたり400ドルまでを投資するが，これらの顧客を獲得するための費用の多くは，携帯電話事業者が提供する携帯電話機の無料化あるいはかなりの補助〔値引き〕に当てられている．このことは，多くの疑問を惹起する．なぜ，携帯電話事業者は，携帯電話機の無料化とロックイン契約とをセットで提供するのか．なぜ，ロックイン条項の代わりに，携帯電話機の全コストを顧客負担としないのか．携帯電話機の代金を加入時に支払う余力のない消費者がどのくらいいるのか．流動性の点で拘束を受ける，つまりキャッシュのないこのような消費者の中で，当該携帯電話事業者が信用供与主体として最も効率的であるという消費者は，そのうちどのくらいなのか．合理的選択モデルは，ロックイン条項の存在の説明にはなりうるが，ただ，それによって説明がつくのは，そのうちのごく1部分の契約にすぎない．

　複雑性に対する合理的選択理論の説明は，単純明快である．消費者の選好は均一ではなく，携帯電話サーヴィスの提供内容の複雑性と多元性は，このような消費者の選好の多様性に対応するものである．しかし，消費者の多様性が携帯電話市場において観察される複雑性の一部分は説明しうるものの，消費者に提供されている多元的な契約が，長いメニューという形で現れる圧倒的な複雑性を呈していることのすべてを説明することはできていない．合理的な消費者にとってさえ，複雑な商品の選択肢の幅についての情報を得，かつ比較分析することは，時間のかかる，コストの高い作業である．ある段階で，完全なプランを見出すためのコストがその便益を超える．効率的な比

較購買は阻止され，多様性と多元性による便益は実現されないままとなる．携帯電話市場においては，最適なレヴェルの複雑性をすでに超えた状況にあるように思われる.

C．社会厚生上のコスト

　携帯電話サーヴィス契約の設計を最も良く説明できるのは，消費者の合理性が不十分であることへの合理的な対応であるというものである．消費者は過誤を犯すものであり，携帯電話事業者の消費者過誤への対応は，消費者を害し，厚生コストを生じさせる．例えば，自分の将来の利用パタンについて誤った判断をする消費者は，間違った三部構成料金を選択するかもしれない．つまり，自分の総コストを最小化するであろうプランを選択しないかもしれない．前述の3,730人の契約者のサンプルをもとに外挿法によって推定すると，三部構成料金の構造から生じる消費者余剰における１年あたりの減額は総額にして，133億5000万ドル〔１ドル110円として約１兆５千億円〕を超える．さらに，消費者１人あたりの平均的な年当たりの損害は，47ドル68セント〔１ドル110円として約5200円〕であり，それは小さなものであるが，この平均額は，所得分配に関する，潜在的に重要な示唆を覆い隠している．133億3500万ドルの損害は，米国の２億5000万人の携帯電話所有者の間で均等に分担されるわけではない．これらの契約者の多くは，正しいプランを選択する．誤ったプランを選択する契約者の間でさえ，それぞれの誤解の度合いは相当にバラバラである．毎年，4250万人の消費者が判断を誤り，そのような誤りは，携帯電話サーヴィスの請求書の年間総額の少なくとも20％，つまり，消費者１人あたり１年につき146ドル〔１ドル110円として約１万６千円〕の負担を消費者にもたらしている．判断の誤りの分布は，潜在的に，問題の多い逆累進的な再分配の形となっていることを意味する．というのは，誤った判断をする消費者からの収入が，判断を誤らない消費者にとっての低価格を支えているからである.

　他の厚生コストは，ロックインから帰結される．ロックインによって，効率的な携帯電話事業者変更が妨げられ，それにより，消費者が害される．携帯電話事業者の乗換えは，当該消費者にとって別の携帯電話事業者または別のプランがより適合するときに効率的となる．ある調査によれば，契約者の47％がプランを変えたいと望んでいるが，実際にそうするのはわずかに３％

であるという．残りの契約者は，中途解約料によって変更を阻止されている．また，ロックインは，たとえ消費者が経験から学んでも，他の携帯電話事業者のプランへの変更を直ちに行うことによって新たに発見した知識の便益を実現することを阻止するため，消費者が学んだことから便益を得ることを遅らせ，かつ，消費者の過誤のコストを長引かせうる(ただし，携帯電話事業者が消費者に当該携帯電話事業者自身の月々のプランの間での変更を認める限りにおいては，消費者は学んだことから便益を受けうる)．これらの直接的なコストに加えて，ロックインは，競争を妨げ，潜在的に大きな間接的厚生コストを増加させうる．ロックインによって，より効率的な携帯電話事業者が，より効率的でない携帯電話事業者との契約にロックインされた消費者を惹きつけることを阻止するため，ロックインは，新しい携帯電話事業者による市場への参入を阻害しうるのである[2]．

複雑性は，社会厚生を損なうもう1つの要因である．携帯電話契約の非常に高いレヴェルの複雑性は，2点において社会厚生を縮減しうる．第1に，消費者は，メニューが複雑であるときには，プランの選択においていっそう判断を誤りがちであり，これらの判断の誤りは，消費者の厚生を減少させる．第2に，複雑性は，比較購買を思いとどまらせる点で，競争を阻害する．比較購買のコストを増大させることによって，複雑な契約は，消費者が，あらゆる選択可能なオプションを注意深く検討することが利益になるものだと気付く可能性を減少させる．比較購買の強制する自制が生じないために，携帯電話サーヴィスの提供者は，準市場独占者のように振る舞うことが可能となり，価格を引き上げ，消費者余剰を縮減する．

D．市場による解決とその限界

これまで述べてきた行動経済学の意味での市場の失敗は，携帯電話市場における不完全競争の帰結なのだろうか．簡単に答えればそれは「ノー」であ

---

2 ある携帯電話事業者の相対的な効率性は，当該携帯電話事業者のサーヴィスを提供するコストおよび当該携帯電話事業者が提供するサーヴィスの質に依る．したがって，ある携帯電話事業者が，同じ質のサーヴィスを他の携帯電話事業者よりもより低いコストで提供する場合，または，他の携帯電話事業者と同じコストでより高い品質のサーヴィスを提供する場合，その携帯電話事業者はより効率的な携帯電話事業者である．

る．むしろ，競争が強化されても，全く同じ契約構造設計上の特徴がより広く蔓延し，その結果として厚生コストはより高くなることだろう．消費者が，自分の将来の使用レヴェルについて誤解する場合には，競争は，携帯電話事業者が三部構成料金を提供するように作用するだろう．消費者が近視眼的である場合には，市場での競争の結果，携帯電話事業者は，携帯電話機を無料で提供し，その機器〔端末〕代金の補助〔値引き〕のコストをロックイン契約によって埋め合わせるようになるだろう．最後に，契約が複雑で多元的になっているために，目立ちにくい価格の次元について消費者が無知なままである場合には，競争の結果，携帯電話事業者は，コストをこれらのより顕在化しにくい次元の価格へと転嫁するようになるだろう．携帯電話サーヴィスに対する需要が，不十分な合理性によってもたらされている場合には，市場で競争する業者は，このバイアスのかかった需要に対応しなければならないのであり，そうでなければ，競争者は顧客を失い，市場からの退出を余儀なくされる．したがって，消費者の不十分な合理性を前提にすると，携帯電話サーヴィス市場において，頑健な市場競争を確保するだけでは，それ自体では問題の解決にはならないのである．

　しかし，不十分な合理性のレヴェルを所与のものと捉えることは誤りである．前章で見たように，消費者の学習と相俟つならば，競争は，バイアスおよび誤解のレヴェルを縮減し，そうすることでより効率的な契約の構造設計への移行をもたらしうる．実際，携帯電話サーヴィス市場は，近年において，市場によるそのような是正の多くの例を示してきた．そして，いまや，より賢い消費者に対応した多くの製品および契約の組合せを有するに至っている．

　しかしながら，同時に，市場の進展は，行動経済学の意味での市場の失敗を是正するのに，消費者の学習の力には限界があることも示している．例えば，非常に大きな使用限度超過手数料を請求されて多いなる痛みを経験した消費者の間で，使用についての過小評価のもたらすコストに関する認識が非常に高まったことに，当該市場は反応してきた．2008 年以来，主要な携帯電話事業者は，無制限の通話し放題プランを提供しているが，このプランは，議論の余地はありうるものの，この消費者の認識の高まりから生じた要求に対応したものである．しかし，過剰な料金については，過小評価された使用のコストを理解するのは容易であるが，過大評価された使用のコスト

は，さほど明瞭に不利益をもたらすわけではないために，認識するのはより難しい．固定の月次料金と固定の分当たり料金からなる最適な二部構成料金スキームではなく，無制限の通話し放題プランというのが，この不均等な学習の結果であるといえる．

もう1つの例は次のものである．解約期日に関わらない一律の中途解約料から解約期日によって変動する段階的な中途解約料への構造変化は，消費者の認識と中途解約料に対する感度の高まりに対応したものである．この変更は，純粋な市場による解決ではない．むしろ，いかに，消費者の学習と法的な介入が協働して，ビジネス慣行を変えうるかを示すものである．中途解約料の構造における変化が始まったのは，少数の消費者が中途解約料のコストを正しく評価するようになり，携帯電話事業者に対して訴訟を提起するようになってからである．その後の，法的責任の威嚇と，より多くの消費者の中途解約料についての認識の高まりによって，携帯電話事業者は，中途解約料の構造を是正するようになって行った．

これらの是正からは，市場が消費者の誤解に対し是正を行う優れた能力を有しているということができる．しかし，市場の解決は不完全である．すべてのバイアスが，容易に，学習によって除去できるものではない．また，消費者が皆同じように素早く学ぶものでもないことは，多くの契約構造上の是正が部分的な採用にとどまっていることが証明している．消費者の学習と市場の対応とのスピードが重要である．なぜなら，厚生コストが発生するのは，是正が進められている間だからである．さらに，消費者が学習によって1つの誤解を克服するようになった場合，あるいは，かつては隠されていた条件が目立つようになってきた場合，携帯電話事業者は，新しい種類の誤解を引き起こしたり，あるいは，新しい隠れた条件を追加するインセンティヴを有する．消費者が最終的には常に追いついて行くのだとしても，このいたちごっこは，消費者に厚生コストを負わせることになる．

E．法政策上の意義

市場による解決は不完全であり，厚生コストが残存し続けるのではあるが，携帯電話サーヴィス市場における自発的な是正がなされる大きな可能性を考えると，市場の諸力を抑制する立場より，それを促進するという立場での規制の方が長じている．それこそ情報開示規制に他ならない．本書の以下

で論じる提言は，既存の情報開示規制とも，また，情報開示規制を強化すべきであるという他の諸提言とも異なっている．現行の情報開示規制および他の諸提言は，商品属性に関する情報開示に焦点を合わせている．つまり，携帯電話サーヴィスの諸種の特徴と代金の多元性についての情報である．以下で論じる提言は，これらと対照的に，商品使用パタンに関する情報の開示を強調する．すなわち，前章までの記述から思い起こされようが，消費者が当該商品をどのように使用するかについての情報である．携帯電話サーヴィス契約の便益とコストとを完全に評価するためには，消費者は，商品属性情報と商品使用パタンについての情報を結びつけなければならない．例えば，使用限度超過手数料のコストを評価するためには，「携帯電話利用者の権利章典（The Cell Phone User Bill of Rights）」において提案されているような，当該プランの限度を超過した通話分数についての分当たり料金を知るだけでは十分ではない．消費者は，プランの限度を超過することになる確率と，それがいくらになるのかの双方を知る必要がある．商品使用のパタンについての情報は，商品属性についての情報と同じように重要である．情報開示制度は，消費者のこれら両方の情報へのアクセスを確保するよう再設計されるべきである．

　情報開示規制については2つのアプローチが考えられる．両者のアプローチは相互に排他的ではない．最初のアプローチは，不十分な合理性しか持たない消費者が容易に理解し，かつ利用のできる簡明な情報開示を設計することに焦点を当てる．特に，携帯電話事業者は，所有の総コスト（total-cost-of-ownership: TCO）を提示すべきである．所有の総コストというのは，当該消費者の個別の使用パタンをもとにして，当該消費者が支払うことになる総額である．総コストの情報は，例えば，毎年末の利用明細報告書に掲載されるなど，毎年の情報開示として提供されるべきであり，そこでは月々の利用の変化を説明するものであるべきである．所有の総コストの開示は，商品属性情報（代金設定に関する情報）と個々の消費者の使用パタンに関する情報とを組み合わせるものである．この情報開示は，さらに，現時点での利用パタンをもとにすると消費者が支払う総代価を縮減しうるような，他のサーヴィス・プランについての情報によって補完することも考えられよう．

　情報開示規制に対する第2のアプローチは，情報開示の概念を再構築するものであり，開示される情報として，直接に消費者に対してではなく，賢

い仲介業者(ブローカー)に対する情報開示をターゲットに設定するものである．このアプローチのもとでは，携帯電話事業者は，個々の消費者に関する包括的な商品使用情報を電子化されたデータベースの形で提供することになる．不十分な合理性しか有しない消費者は，この情報を独力で分析しようとはしないだろう．代わって，消費者は，賢い仲介業者にこの情報を送ることになる．仲介業者は，商品使用情報と商品属性情報とを組み合わせることによって，携帯電話市場全体を通じて提供されている商品の情報を蒐集する．仲介業者は，それぞれの消費者が自らの商品使用パタンに最適のプランを見つけるのを支援することができるようになる．

　本章の以下の部分は，次のように構成される．

・第Ⅰ節では，携帯電話および携帯電話サーヴィス市場についての背景となる情報を示す．
・第Ⅱ節では，携帯電話サーヴィス契約に共通する，鍵となる契約特徴を叙述する．
・第Ⅲ節では，これらの契約構造上の設計の特徴を説明する行動経済学理論を展開するが，それに先だって，合理的選択理論では十分に説明ができないことを断じる．
・第Ⅳ節では，社会厚生に与える影響について論じる．
・第Ⅴ節では，市場による解決の有効性について検討する．
・第Ⅵ節では，法政策を扱うことにし，改善された情報開示規制のためのガイドラインを示す．

Ⅰ．携帯電話および携帯電話サーヴィス市場

Ａ．携帯電話の隆盛

1．技術(テクノロジー)

　英語でセルラー（cellular）〔「マス目状の」の意〕と呼ばれる携帯電話(cell phone)による通信を可能とした，鍵となる技術革新は，その呼称の由来となったセル(マス目)の概念それ自体である．携帯電話システムは，各市場を，地理的に多くの小さなセル(マス目)に区画し，それぞれのセルが，1つの低電力の中継装置(トランスミッター)によってカヴァーされる．これによ

り，このシステムにおいて，隣接しないセルでは混線の恐れが生じないので，同一の周波数帯域(チャネル)ないし周波数を再利用することができるようになる．かくして，複数の利用者が，同時に，同一の周波数を利用することができる．精緻な技術により，契約者の位置を特定し，入ってくる通話を該当するセルの場所へと送る一方で，複雑な基地局の切替えの技術により，移動する消費者がセルの間を継ぎ目なくそうすることができるようになった[3].

　携帯電話サーヴィスに対する高い需要が，デジタル技術の進展を促進し，その技術によってサーヴィスの質を落とすことなく，処理能力が強化されるようになった．処理能力を増加させる2種類の技術上の解決策が登場した．最初のものは，時間を薄切りにする技術を用いる．すなわち，そのタイムスロット(時間枠)の中でのみ，その利用者が送信ないし受信することが許される，周回的に繰り返されるタイムスロット(時間枠)を各利用者に割り付けることによって，複数の異なる通話に結びつけられた複数の信号が，同じ周波数内に集約される．時間スライス技術には，ベル研究所の時間分割複数アクセス(time division multiple access: TDMA)や移動通信グローバル・システム(Global System for Mobile: GSM)があるが，これらは，AT&T社やTモバイル社が用いている．また，統合デジタル強化ネットワーク(Integrated Digital Enhanced Network: iDEN〔NEXTNET〕)は，ネクステル社(Nextel)が用いている．これと対照的に，スペクトラム拡散技術は，多くの通話を多くの異なる周波数へと拡散させるものであるが，高度に精緻な装置を用いて，いずれ

3　本文および以下に示す，携帯電話技術および携帯電話市場の歴史に関する情報は，その大部分が以下の文献に依拠している．FCC, FCC 06-142, "Annual Report and Analysis of Competitive Market Conditions with Respect to Commercial Mobile Services, Eleventh Report," (2006) 21 F.C.C.R. 10947, 62 (以下，"FCC Eleventh Report")，Jonathan E. Nuechterlein & Philip J. Weiser, *Digital Crossroads* (MIT Press, 2005)，Mischa Schwartz, *Mobile Wireless Communications* (Cambridge University Press, 2005)，William Stallings, *Wireless Communications and Networking* (Prentice Hall, 2002)，SRI International, "The Role of NSF's Support of Engineering in Enabling Technological Innovation, Final Report Phase II 94-97," (1998), <http://www.sri.com/policy/csted/reports/sandt/techin2/contents.html> (以下，"SRI-NSF Report")，Theodore Rappaport, *Wireless Communications* (Prentice Hall, 1996).

の信号がどの通信に属するかを特定し，それらの信号をエンド・ユーザーのために復号する．スペクトラム拡散技術を用いたデジタル標準は，符号分割多重アクセス(Code Division Multiple Access: CDMA)として知られている．CDMA標準は，ヴェライゾン社やスプリント社が用いている．これらのデジタルの携帯電話技術の導入は，1990年代初頭に始まり，1990年代には第1世代(1G)システムから第2世代(2G)システムへと進展した．第3世代(3G)システムは，合衆国で2002年に実用が開始されたものであり，より発達した技術を組み込んでいる．その技術により，音声での通信に加えて，マルチメディア，データ，およびヴィデオ(動画)の通信に必要な増加した速度と容量が提供されている．そして今や，第4世代(4G)システムが配備されつつある．

2．歴史

　現代の携帯電話システムに必須の鍵となる諸概念は1947年に発明されていたが，連邦通信委員会(Federal Communications Commission: FCC)は，移動無線サーヴィス実現に必要な大量の周波数を割り当てることを拒み，その結果，何十年かにわたり，携帯電話サーヴィスの実質的な展開は遅れることとなった．連邦通信委員会が，携帯電話サーヴィスに対し，800メガ・ヘルツの周波数帯において50メガ・ヘルツの周波数幅を割り当てたのは，1980年代初頭になってのことであった．連邦通信委員会の規制は，各734の「携帯電話市場領域」で構成される2つの競合する携帯電話システム——すなわち，1つは，無線事業者が所有し，他方は，当該地域における地域独占有線電話事業者が所有するシステム——，という複占を作り出した．各携帯電話事業者は，スペクトラムが25メガ・ヘルツの周波数帯の割当てを受けた．最初に認可された携帯電話サーヴィスのライセンス(免許)は，30の最も大きな都市部の市場についてのものであって(都市部サーヴィス地域(the Metropolitan Service Areas: MSAs)と呼ばれる)，比較ヒヤリングと呼ばれた手続きによって割当てが行われた．しかし，連邦通信委員会は，申請者の数の多さに圧倒され，非常に時間と金のかかる手続きとなってしまった．そこで，1984年に，連邦議会が，残る市場におけるスペクトルの割当てのために抽選方式の利用を認めるに至った．1986年までに，すべての都市部サーヴィス地域のライセンスが割り当てられ，また，1991年までに，すべての

市場におけるライセンスの割当てが終了した．携帯電話サーヴィスへの需要がその後の数年にわたって急増し，それに伴い，連邦通信委員会は，無線通信に対し，さらなる周波数帯を割り当てた．新たな周波数帯への割当ては，連邦議会が1993年の予算法(1993 Budget Act)において，オークションの方法によりライセンスを発行する権限を連邦通信委員会に認めて以来，〔思惑による投機的申請を導いて問題となっていた〕抽選方式ではなく，オークション方式によって行われた．1993年の連邦議会の措置は，歳入を増加させ，かつ，抽選方式に伴う遅滞を縮小することを企図しての動きであった[4]．

　合衆国における携帯電話サーヴィス市場のより近時の歴史は，統合の歴史である．上記に示したように，この産業は，連邦通信委員会の抽選メカニズムによって作り出された，地域における構造的な複占で始まった．

　異なる地理的市場で異なる企業が活動することで，全国的な市場は，当初は，多くのプレーヤーから成り立っていた．連邦通信委員会がより多くの無線周波数帯を携帯電話の利用のためにオークションにかけていったことで，企業の数は，さらに増加した．しかし，この高いレヴェルの市場の分散は，長くは続かなかった．連邦通信委員会は，市場間で企業が合併をする資格について制限をほとんど設けなかったので，自発的な合併および吸収(M＆A)の活動の長い歴史が続くことになった．すぐに一握りの企業——AT&Tワイヤレス社，シンギュラー社(Cingular)，ネクステル社，スプリント社，Tモバイル社，およびヴェライゾン社——が，全米規模の携帯電話事業者として支配的な地位を得るに至った．この統合の動きは1999年に増加した．それは，全米規模の携帯電話事業者がそのカヴァーする領域の隙間を埋めて行き，そのネットワークの容量〔回線速度〕を増強して行ったことと，一方で，地域的な携帯電話事業者が全国的な携帯電話事業者に対する競争力を高めようとしたことの結果である．この統合の動きは2003年にさらに増加した．それは連邦通信委員会が2003年に，1つの会社が1つの地理的な市場において所有することのできる周波数帯の上限数に対する規制を撤廃することを決めたためである．この決定は，カヴァーする領域が重なり合う会社同士

4　Omnibus Budget Reconciliation Act of 1993, Pub. L. No. 103-66, Title VI, § 6002 (a), 6002 (b) (2), 197 Stat. 312, 387-93 (1993) (47 U.S.C. § 309 (j) (2006)として統合)を参照.

278

の間の合併に扉を開くことになったからである．最も重要な合併としては，2004年10月に，シンギュラー社とAT&Tワイヤレス社が合併してAT&Tワイヤレス社となったそれと，2004年12月に，スプリント社とネクステル社が合併してスプリント・ネクステル社(Sprint Nextel)になったそれである⁵．

3．経済面の重要性

　連邦通信委員会の推計によれば，2009年末の時点で，合衆国の携帯電話サーヴィスの契約者は2億9100万人であり，それは，国全体での普及率にして93%に当たる．この市場は，市場が飽和状態に近づきつつあるという徴候も現れているのだが，それにもかかわらずずっと急速な成長を遂げてきている．携帯電話サーヴィスの提供者は，2009年には，1110万人の新規契約者を加えたし，2008年には1660万人，2007年には2120万人，2006年には2880万人，2005年には2830万人，2004年には2410万人，2003年には1880万人を，それぞれ新規に加えてきた．歴史的な観点からみると，携帯電話市場の輝かしい成長が際立つ．すなわち，1990年6月から2009年末までの間に，2億8600万人の契約者が新たに加わった．多くの利用者にとって，携帯電話は固定電話を補完するものであるが，伝統的な固定電話に部分的にあるいは全面的に代替するものとして携帯電話を捉えている利用者も相当の数に上り，しかもその数が増えてきている．2003年末の4.2%から上昇して，2010年上半期においては，推計で26.6%の家庭が，携帯電話のみを使っている⁶．

5　FCC, FCC 05-173, "Annual Report and Analysis of Competitive Market Conditions with Respect to Commercial Mobile Services, Tenth Report," (2005) 20 F.C.C.R. 15908, 15930 ¶ 58 (2005), Jeremy T. Fox, "Consolidation in the Wireless Phone Industry," (2005) 3, 7, 9 (*Net Inst. Working Paper* No. 05-13), <http://www.netinst.org/Fox2005. pdf>で入手可能.

6　FCC, FCC 11-103, "Annual Report and Analysis of Competitive Market Conditions with Respect to Commercial Mobile Services, Fifteenth Report," (2001) 8, 9, 207, <http://wireless. fcc.gov/index.htm?job=cmrs_reports>で入手可能(以下"FCC Fifteenth Report"), FCC, DA 09-54, "Annual Report and Analysis of Competitive Market Conditions with Respect to Commercial Mobile Services, Thirteen Report," (2009) 24 F.C.C.R. 6185, at 6279-80 ¶ 197, 6301 ¶ 230 (以下"FCC Thirteen Report"), SRI-NSF Report, 前掲注(3), p.94.

　携帯電話事業者が享受している総収入の巨大さは，携帯電話サーヴィス市
場の規模の巨大さを示している．2011年の第2四半期において，ヴェライ
ゾン社は，無線通信の営業収益を173億ドル〔1ドル110円として約2兆円〕
と公表しており，AT&T社は156億ドル，スプリント社は75億ドル，そして，
Tモバイル社は51億ドルと公表している[7]．全米規模の携帯電話事業者4社
の当該四半期の携帯電話事業からの営業収益の総額は455億ドルであった．
これを，季節による変動を無視して換算すると，年間の携帯電話事業の収入
は1820億ドル〔1ドル110円として約20兆円〕となる．携帯電話通信事業は，
ほとんどすべての大手電機通信事業者にとって最大の収益源となった．例え
ば，ヴェライゾン社の携帯電話サーヴィスは，その有線電話通信事業のお
よそ2倍の利益率である[8]．周波数帯のオークションからの歳入を見ること
からも，有益な情報が得られる．2006年に，連邦通信委員会のオークショ
ン第66では，1710-1755メガヘルツおよび2110-2155メガヘルツの帯域におけ
る1087の周波数帯のライセンスに対し，携帯電話事業者の入札総額として，
合計で137億ドルを集めた[9]．2008年には，連邦通信委員会のオークション第
73では，698-806メガヘルツの帯域（これは「700メガ・ヘルツ帯」として知
られる）における1099のライセンスに対し携帯電話事業者からの入札総額と
して，合計で190億ドルを集めた[10]．

7　Verizon, "Verizon Wireless--Selected Financial Results,"（July 22, 2011），<http://www22.
　verizon.com/idc/groups/public/documetns/adacet/2011_2q_fs_pdf.pdf>, AT&T, "Investor
　Briefing 2nd Quarter 2011," at 4（July 21, 2011），<http://www.at.com/Investor/Financial/
　Earing_Info/docs/2Q_11_IB_FINAL.pdf>, News Release, "Sprint, Sprint Nextel Reports
　Second Quarter 2011 Results,"（July 28, 2011），<http://newsroom.sprint.com/article_desplay.
　cfm?article_id=1990>, Financial Release, "T-Mobile USA," T-Mobile USA Reports Second
　Quarter 2011 Results" Bibliog cites July 28, 2011, <http://www.t-mobile.com/company/
　InvestorRelations.aspx?tp=Abt_Tab_InvestorRelationsandViewArchive=Yes>（follow
　"T-Mobile USA Reports Second Quarter 2011 Results" hyperlink）.

8　George Gilder, "The Wireless Wars," *Wall Street Journal*, April 13, 2007, p. A13（ヴェ
　ライゾン社の携帯電話が，8億400万ドルの利益を生んだのに対し，その固定電
　話は3億9300万ドルの利益を生んだのみだと述べている）.

9　"Auction of Advanced Wireless Services Licenses Closes: Winning Bidders Announced
　for Auction No.66,"（2006）21 F.C.C.R. 10521.

10　"Auction of 700 MHz Band Licenses Closes: Winning Bidders Announced for Auction

　電気通信一般のインフラに対する投資は——携帯電話技術に対する投資に限ることもできるが——，コミュニケーション・コストを削減し，市場の境界を拡張し，情報の流通を改善することで，経済成長を促進する．とりわけ，携帯電話技術は，移動中の個人間の通信を容易にし，それによって，人々が行動をより良く相互調整し，不測の事態により良く対応できるようにすることで，価値を創造する．無線通信サーヴィスは，また，電話のネットワークを拡大し，固定電話では利用できなかったプリペイド(前払い式)の電話サーヴィスを通じて，従来市場からの受益を剥奪されていた消費者を取り込むことで，経済成長の起爆剤となる．アナリストは，携帯電話技術の核であるセルラー技術の発明後，数十年もの間携帯電話ネットワークの展開が遅れたことは，合衆国の経済に約860億ドル(1990年時点でのドル・ベースでの計算による)の損失を与えたと推計している[11]．

B．携帯電話サーヴィス市場

1．市場の構造

　米国の携帯電話サーヴィス産業は，「全米レヴェルの」設備をもった携帯電話事業者4社が支配している．すなわち，AT&Tワイヤレス社，ヴェライゾン・ワイヤレス社，スプリント・ネクステル社，およびTモバイル社であ

73," (2008) 23 F.C.C.R. 4572.

11　Robert Jensen, "The Digital Provide: Information (Technology), Market Performance, and Welfare in the South Indian Fisheries Sector," *Q.J.Econ.*, 122 (2007), 879, 881-3 (携帯電話の導入がインド南部ケララ州(Kerala State)の水産業にいかに大きな革新をもたらしたか，それが価格のばらつきを劇的に減少させ，廃棄物(それ以前は1日あたりの漁獲のうち5から8％であった)を完全になくし，漁業従事者の利益を平均で6％増加させ，消費者価格を4％下落させ，消費者余剰を6％増加させるに至ったことを描写する)，Leonard Waverman, Meloria Meschi, & Melvyn Fuss, "The Impact of Telecoms on Economic Growth in Developing Countries," in *the Vodafone Policy Paper Series no. 3, Africa: The Impact of Mobile Phones* (2005), http://www.vodafone.com/etc/medialib/attachments/cr_downloads.Par.78351.File.tmp/GPP_SIM_paper_3.pdf (「我々は，携帯電話による通信が，経済成長にプラスの重大な影響をもたらすこと，そしてこの影響は，先進国に比べ発展途上国においては2倍の大きさともなりうるものであることを見出した」)，Nuechterlein & Weiser, 前掲注(3)，p.268を参照．

る．2010年末の時点では，各社合計で，少なくとも2億5000万人をカヴァーするネットワークを有していた．その内訳は，AT&T社の契約者数は9550万人，ヴェライゾン社が9410万人，スプリント・ネクステル社が4990万人，Tモバイル社が3370万人であった[12]．

　これらの全米規模の携帯電話事業者に加えて，多くの地域的な携帯電話事業者が存在する．リープ社(Leap)，USセルラー社(U.S. Cellular)，およびメトロPCS社(MetroPCS)などである．また，リセール市場(再販売市場)があり，成長を遂げつつある．リセール市場は，設備を保有する携帯電話事業者から通信時間を購入し，それを消費者に販売するリセール事業者から成るが，販売の典型な手法は標準的な月額料金制ではなくプリペイド・プランの形式である．

２．競争

　全米規模の携帯電話事業者と地域的な携帯電話事業者がカヴァーする地理的領域の重なりが，携帯電話サーヴィスの事業者間での競争をもたらしている．連邦通信委員会の推計によれば，自分が住んでいる国勢調査区画において3つ以上の異なる携帯電話サーヴィス事業者が営業しているという人々が97.2%，4つ以上の事業者がいる区画に住んでいる人は94.3%，5つ以上の事業者がいる区画に住んでいる人は89.6%，6つ以上の事業者がいる区画に住んでいる人は76.4%，7つ以上の事業者がいる区画に住んでいる人は27.1%である．連邦通信委員会は，市場の集中度を172の経済地域(Economic Areas: EAs)でのハーフィンダール・ハーシュマン指標(Herfindahl-Hirschman Index: HHI)の平均値で計測している．経済地域とは，「平均的な人が，ほとんどの場合，携帯電話を買いに行き，また購入する範囲の地域」を捉えるように設計された，複数のカウンティの集合のことである．ハーフィンダール・ハーシュマン指標は，市場の集中度の計測手法であり，独占的な市場における10,000という数値から，完全に競争的な市場におけるゼロまでの幅を持つ[13]．2010年の半ばにおいて，経済地域の人口によって重み付け補正

12　本文および以下で示す携帯電話サーヴィス市場に関する情報は，主として，FCC Fifteenth Report, 前掲注(6)に依拠している．

13　数式としては，ハーフィンダール・ハーシュマン指標 HHI は，

された，平均のハーフィンダール・ハーシュマン指標は，2,848に等しかった．独占禁止当局では，ある産業のハーフィンダール・ハーシュマン指標が2,500を超える場合は，集中度が高いと考えている．しかも，これらの数値は市場の集中度を少なく見積もっている可能性が十分にある．というのは，連邦通信委員会の計算手法においては，ある1つの経済地域内の複数のカウンティで携帯電話番号を割り当てている携帯電話事業者に対してと，1つのカウンティのみで携帯電話番号を割り当てている携帯電話事業者に対してとが，同じ重み付けが与えられているからである[14]．実際，あるアナリストは，市場の占有度を測る数値として，ある市場においてある携帯電話事業者によって支配されている周波数帯の量を用いて，2005年のデータで，ハーフィンダール・ハーシュマン指標の平均値が6,000を上回ると計算した[15]．

携帯電話市場における相対的に高いレヴェルの市場の集中は，現在も継続中の統合のプロセスの産物である．この統合は，少なくとも部分的には，規模の経済を実現し，地理的な対象範囲を拡大したいという望みによって動機づけられている．全国規模の携帯電話事業者1社による携帯電話サーヴィスの方が，異なる地理的領域において活動している複数の携帯電話事業者間でのローミングの合意を通じた，複数の地域携帯電話事業者による携帯電話サーヴィスよりも，より低いコストで広い対象範囲のサーヴィス提供が可能になる．加えて，全国的なネットワークの拡張は，マーケティングの支出や

$$HHI = \sum_{i=1}^{I} (100 s_i)^2 \text{によって求められる．}$$

この式において，sは会社iの市場占有割合を分数で表したものであり，Iは当該市場における会社の数である．したがって，独占的な市場のHHIは10,000となり，2社の間で市場が等分割されている市場のHHIは5,000となり，3社間で等分割されている市場のHHIは3,333.33となり，4社間で等分割されている市場のHHIは2,500となる，等である．

14　FCC Thirteenth Report, 前掲注(6)，p.6212 ¶ 45 n.87.

15　Fox, 前掲注(5)，pp.15-17. さらに，この数字は，ネクステル社(Nextel)に関するデータを除外している．したがって，スプリント・ネクステル社(Sprint Nextel)の合併は，この高いハーフィンダール・ハーシュマン指標には貢献していない．このことは，この数字が，現実の集中度よりも低い見積りとなっていることを示唆する．Id., p.16 n.11.

新しい技術開発の投資といった固定コストを，より広い範囲の顧客の間に分散させることができる．市場間の相互補完から生じる地理的な規模の経済は，また，統合に対する効率性の観点からの正当化理由ともなる[16]．しかし，統合があるコストを削減するとしても，別のコストが増加しうる．支配的な全米レヴェルの携帯電話事業者間で，複数市場での接触の数が増えるにつれて，統合は，競争を減殺し，かつ，談合を促進することになりがちである[17]．

　参入障壁の度合いは，市場の競争のレヴェルを計測するもう1つの重要な手法である．参入障壁が低い場合は，たとえ少数の事業者しかいない市場であっても，市場は競争的に動く．政府による周波数帯のコントロール——携帯電話通信事業に割り当てられる周波数帯を制限し，携帯電話事業者に政府発行のライセンス（免許）の取得を要求する——は，参入に対する重大な障壁を作り出す可能性がある．しかし，連邦通信委員会は，近時，携帯通信サーヴィスに利用可能な周波数帯の量を増加させ，旧来の構造的複占を消滅させ，かつ周波数帯の上限を撤廃することによって，市場の諸力が市場構造を決定することを認め，これらの懸念の多くを和らげてきた．さらに，電気通信法（Telecommunications Act）および連邦通信委員会の規制（FCC regulations）が，相互接続およびローミングの義務を課すことで，参入障壁を削減している．二次市場で周波数帯を購入することができるようになって，さらに参入障壁は低下している[18]．一方で，広告費用——年間で数十億ドルに達してい

16　Patrick Bjari, Jeremy T. Fox, & Stephen Ryan, "Evaluating Wireless Carrier Consolidation Using Semiparametric Demand Estimation," (2006) 5 (*Nat'l Bureau of Econ. Research, Working Paper* No. 12425), <http://www.nber.org/papers/w12425>で入手可能，Fox, 前掲注(5), p.10を参照．

17　Fox, 前掲注(5), p.12. 複数の市場での接触は，前述した初期の移動電気通信産業における競争的な価格設定を説明する場合の重要な要因であった．Philip M. Parker & Lars-Hendrik Röller, "Collusive Conduct in Duopolies: Multi-Market Contact and Cross Ownership in the Mobile Telephone Industry," *Rand J. Econ.*, 29 (1997), 304, 320を参照．また，重大な相互所有効果（cross-ownership effect）も存在した．すなわち，事業者らが，他所での同一の事業ライセンスを共同で所有する場合には，事業者はより談合をしがちである．同所．

18　FCCのオークションについて——より多くの周波数帯を利用可能にし，構造的な複占を消滅させ，そしてスペクトルの上限を撤廃する——，FCC Thirteenth

る[19]——および前述の地理的な規模の経済は，実質的な参入障壁となり続け
ている．

　携帯電話の乗換えコストもまた，競争のレヴェルに影響する．携帯電話
サーヴィス市場における乗換えコストは大きいものであるが，近時の展開
はこれらのコストを削減しつつある．近年までは，消費者の多くは，約200
ドルという固定額の中途解約料条項(ETFs)付きの長期契約を締結していた．
しかし，現在では，大手の携帯電話事業者は，契約が続くにつれ減少してい
く段階的な中途解約料条項を提供している．同様に，歴史的には，携帯電話
事業者は，契約者が自社ネットワークで使えるのはいくつかの認められた特
定の携帯電話機のみとして，かつ，販売した携帯電話機を「ロック」して，
他のネットワークでそれを使うことができないようにしていた[20]．しかし，
近時の流れは，オープン・アクセスに向かっている．それにより，当該ネッ
トワークにおいて，より多くの携帯電話機が認められる．また，近時の著作
権局(Copyright Office)による規制措置によって，携帯電話機のロックを外す

Report, 前掲注(6), p.6220 ¶¶ 65-6を参照．相互接続およびローミングの義務につい
て 47 U.S.C. § 251 (a) (1) (2006), "Reexamination of Roaming Obligations of Commercial
Mobile Radio Service Providers, Final Rule," (2007) 72 Fed. Reg. 50064, 50064-65 (以下，
"Reexamination of Roaming Obligations")を参照．二次市場の役割についてFCC
Thirteenth Report, 前掲注(6), p.6220 ¶ 67を参照．

19　推計で，無線電話サーヴィスに費やされている広告費用は，2007年には総
　計41億ドルからおよそ51億ドルの間であった．2008年には37億ドル，そして，
　2009年には34億ドルであった．FCC Thirteenth Report, 前掲注(6), p.6261, ¶ 158
　(2007年の推計について)およびFCC Fifteenth Report, 前掲注(6), p.50 (2008年およ
　び2009年の推計について)を参照．

20　Tim Wu, "Wireless Net Neutrality: Cellular Carterfone and Consumer Choice in Mobile
　Broadband," (2007) *1 New Am. Found. Wireless Future Program Working Paper No.17*,
　<http://www.newamerica.net/files/WorkingPaper17_WirelessNetNeutrality_Wu.pdf>で入手
　可能，Spencer E. Ante, "Verizon Embraces Google's Android," *Business Week*, December
　3, 2007, <http://www.businessweek.com/technology/content/dec2007/tc2007123_429930.
　htm?campaign_id=yhoo> (「ヴェライゾン・ワイヤレス社(Verizon Wireless)はその
　ネットワークで作動することを認められた装置やアプリケーションを厳格に限定
　することで，最も収益の高い米国携帯電話サーヴィスを作り上げた」)も参照．

ことを可能とすべきことが明らかにされた[21]. 携帯電話番号の変更を余儀な
くされることもまた，潜在的に重大な乗換えコストであったが，消費者が自
分の電話番号を保持できるようにすること(番号ポータビリティ)を，携帯電
話事業者に規制上要求することで，それは解消された[22]. 携帯電話市場にお
ける高い回転率〔乗換え率〕は——2009年には月あたり1.5%から3.3%の間
であった[23]——，乗換えコストが，潜在的には大きなものであるが，多くの
消費者にとってはさして禁止的なものではないことを示唆している.

　以上を要約すると，一方で，携帯電話サーヴィス市場は，完全に競争的と
は言えないと信ずべき理由があるものの，携帯電話サーヴィス提供者は，消
費者を引きつけるべく活発に競争を行っている. 近年では横ばいの状態に
あるものの，価格の下落は，そのような活発な競争の証左である[24]. 競争は，

21　37 C.F.R. § 201.40 (b) (5) (2008)を参照. 携帯電話事業者は，新しいオープ
ン・アクセスの事業モデルを活用しつつある. Ante, 前掲注(20)(「しかし，昨
年，ヴェライゾン社の上層部は，今こそ劇的な変化を遂げる時であるという結
論に至った. そのような動きはヴェライゾン・ワイヤレス社が，コストを抑えつ
つ，成長を持続する助けになりうると，彼らは考えたのである」)を参照. Google
社が音頭をとる「オープン携帯電話機連合」のメンバーとして，スプリント・ネ
クステル社とＴモバイル社もまた，携帯電話機のオープンの環境への移行を支持
している. Amol Sharma & Dionne Searcey, "Verizon to Open Cell Network to Others'
Phones," *Wall Street Journal*, November 28, 2007, at B1 も参照.
22　FCC Eleventh Report, 前掲注(13), p.11012 ¶ 146. 携帯電話番号の保持可能性
(local number portability)は2003年11月24日に始まった. *In re Telephone Number
Portability* (電話番号の保持可能性について), 19 F.C.C.R. 875, 876 (2) (命令). FCC
は，2003年12月から2007年12月の間に，4993万人の消費者が，従前の携帯電話
事業者から他の携帯電話事業者へと乗換えをするが，電話番号は保持する権利を
利用したと報じている. FCC Thirteenth Report, 前掲注(6), p.6272 ¶ 183.
23　FCC Fifteenth Report, 前掲注(6), p.154-5. 「回転率」とは，利用者が所定の期
間内に携帯電話サーヴィスをキャンセルする率である.
24　FCC Fifteenth Report, 前掲注(6), p.12-13. 他方で，大手携帯電話事業者が提供
している代金設定のスキームにはかなりの類似性がある. 後出Ⅱ.(本書290頁)参
照. この価格の一致は，大手携帯電話事業者間における黙示の談合を反映してい
るのかもしれない. Meghan R. Busse, "Multi-market Contact and Price Coordination in
the Cellular Telephone Industry," (2008-9) 9 *J. Econ. and Mgmt. Strategy*, 9 (2008-9)
287, 313-16参照.

価格以外の次元でも観察される．顧客を引きつけ，維持するための競争は，携帯電話事業者をサーヴィスの質の改良へと駆り立てているように見える．携帯電話事業者は，サーヴィスの質を改善する様々な方策を追求している．カヴァーする領域と通信の質とをより良くするための，ネットワークへの投資や追加周波数帯の獲得などである[25]．政治的に任命された規制者が至った経済的な結論は，鵜呑みにしてはならないが，連邦通信委員会が次のように述べたことは注目されてよい．すなわち，携帯電話サーヴィス市場は，携帯電話事業者が，「様々なサーヴィス・パッケージにつき，多様な代金のレヴェルと構成を継続的に実験し，様々な携帯電話機および携帯電話機の価格設定方針を継続的に実験する形をとって，独立した価格設定行動を行っているもので」，健全な競争によって特徴づけられる市場である[26]．

3．関連市場

a. 携帯電話機市場　携帯電話サーヴィスの市場は，他の市場，特に，携帯電話機の市場および携帯電話のアプリケーションの市場と相互に作用しあう．

携帯電話機（端末）の市場は，5社が支配している．サムスン社（Samsung），LGエレクトロニクス社（LG Electronics），モトローラ社（Motorola），アップル社（Apple），およびRIM社（RIM）である．合衆国では，サムスン社が最大の市場占有率を享受しており，2011年の第2四半期において携帯電話機の市場の25.5％を支配している．LGエレクトロニクス社が第2位に位置しており，市場の20.9％，モトローラ社がそれに続き14.1％である．アップル社とブラックベリー端末（Blackberry）の製造者であるRIM社は，かなり後れを

25　FCC Thirteenth Report, 前掲注(6)，pp.6262-3．携帯電話事業者のマーケティングのキャンペーンは「秀逸なネットワークのカヴァー領域，信頼性，および音声品質」を強調している．同所．

26　FCC Eleventh Report, 前掲注(3)，p.10987 ¶ 90．しかし，高いネットワーク・コストに特徴づけられる産業であるため，この明白な強い競争の段階は，より小規模の携帯電話事業者を閉め出し，最終的には残る大規模の携帯電話事業者間の市場での力の増強とそれに付随しての価格の上昇という結果をもたらすために設計された価格戦争以外の何物でもないのかもしれない．

とっており，それぞれ，市場の9.5％，7.6％である[27].

　合衆国において，大手携帯電話サーヴィス提供者は，携帯電話機の市場に対してかなりの支配力を発揮している．国際的には，携帯電話機の約半数が，携帯電話事業者を通じて購入されており，約半数が他のルートにより消費者に直接販売されている．米国では，携帯電話機の圧倒的多数が——ある推計によれば携帯電話10台あたり9台が——携帯電話サーヴィス提供者を通じて売られている[28]．長期契約を締結する消費者のために携帯電話機の代金を補助〔値引き〕する実務慣行は，少なくとも部分的には，消費者に対して直接販売しようとする携帯電話機の製造者を苦しめる競争上の不利益の原因となっている．

　米国では携帯電話事業者が，自社のネットワークにおいて消費者がどの携帯電話機を使うことができるかを決定する．この携帯電話サーヴィス提供者による支配力の結果として，どの携帯電話製造業者をとっても，その製品のごく一部のみが市場で提供されるに過ぎない．例えば，2006年には，ノキア社(Nokia)が市場に投入した新製品50機種のうち，合衆国の携帯電話サーヴィス提供者が扱ったのはごく僅かであった．特定の認められた携帯電話機のみをそのネットワークで利用することを許容することによって，携帯電話事業者は，携帯電話機の設計に対しても影響力をもつ．さらに，自社のネットワークへのアクセスの条件として，携帯電話事業者は，消費者にとって有益たりうる特定のサーヴィスや機能を使えないようにするよう開発者に要求する．例えば，通話時間管理機能(call-timer)，写真の共有，Bluetooth機能，

27　Press Release, comScore, "comScore Reports July 2011 U.S. Mobile Subscriber Market Share," (August 30, 2011), <http://www.comscore.com/Press_Events/Press_Releases/2011/8/comScore_Reports_July_2011_U.S._Mobile_Subscriber_Market_Share>. 主要な携帯電話機器製造会社の市場シェアは，合衆国外ではかなり異なっている．グローバル市場では，ノキア社(NOKIA)が市場トップであり，2010年のグローバル市場の33.3％である．これに続いて，Samsungが20.6％，LGが8.6％，RIMが3.6％，そしてAppleが3.5％である．Press Release, "Strategy Analytics, Global Handset Shipments Reach 400 Million Units in Q4 2010," (January 28, 2011), <http://www.strategyanalytics.com/default.aspx?mod=pressreleaseviewrandao=5001>.

28　Marguerite Reardon, "Unlocking the Unlocked Cell Phone Market," *CNET News*, July 2, 2009, <http://news.cnet.com/8301-1035_3-10277723-94.html>.

Wi-Fi 機能などである[29].

　しかし，力のバランスは移動しつつある．携帯電話機のブランドおよびモデルは，消費者がどのサーヴィス提供者を選択するかにあたってますます重要な決定要素となりつつある．アップル社の iPhone の発売は携帯電話機の製造者が，携帯電話事業者の圧力をはねのけるのに成功した際立った1例である．より一般的に言えば，「スマートフォン」の市場の急速な拡大によって，携帯電話機製造者および携帯電話機にソフトウェアを提供する会社の力が強くなりつつある．その1例が，グーグル社(Google)の開発した基本ソフトであるアンドロイド・オペレイティング・システム(Android)である[30].

　加えて，オープン・アクセスの潮流が，携帯電話事業者の携帯電話機市場に対する支配力を制約するようになりつつある[31]．規制もまた重要な役割を果たしている．すなわち，近時オークションにかけられた周波数帯の3分の1が，「携帯電話ネットワークは，顧客が選好するネットワークがどれであれ，顧客が自分の望む携帯電話を自由に選ぶことを認め，また，顧客の望むソフトウエアをその電話で使えるようにすること[32]」を条件としてなされ

29　Wu, 前掲注(20)，pp.10-13，Reardon, 前掲注(28)，Ante, 前掲注(20)（「ヴェライゾン・ワイヤレス社はそのネットワークで作動することを認められた装置やアプリケーションを厳格に限定することで，最も収益の高い米国携帯電話サーヴィスを作り上げた」）参照.

30　携帯電話機製造者が力を増しつつあることにつき Rita Chang, "Proof That Handset Brands Help Sell Wireless Plans," *RCR Wireless*, October 28, 2008, <http://www.rcrwireless.com/article/20081028/WIRELESS/810289995/1081/proof-that-handset-brands-help-sell-wireless-plans#>, Press Release, Nielsen, "In US, Smartphones Now Majority of New Cellphone Purchases," (June 30, 2011), <http:..blog.nielsen.com/nielsenwire/?p=28237> を参照．携帯電話事業者が携帯電話機器製造者との間で，また，アプリケーション開発者との間で勢力争いをしていることにつき一般的に，Jessica E. Vascellaro, "Air War: A Fight over What You Can Do on a Cellphone," *Wall Street Journal*, June 14, 2007, at A1 を参照．また，Miguel Helft & Stephen Labaton, "Google Pushes for Rules to Aid Wireless Plans," *New York Times*, July 21, 2007 at A1 も参照．

31　Georg S, Ford, Thomas M. Koutsky, & Lawrence J. Spiwak, "Wireless Net Neutrality: From Carterfone to Cable Boxes," *Phoenix Ctr. Pol'y Bull.* 17, (April 2, 2007), at 2, <http://phoenix-cener.org/Policy Bulletin?PCPB21Final.pdf> を参照．

32　Editorial, "A Half-Win for Cellphone Users," *New York Times*, August 6, 2007, at

ている．そして，おそらく不可避なことと感じ取ってであろう，携帯電話事業者は，新しいオープン・アクセスのビジネス・モデルを受け入れ始めている．それによって携帯電話機の補助〔値引き〕を廃止し，また，携帯電話機製造者に開発コストおよび顧客サーヴィスのコストの大部分を負担させることにより，コスト削減となりうることをその理由としている[33]．

b. アプリケーション市場
大手携帯電話サーヴィス提供者および他の移動通信データのプロバイダーは，漸次，非常に多様な移動通信データ・サーヴィスとアプリケーション（ソフトウェア）とを導入してきた．テキスト・メッセージやマルチメディア・メッセージ，着信メロディー，GPSナビゲーション，ゲームなどからテレビ受信や音楽プレーヤーに至るエンターテイメント（娯楽）のアプリケーションなどである[34]．絶対的な数においても，また，総収益に占める割合においても，データによる収益は成長を続けている．2009年に，420億ドル，ないし無線通信サーヴィスの総収益の27％がデータによる収益であった[35]．

　大手携帯電話事業者は，アプリケーション市場に対し実質的な支配力を発揮している．多くのアプリケーションは——一般には「アプリ(apps)」として知られる——，しばしば，携帯電話事業者のサーヴィス・パッケージの一部として携帯電話事業者によって売られている．アプリケーション開発者の中には消費者に対して直接にアプリケーションを販売している者もあるが，携帯電話事業者は，携帯電話のアプリケーションの設計，内容，および代金設定についてかなり大きな影響力を行使している．例えば，携帯電話事業者は消費者との契約において，周波数の幅を限定し，いくつかのアプリケーションを「禁止されたもの」として指定することによって，3Gブロードバンド・データ・サーヴィスの「使い放題プラン」の料金設定に対して制約を

A18, *In re Service Rules for the 698-746, 747-762, and 777-792 MHz Bands*（698から746メガ・ヘルツの周波数帯，747から762メガ・ヘルツの周波数帯，および777から792メガヘルツ周波数帯のサーヴィス・ルールについて），22 F.C.C.R. 15289, 15367, 15370-71（2007）（第2報告および命令）（以下"Service Rules Second Report and Order"）．

33　Ante, 前掲注(20)参照．Sharma & Searcy, 前掲注(21)も参照．

34　FCC Eleventh Report, 前掲注(3), p.11007 ¶ 136-37.

35　FCC Fifteenth Report, 前掲注(6), pp.13-14.

課している．携帯電話事業者は，また，自社の携帯電話のプラットフォーム（ＯＳ）用アプリケーションを開発するのを開発者に認めるに当たり，多種多様の障碍を設定している．例えば，アプリケーション開発者に対して，携帯電話の多くの機能へのアクセスを制限したり，煩雑なまでの資格要件や異常なまでに詳細な承認条件を課したり，そして，統一的な業界標準を開発しないことなどである[36]．

しかし，携帯電話のための精緻な新しいアプリケーションが急増するに伴って，携帯電話機製造者が，アプリケーション市場に対する携帯電話事業者の支配を緩和するよう圧力をかけ始めた．例えば，iPodの音楽プレーヤーが圧倒的な人気を博するようになったおかげで，アップル社は，iPhoneを顧客に販売する場合には，AT&T社自身のアプリケーションをバンドル化して提供しないよう，AT&T社を説得することができた[37]．

Ⅱ．携帯電話サーヴィス契約

携帯電話サーヴィス契約は，複雑で多元的な契約である．この章は，これらの契約の総合的な分析を試みるわけではない[38]．むしろ，(1)三部構成料金の構造，(2)ロックイン条項，および(3)高度な複雑性自身という，前述の3つの特徴に焦点を当てる[39]．

36　Wu, 前掲注(20), pp.13-14, 22-5.

37　Vascellaro, 前掲注(30).

38　我々が扱わないことの1つは，加入者が課金される通話の種類(ないし，プランの上限に含まれる通話)の定義である．具体的には，ほとんどの国で加入者は発信する通話だけ課金されるが，米国では加入者は受信する通話にも課金される．加入者はおそらく，発信する通話に加えて受信する通話の数や長さを予想する方が，発信する通話だけについて予想するよりも困難なので，米国の携帯電話サーヴィス市場のこの特徴は，一般的な行動経済学理論に合致する．

39　第2部や他の部分で示す商品と料金の説明の大部分は，ニューヨーク地域でサーヴィスを提供する携帯電話事業者のウェブサイトにある情報に基づく．AT&T, "Cell Phones, Cell Phone Plans, and Wireless Accessories—from AT&T," <http://www.att.com/shop/wireless/#fbid=n6la6zd-YLG (2011.09.29最終アクセス), Sprint, "Cell Phones, Mobile Phones, and Wireless Calling Plans from Sprint," http://www.sprint.com (2011. 09. 29最終アクセス), T-Mobile, "Cell Phones | 4G Cell Phone Plans | Android Tablet PCs | T-Mobile,' <http://www.t-mobile.com/> (2011.09.29最終アクセス), Verizon wireless, "Cell

A. 三部構成料金

　前述のように，携帯電話サーヴィスの契約は，複雑で多元的である．まず，プランの大部分を占める後払いプランのほとんどで，その基本的な通話サーヴィスの料金は，三部構成料金である．この料金の構造には，毎月の基本料と，それに含まれる通話時間の分数と，その上限を超えた通話の分ごとの料金(超過通話料)という，3つの要素がある．毎月の基本料がより高価なプランは，それに含まれる通話の分数が多く，上限を超えた通話の超過通話料が安い．例えば，本書の執筆時点で，AT&T社，スプリント社，ヴェライゾン社は，39.99ドルに450分の通話を含み超過通話料は毎分0.45ドルのプランと，59.99ドルに900分の通話を含み超過通話料は毎分0.40ドルのプランと，79.99ドルに1,350分の通話を含み超過通話料は毎分0.35ドルのプランを提供している．

　この三部構成料金は，1998年に米国に導入された．それまでは，すべての携帯電話のプランはローミング(roaming)と長距離料金を含んでいた[40]．1998年に，AT&T社は，顧客が固定的な月次料金を払えば，それに域内通話と長距離通話の両方に使える一定の通話分数が含まれるというプランを，提供し始めた．その結果，AT&T社は1年目に，おそらくサーヴィス提供能力以上と思われる，85万人の顧客を獲得した[41]．AT&T社の競争相手は，すぐに類似の料金プランで追随した．携帯電話サーヴィス使用の増加の相当部分は，この料金体系による[42]．

Phones—Smartphones: Cell Phone Service, Accessories—Verizon Wireless," <http//www.verizonwireless.com/b2c/index.html> (2011.09.29最終アクセス)参照．オンラインの提供とオフライン(小売店)の提供の間，米国内の異なる地域の市場の間で，多少の違いがあることに注意すべきである．この違いは，分析に関係があるときだけ明示する．

40　Elizabeth Douglass, "The Cutting Edge Special Report: Wireless Communications, 'Pre-paid' Idea is Catching On in U.S.Market," *L. A. Times*, March 15. 1999, p.C1 (長距離料金とローミング料金から離れる傾向を述べている)参照．

41　Roger O. Crockett, "The Last monopolist," *Business Week*, April 12, 1999, at 55, Dan Meyer, "Coverage Problems Trigger Headaches for Carriers," *RCR Wireless News*, July 9, 2001, p.16.

42　Andrew M. Odlyzco, "The Many Paradoxes of Broadband" *First Monday*, September 1, 2003, <http://firstmonday.org/htbin/cgiwrap/bin/ojs/index.php/fm/article/view/1072/992> .

　バンドル化された包括料金に変わったことについての事業者の説明は，様々である．一部は，バンドル化料金は消費者が単純性を望むことに対応したと論じる[43]．他の，当時AT&T社の最高経営責任者(CEO)だったマイク・アームストロング(Mike Armstrong)などは，バンドル化料金はヘヴィー・ユーザを惹きつけたいという願いから動機づけられたと示唆する．アームストロングの説明は，(1)月ごとの固定費が最少で90ドルだったこと，(2)一律料金プランの導入以降，AT&Tの加入者の平均的な支払いが増加し，会社の利潤を増やしたことという，2つの重要な事実と整合的である[44]．

B．ロックイン条項

　三部構成料金という料金構造に加え，事後払いの通話プランのほとんどは，無料または大幅に値引きされた域内と長距離の通話料と，中途解約料という2つの特徴を有する．本書執筆時点で，AT&T社は顧客に，携帯電話端末のLG Phoenixを379.99ドルで契約無しに購入する選択肢を提供した．しかし，2年間のデータ契約を結ぶと，AT&T社は同じ電話機に0.01ドルのみ請求した．Tモバイル社と新しく契約を結んだ顧客は，LG Optimus, HTC Wildfire, Samsung Gravityなどの機種を含む，200ドル以上の小売価値を示唆するいくつかの電話機を，無料で受け取る機会を得た．同様に，AT&T社とアップル社は，短期的収入を犠牲にしてiPhoneに大幅な価格補助〔値引き〕を行い，スプリント社はサムスン社の音楽電話端末を，たった149ドルという，費用を大幅に下回る価格で販売した[45]．無料か大幅に価格補助〔値引

43　Rebecca Blumenstein, "The Business-Package Plan: AT&T Sees Wireless as the Key to its Broader Strategy of Bundling Its Services," *Wall Street Journal*, September 20, 1999 p. R26参照，Peter Elstrom, "Wireless with All the Trimmings," *Business Week*, November 16, 1998 も参照．

44　Peter Elstrom, "Mike Armstrong's Strong Showing," *Business Week*, January 25, 1999, at 94, Elstrom, "Wireless with All the Trimmings," 前掲注(43)．

45　Amol Sharma & Roger Cheng, "iPhone Costs Prove a Drag for AT&T," *Wall Street Journal*, October 23, 2008, p.B4（「この会社〔AT&T社〕は，iPhone関連の顧客獲得費用の9億ドルが収入を10%喪失させたと言った」しかし「AT&Tの幹部は，iPhoneのユーザーは他の顧客の1.6倍に当たる一月あたり平均95ドルを使うため，長期的には儲かると言った」）参照，Cliff Edwards & Roger O. Crockett, "New Music

き〕された電話機代の戦略は，米国の携帯電話市場に浸透する．JDパワー社
（J.D.Power）の2011年の調査によれば，顧客の42％は無線通信サーヴィスに
加入するとき，無料の携帯電話を受け取った[46]．

　もちろん，無料電話が実際に無料だというわけではない．携帯電話事業者
は，電話のコストを加入料で回収する．電話のコストを十分まかなう加入料
を確実に徴収するため，携帯電話事業者は加入者を長期契約に囲い込む[47]．
このようなロックインは，相当額の中途解約料で確保される．例えば，2007
年6月，Tモバイル社は固定的な解約料を200ドル課し，AT&T社は175ド
ル課し，スプリント社は選択したサーヴィスにより最大200ドル課した．歴
史的には，解約の時期にかかわらず，同じ解約料が課された．つまり，2年
間の期限の1ヵ月前に解約しても，200ドル払わされることになった．これ
らの料金の合法性に関するクラス・アクション（集団訴訟）がいくつか起きた
頃，携帯電話事業者は契約期間の経過に従って解約料が減少する契約を提
供し始めた．ヴェライゾン社は，2007年6月，解約料175ドルが，契約にと
どまる間に毎月5ドルずつ減少する契約を始めて，この伝統を率いた．2008
年の終わりには，主な携帯電話事業者は皆，同様に減少する中途解約料を提
供していた[48]．

Phones—Without the i" *Business Week*, April 16, 2007, p.39.

46　J. D. Power & Associates の記者発表，"The right Blend of Design and Technology is Critical to Creating an Exceptional User Experience with Smartphones and Traditional Mobile Devices," 2 (September 8, 2011), <http://businesscenter.jdpower.com/JDPAContent/CorpComm/News/content/Release/pdf/2011146-whs2.pdf>.

47　契約プランが提供されないとき，電話機の価格補助〔値引き〕はなくなる．例えば，契約していない顧客は，同じ iPhone に対して契約価格に400ドル多く払わされる．"AT&T Plans to Offer No-Contract iPhone," *Wall St. J.*, July 2, 2008, p.B5.

48　Verizon Wireless, customer Agreement, <http://www.verizonwireless.com/b2c/index.html>（ページの下の"Customer Agreement"のハイパーリンクを開く），AT&T, Plan Terms, <http://www.wireless.att.com/cell-phone-service/legal/plan-terms.jsp#gsm>，Press Release, Sprint Nextel Corp., "Sprint Launches One of the Industry's Most Customer - Friendly Policies on Pro-Rated Early Termination Fees"（October 31, 2008），<http://newsroom.sprint.com/article_display.cfm?article_id=771>，T-Mobile, T-Mobile Terms and Conditions, <http://www.t-mobile.com/templates/popup.aspx?passet=ftr_ftr_termsandconditions> 参照．

Ｃ．複雑性

　携帯電話サーヴィス契約の複雑性と多元性は，契約の特徴と見ることができる．携帯電話サーヴィス契約のほとんどは，それ自体たいへん複雑である．この高度の複雑性は，単一の契約から多くの異なった多元的な契約へと視点を移すと，さらに大きく増加する．ある事業者の推計によると，携帯電話サーヴィス市場には「1,000万以上の異なるプランと追加的組合せがある」[49]．

1．後払いプラン：基本

　一般的な後払いの通話プランの基本的な構成さえも，複雑である．前述のように，基本的な料金構造は，三次元である．基本的な料金制度の個別の次元が，三部構成料金の一部の料金である．加えて，個々の携帯電話事業者は，異なる三部構成料金の長いメニューを提供する．更に事態を複雑にするのは，その三部構成料金のメニューが携帯電話事業者毎に異なるということである[50]．その上，月毎の基本料に含まれるサーヴィスの特徴の多様性が，複雑性を増す．これらの特徴の一部は，すべての携帯電話事業者が全く同じように提供する．それ以外は，一部の携帯電話事業者が提供し他は提供しないか，異なる携帯電話事業者が様々な形で提供する．

　例えば，主要な４つの携帯電話事業者はすべて，通常の夜間や週末という閑散時に上限無しの通話を提供する．しかしそこには，相当大きな違いがある．携帯電話事業者によって，夜の定義は異なる．AT&T社とヴェライゾン社では，夜は午後９時から午前６時までである．Ｔモバイル社では，夜は午後９時から午前７時までである．スプリント社では，夜は午後７時から午前７時までだが，夜が午後９時から午前７時までという，より簡素なプランもある．「夜」の定義を変えることによって，携帯電話事業者は３時間までの

49　BillShrink.com, Cell Phone Plans, Compare Best cellular Service carrier deals on
　　BillShrink, <http://www.billshrink.com/cell-phones/plans.html> (2011. 09. 29最終アク
　　セス).

50　(1)基本料に含まれる通話の方向，(2)一度だけの回線開設料という，２つの
　　追加的な要素に簡単に言及しておく．(1)の要素について，基本料に含まれる通
　　話は通常は発信と受信の両方に使われる．(2)について，AT&T社とスプリント社
　　の回線開設料は36ドルで，ヴェライゾン社は35ドルである．

追加的な上限無し通話を提供することができる．この3時間の追加的な時間は，無限通話時間の33.3%延長を意味する．しかし，ほとんどの消費者はおそらく，午後7時から午後9時までと午前6時から午前7時までの3時間に電話をする方が，例えば午前1時から午前4時までの3時間に電話するより多いため，この追加的な3時間の上限無し通話による価値の増加は，おそらく33.3%よりずっと多い．

　もう1つの例を言うと，消費者は，自分が選んだ5つ（または10）の電話番号に上限無しの電話ができる，ヴェライゾン社の「友達家族」プログラムを選ぶかどうか検討するかもしれない．スプリント社，Tモバイル社，およびAT&T社は類似のプログラムを提供したが，本書の執筆時点では，これらのプランは新規ユーザーには提供されなくなっている．

2．家族プラン

　我々はこれまで，個別の通話プランに焦点を当ててきた．四つの主な携帯電話事業者はまた，家族プランを提供し，もう1つ複雑性を増している．家族プランの主な特徴は，個々に異なる回線を使う5人までのユーザが，通話の分数を分け合えることである．例えば，ヴェライゾン社は月毎の基本料が69.98ドルから119.98ドルまで，通話の分数が700から上限無しまで，超過通話料金が毎分0.45ドルから0.35ドルまでの家族プランを提供する．これらの月次料金は，2つの電話回線を含み，家族は回線ごとに追加して毎月9.99ドル払えば，あと3つまでの回線を追加できる（上限無しのプランなら49.99ドル）．

3．付加機能

　携帯電話は，通話以外にも多く使われる．携帯電話事業者は，テキスト・メール，マルチメディア通信など，高度なコミュニケーション・サーヴィスを提供する．携帯電話事業者はまた，着メロやゲームなどのアプリや，携帯でインターネットにアクセスする月ごとのパッケージも提供する．これらのサーヴィスやアプリは，通話サーヴィスへの付加機能として，消費者に販売される．

　これらのサーヴィスの料金は，複雑性を増す．携帯電話事業者は，高度のコミュニケーション・サーヴィスを消費者に，以下の3つの方法で提供する．
(1) 従量制料金：主にテキスト・メールやマルチメディア通信に適用され，

　消費者が送信または受信する通信ごとに支払う．
(2) 固定量月次パッケージ：消費者が固定された数の通信またはデータのメ
　　ガ・バイトのために月ごとの料金を払う．
(3) 上限無しの月次パッケージ：消費者が上限無しのデータ通信のために月
　　ごとの料金を払う[51]．
着メロやゲームのような娯楽アプリは，ダウンロード1回ごとの料金で購入
できる．GPS位置決めサーヴィスや音楽やTVアプリのような高度のアプリ
も，今は一部の携帯電話事業者から，通常は追加的な月ごとまたは日ごとの
料金を払えば，得られる．

4．電話とロックイン条項

　ほとんどの後払いのプランについてくる無料または値引きされた電話機
は，携帯商品にもう1つの複雑性の要素を加える．異なる携帯電話事業者
は，異なる電話機を様々な値引きで提供する．単なる値引きか返金かという
携帯電話事業者の選択が，もう1つのひねりを加える．無料または値引きさ
れた電話機の裏には，消費者を特定の携帯電話事業者に縛りつけるロックイ
ン条項がある．ロックイン条項の期間の長さや中途解約料の高さは，様々で
ある．よくあるロックイン期間は2年間だが，1年や3年の期間もある．解
約料は，標準的な電話機なら175ドルから200ドルで，スマホのような「高
級機」なら，しばしば350ドルになる．最近増えている段階的に減る中途解
約料は，異なる携帯電話事業者が異なる方法で中途解約料を契約期間を通じ
て減らすため，多様性を増大させた．

51　従量制料金の例は，Verizon Wireless, "Cell Phones—Smartphones: Cell Phone Service,
　Accessories—Verizon Wireless," 前掲注(39)（2011年9月29日時点で，ヴェライゾン
　社はテキスト・メールに0.20ドル，マルチメディア通信に0.25ドルを課す）参照．
　ヴェライゾン社は，固定量月次パッケージも提供する（2011年9月29日時点で，
　ヴェライゾン社は250のテキスト・メールまたはマルチメディア通信に5ドルの月
　次料金，500の通信に10ドルの月次料金を課す）．上限無しの月次パッケージの例
　としては，AT&T, "Cell Phones, Cell Phone Plans, and Wireless Accessories—from AT&T"
　前掲注(39)（2011年9月29日時点で，AT&Tは，上限無しの通信に20ドルの月次
　料金を課す）参照．一部のプレミアム・プランでは，上限無しの通信やデータさえ
　も，三部構成料金の月次基本料に含まれる．同．

5．プリペイド・プラン

　多くの異なる後払いのプランから選ぶのが難しいだけでなく，消費者は後払いか前払いかを前もって選ばないといけない．プリペイド・プランは携帯電話サーヴィス市場で提供されるもう 1 つの選択肢で，その契約の特徴は後払いプランと大きく異なる．

　プリペイド・プランには，一定の通話時間（分）の通話を含む基本料を顧客が毎月払う月次前払いの種類と，毎分の通話に使われるクレジットを予め買う従量制料金との，2 種類が提供されている．

　月次前払いの種類は，後払いの通話プランと，より類似している．前払いのプランが後払いのプランと異なるのは，主に以下の三点である．

・固定月次基本料は，事前に支払う．
・拘束力はない．加入者はいつでも中途解約料金を払うことなく携帯電話事業者から離れられる．
・基本料に含まれる通話時間（分）を上回る通話は，たとえ高額の超過料金を払ったとしても，認められない．

加えて，分当たり料金（月ごとの基本料を，それに含まれる通話の分数で割ったもの）は一般的に，前払いのプランの方が高い．これはおそらく，超過通話を認めないため超過料金を受け取れないことによる収入減を補うためである．例えば，AT&T の前払いの GoPhone プランは 25 ドルの月次基本料で 250 分の通話を提供する（1 分当たり 0.10 ドル）が，AT&T の後払いプランは 39.90 ドルで 450 分の通話を提供する（1 分当たり 0.09 ドル）．前払いプランはまた，契約に追加されうる特徴が少ない．例えば，夜間と週末の通話にも上限があることがあり，ローミング料も徴収される[52]．

　プリペイド・プランの 2 番目の種類は，従量制サーヴィスを提供する．消費者は，様々な通話時間（分）の通話を含む，通話カードを購入する．例えば，ヴェライゾン社の従量制サーヴィスは，最少 15 ドルのプリペイド・カードを提供する．これらのカードは，1 分当たり 0.25 ドルの通話サーヴィ

52　4 つの主要な携帯電話事業者はいずれも，後払いの料金プランではローミング料を課さない．

スの価値を持つ．従量制通話カードには，期限がある．ヴェライゾン社では，15ドルから29.99ドルまでのカードの期限は30日，30ドルから74.99ドルまでのカードの期限は90日，75ドルから99.99ドルまでのカードの期限は180日，100ドル以上のカードの期限は365日である．ヴェライゾン社の従量制通話の消費者はまた，電話機のために，ある日の上限無しの使用のために固定料金を2ドル払うか，その日の使用に1分当たり0.10ドル払うことができる．月次の前払いプランと同様，従量制サーヴィスは典型的には，後払いより，高い分ごとの料金を取り，契約に追加されうる特徴が少ない．4つの全国的な携帯電話事業者のいずれも，スマホ使用者には前払いでの従量制のプランを提供しない．

Ⅲ．携帯電話サーヴィス契約の解説

何が，上記Ⅱ.で述べた契約の特徴を説明するのであろうか．一般的な携帯電話サーヴィス契約は，なぜこのように見えるのであろうか．このⅢ.では，三部構成料金，ロックイン条項，複雑性という，3つの特徴の1つひとつを説明可能な，効率性に基づく合理的選択理論について検討する．しかし，合理的選択理論は，携帯電話サーヴィス市場の契約面の結果について，部分的にしか説明できないことがわかる．我々は，携帯電話サーヴィス市場の契約設計を，消費者の過誤に対する市場の対応として説明する行動経済学理論を発展させることによって，この説明のギャップを埋める[53]．

A．三部構成料金

1．合理的選択理論とその限界

三部構成料金に対する合理的選択理論の主な説明は，このような価格体系を，事前時点での需要が多様な合理的消費者に対する，価格差別の方法また

---

[53] 以下A.の三部構成料金の分析は，前掲注(1)のGrubbに大きく依存する．A.で述べた行動経済学的説明はまた，K. Eliaz & R. Spiegler, "Contracting with Diversely Naïve Agents," *Rev. Econ. Stud.*, 73 (2006), 689, K. Eliaz & R. Spiegler, "Consumer Optimism and Price Discrimination," *Theor. Econ.*, 3 (2008), 459で展開された説明と密接に関連している．

は市場の選別だと見る．わかりやすくするために，1ヵ月の平均使用時間と，使用時間の分散〔ばらつき〕という，需要の多様性の2つの要素に焦点を当てよう．

　消費者が，第1の要素，つまり平均使用時間のみで異なるとしよう．すると，合理的選択理論では三部構成料金を説明できない．平均使用時間が多いヘヴィー・ユーザと，平均使用時間が少ないライト・ユーザの間を差別するためには，携帯電話事業者は三部構成でなく，二部構成の料金体系を使うだろう．二部構成料金は，月次の基本料と，毎分一定額の通話料を含む．携帯電話事業者は，高い基本料と安い通話料の「H」料金と，安い基本料と高い通話料のL料金を提供することによって，ヘヴィー・ユーザとライト・ユーザとを差別することができる．ヘヴィー・ユーザは通話料をより気にするので，H料金を好む．ライト・ユーザは基本料をより気にするので，L料金を好むであろう．

　二部構成料金は，消費者を平均使用時間によって差別する方法を提供するが，三部構成料金は，消費者を使用の分散〔ばらつき〕によって差別する方法を提供する．消費者に，その需要の分散が大きい高分散型(HV)と，需要がより予測可能な低分散型(LV)という，2つの型があるとしよう[54]．具体的には，高分散型の需要は$H+h$か$H-h$が同じ確率で起き，低分散型の需要は$L+1$か$L-1$が同じ確率で起き，そのとき$h>1$で，$H+h>L+1>L-1>H-h$としよう．独占的な携帯電話事業者は，三部構成料金のメニューによって，高分散型と低分散型を差別化できる．それは，高分散型は低分散型よりも以下の点について，より大きな関心を寄せるからである．(i)非常に長時間の通話をするとき$[H+h]$：このときには，超過料金を多く払わないで済むように，基本料に含まれる通話時間が長い料金を選ぼうとする，(ii)固定的な月次料金に比べて非常に少ない時間の通話しかしないとき$[H-h]$：分当たり料金を計算すると高い料金を支払うことになる．

　独占事業者は，低分散型に対しては，$L+1$を超える通話，つまり低分散型の最大の需要を超える通話に対して高い超過料金を課し，高分散型に対

54　数学的に厳密に言えば，通話時間（分）を横軸に需要曲線を累積分布関数（c. d. f.）で描けば，予測可能性の高い低分散型の需要曲線は，変動幅の大きい高分散型の需要曲線と，一度だけ下から交差しなければならない．Grubb, 前掲注(1)．

しては，少なくとも$H+h$の無料通話を含む，より高い月次基本料金を提供する三部構成料金を設計することによって，この違いを利用することができる．低分散型の人が低分散向け料金を高分散型の人よりも好むのは，以下の理由による．(i)低分散型の人は，$L+1$以上は使用しないので，それ以上の使用に対する料金はどうでもよいが，高分散型の人は，もし低分散向け料金を選ぶと，半分くらいの月は超過料金を払うことになってしまう$[H+h>L+1]$．また，(ii)基本料に含まれる無料通話の時間数(分)内の通話の限界コストはゼロであるが，低分散型の人は常に$L+1$以上通話するので，無料通話の価値は低分散型にとっての方が相対的に大きいが$[L-1>H-h]$，高分散型の人がこの料金プランを選ぶと，通話が少ないときの$[H-h]$，1分当たりの平均通話料が割高になってしまう．

　三部構成の料金構造が価格差別を促す可能性がある一方，この合理的選択による説明が必要とする前提は，非現実的であることが多い．この価格差別のモデルでは，高分散型の人は無料通話が多い料金プランを選び，低分散型の人は無料通話が少ない料金プランを選ぶ．また，高分散型の人は通話の分散が大きいことから，通話が非常に少ない可能性が，低分散型の人よりも高いことを意味する．図4.1は，次の2.で詳述するデータを用いて描いた，様々な三部構成料金プランを選ぶ消費者の累積分布関数である．プラン1は200分までの無料通話を含み，プラン2は300分までの無料通話を含み，プラン3は400分までの無料通話を含み，プラン4は500分までの無料通話を含む．

　図4.1で，より多くの無料通話を含むプランの累積分布関数が，より少ない無料通話を含むプランに，一次確率優越している[55]ことを確認できる．言い換えると，含まれる無料通話が多いプランを選ぶ消費者は，結果的に非常に少ない通話しかしない確率がより小さいことになる．この結果は，価格差別の理論と矛盾する[56]．

55　ただし，グラフの下の方でプラン2の累積分布関数がプラン3と交差しているため，このデータは，厳密な一次確率優越(first-order stochastical dominance: FOSD)の順位と完全に整合的なわけではない．しかし，プラン2のデータの信頼性が低い可能性が高い．

56　Grubbによる異なるデータ集合の分析は，同じ結論をもたらす．Grubb, 前掲注(1)．

図4.1　様々な三部構成料金プランを選ぶ消費者の累積分布

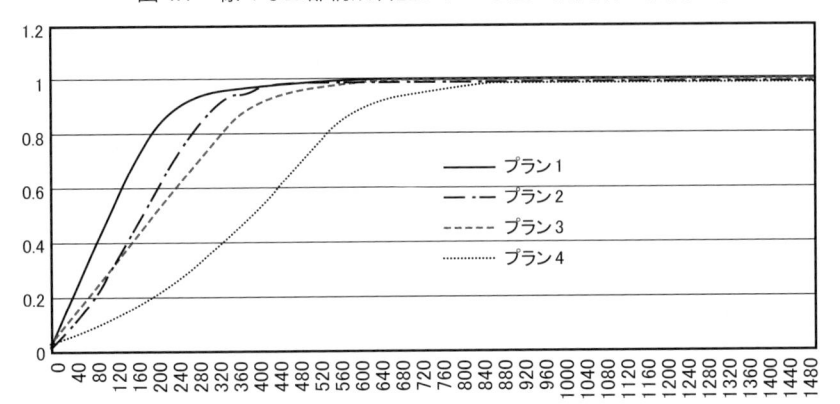

　合理的選択理論におけるもう1つの説明は，リスク回避に基づくものである．あるデータが示す使用パタン（以下の2．参照）は，理論的には，完全に合理的なリスク回避的加入者の行動と整合的である．このような加入者は，かなりの超過料金を払うリスクを減らすために，自分が使うと思うよりも多くの通話を含むプランを選ぶ．その結果，これらの加入者のほとんどは，基本料金に含まれる通話よりもずっと少ない通話しかしないこととなる．この説明は，次の3つの理由によって失敗している．第1に，問題となっている金額の大きさに鑑みると，観察されるプランの選択パタンは，合理的選択の期待効用理論によるリスク回避と整合的ではない[57]．第2に，以下で示すように，加入者はしばしば間違ったプランを選択する．しかも，重要なことに，このようなプラン選択の過誤は，リスク回避の説明が意味するような事後的な間違いばかりではなく，その多くは事前的な過誤なのである．最後に，リスク回避は観察された使用パタンを説明するかもしれないが，三部構成料金の出現を均衡料金体系として説明することはできない．

---

[57]　Matthew Rabin, "Note, Risk Aversion and Expected-Utility Theory: A Calibration theorem," *Econometrica*, 68 (2999), 1281参照．しかし，リスク回避についての行動経済学的な説明の中には，これらと整合的なものがあるかもしれない．同，p.1282 n. 3参照．

2．行動経済学理論

a．理論　　基本的な通話サーヴィスは，一般的に三部構成料金で価格設定される．携帯電話事業者が提供する料金メニューから最適な三部構成料金を選ぶためには，消費者は将来の携帯電話の使用を正確に予測しなければならない．しかし多くの消費者は，通話プランの選択を求められても，自分が携帯電話をどう使うかが正確に予測できない．米国の大手携帯電話事業者の価格設定担当者によれば，「人々は自分がどのくらい使うか知っていると確信しているが，それがどれほど間違っているかには，まったく驚かされます[58]」．三部構成料金は，消費者が将来の使用について誤解していることに対応する．

消費者は，自らの使用レヴェルについて，過大予想と過小予想の両方をする．消費者がこのような誤解に苦しむことに気づいている携帯電話事業者は，通話プランの通話上限までは毎分低料金(無料)で，その後は毎分高料金を課す三部構成料金を使うことによって，自社のサーヴィス・プランを消費者に実際よりも魅力的に見せることができる．自分の通話を過大予想する消費者は，無料通話のほとんどを使う可能性を過大予想するため，低料金の価値を過大評価する．逆に，自分の通話を過小予想する消費者は，プランの上限を超える可能性を過小評価するため，超過料金に不十分な注意しか払わない．独占的な携帯電話事業者にとって，三部構成料金は利潤増加の機会を作る．一方競争的な市場で営業する携帯電話事業者は，三部構成料金が消費者の見かけの利益を最大化するため，これを採用する[59]．

これらの考え方は，簡単な数値例を使って示すことができる．複数の携帯電話事業者が，非常に競争的な市場で営業しているとしよう．すべての携帯電話事業者は，消費者1人当たり10ドルの固定費と，通話1分当たり0.10ドルの変動費という，全く同じ費用構造を有するとする．消費者は，一定の飽和点までは通話1分当たり0.40ドルの価値があり，この飽和点以上は無価値であるという選好を有する．消費者には，ヘヴィー・ユーザと

58　Grubb, 前掲注(1).

59　三部構成料金はまた，消費者が自分の将来の使用を予想する能力について自信過剰であるときにも現れる．つまり，同じ消費者が将来の使用について過大予想と過小予想の両方を示すときである．Grubb, 前掲注(1)参照.

ライト・ユーザの二通りがある．50%の消費者は飽和点が300分というヘヴィー・ユーザで，残る50%は飽和点が100分というライト・ユーザである．もし消費者が合理的で，正確に自己の飽和点を予想できるなら，〔完全競争の仮定により〕携帯電話事業者は，固定基本料が毎月10ドルで，限界通話料が毎分0.10ドルという，二部構成料金を設定する〔超過通話料がないので二部構成料金である〕．ヘヴィー・ユーザは$10+300\times0.1=40$，ライト・ユーザは$10+100\times0.1=20$を支払い，完全競争市場で予想されるように，携帯電話事業者はちょうどその費用をまかなう．この二部構成料金では，ヘヴィー・ユーザは$300\times(0.4-0.1)-10=80$，ライト・ユーザは$100\times(0.4-0.1)-10=20$の余剰を享受する[60]．

　ここで，消費者の誤解を導入しよう．我々は，ライト・ユーザが自分の飽和点を過大に予想し，飽和点が実際の100分の代わりに200分だと誤解するとする．そして，ヘヴィー・ユーザが自分の飽和点を過小に予想し，実際の300分でなく200分だと誤解するとする．このような誤解で，三部構成料金は二部構成料金よりも魅力的になる．

　固定的な毎月10ドルの基本料に200分の無料通話（限界価格はゼロ）が含まれ，200分以上の通話には毎分0.40ドルの超過通話料がかかるという，三部構成料金を考えよう．200分という配分は，全消費者に共通に認識される飽和点に沿っている．0.40ドルという超過通話料は，プランの上限以上の通話を抑止しない限度の料金の中で最大の限界料金であるとする．10ドルという固定基本料は，$10+\left(\frac{1}{2}\times100+\frac{1}{2}\times300\right)\times0.1-\frac{1}{2}\times(300-200)\times0.4=10$という，携帯電話事業者が予想する費用をちょうどまかなうように計算されている[61]．この料金では，ヘヴィー・ユーザは$10+(300-200)\times0.4=50$を支払う．彼らは$300\times0.4-(300-200)\times0.4-10=70$の余剰を享受し，こ

60　料金計算は，固定的な毎月の基本料を，通話の分数掛ける分当たりの料金に加える．余剰の計算は，通話の分数を，分当たりの利益と料金の差に掛けて，固定的な毎月の基本料を差し引く．

61　携帯電話事業者のコストは，10ドルの固定費と，毎分0.1ドルに予想される通話の分数——ライト・ユーザ(50%)には100分，ヘヴィー・ユーザ(50%)には300分を掛けた，予想される変動費を含む．総コストは，30ドルである．携帯電話事業者は，ヘヴィー・ユーザが最後の100分について支払う超過通話料20ドルを得る．残りの10ドルが，固定的な月ごとの基本料として徴収される．

れは，二部構成料金で享受する余剰80よりも少ない．しかし，彼らは自分
たちの通話を過小に予想するので，余剰を誤解する．三部構成料金での見
かけの余剰は，$200 \times 0.04 - 10 = 70$で，二部構成料金での見かけの余剰，
$200 \times (0.4 - 0.1) - 10 = 50$よりも大きい．ライト・ユーザは，三部構成料金
で，10ドル支払う．彼らは$100 \times 0.04 - 10 = 30$の余剰を享受し，これは，
二部構成料金での余剰20より大きい．より重要なことに，三部構成料金で
の見かけの余剰は$200 \times 0.04 - 10 = 70$で，これは，二部構成料金での見か
けの余剰$200 \times (0.4 - 0.1) - 10 = 50$より大きい．

　三部構成料金は，消費者の目に見える支払い，具体的には基本料やプラン
上限内の通話への課金，を減らしながら，超過通話料という消費者の目に見
えない形で[62]，支払いを引き出す．自分の通話量を過小予想し超過料を払う
ことになるヘヴィー・ユーザが，ライト・ユーザに内部補助することになる
のに気づいてほしい．しかし，ヘヴィー・ユーザは超過料を払うことは予想
しないので，競争相手は，例えば超過料が安い異なる料金を提供することに
よっては，事前に彼らを惹きつけることができない．三部構成料金は，両方
の型の消費者にとって，見かけの消費者余剰を最大化するので，そのため競
争的市場では均衡料金として選択される．

b．データ　　　　上記の誤解理論を試すために，ある1つの携帯電話事業者の
　　　　　　　　　　3,730人の加入者の月ごとの請求と使用の情報についての，固
有のデータセットが使われた．これらのデータは，（4つの通話プランの中
から）加入者が選んだ通話プランと，2001年9月から2003年5月までの最大
の通話分数の情報を提供する．4つの通話プランは，以下の表4.1が示すよ
うに，固定的な最大無料通話分数と高い超過料からなる，典型的な三部構成
料金である[63]．

62　より一般的なモデルでは，超過料は消費者にとって過小評価されるが，完全
　　に見えないわけではない．

63　このデータベースは，デューク大学（Duke University）の The Center for Customer
　　Relationship Management によって提供された．このテキストでのデータの説明は，
　　このセンターによって提供された説明に基づいている．The Center for Customer
　　Relationship Management, *Telecom Dataset*, <http://www.fuqua-europe.duke.edu/centers/
　　ccrm/index.html#data> 参照，Raghuram Iyengar, Asim Ansari, & Sunil Gupta, "A Model
　　of Consumer Learning of Consumer Service Quality and Usage," *J. Mltg. Res.*, 44 (2007),

表4.1　三部構成料金のメニュー

	プラン1	プラン2	プラン3	プラン4
市場占有率(%)	22.15	2.00	73.28	2.57
月次基本料(ドル)	30	35	40	50
無料通話分数	200	300	400	500
超過料(ドル)	0.40	0.40	0.40	0.40

　データから，加入者によって使い方が相当異なることがわかった．要約統計量が，以下の表4.2a～4.2eに示されている．プラン1，プラン2，プラン3，およびプラン4について，表4.2a～4.2dは通話分数の全体の平均と標準偏差を示す．通話の過小予想対過大予想についての概要を得るため，過小使用（月当たりの，無料通話の許容量まで使われなかった通話分数）と過大使用（プランに含まれる無料通話の許容量を超えた通話分数）も示されている．すべてのプランを合計したこの情報は，表4.2eにある．

表4.2a. 要約統計量：プラン1

	割合	通話量÷許容量	
		平均	標準偏差
許容量以下	0.819	0.45	0.294
許容量以上	0.179	1.46	0.624
全消費者	1	0.633	0.538

表4.2b. 要約統計量：プラン2

	割合	通話量÷許容量	
		平均	標準偏差
許容量以下	0.872	0.51	0.274
許容量以上	0.126	1.25	0.279
全消費者	1	0.607	0.368

表4.2c. 要約統計量：プラン3

	割合	通話量÷許容量	
		平均	標準偏差
許容量以下	0.911	0.45	0.287
許容量以上	0.089	1.284	0.324
全消費者	1	0.524	0.375

表4.2d. 要約統計量：プラン4

	割合	通話量÷許容量	
		平均	標準偏差
許容量以下	0.718	0.573	0.296
許容量以上	0.279	1.259	0.29
全消費者	1	0.766	0.425

529, 535-7も参照．4つのすべてのプランがすべての市場ですべての日に提供されていたかどうかは，データからは明らかではない．我々は，データのこの限界を認識し，従って我々の結果もその意味で限定つきのものである．我々の経験的研究戦略は，関連する行動経済学的な説明，自信過剰理論を異なるデータセットで試したGrubb, 前掲注(1)に基づいて立てた．

表4.2e. 要約統計量：全体

	割合	通話量÷許容量	
		平均	標準偏差
許容量以下	0.884	0.454	1.289
許容量以上	0.114	1.343	0.457
全消費者	1	0.557	0.422

全体として見ると，加入者は，全体の11.4%の加入者が，許容量の平均34.3%，許容量を超過した．全体の88.4%の加入者は通話分数が許容量を超過しなかったが，そのとき，加入者は平均で，許容量(分)のたった45.4%だけ使用していた．過小使用と過大使用が，それ自体では，過大予想や過小予想を示唆しないことに気付いてほしい．使用が変動する完全に合理的な消費者も，過小使用と過大使用の両方を経験する．

今度は，間違ったプランを選ぶ消費者と，そのような消費者の過誤のコストを見ていこう．消費者が一定量の通話をするとき，選ばれたプランより安くつく別のプランがあった場合に，プランの選択は間違っている．分析の単位としては，消費者が1つのプランを選択している期間であり，1つのプランに10ヵ月以上とどまっていた3,456人の消費者だけを分析対象とした．月ごとに通話量は変動するので，より短期間の間違いを特定することには，あまり信頼性がない〔として10ヵ月以上に限定した〕．この3,456人の消費者の1人ひとりについて，消費者が選んだプランの携帯電話の総コストが，他の3つのプランのそれぞれを選んだら払ったであろう総額と比べられた．過誤の大きさとしては，消費者の実際の携帯電話コストと，最も安いコスト——消費者がもし確実性をもって通話量を予測していたら払っていたであろうコスト——との差(割合とドルの両方)で測定した[64]．

その結果の要約が，表4.3aと4.3bである．これらの表で，各行が，それぞれのプランを選んだ加入者を表す(プラン2の行がないのは，プラン2を10ヵ月以上選択した消費者がいなかったからである)．この集団は，それぞれの加入者が選ぶべきだったプランに応じて，4つのサブ・グループに分けられる．例えば，プラン3の行とプラン1の列の交点のセルは，プラン3を選んだがプラン1を選ぶべきだった加入者のサブ・グループを示す．表4.3aは，サブ・グループの大きさを%で示している．表4.3bは，それぞれのサブ・グループの間違いまたはコスト節約の大きさを，%とドルの両方で示

64　この分析は，リスクに対して中立であることを前提にしている．関係する総額は十分小さいため，この前提は合理的に見える．

表4.3a　間違いの起きやすさ

		最適なプラン			
		プラン1	プラン2	プラン3	プラン4
選んだ プラン	プラン1	74.09%	21.79%	1.49%	2.49%
	プラン3	27.20%	35.61%	21.19%	16%
	プラン4	9.00%	10.66%	8.00%	73.33%

表4.3b　間違いの大きさ

		最適なプラン			
		プラン1	プラン2	プラン3	プラン4
選んだ プラン	プラン1	0%	9.56%	26.97%	28.22%
		$0	$56.16	$203.58	$341.71
	プラン3	21.09%	6.55%	0%	11.34%
		$101.58	$32.59	$0	$102.98
	プラン4	36.71%	12.38%	7.00%	0%
		$220.27	$75.31	$39.90	$0

す[65].

　プラン3を選んだ加入者の集団についての結果を，図4.2に示してある．この加入者集団は，プラン4を選ぶべきだった過小予想者と，プラン1またはプラン2を選ぶべきだった過大予想者の両方がかなり多いことで，注目される．図4.2は，4つのプランのそれぞれを選ぶべきだった消費者の割合を（濃い灰色の棒グラフで）示している．プラン3を選ぶべきでなかった人々について，図4.2は，節約できた金額を，（薄い灰色の棒グラフの）％と，ドル金額で示している．

65　過誤（またはコスト節約）の大きさは，以下のように計算された（この計算は，表4.3bのそれぞれのセルについて実施された）．ある消費者がそのプランに留まった期間を通じてその人が支払った料金の総額を計算した．そして，この消費者がもし，実際の使用からみて最適なプランを選んでいたら支払っていたという仮定に基づく料金の総額を計算した．これらの，実際と仮定の総料金の差額が，過誤の大きさであり，ドル金額を報告するとき，この数字を（差額を，そのプランに留まった実際の月数で割り，12を掛けることによって），年当たりの数字に変換した．こうして計算された過誤について，表4.3bの個別のセルごとのすべての消費者，例えばプラン3を選んだが実はプラン1を選ぶべきだったすべての消費者の，平均をとった．

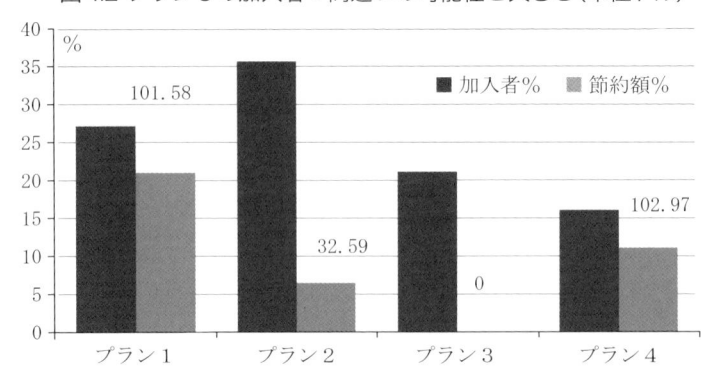

図4.2 プラン3の加入者：間違いの可能性と大きさ（単位ドル）

これらの数字は，特に通話分数が少ないプランでは，過誤のコストを過小評価するものとなっている．例えば，プラン1を選んだ加入者について，このデータは，実際はプラン2やプラン3やプラン4を選ぶべきだった加入者が使用を過小予想（プラン1の選択）したことによる過誤だけを表している．しかし，プラン1を選んだ人には使用を過大予想していた人がいて，その多くは，このデータセットに入っていない前払いプランを選んだ方がよかった可能性が高い．このような過大予想の数とコストの大きさは，分当たり0.40ドル（我々のデータの超過料に等しい）という，高い料金の前払いプランを仮想的に加えることによって，控えめに推計できる．プラン1の加入者の24.4%は，もし前払いプランを選んでいたら，平均で年間149ドル節約できていた[66].

ここまで論じてきたプラン選択の過誤は，事後的に見た過誤である．消費者は自らの将来の使用について事前の不確実性に直面するため，自分の使用を事前には合理的に予想する消費者も，事後的には正しくなかったことになってしまう場合がある．我々のデータで事前の過誤の程度を評価するため，同じプランに10ヵ月以上留まった加入者に焦点を当てて，個々の加入

---

[66] 前払いプランは他の要素で後払いのプランとは異なるかもしれないので，これらの結論は暫定的なものでしかない．特に，前払いのプランで提供されるサーヴィスの質が改善されつつある一方，これらのデータを集めた時点では，前払いと後払いのプランの間には，まだ無視できない差異があった．

者のプラン選択期間を，前期と後期の半分ずつに分けた．

　前期の使用からみて，実際はプラン1を選ぶべきなのに，そのかわりにプラン3を選んだ加入者を想定する．この加入者は，前期の終わりにプラン1に変更できたが(加入者はプランにロックインされていなかった)，後期でもプラン1が最適であり続けたにもかかわらず，プラン3に留まった．同じプランが前後期とも最適だったので，この人の使用は前期，後期とも概ね同じだったに違いなく，このため前期の使用が後期の使用の予想を見直す基盤を提供したことを意味する．加入者はプランを変更でき，変更コストはおそらく低かったので，プラン3に留まったという加入者の過誤は，少なくとも後期については，おそらく事前的な過誤だと推測できる．データによれば，前期に間違ったプランを選んだ加入者の相当部分は，後期も間違ったプランを選び続けた[67]．

　以上をまとめると，多くの消費者は自らの使用パタンを正しく予想できず，三部構成料金の設計は，このような誤解に対する市場の対応であることになる．

　この結論と整合的に，携帯電話事業者は，消費者の使用パタンの過誤で困っているようには見えない．実は最近まで彼らは，積極的にこのような消費者の過誤を助長してきていたのである．すなわち，消費者が自らの使用を監視しやすくするための端末機能である，通話時間管理機能を作動できなくすることを，ネットワークへのアクセス条件として携帯電話機器の製造事業

---

[67]　この分析は，Oren Bar-Gill & Rebecca Stone, "Pricing Minsperceptions: Explaining Pricing Structure in the Cell Phone Service Market," *J. Empirical Legal Stud.*, Vol. 9, No. 3, 430–456 (2012)で行われた．「パケ死(請求ショック(bill shock))」，つまりサーヴィス・プランの変更によらない月次請求の突然の増加は，多くの消費者が事前の過誤を犯していることも示している．2010年のFCCによる調査によれば，携帯電話使用者の6人に1人が「パケ死(請求ショック)」を経験し，使用者のかなりの割合にとって「ショック」の大きさはかなりのもの——報告の3分の1では少なくとも50ドルで，23%では100ドル以上だった．FCC, News Release: "FCC Survey Confirms Consumers Experience Mobile Bill Shock and confusion about Early Termination Fees," May 26, 2010, <http://www.fcc.gov/document/fcc-survey-confirms-consumers-experience-mobile-bill-shock-and-confusion-abour-early-termin> , (2011.11.17最終アクセス)参照．

者に義務づけていた[68]. しかし，消費者は自らの使用パタンの過誤をより良く自覚するようになり，消費者過誤に乗じる携帯電話事業者に対して，より不満を抱くようになってきている. 以下のV.で詳しく述べるように，市場は，これらのより賢い消費者が生み出す需要に対応しつつある.

B. ロックイン条項

1. 合理的選択理論による説明とその限界

　合理的選択理論の枠内においてもロックイン条項〔期間中途解約禁止特約〕を説明することが可能である. 売り手の側にとって，消費者1人あたりの固定コストが十分に大きい場合で，かつ，流動性制約下のため，つまりキャッシュ不足のために消費者が，この固定コストに見合う料金を前払いできない場合には，それに対する最適な解決策としてロックイン条項を位置づけることができる. 携帯電話市場においては，固定コストが高いだけでなく，それ以上に重要な点として，固定コストが外生的である. 携帯電話事業者にとって，新たな顧客を一人獲得するために最高で400ドルも投資しなければならない[69]. 他方，これら顧客獲得コストの多くは，携帯電話事業者が提供する無料ないし低廉な携帯電話機のコストである[70]. このことからいくつかの問

68　Wu, 前掲注(20)の9. 消費者が自らのプランで未使用の部分を見極める上で，携帯電話事業者が課したこの困難の例については，Sherrie Nachman, "Cranky Consumer: How to Check Up on Your Cell Phone Minutes," *Wall Street Journal*, June 18, 2002, at D2参照.

69　Lauren Tara Lacapra, "Breaking Free of a Cellular Contract ― New Web Sites Help Customers Swap or Resell Phone Service, Avoiding \$175 Termination Fee," *Wall Street Journal*, November 30, 2006 at D1 (「主要な携帯電話事業者の企業業績と顧客満足度を調査したコンサルティング会社CFIグループのPhil Doriotによれば，新顧客獲得には携帯電話会社にとってだいたい350ドルから400ドルのコストが掛かるとされる」). Jane Spencer, "What Part of 'Cancel' Don't You Understand?: Regulators Crack Down on Internet Providers, Phone Companies That Make It Hard to Quit," *Wall Street Journal*, November 12, 2003, at D1 (技術分野の調査会社であるヤンキー・グループ社(Yankee Group)によれば，新顧客一人あたり獲得費用はだいたい339ドルであるとしている).

70　Jered Sandberg, "A Piece of the Business," *Wall Street Journal*, September 11, 1997, at R22.

題が生じる．そもそも，携帯電話事業者が無料の携帯電話機とロックイン条項を組み合わせて販売するのはなぜであろうか．顧客に対してコストの全部を請求することでロックイン条項を回避できるのにしないのはなぜであろうか．多くの消費者は携帯電話機を前払いでも購入することができる．しかも，流動性制約を受けている消費者，つまりキャッシュ不足の消費者に対してローンを提供する者として，携帯電話事業者が最適であるとは考えにくい．こうして，合理的選択理論がここでのロックイン条項という契約特性を説明できるのが，契約の中のほんの小さな部分集合のみであることが分かる[71]．

　これに替わる説明として，需要の安定化の道具として，また，携帯電話事業者に需要(とりわけピーク時の需要)への対応力を付けさせるよう支援する道具として，ロックイン条項を位置づけるものがある．確かにロックイン条項は契約者の目減りを抑え，これによって需要の変動を抑えるものではあるが，先に見たようにロックインした消費者にも商品使用パタンの大きなバラツキが見られる．さらに重要な点として，携帯電話サーヴィス提供者にとって，ロックイン条項がなければ需要の変動に対応できないかどうかはすこぶる疑問である．特定の業者との契約にどれくらい留まるかについての情報を含め，その顧客の商品使用パタンについて十分な情報が携帯電話サーヴィス提供者にはあるからである．これと関連する議論として，中途解約料によるロックインはより予測可能性の高い売上げをもたらし，これは携帯電話事業者にとって巨大な初期投資を回収する上で必要なものである，というものがある[72]．とはいえ，先の議論の場合と同様に，確かにロックイン条項は携帯

71　中途解約料がもともとは，消費者がいつ中途解約に踏み切っても，全く同じ額の料金を消費者が支払うことになるように設計されたものであるという事実から，期間中途解約料(ETF)は無料ないし低廉な携帯電話機の費用をカヴァーするために必要なもの(消費者に契約に留まって毎月の使用料金を支払い続けるようインセンティヴを与えたり，中途解約した消費者の使用料金分を填補することを通じて，費用をカヴァーするために必要なもの)であるという議論に対する疑問が生じる．

72　ヴェライゾン社の執行副社長である Thomas J. Tauke, "Testimony at FCC Early Termination Hearing," 2 (June 12, 2008) (以下では「ヴェライゾン証言」と呼ぶ)を参照．これは http://www.fcc.gov/realaudio/presentations/2008/061208/tauke.pdf で入

電話事業者の側の不確実性を縮減させるかもしれないが，これらの事業者はロックイン条項がなくても十分に正確な売上見積りをすることができると反論することができよう．リスクを減少させることは望ましいことであるのは確かであるが，制御可能なリスクの存在のために投資が妨げられるわけではない．

2．行動経済学による説明

　ロックイン条項は料金後払いプランでは広範に利用され，中途解約料によってそれが強制されるという構造は，不十分な合理性しかない消費者に対する市場の対応として説明することが可能である．携帯電話事業者を乗り換えた方が最終的には得になる場合の多さを，消費者はしばしば過小評価している．例えば，現行の携帯電話事業者の提供するサーヴィスが期待したほどでない場合や，月々の請求額が期待したよりも高額に上る場合，あるいは，他の携帯電話事業者の方がより有利なプランを提案している場合である．消費者は，そのうち携帯電話事業者を乗り換えたくなる可能性を過小評価するものなので，ロックイン条項のもたらす長期的コストを過小評価してしまう．携帯電話事業者を乗り換えたくなる可能性を過小評価した場合，消費者は中途解約料に対して相対的に鈍感になってしまう．したがって，中途解約料を引き上げることは，携帯電話事業者にとって魅力のある価格戦略となる．しかも，中途解約料で強制されるロックインは，携帯電話機と携帯電話サーヴィスをバンドル化〔抱合せ化〕するという広範に見られる実務を促進する．契約者が携帯電話事業者の乗換えに躊躇し，契約期間終了まで料金を支払い続けるか，あるいは，中途解約料を支払うかの選択を迫るものなので，携帯電話事業者にとって中途解約料は長期にわたる売上げを保証するものになる[73]．こうして保証された売上げによって携帯電話事業者は，携帯電話機

手可能である．また，CTIA, "Early Termination Fees Equal Lower Consumer Rates," CITA.ofg, April 2006（http://files.ctia.org/pdf/PositionPaper_CTIA_ETF_04_06.pdf）も参照．

73　期間中途解約料は乗換えを効果的に抑止する．Lacapra，前掲(69)参照(U.S. PIRG Education Fundによる2005年7月の調査によれば，「携帯電話の顧客の約47%が期間中途解約料が廃止されれば携帯電話事業者を乗り換えたい，または，乗換えを検討したい」と答え，但し「期間中途解約料があるためほんの3%の顧

を無料ないし低廉な価格で提供して消費者を惹き付けることができるように
なるのである．

　しかし，実際はもっと複雑である．携帯電話機のコストを補填するために
は，携帯電話事業者は携帯電話サーヴィスのコストを超える価格で使用料金
を請求しなければならない．この価格戦略が魅力的となりうるのは，使用料
金を消費者が過小評価する場合のみである．Ⅲ.A.（本書298-301頁）で見た
ように，まさにそのような過小評価が広範に生じている．消費者は，自分の
将来の使用量を過小評価すれば，使用限度超過手数料をどれだけ払うかにつ
いて過小評価することになる．消費者が使用量を過小評価する場合，そのよ
うな料金プランでの分当たり価格を過小評価することになる．確かに，過小
評価された利用料金の1月分では，携帯電話機のコストを補填することがで
きないことはもちろんである．この結果，ロックイン条項が決定的に重要と
なる．ロックイン条項によって携帯電話事業者は（典型例として）2年分の，
コストを超過する価格で過小評価された携帯電話サーヴィスの料金を受け取
るか，あるいは消費者がロックインしなかった場合は過小評価された中途解
約料を受け取るかして，収益を上げることになる．このように複雑なコスト
超過の料金によって，無料ないし低廉な携帯電話機のコストが填補されるこ
とになる．ロックイン条項とバンドル化はさらに，消費者の近視眼的バイア
スにも作用して，問題を複雑化させる．携帯電話の〔見かけの〕直接的コスト
はこうして意思決定において，携帯電話契約のもたらす本当のコストより
も重要なものと意識されるようになる．本当のコストの方は時間とともに
拡大してゆくのである．

　携帯電話事業者は，無料ないし低廉な携帯電話機を提供し，そのコストを
中途解約料付きの長期の契約によって回収するという戦略を明示で認めてい
る．シンギュラー・ワイヤレス社（Cingular Wireless）（現AT&T社）の販売担
当副社長によれば，中途解約料という制裁金とは，携帯電話の契約を締結し
た際に顧客が受け取る無料ないし低廉な携帯電話機のために支払うべきもの
である．「我々は携帯電話機のコストを補助しているのです．その代償とし
て，我々は顧客のコミットメントが欲しいのです[74]」．同様に，中途解約料

　客だけが契約を現実に解約している」）．

74　Caroline E. Mayer, "Griping about Cellular Bills: Differences from 'Regular' Phones

に関する連邦通信委員会の聴聞会の席で，ヴェライゾン社の執行副社長がこう証言している．

> 「期間付き契約によって，通常１年間または２年間のサーヴィスを受けるコミットメントと引き換えに，競争的価格と最新の機器をバンドル化されたサーヴィスの利益を消費者は享受することができるようになります．そのお返しに，サーヴィス事業者の方では，機器のコストの消費者への補助分，顧客を獲得し維持するためのコスト，などの先行投資を回収し，無線電話サーヴィスに期待される売上げを達成できるために，一定期間の契約継続を保証する手段を利用します[75]」．

iPhoneの価格設定はこのような戦略が実施されている好い例といえる．2008年６月にアップル社が，iPhoneの新機種を従来機の値段より200ドル安く販売する（199ドル対399ドル）と宣言したときに業界に大きな波紋を投げかけた．しかし，それと同時にアップル社とその提携先のAT&T社はiPhoneの月当たり使用料金の最低額を60ドルから70ドルに引き上げ，消費者にとっての２年間の契約期間の総コストが240ドル高くなった[76]．AT&T社とアップル社の執行役員たちにとって，短期と長期のコストの間のトレード・オフは明らかであった．契約期間当初にお金を喜んで損したのであるが，もちろんそれは，２年間のロックイン契約によって期間終了時にはより多くのお金を稼げることを見越しての上であった．したがって，同じiPhoneが，２年間のサーヴィス・プラン無しというバンドル化されない形で提供されたと

Take New Users by Surprise," *Washington Post*, February 28, 2001, at G17. また，Fawn Johnson, "FCC Head Seeks Rules on Cell - Termination Fees," *Wall Street Journal*, June 13, 2008, at B7（「携帯電話事業者は，期間中途解約料は顧客に提供する携帯電話機の費用を補填するためのものであると主張する．１年間または２年間の契約にサインして締結する人々は，携帯電話機費用と月々の使用料金について割引を受けている」）も参照．CTIA, 前掲注(72), p.1（期間中途解約料を携帯電話事業者に禁止すると，携帯電話サーヴィスの価格が高くなると論じている）．

75　ヴェライゾン証言，前掲注(72), p.1 も参照．

76　Paul Wagenseil, "That 'Cheaper' iPhone Will Cost You More," FoxNews.com, June 11, 2008（http://www.foxnes.com/story/0,2933,36534,00.html）参照．

きには，内部補助付き（サーヴィス・プラン付き）の価格より400ドルも上の599ドルであったことはさして驚くべきことではない[77]．

ロックイン契約付きで無料ないし低廉な携帯電話機を提供するという実務は消費者バイアスの存在の強い証拠といえる．長期コストの増加分が短期的利益を相殺したり，さらには凌駕する場合でさえ，消費者は短期的利益（無料の携帯電話機）の方に惹き付けられることを，携帯電話事業者は良く理解していると思われる．携帯電話機と携帯電話サーヴィスとをバンドル化することはアメリカ合衆国では未だに一般的であるが，この実務は衰退し始めているように見える．消費者は中途解約料に次第に敏感になってきており，それに対応して，携帯電話事業者の方でも中途解約料を引き下げ始めている．この変化は，少なくとも部分的には，中途解約料をめぐる訴訟に原因があるようである．中途解約料が引き下げられて，ロックイン効果が弱まると，携帯電話機のコスト割れ値引きによる補助は維持が困難となろう．オープン・アクセスを推し進めた動きもまた，バンドル化戦略の将来を脅かしている．当初はオープン・アクセスに抵抗していたが，携帯電話事業者は開発費と顧客サーヴィス・コストとを携帯電話機製造業者に転嫁することの利益に気付き始めている．最後に，携帯電話機と携帯電話サーヴィスのバンドル化という実務はアメリカ合衆国以外ではこれまでそれほど一般的ではなかったことにも注目するべきであろう[78]．

C．契約の複雑性
1．合理的選択理論による説明とその限界
契約の複雑性についての合理的選択理論による説明は単純明快である．消費者は多様な選好を有している．異なる消費者は異なるタイプの携帯電話サーヴィスを求め，よって携帯電話サーヴィス契約の複雑性と多元性を具有する携帯電話サーヴィスの提供は，この携帯電話利用者の多様な選好に対応するものである．確かにこれは携帯電話市場に見られる契約の複雑性の一部を説明することができる．しかし，携帯電話契約の長いメニューが示す契約の驚くべき複雑性の全てを説明し尽くすことはできない．合理的消費者に

77 "AT&T Plans to Offer No-Contract iPhone,"前掲注（47）．

78 Ante, 前掲注（20）参照．

とってさえ，複雑な製品についての情報獲得にはコストがかかる．多元的に異なる契約特性を持った多様な契約プランを比較するにはコストがかかるのであり，この点は合理的消費者にとっても同様である．ある点を超えると，これらのコストが完全な契約プランを見出すことの便益を凌駕するようになる．契約の複雑性が，あれこれ比較して購入する比較購買戦略を妨げるようになると，契約の多様性と多元性による便益は実現されないままになる．合理的選択理論による説明においては，契約の複雑性のコストと便益とを比較しなければならない．携帯電話市場における契約の複雑性の程度は，合理的消費者の需要に対する単純な反応として期待できるレヴェルを凌駕しているように思われる[79].

2．行動経済学による説明

　携帯電話契約の複雑性と多元性とは，不十分にしか合理的でない消費者に対する市場の反応として説明できる．以下の，４つの主要な携帯電話事業者による４つの基本的契約プランを検討しよう．

(1) AT&T 社のプラン　最初の450分使い放題で39.99ドル，それを超過すると１分当たり0.45ドル，夜間（午後９時から午前６時）および週末は無料（実際は5,000分以内），AT&T 社の契約者との通話は無料，そして使い残し分の次期繰越し有り

79　「比較購買サーヴィス」の市場が生まれつつある．ビルシュリンク社やヴァリダス社のような売り手は，手数料を支払おうという消費者に対しては，最善の製品・プランを見つける方策を提供している．後掲の注(102)とそれに対応する本文を参照．比較購買サーヴィスの利用が可能となれば，比較購買の費用を引き下げ，合理的選択理論の意味での最善の複雑性のレヴェルを引き上げるであろう．しかし，携帯電話利用者のほとんどの場合，ビルシュリンク社やヴァリダス社の提供するサーヴィスを利用しようとはしない．「比較購買サーヴィス」の市場の発展は，消費者にとって比較購買を自分自身で行うことが契約の複雑性のために困難であることを示唆している．しかし，消費者の多数派が比較購買の専門家の支援を求めようとせず，よって契約の高度の複雑性から便益を享受していないことから，契約の複雑性についての合理的選択理論による説明にはそれほどの説得力がないことが分かろう．

(2) ヴェライゾン社のプラン　最初の450分使い放題で39.99ドル，それを超過すると1分当たり0.45ドル，夜間(午後9時1分から午前5時59分)および週末は無料，ヴェライゾン社の契約者との通話は無料，そして5人以内の「友だちと家族」への通話無料

(3) スプリント社のプラン　最初の450分使い放題で39.99ドル，それを超過すると1分当たり0.45ドル，夜間(午後7時から午前7時)および週末は無料

(4) Tモバイル社のプラン　最初の500分使い放題で39.99ドル，それを超過すると1分当たり0.45ドル，Tモバイル社のネットワーク上の顧客との通話は無料，夜間(午後9時から午前6時59分)および週末は無料

　これらのプランからの選択をするには，消費者は一連の難しい問題に答えなければならない．ネットワーク内での通話が無料であることは，消費者にとってどれほど重要なことか．ネットワーク内での通話が無料であることが重要だとして，消費者の友人の多くが使っているのはどのネットワークか．週末の通話無料は消費者にとってどれほど重要か．夜間の通話が無料であることは消費者にとってどれほど重要か．夜間の無料通話が無料であるとして，「夜間」が午後7時から午前7時までであることと，より短い「夜間」である午後9時から午前6時までであることと比較して，消費者にとってコスト的にどれほどの意味があるのか．使い残し分の次期繰越しは消費者にとってどれほどの重要性があるのか．

　比較の対象がプラン1，プラン2，およびプラン3の3つからという，同じ月額，同じ初期料金，同じ超過料金の選択肢からであったとしても，十分に大きな複雑性が横たわっている．もちろん，3つの料金要素といえども携帯電話事業者によって，また同じ携帯電話事業者の提供する異なるプランによっても意味が異なってくる．消費者は月々の料金額，使い放題の時間数(分)，超過料金の多様な組合せの中から選択をしなければならない．これをするには，消費者は自分の将来の利用の分布について正確な見積りができなければならない．

　完全情報を有した，完全に合理的な消費者であれば，この迷路の中を正しく進んで最適なプランを見つけることができるであろう．しかしそれを実行する上で必要とされる情報の量は厖大である．なぜなら，その情報の中には

利用可能なプランについての情報と消費者自身の商品使用パタンの情報の双方が含まれているからである．これら全ての情報を蒐集し，それらに正しく情報処理を実施するためのコストは，対応する便益を遥かに凌駕するかもしれない．このように，合理的消費者でさえ，一般的には不十分な量の情報しか使えないであろう．不十分にしか合理的でない消費者の場合，この不完全情報は，バイアスに導くであろうし，携帯電話サーヴィスの総コストに対するシステマティックな過小評価を導くであろう．

　契約の複雑性によって，携帯電話サーヴィス提供者は契約の本当のコストを隠蔽することができる．不十分にしか合理的でない消費者は１つの携帯電話契約でさえその中の異なるオプションとそれぞれの価格についての総計をうまく計算することはできない．その必然的な結果として，消費者は目立つ契約特性とコスト項目という一部分にのみ着目し，残余の目立たない契約特性やコストを無視したり過小評価したりしてしまう．これに対応して，携帯電話事業者は目立たない契約特性の価格を引き上げたり品質を引き下げたりする．それを通じて，目立つ契約特性をめぐる激しさを増す競争に必要な資源量を高めたり軽減させたりするであろう．競争によって携帯電話事業者は目立つ契約特性をより魅力的にし，目立つ価格要素を引き下げる．これを達成するために，目立たない契約特性や価格要素を追加して売り上げを増加させることになる．これらの結果，外生性に由来する契約の高度の複雑性と多元性が生じる．

　不十分な合理性に対する反応としての契約の複雑性はダイナミック〔動的〕なプロセスである．消費者の学習によって，前の月では目立たないものであった契約特性や価格が次の月には目立つものに変化したりしうる．中途解約料がその１つの例を提供する．ある価格要素が目立つようになると，競争がその価格要素に注目し，携帯電話事業者は新たな，より目立たない価格要素を求めるようになる．一部の論者によれば，固定月額料金および使い放題上限時間数(分)をめぐる競争が激化したことを受けて，携帯電話事業者はデータ・サーヴィスの料金からの売上の方をより重視するようになってきているという[80]．ここで提示した契約の複雑性の行動経済学による説明は，消

---

[80]　Andrea Petersen & Nicole Harris, "Hard Cell: Chaos, Confusion, & Perks Bedevil Wireless Users," *Wall Street Journal*, April 17, 2002, p. A1.

費者学習の説明を含むものであるのみならず，消費者学習の存在を利用して携帯電話契約の複雑性の増大をも説明するものとなっている．従前目立たなかった価格要素の重要性を消費者が学習すると，携帯電話事業者は，少なくとも当初は目立たないような新たな価格要素を創造する強いインセンティヴを持っているのである．

Ⅳ．社会厚生への影響

　携帯電話契約の構造特性が，消費者の不十分な合理性に対する対応として説明できることを説明した．このⅣ.では，消費者の犯す過誤とそれに対する携帯電話事業者の対応とが，どの程度消費者の利益を害し，社会厚生に害をもたらすかを説明する．

A．三部構成料金

　先に述べたように，使用レヴェルについての誤解によって，多くの消費者は不適切な契約プランを選択している．もっと明確に言えば，不適切な三部構成料金を選択している．我々の手許にあるデータによれば，平均的な消費者は毎年，過誤のために携帯電話の総支払額の8％，額にして47.68ドル〔約5,000円〕の損失を蒙っている．このデータから外挿法によって全米の携帯電話使用者全体の損失を試算すれば，全米約2億8000万契約者の合計で毎年133.5億ドル〔約1兆4,000億円〕の消費者余剰の損失を蒙っていることになる．

　この133.5億ドルの総損失は十分に巨額であるが，消費者1人あたりに平均すれば47.68ドルであって一見それほどのものには思えないかもしれない．しかし，このような平均値の後ろには重大な分配的正義の問題が横たわっている．すなわち，この133.5億ドルが2億8,000万契約者の間に一様に分配されているわけではない．我々のデータによれば，携帯電話契約者の35％は正しく最適の契約プランを選んでいる．不適切な契約プランを選択してしまった携帯電話契約者も，最適の契約プランに対してどれだけ余分に支払ったかという過誤の程度は大きくばらついている．我々のデータによれば，過誤のために携帯電話の支払総額の10％以上の額を無駄に支払った消費者は34％に上り，これは年当たり113ドルとなる．17％の消費者は過誤のために支払総額の20％以上の額を無駄に支払い，これは年当たり146ドルに相当す

る.（10%の消費者は支払総額の25%以上を無駄に支払い，これは年当たり60ドルに相当する. これが意味するのは，パーセント・ベースで非常に大きな過誤も，1人当りの金額ベースでは相対的に小さな無駄につながっているだけだということである).

消費者余剰の減少がそれ自体として社会厚生の減少と直結しているわけではないことはここで指摘しておかなければならない. とはいえ，消費者の確認された過誤が社会厚生上の損失を現実にもたらしていることは以下の2つの理由から推論できる. 第1に，過誤のために消費者は不適切な製品を購入してしまうのであるから，消費者の過誤は非効率な資源配分を意味する. 第2に，社会厚生は逆累進的再分配によって減少してしまう. 豊かな者ほど貧しい者より多く再分配されるという逆累進的再分配が起きるのは，携帯電話事業者が消費者の過誤によって利益を上げることができる場合である(携帯電話事業者の株主が携帯電話の消費者よりも裕福であるということを仮定している). この過剰な利益が競争のために減少するとしても，逆累進的再分配は生じうる. 過誤の社会的分布に鑑みれば，過誤を犯す消費者からの売上増が，過誤を起こさない消費者にとっての価格を押し下げることになる. 前者のタイプの消費者の方が，後者のタイプの消費者よりも貧しいという傾向が存在するなら，社会において富は社会福祉とは逆方向に移転されることになり，すなわち逆累進的再分配が生じる.

B. ロックイン条項

ロックイン条項〔期間中途解約禁止特約〕は，効率的な乗換えを阻害し，それを通じて消費者利益を害する. 合衆国PIRG教育基金(U.S.PIRG Education Fund)の2005年の社会調査によれば，携帯電話契約者の47%が契約プランを乗り換えたいと思っていたが，現実に乗り換えたのはほんの3%だけであったのであり，残りは中途解約料のためにそれができなかったことになる[81]. 確かにその後の期間中途解約禁止特約の構造や手数料額の変更のために乗換えが増加してきていることは確かであろうと思われるが，それでも現行の中途解約料は乗換えに対する重大な阻止要因であり続けており，現実にも乗換えを抑止している.

81　Lacapra, 前掲注(69)参照.

　乗換えは，他の携帯電話事業者や他の契約プランが，消費者にとってより
よいものを提供する場合に効率的となる．携帯電話機の急速な技術的進歩に
鑑みると，解約を禁止する 2 年間もの固定期間は相対的には非常に長い期間
であるといえる〔同一業者の新しい契約プランとの比較〕．このような非効率
のもたらす損失の他に，消費者はロックインによってさらに損失を受ける．
すなわち，ロックインのために消費者は競合他社の提供するより良い提案に
乗り換えることが妨げられるからである．さらにロックインは消費者が学習
によって便益を得る速度を遅延させうる．消費者は学習によって徐々に過誤
を回避するようになり，自分の将来の商品使用についてより正確な評価がで
きるようになる．消費者がこれら学習に基づいて自分の実際の商品使用パタ
ンにより良く適する契約プランに乗り換えることをロックインのために抑止
されるならば，IV.A.(319-320 頁)で明らかにした社会厚生上の損失の発生が
長引くことになる．同様に，消費者は複雑な携帯電話契約の意味を徐々に学
習するものである．例えば，消費者が午前 6 時から午前 7 時までは携帯電話
をあまり使わないことに気付き，Sprint 社の夜間通話無料というときの「夜
間」の定義が他社よりも長いように見えても，自分にとっては事実上差がな
いことに気付く場合があろう．このような消費者が他の携帯電話事業者へ乗
り換えることをロックイン条項が抑止するならば，契約の複雑性のもたらす
社会厚生上の損失を長引かせることになる．

　以上のような直接的な損失に加えて，ロックインは競争を抑止し，よって
大きな間接的な損失を社会厚生にもたらしているかもしれない．非効率的な
携帯電話事業者にロックインしている消費者が，より効率的な携帯電話事業
者に乗り換えようとすることを，ロックイン条項が抑止しうることは既に述
べた．ロックインのために大規模な新規参入がより困難となるので，新規参
入がより容易なために既存業者の市場での力がより弱い他の市場におけるよ
りも，携帯電話市場の既存業者には乗っ取りや合併などを通じて，市場独占
のより大きな超過利潤を追求するインセンティヴがより大きくなるであろ
う[82]．

---

[82]　Joseph Farrell & Paul Klemperer, "Coodination and Lock-In: Competition with Switching Costs and Network Effects," in Armstrong, M. & Porter, R. (eds.), *Handbook of Industrial Organization*, Vol. 3, pp. 1967, 2005 (North-Holland, 2007).

C．契約の複雑性

携帯電話サーヴィスに見られる契約の高度の複雑性は以下の2つの方法で社会厚生を引き下げうる．第1に，選択肢が複雑であればあるほど消費者は過誤を起こしやすいからである．第2に，比較購買のコストを釣り上げるので(比較購買を抑止する)，契約の複雑性は競争を阻害するからである．なお，これらの点は，完全に合理的な消費者の場合にもそのまま当てはまるが，不十分にしか合理的でない消費者の場合には問題が一層深刻である．消費者の比較購買がもたらす抑止がなければ，携帯電話事業者は独占企業と類似の行動を行うのであり，すなわち，価格を釣り上げて消費者余剰に損失をもたらす．

D．消費者へ還流する便益はないのか

三部構成料金，ロックイン条項，そして契約の複雑性は，どれも消費者の利益を損ない，携帯電話事業者の利潤を増加させる．携帯電話事業者間の競争は，それが不完全競争でしかない場合でさえ，事業者を強制して増加利潤の一部を消費者に還流させる．携帯電話事業者は競争に直面すれば，消費者にとって目立つ要素の価格を引き下げる．携帯電話機代の割引は，事業者から消費者へのそのような利益還流の主要なものである．

とはいえ，消費者へ還流するこのような便益は，これまで説明してきた消費者契約が持つ社会厚生への損失を帳消しにできるものではない．たとえすべての超過利潤を事業者が消費者に還流したとしても，まだ効率性は損なわれたままとなる．消費者の過誤と，それにつけ込む消費者契約の構造とのために，様々な商品の相対コストと相対便益とについて消費者は誤解をさせられる．その結果，誤解がなかった場合に比べ，消費者は不適切な商品を選び，望ましくない使い方をしばしばしてしまう．

さらに，全ての超過利潤を事業者側が集団としての消費者に還流したとしても，だからといって個々の消費者が受ける還流が，その消費者が蒙った損失をちょうど相殺するものである保証はどこにもない．現実には，過誤をより犯しやすい消費者から，過誤をより起こしにくい消費者の方への内部補助が生じている可能性が高い．その結果もたらされる再分配は社会厚生を損なう可能性が高い．

最後に，ロックイン条項と契約の複雑性の持つ重大な影響を挙げておかな

ければならない．それは，携帯電話市場における競争の程度を引き下げるという悪影響である．競争が低下すれば，事業者の超過利潤が消費者の許に還流する可能性が小さくなって行くのである．

Ⅴ．市場による解決

消費者は過誤を犯し，携帯電話事業者はその過誤につけ込む．しかし，消費者が自らの過誤から学習することも確かであり，携帯電話事業者の方も，賢さを増す，より多くの賢い消費者が生み出す要求に対応を迫られることも確かである．実際，競争的市場においては，携帯電話事業者の方にも消費者の過誤を是正する方向のインセンティヴが生じることもある．少なくとも，過誤のゆえに消費者に，自社の商品のもたらす便益を正しく評価してもらえない事業者にはそのようなインセンティヴが生じる．

以下のA．では，賢い消費者の要求に対応して開発されたとされる(反論もあるが…)，いくつかの商品や契約をまず説明しよう．その上で，B．では，そのような市場による解決が，本章で指摘してきた行動経済学の意味での市場の失敗を解決できているのかを検討する．

A．賢い消費者のニーズに応じた商品

携帯電話事業者は，その商品と契約の大部分が，より賢い消費者のニーズに応じて提供されていると自慢する(反論もある…)．

1．通話し放題プラン

2008年2月にヴェライゾン社は，それまでの携帯電話料金設定の業界慣例を破って，1月99ドルの「通話し放題プラン」を売り出した．すぐに，AT&T社もこれに従った．Tモバイル社はさらに進めて，携帯メールも通話も含めた「し放題プラン」を売り出した．スプリント社はそこで，1月99ドルで「通話，携帯メール，電子メール，ネット・サーフィング，ヴィデオ，その他のサーヴィス」全て込みの「し放題プラン」を売り出した[83]．このような「し放題プラン」は，使用限度超過手数料に対する賢い消費者から

83　Roger Cheng, "Business Technology: Virgin Mobile to Join Flat Rate Phones Frenzy," *Wall Street Journal*, June 24, 2008, p.B4.

の苦情に対応したものであるとされる（議論はある）．何が起きたかはたぶん次のようなことであろう．使用限度超過手数料が多額に上って，大きな不満を抱いた十分に多くの契約者たちから，使用限度超過手数料なしのプランへのニーズを突き付けられたということなのであろう．

「し放題プラン」の登場は，消費者学習の力を示すものであるとともに，消費者学習には消費者間格差が存在することを示してもいる．三部構成料金は自己の将来の使用についての消費者の誤解につけ込もうとするものとして論じてきた．三部構成料金の構成要素の中では，使用限度超過手数料が，消費者にとって評価の仕方を最も迅速に学習できるものであろう．消費者が契約プランの上限を超過したとき，直接的で痛みを伴う効果（使用限度超過手数料の請求）が帰ってくるので，消費者はすぐに学習できる．先に論じたように，しかしながら，使用限度超過手数料を惹起する使用レヴェルの過小評価は問題の半分にすぎない．残る半分の問題とは，使用レヴェルの過大評価であり，こちらのほうは学習がより困難である．使用限度時間数（分）の50%しか使っていない消費者にとって，これは1分当たりの料金が当初の想定よりも遥かに高いものについていることになるが，これに対しては直接的な効果は生じない．なぜなら，消費者は月々の固定料金を支払い続けるだけだからである．この固定料金をその月の現実の使用分数で割って，本当の1分当たり料金を計算する消費者がたくさんいるとは思えない．このような非対称的な学習の結果，例えば二部構成料金プランの方が最適である場合にも，「し放題」の一括料金プランの方が選択されるかもしれない．

現在利用可能な「し放題プラン」が本当に魅力的なのは，消費者の中では相対的に少数派に過ぎないヘヴィー・ユーザにとってのみなのである．高額の月々の料金のために，多くの契約者にとって「し放題プラン」よりも標準的な三部構成料金の方が本当は魅力的なはずなのである[84]．したがって，「し放題プラン」はせいぜいのところ，携帯電話使用者のごく一部の人たちだけを対象とする解決策であり，市場の解決策としては限界の大きなものであると言わざるをえない．確かにヘヴィー・ユーザであれば学習するのも早く，

84　Jeff Blyskal, "Mostly Talk: New Unlimited Cell Plans Won't Pay for Most," *Consumer-Reports.org*, February 26, 2008（http://blogs.consumerreports.org/electronics/2008/02/mostly-talk-new.html）参照．

自分たちのニーズに応じた商品プランを要求できるかもしれない．二部構成料金プランなどの場合の，過小評価と使用限度超過手数料について消費者の学習が不十分であるという問題に対しての，もっと一般的な市場の解決策はいまだに存在していない．消費者の過大評価の問題に対する一般的な市場の解決策も同様に未だに存在していない．

　音声通話，携帯メール，およびデータ通信をバンドル化して，月々定額料金の単一の「し放題」プランにすることは，以上とは異なる種類の学習に対応するものかもしれない．消費者は複雑で，多元的な契約を理解することができないのでより「シンプルな」プランを要求する．単一価格の「全部し放題」プランはシンプルではあるが，そのシンプルさ（単純明快さ）は過大評価されている．シンプルさを測るには，1つだけの商品プランの価格およびその他の商品特性を見るだけでは足りない．契約の複雑性のレヴェルを正しく見るには，商品特性と消費者の商品使用パタンの相互作用を，携帯電話事業者の提供するすべての商品プランとの比較の下に評価しなければならない．例えば，月額99ドル固定の「し放題」プランと月額料金がより低い上限付きの商品プラン（たぶん携帯メールやデータ通信には別途料金がかかるであろう）とを比較するには，消費者の側で自分の将来の使用レヴェルについての正確な見積りを出し，それぞれの商品プランの期待総価格を計算しなければならない．これは決して容易な作業ではない．

2．未消化時間数の繰越し

　消費者の使用レヴェルは月によってばらつく．ある月には350分通話した消費者が次の月には550分通話することもあろう．この消費者が業界標準となっている上限450分の通話プランを契約している場合，350分の月は100分無駄にし，550分の月は100分の超過分に対する使用限度超過手数料を支払わなくてはならない．AT&T社の450分プランの場合，未消化時間数（分）の繰越しを認めるので，350分の月の100分の未消化分の無駄が生じない．つまり，次月に「繰り越せる」のである．未消化分が次月の利用上限に追加される[85]．したがって，この消費者の次月の上限は450分ではなく550分とな

---

[85]　未消化の時間（分）が永遠に繰り越せるわけではない．1年経過で消滅する．

り，使用限度超過手数料を支払わなくて済む[86]．繰越条項は先に述べた「し放題」プランよりも先に市場に出回っていたが，これも使用レヴェルの過小評価および使用限度超過手数料のもたらすコストに対する消費者の学習に対応したものと位置付けることが可能であろう．しかし，使用レヴェルの過小評価に直接対応するものである「し放題」プランとは異なり，繰越条項は別のタイプのバイアスに対応するものであると思われる．すなわち，使用レヴェルの安定性についての自信過剰バイアス，すなわち，月によって使用レヴェルを過小評価したり，過大評価したりすることになるバイアスへの対応と言えよう．使用レヴェルにばらつきのある消費者が，それを時間的に均すことができるようになるので，繰越条項はこの自信過剰のコストを低減させるのである．

3．プリペイド・プラン

　柔軟性を求め，ロックイン条項のコストに気付いた賢い消費者ならば，プリペイド・プラン〔プリペイド携帯〕ないし契約不要携帯へ流れるのは自然なことであろう．とはいえ，柔軟性にはコストが伴っている．プリペイド・プラン(契約不要携帯)の使用者には，ロックイン付きの月極契約(ポストペイド・プラン)の使用者なら享受できる携帯電話機代の割引きがない．その上，分当たり料金が高い(少なくとも，月極契約でピッタリ上限まで毎月使用する使用者と比較すればこれがいえる)．その結果，賢い消費者といえどもプリペイド・プランの使用には二の足を踏む．実際は，プリペイド・プランは利益率が低いので，特定の消費者層だけを対象に提供されたものなのである．すなわち，若年層で貧しい層の消費者で，信用度に問題があり，通常の月極契約(ポストペイド・プラン)の対象とならない層を対象として売り出されたものである[87]．統計がこれを示している．2008年には，アメリカ合衆

86　この例の場合で使用限度超過手数料が45ドルだとすれば，AT&T社以外の契約者が合理的ならば，例えば900分プランで月々20ドル増の契約に乗り換えるであろう．なぜなら，使用限度超過手数料の平均支払額は45ドル÷2ヵ月 =22.5ドルとなるからである．

87　FCC, FCC 08-28, "Annual Report and Analysis of Competitive Market Conditions with Respect to Commercial Mobile Services, Twelfth Reort," 2297-98, ¶¶116-18 (2008)，これは，http://wireless.fcc.gov/index.htm?job=cmrs_reports で入手可能．

国の携帯電話利用者の16％しかプリペイド・プランを使っていなかったが，所得が75,000ドルより上の家計の場合にはさらに少ない6％しかプリペイド・プランを使っていなかった[88].

　この状況には変化が起きている．プリペイドの「し放題」プランが普及してきて，また，分当たり料金が下がってきて，従来は月極契約（ポストペイド・プラン）が主流だった市場の消費者たちもプリペイド・プランに魅力を感じるようになってきている．言い換えれば，プリペイドがポストペイド（月極）の真の意味の対抗馬になりつつある[89].

　確かにプリペイド・プランの携帯には価値があるが，それで万事解決と言うわけにはゆかない．プリペイド・プランはロックインの問題を解決し，ロックインのコストに対する過小評価を回避できるが，他の種類の消費者過誤をプリペイド・プランは引き起こす．すなわち将来の使用についての過誤のために消費者が，不適切な月々のプリペイド・プランを選択してしまう可能性がある．実際のところ，プリペイド・プランの有効期限の存在自体が（プリペイド・プランにとって重要な契約要素である），消費者の自己の使用レヴェルの過大評価に対する反応なのかもしれない．

4．段階的中途解約料

　先のⅡ.B.（292-93頁）で論じたように，携帯電話事業者は期間中定額の中途解約料から，時期によって額の変化する中途解約料，ないし段階的中途解約料へと移行しつつある．この移行は，消費者が中途解約料に対する認識を高め，より敏感になってきたことへの対応といえる．中途解約料の条項設計の変化は，純粋な市場による解決ではない．むしろこれは，消費者の学習と法的介入がともに作用して業者側の商慣習を変化させた1つの例と位置付けら

88　Opinion Research Corporation, "Prepaid Phones in the U.S.: Myths, Lack of Consumer Knowledge Blocking Wider Use," 4, 10 (2008), ⟨http://www.newmillenniumresearch.org/archive/12408_prepaid_myths_survey_report.pdf⟩.

89　FCC Fifteenth Report, 前掲注(6), p.67, Jenna Wortham, "Cellphones Without String," *New York Times*, February 20, 2009, at B1（プリペイド・プランの人気が上昇していることをリポートしている．その際，Worthamは，プリペイド・プランの2008年の販売数が北米において13％の増加で，月極契約の伸率のほぼ3倍であったとの，投資顧問会社のパリ・リサーチ社（Pali Research）の報告書を引用している）．

れる．中途解約料の移行はまず，中途解約料のコストを正しく評価できるように学習した少数の消費者が出てきて，携帯電話事業者に対して訴訟を提起したことから始まる．法的責任追及の威嚇のゆえに，たぶん，携帯電話事業者は中途解約料の構造を是正するよう迫られたのであろう．それと同時に，この訴訟は消費者の間に中途解約料に対する認識と敏感さとをさらに高めた．その結果生じたニーズの変化は，携帯電話事業者が無視することができないだけの力を持ったのである．

5．オープン・アクセス

　無線通信の分野におけるオープン・アクセス運動は市場のもたらしたもので，ロックイン条項と携帯電話機のバンドル化のコストを低減できるかもしれないものである．携帯電話事業者は今でも携帯電話機の主要な小売業者であるが，最近の変化は，事業者サイドの市場支配力を低減させてきており，携帯電話機の製造者は自社製品を直接に消費者に販売するようにますますなって行き，携帯電話機を購入した消費者はどこの携帯電話事業者のネットでも使えるようになりつつある．確かに，この意味のオープン・アクセスは消費者がバイアスやロックインのコストについて学習したことの結果ではない．しかしながら，これは消費者のバイアスのもたらすコストを低減させることのできる重要な新展開ではある．

B．市場による解決と消費者の社会厚生

　携帯電話市場は自己の過誤から学習してどんどん賢くなってきている消費者が突き付けるニーズに対して非常に敏感に対応しているように見える．政策的な観点から見たとき，ここでの問題は，IV.A.(319-320頁)で確認したところの社会厚生に生じるコストを，市場の解決がどの程度低減できているか，である．既に見たように，消費者が自己の過誤の持つ意味を迅速に学習する場合には，市場は即時に対応する．その例は，使用レヴェルの過小評価のために使用限度超過手数料を発生させる場合であった〔繰越し〕．しかし，消費者の過誤が学習にフィードバックされる回路が狭く，学習に時間がかかる場合には，市場の反応は鈍いことも見た．その例は，使用レヴェルの過大評価であった．

　これまで見て来た市場の解決は，本書で分析してきた行動経済学の意味で

の市場の失敗が社会厚生にもたらすコストを極小化できる可能性があるが，現実世界での機能はもっと小さい．その理由は，多くの消費者が市場の解決策を活用しようとしないからである．例えば，月々の料金が高い「し放題」プランに惹き付けられるべきなのはごく一部のヘヴィー・ユーザだけである．しかしプリペイド・プランを選択する消費者は少数派である．消費者が自己の過誤を正しく認識できないなら，自分の犯しやすい過誤の生じる確率や起きたときの結果の重大性を低減するような商品を探そうとはしないであろう．

　以上から明らかなように，消費者は学習するし，市場は賢い消費者が作り出すニーズに対応する．しかし，市場が対応するまでの期間に社会厚生にコストは生じる．社会厚生に生じるコストの規模を査定するには，消費者の学習速度と，ニーズの変化に対する市場の対応速度とを確知しなくてはならない．その上，消費者が1つの過誤を学習によって克服できるようになったとしても，あるいは，1つの隠された条項が目立つものとなったとしても，携帯電話事業者は新たに目立たない条項を付加したり，新た種類の過誤を犯させる工夫をしたりするインセンティヴを持っている．たとえ消費者が最終的には常に追いつくとしても，このイタチごっこは社会厚生に損失をもたらす．無線通信事業者は消費者の苦情の主要な発生源の1つである[90]．市場の解決は，確かに重要なものではあるが，明らかに不完全なものでしかない．

VI．法政策上の意義

　ここまで確認した行動経済学の意味での市場の失敗は，社会厚生に重大な損失をもたらしている．消費者の学習は，市場の力と共同して，これらの社

---

[90]　Spencer E. Ante, "The Call for a Wireless Bill of Rights," *Business Week*, March 20, 2008, at 80（http://www.businessweek.com/magazine/content/08_13/b4077080431634.htm?campaign_id=ress_tech）で入手可能（Better Business Bureauによれば，過去3年の毎年，無線通信分野が他のどの業種よりも多数の苦情を申し立てられていたことを記している）．2010年の第4四半期に，連邦通信委員会(FCC)には，無線通信業分野で21,076件の苦情が申し立てられた．FCC, Quarterly Report on Informal Consumer Inquiries and Complaints for Fourth Quarter of Calendar Year 2010, August 15, 2011（http://transition.fcc.gov/Daily_Releases/Daily_Business/2011/dbo815/DOC-309057A1.pdf）で入手可能．

会厚生上の損失を小さくすることができるが，ゼロにすることまではできない．では，法的介入はどれほど役に立つのであろうか．

このⅥ.では，強制的情報開示制度に焦点を当てる．強制的情報開示制度は役に立つものであると考えられる．既存の強制的情報開示制度に関する規則や規制の概略を見ておく．その上で改善の方向をいくつか示す．

A．既存の規制

消費者と携帯電話事業者の間の規制のほとんどは，携帯電話事業者が消費者に開示しなければならない情報についての規制に限られている[91]．連邦通信委員会は連邦通信法に基づく権限を行使して，通信事業者による欺瞞的行動を抑止するための規則を制定し，通信事業者の料金徴収における透明性の向上に努める．通信事業者は各請求項目ごとにサーヴィス提供者の名前を明確に記載しなければならず，顧客が問い合わせたり，請求を争ったりするための無料の電話番号を分かり易く表示しなければならない[92]．最も重要な点として，2005年以降，請求は「簡潔で，明確で，誤解の虞れのない，平易な言葉による提供されたサーヴィスの表示とともに手交されなければならず」，そのサーヴィス表示は「十分に明快に記載されており，文脈に応じて十分に個別具体的に特定され，代金を請求されたサーヴィスが，顧客が要求し受領したものに対応しているか否か，および，当該サーヴィスに査定されたコストが顧客の側の理解する請求金額と一致しているかを，顧客が正確に評価できるものでなければならない[93]」とされている．この規定の背景にある目的は，「消費者が電話料金をより良く理解し，提供されるサーヴィスを比較し，そしてそれによってより効率的な競争市場を促進するため[94]」であ

---

91 不公正または欺瞞的な宣伝広告の禁止もここで言及しておかなければならない．1つの重要な次元としての期間中途解約料については，法は携帯電話事業者が提供するべき情報についての規制を超えて進んでいる．Oren Bar-Gill & Rebecca Stone, "Mobile Misperceptions," *Harv. J. L. & Tech.* 23 (2009) 49参照．

92 47 C.F.R. § 64.2401 (a) (I), (d) (2008).

93 47 C.F.R. § 64.2401 (b) (2008).

94 *In re Truth-in-Billing and Billing Format, Second Report and Order, Declaratory Ruling, and Second Further Notice of Proposed Rulemaking*, FCC, CC Docket No. 98-170, 20 F.C.C.R. 6448, 6450 (2005)（以下では「Truth-in-Billing 2005」として引用す

る．その他の開示が強制される事項は州レヴェルで規定されている．とりわけ，州法が無線通信の請求項目を規制している．すなわち，消費者に渡される請求書上で別個に確定可能な個々の請求項目を州法が規制している[95].

強制的情報開示についてはもっと厳しい規制が必要だとの声もある．例えば，2003年に上院議員のチャールズ・シューマー（Charles Schumer）が提案した法案は，携帯電話利用者の権利章典（The Cell Phone User Bill of Rights）と呼ばれ，情報開示を改善させ，消費者が携帯電話サーヴィス提供者とその契約プランからより容易に選択できるようにすることを目指している．この法案は，マーケティング（販売）の際の資料および契約書がサーヴィス・プランの契約条件を明確に記載したものであるよう強制するため，全ての無線通信サーヴィス契約書とマーケティング資料において，月々の固定料金，プランに含まれていない分当たり使用料金，および請求の根拠としての使用時間数（分）の計算方法を含む主要な価格要素についての標準化された情報がボックス型に表示されるべきことを定める．算入される週日および日中の通話時間数（分），夜間の通話時間数（分），週末通話時間数（分），長距離通話料金，ローミング料金，受信料金，および電話番号検索料金についての情報も，やはり明確に表示されなければならない．解約および初期立上げの料金，そして試用期間は他の税金額や上乗せ料金と同様に明示されなければならない．以上に加えて，当該法案は連邦通信委員会に対し，サーヴィスの品質について業界全体に対してモニタリングし，モニタリング結果のデータを公開して消費者が通信サーヴィス提供者の中からインフォームされた状態で賢く選択できるようにする権限を与えようとするものであった[96]．この法案は制定されるまでには至らなかった．

る）．

95　Id., at 6462.

96　Cell Phone User Bill of Rights, S.1216, 108th Cong. (2003). 同様の法である 無線通信消費者保護とコミュニティ・ブロードバンド促進法（Wireless Consumer Protection and Community Broadband Empowerment Act）はより最近になってアメリカ合衆国下院議員のEdward Markeyによって提案された．Press Release, Office of Rep. Edward Markey, "Markey Holds Hearings on Draft Bill to Address Wireless Customer Protections," February 27, 2008（http://markey.house.gov/indes.php?option=com_contentandtask=viewandid=3281andItemid=241）も参照.

　2004年に，カリフォーニア州公益事業委員会（California Public Utility Commission: CPUC）が同様の規制を制定した．この規制によれば，無線通信サーヴィス事業者およびその他の無線通信事業者は以下の義務を課される．事業者は，（1）料金，期間，および条件に関する明確で完全な情報を，顧客が当該サーヴィス契約に署名するときに，契約者が必ず受け取ることができるようにしなければならない．（2）契約者が負うべき請求内容のみを記載し，明快に整理された請求書を提示しなければならない．（3）請求書は，連邦，州および地方自治体の税金，上乗せ料金，および手数料を別々に記載したものでなければならない[97]．これらの規制はカリフォーニア州公益事業委員会（CPUC）によって採用の1年後に停止された．それは，これらの規制を支持した委員の2人の任期の終了に伴うものであった[98]．より良い開示強制を求めるインセンティヴは，しかし，継続している．22の州で何らかの形で携帯電話利用者の権利章典が導入された[99]．

B．情報開示についての再考
1．商品属性の開示から商品使用パタンの開示へ

　携帯電話サーヴィス市場の消費者は，自己のバイアスと過誤の意味するものを理解するし，多くの場合非常に効果的に理解する．携帯電話事業者は，消費者にもたらすコストを低減させるような製品を開発することで対応する．このような市場の解決は不完全ではあるが，市場の即応性から，携帯電話市場に最も適した規制は市場の力を抑圧するものではなく，むしろ市場の力の作用を促進するものであることが導かれる．従って，既存の多くの法や提案されている法案や規制が，情報の提供に焦点を当てていることは驚くべきことではない．我々も情報提供を規制するルールに焦点を当てる．なかでも，情報開示規制に光を当てる．

97　Press Release, California Public Utilities Commission, PUC Sets Protection Rules ofr Consumers through Telecommunications Bill of Rights, May 27, 2（http://docs.cpuc.ca.gov/publiched/NEWS_RELEASE/36910.htm），Robert W. Hahn, et al., "The Economics of 'Wireless Net Neutrality,'" *J. Competition L. and Econ.* 3（2007），399, 413.

98　"California Suspends Wireless Bill of Rights," *Consumer Affairs.com*, January 28, 2005（http://www.consumeraffairs.com/news04/2005/cpuc_wireless.html）．

99　Ante, 前掲注（20）参照．

しかしながら，我々の提案は，既存の情報開示規制とも，情報開示規制に着目する他の提案とも，重要な点で異なるものである．現行の情報開示規制は商品属性に関する情報の開示に焦点を当てている．言い換えれば，携帯電話サーヴィスの様々な属性や価格の次元に関する情報に着目している．我々の提案は使用パタンに関する情報の開示を強調するものである．すなわち，消費者が製品をどのように使用するかの情報の方に光を当てる．

提案された携帯電話使用者の権利章典は，商品属性情報にのみ光を当てる現在の傾向の具体例となっている．それによれば，料金と手数料の網羅的な情報開示を要求する．しかし，本当の意味で知悉した上での選択は商品属性のみに基礎を置くことはできない．携帯電話サーヴィス契約の便益とコストとを完全に評価するためには，消費者は商品情報と自己の使用パタン情報とを組み合わせなければならない．中途解約料のもたらすコストを評価するためには，契約プランを超過する時間の1分当たり料金を知るだけでは十分ではない（提案された法案ではそこまでしか要求していない）．消費者はさらに自分が契約プランの上限を超える確率と，超えた場合にどれだけの時間を超えるかについても知らなければならない．同様にして，夜間および週末の通話し放題のもたらす便益を評価するには，消費者は「夜間」と「週末」の契約上の正確な定義を知るだけではなく，いくつの「夜」およびいくつの「週末」に何分携帯電話を使用するかについても知らなくてはならない．情報開示規制は，消費者がこれら両方のカテゴリーの情報を必ず得られるように設計しなければならないのである．

2．商品使用情報の開示強制

社会通念上は，売手業者の方が商品属性について買い手よりもより良い情報を持っており，逆に買手の方は売手業者よりも商品使用情報についてより良い情報を持っている．もしも買い手の方が自分が当該商品をどのように使うかについてより良い情報を持っているならば，売手に買手の商品使用パタンの情報開示をさせることは無意味である．売手業者にできることと言えば，商品使用に関する一般的統計情報を提供するくらいである．他方，買手が，平均的消費者ではなく，自分自身が個人としてどのようにその商品を使うかについて具体的な情報を持っていると社会通念上は想定されている．

　社会通念というものは多くの市場において正しいのではあるが，携帯電話市場においては必ずしも正しくない．携帯電話事業者は契約者には入手できない携帯電話の商品使用パタンという貴重な統計的情報を所持している．さらに重要な点として，携帯電話事業者は個々人の商品使用パタンの情報も所持している．これは契約者との契約関係を通じで蓄積したものである．以下に示唆するように，この個人的な商品使用情報を開示させることは，消費者の交渉力を高め携帯電話市場の効率的な機能を促進できるのである．

a. 平均的商品使用
　情報の開示強制
　携帯電話事業者は厖大な量の商品使用パタンの情報を蒐集し分析している．事業者は平均的な契約者が携帯電話をどのように使うかを知悉している．この商品使用パタンについての統計的情報は契約者集団の全体平均には限られない．携帯電話事業者は，個別の消費者と人口統計学的な意味，商品選択，その他の点で類似のサブ・グループの平均的商品使用パタンの情報をも所有しているとともに，それを当該消費者に開示することを法律上強制することも可能である．情報の平均値を出すサブ・グループのサイズが小さくなって行けば，サブ・グループ内の異質性〔ばらつき〕も小さくなって行くとともに，平均的商品使用情報の個別消費者にとっての価値は大きくなって行く．しかし，サブ・グループは小さ過ぎても望ましくはない．多数の平均を取ることには，偶然によるばらつきを抑えるという利益がある．サブ・グループのサイズを小さくして行けば，この利益も小さくなってしまう．サブ・グループのサイズの最適の大きさを決めるには，サブ・グループ内の異質性を小さくすることの利益と，偶然のばらつきを抑えることの利益の間のトレード・オフをバランスさせなくてはならない．

　平均的商品使用情報を強制的に開示させることに期待される利益は，三部構成料金に内在する消費者の商品使用レヴェルの誤解を是正できる点である．というのも，これは，消費者が支払う中途解約料の平均額を携帯電話事業者に強制的に開示させるものだからである．また，例えば使用上限時間数（分）の50％以下しか使わない消費者の割合であるとか，月々の固定料金がより低くて使用上限もより短い商品プランに乗り換えたらもっと節約できていたはずの消費者の割合とかの情報についても，携帯電話事業者に強制的に開示させることが可能である．ロックイン条項のもたらすコストに対する消費者の過小評価についても，ロックイン条項の解約禁止期間の満了前に携帯

電話を使用しなくなったのに，料金を支払い続けている消費者の割合を，携帯電話事業者に強制的に開示させれば問題を軽減できよう．携帯電話事業者にはさらに，契約を中途解約し，中途解約料を支払った消費者の割合を強制的に開示させることもできよう[100].

b. 個人の商品使用情報の開示

平均的商品使用情報の開示は，上記のようにいろいろな効果を期待はできるが，重大な欠点がある．いくら小さなサイズのサブ・グループで平均を取って行ったとしても，サブ・グループには重大な程度の異質性〔ばらつき〕が残存し続けるのである．サブ・グループ内異質性のために，個別の消費者にとっての平均的商品使用情報の価値には限界がある．その上，サブ・グループ内異質性のために平均的商品使用情報の価値を楽観的な消費者はさらに割り引いてしまいうる．大多数の人々は，例えば，自分の自動車運転技術は平均以上だと信じているが，いうまでもなく大多数が平均以上であるということはありえない（ここでは運転技術が，平均値を中心として左右対称に分布していると仮定している）．同様に，平均的な消費者は中途解約料を毎月50ドル支払っていると聞いても，楽観的な消費者は，他でもない自分は商品プランの上限時間数を超えて使用することは決してないと確信し続けるかもしれない．

　幸いにして，携帯電話市場での商品使用パタンの強制的情報開示の場合，平均的商品使用情報に限定する必要がない．携帯電話事業者と消費者との間の長期的契約関係のゆえに，個々の契約者の商品使用情報を当該契約者に提供することが可能なのである[101].

　個人の商品使用情報の強制的開示によって，消費者の商品使用レヴェルの誤解を低減することができる．携帯電話事業者は既に，中途解約料に関する個人情報は消費者に提供している．議論はあるが，このような情報開示によって消費者の商品使用に関する過小評価を是正できたとされ，中途解約料

100　これら2つの方策ともに，ロックイン条項がもたらす費用に対する対策としては不完全でしかない．というのも，これらの方策は，ロックイン条項の拘束のためだけに携帯電話を使い続けている消費者を救済できないからである．

101　いうまでもなく，消費者はこれと同じ商品使用パタン情報を蓄積できることは確かである．しかし，携帯電話事業者はこの情報を現実にも蓄積し分析しているのに対し，消費者はそれに気付かないし，気付いたとしても蓄積せずに忘却している．

336

を廃止して欲しいとの要求の根拠ともなった．そして，中途解約料廃止要求については，通話し放題プランの登場で満たされた．これと並行して，他の商品使用情報も強制的に開示されれば，商品使用レヴェルの過大評価で消費者が蒙るコストをも低減できよう．実際に使用した時間数(分)および分当たり実質価格を携帯電話事業者は強制的に情報開示しなければならないとするのである．なお，分当たり実質価格は，月々の固定料金を実際に使用した時間数(分)で割ったものである．

　個人の商品使用情報の強制開示はさらに，他の商品プランのコストと便益と比較衡量する上でも消費者を支援するものとなろう．実際に使用された夜間および週末の時間数(分)，および夜間および週末の「し放題」プランでコストをどれだけ浮かせることができたか，について携帯電話事業者に情報開示させるのである．さらに，同一事業者ネットワーク内通話の時間数(分)，およびそれによってどれだけコストを浮かせることができたか，についても情報開示させる．同様に，5つの電話番号までの通話し放題を認めるヴェライゾン社に，当該5つの電話番号と通話した時間数(分)，およびこのプランによってどれだけコストが節約できたかの情報開示をさせるのである．

　以上に提案してきた個人の商品使用情報の強制的開示は，毎月の請求書上で提供されるべきであり，さらに，契約年度末の年間ご利用明細等において月ごとの変動を一覧できる集計結果としても提供されるべきである．立法担当者は，提案されている「携帯電話使用者の権利章典(Cell Phone User Bill of Rights)」の主要な項目について再考するべきである．この法案は契約開始時に開示されるべき情報に着目している．そのために，携帯電話事業者が商品属性情報を開示することに集中しており，それは契約時規制としては十分に合理的な規制である．他方，契約開始時では，新規の契約者についての個人的商品使用情報は携帯電話事業者の側にもまだ存在しない．したがって，契約期間を通じての継続的な情報開示が同じ程度に重要なのである．

3．商品使用情報と商品属性情報の組合せ

　これまでは，商品属性情報の開示に対して，商品使用パタン情報の開示の方に注目してきた．しかし，より魅力的な提案としては，その両者を組み合わせて，商品の総コストについて強制的に開示させるというものが考えられる．例えば，分当たり実質価格と商品属性情報(月々の固定料金)と商品使

用パタン情報(実際に使用した時間数(分))とを強制的に情報開示させるのである.

　総コスト情報の強制的開示をもう一歩進めて，携帯電話事業者には，通話プランについての包括的な総コスト情報の開示を強制するということも考えられる. すなわち，使用限度超過手数料を含め，契約年度ごとないし商品プランの継続期間を通じて消費者が総計でいくら支払ったか，ないし支払うと期待されるかについての情報開示を携帯電話事業者にさせるのである. 新規契約者の場合は，この総コスト情報開示の数値は平均的な商品使用情報に基づいて計算されることになる. 既存の契約者の場合，契約を更新するべきか否か，同じ事業者の別の商品プランに移行するべきか否か，あるいはさらに他社に乗り換えるべきか否かを考慮しているであろうから，総コスト情報開示の数値は，当該契約者の個人的商品使用情報に基づいて計算されることになろう.

　ある特定の商品プランについての総コスト開示，とりわけ契約者の現行の商品プランに関する総コスト開示のみでは不十分であろう. 他の商品プランと効果的に比較検討できるためには，当該契約者としては他の全ての商品プランについての総コスト開示が必要となろう. 従って，携帯電話事業者には，自社の全ての商品プランについての総コスト開示を強制するか，少なくとも主要ないくつかの商品プランについての総コスト開示を強制するか，いずれかを要求するべきであろう. とはいえ，たぶんもっと良い解決策としては，携帯電話事業者に対して，未契約者および商品使用パタンに変更があった既存契約者に対して，自社の最安価の総コストの商品プランだけを開示させるというものが考えられる. 例えば，月々の請求書または契約年度末の年間ご利用明細などにおいて，他の商品プランに移行すれば現行の商品プラン

よりも総コストが小さくなる旨の通知を記載させるのである[102].

　総コスト開示は簡明であり，よって不十分にしか合理的でない消費者に対しても有用である．もう１つの情報開示スキームとして，消費者対象ではなく，専門の仲介業者や携帯電話事業者を対象とした，より複雑でより包括的な情報開示が考えられる．具体的には，携帯電話事業者に対して，契約者の包括的な商品使用情報を電子的形態で強制的に開示させるというものである．消費者はこの情報を自分で使うことはできないであろう．しかし，消費者はこの情報を，比較購買支援サーヴィスを提供している専門の仲介業者に渡すのである．このような仲介業者は既に存在している．ビルシュリンク社（BillShrink）やヴァリダス社（Validas）のような会社は個別の消費者に対して最適の商品プランを選定するサーヴィスを提供している[103]．但し，両者の現在のサーヴィスでは，消費者の自己申告に通常よっている最小限度の商品使用パタンの情報に基づいて実施しているが，自己申告情報は既に見たように多くの場合不正確でしかない．携帯電話事業者が包括的な商品使用パタン情報を電子的形態でビルシュリンク社やヴァリダス社などの専門の仲介業者に提供することを義務付けられれば，仲介業者の方でこの商品使用情報と既に持っている各社の商品プランの属性情報とを組み合わせて，各消費者にとって総コストが最安価な携帯電話会社とその商品プランを見つけることができるようになるであろう．

　包括的な商品使用パタン情報が電子的形態で開示されれば，仲介業者無し

102　ドイツの公益事業会社は，これよりさらに消費者寄りの政策を自主的に採用した．契約年度末に，ドイツの公益事業会社は，個別の消費者の過去１年分の商品使用情報に基づけば，最低の総コストとなるサーヴィス・プランを消費者に知らせている．Ian Ayres & Barry Nalebuff, "In Praise of Honest Pricing," *M.I.T. Sloan Mgmt. Rev.* 45（2003），24, 27を参照．これと同様の発案は他国の携帯電話会社によって既に採用されている．例えば，Orange.fr, "Forfait Ajustable Pro,"（http://sites. orange.fr/boutique/files/html/pe_packpro_forfait_ajustable.html）（フランスのオーランジュ社は，月ごとにその月の契約者の商品使用に最適の商品プランに基づいた料金を請求している）参照．

103　「ビルシュリンク社ってどんな会社？」（http://www.billshrink.com/about/）（2011. 09.20最終アクセス），「ヴァリダス社について」（http://www.validas.com/about.aspx）（2011.09.20最終アクセス）．

でも役に立つであろう．消費者は自己のこのような情報を携帯電話の競合他社に持ち込み，自己の商品使用情報に基づいて各社の最安価総コストの商品プランを出させて比較検討できるようになる．

　以上をまとめると，消費者の選択は商品の総コストに関する情報に基づいてなされるべきである．従来の理解によれば，消費者は自己の商品使用パタンについてはより良い情報を持っており，従って消費者が商品の総コストを計算できるためには，商品属性について情報開示をさせればそれで良いとされてきた．我々は，携帯電話事業者の方が，その商品属性情報をより良く持っているのみならず，契約者の商品使用パタン情報についてもより良く持っているであろうことを指摘した．携帯電話事業者の方が消費者よりも容易に，これら2つの類型の情報を組み合わせて総コストに関する情報開示をすることができるであろう．あるいは，携帯電話事業者が包括的な商品使用情報を電子的形態で提供すれば，仲介業者や競合他社がそれを用いて総コストの数値を計算することができるようになる．

4．リアルタイム情報開示

　購入の際の情報開示や，毎月の請求書・契約年度末の年間ご利用明細等における事後的な情報開示に加えて，個人的商品使用情報はリアルタイムで情報開示することができるし，そうすべきである．蓄積して行く商品使用情報を把握し確認し続けることの困難性は，多数上限プランの登場によってますます深刻化した．例えば，ピーク時上限，オフ・ピーク時上限（加えて，携帯メール上限，データ通信上限）など複数の上限時間数（分）を持つ商品プランの場合，消費者がうっかり上限を超えてしまう確率を高める．消費者が上限超過を回避できるよう，携帯電話事業者は契約者に対して，商品プランの上限を超えそうになったときに警告通知をするよう義務付けるべきである．そのような警告通知を受けた消費者は通話を手短にしようとしたり，固定電話に会話を移したり，あるいはオフ・ピークの時間帯になるまで会話を延期

したりして対応することができるであろう.

2010年末，連邦通信委員会は新たな規制を提案して，そのようなリアル・タイムの情報開示を義務化しようとした．高額なローミング料金や，通話時間(分)，携帯メール，データ通信に配分された月当たり上限値を気付かずに超過して，予想外に膨れ上がった今月の請求書の額に驚愕するという，世に言う「パケ死(請求ショック)」の頻発を心配して，連邦通信委員会は規制案において携帯電話事業者がリアルタイムで使用料の警告通知をするよう義務付けようとした[104]．提案された規制は，携帯電話事業者たちがその業界団体CTIAを通じて，リアルタイム情報開示を自主的に実施することに合意したことで制定には至らなかった[105].

5. 携帯端末への情報開示

伝統的な強制的情報開示制度では，売手が情報を紙に印刷して提供することが要求されてきた．携帯端末技術の発達によって，追加的で，より革新的な情報開示手法が使えるようになった．例えば，携帯電話事業者は，音声メッセージ，携帯メール，さらにはマルティ・メディアのメッセージなどで情報を提供することができる．これらの情報開示手段は伝統的な書面によるものよりも効果的であろう.

6. 進行中のより進んだ情報開示

104　FCC, News Release: "FCC Proposes Rules to Help Mobile Phone Users Avoid 'Bill Shock'," October 14, 2010を参照，なお，これは(http://www.fcc.gov/rulemaking/10-207)から入手可能(2011.09.21最終アクセス)．同様の規則はヨーロッパには既に存在する．アメリカ合衆国の携帯電話事業者の中には使用上限警告通知を自主的に提供しているものもあるが，連邦通信委員会によれば，「パケ死を回避するための既存の技術には，携帯電話サーヴィスの提供者によっても，サーヴィスのタイプによっても，ばらつきが非常に大きいのみならず，見つけだすことが困難な場合もある．提供されている警告通知の多くは，全てのサーヴィスを網羅していないとか，あるいは，使用限度超過手数料が発生してしまう前には発信されないとかの問題がある」(同所).

105　FCC Chairman Julius Genachowski, Remarks at Bill Shock Event, Brookings Institution, Washington, D.C., October 17, 2011 これは(http://www.fcc.gov/document/chairman-genachowski-remarks-bill-shock-event)で入手可能(2011.11.17最終アクセス).

　携帯電話事業者の中には商品使用情報をすでに提供しているものもある．「使用状況分析」機能が携帯電話事業者のいくつかのセキュリティで保全されたウェブ・サイト上に登場しつつある．AT&T社の上限付きデータ通信プランの場合，利用状況追跡機能と警告通知オプションが提供されている．他にもいくつか例が存在する[106]．携帯電話事業者の中には，商品使用情報と商品属性情報とを組み合わせた情報を提供するものさえ登場している．例えば，AT&T社はPersonal Plan Reviewを提供し，そこでは，自分の商品プランが自分の使用状況に適合しているか否かや，AT&T社の他の商品プランに乗り換えるべきか否か，などを消費者が知ることができるようになっている．その上，スマートフォンの申込みの際に自分の使用状況を追跡できるようにできるものもある．スマートフォンは仮想仲介者にさえなりうる．つまり，携帯アプリが，契約者の個人的商品使用情報と，オンラインで利用可能な料金情報とを組み合わせて市場で入手可能な中で最適の商品パタンを推薦するのである．このような発展は称賛に値する．これらは市場の力が消費者のために機能しうることのさらなる証左でもある．とはいえ，連邦通信委員会が「パケ死」に関して指摘したように，自主的に提供される，進化した情報開示は，サーヴィス提供者によってもサーヴィスのタイプによってもバラツキが非常に大きく，多くの場合に未だ不十分である．規制当局によるさらなる一押し（ナッジ）の方向付けが多分必要であろう[107]．

結論

　年間売上げが1,800億ドル〔約20兆円〕を超過したことを誇る携帯電話市場は，アメリカ合衆国における最も巨大で最も重要な消費者市場の1つである．携帯電話は明らかに便益を消費者にもたらす一方で，携帯電話サーヴィス契約は消費者のバイアスにつけ込むように設計されており，消費者の利益を損ない，社会厚生に損失をもたらす．三部構成料金のような契約の主要

106　Amy Schatz & Sara Silver, "A Plan to Ease the Shock of Cellphone Bills," *Wall Street Journal*, May 12, 2010, David Pogue, "AT&T's Capped Data Plan Could Save You Money," *New York Times*, June 3, 2010を参照．

107　実際のところ，「パケ死」に関しては，行政による一押しないし行政による一押しの威嚇によって，業界が自ら進んで行動するようになったといえる．前出Ⅵ.B.4（339-340頁）参照．

な構造のために生じる商品プラン選択の間違いは，消費者に年間10億ドル〔1兆1000億円〕もの損失をもたらしている．消費者厚生と市場の効率性は，中途解約手数料という制裁の付いたロックイン条項，および携帯電話契約の複雑性自体のためにさらに害されている．これらは同時に消費者の不十分な合理性につけ込むものでもある．消費者の犯す過誤は多くの場合に自己の将来の商品使用パタンについての誤解に起因するものであるから，強制的情報開示は，携帯電話事業者が商品使用情報を消費者に開示するよう強制するものでなければならない．この情報は，総コスト情報または年間総コストの意味での商品属性情報と組み合されて開示され，専門の仲介業者等の関与を促進するよう電子的データベースの形態で利用可能でなければならない．

全体の結論

　我々は全て消費者である．本書で論じた契約は我々の日常生活で経験されるものである．我々は商品やサーヴィスから便益を享受するのであり，それは契約によって可能なものなのである．同時に，契約が我々の認知バイアスにつけ込むように設計されている場合，そのような契約がもたらすコストは我々が負担しなければならない．法政策は，一方で契約が我々にもたらす便益を保護しつつ，他方で契約がもたらすコストを最小化するよう努めなければならない．本書は消費者契約についての我々の理解を深めることから始めた．そして，消費者契約の最適な規制を導く考え方を提供しようとした．

　本書を締めくくるに際して，将来の研究調査の3つの方向を指摘しておきたい．

　　(1)さらなる契約，
　　(2)さらなる国々，そして，
　　(3)さらなる規制戦略，

である．

　第1章で消費者契約とその規制を分析するための一般的な枠組みを構築した上で，この分析枠組みを3つの消費者市場，すなわちクレジット・カード（第2章），住宅担保ローン（第3章），および携帯電話（第4章）に適用した．これらケース・スタディの章は以下の二重の目的を持つ．第1の目的は，3つの重要な消費者市場の詳細な分析を提示し，それぞれの市場における法政策上の個々の解決策を論じることである．第2は，一般的な分析枠組み（第1章）を重要な現実世界の問題に適用することで，それが実り豊かな成果をもたらすことを示すという目的である．

　第2の目的は将来の研究にとってとりわけ重要である．たった1つの書物だけで消費者契約の全てについて包括的な分析を提供することは不可能である．しかし，一般的な分析枠組みを展開することは可能であり，かつ，その理論がどのようにして一部の重要な契約類型に適用できるかを示すことも可能である．将来の研究としては，従って，本書で触れられなかったその他の消費者市場と消費者契約を対象とすることができる．そのような将来の研究の恰好の対象としては，保険契約と旅客運送契約が挙げられよう．

　分析の対象としては地理的な拡張も可能である．ケース・スタディの章の精密な分析はアメリカ合衆国を対象としている．例えば，アメリカ合衆国の携帯電話市場の分析から得られる知見は，その他の国々の携帯電話市場にとっても有意義なものもあろうが，アメリカ合衆国以外には当てはまらない知見もあろう．冒頭で強調したように，契約構造と法的介入の在りうる役割との間の相互作用ダイナミクスを完全に理解するためには，個別の市場に特化した分析が必須である．この点はアメリカ合衆国内の様々な消費者市場についてもあてはまる．同時に，この点はアメリカ合衆国の携帯電話市場から離れ，例えば連合王国（ないしはヨーロッパ連合）の携帯電話市場に移った場合にも当てはまる．本書で展開した一般的分析枠組みは賢い売手業者がそれほど賢くはない消費者に対する契約の構造を設計するような場合には常に適用可能である．しかし，一般的分析枠組みから社会実装可能な結論を導くには，個別の市場ごとの分析が必要である．

　最後に，将来の研究は法政策上の戦略選択肢を対象とするべきである．法政策上の戦略は行動経済学の意味での市場の失敗を是正するために使えるものである．売手業者が契約を設計して不十分にしか合理的でない消費者につけ込もうとすることで生じる歪みが行動経済学における市場の失敗である．本書は規制戦略の中の1つである強制的情報開示に焦点を当てた．多くの市場においては，情報開示はたぶん最初に手掛ける研究対象として最適である．しかし，市場の失敗を是正しようとする政策担当者は，規制戦略の利用可能なものの全てについて検討しなければならない．消費者教育は強制的情報開示を補いうるものであろう．その他のある程度パターナリズムの色彩のある規制戦略としては，最適に設計されたディフォールト・ルール〔当事者の合意で排除できる任意規定〕の設定やセーフ・ハーバー〔免責ルール：規定の内容を守ってさえいれば法的責任を問われることがないようなルール〕

が挙げられる．そして，場合によっては，搾取的契約や搾取的慣行の禁止など，より強い法的介入が正当化される場合もあろう．

　消費者契約はどこにでもある．消費者契約は大きな便益をもたらす．一方で消費者契約は重大な損害をももたらしうる．消費者契約についてより良く理解し，そして，消費者契約はどのように改善できるかを理解することは，我々消費者にとってはもちろん，政策担当者にとっても重大な関心事である．我々の消費者契約についての理解を進展させようとの試みが本書である．

Bibliography

Agarwal, S., Amromin, G., Ben-David, I., Chomsisengphet, S., and Evanoff, D. "Can Mandated Financial Counseling Improve Mortgage Decision-Making? Evidence from a Natural Experiment." (2009) *Fisher Coll. of Bus. Working Paper No. 2008-03-019.*

———"Learning to Cope: Voluntary Financial Education Programs and Loan Performance During a Housing Crisis." (2009) *Charles A. Dice Center Working Paper No. 2009-23.*

Agarwal, S., Driscoll, J., Gabaix, X., and Laibson, D. "Learning in the Credit Card Market." February 8, 2008.

———"The Age of Reason: Financial Decisions over the Life-Cycle and Implications for Regulation." (2009) *Brookings Papers on Economic Activity.* Issue 2.

Driscoll, J., and Laibson, D. "Optimal Mortgage Refinancing: A Closed Form Solution." (2007) *NBER Working Paper No. 13487.*

Ainslie, G. "Derivation of 'Rational' Economic Behavior from Hyperbolic Discount Curves." *Am. Econ. Rev*, 81(1991). 334.

Amromin, G., Chunyan Huang, J., Sialm, C., and Zhong, E. "Complex Mortgages." (2010) *FRB of Chicago Working Paper No. 2010-17.*

Andrews, E.L. "Fed and Regulators Shrugged as the Subprime Crisis Spread: Analysis Finds Trail of Warnings on Loans." *New York Times*, December 18, 2007.

Angeletos, G.-M., et al. "The Hyperbolic Consumption Model: Calibration, Simulation, and Empirical Evaluation." *J. Econ. Perspect,* 15 (2001). 47.

Ante, S.E. "The Call for a Wireless Bill of Rights." *Business Week*, March 20, 2008.

——"Verizon Embraces Google's Android." *Business Week,*. December 3, 2007.

Apgar, W.C., and Duda, M. Homeownership Pres. Found. "Collateral Damage: The Municipal Impact of Today's Mortgage Foreclosure Boom." (2005).

——and Herbert, C.E., U.S. Dep't of Hous. and Urban Dev. "Subprime Lending and Alternative Financial Service Providers: A Literature Review and Empirical Analysis." (2006).

Appelbaum, B., and Nakashima, E. "Banking Regulator Played Advocate over Enforcer: Agency Let Lenders Grow out of Control, Then Fail." *Wash. Post.*, November 23, 2008.

Armstrong, M. "Interactions between Competition and Consumer Policy." *Competition Policy International.* 4 (2008). 97.

AT&T. *Cell Phones, Cell Phone Plans, and Wireless Accessories—from AT&T.*

——*Plan Terms.*

Ausubel, L.M. *Adverse Selection in the Credit Card Market.* (1999) 20 (unpublished manuscript).

——"Credit Card Defaults, Credit Card Profits, and Bankruptcy." *Am. Bankr. L.J.,* 71 (1997). 249.

——"The Credit Card Industry: A History, by Lewis Mandell." *J. Econ. Lit.,* 30 (1992). 1517.

——"The Failure of Competition in the Credit Card Market." *Am. Econ. Rev.,* 81 (1991). 50.

Avery, R.B., Brevoort, K.P., and Canner, G.B. "Opportunities and Issues in Using HMDA Data." *J. Real Est. Res.,* 29 (2007). 351.

Ayres, I., and Nalebuff, B. "In Praise of Honest Pricing." *M.I.T. Sloan Mgmt. Rev.,* 45 (2003). 24.

Bakos, Y., Marotta-Wurgler, F., and Trossen, D.R. "Does Anyone Read the Fine Print? Testing a Law and Economics Approach to Standard Form Contracts." (2009) *NYU Law and Economics Research Paper No. 09-40.*

Bar-Gill, O. "Bundling and Consumer Misperception." *U. Chi. L. Rev.,* 73 (2006). 33.

——and Board, O. "Product Use Information and the Limits of Voluntary Disclosure." *American Law and Economics Review.,* 14 (2012). 235.

——and Bubb, R. "Credit Card Pricing: The CARD Act and Beyond." forthcoming in *Cornell L. Rev.*

——and Ferrari, F. "Informing Consumers About Themselves." *Erasmus Law Review.,* 3 (2010). 93.

——and Stone, R. "Pricing Misperceptions: Explaining Pricing Structure in the Cell Phone Service Market." forthcoming in *J. Empirical Legal Stud.,* Vol 9.

——and Warren, E. "Making Credit Safer." *U. Pa. L. Rev.,* 157 (2008). 1.

Barr, M.S., Mullainathan, S., and Shafir, E. *Behaviorally Informed Financial Services Regulation.* New America Foundation, 2008.

————"Behaviorally Informed Home Mortgage Credit Regulation." in Belsky, E.S., and Retsinas, N.P. (eds.). *Understanding Consumer Credit.* Brooking Press, 2009.

Barr, M.S., Dokko, J.K., and Keys, B.J. "Who Gets Lost in the Subprime Mortgage Fallout: Homeowners in Low-and Moderate-Income Neighborhoods." (April 2008).

Beales, H., Craswell, R., and Salop, S. "The Efficient Regulation of Consumer Information." *J. L. & Econ.,* 24 (1981). 491.

Been, V. Testimony Before Committee on Oversight and Government Reform Subcommittee on Domestic Policy. "External Effects of Concentrated Mortgage Foreclosures: Evidence from New York City." (May 21, 2008).

Belsky, E.S., and Retsinas, N.P. (eds.). *Understanding Consumer Credit.* Brooking Press, 2009.

Ben-Shahar, O., and Schneider, C.E. *More Than You Wanted To Know: The Failure of Mandated Disclosure.* Princeton University Press, forthcoming.

Benartzi, S., and Thaler, R.H. "Heuristics and Biases in Retirement Savings Behavior." *J. Econ. Persp.*, 21 (2007) 81.

Bergstresser, D., and Beshears, J. "Who Selected Adjustable-Rate Mortgages: Evidence from the 1989–2007 Surveys of Consumer Finances." (2010) *HBS Working Paper 10-083.*

Bernanke, B.S. Speech at the Independent Community Bankers of America Annual Convention, Orlando, Florida: "Reducing Preventable Mortgage Foreclosures." (March 4, 2008).

—— Speech at the Women in Housing and Finance and Exchequer Club Joint Luncheon, Washington, D.C.: "Financial Markets, the Economic Outlook, and Monetary Policy." (January 10, 2008).

—— Testimony Before the Committee on the Budget, U.S. House of Representatives: The Economic Outlook. (January 17, 2008).

Bethel, J.E., Ferrell, A., and Hu, G. "Legal and Economic Issues in Litigation Arising from the 2007–2008 Credit Crisis." (2008) *Harvard Law and Econ. Discussion Paper No. 212.*

BillShrink.com. *Cell Phone Plans, Compare Best Cellular Service Carrier Deals on BillShrink.*

Blumenstein, R. "The Business-Package Plan: AT&T Sees Wireless as the Key to its Broader Strategy of Bundling Its Services." *Wall Street Journal*, September 20, 1999.

Blyskal, J. "Mostly Talk: New Unlimited Cell Plans Won't Pay for Most." *Consumer-Reports.org.*, February 26, 2008.

Boehm, T.P., and Schlottmann, A. "Mortgage Pricing Differentials Across Hispanic, African-American, and White Households: Evidence from the American Housing Survey." *Cityscape: J. Pol'y Dev. and Res.*, No. 2 (2007). 9.

Bond, P., Musto, D.K., and Yilmaz, B. "Predatory Mortgage Lending." (2008) *FRB of Philadelphia Working Paper No. 08-24.* 183.

Bostic, R.W., et al. "State and Local Anti-Predatory Lending Laws: The Effect of Legal Enforcement Mechanisms." *J. Econ. and Bus.*, 60 (2008). 47.

Brevoort, K.P., and Cooper, C.R. "Foreclosure's Wake: The Credit Experiences of Individuals Following Foreclosure." (October 12, 2010).

Brito, D.L., and Hartley, P.R. "Consumer Rationality and Credit Cards." *J. Pol. Econ'y*, 103 (1995). 400.

Bubb, R., and Kaufman, A. "Consumer Biases and Firm Ownership." (2009) Working Paper.

Bucks, B., and Pence, K. "Do Borrowers Know their Mortgage Terms?" *J. Urban Econ.*, 64 (2008). 218.

—— et al. "Changes in U.S. Family Finances from 2004 to 2007: Evidence from the Survey of Consumer Finances." *Fed. Reserve Bull.*, vol. 95 (February 2009).

Bureau of the Census. *Statistical Abstract of the United States*: 2011.

Busse, M.R. "Multi-market Contact and Price Coordination in the Cellular Telephone Industry." *J. Econ. and Mgmt. Strategy*, 9 (2008–9) 287.

Cagan, C.L., First Am. CoreLogic, Inc. *Mortgage Payment Reset: The Issue and the Impact.* (2007).

Calem, P.S., and LaCour-Little, M. "Risk-Based Capital Requirements for Mortgage Loans." (2001). *Bd. of Governors of the Fed. Reserve Sys. Fin. and Econ. Discussion Series Paper No. 2001-60.*

——et al. "Switching Costs and Adverse Selection in the Market for Credit Cards: New Evidence." *J. Banking and Fin.,* 30 (2006). 1653.

Camerer, C., et al. "Regulation for Conservatives: Behavioral Economics and the Case for 'Asymmetric Paternalism' " *U. Penn. L. Rev.,* 151 (2003). 1211.

Campbell, J.Y. "Household Finance." *J. Fin,.* 61 (2006). 1553.

CardFlash.

——"BofA Basic." September 17, 2009.

——"BofA Changes." August 18, 2009.

——"BofA Clarity." November 30, 2009.

——"CARD Act Impact." November 10, 2009.

——"Chase Pricing." November 20, 2007.

——"Citi Offers Credit with Single APR and No Late Fees." July 26, 2011.

——"Consumer Reports." October 20, 2010.

——"Debit Cards." August 18, 2008.

——"Debit Overdraft." July 12, 2007.

——"Debit Rewards." August 28, 2009.

——"Dec Card Offers." December 23, 2008.

——"Fee Factor 08." January 14, 2009.–3, 95–6.

——"Fee Income." January 11, 2010.–4.

——"Fees and Recession." December 19, 2008.

——"Merchant Fees." January 13, 2009.

——"Minimum Payments." December 17, 2008.

——"Monthly Payment Rates Edge Up Slightly." March 18, 2009.

——"Payment Rates Hit a Four-Year Low in July." August 27, 2008.

——"Reward Card Analysis." June 2, 2008.

——"Reward Card Review." June 2, 2008.

——"Straight Talk." February 23, 2010.

——"Visa Debit." May 5, 2009.

Case, K.E., and Shiller, R.J. "Home Buyer Survey Results 1988–2006." unpublished paper, Yale University, 2006.

———— "Is There a Bubble in the Housing Market?" (2003) *Brookings Papers on Econ. Activity.* No. 2.

———— "The Behavior of Home Buyers in Boom and Post-Boom Markets." *New. Eng. Econ. Rev.,* (November–December 1988) 28.

Center for Am. Progress, et al. Frequency Questionnaire. (2006).

Center for Customer Relationship Management. *Telecom Dataset.*

Center for Responsible Lending. "A Snapshot of the Subprime Market."

——"Mortgage Lending Overview."

——"Priceless or Just Expensive? The Use of Penalty Rates in the Credit Card Industry." (2008).

——— "Subprime Spillover: Foreclosures Cost Neighbors $202 Billion: 40.6 Million Homes Lose $5,000 on Average." (2008).

——— "What's Draining Your Wallet? The Real Cost of Credit Card Cash Advances." (2008).

Chakravorti, S., and Emmons, W.R. "Who Pays for Credit Cards?" (2001) *Fed. Reserve Bank of Chi. Emerging Payments Occasional Paper Series.* No. 1.

Chan, S., Gedal, M., Been, V., and Haughwout, A. "The Role of Neighborhood Characteristics in Mortgage Default Risk: Evidence from New York City." (2011) *NYU Working Paper.*

Chang, R. "Proof that Handset Brands Help Sell Wireless Plans." *RCR Wireless.* October 28, 2008.

Cheng, R. "Business Technology: Virgin Mobile to Join Flat Rate Phones Frenzy." *Wall Street Journal.* June 24, 2008.

Ching, A., and Hayashi, F. "Payment Card Rewards Programs and Consumer Payment Choice." (2008).

Civils, W., and Gongloff, M. "Subprime Shakeout: Lenders that Have Closed Shop, Been Acquired or Stopped Loans." *Wall Street Journal Online.*

Collins, J.M. "Education Levels and Mortgage Application Outcomes: Evidence of Financial Literacy." (2009) *Institute for Research on Poverty Discussion Paper No. 1369-09.*

Comptroller of the Currency. "Advisory Letter: Credit Card Practices." (September 14, 2004).

——— "Guidance on Unfair or Deceptive Acts or Practices." *Advisory Letter No. AL 2002-3* (March 22, 2002).

——— *Truth in Lending: Comptroller's Handbook.* (2006).

Congressional Budget Office. *The Budget and Economic Outlook: Fiscal Years 2008 to 2018.* (2008).

ConsumerAffairs.com. "California Suspends Wireless Bill of Rights." January 28, 2005.

Consumers Union. *Women in the Subprime Market.* October 2002.

Courchane, M.J., Surette, B.J., and Zorn, P.M. "Subprime Borrowers: Mortgage Transitions and Outcomes." *J. Real Est. Fin. and Econ.,* 29 (2004). 365.

Craswell, R. "Taking Information Seriously: Misrepresentation and Nondisclosure in Contract Law and Elsewhere." *Va. L. Rev.,* 92 (2006). 565.

Credit Suisse, *Mortgage Liquidity du Jour: Underestimated No More.* (2007).

Crockett, R.O. "The Last Monopolist." *Business Week,* April 12, 1999.

CTIA. "Early Termination Fees Equal Lower Consumer Rates." *CITA.org.* April 2006.

De Long, J.B., et al. "Noise Trader Risk in Financial Markets." *J. Pol. Econ'y,* 98 (1990). 703.

——— "Positive Feedback Investment Strategies and Destabilizing Rational Speculation." *J. Fin.,* 45 (1990). 379.

DellaVigna, S., and Malmendier, U. "Contract Design and Self-Control: Theory and Evidence." *Quar. J. Econ.,* 119 (2004). 353.

————"Paying Not to Go to the Gym." *Amer. Econ. Rev.,* 96 (2006). 694.

Dēmos, "The Plastic Safety Net: The Reality Behind Debt In America." (2005).

Demyanyk, Y., and Van Hemert, O. "Understanding the Subprime Mortgage Crisis." *Rev. Fin. Stud.,* 24 (2011). 1848.

Department of Business Innovation and Skills and Cabinet Office Behavioural Insights Team. *Better Choices: Better Deals.,* April 13, 2011.

Douglass, E. "The Cutting Edge Special Report: Wireless Communications; "Pre-paid." Idea is Catching On in U.S. Market." *L.A. Times,* March 15, 1999.

Draut, T., and Silva, J. *Borrowing to Make Ends Meet: The Growth of Credit Card Debt in the '90s.* Dēmos, 2003.

Duhigg, C. "What Does Your Credit-Card Company Know About You?" *New York Times,* May 17, 2009.

Durkin, T.A. "Consumers and Credit Disclosures: Credit Cards and Credit Insurance." *Fed. Reserve Bull.,* (April 2002).

———— "Credit Cards: Use and Consumer Attitudes, 1970-2000." *Fed. Reserve Bull.,* vol. 98 (September 2000).

Edwards, .C., and Crockett, R.O. "New Music Phones—Without the i." *Business Week.,* April 16, 2007.

Eggert, K. "Limiting Abuse and Opportunism by Mortgage Servicers." *Housing Pol'y Debate,* 15 (2007). 753.

Eliaz, K., and Spiegler, R. "Consumer Optimism and Price Discrimination." *Theoretical Economics,* 3 (2008). 459.

————"Contracting with Diversely Naïve Agents." *Rev. Econ. Stud.,* 73 (2006). 689.

Elliehausen, G., Staten, M.E., and Steinbuks, J. "The Effect of Prepayment Penalties on the Pricing of Subprime Mortgages." *J. Econ. and Bus.,* 60 (2008). 33.

Ellis, D. "The Effect of Consume Interest Rate Deregulation on Credit Card Volumes, Charge-Offs and the Personal Bankruptcy Rate." (1998) 98-05 *Bank Trends.*

Ellison, G. "A Model of Add-On Pricing." *Q.J. Econ.,* 120 (2005). 585.

————"Bounded Rationality in Industrial Organization." in R. Blundell, W. K. Newey and T. Persson (eds.). *Advances in Economics and Econometrics: Theory and Applications, Ninth World Congress.* Vol. II, ch. 5 (2006).

———— and Ellison, S.F. "Search, Obfuscation, and Price Elasticities on the Internet." *Econometrica,* 77 (2009). 427.

Elstrom, P. "Mike Armstrong's Strong Showing." *Business Week,* January 25, 1999.

————"Wireless With All The Trimmings." *Business Week,* November 16, 1998.

Engel, K.C., and McCoy, P.A. "A Tale of Three Markets: The Law and Economics of Predatory Lending." *Tex. L. Rev.,* 80 (2002). 1255.

————"Turning a Blind Eye: Wall Street Finance of Predatory Lending." *Fordham L. Rev.,* 75 (2007). 2039.

Epstein, R.A. "Second-Order Rationality." in E. J. McCaffery and J. Slemrod (eds). *Behavioral Public Finance,* (2006) 355.

Eskridge, W.N., Jr. "One Hundred Years of Ineptitude: The Need for Mortgage Rules Consonant with the Economic and Psychological Dynamics of the Home Sale and Loan Transaction." *Va. L. Rev.,* 70 (1984). 1083.

Evans, D.S., and Schmalensee, R. *Paying with Plastic.* MIT Press, 1999. 211.

Family Hous. Fund. "Cost Effectiveness of Mortgage Foreclosure Prevention: Summary of Findings." (1998).

Farrell, J., and Klemperer, P. "Coordination and Lock-In: Competition with Switching Costs and Network Effects." (2007) in Armstrong, M., and Porter, R. (eds.). *Handbook of Industrial Organization.* Vol. 3 (2007).

FCC. "Annual Report and Analysis of Competitive Market Conditions With Respect to Commercial Mobile Services, Fifteenth Report." (2011) FCC 11-103.

—— "Annual Report and Analysis of Competitive Market Conditions With Respect to Commercial Mobile Services, Thirteenth Report." (2009) 24 F.C.C.R. 6185.

—— "Annual Report and Analysis of Competitive Market Conditions With Respect to Commercial Mobile Services, Twelfth Report." (2008) FCC 08-28.

—— "Annual Report and Analysis of Competitive Market Conditions With Respect to Commercial Mobile Services, Eleventh Report." (2006) 21 F.C.C.R. 10947.

—— "Annual Report and Analysis of Competitive Market Conditions With Respect to Commercial Mobile Services, Tenth Report." (2005) 20 F.C.C.R. 15908.

—— News Release: "FCC Proposes Rules to Help Mobile Phone Users Avoid 'Bill Shock'." October 14, 2010.

—— "Notice of Inquiry: Consumer Information and Disclosure." CG Docket No. 09-158, released August 28, 2009.

—— "Quarterly Report on Informal Consumer Inquiries and Complaints for Fourth Quarter of Calendar Year 2010." August 15, 2011.

Federal Reserve Bank of Boston. "Consumer Behavior and Payment Choice: 2006 Conference Summary." (2007) *Public Policy Discussion Paper 07-4.*

Federal Reserve Board. "Credit Card Lending: Account Management and Loss Allowance Guidance." SR Letter 03-1. January 8, 2003.

—— "Credit Cards—Fees."

—— "Credit Cards—Interest Rates."

—— "Profitability of Credit Card Operations of Depository Institutions."

—— "Report to the Congress on Practices of the Consumer Credit Industry in Soliciting and Extending Credit and their Effects on Consumer Debt and Insolvency." June 2006. 108.

—— "Report to the Congress on the Profitability of Credit Card Operations of Depository Institutions." June 2009.

—— "What You Need to Know: New Credit Card Rules Effective February 22."

—— "What You Need to Know: New Overdraft Rules for Debit and ATM Cards."

—— and U.S. Dep't of Hous. and Urban Dev. *Joint Report to the Congress Concerning Reform to the Truth and Lending Act and the Real Estate Settlement Procedures Act.* (1998).

——et al. *Interest-Only Mortgage Payments and Payment-Option ARMs—Are They for You?* (2006).

Feinberg, R.A. "Credit Cards as Spending Facilitating Stimuli: A Conditioning Interpretation." *J. Consumer Res.,* 12 (1986). 384.

Fishbein, A.J., and Woodall, P. "Women Are Prime Targets for Subprime Lending: Women Are Disproportionately Represented in High-Cost Mortgage Market." (2006).

Ford, G.S., Koutsky, T.M., and Spiwak, L.J. "Wireless Net Neutrality: From Carterfone to Cable Boxes." *Phoenix Ctr. Pol'y Bull.,* 17 (April 2007). 2.

Forrester, J.P. "Still Mortgaging the American Dream: Predatory Lending, Preemption, and Federally Supported Lenders." *U. Cin. L. Rev.,* 74 (2006). 1303.

Fox, J.T. "Consolidation in the Wireless Phone Industry." (2005) *Net Inst. Working Paper No. 05-13.*

Frank, J.M. "Dodging Reform: As Some Credit Card Abuses Are Outlawed, New Ones Proliferate." Center for Responsible Lending, 2009.

Fratantoni, M., et al. Mortgage Bankers Ass'n. *The Residential Mortgage Market and Its Economic Context in 2007.* MBA Research Monograph Series, 2007.

Freddie Mac. *Automated Underwriting: Making Mortgage Lending Simpler and Fairer for America's Families.* (1996).

——"Half of Subprime Loans Categorized as 'A' Quality." *Inside B&C Lending.* June 10, 1996.

Frederick, S., et al. "Time Discounting and Time Preference: A Critical Review." *J. Econ. Lit.,* 40 (2002). 351.

Frontline. "The Credit Card Game." November 24, 2009.

Furletti, M. "Credit Card Pricing Developments and Their Disclosure." (2003) *Fed. Res. Bank of Philadelphia Payment Cards Center Discussion Paper.*

Gabaix, X., and Laibson, D. "Shrouded Attributes, Consumer Myopia, and Information Suppression in Competitive Markets." *Q.J. Econ.,* 121 (2006). 505.

Genachowski, J. Remarks at Bill Shock Event, Brookings Institution, Washington, DC. October 17, 2011.

General Accounting Office, Report to the Chairman and Ranking Minority Member, Special Committee on Aging, U.S. Senate. "Consumer Protection: Federal and State Agencies Face Challenges in Combating Predatory Lending." Gao-04-280 (2004).

Gerardi, K., et al. "Making Sense of the Subprime Crisis." Fed. Reserve Bank of Boston. (2008) *Public Policy Discussion Paper No. 09-1.*

——"Subprime Outcomes: Risky Mortgages, Homeownership Experiences, and Foreclosures." (2007) *Fed. Reserve Bank of Boston Working Paper No. 07-15.*

Gilder, G. "The Wireless Wars." *Wall Street Journal,* April 13, 2007.

Gilo, D., and Porat, A. "The Hidden Roles of Boilerplate and Standard-Form Contracts: Strategic Imposition of Transaction Costs, Segmentation of Consumers, and Anticompetitive Effects." *Michigan Law Review,* 104 (2006). 983.

Gilovich, T., et al. (eds.). *Heuristics and Biases: The Psychology of Intuitive Judgment.* Cambridge University Press, 2002.

Glaeser, E.L. "Psychology and the Market." *Amer. Econ. Rev. Papers & Proceedings*, 94 (2004) 408.

Government Accountability Office. *Credit Cards: Increased Complexity in Rates and Fees Heightens Need for More Effective Disclosures to Consumers.* (2006).

——Report to the Committee on Financial Services, House of Representatives. "Real Estate Brokerage: Factors That May Affect Price Competition." GAO-05-947 (2005).

Gramlich, E.M., *Subprime Mortgages: America's Latest Boom and Bust.* Urban Institute Press, 2007.

Green, R.K., and Wachter, S.M. "The American Mortgage in Historical and International Context." *J. Econ. Persp.*, 19 (2005). 93.

Grubb, M.D. "Selling to Overconfident Consumers." *Amer. Econ. Rev.*, 99 (2009). 1770.

Gruber, J., and Koszegi, B. "Is Addiction 'Rational'? Theory and Evidence." (2000) *NBER Working Paper No. 7507.*

Guiso, L., Sapienza, P., and Zingales, L. "Moral and Social Constraints to Strategic Default on Mortgages." (2009) *NBER Working Paper No. 15145.*

Hahn, R.W., et al. "The Economics of 'Wireless Net Neutrality'." *J. Competition L. and Econ.*, 3 (2007). 399.

Haughwout, A., Mayer, C., and Tracy, J. "Subprime Mortgage Pricing: The Impact of Race, Ethnicity, and Gender on the Cost of Borrowing." (2009) *FRB of New York Staff Report No. 368.*

Heidhues, P., and Koszegi, B. "Exploiting Naiveté about Self-Control in the Credit Market." *Amer. Econ. Rev.*, 100 (2010). 2279.

Helft, M., and Labaton, S. "Google Pushes for Rules to Aid Wireless Plans." *New York Times*, July 21, 2007.

Hernandez-Murillo, R., Ghent, A.C., and Owyang, M. "Race, Redlining, and Subprime Loan Pricing" (2011).

Hirschman, E.C. "Differences in Consumer Purchase Behavior by Credit Card Payment System." *J. Consumer Res.*, 6 (1979). 58.

Hoak, A., "100 Percent More Difficult: First-Time Home Buyers Struggle to Find Down-Payment Money." *MarketWatch*, March 9, 2008.

Immergluck, D., and Smith, G. "The Impact of Single-Family Mortgage Foreclosures on Neighborhood Crime." *Housing Stud.*, 21 (2006). 851.

Iyengar, R., Ansari, A., and Gupta, S. "A Model of Consumer Learning of Consumer Service Quality and Usage." *J. Mktg. Res.*, 44 (2007). 529.

Jackson, T.H. *The Logic and Limits of Bankruptcy Law.* Harvard University Press, 1986.

Jensen, R. "The Digital Provide: Information (Technology). Market Performance, and Welfare in the South Indian Fisheries Sector." *Q.J. Econ,.* 122 (2007). 879.

Johnson, F. "FCC Head Seeks Rules on Cell-Termination Fees." *Wall Street Journal*, June 13, 2008.

Jolls, C., et al. "A Behavioral Approach to Law and Economics." *Stan. L. Rev.*, 50 (1998). 1471.

Kahneman, D., Slovic, P., Tversky, A., (eds.) *Judgment under Uncertainty: Heuristics and Biases.* Cambridge University Press, 1982.

Kjos, A. "Proposed Changes to Regulation Z: Highlighting Behaviors that Affect Credit Costs." (2008) *FRB of Philadelphia Payment Cards Center Discussion Paper No. 08-02.*

Klein, L. *It's In The Cards: Consumer Credit and the American Experience.* Praeger, 1999.

Koopmans, T.C. "Stationary Ordinal Utility and Impatience." *Econometrica,* 28 (1960). 287.

Korobkin, R. "Bounded Rationality, Standard Form Contracts, and Unconscionability." *U. Chi. L. Rev.,* 70 (2003) 1203.

Kronman, A.T. "Mistake, Disclosure, Information, and the Law of Contracts." *J. Legal Stud.,* 7 (1987). 1.

Kroszner, R.S. Speech at the George Washington University School of Business Financial Services Research Program Policy Forum: "Creating More Effective Consumer Disclosures" (May 23, 2007).

Lacapra, L.T. "Breaking Free of a Cellular Contract—New Web Sites Help Customers ,Swap or Resell Phone Service; Avoiding $175 Termination Fee." *Wall Street Journal,* November 30, 2006.

Lacko, J.M., and Pappalardo, J.K. Fed. Trade Comm'n. "Improving Consumer Mortgage Disclosures: An Empirical Assessment of Current and Prototype Disclosure Forms." (2007).

——————"The Effect of Mortgage Broker Compensation Disclosures on Consumers and Competition: A Controlled Experiment." (2004).

LaCour-Little, M. "Economic Factors Affecting Home Mortgage Disclosure Act Reporting." *J. Real Est. Res.,* 29 (2007). 479.

——and Holmes, C. "Prepayment Penalties in Residential Mortgage Contracts: A Cost-Benefit Analysis." *Housing Pol'y Debate.,* 19 (2008). 631.

Laibson, D., et al. "Self-Control and Saving for Retirement." *Brookings Papers Econ. Activity,* 1 (1998). 91.

Larson, M.D. "Mortgage Lenders Want a Commitment—and They're Willing to Pay You for It." *Bankrate.com,* August 26, 1999.

Lax, H., et al. "Subprime Lending: An Investigation of Economic Efficiency." *Housing Pol'y Debate,* 15 (2004). 533.

Lazich, R.S. (ed.). *Market Share Reporter: An Annual Compilation of Reported Market Share Data on Companies, Products, and Services: 2008* (2008).

Lee, J., and Hogarth, J.M. "Consumer Information Search for Home Mortgages: Who, What, How Much, and What Else?" *Fin. Services Rev.,* 9 (2000). 277.

——————"The Price of Money: Consumers' Understanding of APRs and Contract Interest Rates." *J. Pub. Pol'y and Marketing,* 18 (1999). 66.

Leland, J. "Baltimore Finds Subprime Crisis Snags Women." *New York Times,* January 15, 2008.

Liebowitz, S.J. "Anatomy of a Train Wreck: Causes of the Mortgage Meltdown." in Holcombe, R.G., and Powell, B. (eds.). *Housing America: Building Out of a Crisis.* The Independent Institute, 2009.

Loewenstein, G.F., and O'Donoghue, E. "Animal Spirits: Affective and Deliberative Processes in Economic Behavior." (2004).

Lusardi, A. "Americans' Financial Capability." (2011). *NBER Working Paper 17103.*

—— "Financial Literacy: An Essential Tool for Informed Consumer Choice?" (2008) *Nat'l Bureau of Econ. Research Working Paper No. 14084.*

—— "Household Saving Behavior: The Role of Financial Literacy, Information, and Financial Education Programs." (2008) *Nat'l Bureau of Econ. Research Working Paper No. 13824.*

—— and Mitchell, O.S. "Planning and Financial Literacy: How Do Women Fare." (2008) *Nat'l Bureau of Econ. Research Working Paper No. 13750.*

McCoy, P.A. "Rethinking Disclosure in a World of Risk-Based Pricing" *Harv. J. on Legis.,* 44 (2007). 123.

MacDonald, D.A. "Viewpoint: Card Industry Questions Congress Needs to Ask." *American Banker,* March 23, 2007.

McGeehan, P. "Soaring Interest Compounds Credit Card Pain for Millions." *New York Times,* November 21, 2004.

Macro International. "Design and Testing of Effective Truth in Lending Disclosures." (2007).

Madison, M.T., Dwyer, J.R., and Bender, S.W. *The Law of Real Estate Financing.* Thomson Reuters/West, rev. ed. 2008.

Madrian, B.C., and Shea, D. "The Power of Suggestion: Inertia in 401(k) Participation and Savings Behavior." *Quart. J. Econ.,* 116 (2001). 1149.

Mandell, L. *The Credit Card Industry: A History.* Twayne Publishers, 1990.

Mann, R.J. "Adopting, Using, and Discarding Paper and Electronic Payment Instruments: Variation by Age and Race." (May 1, 2011).

—— "Bankruptcy Reform and the 'Sweat Box' of Credit Card Debt." *U. Ill. L. Rev.,* (2007). 375.

—— *Charging Ahead: The Growth and Regulation of Payment Card Markets Around the World.* Cambridge University Press, 2006.

—— " 'Contracting' For Credit." *Mich. L. Rev.,* 104 (2006). 899.

Martin, A. "Credit Card Industry Aims to Profit From Sterling Payers." *New York Times,* May 19, 2009.

Massey, C., and Thaler, R.H. "The Loser's Curse: Overconfidence vs. Market Efficiency in the National Football League Draft." (2010).

Massoud, N.Z., Saunders, A., and Scholnick, B. "The Cost of Being Late: The Case of Credit Card Penalty Fees." (2006) *AFA 2007 Chicago Meetings Paper.*

Mayer, C.E. "Griping About Cellular Bills; Differences From 'Regular' Phones Take New Users by Surprise." *Washington Post,* February 28, 2001.

Mayer, C.J., and Pence, K.M. "Subprime Mortgages: What, Where, and to Whom?" (2008) *Nat'l Bureau of Econ. Research Working Paper No. 14083.*

Mayer, C.J., Pence, K.M., and Sherlund, S. "The Rise in Mortgage Defaults." (2008) *Bd. of Governors of the Fed. Reserve Sys. Fin. and Econ. Discussion Series Paper No. 2008-59.*

——and Sinai, T. "Housing and Behavioral Finance" (2007) (unpublished manuscript).

——Piskorski, T., and Tchistyi, A. "The Inefficiency of Refinancing: Why Prepayment Penalties Are Good for Risky Borrowers." (2011) *Columbia Business School Working Paper.*

Medoff, J., and Harless, A. *The Indebted Society: Anatomy of An Ongoing Disaster.* Little Brown & Co., 1996.

Meier, S., and Sprenger. C. "Present-Biased Preferences and Credit Card Borrowing." *Amer. Econ. J.,* 2 (2010). 193.

Mester, L.J. "Why Are Credit Card Rates Sticky?" *Econ. Th.,* 4 (1994). 505.

Meyer, D. "Coverage Problems Trigger Headaches for Carriers." *RCR Wireless News,* July 9, 2001.

Mian, A.R., and Sufi, A. "Household Leverage and the Recession of 2007-09." *IMF Econ. Rev.,* 58 (2010). 74.

Miles, D. "The U.K. Mortgage Market: Taking a Longer-Term View, Interim Report: Information, Incentives and Pricing." (2003).

Miles, W. "Boom-Bust Cycles and the Forecasting Performance of Linear and Non-Linear Models of House Prices." *J. Real Est. Fin. and Econ.,* 36 (2008). 249.

Morgenson, G. "Inside the Countrywide Lending Spree." *New York Times,* August 26, 2007.

——"Countrywide Subpoenaed by Illinois." *New York Times,* December 13, 2007.

——"Clicking the Way to Mortgage Savings." *New York Times,* December 23, 2007.

——"Given a Shovel, Digging Deeper Into Debt." *New York Times,* July 20, 2008.

——"S.E.C. Accuses Countrywide's Ex-Chief of Fraud." *New York Times,* June 4, 2009.

Nachman, S. "Cranky Consumer: How to Check Up on Your Cell Phone Minutes." *Wall Street Journal,* June 18, 2002.

Nalebuff, B., and Ayres, I. *Why Not?* Harvard Business School Press, 2003.

National Consumer Law Center. *Report, Fee-Harvesters: Low-Credit, High-Cost Cards Bleed Consumers.* (2007).

——*Truth in Lending.* 27 (2002 Cumulative Supplement).

Nat'l Cmty. Reinvestment Coal. "Homeownership and Wealth Building Impeded: Continuing Lending Disparities for Minorities and Emerging Obstacles for Middle-Income and Female Borrowers of All Races." (2006).

Nuechterlein, J.E., and Weiser, P.J. *Digital Crossroads.* MIT Press, 2005.

Odlyzko, A.M. "The Many Paradoxes of Broadband." *First Monday.* September 1, 2003.

O'Donoghue, E., and Rabin, M. "Doing It Now or Later." *Amer. Econ. Rev.,* 89 (1999). 103.

——"Procrastination in Preparing for Retirement." in Aaron, H. (ed.). *Behavioral Dimensions of Retirement Economics.* Brookings Institution Press, 1999.

Opinion Research Corporation. "Prepaid Phones in the U.S.: Myths, Lack of Consumer Knowledge Blocking Wider Use." (2008).

Parker, P.M., and Röller, L.H. "Collusive Conduct in Duopolies: Multi-Market Contact and Cross-Ownership in the Mobile Telephone Industry." *Rand J. Econ.*, 28 (1997). 304.

Paulson, H.M., Jr., U.S. Sec'y of the Treasury. "Remarks on Current Housing and Mortgage Market Developments at the Georgetown University Law Center." (October 16, 2007).

Pavlov, A. and Wachter, S. "Sub-prime Lending and Real Estate Prices." *Real Estate Econ.* 39 (2011). 1.

Peek, J. "A Call to ARMs: Adjustable Rate Mortgages in the 1980s." *New Eng. Econ. Rev.* March-April (1990) 53.

Pennington-Cross, A., and Ho, G. "The Termination of Subprime Hybrid and Fixed Rate Mortgages." (2006) *Fed. Reserve Bank of St. Louis, Research Div. Working Paper No. 2006-042A.*

Petersen, A., and Harris, N. "Hard Cell: Chaos, Confusion and Perks Bedevil Wireless Users." *Wall Street Journal,* April 17, 2002.

Peterson, C.L. "Preemption, Agency Cost Theory, and Predatory Lending by Banking Agents: Are Federal Regulators Biting Off More Than They Can Chew?" *Am. U. L. Rev.,* 56 (2007). 515.

PEW Charitable Trusts. "Safe Credit Card Standards." (2009).

——— "Safe Credit Cards Project: Curing Credit Card Penalties." (2009).

Pogue, D. "AT&T's Capped Data Plan Could Save You Money." *New York Times,* June 3, 2010.

Prelec, D., and Simester, D. "Always Leave Home Without It: A Further Investigation of the Credit-Card Effect on Willingness to Pay." *Marketing Letters,* 12 (2001). 5.

Privacy Rights Clearinghouse/UCAN. "Paper or Plastic? What Have You Got to Lose." (2011).

Prudential Ins. Co. of Am. *Financial Experience and Behaviors Among Women.* (2006).

Quercia, R.G., Stegman, M.A., and Davis, W.R. "The Impact of Predatory Loan Terms on Subprime Foreclosures: The Special Case of Prepayment Penalties and Balloon Payments." *Housing Pol'y Debate,* 18 (2007). 311.

Rabin, M. "Risk Aversion and Expected-Utility Theory: A Calibration Theorem." *Econometrica,* 68 (2000). 1281.

Rappaport, T. *Wireless Communications.* Prentice Hall, 1996.

Reardon, M. "Unlocking the Unlocked Cell Phone Market." *CNET News,*. July 2, 2009.

Renuart, E. "An Overview of the Predatory Mortgage Lending Process." *Housing Pol'y Debate,* 15 (2004). 467.

——— and Thompson, D.E. "The Truth, The Whole Truth, and Nothing but the Truth: Fulfilling the Promise of Truth in Lending." *Yale J. on Reg,.* 25 (2008). 181, 188.

Rose, M.J. "Origination Channel, Prepayment Penalties, and Default." forthcoming in *Real Estate Economics.*

Rotemberg, J. *Subprime Meltdown: American Housing and Global Financial Turmoil.* Harvard Business School, 2008.

Rubin, E.L. "Legislative Methodology: Some Lessons from the Truth-in-Lending Act." *Geo. L.J.,* 80 (1991). 233.

Samuelson, P. "A Note on Measurement of Utility." *Rev. Econ. Stud.,* 4 (1937). 155.

Sandberg, J. "A Piece of the Business." *Wall Street Journal,* September 11, 1997.

Schatz, A., and Silver, S. "A Plan to Ease the Shock of Cellphone Bills." *Wall Street Journal,* May 12, 2010.

Schuh, S.D., and Stavins, J. "Summary of the Workshop on Consumer Behavior and Payment Choice." (2008) *FRB of Boston Public Policy Discussion Paper No. 08-5.*

Schwartz, A. "Who Takes Out Adjustable Rate Mortgages?" (2009) *Harvard University Working Paper.*

Schwartz, A. and Wilde, L.L. "Imperfect Information in Markets for Contract Terms: The Examples of Warranties and Security Interests." *Va. L. Rev.,* 69 (1983). 1387.

————— "Product Quality and Imperfect Information." *Rev. Econ. Stud.,* 52 (1985). 251.

Schwartz, M., *Mobile Wireless Communications.* Cambridge University Press, 2005.

Semeraro, S. "The Reverse-Robin-Hood-Cross-Subsidy Hypothesis: Do Credit Card Systems Effectively Tax the Poor and Reward the Rich?" *Rutgers L. J.,* 40 (2009). 419.

Shah Goda, G., Flaherty Manchester, C., and Sojourner, A.J. "What's My Account Really Worth? The Effect of Lifetime Income Disclosure on Retirement Savings." (2011) *RAND Working Paper No. WR-873.*

Sharma, A., and Cheng, R. "iPhone Costs Prove a Drag for AT&T." *Wall Street Journal,* October 23, 2008.

————and Searcey, D. "Verizon to Open Cell Network to Others' Phones." *Wall Street Journal,* November 28, 2007.

Sherlund, S.M. "The Past, Present, and Future of Subprime Mortgages." (2008) *Bd. of Governors of the Fed. Reserve Sys. Fin. and Econ. Discussion Series Paper No. 2008-63.*

Shiller, R.J. *Irrational Exuberance.* Princeton University Press, 2000.

———— "Speculative Prices and Popular Models." *J. Econ. Persp.,* Spring (1990). 58.

———— "Understanding Recent Trends in House Prices and Home Ownership." (2007) *Yale Univ. Econ. Dep't Working Paper No. 28.*

Shleifer, A., and Summers, L.H. "The Noise Trader Approach to Finance." *J. Econ. Persp.,* 4 (1990). 19.

Shroder, M.D. "The Value of the Sunshine Cure: The Efficacy of the Real Estate Settlement Procedures Act Disclosure Strategy." *Cityscape: J. Pol'y Dev., and Res.* No. 1(2007). 73.

Shui, H., and Ausubel, L.M. "Time Inconsistency in the Credit Card Market." (2004) *Working Paper.*

Sichelman, L. "Community Group Claims CitiFinancial Still Predatory." *Origination News,* January 2002.

Souleles, N.S. "Do Liquidity Constraints and Interest Rates Matter for Consumer Behavior? Evidence from Credit Card Data." *Quar. J. Econ.,* 117 (2002). 149.

Spencer, J. "What Part of 'Cancel' Don't You Understand?—Regulators Crack Down on Internet Providers, Phone Companies That Make It Hard to Quit." *Wall Street Journal,* November 12, 2003.

Spiegler, R. *Bounded Rationality and Industrial Organization.* Oxford University Press, 2011.

——— "Competition over Agents with Boundedly Rational Expectations." *Theoretical Econ.,* 1 (2006). 207.

Sprint. "Cell Phones, Mobile Phones, and Wireless Calling Plans from Sprint."

SRI International. "The Role of NSF's Support of Engineering in Enabling Technological Innovation, Final Report Phase II 94–97." (1998).

Stallings, W. *Wireless Communications and Networking.* Prentice Hall, 2002.

Stango, V. "Pricing with Consumer Switching Costs: Evidence from the Credit Card Market." *J. Indus. Econ.,* 50 (2002). 475.

——— and Zinman, J. "Fuzzy Math, Disclosure Regulation and Credit Market Outcomes." (2007) *Tuck Sch. of Bus. Working Paper No. 2008-42.*

———— "What Do Consumers Really Pay on Their Checking and Credit Card Accounts? Explicit, Implicit, and Avoidable Costs." *Amer. Econ. Rev.,* 99 (2009). 424.

Stanovich, K.E. "The Fundamental Computational Biases of Human Cognition: Heuristics that (Sometimes) Impair Decision Making and Problem Solving." in Davidson, J.E., and Steinberg, R.J. (eds.). *The Psychology of Problem Solving.* Cambridge University Press, 2003.

Stein, E. Coal. for Responsible Lending. "Quantifying the Economic Costs of Predatory Lending." (2001).

Sullivan, T.A., Warren, E., and Westbrook, J.L. *As We Forgive Our Debtors: Bankruptcy and Consumer Credit in America.* Oxford University Press, 1989.

———— *The Fragile Middle Class: Americans in Debt.* Yale University Press, 2000.

Sunstein, C.R. "Disclosure and Simplification as Regulatory Tools." Memorandum for the Heads of Executive Departments and Agencies (2010).

——— "Informing Consumers through Smart Disclosure." Memorandum for the Heads of Executive Departments and Agencies (2011).

——— and Thaler, R.H. "Libertarian Paternalism is not an Oxymoron." *U. Chi. L. Rev.,* 70 (2003). 1159.

Svenson, O. "Are We All Less Risky and More Skillful than Our Fellow Drivers?" *Acta Psychologica,* 47 (1981). 143.

T-Mobile, Financial Release. "T-Mobile USA Reports Second Quarter 2011 Results." July 28, 2011.

——— "Cell Phones / 4G Cell Phone Plans / Android Tablet PCs / T-Mobile."

——— "T-Mobile Terms and Conditions"

Tauke, T.J., Executive Vice President, Verizon. Testimony at FCC Early Termination Hearing (June, 12, 2008).

Thaler, R.H. "Mental Accounting Matters." *J. Behav. Decision Making.*, 12 (1999). 183.

——"Some Empirical Evidence on Dynamic Inconsistency." *Econ. Letters.*, 8 (1981). 201.

——*The Winner's Curse: Paradoxes and Anomalies of Economic Life.* Princeton University Press, 1992.

——and Sunstein, C.R. *Nudge: Improving Decisions about Health, Wealth and Happiness.* Yale University Press, 2008.

Tversky, A., and Kahneman, D. "Rational Choice and the Framing of Decisions." in R. M. Hogarth and M. W. Reder (eds). *Rational Choice: The Contrast Between Economics and Psychology.* University of Chicago Press, 1987.

U.S. Dep't of Hous. and Urban Dev. *Report to Congress on the Root Causes of the Foreclosure Crisis.* (2010).

——"HUD Proposes Mortgage Reform to Help Consumers Better Understand Their Loan, Shop for Lower Costs." (March 14, 2008).

——and U.S. Dep't of the Treasury. "Curbing Predatory Home Mortgage Lending." (2000).

U.S. Dep't of Justice and Fed. Trade Comm'n. "Competition in the Real Estate Brokerage Industry: A Report by the Federal Trade Commission and the U.S. Department of Justice." (2007).

Vascellaro, J.E. "Air War: A Fight Over What You Can Do on a Cell-phone." *Wall Street Journal.*, June 14, 2007.

Verizon Wireless. "Cell Phones—Smartphones: Cell Phone Service, Accessories—Verizon Wireless."

——"Customer Agreement."

——"Verizon Wireless—4Selected Financial Results." (July 22, 2011).

Wagenseil, P. "That 'Cheaper' iPhone Will Cost You More." *FoxNews.com*, June 11, 2008.

Waverman, L., Meschi, M., and Fuss, M. "The Impact of Telecoms on Economic Growth in Developing Countries." in *The Vodafone Policy Paper Series no. 3, Africa: The Impact of Mobile Phones.* (2005).

Weeks, W. "An Analysis and Critique of Retroactive Penalty Interest in the Credit Card Market." (2007).

Weinstein, N.D. "Unrealistic Optimism About Future Life Events." *J. Personality & Soc. Psychol.*, 39 (1980). 806.

White, M.J. "Bankruptcy Reform and Credit Cards." *J. Econ. Persp.*, 21 (2007). 175.

Willis, L.E. "Decisionmaking and the Limits of Disclosure: The Problem of Predatory Lending: Price." *Md. L. Rev.*, 65 (2006). 707.

Woodward, S.E. "Consumer Confusion in the Mortgage Market." (2003).

——U.S. Dep't of Hous. and Urban Dev. *A Study of Closing Costs for FHA Mortgages.* (2008).

Wu, T. "Wireless Net Neutrality: Cellular Carterfone and Consumer Choice in Mobile Broadband." (2007). *New Am. Found. Wireless Future Program Working Paper No. 17.*

Zinman, J. "Debit or Credit?" (2006) *Dartmouth College Economics Department Working Paper.*

Zywicki, T.J. "The Economics of Credit Cards." *Chap. L. Rev.*, 3 (2003). 79.

——and Adamson, J.D. "The Law and Economics of Subprime Lending." *U. Colo. L. Rev.,* 80 (2009). 1.

監訳者あとがき

　原著書のペイパーバック版の裏表紙に，法と経済学の泰斗であるリチャード・A・ポズナー裁判官が推薦の言葉を寄せている．「バー＝ギル教授は，法と経済学の中に心理学的リアリズムを注入する研究のパイオニアである．教授の手になる本書は消費者契約についての，すこぶる時宜を得た，そして非常に重要な研究書である．複雑な契約条項，とりわけ融資関連の複雑な契約条項を理解することができない非常に多くの消費者たちの無能さにつけこむ際に，現代の市場における売り手たちが見せる，悪魔的なまでの天才的創意工夫の冴えを研究対象としている．本書は，消費者契約に対する行政規制や法的規制において必ず参考とされるべき重要な著作である．」

　確かにポズナー裁判官が指摘するように，合理的選択理論が前提するような完全合理的な消費者は稀ないし皆無に近いであろう．しかも完全合理性からの分散（ばらつき）は，対称的ではないので，消費者集団全体を均しても合理性には回帰しない．もちろん，本書の各所で引用されているリチャード・セイラー教授が言うように「問題は，合理的選択とはどんな思考プロセスであるべきかを規定するのと，現実になされる選択を記述するのに同じモデルが使われているということなの」である（リチャード・セイラー『市場と感情の経済学』篠原勝訳，ダイヤモンド社，1998年，17頁）．前者は規範理論と呼ばれ，現実の行動が理論から乖離している場合，現実の行動の方が非合理とされる．後者は記述理論と呼ばれ，現実の行動が記述理論から乖離している場合，理論の方が間違いであるとされる．

　そして，合理的選択理論は前者の規範理論としては優れた第一次近似であると言える．合理的な市場参加者の相互作用は，取引費用が存在しないなら，パレート最適な資源配分をもたらす．そこでは，無駄にされる資源が存在せず，かつ，パレート最適へ向けての再配分に対して合理的に反対する者は存在しないはずであり，それゆえにパレート最適が社会的に望ましいとされる限度で，合理的選択理論は規範理論としての資格を有する．したがっ

て，不十分な合理性しかない生身の人間と大きな取引費用の存在という現実
に対して，規範理論としての合理的選択理論から，市場参加者の合理性を高
める政策と，取引費用をより小さくして行く政策とを推し進めるべきである
という，現実改善へ向けた法政策的提言を導くことが可能となる．なお，近
似理論でしかないのは，分配的正義や公正にとって中核となるメタ効用，す
なわち，利他主義や嫉妬・羨望などを，仮定によって排除しているからであ
る（オブジェクト・レヴェルの効用だけから出発している）．メタ効用を組み
込んだ理論で，全人類が合意し得るモデルは未だ構築されていない．

　後者の記述理論としては，合理的選択理論が不十分であることは明白であ
り，せいぜい粗い第一次近似以上のものではない．とはいえ，毎日，地球上
で締結される契約とそれによる取引の厖大さと，市場経済を通じた人類の社
会厚生の向上，人々の幸福度の向上に鑑みれば，合理的選択理論も近似解で
あることは否定できないと思われる．この粗い第一次近似としての合理的選
択理論の限界を直視するところから，行動経済学が発展してきている．エイ
モス・ツヴァースキィ教授とノーベル経済学賞を受賞したダニエル・カーネ
マン教授がそのプロスペクト理論において明らかとしたように，人間の認知
構造には数々のシステマティックなバイアスが，人類進化の過程を通じて組
み込まれている．近視眼的に後先の事を深く考えず，情報をしっかりと蒐集
することなく，適当に当たりを付けて，しばしば楽観的見込みや希望的観測
に基づいて行動するのが人類なのである．
　もちろん，これらのバイアスは，更新世以来200万年の人類進化の過程
で，人類を絶滅から救ったものであり，その意味で進化的合理性を有してい
る．だからこそ適当に当たりを付けても，結果としては当たらずといえども
遠からずの見込みであったと判明することがしばしばなのである．このよう
な「思考の経済」の方法はヒューリスティクス（簡便法）と呼ばれる．狼に襲
われたときに，何が対策として最適解かを慎重な情報蒐集と深い分析で解明
しようとしていては，捕食され死に絶えるだけである．当たらずとも遠か
らずの「当て推量」によって即座に逃げるしかない．これが進化的合理性
である．

　とはいえ，高度に科学技術が発達し，グローバライズされた現代社会と，

人類進化の過程の大部分を占めていた原始社会とは大きく異なる．現代世界の環境条件においても，その進化的合理性が合理性を維持しているかと言えば，答えは多分ノーであろう．小集団で暮らし，仲間内で狩猟採集生活を送り，捕食者から集団で守りあい，他部族との合従連衡と戦争を繰り返してきた我々の祖先にとっての合理性と，現代社会の高度の資本主義社会における経済学の措定する合理性とは，環境条件の変化によって必然的に異なるものとなっている．象徴的に言えば，我々は，発達した科学技術とグローバライズした世界経済の中に戸惑うネアンデルタール人のようなものである．進化的な意味での過去の栄光は，現在の消費者にとっての躓きの石となっている．

　取引費用が非常に大きい現代社会において，完璧に情報蒐集をして，完全な情報処理によって分析し，直面する問題の最適解を求めるには多大のコストがかかる．インターネットによる情報共有と迅速簡易な情報検索の時代であってもそうである．蒐集できる情報量の巨大さは，情報処理のコストを急騰させている．現代社会の消費者は，過去とは全く異なる構造の問題を解かなければならなくなっている．しかも，売り手と買い手の間の情報の格差はますます拡大している（大きな情報の非対称性）．言い換えれば，現代の消費者はその脆弱性を曝け出している．最大の問題は，売り手の側が消費者側のこのような脆弱性につけ込んでいるということである．本書は，その「つけ込み」の構造を明らかにしている．

　消費者が不十分な合理性しかない生身の人間であるとしても，逆の側である売手の側も，それが企業であれ個人業者であれ，結局は不十分な合理性しかない生身の人間の営為であることに変わりはない．売手が消費者の脆弱性につけ込むと同じように，消費者が売手の脆弱性につけ込むことはないのであろうか．悪徳消費者やクレーマーの存在に鑑みれば，そのような場合がないわけではないことが分かる．しかし，圧倒的多数派は売手による買手の搾取である．それには理由がある．本書で指摘されているように，売手と買手の間には構造的な力の不均衡があるからである．生身の人間の消費者としての役割は，死ぬまで続くのに対し，生身の人間の売手としての役割は，進化論的な選択圧を受けている．簡単に言えば，適切な法政策のない市場では，

合理的な悪徳業者との競争に負けて，つけ込もうとしない経営者は更迭され，つけ込もうとしない個人業主は倒産するという可能性が高くなるのである．一種の逆選択が働いて，合理的な悪徳が売手の側に蔓延することになる．

このような消費者問題に対して，本書は第2章でクレジット・カード市場，第3章で住宅担保ローン市場(サブプライム・モーゲージ市場)，そして第4章で携帯電話市場についてのケース・スタディを実施して検証する．そして本書が提案する解決策は，各種の強制的情報開示制度である．しかも商品属性情報の開示を超えて，個々人の商品使用パタンについての情報開示を提案している．監訳者は後者について，目から鱗が落ちるようであった．社会実装をするには，様々な政治的，技術的，法的な問題を解決しなければならないであろうが，日本社会の消費者問題に対しても，進むべき方向を示す導きの星となるのではないかと期待している．

＊＊＊＊＊

本書は，Oren Bar-Gill, *Seduction by Contract: Law, Economics, and Psychology in Consumer Market*, Oxford University Press, 2012の全訳である．バー＝ギル教授は，原著書出版時はニュー・ヨーク大学ロー・スクール教授であったが，現在はハーヴァード・ロー・スクールの冠講座の教授である(William J. Friedman and Alicia Townsend Friedman Professor of Law and Economics, Harvard Law School)．私が本書の翻訳をしようと思い立った個人的契機は，原著書の謝辞を見たとき，懐かしい友人たちの名前を発見したからであった．テル・アヴィヴ大学法学部のAriel Porat教授は，イスラエルでの法社会学調査の際に一方ならぬお世話になった友人である．カリフォーニア大学バークリィ校ロー・スクールのRobert Cooter教授は30年前の留学時にお世話になり，その後Thomas Ulen教授との共著の法と経済学の教科書を翻訳した師匠兼友人である(クーター＆ユーレン『法と経済学』太田勝造訳，商事法務，1990年〔新版1997年〕)．ニュー・ヨーク大学ロー・スクールのLewis Kornhauser教授とは，クーター教授の主宰していた研究会で知り合い，その後私がミシガン大学ロー・スクールで日本法の客員教授として講義をしていた際，ニュー・ヨークに出かけたときには自宅に泊めてもらった友人である．

　さて，本書翻訳においては，第1章を太田が担当し，第2章は，経済産業省で消費者行政のエクスパートとして長く活躍し，東京大学公共政策大学院で英語で講義もしていただいている谷みどり先生の担当，第3章は，法政大学教授で民法が専門の新堂明子先生の担当とし，第4章は，東京大学大学院法学政治学研究科教授で消費者法が専門の沖野眞已先生，谷みどり先生，および太田の3人で分担した．翻訳作業の手順としては，最初に太田が序と第1章を，できるだけ原語を付記しつつ訳出し，共訳者の3人に渡した．原語を付したのは訳語の統一を図るためである．その後，共訳者が各自の担当部分を翻訳してファイルを監訳者に送付した．監訳者はそれらのファイルを統合した．共訳者の訳文は，その専門分野から一目瞭然のように，非常に完成度が高いものだったので，監訳者としては，ほとんど何も足さない何も引かないままで出版社へ渡すことができた．むしろ監訳者は共訳者の先生方に，消費者契約に関していろいろと教えていただいた．監訳者がしたことといえば，訳語や訳文の統一を図ったことぐらいである．それと同時に，原著者であるバー＝ギル教授に連絡して，原著の中のミスの訂正を確認してもらったり，日本の読者のために，合衆国に独自な制度や法についての訳者解説を，訳文に訳し込むことの許可を得たりした．もちろん，日本語版への序文の執筆もしていただいた．

　本書の訳出に当たっては，原文と訳文の文法的構文的な対応や厳密さよりも，読み易さと内容の日本語としての正確さを重視する方針で当たった．文体や文章の統一の観点から，共訳者の訳文に対して，監訳者は独断と偏見に基づいて手を入れた部分もあった．共訳者の先生方のご寛容さについて，ここに記して感謝したい．訳語については，英単語に対する日本語の機械的対応ではなく，文脈に応じて訳し分けるようにした．そのため同じ原語に複数の訳語が文脈に応じて当てられたり，異なる原語に同一の訳語が文脈によっては当てられたりしている．例えばmortgageは金融の専門家の世界ではそのまま「モーゲージ」と呼ばれているが，もともとは抵当権に相当する合衆国の一般的な法制度であり，それがサブプライムの文脈では住宅を購入する際のローンのために当該住宅を抵当に入れる契約類型を指しており，日本の一般の読者にも分かり易いように本書では主として「住宅担保ローン」と訳している．原著でイタリック表記がなされている箇所は，原則として「」で

囲んだが，ダブル・クォーテイションや引用文などを「」で囲んだ場合もある．これらも，日本語の書物としての自然な読みやすさを重視する方針の副作用であると理解していただきたい．

　最後に，本訳書出版を快諾していただいた木鐸社と，翻訳作業開始から出版に到るまで陰になり日向になりして支援して下さった編集部の坂口節子社長に重ねて御礼を申し上げたい．

2016年5月

監訳者・太田勝造

索引

ア行

当て推量　87
後払いプラン　294
一次確率優越（FOSD）　300
違約手数料　115
ヴェライゾン証言　311, 314
売上げ　26, 随所
売上交換手数料　108, 138, 147
売手業者による消費者教育　61
エージェンシー問題　175, 215
越境問題　94
オープン・アクセス　284, 285-289, 315, 328
オプトアウト　114
オプトイン　114

カ行

回避理論　172
外部性　36
（二次元的な）価格体系　77
貸付け　167
過小予測仮説
家族プラン　295
期間中途解約料　311
規制の上乗せ競争　192
キャッシュ不足　310
キャッシング・サーヴィス　18
業界筋　212, 232
強制的情報開示制度　18
（経済的）切替コスト　103
（心理的）切替コスト　103
近視眼的性向性　16, 44, 124, 141, 248
近視眼的性向　16, 44, 124

金融危機　86
クラス・アクション　104, 115, 116, 293
繰上返済違約金　199-202, 205-206, 213-214, 223, 229, 232, 238-240, 252, 254, 258, 261
繰上返済オプション　181-182
繰越条項　326
クレジット・カード手数料　105
　　――発行事業　19
携帯電話機の無料化　268
　　――利用者の権利章典　331-333, 336
契約の効率性　81
契約の複雑性　38
後見的介入主義　57, 71
行動経済学　23, 302
行動産業組織論　24
購入資金ローン　169
効率性のコスト　47
　　――の便益　48
合理的無知　120
誤解　15, 36-38, 46, 48
個人信用調査機関　60
（総）コスト開示　64-67, 273, 338
コスト先送り　43, 264
（総）コスト情報開示　337-338
固定費月次パッケージ　296
個別情報の開示　64
コミットメント　129, 314
ゴミ手数料　161

サ行

最小支払警告　160
（一般的）債務不履行条項　109
サブプライム危機　167, 174, 179-180, 187,

193, 212-213, 242

サブプライム・モーゲージ契約　168

サブプライム・ローン　17, 167, 170, 174,
187, 220

参入障壁　188, 283

三部構成料金　263-269, 271, 290-292, 294,
296, 298-299, 301-303, 309, 319, 322, 324,
334, 341

時間スライス技術　275

自己経験学習　49-50, 233

　　──予言　216

市場中立的　71

　　──独占　321

　　──の諸力　15

　　──の自浄作用　49

指数型割引関数　126

自制心　124-125, 129-130, 134

　　──の弱さ　88

実質年率　105, 140, 143, 154, 158, 161, 180,
184, 230, 247-252, 254, 256, 257, 259-261

　　──上限なしの月次パッケージ　296

　　実行──　106

指標（ローンの総コストを測る）　179

自分中心世代　99

社会厚生　17, 45, 177, 269

借金による便益　30

ジャンク手数料　249

集合行為問題　55-56

住宅バブル　238

周波数帯のオークション　279

従量制料金　295, 297

需要　26

　　──関数　73

　　──曲線

　　低分散型の──　299, 300

　　高分散型の──　301

証券化　173, 175, 187, 219

　　──業者　190, 217

消費者　34

　　賢い──　34

　　合理的──　27, 39, 42, 46, 78, 80, 315

　　認識の甘い──　34, 35

　　知悉した少数──　理論 64

　　──破産（申立）　96, 146

正直貸付法　179

商品使用上の過誤　54

商品使用パタン　29, 273

商品使用情報　18, 33, 51, 56, 58-61, 67-68,
72, 90-91, 154, 156-158, 159, 160, 274, 333-
334, 336-340, 342

　　──の開示　62

　　平均的──　334-335

　　個人の──強制開示　336, 337, 339, 341

商品属性情報　18, 29, 32, 51, 56, 58, 61, 67-
68, 91, 155, 158, 159, 160, 273, 274, 333,
335, 336, 339-341

　　──の開示　61

商品特性　74-76

情報開示

　　──減少効果　70

　　電子的な──　69, 159

　　フルタイム──　159

　　個人──　160

　　単純──　19

　　（準）総コストの──　248

情報の非対称性　36, 259

使用レヴェル（についての誤解）　31-32,
35

所得分配上の逆累進的効果　49

ストレート・トーク　150

スペクトラム拡散技術　275

スペンド・アナライザ　150

スマートフォン　288

セーフ・ハーバー（免責ルール）　261, 344

セルラー技術　280
　　——市場　281
選好の逆転　127
専門家の助言　52-53, 234
第三者の——　53-54
専門の仲介業者　19, 69, 71
双曲線型割引　126-130, 132-133, 162-165
相互接続およびローミングの義務　283-
　284

タ行

抱合せ　42
他者経験学習　49-52, 54, 233
ダブルサイクル請求　106, 111, 117, 150
担保権実行手続（コスト）　220
担保権実行の社会的コスト　243
TICO スコア　184
中途解約手数料　41
注目一致点　257
超過利潤　321, 322
　　——獲得理論　114
長期利率　110
通話時間管理機能　287
通話し放題プラン　271-272, 289, 323-325,
　329, 336-337
ディフォールト・ルール　344
適時開示ルール　256
デビット・カード　92, 93, 150-153
統一的な業界標準　290
投機（家）　172, 217, 214-218
導入感謝期間　212
導入感謝利率　17, 45, 87, 89, 109-110, 136-
　137, 139-140, 145, 162-165, 196, 197, 214,
　224, 228, 255
都市部サービス地域　276
取引コスト　103

ナ行

内部補助　39, 117-118, 147, 220, 315, 322
ナッジ　341
二部構成料金　299, 303-304, 324, 325
認知的経験則　27
（ローンの実質）年率　65-66, 253-254, 258,
　261
乗換え率　285
　　——コスト　284-285
ノン・オプショナル・サーヴィス　173

ハ行

バイアス　36-37, 40, 49, 81, 82, 124, 148,
　223-225, 250, 272, 318, 241
自信過剰——　326
認知的——　88
パケ死（請求ショック）　309, 339, 340, 341
（個人）破産申請数　101
破産申立て　132
パターナリズム　57, 344
ハーフィンダール・ハーシュマン指数
　281-282
番号ポータビリティ　285
バンドル化　264, 266, 290, 312-314, 328
販売事業者カード　93
比較購買　46, 177, 180, 188-189, 236, 244,
　247, 249, 250, 251, 257, 270, 316, 322
　　——支援サーヴィス　316, 338
比較選択　144, 162
ビジネス慣行　272
非標準化商品
ヒューリスティクス（簡便法）　27
評判　52, 235
ファンダメンタルズ　216
FICO スコア　185-186, 258
風船式支払条項　191

不完全情報　27, 39
　　――理論　43
符号分割多重アクセス　276
不十分な合理性　16
負担可能性（理論）　171, 208-209, 211, 213, 224
不動産担保証券　175, 186, 187
負の外部性　241, 243
　　――手数料　87
　　――料金　108
プライム市場　168-169, 182
　ノン――　169, 207
　　――ローン　183, 231, 243
ブラッドベリー端末　286
プリペイドカード　148
　　――携帯　326-327
　　――・プラン　297, 326, 329
　ポスト――（月極契約）　326, 327
フレーミング効果　229
分配的正義　18
ペイダウン・プランナー　150
ヘヴィ・ユーザー　299, 303-304, 324, 329
（総）便益開示　64-67
便益についての誤解　30
返済ショック　170, 199
包括的情報開示　67
法定損害賠償　256

マ行

マーケット判決　95
マイナスの元本償還　203
マイノリティ　236
　　――の借り手　244

見かけの価格　26, 28
　　――のコスト　238
　　――の消費者余剰　304
　　――の総価格　82
　　――の便益　26, 28
　　――の利益　302
未消化時間数の繰越し　325
目立つ価格（目立たない価格）　17, 40, 83

ヤ行

融資比率　169, 184, 194-195, 215, 223, 239, 258
欲張り世代　99

ラ行

ライト・ユーザー　299, 303-304
楽観主義　16, 44-45, 88, 124-125, 132-134, 138, 141, 173, 223-224, 248
リアルタイム情報開示　339-340
利潤　26
リセール市場　281
リボルビング払い　100-101, 147
流動性　171, 211, 310
利用状況追跡機能　340
（逆）累進的再分配　269, 320
累積分布関数　299-300
ローミング　291
ローン組成手数料　170
　　――の総コスト　257
ロックイン契約　41
ロックイン条項　263-264, 266, 268, 290, 292, 296, 298, 310-131, 320-322, 328, 335, 341

著者略歴

オレン・バー = ギル (OREN BAR-GILL)

1995年にイスラエルのテル＝アヴィヴ大学で経済学の学士号，1996年に法学の学士号と法と経済学の修士号を取得した後に渡米し，2001年にハーヴァード・ロー・スクールで法学修士号(LL.M.)を取得．さらに2002年にはテル＝アヴィヴ大学から経済学の博士号を，2005年にはハーヴァード・ロー・スクールから法学博士号(S.J.D.)を授与されている．

2005年にニュー・ヨーク大学ロー・スクールの助教授に就任後，2007年に准教授，2009年から正教授に昇任した．2014年7月1日からハーヴァード・ロー・スクール教授．

契約法の経済分析の第一人者であり，法と行動経済学，消費者契約，契約行動分析などの分野で多数の研究成果を発表している．2009年に米国消費者金融弁護士協会(ACCFSL)から最優秀論文賞(Best Paper Award)を授与され，2011年には米国法律協会(ALI)から若手研究者賞(Young Scholar Medal)を授与されている．

監訳者・訳者

太田勝造（おおた　しょうぞう）
東京大学大学院法学政治学研究科教授

谷みどり（たに　みどり）
経済産業省商務流通保安グループ消費者政策研究官

新堂明子（しんどう　あきこ）
法政大学大学院法学研究科教授

沖野眞已（おきの　まさみ）
東京大学大学院法学政治学研究科教授

消費者契約の法と行動経済学

2017年1月20日第1版第1刷　印刷発行　©

著　　者	オレン・バー = ギル	
監 訳 者	太　田　勝　造	
発 行 者	坂　口　節　子	
発 行 所	㈲　木　鐸　社	

監訳者との
了解により
検 印 省 略

印刷　フォーネット　　製本 吉澤製本
互 恵 印刷

〒112 - 0002　東京都文京区小石川 5-11-15-302
電 話 (03) 3814-4195番　　　振替 00100-5-126746
FAX (03) 3814-4196番　　http://www.bokutakusha.com

（乱丁・落丁本はお取替致します）

ISBN-978-4-8332-2498-7　　C3032

法学 (基礎法学・公法・私法)

〔「法と経済学」叢書1〕
「法と経済学」の原点

松浦好治編訳 (名古屋大学法学部)

A5判・230頁・3000円（1994年）ISBN978-4-8332-2194-8

ロナルド・コース＝社会的費用の問題（新沢秀則訳）

G・カラブレイジィ＝危険分配と不法行為法（松浦好治訳）

E・ミシャン＝外部性に関する戦後の文献（岡敏弘訳）

　本書は「法と経済学」と呼ばれる法学研究のアプローチの出発点となった基本的文献を収録し、その発想の原点を示す。

〔「法と経済学」叢書2〕
不法行為法の新世界

松浦好治編訳

A5判・180頁・2500円（1994年）ISBN978-4-8332-2195-5

R・ポズナー＝ネグリジェンスの理論（深谷格訳）

G・カラブレイジィ/メラムド＝所有権法ルール，損害賠償法ルール，不可譲な権利ルール（松浦以津子訳）

　70年代から急速な展開を見せ始めた「法と経済学」研究は、アメリカ法学の有力な一学派を形成。70年代初期の代表的論文を収録。

〔「法と経済学」叢書3〕
法と経済学の考え方　■政策科学としての法

ロバート・クーター著　太田勝造編訳 (東京大学法学部)

A5判・248頁・3000円（2003年2刷）ISBN978-4-8332-2248-8

1.法と経済学での評価基準，価値観　2.法と経済学の基本定理：コースの定理　3.不法行為法，契約法，所有権法の総合モデル　4.インセンティヴ規整：行動の価格設定と制裁

　1.と2.は法と経済学の基礎理論，3.と4.で民事法から刑法までカヴァーするクーターの統一的見地を提示する。

〔「法と経済学」叢書4〕

法と社会規範　■制度と文化の経済分析

Eric A. Posner, Law and Social Norms, 2nd., 2000
エリク・ポズナー著　太田勝造監訳
（飯田高・志賀二郎・藤岡大助・山本佳子訳）
A5判・360頁・3500円（2002年）ISBN978-4-8332-2331-7
　非・法的な協力の一般的モデルとしての「シグナリング・ゲーム」
を提示し，法の個別分野に適用。更に規範的法理論をめぐる一般的
な問題を検討する。「法と経済学」によるアプローチの有効性を示す。

〔「法と経済学」叢書5〕

結婚と離婚の法と経済学

Antony W. Dnes & Robert Rowthorn (eds.), The Law and Economics of
Marriage & Divorce, 2002
アントニー・W・ドゥネス & ロバート・ローソン編著　太田勝造監訳
A5判・370頁・3500円（2004年）ISBN978-4-8332-2357-7 C3032
　著者たちは，結婚と離婚について法と経済学の手法を用いて分析
する。結婚はどの程度契約といえるのであろうか。結婚が当事者に
提供するものは何なのであろうか。本書の新しい研究は，家族法に
関心を持つ法律家・政策担当者・経済学者に興味深い知見を提供。

〔「法と経済学」叢書6〕

民事訴訟法の法と経済学

Robert G. Bone, The Economics of Civil Procedure, Foundation Press, 2003
ロバート・G・ボウン著　細野　敦訳
A5判・280頁・3000円（2004年）ISBN978-4-8332-2359-1 C3033
　民事訴訟法の考察に「法と経済学」の手法を駆使した本書の鋭利
で説得力のある分析は，伝統的民事訴訟法理論との連続と不連続を
堪能することが出来，また法政策立案者には社会的総費用と社会的
総便益のバランスに配慮した法創造に参考となる。

〔「法と経済学」叢書7〕

合理的な人殺し　■犯罪の法と経済学

Gary E. Marché, Murder as A Business Decision: An Economic Analysis of
Criminal Phenomena (2nd ed.), University Press of America, 2002
マルシェ著　太田勝造監訳
A5判・270頁・3000円（2006年）ISBN978-4-8332-2379-9
　本書は刑事法分野，とりわけ殺人について法と経済学の手法によ
る分析をした研究書。FBIをはじめとするアメリカ合衆国の捜査当
局が利用する犯罪プロファイリングが口を極めて非難されている。

〔「法と経済学」叢書8〕

法，疫学，市民社会

Sana Loue, Case Studies in Forensic Epidemiology, 2002
サナ・ルー著　太田勝造・津田敏秀監訳
A5判・328頁・4000円（2009年）ISBN978-4-8332-2410-9

■法政策における科学的手法の活用

　法と疫学の交差する領域のなかで本書で扱ったケーススタデイが提起する様々な政策的課題は，文化や法制度の相違を超えて決定的に重要なものになっている。1　個別の権利請求の判断における科学と法の相克　2　損害発生とその補償との間の時間差　他

〔「法と経済学」叢書9〕

法統計学入門　■法律家のための確率統計の初歩

Michael O. Finkelstein, Basic Concepts of Probability and Statistics in the Law, 2009
М・О・フィンケルスタイン著　太田勝造監訳　飯田高・森大輔訳
A5判・296頁・3000円（2014年）ISBN978-4-8332-2474-1 C3032

　現代における法律関係者は，統計学の素養を身に付けることが必須になっている。複雑な問題に直面した場合，自ら法統計学を習得している法律関係者の方が，専門コンサルタントの支援を受けなければならない法律関係者よりも，はるかに効率的に仕事ができる。

〔「法と経済学」叢書10〕

加齢現象と高齢者　■高齢社会をめぐる法と経済学

Richard A. Posner, Aging and Old Age, 1995
R. ポズナー著　國武輝久訳
A5判・500頁・5000円（2015年）ISBN978-4-8332-2478-9 C3032

　本書は，現代社会が直面している人口構成の急速な高齢化という問題に対し，「高齢者（Old Age）」および「加齢現象（aging）」を主題に据え，人々の非市場的な社会行動を経済学的な分析アプローチを通じて分析し，新たな知見を提示する。

〔「法と経済学」叢書11〕

消費者契約の法と行動経済学

オレン・バー＝ギル著　太田勝造監訳　谷みどり・新堂明子・沖野眞已訳
A5判・380頁・4500円（2017年）ISBN978-4-8332-2498-7 C3032

　高度に科学技術が発達し，取引費用が大きい現代社会では完璧な情報蒐集と完全な情報処理によって分析し直面する問題の最適解を得るには多大のコストがかかる。消費者は過去とは異なる構造の問題を解かなければならなくなった。最大の問題は消費者の脆弱性に売手側がつけ込んでいる点にある。本書はそのつけ込みの構造をクレジット・カード市場，住宅担保ローン市場，携帯電話市場を事例に分析し，法政策を提示する。

　個人情報保護法は、令和4年4月に新たな改正法が全面施行されます。
　この度の改正法では、自身の個人情報に対する意識の高まり、技術革新を踏まえた保護と利活用のバランス、越境データの流通増大に伴う新たなリスクへの対応等の観点から改正されており、改正内容は、「個人の権利の在り方」「事業者の守るべき責務の在り方」「事業者による自主的な取組を促す仕組みの在り方」「データ利活用に関する施策の在り方」「ペナルティの在り方」「法の域外適用・越境移転の在り方」の6項目で構成されています。

　これらに伴う大きな変化としては、次の事項等があげられます。
・オプトアウト規定により第三者に提供できる個人データの範囲を限定し、①不正取得された個人データ、②オプトアウト規定により提供された個人データについても対象外とする。
・漏えい等が発生し、個人の権利利益を害するおそれがある場合に、委員会への報告及び本人への通知を義務化する。
・違法又は不当な行為を助長する等の不適正な方法により個人情報を利用してはならない旨を明確化する。
・提供元では個人データに該当しないものの、提供先において個人データとなることが想定される情報の第三者提供について、本人の同意が得られていること等の確認を義務付ける。
・データベース等不正提供罪、委員会による命令違反の罰金について、法人と個人の資力格差等を勘案して、法人に対しては行為者よりも罰金刑の最高額を引き上げる（法人重科）。
・日本国内にある者に係る個人情報等を取り扱う外国事業者を、罰則によって担保された報告徴収・命令の対象とする。

　また、平成28年1月から施行された「行政手続における特定の個人を

識別するための番号の利用等に関する法律」いわゆるマイナンバー法により、全ての事業者において、従業員のマイナンバーの把握や書類への記載などが義務化されたため、大企業はもとより中小企業者においても、改正個人情報保護法及びマイナンバー制度への対応について周知することが必須となりました。

　「個人情報保護士認定試験」は、これらのことを踏まえて改正個人情報保護法の諸規定だけでなく、マイナンバー法の分野も正しく理解し、個人情報の適切な管理や運用、活用が可能な人材の育成を目的としています。
　そのため課題Ⅰの試験内容を、改正個人情報保護法とマイナンバーに対する知識と理解を問う「個人情報保護の総論」と「マイナンバー法の総論」の2構成とし、課題Ⅱは、実際に企業活動等で個人情報を取り扱う際に必要となる知識や能力を問う「個人情報保護の対策」で構成され、本書はその試験の構成に則った公式テキストとして編集されています。
　個人情報の取り扱いにあたっては、保護と活用の均衡を図ることが何よりも重要ですが、さらに「マイナンバー法」の実務面においても、法に対する知識とガイドラインの理解を深めていただきたいと思います。

2022年2月

一般財団法人 全日本情報学習振興協会

試験概要—個人情報保護士認定試験

※ 2022 年 2 月現在。お申込みの際は最新情報を下記の「お問合せ先」よりご確認ください。

1 受験資格

国籍、年齢等に制限はありません。

2 受験会場

協会指定の全国各地の会場またはオンライン上での受験が可能です。
会場・オンライン受験は同時刻の開始となりますので、いずれかをお選びください。
※オンライン受験では Web カメラが必要です。購入・貸出を希望される方は協
会にお問い合わせいただくことも可能です。

3 試験日程

年 4 回（年度により実施日が異なります。）

4 試験の内容

　「個人情報保護士認定試験」の試験内容は、「個人情報保護の総論」と「個人情
報保護の対策」に大別されています。「個人情報保護の総論」は、「個人情報保護
法の背景と取り組み」と「個人情報保護法の理解」の 2 分野から構成されており、
主に法律に対する理解と知識を出題範囲としています。一方、「個人情報保護の対
策」は、「リスク分析」「組織的・人的セキュリティ」「情報セキュリティ」「オフィ
スセキュリティ」の 4 分野から構成されており、企業・団体において必要とされる
個人情報保護に関する実務をベースに問題を出題します。

5 試験形態

マークシート方式で実施いたします。

6 合格基準

制 限 時 間	課題Ⅰ・課題Ⅱ　合計 150 分（試験前の説明時間除く）
合 格 点	課題Ⅰ・課題Ⅱ　各正答率 70%（難易度による得点調整の可能性あり）
検定料(税込)	11,000 円

7 合格後

　合格者には合格証書と認定カード（認定証）が送られるほか、認定ロゴを名刺
等に使用することが認められます。また、2011 年 4 月に設立された一般財団法
人 個人情報保護士会の入会資格が得られます。

●お問合せ先●

一般財団法人　全日本情報学習振興協会

東京都千代田区三崎町 3-7-12 清話会ビル 5 階　TEL03-5276-0030 FAX03-5276-0551
http://www.joho-gakushu.or.jp/

個人情報保護士認定試験─受験ガイド

1　課題Ⅰ（個人情報保護の総論）

　課題Ⅰの出題内容は、主催団体によりP.7～8のとおり公表されている。

　課題Ⅰでは、「個人情報の保護に関する法律（以下、個人情報保護法）」と「マイナンバー法」の正しい理解が求められるが、条文の理解だけでなく、法制定までの世界的な歴史や背景の知識とともに、法制定後の国や関係省庁の取り組み等についても問われる。また、プライバシーマークやISMSなどの認証制度や、関連法令からも出題される。

　法律についても、法律条文だけでなく、基本方針や政令、各事業分野のガイドラインについても出題範囲となっている。さらに、毎回2問程度、漏洩事案に基づいた時事問題が出題されている。

2　課題Ⅱ（個人情報保護の対策と情報セキュリティ）

　課題Ⅱの出題内容は、主催団体によりP.8のとおり公表されている。

　課題Ⅱでは、個人情報保護の対策として、個人情報保護法20条で定められている安全管理措置の具体的な内容として、組織的・人的・技術的・物理的な安全管理措置に関する知識が問われ、適切なレベルの安全管理を行うにあたり必要なリスク分析が出題範囲となっている。

　脅威と対策では、脅威と脆弱性に関する知識やリスク分析手法が問われる。安全管理措置としては、安全管理組織体制および人的管理の内容、さらに、情報セキュリティおよびオフィスセキュリティに関する知識が問われる。

3　学習の進め方

　本書は出題範囲の解説のほか、各章末に過去問題の例を掲載している。学習のまとめとして、過去問題に取り組むと効果的である。

　主催団体が提供する『個人情報保護士認定試験 公式精選問題集』（マイナビ出版）や、出版各社から発行されている問題集・対策教材などもある。その中から、なるべく直近の法改正に対応したものを活用したい。

個人情報保護士認定試験の出題内容と本書との対応（2022年2月現在）

課題		出題内容		本書との対応
I. 個人情報保護の総論（50問）	個人情報保護法の理解（40問）	●個人情報保護法の歴史	・OECD勧告、OECDの8原則	第1章1
			・わが国の取り組み	第1章1
			・個人情報保護法の成立と施行	第1章1、第2章20
		●個人情報に関連する事件・事故	・個人情報が漏洩する原因（人的・物理的・技術的・管理的）	第2章21、第5章3
			・企業にとっての被害・損失	第2章21
			・個人にとっての被害・損失	第2章21
			・事件・事故におけるケーススタディ	第2章21
		●各種認定制度	・プライバシーマーク	第1章4
			・ISMS	第1章4、第5章1
			・JIS Q 15001	第1章4、第5章1
		●個人情報の定義と分類	・個人情報の定義	第2章5
			・個人情報とプライバシー情報	第2章5
			・個人情報の分類（個人情報、個人データ、保有個人データ）	第2章5
			・個人情報の帰属主体	第2章5
		●個人情報取扱事業者	・個人情報取扱事業者の定義	第2章5
			・個人情報取扱事業者に求められる義務	第2章6
			・個人情報の利用目的の特定	第2章7
			・個人情報取得の手段と利用目的の通知・公開	第2章8
			・個人データにおける正確性の確保	第2章9
		●条文に対する知識と理解	・関連法の概要（条文4-14、40-46、77-81）	第2章1、第2章20
			・利用目的による特定と制限（条文15-16）	第2章7
			・適正な取得に際しての通知等（条文17-18）	第2章8
			・データ内容の正確化（条文19）	第2章9
			・安全管理措置①組織的・人的・物理的・技術的（条文20）	第2章9
			・安全管理措置②従業者の監督・委託者の監督（条文21、22）	第2章9、第2章18
			・第三者提供の制限、外国にある第三者への提供の制限、第三者提供に係る記録の作成等、第三者提供を受ける際の確認等（条文23-26）	第2章10
			・保有個人データに関する事項の公表、利用目的の通知（条文27）	第2章11
			・保有個人データに関する事項の開示（条文28）	第2章11
			・保有個人データに関する事項の訂正等（条文29）	第2章11
			・保有個人データに関する事項の利用停止等（条文30）	第2章11
			・保有個人データに関する事項の理由の説明、開示手順、手数料（条文31-34）	第2章11
			・苦情処理（条文35）	第2章11
			・匿名加工情報取扱事業者等の義務（条文36-39）	第2章13
			・認定個人情報保護団体（条文47-58）	第2章14
			・個人情報保護委員会（条文59-74）	第2章16
			・プライバシー権、表現の自由（報道の自由含む）、学問の自由、信教の自由、政治活動の自由（条文76・憲法）	第2章15
			・罰則（条文82-88）	第2章17
			・民法の不法行為、刑法（秘密漏洩罪）その他	第2章16、第2章20
			・ガイドライン（通則編、外国にある第三者への提供編、第三者提供時の確認・記録義務編、匿名加工情報編）	第2章10、第2章13、第2章18

Ⅰ.個人情報保護の総論	マイナンバー法の理解（10問）	●番号法の背景・概要	・番号法成立の経緯・背景、番号法の成立と施行	第3章1
			・番号法のメリット、今後の課題・留意点など	第3章2
		●条文に対する知識と理解	・総則（条文1-6）	第4章2、第4章3
			・個人番号（条文7-16）	第3章2、第4章4、第4章6、第4章7、第4章8、第4章9
			・個人番号カード（条文17-18）	第4章4
			・特定個人情報の提供（条文19-25）	第4章7
			・特定個人情報の保護（条文26-35）	第4章5、第4章6、第4章7、第4章8、第4章9、第4章10
			・特定個人情報の取扱いに関する監督等（条文36-41）	第4章12
			・法人番号（条文42-45）	第4章12
			・雑則（条文46-50）	
			・罰則（条文51-60）	第4章13
			・附則	
			・特定個人情報の適正な取扱いに関するガイドライン（事業者編）	第4章1
Ⅱ.個人情報保護の対策と情報セキュリティ（50問）	脅威と対策	●脅威と脆弱性に対する理解	・リスク分析	第5章1、第5章2
			・脅威への認識	第5章3
			・脆弱性に対する認識	第5章4
			・ソーシャルエンジニアリング	第5章5
	組織的・人的セキュリティ	●組織体制の整備	・プライバシーポリシーの策定	第5章1
			・責任・管理規定	第6章1
			・個人情報の特定と分類	第6章3
			・監査・改善	第6章4
			・個人情報保護規定のポイント	第6章1、第6章2
			・個人情報保護文書の体系（ガイドライン）	第6章2
		●人的管理の実務知識	・従業員との契約	第7章1
			・機密保持に関する契約・誓約	第7章1
			・派遣社員・契約社員の受け入れのポイント	第7章3
			・外部委託業者の管理（委託契約）	第7章4
			・違反・事故・苦情への対応	第7章5
			・報告書の作成と被害届け	第7章5
	オフィスセキュリティ	●物理的管理の実務知識	・外部からの入退館管理	第8章1
			・オフィス内の入退室管理	第8章1、第8章2
			・オフィス内の施錠管理	第8章2
			・情報システム設備のガイドライン	第8章4
			・災害対策	第8章5
	情報システムセキュリティ	●技術的管理の実務知識	・ユーザIDとパスワードの管理	第9章1
			・アクセス制限とアクセス制御	第9章2
			・暗号化と認証システム	第9章3、第9章4
			・不正アクセスに対する防御策	第9章6
			・ネットワーク・ウイルスに対する防御策	第9章5、第9章7
			・無線LANのセキュリティ管理	第9章8
			・情報システムの動作検証における個人データの取り扱い	第9章9
			・機器・媒体の廃棄	第9章10

※試験範囲の最新情報につきましては、主催団体ホームページ（https://www.joho-gakushu.or.jp/piip/naiyou.php）をご確認ください。

目　次

はじめに……………………………………………………………… 3

個人情報保護士認定試験—試験概要………………………………… 5

個人情報保護士認定試験—受験ガイド……………………………… 6

第1章　個人情報保護法の背景と取り組み

1. 個人情報保護法制定の背景と現状 …………………… 14

2. 個人情報保護法全面施行後の状況 …………………… 22

3. 個人情報保護法の改正 ………………………………… 28

4. 個人情報に関連する規格と制度 ……………………… 40

　　●過去問題チェック　48

第2章　個人情報保護法の理解

1. 個人情報保護法制の構成 ……………………………… 50

2. 基本方針とガイドライン ……………………………… 52

3. 個人情報保護法の理解 ………………………………… 56

4. 個人情報保護法の目的と基本理念 …………………… 60

5. 個人情報の定義と分類 ………………………………… 62

　　●過去問題チェック　76

6. 個人情報取扱事業者の義務 …………………………… 78

7. 利用目的の特定と利用目的による制限 ……………… 80

8. 適正な取得と利用目的の通知・公表 ………………… 86

9. 個人データに対する義務 ……………………………… 90

　　●過去問題チェック　94

10. 第三者提供に関する義務 ……………………………… 98

　　●過去問題チェック　108

11. 保有個人データに対する義務 ……………………… 112

12. 仮名加工情報 ………………………………………… 124

13. 匿名加工情報 ……………………………………………… 130
　　●過去問題チェック　136
14. 認定個人情報保護団体 …………………………………… 140
15. 雑則 ………………………………………………………… 142
16. 個人情報保護委員会 ……………………………………… 146
17. 罰則 ………………………………………………………… 150
18. 事業者に求められる対応 ………………………………… 152
19. 行政機関等の義務等 ……………………………………… 160
20. 個人情報保護法の関連法規 ……………………………… 166
21. 個人情報保護法の施行状況 ……………………………… 170
22. 個人情報保護法の解釈に関するQ&A ………………… 176
　　●過去問題チェック　188

第3章　マイナンバー法の背景と取り組み

1. マイナンバー法の経緯と展開 …………………………… 192
2. マイナンバー制度の概要 ………………………………… 196
　　●過去問題チェック　200

第4章　マイナンバー法の理解

1. 個人情報保護法制とマイナンバー法の構成 ………… 202
2. マイナンバー法の目的と基本理念 …………………… 206
3. 用語の定義 ………………………………………………… 208
4. 個人番号の指定・通知等、個人番号カード ………… 214
5. 特定個人情報等の保護措置の趣旨と概要 ………… 218
6. 利用範囲の制限（マイナンバー法9条）…………… 220
7. 取扱いの制限・規制 …………………………………… 224
8. 委託の規制 ………………………………………………… 246
9. 安全管理措置 …………………………………………… 248

10. 特定個人情報の漏洩事案等が発生した場合の対応……252

11. 個人情報保護法制の規定の適用 ……………………256

12. その他の制度 ………………………………………260

13. 罰則 …………………………………………………266

　　●過去問題チェック　270

第5章　脅威と対策

1. 個人情報保護の対策 …………………………………278

2. リスクマネジメント …………………………………288

3. 脅威への認識 …………………………………………296

4. 脆弱性への認識 ………………………………………304

5. ソーシャル・エンジニアリング ……………………308

　　●過去問題チェック　312

第6章　組織体制の整備

1. 個人情報保護体制の整備 ……………………………318

2. 個人情報保護の規程文書の策定 ……………………322

3. 個人情報の特定と管理 ………………………………328

4. 監査・改善 ……………………………………………334

　　●過去問題チェック　338

第7章　人的管理の実務知識

1. 従業者との契約 ………………………………………344

2. 従業者への教育とモニタリング ……………………348

3. 派遣社員・契約社員の受け入れ ……………………352

4. 委託先の管理 …………………………………………354

5. 苦情・違反・事故への対応 …………………………360

　　●過去問題チェック　364

第8章 オフィスセキュリティ

1. 入退出管理 ・・ 370
2. オフィス内の保護対策 ・・・・・・・・・・・・・・・・・・・・・・・・・・・・・・・・・ 376
3. オフィス外の保護対策 ・・・・・・・・・・・・・・・・・・・・・・・・・・・・・・・・・ 380
4. 情報システム設備のガイドライン ・・・・・・・・・・・・・・・・・・・ 386
5. 災害対策 ・・ 396
　　　●過去問題チェック　398

第9章 情報システムセキュリティ

1. ユーザ ID とパスワードの管理 ・・・・・・・・・・・・・・・・・・・・・ 404
2. アクセス制限とアクセス制御 ・・・・・・・・・・・・・・・・・・・・・・・ 408
3. 暗号化 ・・ 410
4. 認証システム ・・・・・・・・・・・・・・・・・・・・・・・・・・・・・・・・・・・・・・・ 414
5. 電子メールの利用 ・・・・・・・・・・・・・・・・・・・・・・・・・・・・・・・・・・ 420
6. 不正アクセスに対する防御策 ・・・・・・・・・・・・・・・・・・・・・・・ 424
7. ウイルスなど不正プログラムに対する防御策 ・・・・・・・ 428
8. 無線 LAN のセキュリティ管理 ・・・・・・・・・・・・・・・・・・・・・ 434
9. 情報システムの動作検証における個人データの取扱い
　　　・・ 436
10. 機器・媒体の廃棄 ・・・・・・・・・・・・・・・・・・・・・・・・・・・・・・・・・・ 438
　　　●過去問題チェック　442

凡例

個人情報保護法　　　　個人情報の保護に関する法律
マイナンバー法 (番号法)
　　　　　　　　行政手続における特定の個人を識別するための番号の利用等に関する法律
経済産業分野のガイドライン
　　　　　　　　個人情報の保護に関する法律についての経済産業分野を対象とするガイドライン
個人情報保護法ガイドライン
　　　　　　　　「個人情報の保護に関する法律についてのガイドライン」

※本書は特にことわりがない場合、令和4年4月1日時点で施行されている法制度に基づいて記述している。

第 **1** 章

個人情報保護法の背景と取り組み

① 個人情報保護法制定の背景と現状
② 個人情報保護法全面施行後の状況
③ 個人情報保護法の改正
④ 個人情報に関連する規格と制度

個人情報保護法制定の背景と現状

1 個人情報保護の必要性

（1） 個人情報の活用が企業成長の鍵

　個人情報は、日々の生活や仕事において利活用されるが、近年の IT やネットワークなど情報通信技術の著しい進展により、企業や団体などの事業者にとって個人情報はさらなる利活用が可能となり、新しい産業の創出や、サービス・売上の向上等が目指せるようになった。

　事業者にとって、いかに進化する情報通信技術を取り入れ、いかに個人情報を利活用するかが企業成長の重要な鍵となる時代が到来した。

（2） 自己情報のコントロールの必要性

　一方で、情報通信技術の進展にともない、自分の情報が知らないところで勝手に使われたり、どこでどのように使われるかがわからないといった不安は、ますます増してきた。インターネットにより、あらゆるものが世界中とつながっている状況において、コンピュータ上のデータは、いったん流通してしまうと回収は実質不可能であるため、取り返しのつかない被害に波及するおそれがある。これらを回避するためには、自分の情報の提供先に、いかに自分の意に沿う取扱いがなされ、その流通をコントロールできるかがポイントとなる。これは**自己情報コントロール権**と呼ばれている。

（3） バランスとルール

　個人からすると、自分の情報をもつ企業や団体等の事業者に対し、管理や保護に関する自主的な取り組みだけでなく、法規制などによる、しっかりとしたルールのもとで管理されることを期待し、それに対し、事業者は、個人の情報をできる限り自由に利活用したいと望む。これらは相反しており、両者を同時に満たしにくいことであるため、それらの**適正なバランス**をとりながら、両者の便益を目指したルール作りが求められた。

　これらは、世界中のどの国でも同様であり、経済のグローバル化が進む中、さらにできる限り国際的に共通のルールや法制化が求められた。

2 個人情報保護の歴史

個人情報保護の考え方は、欧米諸国では情報社会の到来にあわせて早くから叫ばれ、法制化についても早期に対応がなされた。日本ではそれに追随する形で検討がなされ、**法制化**へと進んでいった。

(1) 欧米の動き

欧米諸国では、1970 年代から、それぞれ個人情報の保護に関する独自の法律が整備されはじめた。しかし、コンピュータシステムが普及し、情報のグローバル化が進む一方で、**各国の法制度やその違いが個人情報の自由な流通を阻害する原因となった。**

そこで、ヨーロッパ諸国を中心に日・米を含め約 30 カ国の先進国が加盟する国際機関である OECD（経済協力開発機構）は、加盟国の国内法や国内政策の違いにかかわらず、加盟国間の個人情報の自由な流通を促進し、かつプライバシーを保護のレベルを一定に保つことを目的に、1980 年に「プライバシー保護と個人データの国際流通についてのガイドラインに関する理事会勧告」を採択し、その附属文書として、「OECD プライバシーガイドライン」を公表した。このガイドラインで示されたのが、**OECD 8 原則**である。

(2) EU（欧州連合）の対応

1995 年 10 月には、欧州議会および理事会が「個人データ処理に係る個人情報の保護及び当該データの自由な移動に関する欧州議会及び理事会の指令（EU 個人データ保護指令：**EU 指令**）」を採択した。EU 指令では、EU 域内の各国に対し、個人情報保護のために法制化することを求め、「第三国への個人データの移転の原則（**第三国条項**）」として、第三国への個人情報の移転は、その相手国が十分なレベルの保護措置を講じている場合に限られ、確保していない第三国へ個人情報を移転することを停止できる条文を規定することが定められている。

これらの保護措置に十分性が認められない場合は、第三国と協議ができるとされ、それらについて、日本、米国を含めて各国が対応を迫られることとなった。

第1章

図表 1-1　EU 指令に対応した主な EU 加盟国の個人情報保護に関する法施行状況

1997 年 4 月	ギリシア	「個人データの処理に係る個人の保護に関する法律」制定、施行
2000 年 1 月	スペイン	「個人データの保護に関する法律」施行
2000 年 1 月	オーストリア	「個人データ保護法」施行
2000 年 3 月	イギリス	「1998 年データ保護法」施行
2000 年 5 月	イタリア	「個人データの処理に係る個人及び他の主体の保護に関する法律」施行
2000 年 7 月	デンマーク	「個人データの処理に関する法律」施行
2000 年11 月	アメリカ	「セーフハーバー原則」協定締結、発効
2001 年 5 月	ドイツ	「連邦データ保護法」施行
2001 年 9 月	オランダ	「個人データ保護法」施行
2001 年 9 月	ベルギー	「データ保護法」施行

（3）　米国の対応

　米国では、公的部門については、連邦行政機関における個人情報の扱いは 1974 年に制定されたプライバシー法によって規制されていたが、民間部門については、自主規制を基本とし、包括的な法律をもたずに特定分野のみを対象とした個別法により規制していた。しかし、EU 指令の第三国条項により、自主規制だけでは問題が生じる可能性が出てきた。

　実際、スウェーデンにおいて、EU 指令に基づく法律を施行した直後の 1998 年に、米国航空会社に対して、スウェーデン国内で収集した搭乗者情報を米国の予約センターへ伝達することを禁止する事態が発生した。

　これらの背景から、米国は商務省を中心として、**セーフハーバー方式**と呼ばれる独自の自主規制システムを導入し、2000 年 11 月に、**セーフハーバー原則**と呼ばれる協定が締結され発効された。

　これは、企業がセーフハーバー原則を遵守することを宣言し、プライバシーポリシーを公表した上で、確約書の提出などの手続きを行うことにより、その企業を米国商務省が認証し、企業名をセーフハーバーリストに公示するという仕組みである。

3　OECD8原則

　1980 年に採択された OECD 理事会勧告では、**プライバシーと個人の自由の保護に関する原則**を国内法で考慮することが求められており、プライバシー保護により、個人データの国際流通が不当に阻害されないように努めるとされている。個人情報が、国際的にも活発に利用されていくために、

適正な管理とプライバシーの保護が求められるというものである。

OECD 理事会勧告は、加盟国に強制するものではなく、法的拘束力ももたないが、OECD 8 原則は、各国の個人情報保護法制の基本となっている。

日本の個人情報保護法も、OECD 8 原則に沿った形で制定されており、条文が対応しているだけでなく、「個人情報の有用性」と「個人の権利利益の保護」という 2 つの側面を目的としている点も同様である。

OECD 理事会勧告における「個人データ」とは、日本の個人情報保護法における個人データの定義とは異なり、「識別された、または識別されうる個人（データ主体）に関するすべての情報を意味する。」とされている。

図表 1-2　OECD 8 原則

収集制限の原則	個人データの収集には制限を設けるべきであり、いかなる個人データも、適法かつ公正な手段によって、かつ適当な場合には、データ主体に知らしめ、または同意を得た上で、収集されるべきである。
データ内容の原則	個人データは、その利用目的に沿ったものであるべきであり、かつ利用目的に必要な範囲内で正確、完全であり最新なものに保たれなければならない。
目的明確化の原則	個人データの収集目的は、収集時よりも遅くない時点において明確化されなければならず、その後のデータの利用は、当該収集目的の達成または当該収集目的に矛盾しないで、かつ、目的の変更ごとに明確化された他の目的の達成に限定されるべきである。
利用制限の原則	個人データは、「目的明確化の原則」により明確化された目的以外の目的のために開示利用その他の使用に供されるべきではないが、次の場合はこの限りではない。 (a) データ主体の同意がある場合 (b) 法律の規定による場合
安全保護の原則	個人データは、その紛失もしくは不当なアクセス、破壊、使用、修正、開示等の危険に対し、合理的な安全保護措置により保護されなければならない。
公開の原則	個人データに係る開発、運用および政策については、一般的な公開の政策がとられなければならない。個人データの存在、性質およびその主要な利用目的とともにデータ管理者の識別、通常の住所をはっきりさせるための手段が容易に利用できなければならない。
個人参加の原則	個人は次の権利を有する。 (a) データ管理者が自己に関するデータを有しているか否かについて、データ管理者またはその他の者から確認を得ること (b) 自己に関するデータを、(i) 合理的な期間内に、(ii) もし必要なら、過度にならない費用で、(iii) 合理的な方法で、(iv) 自己にわかりやすい形で、自己に知らしめられること。
責任の原則	データ管理者は、上記の諸原則を実施するための措置に従う責任を有する。

4　日本の取り組み

(1)　先行した行政機関の法規律

　1980 年に発表された OECD 8 原則を受け、日本では 1988 年 12 月、国民の個人情報を保有する国の行政機関を対象に、「**行政機関の保有する電子計算機処理に係る個人情報の保護に関する法律**」が公布された。この法律では、コンピュータ処理される情報のみが対象で、電子計算機（コンピュータ）処理されていないマニュアル処理情報は対象からはずされており、さらに、誤った情報であっても本人からの訂正請求が認められていなかった点など、内容的には不十分なものであった。

(2)　民間部門における自主規制

　民間部門については、1988 年に、財団法人日本情報処理開発協会（JIPDEC、現・一般財団法人日本情報経済社会推進協会）が「**民間部門における個人情報保護のためのガイドライン**」を作成した。

　翌年の 1989 年には、通商産業省（現・経済産業省）が、それをもとに「**民間部門における電子計算機処理に係る個人情報の保護について（指針）**」を策定した。また、郵政省（現・総務省）も電気通信分野における個人情報保護として、1991 年に「**電気通信事業における個人情報保護に関するガイドライン**」を策定した。これらを基に、事業者団体などが自主的にガイドラインをつくり、それらの遵守による**自主規制**を行っていた。

　1995 年の EU 指令採択後は、旧・通商産業省や旧・郵政省はそれに対応したガイドラインを策定し、さらに民間事業者の自主的な取り組みをより支援するため、1998 年に、旧・通商産業省系の**プライバシーマーク制度**、旧・郵政省系の個人情報保護マーク制度が制定された。

　また、1999 年には、OECD 8 原則を基にした JIS 規格（日本産業規格）、**JIS Q 15001:1999「個人情報保護に関するコンプライアンス・プログラムの要求事項**」が公表された。これにあわせ、プライバシーマーク制度も認定基準を独自なものから、こちらに変更し、JIS 規格に対する適合性評価制度となった。

（3）　個人情報保護法の成立・公布

　日本においても、個人情報の大量流出や大量漏洩などが社会問題化する中で、民間部門を対象とした個人情報の保護法制の必要性が叫ばれるようになった。それらを背景に、1999 年 6 月の「住民基本台帳法の一部を改正する法律案」の審議過程で、「個人情報保護に関する法律について 3 年以内に法制化を図る」との与党合意が発表された。これに従い、1999 年 7 月、当時の高度情報通信社会推進本部のもとに個人情報保護検討部会が設置され、2000 年 1 月には、**個人情報保護法制化専門委員会**が設置された。

　個人情報保護法制化専門委員会は、2000 年 10 月、「**個人情報保護基本法制に関する大綱**」を公表し、これに基づき、2001 年 3 月、政府は第 151 回国会に「**個人情報の保護に関する法律案**」を提出した。しかし、継続審議となり、2002 年 3 月、第 154 回国会での成立を目指したが、不当なメディア規制のおそれなどによる反発もあり、再び継続審議となり、2002 年 12 月の第 155 回国会で**審議未了廃案**となった。

　しかし、既に 2002 年 8 月に住民基本台帳ネットワークシステム（住基ネット）の第一次サービスが開始されており、本格稼動となる第二次サービスの開始が控えていたことや、法整備が急務であったことなどから、課題部分を削除・修正した法案が 2003 年 3 月の第 156 回国会に再提出された。そして、**2003 年 5 月**に関連法案とともに「**個人情報保護に関する法律（個人情報保護法）**」が可決成立し、1 週間後に公布され、国や地方公共団体の義務部分を含む**第 1 章**から**第 3 章の基本法部分が即日施行**された。

（4）　個人情報保護法公布後から全面施行まで

　個人情報保護法公布の翌年、**個人情報の保護に関する基本方針**および施行日時や各種期間などを定めた政令が閣議決定されるとともに、事業者が講ずる措置が適切かつ有効に実施されることを目的とした**経済産業分野を対象とするガイドライン**が公表され、その後、相次いで各省庁から各事業分野のガイドラインが公表された。

　このように、公布後、国が法規定の詳細を整備するとともに、各省庁より事業者が取り組むべき内容の基準等が示され、**2005 年 4 月に事業者の義務等の一般法部分を含む個人情報保護法が全面施行**された。

図表 1-3　個人情報保護法成立・施行までの過程

1980 年	「プライバシー保護と個人データの国際流通についてのガイドラインに関するOECD理事会勧告（OECD8原則）」採択
1988 年	「行政機関の保有する電子計算機処理に係る個人情報の保護に関する法律」公布
1995 年	「個人データ処理に係る個人情報の保護及び当該データの自由な移動に関する欧州議会及び理事会の指令（EU 指令）」採択
1998 年	旧・通商産業省系「プライバシーマーク」、旧・郵政省系「個人情報保護マーク制度」設定
1999 年	JIS Q 15001:1999「個人情報保護に関するコンプライアンス・プログラムの要求事項」策定
	京都府宇治市、住民基本台帳データ漏洩事件発生
2001 年	3 月「個人情報の保護に関する法律案」提出（第 151 回国会）
2002 年	8 月「住民基本台帳ネットワークシステム第一次サービス」開始
	12 月「個人情報の保護に関する法律案」等、審議未了廃案（第 155 回国会）
2003 年	3 月「個人情報の保護に関する法律案」等、再提出（第 156 回国会）
	5 月「個人情報の保護に関する法律」成立、公布、一部即日施行 5 月「行政機関の保有する個人情報の保護に関する法律」公布
	8 月「住民基本台帳ネットワークシステム第二次サービス」開始
	12 月「個人情報の保護に関する法律の一部の施行期日を定める政令（政令 506 号）」閣議決定 12 月「個人情報の保護に関する法律施行令（政令 507 号）」閣議決定
2004 年	「個人情報の保護に関する基本方針」閣議決定
	「個人情報の保護に関する法律についての経済産業分野を対象とするガイドライン」策定
	情報通信分野、金融・信用分野、医療分野、雇用管理分野等、各分野の「ガイドライン」策定
2005 年	4 月「個人情報の保護に関する法律」全面施行

図表 1-4　個人情報保護法制整備の背景

国内での官民に共通する
IT社会の急速な進展

公的部門
・電子政府・電子自治体の構築

民間部門
・電子商取引の進展
・顧客サービスの高度化　等

国際的な情報流通の拡大・IT化

OECD
・ほとんどの国で、民間部門を対象
にした法制を整備

・情報の自由な流通とプライバシー
保護の確保
→　制度間の調和の要請

IT社会の「影」
プライバシー等
の個人の権利・
利益を侵害する
危険性・不安感
が増大

官民における個人情報
保護法制の確立
→　保護と利用の調和

・基本理念

・国等の責務、施策
→　基本法制（第1章～第3章）

・民間事業者が遵守すべき規律
→　一般法制（第4章）

・公的機関（国・独立行政法人・
地方公共団体等）が遵守すべ
き規律
→　・行政機関法制
・独立行政法人法制
・条例

第1章

（5）　プライバシーと個人情報

　個人情報保護法では、取扱いや安全管理の対象は「**個人情報**」であり、それらは**プライバシー情報**の概念とは異なる。そのため法規定では、直接的にプライバシーの保護や取扱いに関する規定はなく、プライバシー権の侵害についての損害賠償や保障等についても規定はない。個人情報保護法では、事業者に対して、「個人情報」の適正な取扱いをさせ、プライバシーを含む個人の権利利益の保護を図ろうとしている。そもそも日本では、法制度において**プライバシーの概念**は認めるものの、その定義は明確ではない。個人情報保護法では、基本理念とともに開示請求権や苦情対応によって、情報プライバシーの権利である自己情報コントロール権への配慮がなされている。

・1980 年に公表された OECD ガイドラインで「プライバシー保護と個人データの国際流通」が目指され、それが今日の個人情報保護のルーツといえる。
・OECD ガイドラインに含まれる OECD8 原則は、各国の個人情報保護法制の基本となっている。
・日本の個人情報保護法も、OECD8 原則に対応して構成されている。

個人情報保護法全面施行後の状況

1 個人情報保護法全面施行後の状況概要

個人情報保護法が 2005 年 4 月に全面施行された後、個人情報保護に対する企業や国民の関心が高くなったが、同時に**過剰反応**も問題となった。さらに、経済のグローバル化や、情報通信技術の進展が進み、そのような状況変化に対応し、**経済産業分野のガイドラインの改正や、基本方針の変更**が行われた。2009 年 9 月には、**消費者庁が発足し**、個人情報保護法の管轄が移されて法改正論議が進められたが、政権交代などの影響もあり、法改正や経済産業分野のガイドライン改正は行われなかった。

2014 年、個人情報保護法公布から 10 年を超え、情報通信技術がさらに発展し、**クラウドやビッグデータ**など個人情報を取り扱う環境が大きく変化するとともに、日本の住民票を有する者全員に番号が割り当てられる**マイナンバー制度**が開始され、それらにあわせて、個人情報保護法の改正準備が進められ、先行して経済産業分野のガイドラインが改正された。

個人情報保護法は、**2015 年 9 月に初めて改正法を行う法律が公布され**、2017 年 5 月に全面施行された。その後、**2020 年 6 月**および **2021 年 5 月**に改正法が成立・公布された。

（1） 経済産業分野のガイドラインの改正と移行

経済産業分野のガイドラインは対応状況や社会情勢を背景に毎年見直すよう努力するとされ、2007 年 3 月、2008 年 2 月および 2009 年 10 月に改正された。その後 2014 年 5 月に改正案が公表されたが、同年 8 月に発覚した大規模情報漏洩事件を受け 9 月に再度改正案が示され 12 月に改正された。その後 2016 年 12 月にも改正されたが、2015 年の法改正にともない、主務大臣制が廃止され、事業者の監督は個人情報保護委員会に一元化されることとなったため、経済産業分野のガイドラインは改正法全面施行時に廃止され、個人情報保護委員会が定めるガイドライン（「個人情報の保護に関する法律についてのガイドライン（通則編）」他 3 編）に移行した。

経済産業分野のガイドラインの主な改正内容は以下のとおり。

① 2007年3月の改正

初めての経済産業分野のガイドライン改正では、過剰反応への対応が追記された。

② 2008年2月の改正

委託先において個人情報漏洩事案が多発したことを受け、それらを反映した改正が2008年2月に行われた。2008年7月には、各事業分野ごとの個人情報保護に関するガイドラインの共通化の取り組みが発表された。

③ 2009年10月の改正

2009年の「個人情報の保護に関する基本方針」の一部変更を反映した改正が行われた。一人ひとりの個性やニーズに応じたパーソナライゼーションサービスが展開されていく中で、有効な個人情報の利活用を進めていく上で個人情報保護法の解釈のさらなる明確化などを望む声が高まっていたことを反映し、経済産業省により、「パーソナル情報研究会」が2007年12月に設置され、そこで検討された内容がガイドラインに反映された。

④ 2014年12月の改正

大規模情報漏洩事件の再発防止を目指し、第三者からの適正な情報取得の徹底、社内の安全管理措置の強化、委託先等の監督の強化、共同利用制度の明確な説明などに対応した。

⑤ 2016年12月の改正

サイバー攻撃の脅威に備えて、事業者のセキュリティ対策を強化する観点から、技術的安全管理措置について情報システムの脆弱性を突いた攻撃への対策やその手法の例示としてぜい弱性診断等の追記が行われた。

⑥ 2017年5月30日廃止

2015年の個人情報保護法改正にともなって、**経済産業分野のガイドラインは廃止**され、個人情報保護委員会が定めるガイドライン（**「個人情報の保護に関する法律についてのガイドライン（通則編）、（第三者提供時の確認・記録義務編）、（外国にある第三者からの提供編）、（匿名加工情報編）」**）に移行。それらは2016年11月30日に公表され、2015年改正法の全面施行と同時（2017年5月）に施行された。

（2）　個人情報の保護に関する基本方針の変更

　個人情報保護法は、全面施行後 3 年をめどに見直すとした付帯決議が採択されていた。しかし、内閣府は「個人情報保護に関する取りまとめ」を発表し、法律そのものは変更せず、基本方針の見直しや各省庁のガイドラインのあり方の検討が行われた。

　法施行後も**大きな個人情報漏洩事案が発生**している状況にあったことや、個人情報保護法に対する誤解等による過剰反応があることに対し、2008 年 4 月、「**個人情報の保護に関する基本方針**」が一部変更された。

　また、基本方針は、2009 年 9 月、消費者庁の発足と同時に基本方針が一部変更され、その後、2016 年 2 月、法改正にともない大きく変更、さらに 2016 年 10 月にも変更、2018 年 6 月には国際的な取り組みや個人データに対する不正アクセス等への対応が追記され、一部変更された。

（3）　消費者庁の発足

　2009 年 9 月、消費者庁が新設されたことにともない、個人情報保護法の管轄は内閣府から消費者庁に移管された。ただし、大規模な個人情報の漏洩など個別の事案や、漏洩被害の拡大を防止するために緊急な場合などにおいては、従前どおり、各省庁が措置・対応することとされた。

　2016 年、法改正により個人情報保護委員会が新設され、そちらに管轄が移管されるまでは、消費者庁が個人情報保護法に関する全体的な取りまとめを行っていた。

（4）　JIS Q 15001 の改正

　JIS Q 15001 は、個人情報保護法施行に対応し 2006 年に改正された。また、2017 年 5 月に全面施行された改正個人情報保護法に対応した JIS Q15001:2017 が 2017 年 12 月に公開された。

（5）　OECD8 原則

　1980 年、OECD プライバシーガイドライン（OECD 8 原則）が採択されてから四半世紀を超え、OECD では、2007 年 6 月に「プライバシー保護法の執行に係る越境協力に関する理事会勧告」が採択された。それらを反映し、2013 年に OECD プライバシーガイドラインは大規模な改正が行われた。ただし、OECD 8 原則は改正されていない。

（6） EUデータ保護指令と一般データ保護規則

欧州委員会では、各国法制度において十分なレベルの保護措置が講じられているかを認定する「EUデータ保護指令」があり、日本の個人情報保護法は、2015年の改正において、これらへの配慮とグローバル化への対応が反映されたが、十分性の認定は受けるに至らなかった。

その後EUでは、「EUデータ保護指令」に代わり、EU加盟国により強化された共通の法規則として適用される「**一般データ保護規則（GDPR）**」が2016年4月に制定され、2018年5月に施行された。EU域内だけでなく、EU居住者に商品やサービスを提供する場合も対象である。2019年1月、GDPR45条に基づく**日本の十分性認定**が発効された。

（7） その他の世界情勢

APEC（アジア太平洋経済協力）は、域内でのデータ保護と流通を適正化するため、2004年にAPECプライバシーフレームワークを定め、2009年に「**越境執行協力協定（CPEA）**」、2011年に「**越境プライバシールール（CBPR）**」制度を策定している。

（8） マイナンバー制度

2012年2月、税と社会保障の個人情報を1つにまとめる「共通番号制度法案」が閣議決定され国会提出されたが、2012年12月、国会解散にともない一度廃案となった。その後、あらためて一部修正された番号法案として国会に提出され、2013年5月、「**行政手続における特定の個人を識別するための番号の利用等に関する法律（番号利用法）**」が成立・公布され、通称マイナンバー法として、2016年1月運用開始が予定された。しかし、2015年9月、「**個人情報の保護に関する法律及び行政手続における特定の個人を識別するための番号の利用等に関する法律の一部を改正する法律**」が成立し、その第5条から第7条において、マイナンバー法の規定内容が2016年1月より段階的に改正されることとなった。2021年5月、「**デジタル社会の形成を図るための関係法律の整備に関する法律**」が成立し、個人情報保護法の改正とともに、マイナンバー法も改正され、マイナンバーを活用した情報連携による行政手続の効率化や、発行・運営体制の抜本的強化が目指されている。

2　個人情報保護法改正

　個人情報保護法施行後 10 年が経過し、その間、クラウドコンピューティングが一般化し、さらにインターネットにさまざまな機器類が接続される IoT（Internet of Things）と呼ばれる技術の進化や、ビッグデータと呼ばれる膨大な統計データの利活用がますます盛んになった。

　それらを背景に、2015 年 9 月、「**個人情報の保護に関する法律及び行政手続における特定の個人を識別するための番号の利用等に関する法律の一部を改正する法律**」（平成 27 年・2015 年改正法）が成立・公布された。この法律は、個人情報の保護と有用性の確保に関するために個人情報保護法を改正し、特定個人情報（マイナンバー）の利用の推進のためにマイナンバー法を改正するものである。また、この改正法の附則において、施行後 3 年ごとの見直し規定が明記された。

　2020 年 6 月、「**個人情報の保護に関する法律等の一部を改正する法律**」（令和 2 年・2020 年改正法）が成立、公布された。この改正法では、本人の権利の保護強化や個人情報保護委員会による監督等の強化とともに、データの利活用を促進等のための制度改正が行われている。施行日は、公布の日から起算して 2 年を超えない範囲内において政令で定める日とされており、法定刑の引上げ（第 83 条〜第 87 条）は、2020 年 12 月 12 日、個人データを第三者に提供しようとする際の経過措置（第 23 条第 2 項）は 2021 年 10 月 1 日、全面施行は 2022 年 4 月 1 日とされた。

　そして、2020 年改正法の全面施行の前に、2021 年 5 月、「**デジタル社会の形成を図るための関係法律の整備に関する法律**」（令和 3 年・2021 年改正法）が成立した。この法律は、デジタル社会形成基本法に基づいて、デジタル社会の形成に関する施策を実施するため、個人情報保護法やマイナンバー等および関係法律の整備を行うことが趣旨とされている。マイナンバーを活用した行政手続の効率化とマイナンバーカードの利便性の抜本的向上などを目指したマイナンバー法の改正や、書面の交付等を求める手続きにおいて押印を不要とするための各種法律とともに、個人情報保護法制を大きく見直す条項が含まれている。

図表 1-5　個人情報保護法全面施行後の状況

2005 年 4 月	「個人情報の保護に関する法律」全面施行
2006 年 5 月	JIS Q 15001:2006「個人情報保護に関するマネジメントシステム—要求事項」制定、プライバシーマーク制度認定基準変更
2006 年 8 月	JIS Q 15001:2006 に基づいた「個人情報保護マネジメントシステム実施のためのガイドライン—第 1 版—」公表
2007 年 3 月	経済産業分野を対象とするガイドライン改定
2008 年 2 月	経済産業分野を対象とするガイドライン改定
2008 年 4 月	「個人情報の保護に関する基本方針」一部変更
2008 年 5 月	「個人情報保護法施行令（政令）」の一部改正
2009 年 9 月	消費者庁新設、個人情報保護法が内閣府から移管 「個人情報の保護に関する基本方針」一部変更
2009 年 10 月	経済産業分野を対象とするガイドライン改定
2010 年 9 月	JIS Q 15001:2006 に基づいた「個人情報保護マネジメントシステム実施のためのガイドライン—第 2 版—」公表
2013 年 3 月	社会保障・税に関わる番号制度に関する法律案および関連法律の整備等法案が閣議決定、国会提出
2013 年 5 月	行政手続における特定の個人を識別するための番号の利用等に関する法律（マイナンバー法）および整備法公布
2014 年 6 月	「パーソナルデータの利活用に関する制度改正大綱」決定
2014 年 12 月	経済産業分野を対象とするガイドライン改定
2015 年 9 月	「個人情報の保護に関する法律及び行政手続における特定の個人を識別するための番号の利用等に関する法律の一部を改正する法律」（2015 年改正法）成立・公布
2016 年 1 月	個人情報保護委員会設置、マイナンバー法運用開始
2016 年 2 月	「個人情報の保護に関する基本方針」一部変更
2016 年 10 月	「個人情報の保護に関する基本方針」一部変更 2015 年改正法に基づく政令、委員会規則公布
2016 年 11 月	個人情報保護委員会のガイドライン（3 編）公表
2016 年 12 月	経済産業分野を対象とするガイドライン改定
2017 年 5 月	2015 年改正法全面施行、個人情報保護委員会のガイドライン施行、経済産業分野を対象とするガイドライン廃止
2017 年 12 月	JIS Q 15001:2017 発行
2018 年 6 月	「個人情報の保護に関する基本方針」一部変更
2020 年 6 月	「個人情報の保護に関する法律等の一部を改正する法律」（2020 年改正法）成立・公布
2021 年 5 月	「デジタル社会の形成を図るための関係法律の整備に関する法律」（2021 年改正法）成立・公布
2022 年 4 月	2020 年改正法全面施行、2021 年改正法第一弾施行

第 3 節

個人情報保護法の改正

1　個人情報保護法改正履歴

　個人情報保護法は、その法律を改正する法律の成立・公布によって改正され、政令で定められた日に施行される。

　2015年9月、初めての改正となる「**個人情報の保護に関する法律及び行政手続における特定の個人を識別するための番号の利用等に関する法律の一部を改正する法律**」（平成27年・2015年改正法）が成立・公布された。第1条で個人情報保護委員会の設置が示され、2016年1月に施行された。第2条で詳細な規定変更が定められ、2017年5月30日に施行された。

　2020年6月、「**個人情報の保護に関する法律等の一部を改正する法律**」（令和2年・2020年改正法）が成立・公布された。個人の権利利益の保護と活用の強化、越境データへの対応、AI・ビッグデータ時代への対応、罰則強化等が示された。法定刑の引上げについては2020年12月12日に施行され、全面施行は2022年4月1日とされた。

　そして、2020年改正法の全面施行の前に、2021年5月、「**デジタル社会の形成を図るための関係法律の整備に関する法律**」（令和3年・2021年改正法）が成立・公布された。この改正法は、デジタル社会形成基本法に基づいてデジタル社会の形成に関する施策を実施するための関係法律の整備を行うものであり、個人情報保護法制について大きく見直す条項が含まれている。施行日は、個人情報保護法と行政機関および独立行政法人等の個人情報保護法との一元化等（2021年改正法第一弾施行）は2022年4月1日、地方公共団体の個人情報保護条例との一元化（2021年改正法第二弾施行）は2023年5月までの政令で定める日とされている。

　このように個人情報保護法は、何度か法改正がなされ、改正は継続している。現行法を理解するには、法律が最初に定められた背景とともに、法改正ごとの経緯や変更内容を把握することが望ましい。

2　2015 年改正個人情報保護法

(1)　2015 年改正法概要

　2015 年 9 月に成立・公布された改正法では、個人情報の取扱いの監視監督権限を有する第三者機関である個人情報保護委員会の設置をはじめ、個人情報の保護と有用性の確保に関する改正について定められた。

　第 1 条では、いわゆるマイナンバー法における個人番号と特定個人情報の監督機関である「特定個人情報保護委員会」の名称を**「個人情報保護委員会」**と変更し、これに関する規定をマイナンバー法から個人情報保護法に移行させること、第 2 条では、個人情報の有用性の確保が図られるとともに、個人情報保護の強化および個人情報の取扱いのグローバル化に対応し、**個人情報の定義の明確化**や、**要配慮個人情報、匿名加工情報**などの新しい用語の定義、さらに**義務規定等の変更**の詳細が定められている。

　監督機関については、第 1 条で定義された個人情報保護委員会の監督権限が第 2 条に定義され、**主務大臣制は廃止され個人情報保護委員会への一元化**が行われることが定められた。

　また、個人情報取扱事業者の**小規模事業者除外規定**が**廃止**され、これまで対象除外とされていた中小企業だけでなく、自治会や同窓会といった団体も対象となった。ただし、それらの新たに対象となった事業者は、事業規模に応じた対応が求められており、個人情報保護委員会が作成した「**個人情報保護法ガイドライン（通則編）**」において、安全管理措置に対して緩和された内容の対応が許容されている。

図表 1-6　2015 年個人情報保護法の改正の背景

1	個人情報に該当するかどうかの判断が困難ないわゆる「グレーゾーン」が拡大
2	パーソナルデータ[※]を含むビッグデータの適正な利活用ができる環境の整備が必要
3	事業活動がグローバル化し、国境を越えて多くのパーソナルデータが流通

※パーソナルデータとは、「個人情報」に限定されない、個人の行動・状態に関するデータのこと

出典：個人情報保護委員会資料

(2)　定義に関する改正

　文字、番号、記号などによる「**個人識別符号**」が定義され、身体の一部の特徴をコンピュータ処理する場合についても新たに定義された。

　本人の人種、信条、社会的身分、病歴、犯罪の経歴など、その取扱いに特に配慮を要するものとして「**要配慮個人情報**」が定義された。この要配慮個人情報は取得の際に、原則として、本人の事前同意を得ることが必要で、オプトアウトによる第三者提供の対象外となった。

　保有している個人情報が 5,000 件以下の小規模取扱事業者に対する法の適用対象外規定が撤廃され、個人情報取扱事業者の対象となった。

　ビッグデータ時代の到来に沿い、個人情報の統計情報として取り扱う機会が増大してきたことにともない、「**匿名加工情報**」が定義され、適正な加工方法とともに、提供を受け利活用する者を「**匿名加工情報取扱事業者**」と定義し、安全管理措置、識別行為の禁止等の義務が定められた。

(3)　個人情報取扱事業者の義務についての主な改正内容

①　個人データ消去

　個人データを利用する必要がなくなったとき、消去するよう努力する。

②　第三者提供の制限

　オプトアウト方式による個人データの第三者提供を行う場合は、あらかじめ、本人に通知または本人が容易に知り得る状態に置くとともに、**個人情報保護委員会に届け出**なければならない。

③　外国にある第三者への提供の制限関連

　外国にある第三者に個人データを提供する場合には、一定の場合を除き、あらかじめ本人の同意を得なければならない。

④　第三者提供の記録作成と第三者提供を受ける際の確認

　個人データを第三者に提供したときは、個人データを提供した年月日、第三者の氏名等の**記録を作成**し、**一定の期間保存**しなければならない。

　第三者から個人データの提供を受けた際、**取得の経緯等を確認**するとともに、個人データの提供を受けた年月日等の**記録を作成**し、**一定の期間保存**しなければならない。

（4）　監督についての変更

　主務大臣が行っていた個人情報取扱事業者の監督は、内閣府に新設された独立第三機関である**個人情報保護委員会に移管**された。新しく定義された匿名加工情報取扱事業者の監督も同様に個人情報保護委員会が行う。

　ただし、緊急かつ重点的に個人情報等の適正な取扱いの確保を図る必要がある場合は、**権限を事業所管大臣に委任**することができる。

　個人情報保護委員会は、改正前は主務大臣が行っていた報告の徴収、助言に加え、事業者の事務所や必要な場所に立ち入り検査や必要な指導をすることができる。

（5）　認定個人情報保護団体についての変更

　認定個人情報保護団体は、法改正により小規模取扱事業者も個人情報保護法の対象となったこともあり、その役割が高まった。主務大臣制の廃止にともない、当団体の認定や監督は個人情報保護委員会に移管された。

　認定個人情報保護団体は、**対象事業者に適用される個人情報保護指針を作成**する際、消費者の意見を代表する者や関係者の意見を聴き、法律規定の趣旨に沿って作成するよう努めることが求められている。作成された指針は、**個人情報保護委員会への届出が義務化**され、公表されることにより、個人が容易に把握できるようになった。また、当指針に違反した対象事業者への措置が努力義務から義務へ変更されている。

（6）　その他の改正

①　適用範囲関連

　国内の者に対する物品やサービスの提供に対して個人情報を取得した個人情報取扱事業者が、外国においてその個人情報やそれらを用いて作成した匿名加工情報を取り扱う場合についても適用されることが定められた。

②　罰則関連

　個人情報取扱事業者、従業者またはそれらであった者が、その業務に関して取り扱った個人情報データベース等を自身や第三者の不正な利益を図る目的で提供したり盗用したときは、1年以下の懲役または50万円以下の罰金に処せられるとする**個人情報データベース等不正提供罪**が新たに定められた。

第1章

図表 1-7　2015 年改正法のポイント

施行日①　平成 28 年 1 月 1 日

個人情報保護委員会の新設

- ■**個人情報保護委員会**　個人情報の保護に関する独立した機関として、個人情報保護委員会を新設(特定個人情報保護委員会を改組。内閣府の外局)

施行日②　平成 29 年 5 月 30 日

1　個人情報の定義の明確化等

- ■**個人情報の定義の明確化**　特定の個人の身体的特徴を変換したもの (例：顔認識データ) 等を個人情報として明確化。
- ■**要配慮個人情報**　人種、信条、病歴等が含まれる個人情報については、本人の同意をとって取得することを原則義務化し、本人の同意を得ない第三者提供の特例(以下「オプトアウト手続」という。)を禁止。
- ■**小規模取扱事業者への対応**　5,000 人分以下の個人情報を取り扱う事業者に対しても個人情報保護法を適用。

2　適切な規律の下で個人情報等の有用性を確保

- ■**利用目的の変更要件の緩和**　当初の利用目的から新たな利用目的への変更の要件を緩和。
- ■**匿名加工情報**　特定の個人を識別することができないように個人情報を加工したものを匿名加工情報とし、その加工方法及び事業者による公表等その取扱いに関する規律を新設。

3　適正な個人情報の流通を確保

- ■**オプトアウト手続の厳格化**　事業者は、オプトアウト手続によって個人データを第三者に提供しようとする場合、データの項目等を個人情報保護委員会へ届出。同委員会は、その内容を公表。
- ■**トレーサビリティの確保**　個人データを提供した事業者は、受領者の氏名等の記録を一定期間保存。また、個人データを第三者から受領した事業者は、提供者の氏名やデータの取得経緯等を確認し、一定期間その記録を保存。
- ■**個人情報データベース等不正提供罪**　個人情報データベース等を取り扱う事務に従事する者又は従事していた者等が、不正な利益を図る目的で提供し、又は盗用する行為を処罰する規定を新設。

4　個人情報保護委員会の権限

- ■**個人情報保護委員会**　現行の主務大臣の有する権限を個人情報保護委員会に集約し、立入検査の権限等を追加。

5　個人情報の取扱いのグローバル化

- ■**国境を越えた法の適用と外国執行当局への情報提供**　日本に居住する本人から個人情報を直接取得した外国の事業者についても個人情報保護法を原則適用。また、個人情報保護委員会による外国執行当局への情報提供が可能に。
- ■**外国事業者への第三者提供**　個人情報保護委員会規則に則った体制整備をした場合、個人情報保護委員会が認めた国の場合、又は本人の同意により、個人データを外国の第三者へ提供することが可能であることを明確化。

6　認定個人情報保護団体の活用

- ■**個人情報保護指針**　認定個人情報保護団体は、個人情報保護指針を作成する際には、消費者の意見等を聴くよう努めるとともに個人情報保護委員会へ届出。同委員会は、その内容を公表。同指針を遵守させるための対象事業者への指導・勧告等を義務化。

7　その他の改正事項

- ■**開示等請求権**　本人の開示、訂正、利用停止等の求めは、裁判上も行使できる請求権であることを明確化。

出典：個人情報保護委員会「個人情報の利活用と保護に関するハンドブック」

3　2020年改正個人情報保護法

(1)　2020年改正法概要

　2020年6月、個人情報に対する意識の高まりや、技術革新を踏まえた保護と利活用のバランス、さらに越境データの流通増大にともなう新たなリスクへの対応等の観点から「**個人情報の保護に関する法律等の一部を改正する法律**」（令和2年・2020年改正法）が成立・公布された。

　この改正では、個人の権利利益の保護と活用の強化、越境データの流通増大にともなう新たなリスクへの対応、AI・ビッグデータ時代への対応等が図られている。また、就活生の内定辞退率の情報を提供し個人情報保護委員会から勧告を受けた問題事案を受け、利用停止・消去等の拡充、不適正な利用の禁止、第三者提供記録の開示、個人関連情報の第三者提供の制限等が盛り込まれた。

(2)　定義に関する改正

①　保有個人データの定義改正

　保有個人データの定義について、6カ月以内に消去する短期保存データの除外条項が削除され、開示・利用停止等の対象とする。

②　「仮名加工情報」創設と関連規定の整備

　氏名等を削除し、他の情報と照合しなければ個人を識別できないような措置をした情報を「仮名加工情報」と定義し、これらを取り扱う事業者の義務を定め、内部分析に限定する等を条件に、開示・利用停止請求への対応等の義務を緩和。

③　「個人関連情報」創設

　生存する個人に関する情報であって、個人情報、仮名加工情報および匿名加工情報のいずれにも該当しないものを「個人関連情報」と定める。Cookie情報、IPアドレス、位置情報、閲覧履歴、購買履歴など、個人に関する情報ながら特定の個人が識別できないものが該当。

　個人関連情報に関し、提供元では個人データに該当しないものの、提供先において個人データとなることが想定される情報の第三者提供について、本人同意が得られていることを義務づけ。

④　「個人関連情報データベース等」創設

　「個人関連情報」を含む情報の集合物で、特定の個人関連情報を電子計算機を用いて検索することができるように体系的に構成したものや、特定の「個人関連情報」を容易に検索することができるように体系的に構成したもの。Cookie 情報や IP アドレス等の識別子情報に紐づけられた閲覧履歴等のデータベースが該当。

⑤　「個人関連情報取扱事業者」創設

　「個人関連情報データベース等」を事業の用に供している者で、それらから特定の個人関連情報を第三者に提供する事業者が該当。

（3）　個人情報取扱事業者等の義務についての主な改正内容

・利用停止・消去等の個人の請求権について、不正取得等の一部の法違反の場合に加えて、個人の権利または正当な利益が害されるおそれがある場合にも要件を緩和。

・保有個人データの開示方法について、書面の交付だけでなく電磁的記録の提供を含め、本人が指示可能。

・個人データの授受に関する第三者提供記録について本人が開示請求可能。

・オプトアウトにより第三者に提供できる個人データの範囲を限定し、不正取得された個人データ、オプトアウトにより提供された個人データについても対象外。

・漏洩等が発生し、個人の権利利益を害するおそれがある場合、委員会への報告および本人への通知を義務化。

・違法または不当な行為を助長する等の不適正な方法により個人情報を利用してはならない旨が明確化。

・認定団体制度において、企業の特定分野（部門）を対象とした認定可能。

・委員会による命令違反や虚偽報告等の法定刑を引き上げ。

（4）　法の域外適用・越境移転関連の改正

・日本国内の者の個人情報等を取り扱う外国事業者を、罰則によって担保された報告徴収・命令の対象とする。

・外国にある第三者への個人データの提供時に、移転先事業者における個人情報の取扱いに関する本人への情報提供の充実等を求める。

図表 1-8　2020 年改正法のポイント

概要
■ 2015 年改正個人情報保護法に設けられた「いわゆる３年ごと見直し」に関する規定に基づき、個人情報保護委員会において、関係団体・有識者からのヒアリング等を行い、実態把握や論点整理等を実施。 ■ 自身の個人情報に対する意識の高まり、技術革新を踏まえた保護と利活用のバランス、越境データの流通増大に伴う新たなリスクへの対応等の観点から、今般、個人情報保護法の改正を行い、以下の措置を講ずることとしたもの。

1　個人の権利の在り方
■ 利用停止・消去等の個人の請求権について、一部の法違反の場合に加えて、個人の権利または正当な利益が害されるおそれがある場合にも拡充する。 ■ 保有個人データの開示方法について、電磁的記録の提供を含め、本人が指示できるようにする。 ■ 個人データの授受に関する第三者提供記録について、本人が開示請求できるようにする。 ■ 6 カ月以内に消去する短期保存データについて、保有個人データに含めることとし、開示、利用停止等の対象とする。 ■ オプトアウト規定により第三者に提供できる個人データの範囲を限定し、①不正取得された個人データ、②オプトアウト規定により提供された個人データについても対象外とする。

2　事業者の守るべき責務の在り方
■ 漏えい等が発生し、個人の権利利益を害するおそれが大きい場合に、委員会への報告および本人への通知を義務化する。 ■ 違法または不当な行為を助長する等の不適正な方法により個人情報を利用してはならない旨を明確化する。

3　事業者による自主的な取組を促す仕組みの在り方
■ 認定団体制度について、現行制度に加え、企業の特定分野（部門）を対象とする団体を認定できるようにする。

4　データ利活用の在り方
■ 氏名等を削除した「仮名加工情報」を創設し、内部分析に限定する等を条件に、開示・利用停止請求への対応等の義務を緩和する。 ■ 提供元では個人データに該当しないものの、提供先において個人データとなることが想定される情報の第三者提供について、本人同意が得られていること等の確認を義務付ける。

5　ペナルティの在り方
■ 委員会による命令違反・委員会に対する虚偽報告等の法定刑を引き上げる。 ■ 命令違反等の罰金について、法人と個人の資力格差等を勘案して、法人に対しては行為者よりも罰金刑の最高額を引き上げる（法人重科）。

6　法の域外適用・越境移転の在り方
■ 日本国内にある者に係る個人情報等を取り扱う外国事業者を、罰則によって担保された報告徴収・命令の対象とする。 ■ 外国にある第三者への個人データの提供時に、移転先事業者における個人情報の取扱いに関する本人への情報提供の充実等を求める。

出典：個人情報保護委員会「個人情報の保護に関する法律等の一部を改正する法律 概要資料」

第1章

❹　2021 年改正個人情報保護法

　2021 年 5 月、『デジタル社会の形成を図るための関係法律の整備に関する法律』（令和 3 年・2021 年改正法）が成立・公布された。それらには個人情報保護法関連の改正が含まれ、2021 年改正法そのものは 2021 年 9 月 1 日に施行されたが、第 50 条に基づく第一弾の改正（個人情報保護法・行政機関個人情報保護法・独立行政法人等個人情報保護法の一元化等）は 2022 年 4 月 1 日、第 51 条に基づく第二弾の改正（個人情報保護法と各地方公共団体の個人情報保護条例の一元化）は公布後 2 年以内の政令で定める日（2023 年 5 月まで）に施行される。

（1）　2021 年法改正の背景

　①「デジタル庁」を新設し、国や地方のデジタル業務改革を推進していく中、公的部門で取り扱うデータの質的・量的な増大が不可避となる。そこで、個人情報保護に万全を期すため、独立規制機関である個人情報保護委員会が、公的部門を含め、個人情報の取扱いを一元的に監視監督する体制の確立が必要となった。

　②　情報化の進展や個人情報の有用性の高まりを背景として、官民や地域の枠を超えたデータ利活用が活発化している。そこで、それらの支障となり得る以下のような不均衡・不整合の是正が求められた。

・民間部門と公的部門で個人情報の定義が異なる
・国立病院、公立病院、民間病院で、データ流通に関する法律上のルールが異なる
・国立大学と私立大学で学術研究に対する例外規定が異なる
・地方公共団体間で個人情報保護条例の規定が異なる（いわゆる 2000 個問題）

　③　国境を越えたデータ流通の増加を踏まえ、GDPR 十分性認定への対応をはじめとする国際的な制度調和を図る必要性が一層向上した。それに対して学術研究分野の適用除外を一律の適用除外とするのではなく、義務ごとの例外規定として精緻化が必要となった。

(2)　2021年法改正の主な項目

① 個人情報保護法の一元化および所管の一元化

　個人情報保護法、行政機関個人情報保護法、独立行政法人等個人情報保護法の３つの法律を統合一本化するとともに、地方公共団体の個人情報保護制度について、統合後の法律において全国的な共通ルールを規定し、全体の所管を個人情報保護委員会に一元化。

② 医療分野・学区術分野の規律の統一

　医療分野・学術分野の規制を統一するため、国公立の病院、大学等には原則として民間の病院、大学等と同等の規律を適用。

③ 学術研究に係る適用除外規定の精緻化

　学術研究分野を含めたGDPR（EU一般データ保護規則）の十分性認定への対応を目指し、学術研究に係る適用除外規定について、一律の適用除外ではなく、義務ごとの例外規定として精緻化。

④ 個人情報の定義の統一

　個人情報の定義等を国・民間・地方で統一するとともに、行政機関等での匿名加工情報の取扱いに関する規律を明確化。

第1章

図表1-9　2021年改正法の個人情報保護法制見直し全体像

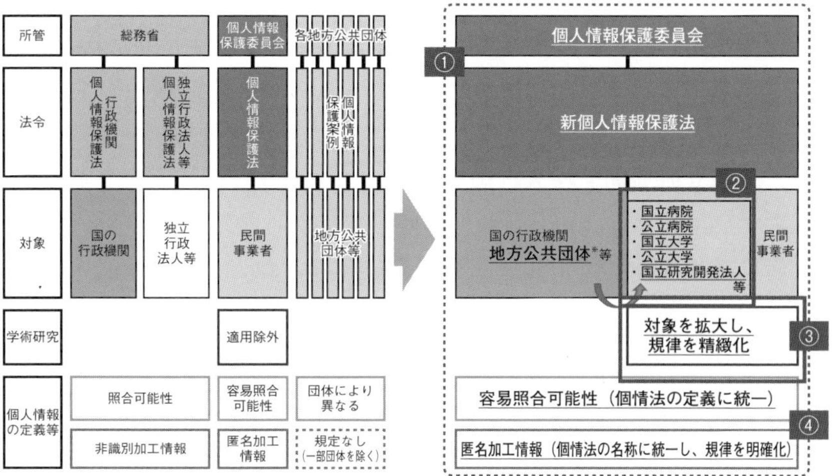

出典：「個人情報保護制度の見直しに関する最終報告（概要）」（内閣官房）

（3）　2021 年改正法の主な内容

① 個人情報の定義等の統一

「個人情報」の定義において、他の情報との照合により個人情報となる場合について、行政機関個人情報保護法および独立行政法人等個人情報保護法で異なっていたものを個人情報保護法の定義に統一。また、「個人識別符号」や「要配慮個人情報」、「仮名加工情報」、「匿名加工情報」、「個人関連情報」の定義については、個人情報保護法の解釈運用を踏襲する形で統一。ただし、個人情報保護法における「個人情報データベース等」に対して行政機関等では「個人情報ファイル」、「個人データおよび保有個人データ」に対して「保有個人情報」と、行政機関の特性を反映し、一元化後も別の定義が設けられている。

また、行政機関において定義されていた「非識別加工情報」は「行政機関等匿名加工情報」に変更。公的部門における匿名加工情報の取扱いに関する規律が明確化。作成、取得、利用は法令の定める所掌事務の範囲内で可能とされるとともに、識別行為禁止義務や安全管理措置義務が課される。

② 医療分野・学術分野における規制の統一

独立行政法人のうち、民間のカウンターパートとの間で個人情報を含むデータを利用した共同作業を継続的に行うもの等には民間事業者と同様の規律を適用。独立行政法人労働者健康安全機構が行う病院である労災病院の運営業務は、独立行政法人等に該当するものの、個人情報取扱事業者等の規定が適用される。改正法第二弾施行（第 51 条による改正）により、地方公共団体の機関による病院、診療所、大学の運営も同様の取扱いとなる。

また、国立研究開発法人、国立大学法人、独立行政法人国立病院機構、放送大学学園などは、独立行政法人等の定義から除外され、個人情報取扱事業者に該当する。改正法第二弾施行により、地方独立行政法人のうち、大学等や病院事業に掲げる業務を目的とするものも、個人情報取扱事業者に該当する。それらの法人については、保有個人データの取扱いに関する規定（開示等請求等）および匿名加工情報取扱事業者等の義務は適用されないが、行政機関等の義務等（第五章）が適用される。

③ 学術研究に係る適用除外規定の精緻化

学術研究機関等が学術研究目的で個人情報を取り扱う場合はすべて適用除外されるという包括的な適用除外がなくなり、学術研究機関にも個人情報取扱事業者としての規定が適用されるが、「利用目的による制限の適用除外」、「要配慮個人情報の取得の同意の例外」、「第三者提供の制限の例外」に学術研究に対する適用除外が追加。

学術研究には、目的の一部が学術研究目的である場合を含み、個人の権利利益を不当に侵害するおそれがある場合が除かれる。これらには、個人情報取扱事業者として扱われる国公立大学や国立研究開発法人にも適用される。

④ 地方公共団体における個人情報保護制度改正

地方公共団体の機関および地方独立行政法人は、第二弾改正施行により「行政機関等」の定義に含まれ、国の行政機関等や独立行政法人等と同様の規律に従う。ただし、病院、診療所および大学は、民間部門と同じ規律が適用される。

個人情報の定義について一元化されるとともに、個人情報の取扱いについて、および個人情報ファイル簿の作成・公表について、国と同じ規律が適用される。また、自己情報の開示、訂正および利用停止の請求権や要件、手続は主要な部分を法律で規定される。匿名加工情報の提供制度についても国と同じ規律が適用される。

⑤ 個人情報保護員会による一元的な監督体制

個人情報保護委員会は、民間事業者、国の行政機関、独立行政法人等、地方公共団体等の4者における個人情報および匿名加工情報の取扱いを一元的に監視監督し、行政機関等における個人情報および匿名加工情報の取扱い全般についての監視権限を個人情報保護委員会がもつ。

地方公共団体における個人情報の取扱い等に関しては、個人情報保護委員会が行政機関に対する監視に準じた措置を行うとともに、委員会に対し、必要な情報の提供や助言を求めることが可能とされる。

個人情報に関連する規格と制度

1 JIS Q 15001

1997年、それまで行政機関に対する個人情報保護法しかなかったことに対し、当時の通商産業省によって初めて民間部門向けの個人情報保護を定義した「民間部門における電子計算機処理に係る個人情報の保護に関するガイドライン」が制定された。このガイドラインでは、教育訓練や内部規程などの体制整備や安全対策が求められているが、その具体的な実現方法は示されていなかった。そこで、このガイドラインを基礎として、コンプライアンス・プログラム策定上の要求事項を示すことにより、個人情報保護に関する問題意識を高め、社会一般への周知を促すことを目的に、**1999年、JIS Q 15001:1999「個人情報保護に関するコンプライアンス・プログラムの要求事項」が制定**された。

この規格において、コンプライアンス・プログラム(CP)は、事業者が自ら保有する個人情報を保護するための方針、組織、計画、実施、監査および見直しを含むマネジメントシステムと定義されている。そして、これらを策定し、実施し、維持し、スパイラル的に継続的改善をしていくことが求められている。この規定では、ISO9001品質マネジメントシステムや、JIS Q 14001環境マネジメントシステムなどに共通のPDCAマネジメントサイクルが採用されている。

JIS Q 15001が制定されたことにより、事業者は、自己による評価や顧客による評価および第三者機関による評価によって、この規格との適合性を利害関係者に示すことができ、理解を得ることができるようになった。この第三者機関による評価が、プライバシーマーク制度である。

2003年、個人情報保護法が成立し公布された。この法律は、JIS Q 15001と同様にOECD 8原則をベースとしており、それらの構成や内容は似ている。しかし、世情を反映させたり、わかりやすい用語に変更されたりしており、JIS Q 15001と個人情報保護法には相違点があった。

❷　JIS Q 15001 の改定

（1）　JIS Q 15001:2006

　通常、JIS 規格は 5 年ごとに見直されるが、個人情報保護法の成立に時間がかかったことなどから、**JIS Q 15001:1999 制定**から 7 年後になる **2006 年 5 月、JIS Q 15001:2006「個人情報保護に関するマネジメントシステム－要求事項」**として改定された。

　この変更では、個人情報保護法との用語統一がなされるとともに、項目が細分化され、より具体的な記述がなされた。また、規格名称が「コンプライアンス・プログラム」から「個人情報保護マネジメントシステム」へ変更され、PDCA サイクルによる継続的かつスパイラル的な保護活動が名実ともにより求められることになった。

　主な変更点は、次のとおり。

① 「適用範囲」「用語及び定義」の用語を、個人情報保護法の用語に統一
　例 「情報主体」→「本人」、個人情報の「収集」→個人情報の「取得」

② 「リスクなどの認識、分析及び対策」「内部規程」「委託先の監督」の内容の詳細化

③ 「緊急事態への準備」「運用手順」「本人にアクセスする場合の措置」「提供に関する措置」「従業者の監督」「運用の確認」「是正処置及び予防処置」の追加

④ 「事業者の代表者による見直し項目」の明確化

図表 1-10　JIS Q 15001 改定にともなう用語の変更・追加例

JIS Q 15001:1999	JIS Q 15001:2006
情報主体	本人
管理者	個人情報保護管理者
受領者	提供を受ける者
監査責任者	個人情報保護監査責任者
コンプライアンス・プログラム	個人情報保護マネジメントシステム
－	不適合
収集	取得
預託	委託

（2）　JIS Q 15001:2017

　改正個人情報保護法が 2017 年 5 月に全面施行されたことに対応し、改正された JIS Q 15001:2017 が 2017 年 12 月に公開された。

　この改正では、個人情報の種類について、旧規格では「個人情報」「開示対象個人情報」「特定の機微な個人情報」に分類されていたが、「個人情報」「個人データ」「保有個人データ」および「要配慮個人情報」「匿名加工情報」と、改正個人情報保護法における用語と定義に統一された。

　また、章立てが、ISO27001 などの ISO マネジメント規格の構成と合わせられ、大きく形式が変わった。

　旧規格（JIS Q 15001:2006）における本文の内容は、新規格では「附属書 A」に、旧規格の解説文書の内容は、新規格では「附属書 B」に、そして新たに附属書 C に「安全管理対策の推奨される事項」が記載されている。

　また、附属書 D には、新旧規格の目次対応表および用語対応表が記載されている。

図表 1-11　JIS Q15001 新旧規格の構成比較

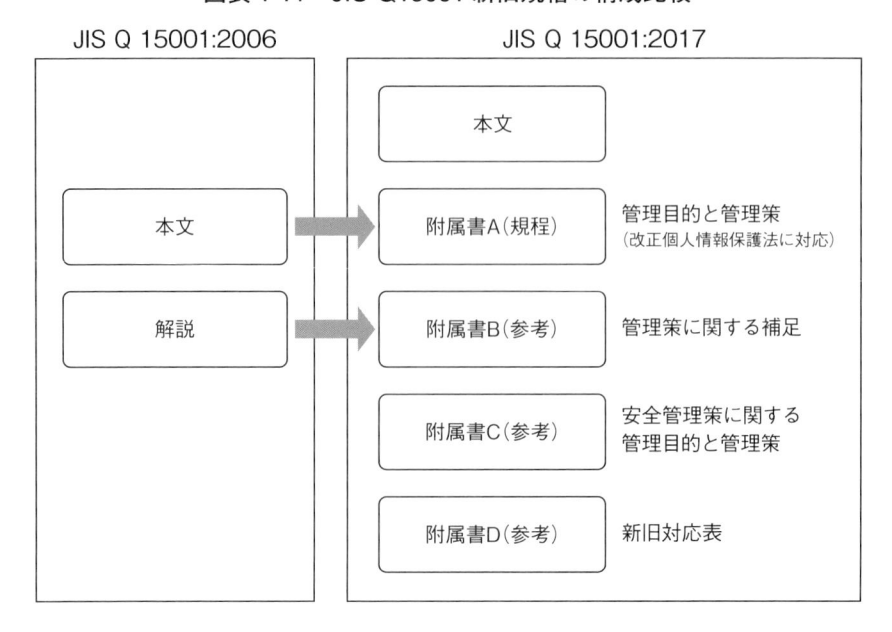

（3）JIS Q 15001:2017 の要求事項

　JIS Q 15001:2017 では、個人情報保護に関する体制を整備し、適切に運用し、定期的な確認を行い、継続的に改善を行っていくための体系的な仕組み（PDCA サイクル）を構築し、管理することが求められている。

図表 1-12　JIS Q 15001:2017 要求事項

```
0   序文
    0.1   概要
    0.2   他のマネジメントシステム規格との近接性
1   適用範囲
2   引用規格
3   用語及び定義
4   組織の状況
    4.1   組織及びその状況の理解
    4.2   利害関係者のニーズ及び期待の理解
    4.3   個人情報保護マネジメントシステムの適用範囲の決定
    4.4   個人情報保護マネジメントシステム
5   リーダーシップ
    5.1   リーダーシップ及びコミットメント
    5.2   方針
    5.3   組織の役割、責任及び権限
6   計画
    6.1   リスク及び機会に対処する活動（⇒詳細は附属書 A 、B に記載）
    6.2   個人情報保護目的及びそれを達成するための計画策定
7   支援
    7.1   資源
    7.2   力量
    7.3   認識
    7.4   コミュニケーション
    7.5   文書化した情報
8   運用
    8.1   運用の計画及び管理
    8.2   個人情報保護リスクアセスメント
    8.3   個人情報保護リスク対応
9   パフォーマンス評価
    9.1   監視、測定、分析及び評価
    9.2   内部監査
    9.3   マネジメントレビュー
10  改善
    10.1  不適合及び是正処置
    10.2  継続的改善
```

3　プライバシーマーク制度

（1）　制定の概要と目的

　プライバシーマーク制度は、日本工業規格の JIS Q 15001 の適合性を評価する制度である。適切な個人情報保護のための体制を整備している事業者に対し、その申請に基づいて、一般財団法人日本情報経済社会推進協会（JIPDEC）およびその指定審査機関が評価・認定し、その証として、プライバシーマークを付与し、事業活動に関してそのロゴマークの使用を認めている。プライバシーマーク制度は、次の目的をもっている。

〈プライバシーマーク制度の目的〉

① 　消費者の目に見えるプライバシーマークで示すことによって、個人情報の保護に関する消費者の意識の向上を図ること

② 　適切な個人情報の取扱いを推進することによって、消費者の個人情報の保護意識の高まりに応え、社会的な信用を得るためのインセンティブを事業者に与えること

　プライバシーマーク制度は、EU 指令への対応などのため、通商産業省（現・経済産業省）の指導により 1998 年に創設され、当初、1997 年に公表されていたガイドラインを認証基準とした。翌年「JIS Q 15001:1999」が公表され、これに対する適合性評価制度へ変更された。JIS Q 15001 は 2005 年 4 月の個人情報保護法の全面施行を受けて 2006 年 5 月に改正され、プライバシーマークの認証基準も JIS Q 15001:2006 へ移行した。

　また、JIPDEC は、2006 年 8 月に、JIS Q 15001 の要求事項ごとの文書審査および現地審査の項目や着眼点が記述された「JIS Q 15001:2006 をベースにした個人情報保護マネジメントシステム実施のためのガイドライン」を公表、2010 年 9 月には、同ガイドラインの第 2 版を公表した。

　2017 年 5 月、2015 年改正個人情報保護法の全面施行に対応し、JIS Q 15001：2017 が発行されたことにともない、2018 年 1 月、新規格に対応した審査基準が公表された。2018 年 8 月から適用開始され、2020 年 8 月に審査基準等が完全移行された。

（2）　更新と指導・処分等の措置

　事業者は、申請時だけでなく、継続してこれらの目的を達成しなければならないことから、**2 年間の有効期限**が設けられ、以降は 2 年ごとに更新を行うことができる。更新申請は、有効期間の終了する 8 カ月前から 4 カ月前までの間に行わなければならない。

　2005 年の個人情報保護法全面施行以降、「個人情報の保護に関する基本方針」に示されていることもあり、各事業者から個人情報の取扱いにおける事故などに関する公表が積極的に行われるようになった。プライバシーマーク制度においても、プライバシーマーク付与事業者の個人情報の取扱いにおける事故について、事業者からの事故報告を義務づけられている。その報告に対して、それぞれに対して欠格レベルが欠格性判断基準に基づいて判断され、欠格レベルに応じた指導・処分等の措置が行われる。

　2006 年 12 月には、指導・処分等の措置が見直され、欠格レベルが 5 段階から 10 段階に細分化された。措置の区分は事故の欠格レベルに応じて「取消し」「一時停止」「勧告」「注意」の 4 段階となり、付与認定の権利が剥奪される取消しと、保有したままである勧告・注意の間に、認定の一時停止段階が加えられた。

　一時停止は、事故の原因となった不適合箇所を特定し、必要な改善を実施して適合状態に戻すための期間として位置づけられており、期間は取消しが 1 年間であるのに対し、一時停止は欠格レベルに応じて 1 カ月から 11 カ月の間で設定される。ただし、期間中に定められた終了条件を満たした場合は一時停止期間は解除され、逆に、一時停止期間に達しても終了条件を満たしていない場合は期間が延長される。その結果、一時停止期間が 1 年を超えた場合は取消しとなる。

　2015 年 10 月、重大な事故が発生した場合に、より適切に対応するため、「プライバシーマーク付与に関する規約」が改定され、プライバシーマーク付与機関は、付与事業者における個人情報の取扱いに関する事故が、定められている重大な事故等に相当すると判断した場合、制度委員会の審議を経た上で、付与事業者に対しプライバシーマーク付与の一時停止、取消しの措置、および注意、勧告の措置を行うことができることとなった。

4　ISMS 適合性評価制度

　ISMS 適合性評価制度は、国際的に整合性のとれた情報セキュリティマネジメントシステム（ISMS：Information Security Management System）に対する第三者適合性評価制度であり、日本の情報セキュリティ全体の向上に貢献するとともに、諸外国からも信頼を得られる情報セキュリティレベルを達成することを目的とした制度である。情報セキュリティの基準として、組織が保護すべき情報資産は、「機密性」「完全性」「可用性」をバランスよく維持・改善し、リスクを適切に管理することが求められている。

　事業者は、ISMS の確立により体系的なセキュリティ対策の運用管理が可能となる。例えば、組織における責任の明確化や従業者のスキルの向上などとともに、適用すべき法令等が明確になり、コンプライアンスの向上にもつながる。また、この認証を取得することによって、社内体制を強化できるとともに、対外的に情報セキュリティへの取り組みをアピールすることができ、あわせて企業価値の向上が期待できる。

　ISMS 適合性評価制度は、一般社団法人情報マネジメントシステム認定センター（ISMS-AC）によって運営されている。適合性評価の基準は、英国での認証基準である英国規格 BS 7799-2 をもとに国際規格化された ISO/IEC 27001 を国内規格化した JIS Q 27001 である。2013 年に国際規格が改訂されたことにともない、国内規格も、**JIS Q 27001:2014「情報技術―セキュリティ技術―情報セキュリティマネジメントシステム―要求事項」**に改訂された。ISMS の認証取得には、業種や組織の規模に条件を設けられていない。したがって、法人化されているかどうかにかかわらず、公共または民間の会社、法人、企業、機関、あるいはそれらの一部または組み合わせで、独自の機能と管理があり、情報セキュリティのマネジメントを実施する能力をもつ組織であれば、認証を取得できる。また、認証取得の範囲にも制限がないので、法人単位ではなく、事業部・部・課単位、プロジェクト単位など柔軟に認証を取得できる。認証登録後は、通常、1 年ごとにサーベイランス（認証維持）審査が行われ、再認証（更新）審査は 3 年ごとに行われる。認定事業者数は、制度開始以降増加し続けている。

5 プライバシーマーク制度と ISMS 適合性評価制度

プライバシーマーク制度と ISMS 適合性評価制度は、JIS で定められたマネジメントシステムの基準に対する**適合性評価**という点では共通しているが、プライバシーマーク制度では、対象とする情報は**個人情報**に限定されており、その取扱方法全般を対象としているのに対し、ISMS 適合性評価制度は、**事業者が取り扱う情報全般**に対しその安全管理が対象となっている。

それぞれの基準としている JIS 規格について、JIS Q 27001 は、**国際基準である ISO/IEC 27001 に準拠している**ため、国際的に通用する認証制度であるが、JIS Q 15001 は、準拠している国際基準は特になく、**日本国内の独自の認証制度**である。ただし、プライバシーマーク制度は、韓国情報通信産業協会(KAIT)が運営する個人情報保護認証制度 ePRIVACY や、中国大連ソフトウェア産業協会(DSIA)が運用する個人情報保護認証制度 PIPA と相互承認関係がある。

図表 1-13 プライバシーマーク制度と ISMS 適合性評価制度

	プライバシーマーク制度	ISMS 適合性評価制度
認証取得単位	事業者全社単位	部門単位など
認定数	16,823 社[注1]	6,743 組織[注2]
保護の対象	事業者が取り扱う個人情報	組織が保護すべき情報資産
基準となる規格	JIS Q 15001:2006(国内基準) ※ただし、韓国・中国と相互承認あり。	JIS Q 27001:2014 ／ ISO/IEC 27001:2013 (国際基準)
維持・更新	有効期間は 2 年で、2 年ごとに更新審査	通常、1 年ごとにサーベイランス(認証維持)審査、3 年ごとに再認証(更新)審査

[注1] 2022 年 2 月 14 日現在　[注2] 2022 年 2 月 10 日現在(登録ベース)

PICK UP

・プライバシーマーク制度は、JIS Q 15001 の適合性評価制度であり、ISMS 適合性評価制度は、国際的に整合性のとれた情報セキュリティに関する第三者認証制度である。

第1章

第1章◎過去問題チェック

1．令和4年4月1日に全面施行される「個人情報の保護に関する法律等の一部を改正する法律」に関する以下のアからエまでの記述のうち、誤っているものを1つ選びなさい。

　ア．保有個人データの定義において、「1年以内の政令で定める期間（6カ月）以内に消去することとなるもの」（短期保存データ）を除外する規定が削除されることとなった。

　イ．個人データの授受に関する第三者提供記録について、原則として、本人が開示請求することができることとなった。

　ウ．違法又は不当な行為を助長する等の不適正な方法により個人情報を利用しないように努めなければならないという努力義務が、個人情報取扱事業者に課されることとなった。

　エ．提供元では個人データに該当しないものの、提供先において個人データとなることが想定される情報の第三者提供について、本人の同意が得られていること等の確認が提供元に義務付けられることとなった。

〈第63回出題　問題1〉

2．プライバシーマーク制度に関する以下のアからエまでの記述のうち、誤っているものを1つ選びなさい。

　ア．プライバシーマーク付与の対象は、国内に活動拠点をもつ事業者であり、原則として、法人単位で付与される。

　イ．主な審査ポイントは、文書審査と現地審査である。

　ウ．審査機関による審査と付与適格決定を受けて、付与機関（JIPDEC）がホームページ等を通じて付与事業者を公表する。

　エ．プライバシーマーク付与の有効期間は3年間であり、3年ごとに更新を行うことができる。

〈第64回出題　問題2〉

第 **2** 章

個人情報保護法の理解

① 個人情報保護法制の構成

② 基本方針とガイドライン

③ 個人情報保護法の理解

④ 個人情報保護法の目的と基本理念

⑤ 個人情報の定義と分類

⑥ 個人情報取扱事業者の義務

⑦ 利用目的の特定と利用目的による制限

⑧ 適正な取得と利用目的の通知・公表

⑨ 個人データに対する義務

⑩ 第三者提供に関する義務

⑪ 保有個人データに関する義務

⑫ 仮名加工情報

⑬ 匿名加工情報

⑭ 認定個人情報保護団体

⑮ 雑則

⑯ 個人情報保護委員会

⑰ 罰則

⑱ 事業者に求められる対応

⑲ 行政機関等の義務等

⑳ 個人情報保護法の関連法規

㉑ 個人情報保護法の施行状況

㉒ 個人情報保護法の解釈に関する Q&A

個人情報保護法制の構成

1 個人情報保護法制

（1） 当初の法構成

　1988年、国の行政機関を対象とする「行政機関の保有する電子計算機処理に係る個人情報の保護に関する法律」が制定された。

　2003年5月、民間分野向けの**個人情報保護法**が公布されると同時に、行政機関向けの法律は「**行政機関の保有する個人情報の保護に関する法律**」として全面改正され、同時に独立行政法人に対する「**独立行政法人等の保有する個人情報の保護に関する法律**」が制定された。これらの2つの法律は、個人情報保護法とあわせ、**個人情報保護三法**と呼ばれ、2005年4月に同時に全面施行された。

　個人情報保護法では、民間分野向けの一般法部分とともに、これらの個人情報保護三法に共通の基本法部分が定められており、公的分野の一般法部分はそれぞれ別の法律および条例で定められている変則的な形式であった。

図表 2-1　当初の個人情報保護に関する法律の体系

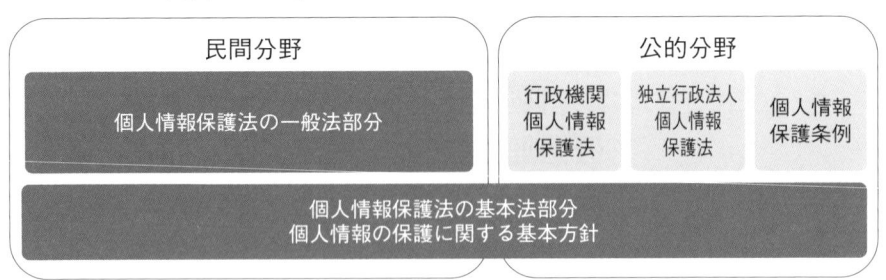

（2） 現在の法構成

　個人情報保護法の2021年法改正で、公的分野の法律が廃止され、個人情報保護法の一元化が図られた。公的分野の各法律で規定されていた内容は、用語等の統一とともに、個人情報保護法の中に統合され、変則的な体系が解消された。

2　個人情報保護法の全体構成

　個人情報保護法では、規定の詳細や例外条件などについて政令で定めるとされている。それらにともない、施行令が設けられている。また、法律や**施行令**には、個人情報保護委員会の規則に詳細内容を委ねている場合もあり、**施行規則**が設けられている。

　そして法7条で、政府は「**個人情報保護に関する基本方針**」を定めるとされており、個人情報保護委員会が作成した原案を政府が閣議決定し、内閣総理大臣が公表することとなっている。

　また、事業者等が具体的な対応をとるための措置として、個人情報保護委員会は、全事業分野に適用される指針として「**個人情報の保護に関する法律についてのガイドライン**」が告示されている。また、それらについての **Q&A** も公表され、逐次更新されている。あわせて、特に厳格な実施の確保を要する分野（金融分野や医療分野等）については、特定分野ガイドラインとして個人情報保護委員会と所管省庁によって共同告示されている。これらのガイドラインは、法律条文の解釈を明確化した内容と、法律の義務内容に加えて自主的に取り組むことが望ましいとする内容が含まれる。

図表 2-2　個人情報保護法の構成

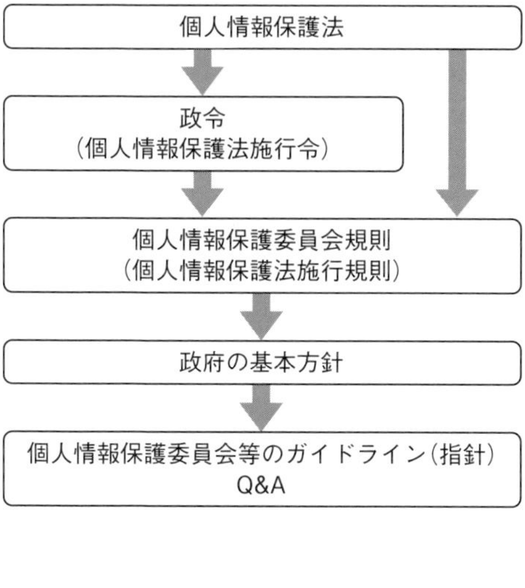

```
┌─────────────────────────┐
│       個人情報保護法         │
└─────────────────────────┘
┌─────────────────────────┐
│          政令              │
│   （個人情報保護法施行令）      │
└─────────────────────────┘
┌─────────────────────────┐
│    個人情報保護委員会規則      │
│   （個人情報保護法施行規則）    │
└─────────────────────────┘
┌─────────────────────────┐
│       政府の基本方針         │
└─────────────────────────┘
┌─────────────────────────┐
│ 個人情報保護委員会等のガイドライン（指針）│
│           Q&A            │
└─────────────────────────┘
```

第2章

基本方針とガイドライン

1 個人情報の保護に関する基本方針

　個人情報保護法第7条で、「政府は、個人情報の保護に関する施策の総合的かつ一体的な推進を図るため、**個人情報の保護に関する基本方針**を定めなければならない」とされている。また、同条2項で、個人情報保護に関する施策推進の基本的な方向や、国、地方公共団体、独立行政法人等、地方独立行政法人、および個人情報取扱事業者、仮名加工情報取扱事業者、匿名加工情報取扱事業者、認定個人情報保護団体のそれぞれの個人情報保護措置に関する基本的な事項、さらに苦情の円滑処理、その他施策推進に関する事項を、基本方針として定めるとされている。

　基本方針は、法制定時においては主務大臣制による分担管理がしかれていたため、その弊害を避けるため、**個人情報保護の総合的で一体的な施策の推進を図る**ことを目的に、政府が閣議決定によって作成し、内閣総理大臣が公表することとされていた。しかし、2015年の法改正によって、2016年より監督機関が個人情報委員会に移管され、同時に**個人情報保護委員会が基本方針案**を作成することとなった。

・　個人情報の保護に関する基本方針の改正

　基本方針は、2003年5月の個人情報保護法公布後、2004年4月に閣議決定され公表された。2005年4月に法律が全面施行された後、個人情報保護に対する過剰反応などの問題が起きたため、これらに対応し、本来の目的達成を目指して、過剰反応への対応や国際的な取り組みへの対応、プライバシーポリシー等の記述、安全管理措置の程度、国民生活審議会の役割などが追記され、2008年4月に**一部変更**された。

　さらに、2009年9月に、消費者庁の新設による所管の変更にともなって、「政府全体としての制度の統一的な運用を図るための指針」が変更・追加され、また、2015年の個人情報保護法改正にともなって、2016年2月および10月に一部変更された。

　この中で、法律の規定や個人情報保護ガイドライン等に則し、個人情報保護を推進する上での考え方や方針を対外的に明確化し、主体的な個人情報の保護および適正かつ効果的な活用についての取り組みが求められた。

　また、2018年6月、情報通信技術の進展や個人情報を含むデータの国境を越えた流通の増大、そしてそれらへの情報セキュリティ対策の観点から、**個人データの円滑な国際的流通の確保のための取り組みや個人データに対する不正アクセス等への対応**が追記された。

図表 2-3　「個人情報の保護に関する基本方針」の項目

1. 個人情報の保護に関する施策の推進に関する基本的な方向
　(1) 個人情報をめぐる状況
　(2) 法の理念と制度の考え方
　　　①個人情報の保護と有用性への配慮
　　　②法の正しい理解を促進するための取組
　　　③各事業者の自律的な取組と各主体の連携
　(3) 国際的な協調
　(4) 情報セキュリティ対策の取組
2. 国が講ずべき個人情報の保護のための措置に関する事項
　(1) 各行政機関の保有する個人情報の推進
　(2) 事業者の保有する個人情報の保護の推進
　　　①個人情報の保護の推進に関する施策
　　　②個人データの円滑な国際的流通の確保のための取組
　　　③個別の事案への対応
　　　④広報・啓発、情報提供等に関する方針
　(3) 個人情報保護委員会の活動状況等の公表
　(4) 個人情報の保護及び円滑な流通を確保するための国際的な取組
　(5) 個人データに対する不正アクセス等への対応
3. 地方公共団体が講ずべき個人情報の保護のための措置に関する基本的な事項
4. 独立行政法人等が講ずべき個人情報の保護のための措置に関する基本的な事項
5. 地方独立行政法人が講ずべき個人情報の保護のための措置に関する基本的な事項
6. 個人情報取扱事業者等が講ずべき個人情報の保護のための措置に関する基本的な事項
　(1) 個人情報取扱事業者が取り扱う個人情報に関する事項
　(2) 個人情報取扱事業者及び匿名加工情報取扱事業者が取り扱う匿名加工情報に関する事項
　(3) 認定個人情報保護団体に関する事項
7. 個人情報の取扱いに関する苦情の円滑な処理に関する事項
　(1) 事業者自身による取組の在り方
　(2) 認定個人情報保護団体の取組の在り方
　(3) 地方公共団体における取組の在り方
　(4) 国民生活センターにおける取組
　(5) 個人情報保護委員会における取組
8. その他個人情報の保護に関する施策の推進に関する重要事項

第2章

2 個人情報の保護に関するガイドライン

（1）　個人情報保護委員会の指針

　個人情報の保護に関する基本方針において、国が講ずべき措置の１つとして、**事業者の保有する個人情報の保護の推進に関する施策**が求められている。

　法律は、その定めるルールが各分野に共通する必要最小限のものであるため、認定個人情報保護団体における**個人情報保護指針の策定**等や、これを踏まえた事業者の自主的な取り組みが進められることが期待されている。これに対応し、**個人情報保護委員会はすべての事業等分野に共通して適用される指針（ガイドライン）**を策定している。

　法制定時はそれぞれの事業分野に応じ、法で規定された事業者の義務規定をより具体化・詳細化して記載されたガイドラインが、各省庁で策定され、2015 年改正法全面施行前までは、27 事業分野について 38 のガイドラインが公表されていた。

　特に、事業全般分野を対象とする「**個人情報の保護に関する法律についての経済産業分野を対象とするガイドライン（経済産業分野ガイドライン）**」は、対象となる事業者が最も多い重要なガイドラインであったが、2015 年改正法全面施行にともなって廃止された。

　それに代わって、個人情報保護委員会の指針「**個人情報の保護に関する法律についてのガイドライン**」は、すべての事業等分野に共通して適用され、「**通則編**」、「**外国にある第三者への提供編**」、「**第三者提供時の確認・記録義務編**」、「**匿名加工情報編**」、「**認定個人情報保護団体編**」として告示され、随時更新されている。

（2）　特定分野についてのガイドライン

　個人情報保護委員会の指針とは別に、**金融関連分野、医療関連分野、電気通信事業分野、放送分野、郵便事業分野、信書便事業分野、個人遺伝情報を用いた事業分野の特定分野**については、個人情報保護委員会と所管官庁が共同でガイドラインを告示している。これらの分野においても、特に定めがない事項は委員会の指針が適用される。

3 ガイドラインの位置づけ

　これらの指針には、法令解釈を明確にするための詳細な説明や具体的な例の記載を交え、事業者が「**しなければならない**」とされる義務性のある内容と、対象分野に応じて追加的に「**望ましい**」「**適切である**」等の記述により、任意に取り組みが求められている内容がある。義務性のある内容については、それらに従っていない場合、**義務違反と判断されうる。**

　このように法的強制力がある内容も含まれ、事業者にとっては重要であることから、その内容の正しい理解と対応推進のため、個人データ漏洩時の対応とあわせ、個人情報保護委員会により『「**個人情報の保護に関する法律についてのガイドライン**」に関するＱ＆Ａ』が公表されている。

図表2-4　主なガイドライン

分野	名称
全体	個人情報の保護に関する法律ついてのガイドライン（通則編）
	〃　　　　　　　　　（外国にある第三者への提供編）
	〃　　　　　　　　　（第三者提供時の確認・記録義務編）
	〃　　　　　　　　　（仮名加工情報・匿名加工情報編）
	〃　　　　　　　　　（認定個人情報保護団体編）
金融関連	金融分野における個人情報保護に関するガイドライン
	信用分野における個人情報保護に関するガイドライン
	債権管理回収業分野における個人情報保護に関するガイドライン
医療関連	医療・介護関係事業者における個人情報の適切な取扱いのためのガイダンス
	健康保険組合等における個人情報の適切な取扱いのためのガイダンス
	国民健康保険組合における個人情報の適切な取扱いのためのガイダンス
	国民健康保険団体連合会等における個人情報の適切な取扱いのためのガイダンス
電気通信	電気通信事業における個人情報保護に関するガイドライン
放送	放送受信者等の個人情報保護に関するガイドライン
郵便事業	郵便事業分野における個人情報保護に関するガイドライン
信書便事業	信書便事業分野における個人情報保護に関するガイドライン
個人遺伝情報事業	経済産業分野のうち個人遺伝情報を用いた事業分野における個人情報保護ガイドライン

第2章

個人情報保護法の理解

1 現行の法律について

　2003年に制定された個人情報保護法は、18年の年月を経て2021年、改正法が成立した。その間も2度改正されているが、2021年の改正は3本の法律が統合される抜本的な大幅改正がなされた。これらを反映し、個人情報保護法は、巨大化するとともに例外や除外事項が増え、難解な法律となっている。

　法律を理解するには、まずは法律条文を読むことから始まるが、参照をさせる箇所が多数あり、当法律内の参照だけでなく、政令や施行規則、施行令といった別文書を参照する箇所もあり、さらに詳細の理解のためには、ガイドラインを参照することになる。

　また、2021年改正法は、第一弾施行として2020年改正法と同時施行され、さらに第二弾施行は1年先が想定されているため、その過渡期には、どれが現行法なのかがわかりにくい状況となる。

2 本書の記載について

　本書では、正確な理解のため、原則として条文の原文を掲載している。それらは、一般事業者が対象となる民間分野対象の規定を中心として抜粋し、一部省略もされている。公的分野の規定については、民間の事業者がカウンターパートとなる際に理解しておくべきであろうものを中心に掲載している。

　巨大化した法律に対して、当初の制定背景から、改正の経緯やその内容を追うことが理解を助けると考え、それらを記載している。

　また、条文の条番号は、2021年改正法第一弾施行後のもので表記している。

　なお、本来の法律条文は、文字装飾情報等のないプレーンテキストで示されているが、本書では独自に下線や注釈を記入している。内容の説明は、個人情報保護法ガイドラインをもとにしている。

3　2020年改正個人情報保護法の章構成

2020年に公布され、2022年4月に全面施行の2020年改正個人情報保護法は、**全七章88条**と附則からなっている。

基本法部分である第一章では、**個人情報保護法の目的と基本理念**、および**個人情報などの定義**が定められており、この法律において基本となるとても重要な部分である。

第二章では、この法律の趣旨に従い、国は総合的に、地方公共団体はその区域の特性に応じて、個人情報の適正な取扱いを確保するために必要な施策を策定し、実施する責務を有することが定められている。

第三章では、第7条で、政府は個人情報の保護に関する基本方針を定めることが規定され、定める項目が挙げられている。第8条以下では、国と地方公共団体に、個人情報の適正な取扱いの確保に関して行う活動の支援や、指針の策定、苦情処理措置、さらに両者の協力などが定められている。

一般法部分の第四章以降の構成について、まず第一節で**個人情報取扱事業者の義務**が定められており、民間事業者が対応措置をとる上で重要な部分である。

第二節では2020年改正法によって追加された**仮名加工情報取扱事業者等の義務**が定められ、第三節には2015年改正法によって追加された**匿名加工情報取扱事業者等の義務**が定められている。仮名加工情報や匿名加工情報を利活用する事業者には重要な部分である。そして、第四節では、それらの事業者に対しての**監督**について定められている。第五節では**認定個人情報保護団体**について、第六節では**送達**について定められている。

第五章は、2015年改正法で新設された**個人情報保護委員会**に関して定められている。

第六章は、**雑則**として第四章における義務の適用除外や個人情報保護委員会の措置について等が定められている。

第七章は、第四章で規定されている義務に違反した場合の**罰則等**が定められている。

図表 2-5　2020 年改正法の個人情報保護法の構成

基本法	第一章　総則
	目的（１条）、定義（２条）、基本理念（３条）
	第二章　国及び地方公共団体の責務等
	第三章　個人情報の保護に関する施策等
一般法	第四章　個人情報取扱事業者の義務等
	第一節　個人情報取扱事業者等の義務（15 条〜 35 条）
	第二節 仮名加工情報取扱事業者等の義務（35 条の２、３）
	第三節 匿名加工情報取扱事業者等の義務（36 条〜 39 条）
	第四節 監督（40 条〜 46 条）
	第五節 民間団体による個人情報の保護の推進（47 条〜 58 条）
	第六節 送達（58 条の２〜５）
	第五章　個人情報保護委員会（59 条〜 74 条）
	第六章　雑則（75 条〜 81 条）
	第七章　罰則（82 条〜 88 条）
附則	

4　2021 年改正個人情報保護法の章構成

　2021 年の改正法で、行政機関および独立行政法人等個人情報保護法が統合されたことにともない、第五章に行政機関等の義務等が新設され挿入される形式となっている。

　2021 年改正法は、二段階施行となっており、第一弾施行では地方公共団体の条例の統合は反映されていないが、第二弾施行でそれらへの対応と内容が挿入され、最終的には**全 8 章 185 条**と附則からなる法律となる。

図表 2-6　2021 年改正後の個人情報保護法の構成

基本法	第一章 総則（１条〜３条）
	第二章 国及び地方公共団体の責務（４条〜６条）
	第三章 個人情報の保護に関する施策
	第一節 個人情報の保護に関する基本方針（７条）
	第二節 国の施策（８条〜 11 条）
	第三節 地方公共団体の施策（12 条〜 14 条）
	第四節 国及び地方公共団体の協力（15 条）

民間分野の一般法	第四章 個人情報取扱事業者等の義務等 　第一節 総則（16条） 　第二節 個人情報取扱事業者及び個人関連情報取扱事業者の義務（17条〜40条） 　第三節 仮名加工情報取扱事業者等の義務（41条・42条） 　第四節 匿名加工情報取扱事業者の義務（43条〜46条） 　第五節 民間団体による個人情報の保護の推進（47条〜56条） 　第六節 雑則（57条〜59条）
公的分野の一般法	第五章 行政機関等の義務等 　第一節 雑則（60条） 　第二節 行政機関等における個人情報等の取扱い（61条〜73条） 　第三節 個人情報ファイル（74条・75条） 　第四節 開示、訂正及び利用停止 　　第一款 開示（76条〜89条） 　　第二款 訂正（90条〜97条） 　　第三款 利用停止（98条〜103条） 　　第四款 審査請求（104条〜106条）（※104条〜107条） 　　第五款 条例との関係（※108条） 　第五節 行政機関等匿名加工情報の提供等（107条〜121条）（※109条〜123条） 　第六節 雑則（122条〜126条）（※124条〜129条）
	第六章 個人情報保護委員会（127条〜165条）（※130条〜170条） 　第一節 設置等 　第二節 監督及び監視 　　第一款 個人情報取扱事業者の監督 　　第二款 認定個人情報保護団体の監督 　　第三款 行政機関等の監視 　第三節 送達 　第四節 雑則
	第七章 雑則（166条〜170条）（※171条〜175条） 第八章 罰則（171条〜180条）（※176条〜185条）
	附則

　なお、※付きで示されている条番号は、2021年改正法第二弾が施行された際に条番号が左記から変更されるものである。改正法第二弾施行では地方公共団体に関する規定が組み入れられ、「第五章 第四節 第五款（条例との関係）」が追加挿入されるとともに、関連条文が追加されている。

個人情報保護法の目的と基本理念

> 個人情報の保護に関する法律　第一章 総則
> **（目的）**
> 第1条　この法律は、デジタル社会^(※)の進展に伴い個人情報の利用が著しく拡大していることに鑑み、個人情報の適正な取扱いに関し、基本理念及び政府による基本方針の作成その他の個人情報の保護に関する施策の基本となる事項を定め、国及び地方公共団体の責務等を明らかにし、個人情報を取り扱う事業者及び行政機関等についてこれらの特性に応じて遵守すべき義務等を定めるとともに、個人情報保護委員会を設置することにより、行政機関等の事務及び事業の適正かつ円滑な運営を図り、並びに個人情報の適正かつ効果的な活用が新たな産業の創出並びに活力ある経済社会及び豊かな国民生活の実現に資するものであることその他の個人情報の有用性に配慮しつつ、個人の権利利益を保護することを目的とする。
> **（基本理念）**
> 第3条　個人情報は、個人の人格尊重の理念の下に慎重に取り扱われるべきものであることに鑑み、その適正な取扱いが図られなければならない。

^(※) 2021 年改正法により、「高度情報通信社会」が「デジタル社会」に改められた

1 個人情報保護法の目的

　個人情報保護法は、デジタル社会（高度情報通信社会）の進展にともなって、個人情報の利用が拡大していく中で、政府、国、地方公共団体の責務等を明らかにするとともに、個人情報を取り扱う事業者に対して、遵守すべき義務等を定め、**個人情報の有用性に配慮しつつ、個人の権利利益を保護することを目的**としている（法1条）。

　まず、個人情報保護法は、「個人情報」を保護することではなく、「個人の権利利益」を保護することを求めている。

　個人情報の有用性を活かすにあたり、個人情報を取り扱う事業者に対し、遵守すべきルールを定めて個人の権利利益を保護し、本人との信頼関係を保つことが目的である。現代の高度情報化社会においては、個人情報の適正で効果的な活用が、産業発展や豊かな国民生活の実現に寄与することから、個人の権利利益の保護とともにその有用性とのバランスを保とうとするものである。

　個人情報保護法は、**個人情報の主体である本人の「自己情報コントロール権」の保護との事業者による利活用の調整**について規定されており、プライバシー侵害に対する罰則を課すことが目的の主体ではない。

　事業者の取扱いが個人の権利利益を侵害する可能性のあるものを個人情報として定義し、その取扱いのルールを規定する事前規制型の法律である。権利利益が侵害される事件や事故が起こったときの事後対応は、原則として当事者間での解決が求められており、著しい損害を受けた被害者には、民法などに基づいて対応（措置・填補等）が行われる。

❷　個人情報保護法の基本理念

　第3条基本理念において、個人情報は「**個人の人格尊重の理念の下に慎重に取り扱われるべきもの**」であり、「**適正な取扱いが図られなければならない**」とされている。まずは、個人情報の「保護」ではなく、「取扱い」について記されていることに注目するとともに、個人情報取扱事業者等の義務等は、この基本理念に基づいて規定されているため、とても重要な条文である。さらに、以降の義務規定では定義されていない事柄に対する対応方法の基本とすることができる。この基本理念は、各義務規定が適用されない事業者に対しても適用される。また、義務規定の条文を正確に解釈すると、例えば、名刺1枚だけなら本人の同意なく第三者提供が可能であったり、本人からの個人情報の利用停止の求めに対し、必ずしも応じる必要がなかったりと、自己情報コントロール権が保護されていないと解釈することもできる。しかし、この基本理念に基づくと、**すべての事業者が本人の意に背いた個人情報の取扱いをしてはならない**ことになる。第3条は事業者が個人情報を取り扱う上での重要かつ基本的な理念である。

個人情報の定義と分類

1 個人情報保護法における定義

2021年改正法により、個人情報保護法に行政機関等の義務等が含まれることになり、民間事業者と行政機関等のそれぞれに対する定義と、共通する定義があることにより、図表2-7のような構成で定義されている。

第一章（総則）第2条で、共通の概念と区分に必要な主体について定義されている。民間事業者に対する概念については、第四章（個人情報取扱事業者等の義務等）第16条で定義され、第五章（行政機関等の義務等）第60条で行政機関等に対する概念が定義されている。

図表2-7　個人情報保護法における定義

第一章 総則		第四章 個人情報取扱事業者等の義務等	
第2条 （定義）	個人情報（1項） 個人識別符号（2項） 要配慮個人情報（3項） 本人（4項） 仮名加工情報（5項） 匿名加工情報（6項） 個人関連情報（7項）	第一節 （総則） 第16条 （定義）	個人情報データベース等（1項） 個人情報取扱事業者（2項）
			個人データ（3項） 保有個人データ（4項）
	行政機関（8項） 独立行政法人等（9項） 地方独立行政法人（10項） 行政機関等（11項）		仮名加工情報取扱事業者、 仮名加工情報データベース等（5項） 匿名加工情報取扱事業者、 匿名加工情報データベース等（6項） 個人関連情報取扱事業者、 個人関連情報データベース等（7項） 学術研究機関等（8項）
		第五章 行政機関等の義務等	
		第一節 （総則） 第60条 （定義）	保有個人情報（1項） 個人情報ファイル（2項） 行政機関等匿名加工情報（3項） 行政機関等匿名加工情報ファイル （4項） 条例要配慮個人情報（5項）

2 民間の事業者における定義と義務

民間の事業者について、個人情報を一定の条件で検索できるようにした**個人情報データベース等**を事業の用に供している者を**個人情報取扱事業者**と呼び、それらに対して、第四章第二節で義務を規定している。

また、個人情報データベース等を構成する個人情報を個人データと呼び、さらに特定の条件を満たす個人データを保有個人データと呼び、それぞれに対しての義務が規定されている。さらに、要配慮個人情報にあたる個人情報について、第四章第二節で義務が規定されている。

仮名加工情報および**匿名加工情報**について、それぞれ、一定の条件で検索できるように体系的に構成した、**仮名加工情報データベース等、匿名加工情報データベース等**を事業の用に供している事業者を、**仮名加工情報取扱事業者、匿名加工情報取扱事業者**と呼び、それぞれ、第四章第三節、第四章第四節で義務が規定されている。

また、個人関連情報について、一定の条件で検索できるように体系的に構成した**個人関連情報データベース等**を事業の用に供している事業者を、**個人関連情報取扱事業者**と呼び、第四章第二節で義務が規定されている。

図表2-8　民間部門における定義と義務の関連

用語	事業者	義務
個人情報	個人情報データベース等 → 個人情報取扱事業者	個人情報取扱事業者及び個人関連情報取扱事業者の義務（第四章第二節）
個人データ		
保有個人データ		
要配慮個人情報	―	
個人関連情報	個人関連情報データベース等 → 個人関連情報取扱事業者	
仮名加工情報	仮名加工情報データベース等 → 仮名加工情報取扱事業者	仮名加工情報取扱事業者等の義務（第四章第三節）
匿名加工情報	匿名加工情報データベース等 → 匿名加工情報取扱事業者	匿名加工情報取扱事業者等の義務（第四章第四節）

第2章

第一章 総則

（定義）

第２条　この法律において「個人情報」とは、生存する個人に関する情報であって、次の各号のいずれかに該当するものをいう。

　一　当該情報に含まれる氏名、生年月日その他の記述等（文書、図画若しくは電磁的記録（電磁的方式で作られる記録をいう）に記載され、若しくは記録され、又は音声、動作その他の方法を用いて表された一切の事項（個人識別符号を除く）をいう）により特定の個人を識別することができるもの（他の情報と容易に照合することができ、それにより特定の個人を識別することができることとなるものを含む）

　二　個人識別符号が含まれるもの

2　この法律において「個人識別符号」とは、次の各号のいずれかに該当する文字、番号、記号その他の符号のうち、政令で定めるもの[※]をいう。

　一　特定の個人の身体の一部の特徴を電子計算機の用に供するために変換した文字、番号、記号その他の符号であって、当該特定の個人を識別することができるもの

　二　個人に提供される役務の利用若しくは個人に販売される商品の購入に関し割り当てられ、又は個人に発行されるカードその他の書類に記載され、若しくは電磁的方式により記録された文字、番号、記号その他の符号であって、その利用者若しくは購入者又は発行を受ける者ごとに異なるものとなるように割り当てられ、又は記載され、若しくは記録されることにより、特定の利用者若しくは購入者又は発行を受ける者を識別することができるもの

[※]　個人情報保護委員会規則で定められている。　**3**　(3)照合容易性（P.67）参照

3 個人情報の定義

(1) 「個人情報」とは

　「個人情報」は、個人情報保護法の根幹となる定義であるが、多く誤解されているので注意が必要である。

　個人情報とは、まず①「**個人に関する情報**」であることがその要件である。これに加え、②**生存する個人であること（生存者性）**、そして③**特定の個人を識別することができること（個人識別性）**が、その要件である。

① 「個人に関する情報」

　個人に関する情報で、個人の属性に関する情報のすべてが個人情報に該当しうる。これらは秘密にされている情報だけでなく、公開されている情報も含まれ、情報は文字列だけでなく、画像や映像、音声なども対象となる。また、事実を示す情報だけでなく、人事考課などの評価も含まれる。

　法人そのものの情報や財務情報などに関する情報は、「個人に関する情報」ではないので該当しない。

② 「生存する個人に関する情報」（生存者性）

　個人の権利利益を保護する目的から、死亡した人や実在しない者の情報は、「個人情報」ではない。情報を取得した後にその本人が死亡した場合には、死亡時点でその情報は個人情報に該当しなくなる。

③ 「特定の個人を識別することができるもの」（個人識別性）

　個人識別性とは、個人情報保護委員会 Q&A で「社会通念上、一般人の判断力や理解力をもって、生存する具体的な人物と情報との間に同一性を認めるに至ることができること」と説明されている。その情報と本人の結びつき、つまり、誰の情報なのかが識別できることが要件となる。

　個人識別性は、ⓐ**記述等による識別性**、ⓑ**照合容易性**、ⓒ**個人識別符号**による識別性のいずれかに該当するかどうかで判断する。

　個人識別符号とは、個人情報の定義の明確化を目指し、法改正によって付け加わったもので、生体認証で利用される身体の一部の特徴等と、運転免許証番号やマイナンバーなどに分類される。

（2）　記述等による識別性

　個人識別性の要件として、その情報に含まれる氏名、生年月日その他の記述等で**特定の個人を識別できる**ことが示されており、名刺、履歴書などがそれにあたる。生年月日だけでなく、「その他の記述等」の幅は広く、**画像、動画、音声**などがそれにあたる。

　この特定の個人を識別するための情報を個人情報であると、取り違えている人が多いので、それらの誤解に惑わされないよう注意が必要である。

　なお、電子メールアドレスが個人情報に該当するかどうかについては、それぞれの場合による。メールIDが氏名であり、@以降で会社名が明らかな場合は、特定の個人を識別できると解釈され、個人情報にあたる。また、メールIDが記号である場合等の特定の個人を識別できない場合は、個人情報ではないと解されるが、メールアドレスの表示名に、氏名など特定の個人が識別できる情報が記載されている場合は個人情報となりうる。メール本文を印刷して、本文内に署名等によって氏名や会社名等が書かれている場合は、その印刷物は個人情報として取り扱う義務が発生する。

【個人情報に該当する事例】

- **事例１）** 生年月日、連絡先（住所・電話番号・メールアドレス）、会社における職位や所属に関する情報について、それらと本人の氏名を組み合わせた情報
- **事例２）** 防犯カメラに記録された情報等、本人が判別できる映像情報
- **事例３）** 本人の氏名が含まれる等の理由により、特定の個人を識別できる音声録音情報
- **事例４）** 特定の個人を識別できるメールアドレス情報
- **事例５）** 特定個人を識別できる情報が記述されていなくても、周知の情報を補って認識することにより特定の個人を識別できる情報
- **事例６）** 官報、電話帳、職員録、有価証券報告書等、新聞、ホームページ、SNS等で公にされている特定の個人を識別できる情報

（3）　照合容易性

　他の情報と容易に照合でき、それによって特定の個人を識別することができるのであれば、個人情報に該当する可能性がある。該当するかどうかは、照合する情報の所有状況やその情報へのアクセスの可否にも依存する。

（4）　個人識別符号による識別性

　「個人識別符号」とは、情報そのものから特定の個人を識別できる文字、番号、記号その他の符号のことであり、2種類に分類されている。

　一つは、指紋や虹彩など、**生体認証データ**に使われる身体の特徴を電子計算機で利用するために変換した文字、番号、記号等がそれにあたり、具体的には、図表2-9のとおり個人情報保護委員会規則で定められている。

図表2-9　個人識別符号

イ	細胞から採取された DNA を構成する塩基の配列
ロ	顔の骨格および皮膚の色、目、鼻、口その他の顔の部位の位置および形状によって定まる容貌
ハ	虹彩の表面の起伏により形成される線状の模様
ニ	発声の際の声帯の振動、声の質
ホ	歩行の際の姿勢及び両腕の動作、歩幅その他の歩行の態様
ヘ	手のひらまたは手の甲の静脈の形状
ト	指紋または掌紋
チ	イからトまでに掲げるものから抽出した特徴情報の組み合わせ

　もう一つは、個人に提供されるサービスの利用や個人に販売される商品の購入に関して割りあてられたり、個人に発行されるカード等に記載される**文字、番号、記号その他の符号**で、利用者や購入者等を識別することができるものである。こちらは電子計算機で利用するかどうかは問われない。これらも具体的な内容は図表2-10のとおり委員会規則で定められている。

図表2-10　個人識別符号例

イ	旅券の番号、基礎年金番号、運転免許証番号、住民票コード、マイナンバー
ロ	国民健康保険証の記号、番号、保険者番号
ハ	高齢者医療法、介護保険法に基づく被保険者証の番号、保険者番号
ニ	健康保険証・高齢受給者証の被保険者証の記号・番号・保険者番号、雇用保険被保険者証の被保険者番号

第２条（定義）の続き

3　この法律において「要配慮個人情報」とは、本人の人種、信条、社会的身分、病歴、犯罪の経歴、犯罪により害を被った事実その他本人に対する不当な差別、偏見その他の不利益が生じないようにその取扱いに特に配慮を要するものとして政令で定める記述等が含まれる個人情報をいう。

4　この法律において個人情報について「本人」とは、個人情報によって識別される特定の個人をいう。

5　この法律において「仮名加工情報」とは、次の各号[※1]に掲げる個人情報の区分に応じて当該各号に定める措置[※1]を講じて他の情報と照合しない限り特定の個人を識別することができないように個人情報を加工して得られる個人に関する情報をいう。

6　この法律において「匿名加工情報」とは、次の各号[※1]に掲げる個人情報の区分に応じて当該各号に定める措置[※1]を講じて特定の個人を識別することができないように個人情報を加工して得られる個人に関する情報であって、当該個人情報を復元することができないようにしたものをいう。

7　この法律において「個人関連情報」とは、生存する個人に関する情報であって、個人情報、仮名加工情報及び匿名加工情報のいずれにも該当しないものをいう。

8　この法律において「行政機関」とは、[※2]

9　この法律において「独立行政法人等」とは、[※2]

10　この法律において「地方独立行政法人」とは、[※2]

11　この法律において「行政機関等」とは、[※2]

[※1]　一　第１項第一号に該当する個人情報　個人情報に含まれる記述等の一部を削除すること。
　　　二　第１項第二号に該当する個人情報　個人情報に含まれる個人識別符号の全部を削除すること。（本書本章第12節、第13節参照）
[※2]　これらの定義に関しては、本書本章第19節参照

4 要配慮個人情報

(1) 要配慮個人情報の定義

「**要配慮個人情報**」とは、本人が不当な差別や偏見その他の不利益が生じないように、その取扱いに特に配慮を要するものとして特定の記述等が含まれる個人情報をいう。特定の記述とは、施行令・施行規則で図表2-11の(1)から(11)のとおり明確に定められており、それぞれ推知させる情報にすぎないものは含まれない。

個人情報保護法のもととなったJIS Q 15001では、「**特定の機微な個人情報**」として、特別な取扱いを必要とする個人情報の定義があったが、個人情報保護法制定時は、それらの取扱いについて、用語の定義はなく、ガイドラインで配慮すべき旨が書かれているにとどまっていた。これに対し、EU指令やGDPRなどとの国際的な調和等もあり、2015年改正法では機微情報の一部を**要配慮個人情報**として定義し、規定が設けられた。それらにあわせ、2017年に改正されたJIS Q 15001:2017では、「特定の機微な個人情報」は「要配慮個人情報」と変更され、用語の定義が統一された。

また、2015年改正法にあわせ行政機関と独立行政法人の個人情報保護法にも要配慮個人情報が導入されたが、2021年改正法の統合で、それらの定義も一本化された。

図表2-11　要配慮個人情報の範囲

(1) 人種	人種、世系または民族的、種族的出身を広く意味する。単純な国籍や「外国人」という情報はそれだけでは人種には含まない。また、肌の色は、人種を推知させる情報にすぎないため人種には含まない。
(2) 信条	個人の基本的なものの見方、考え方を意味し、思想と信仰の双方を含むものである。
(3) 社会的身分	ある個人にその境遇として固着していて、一生の間、自らの力によって容易にそれから脱し得ないような地位を意味し、単なる職業的地位や学歴は含まない。
(4) 病歴	病気に罹患した経歴を意味するもので、特定の個人ががんに罹患している、統合失調症を患っている等、特定の病歴を示した部分が該当する。
(5) 犯罪の経歴	有罪の判決を受け確定した事実（前科）が該当する。
(6) 犯罪により害を被った事実	身体的被害、精神的被害、金銭的被害を問わず、犯罪の被害を受けた事実を意味する。刑罰法令の規定要件に該当し刑事事件手続に着手されたものが該当する。

(7) 心身の機能の障害	身体障害、知的障害、発達障害を含む精神障害、その他の心身の機能の障害があって、次の①から④の情報、および、それらの障害があることや過去にあったことを特定させる情報が該当する。 ①身体障害者福祉法上の「身体上の障害」があることを特定させる情報 　・医師や身体障害者更生相談所により、身体上の障害があることを診断、判定されたこと、都道府県知事、指定都市の長、中核市の長から身体障害者手帳の交付を受け所持していることや過去に所持していたこと 　・本人の外見上明らかに身体上の障害があること ②知的障害者福祉法上の「知的障害」があることを特定させる情報 　・医師、児童相談所、知的障害者更生相談所、精神保健福祉センター、障害者職業センターにより、知的障害があると診断、判定されたこと（障害の程度に関する情報を含む） 　・都道府県知事等から療育手帳の交付を受け所持していることや過去に所持していたこと ③精神保健および精神障害者福祉に関する法律上の「精神障害」があることを特定させる情報 　・医師等により精神障害や発達障害があると診断や判定されたこと、都道府県知事や指定都市の長から精神障害者保健福祉手帳の交付を受け所持したり過去に所持していたこと ④治療方法が確立していない疾病その他の特殊の疾病で障害者の日常生活および社会生活を総合的に支援するための障害の程度が、厚生労働大臣が定める程度であるものがあることを特定させる情報 　・医師により、厚生労働大臣が定める特殊の疾病による障害により継続的に日常生活または社会生活に相当な制限を受けていると診断されたこと
(8) 健康診断等の結果	本人に対して医師等により行われた疾病の予防及び早期発見のための健康診査、健康診断、特定健康診査、健康測定、ストレスチェック、遺伝子検査等、受診者本人の健康状態が判明する検査の結果が該当する。
(9) 医師等の指導、診療、調剤	健康診断等の結果に基づき、または疾病、負傷その他の心身の変化を理由として、本人に対して医師等により心身の状態の改善のための保健指導、面接指導の内容、または診療、調剤が行われたことが該当する。 保健指導等を受けたという事実も該当する。
(10) 刑事事件に関する手続	本人を被疑者または被告人として、逮捕、捜索、差押え、勾留、公訴の提起その他の刑事事件に関する手続が行われたという事実が該当する。
(11) 少年の保護事件に関する手続	少年法に規定する少年やその疑いのある者として、調査、観護の措置、審判、保護処分その他の少年の保護事件に関する手続が行われたという事実が該当する。

PICK UP　・個人情報、個人データ、保有個人データ、および個人識別符号、要配慮個人情報等の定義の正しい理解が重要となる。

（2）　要配慮個人情報に対する義務規定

　2021 年改正法で、要配慮個人情報の用語の定義は民間分野と公的分野で共通化されたが、それらに対する**義務は異なる**。また、2021 年改正法第二弾施行で組み入れられる地方公共団体の機関や、地方独立行政法人が保有する取扱いに配慮を要する記述等が含まれる個人情報は、**条例要配慮個人情報**として条例で定めることができる。

　民間分野における要配慮個人情報は、取得や第三者提供には、原則として本人の同意が必要であり、オプトアウトによる第三者提供は認められていない。また、要配慮個人情報が含まれる個人データの漏洩等が発生したり、発生したおそれがある事態が生じた場合には、個人情報保護委員会に報告しなければならないといった**厳格な規定の対象**となっている。

5　仮名加工情報と匿名加工情報

　2015 年改正法で定義された匿名加工情報に加え、2020 年改正法で仮名加工情報が新たに定義された。それぞれ、個人情報に一定の措置を講じることで、他の情報と照合しない限り特定の個人を識別することができないように個人情報を加工して得られる個人に関する情報を**仮名加工情報**、特定の個人を識別することができないように、かつ、復元することができないように個人情報を加工して得られる個人に関する情報を**匿名加工情報**と呼ぶとされている。

　これらは、ともに個人情報を加工し、漏洩等の報告や開示等の請求の対象にはならない情報となることは同じであるが、その加工方法について、仮名加工は単体識別性を失わせればよいのに対し、匿名加工は照合による識別性も失わせる必要がある。そして、作成の際に匿名加工情報は公表が必要であるが、仮名加工情報は不要である。また、匿名加工情報は利用目的について制限がなく、かつ、第三者提供も可能であるのに対して、仮名加工情報は公表をすれば変更が可能であるが、第三者提供は原則認められない。このように、匿名加工情報は、その利用に関し外部への提供の意識が強く、仮名加工情報は、事業者内で分析等をするような場面に対応した利用が想像される。

第四章 個人情報取扱事業者等の義務等 第一節 総則
（定義）

第16条　この章及び第八章において「個人情報データベース等」とは、個人情報を含む情報の集合物であって、次に掲げるもの（利用方法からみて個人の権利利益を害するおそれが少ないものとして政令で定めるもの(※1)を除く）をいう。

> 一　特定の個人情報を電子計算機を用いて検索することができるように体系的に構成したもの
>
> 二　前号に掲げるもののほか、特定の個人情報を容易に検索することができるように体系的に構成したものとして政令で定めるもの(※2)

2　この章及び第六章から第八章までにおいて「個人情報取扱事業者」とは、個人情報データベース等を事業の用に供している者をいう。ただし、次に掲げる者(※3)を除く。

3　この章において「個人データ」とは、個人情報データベース等を構成する個人情報をいう。

4　この章において「保有個人データ」とは、個人情報取扱事業者が、開示、内容の訂正、追加又は削除、利用の停止、消去及び第三者への提供の停止を行うことのできる権限を有する個人データであって、その存否が明らかになることにより公益その他の利益が害されるものとして政令で定めるもの以外のものをいう。

7　「個人関連情報取扱事業者」とは、個人関連情報を含む情報の集合物であって、特定の個人関連情報を電子計算機を用いて検索することができるように体系的に構成したものその他特定の個人関連情報を容易に検索することができるように体系的に構成したものとして政令で定めるもの（「個人関連情報データベース等」という）を事業の用に供している者をいう。ただし、第2項各号に掲げる者を除く。

(※1) 不特定多数の者に販売することを目的として合法的に発行されたもの等
(※2) 個人情報を一定の規則に従って体系的に構成され、目次、索引など検索を容易にするためのものを有するもの
(※3) 国の機関、地方公共団体、独立行政法人等、地方独立行政法人

6 個人情報データベース等の定義

「個人情報データベース等」とは、個人情報を含む情報の集合体で、コンピュータを用いて検索することができるように**体系的に構成**したもの、あるいは、紙で処理した個人情報を一定の規則に従って整理・分類し、目次・索引等をつけて、**他人にも容易に検索可能な状態**に置いているものである。

ただし、次の①から③までのいずれにも該当するものは、利用方法からみて個人の権利利益を害するおそれが少ないため、個人情報データベース等には該当しない。

第2章

---

① 不特定かつ多数の者に販売することを目的として発行されたもので、その発行が法律等の規定に違反して行われたものでないもの。

② 不特定かつ多数の者により随時に購入することができたり、できたもの。

③ 生存する個人に関する他の情報を加えることなくその本来の用途で利用されているもの。

【個人情報データベース等に該当する事例】

・**事例1**）電子メールソフトに保管されているメールアドレス帳（メールアドレスと氏名を組み合わせた情報を入力している場合）

・**事例2**）インターネットサービスにおいて、ユーザが利用したサービスに係るログ情報がユーザIDによって整理され保管されている電子ファイル（ユーザIDと個人情報を容易に照合できる場合）

・**事例3**）従業者が、名刺の情報を業務用パソコンの表計算ソフト等を用いて入力・整理している場合

・**事例4**）人材派遣会社が登録カードを、氏名の五十音順に整理し、五十音順のインデックスを付してファイルしている場合

【個人情報データベース等に該当しない事例】

・**事例1**）自己の名刺入れについて他人が閲覧できる状況にあるが、他人には容易に検索できない独自の方法により名刺を分類してある場合

・**事例2**）アンケートの戻りはがきが、氏名、住所等により分類整理されていない状態である場合

・**事例3**）市販の電話帳、住宅地図、職員録、カーナビシステム等

７　個人情報取扱事業者の定義

「**個人情報取扱事業者**」とは、個人情報をデータベース化して事業活動に利用している事業者のことをいう。ただし、国の機関・地方公共団体・独立行政法人・地方独立行政法人は除かれる。

事業活動については**営利・非営利は問わず**、企業だけでなく、任意団体や個人事業主・NPO 法人・自治会・同窓会、さらに個人についても個人情報取扱事業者に該当しうる。

また、法制定時は取り扱う個人情報の数が少ない小規模事業者として、個人情報データベース等を構成する個人情報の数が過去 6 カ月において5,000 件を一度も超えていない場合には、個人情報取扱事業者には該当しないとされていたが、改正法ではその適用除外規定は廃止された。ただし、以前のそれらに該当し、かつ中小企業基本法上の従業員数が 100 人以下で、委託を受けて個人データを取り扱う者以外は、個人情報保護委員会のガイドラインにおいて、安全管理措置に関し、特例的な対応が許容されている。

８　個人データの定義

「**個人データ**」とは、個人情報取扱事業者が管理する「**個人情報データベース等**」を構成する個人情報をいう。

なお、法 2 条 4 項および政令 3 条 1 項に基づき、利用方法からみて個人の権利利益を害するおそれが少ないため、個人情報データベース等から除かれているもの（市販の電話帳・住宅地図等）を構成する個人情報は、個人データに該当しない。

【**個人データに該当する事例**】
・事例１）個人情報データベース等から外部記録媒体に保存された個人情報
・事例２）個人情報データベース等から紙面に出力された帳票等に印字された個人情報

【**個人データに該当しない事例**】
・事例）個人情報データベース等を構成する前の入力用の帳票等に記載されている個人情報

---

9 保有個人データの定義

「**保有個人データ**」とは、個人情報取扱事業者が、本人やその代理人から請求される開示、内容の訂正、追加または削除、利用の停止、消去および第三者への提供の停止のすべてに応じることができる権限を有する「個人データ」をいう。ただし、その個人データの存否が明らかになることにより、次のようなおそれがあるものは該当しない。

① **本人または第三者の生命、身体または財産に危害がおよぶおそれ**
- ・事例）家庭内暴力、児童虐待の被害者の支援団体が保有している、加害者および被害者を本人とする個人データ

② **違法または不当な行為を助長したり誘発するおそれ**
- ・事例１）暴力団等の反社会的勢力による不当要求の被害等を防止するために事業者が保有している該当する人物を本人とする個人データ
- ・事例２）不審者や悪質なクレーマー等による不当要求の被害等を防止するために事業者が保有している行為者の個人データ

③ **国の安全が害されるおそれや、他国や国際機関との信頼関係が損なわれるおそれや交渉上不利益を被るおそれ**
- ・事例１）製造業者、情報サービス事業者等が保有している、防衛に関連する兵器・設備・機器・ソフトウェア等の設計や開発の担当者名が記録された個人データ
- ・事例２）要人の訪問先や警備会社が保有している行動予定等の個人データ

④ **犯罪の予防、鎮圧または捜査その他の公共の安全と秩序の維持に支障がおよぶおそれ**
- ・事例１）警察から捜査関係事項照会等により初めて取得した個人データ
- ・事例２）警察から契約者情報等について捜査関係事項照会等を受けた事業者が、その対応の過程で作成した照会受理簿・回答発信簿、照会対象者リスト等の個人データ
- ・事例３）振り込め詐欺に利用された口座情報に含まれる個人データ

第2章

第2章第1節～第5節◎過去問題チェック

1. 「個人情報」に関する以下のアからエまでの記述のうち、正しいものを1つ選びなさい。

　ア．個人情報に該当するためには、生存する個人に関する情報であることが必要であるが、ここにいう個人に関する情報とは、氏名、住所、性別、生年月日、顔画像等個人を識別する情報に限られる。

　イ．個人情報に該当するためには、生存する特定の個人を識別することができるものであることが必要なため、取得時に生存する特定の個人を識別することができなかった情報は、その後保有し続けても個人情報に該当することはない。

　ウ．個人情報に該当するためには、生存する特定の個人を識別することができるものであることが必要であるが、これには、他の情報と容易に照合することができ、それにより特定の個人を識別することができることとなるものも含まれるが、容易に照合することができるかどうかは、個々の事例ごとではなく、一律に判断される。

　エ．個人情報に該当するためには、生存する個人に関する情報であることが必要であるが、死者に関する情報や法人等の団体に関する情報も個人情報に該当することがある。　　　　　　　　　　〈第63回出題　問題3〉

2. 次のaからeまでのうち、「個人識別符号」に該当するものはいくつあるか、以下のアからエまでのうち、1つ選びなさい。

　a）旅券法に規定されている旅券の番号

　b）国民年金法に規定されている基礎年金番号

　c）住民基本台帳法に規定されている住民票コード

　d）割賦販売法に規定されているクレジットカードの番号

　e）道路交通法に規定されている運転免許証の番号

　ア．2つ　　イ．3つ　　ウ．4つ　　エ．5つ　　〈第64回出題　問題4〉

3. 「要配慮個人情報」（本人の人種、信条、社会的身分、病歴、犯罪の経歴、犯罪により害を被った事実その他本人に対する不当な差別、偏見その他の不利益が生じないようにその取扱いに特に配慮を要するものとして政令で定める記述等が含まれる個人情報）に関する以下のアからエまでの記述のうち、誤っているものを１つ選びなさい。

　ア．人種は、世系又は民族的若しくは種族的出身を広く意味するが、肌の色は含まない。

　イ．信条は、個人の基本的なものの見方、考え方を意味し、思想と信仰の双方を含む。

　ウ．社会的身分は、ある個人にその境遇として固着していて、一生の間、自らの力によって容易にそれから脱し得ないような地位を意味し、単なる職業的地位や学歴を含む。

　エ．病歴は、病気に罹患した経歴を意味し、特定の病歴を示した部分（特定の個人ががんに罹患している等）が該当する。　　〈第64回出題　問題５〉

4. 「個人情報データベース等」に関する以下のアからエまでの記述のうち、誤っているものを１つ選びなさい。

　ア．電子メールソフトに保管されているメールアドレス帳で、メールアドレスと氏名を組み合わせた情報を入力しているものは、個人情報データベース等に該当する。

　イ．人材派遣会社が登録カードを、氏名の50音順に整理し、50音順のインデックスを付してファイリングしているものは、個人情報データベース等に該当する。

　ウ．アンケートの戻りはがきが、氏名、住所等により分類整理されていない状態であるものは、個人情報データベース等に該当しない。

　エ．市販の電話帳に生存する個人に関する他の情報を加えたものは、個人情報データベース等に該当しない。　　〈第63回出題　問題６〉

個人情報取扱事業者の義務

1 個人情報の種類と義務内容

　個人情報保護法では、制定当初から取り扱う情報の種類を、**個人情報**、**個人データ**、**保有個人データ**の３種類に分けて、**個人情報取扱事業者**に対し、階層的に義務を課している。改正法ではこれに加え、**要配慮個人情報**、**仮名加工情報**、**匿名加工情報**、および**仮名加工情報取扱事業者**、**匿名加工情報取扱事業者**が定義され、義務規定は多層構造となっている。

　まず、「**個人情報**」の定義に該当する情報に対しては、利用目的の特定、利用目的による制限、適正な取得、利用目的の通知等、および苦情処理と、匿名加工情報への適正加工の義務が課されている。

　「**個人データ**」に該当する場合は、それらは漏洩した際の権利利益侵害のリスクが高まる等により、個人情報に関する義務に加え、データ内容の正確性の確保、安全管理措置、従業者や委託先の監督、および第三者提供に関する義務が課されている。

　「**保有個人データ**」に該当する場合は、保有個人データに関する事項の公表等と開示・訂正等・利用停止等の、本人関与に関しての内容が定められており、ここでは個人情報取扱事業者の義務とともに、事業者の権利的な内容や本人の権利・義務が含まれている。

　そして、これらの３種類とは別に、「**要配慮個人情報**」に該当する情報に関して、取得の制限やオプトアウトの適用排除が定められている。

　また、「**仮名加工情報**」について、個人情報、個人データ、保有個人データ、仮名加工情報データベース等と構成する仮名加工情報のそれぞれに対し、**個人情報取扱事業者**および**仮名加工情報取扱事業者**に対して階層的に義務が課されている。さらに、「**匿名加工情報**」について、**個人情報取扱事業者**が自ら作成する場合の義務と、他者が作成した**匿名加工情報を取り扱う際の匿名加工情報取扱事業者**の義務が定義されている。

図表 2-12　個人情報の種類と義務内容

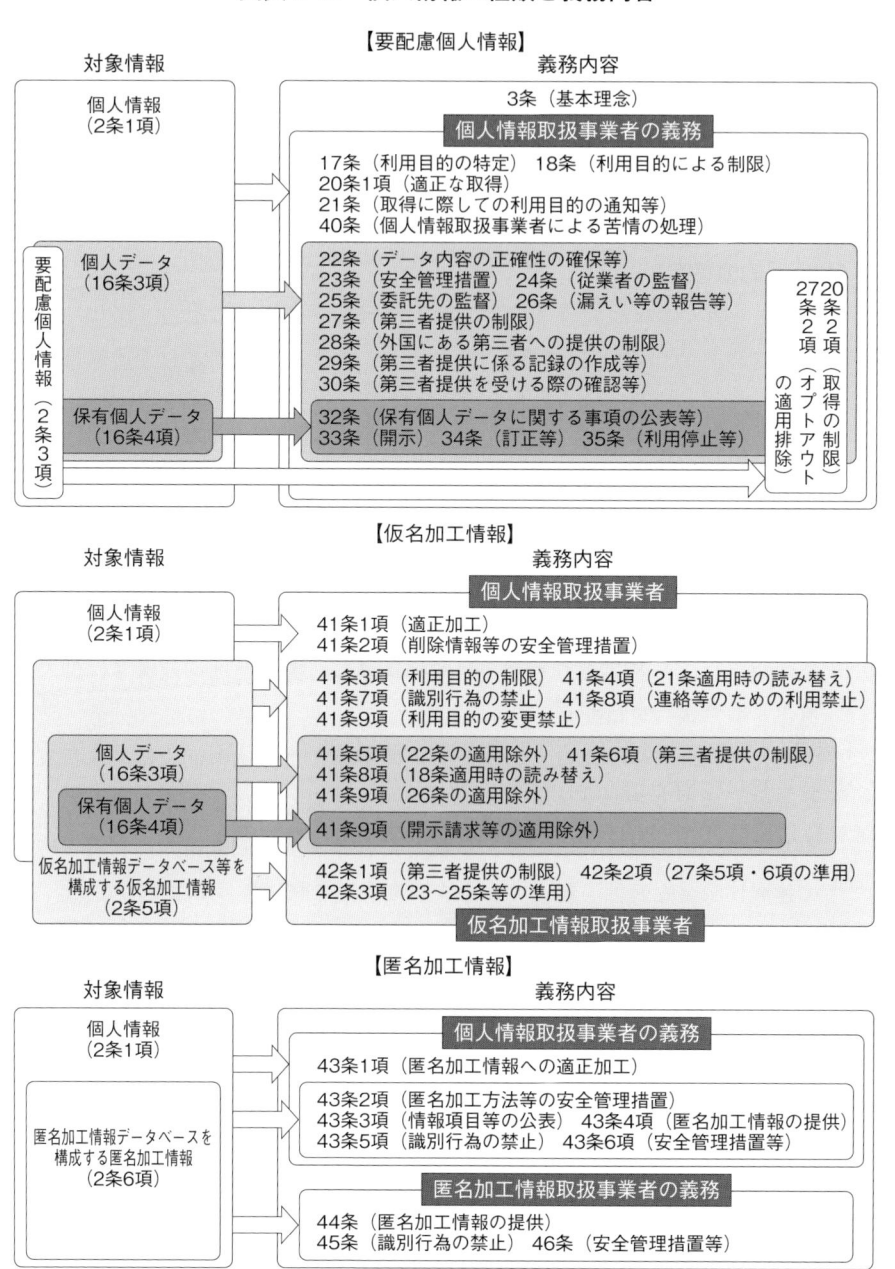

参考：『個人情報保護法の知識〈第5版〉』岡村久道著（日本経済新聞出版）

利用目的の特定と利用目的による制限

第四章 個人情報取扱事業者等の義務等

第二節 個人情報取扱事業者及び個人関連情報取扱事業者の義務

（利用目的の特定）

第 17 条　個人情報取扱事業者は、個人情報を取り扱うに当たっては、その利用の目的（以下「利用目的」という）をできる限り特定しなければならない。

2　個人情報取扱事業者は、利用目的を変更する場合[※1]には、変更前の利用目的と関連性を有すると合理的に認められる範囲を超えて行ってはならない[※2]。

（利用目的による制限）

第 18 条　個人情報取扱事業者は、あらかじめ本人の同意を得ないで、前条の規定により特定された利用目的の達成に必要な範囲を超えて、個人情報を取り扱ってはならない。

2　個人情報取扱事業者は、合併その他の事由により他の個人情報取扱事業者から事業を承継することに伴って個人情報を取得した場合は、あらかじめ本人の同意を得ないで、承継前における当該個人情報の利用目的の達成に必要な範囲を超えて、当該個人情報を取り扱ってはならない。

3　前二項の規定は、次に掲げる場合[※3]については、適用しない。

[※1] 変更された利用目的は本人に通知または公表義務がある（法 21 条 3 項）
[※2] 範囲を超えての個人情報の取扱いは、本人の同意を得なければならない（法 18 条 1 項）
[※3] 適用除外事由〔1〕、P.83 参照

1 利用目的の特定

個人情報取扱事業者が個人情報を取り扱う場合は、**あらかじめどのような目的で利用するかを特定**しておく必要がある。個人情報保護法では「できる限り特定しなければならない（法17条1項）」と努力義務とされている。個人情報保護法ガイドラインでは「利用目的を単に抽象的、一般的に特定するのではなく、個人情報が個人情報取扱事業者において、最終的にどのような事業の用に供され、どのような目的で個人情報を利用されるのかが、本人にとって一般的かつ合理的に想定できる程度に具体的に特定することが望ましい」とされている。具体的な事例として、「事業活動に用いるため」や「マーケティング活動に用いるため」といった程度では、特定したことにはならないとされ、具体的に特定している事例として以下のような事例が示されている。

> 事例）事業者が商品の販売に伴い、個人から氏名・住所・メールアドレス等を取得するに当たり、「○○事業における商品の発送、関連するアフターサービス、新商品・サービスに関する情報のお知らせのために利用いたします。」等の利用目的を明示している場合

なお、利用目的は、その内容についての制限はなく、例えば第三者提供することが想定されている場合も利用目的とすることができる。ただし、その場合もその旨が明確にわかるよう特定しなければならない。

2 利用目的の変更と制限

特定した利用目的は、変更前の利用目的と関連性を有すると合理的に認められる範囲、本人が通常予期し得る限度と**客観的に認められる範囲**で変更が可能である（法17条2項）。変更された利用目的は、特定の場合を除いて（適用除外事由〔2〕、P.90参照）、本人に通知または公表しなければならない（法21条3項）。特定された利用目的の達成に必要な範囲を超えて個人情報を取り扱う場合は、本人の同意を得なければならない（法18条1項）。

3 利用目的による制限の例外等

（1）事業承継による場合

　個人情報取扱事業者が、合併・分社化・事業譲渡等により他の個人情報取扱事業者から事業の承継をすることにともなって個人情報を取得した場合、承継前の利用目的の達成に必要な範囲内で取り扱う場合は、本人の同意を得る必要はないが、範囲を超える場合は必要となる（法18条2項）。

　これらの同意を得るためにメール送信や電話をかけること等により個人情報を利用することは、目的外利用には該当しない。

図表 2-13　利用目的による制限と利用目的の変更との関係

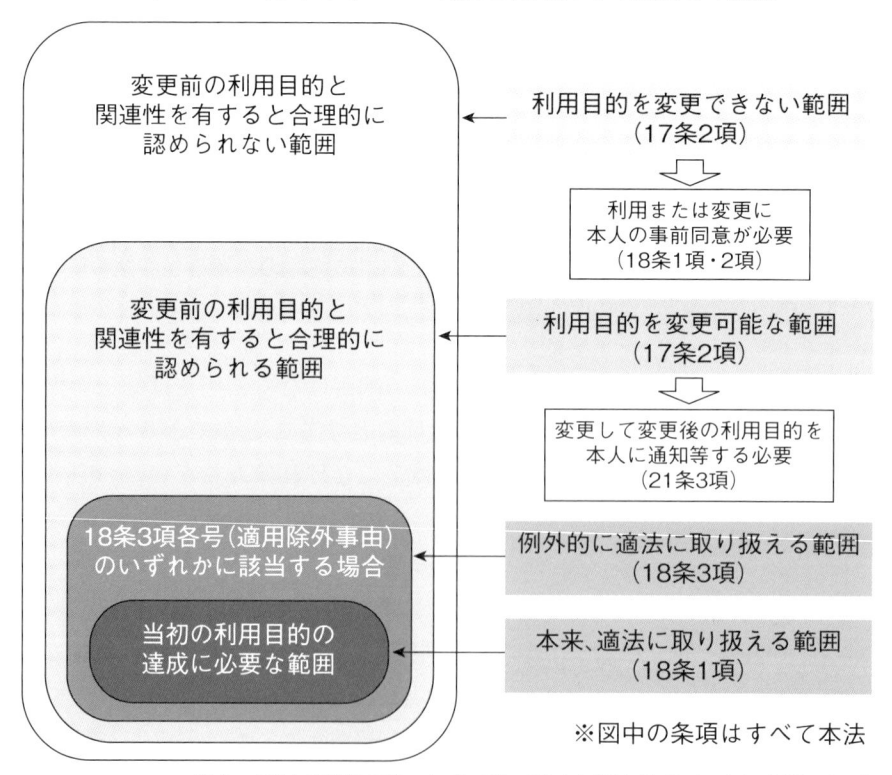

出典：『個人情報保護法の知識（第5版）』岡村久道著（日本経済新聞出版）

(2) 本人の同意を得ることが困難な場合他

　本人の身体等の保護のために必要があって本人の同意を得ることが困難である場合など適用除外事由〔1〕に掲げる場合には、あらかじめ本人の同意を得ることなく、特定された利用目的の達成に必要な範囲を超えて、個人情報を取り扱うことができる（法18条3項）。

適用除外事由〔1〕

① 　法令（条例を含む）に基づく場合

　税務署の所得税等に関する調査対応（国税通則法）、弁護士会からの照会対応（弁護士法）、警察の捜査関係事項照会対応（刑事訴訟法）、裁判官の発する令状に基づく捜査対応（刑事訴訟法）等

② 　人の生命、身体または財産の保護のために必要がある場合で、本人の同意を得ることが困難であるとき

　急病の際に本人の病歴等を医師や看護師が家族から聴取する場合や、不正送金等の金融犯罪被害に関する情報を取得する場合、商品に重大な欠陥があり人の生命、身体、財産の保護が必要となる緊急時に、製造事業者から顧客情報の提供を求められ応じる必要がある場合等

　事例）不正送金等の金等

③ 　公衆衛生の向上または児童の健全な育成の推進のために特に必要がある場合で、本人の同意を得ることが困難であるとき

　健康診断の結果情報を疫学調査等に利用する場合や、児童虐待のおそれのある家庭情報を、児童相談所、警察、学校、病院等が共有する場合等

④ 　国の機関、地方公共団体またはその委託を受けた者が法令の定める事務を遂行することに対して、事業者が協力する必要がある場合で、本人の同意を得ることにより事務の遂行に支障を及ぼすおそれがあるとき

　事業者が税務署や警察の任意の求めに応じて個人情報を提出する場合等

⑤ 　学術研究機関等が、個人情報を学術研究目的で取り扱う必要があるとき

⑥ 　学術研究機関等に個人データを提供する場合で、学術研究機関等が学術研究目的で取り扱う必要があるとき

第2章

● 「本人に通知」とは

　「本人に通知」とは、本人に直接知らしめることで、事業の性質や個人情報の取扱状況に応じ、内容が本人に認識される合理的かつ適切な方法によらなければならない。

【本人への通知に該当する事例】

・ちらし等の文書を直接渡すことにより知らせること

・口頭または自動応答装置等で知らせること

・電子メール、FAX、郵便等で送信、送付することにより知らせること

　事業者に、本人に通知することが求められている主な条文

・取得に際しての利用目的の通知（法21条1項）、変更（法21条3項）

・漏洩等の事案発生時（法26条2項）

・オプトアウトによる第三者提供や変更（法27条2、3、5項）

・外国にある第三者への提供時（法28条3項）

・開示等の請求をうけたとき（法32条2項〜35条）

● 「公表」とは

　「公表」とは、不特定多数の人々が知ることができるように発表することで、合理的かつ適切な方法によらなければならない。

【公表に該当する事例】

・自社ホームページのトップから1回程度の操作で到達できる所への掲載

・自社の店舗や事務所等、顧客が訪れることが想定される場所におけるポスター等の掲示、パンフレット等の備置き・配布

・通信販売の場合、通信販売用のパンフレット・カタログ等への掲載

　事業者に、公表することが求められている主な条文

・取得に際しての利用目的の通知（法21条1項）、変更（法21条3項）

・仮名加工情報に関する情報項目等の公表（法41条）、提供（法42条）、

・匿名加工情報の提供（法43条、44条）、安全管理措置等（法46条）

・適用除外された個人情報取扱事業者が行う自発的措置（法57条3項）

●「本人の同意」とは

「本人の同意」とは、本人の個人情報が、個人情報取扱事業者によって示された取扱方法で取り扱われることを承諾する旨の当該本人の意思表示のことで、「本人の同意を得る」とは、本人の承諾する旨の意思表示を個人情報取扱事業者が認識することで、事業の性質や個人情報の取扱状況に応じ、本人が同意したと判断できる合理的かつ適切な方法によらなければならない。個人情報の取扱いに関して同意したことによって生ずる結果について、未成年者等が判断できる能力を有していないなどの場合は、親権者や法定代理人等から同意を得る必要がある。

【本人の同意を得ている事例】
・本人からの同意する旨の口頭による意思表示
・本人からの同意する旨の書面（電磁的記録を含む）の受領
・本人からの同意する旨のメールの受信
・本人による同意する旨の確認欄へのチェック
・本人による同意する旨のホームページ上のボタンのクリック
・本人による同意する旨の音声入力、タッチパネルへのタッチ、ボタンやスイッチ等による入力

事業者に、本人の同意を得ることが求められている主な条文
・利用目的の達成に必要な範囲を超えて個人情報を取り扱う場合（法 18 条 1 項）
・事業承継前の利用目的の達成に必要な範囲を超えて個人情報を取り扱う場合（法 18 条 2 項）
・要配慮個人情報の取得（法 20 条 2 項）
・個人データの第三者提供の制限（法 27 条、28 条）
・個人関連情報の第三者への提供の制限（法 31 条）

PICK UP　・個人情報の取得に際して、利用目的を特定しておくことが求められており、その利用目的の変更や、定めておいた範囲を超えて取り扱う場合には、一定のルールが定められている。

第2章

第 8 節

適正な取得と利用目的の通知・公表

（不適正な利用の禁止）

第 19 条　個人情報取扱事業者は、違法又は不当な行為を助長し、又は誘発するおそれがある方法により個人情報を利用してはならない。

（適正な取得）

第 20 条　個人情報取扱事業者は、偽りその他不正の手段により個人情報を取得してはならない。

2　個人情報取扱事業者は、次に掲げる場合[※1]を除くほか、あらかじめ本人の同意を得ないで、要配慮個人情報を取得してはならない。

（取得に際しての利用目的の通知等）

第 21 条　個人情報取扱事業者は、個人情報を取得した場合[※2]は、あらかじめその利用目的を公表している場合を除き、速やかに、その利用目的を、本人に通知し、又は公表しなければならない。

2　個人情報取扱事業者は、前項の規定にかかわらず、本人との間で契約を締結することに伴って契約書その他の書面（電磁的記録を含む）に記載された当該本人の個人情報を取得する場合その他本人から直接書面に記載された当該本人の個人情報を取得する場合は、あらかじめ、本人に対し、その利用目的を明示しなければならない。ただし、人の生命、身体又は財産の保護のために緊急に必要がある場合は、この限りでない。

3　個人情報取扱事業者は、利用目的を変更した場合は、変更された利用目的について、本人に通知し、又は公表しなければならない。

4　前三項の規定は、次に掲げる場合[※3]については、適用しない。

[※1]　適用除外事由〔2〕、P.88 参照
[※2]　非直接取得のこと
[※3]　適用除外事由〔3〕、P.89 参照

1 不適正な利用禁止

個人情報取扱事業者は、違法不当な行為を行う事業者に対して個人情報を提供したり、提供先が違法な第三者提供をすることが予見されるにもかかわらず個人情報を提供したり、性別・国籍等で差別的な取扱いのために個人情報を利用するなど、**違法や不当な行為を助長したり誘発するおそれがある方法**により個人情報を利用してはならない(法19条)。

2 適正な取得

個人情報取扱事業者は、偽り等の**不正の手段**により個人情報を取得してはならない(法20条)。不正の手段とは、例えば、次のような場合が該当する。

事例1)十分な判断能力のない子供や障害者から、取得状況から考えて関係のない家族の収入事情などの個人情報を、家族の同意なく取得する場合

事例2)第三者提供制限違反をするよう強要して個人情報を取得する場合

事例3)個人情報を取得する主体や利用目的等について、意図的に虚偽の情報を示して、本人から個人情報を取得する場合

事例4)他の事業者に不正の手段で個人情報を取得させて、それを取得する場合

事例5)第三者提供制限違反や、不正の手段による取得を知っていたり、容易に知ることができるにもかかわらず、個人情報を取得する場合

---

3 利用目的の通知または公表

(1) 非直接取得

個人情報取扱事業者は、個人情報を**非直接取得**する場合は、あらかじめその利用目的を公表していることが望ましく、公表していない場合は、取得後速やかに、その**利用目的を本人に通知か公表**をしなければならない。

非直接取得とは、インターネット上で本人が自発的に公にしている個人情報の取得や、官報、職員録等からの個人情報の取得、さらに個人情報の第三者提供を受けた場合がこれにあたる。

第2章

（2）直接書面等による取得

　個人情報取扱事業者は、書面による記載、ユーザ入力画面への入力等により、**直接本人から個人情報を取得する場合**には、あらかじめ本人に対し、**その利用目的を明確に示さなければならない**。口頭により個人情報を取得する場合は、あらかじめ利用目的を公表するか、取得後速やかにその利用目的を、本人に通知するか公表しなければならない。

4　要配慮個人情報の取得

　要配慮個人情報を取得する場合には、あらかじめ本人の同意を得なければならない（法20条２項）。ただし、次の①から⑦までの場合については、本人の同意を得る必要はない。

適用除外事由〔２〕

①　法令に基づく場合

　適用除外事由〔１〕の内容に加え、利用目的による制限における例外のほか、労働安全衛生法に基づき健康診断を実施し、従業員の病状、治療等の情報を取得する場合等も該当。

②　人の生命、身体または財産の保護のために必要がある場合で、本人の同意を得ることが困難であるとき
　（適用除外事由〔１〕と同様）

③　公衆衛生の向上または児童の健全な育成の推進のために特に必要がある場合であって、本人の同意を得ることが困難であるとき
　（適用除外事由〔１〕と同様）

④　国の機関、地方公共団体またはその委託を受けた者が法令の定める事務を遂行することに対して、事業者が協力する必要がある場合で、本人の同意を得ることにより事務の遂行に支障を及ぼすおそれがあるとき
　（適用除外事由〔１〕と同様）

⑤　学術研究機関等が要配慮個人情報を学術研究目的で取り扱うとき

⑥　学術研究機関等から要配慮個人情報を学術研究目的で取得する場合

⑦　要配慮個人情報が、本人、国の機関、地方公共団体等により公開されている場合

---

5 利用目的の通知等をしなくてよい場合

　個人情報の取得や利用目的の変更の場合、利用目的を本人へ通知、公表、明示することが求められている（法21条1～3項）。ただし、次の場合は不要である（法21条4項）。

適用除外事由〔3〕

①　利用目的を本人に通知または公表することにより本人または第三者の生命、身体、財産その他の権利利益を害するおそれがある場合

②　利用目的を本人に通知または公表することにより事業者の権利または正当な利益を害するおそれがある場合

　暴力団等の反社会的勢力情報、疑わしい取引の届出の対象情報、業務妨害行為を行う悪質者情報等を、本人や他の事業者等から取得したことが明らかになることにより当該情報を取得した企業に害が及ぶ場合等

③　国の機関または地方公共団体が法令の定める事務を遂行することに対して協力する必要がある場合で、利用目的を本人に通知または公表することにより当該事務の遂行に支障を及ぼすおそれがあるとき

　警察が公開手配を行わないで、被疑者に関する個人情報を、被疑者の立ち回りが予想される個人情報取扱事業者に限って提供した場合において、警察から個人情報を受け取った個人情報取扱事業者が、利用目的を本人に通知または公表することにより、捜査活動に支障を及ぼすおそれがある場合等

④　取得の状況からみて利用目的が明らかであると認められる場合

　商品・サービス等を販売・提供するにあたって住所・電話番号等の個人情報を取得する場合で、その利用目的が販売・提供のみを確実に行うためという利用目的の場合や、一般の慣行として名刺を交換する場合、直接本人から、氏名・所属・肩書・連絡先等の個人情報を取得することとなるが、その利用目的が今後の連絡のためという利用目的である場合が該当する。ただし、ダイレクトメール等の目的に名刺を用いることは自明の利用目的に該当しない場合がある。

第2章

個人データに対する義務

（データ内容の正確性の確保等）

第22条　個人情報取扱事業者は、利用目的の達成に必要な範囲内において、個人データを正確かつ最新の内容に保つとともに、利用する必要がなくなったときは、当該個人データを遅滞なく消去するよう努めなければならない。

（安全管理措置）

第23条　個人情報取扱事業者は、その取り扱う個人データの漏えい、滅失又は毀損の防止その他の個人データの安全管理のために必要かつ適切な措置を講じなければならない。

（従業者の監督）

第24条　個人情報取扱事業者は、その従業者に個人データを取り扱わせるに当たっては、当該個人データの安全管理が図られるよう、当該従業者に対する必要かつ適切な監督を行わなければならない。

（委託先の監督）

第25条　個人情報取扱事業者は、個人データの取扱いの全部又は一部を委託する場合は、その取扱いを委託された個人データの安全管理が図られるよう、委託を受けた者に対する必要かつ適切な監督を行わなければならない。

（漏えい等の報告等）

第26条　個人情報取扱事業者は、その取り扱う個人データの漏えい、滅失、毀損その他の個人データの安全の確保に係る事態であって個人の権利利益を害するおそれが大きいものとして個人情報保護委員会規則で定めるものが生じたときは、個人情報保護委員会規則で定めるところにより、当該事態が生じた旨を個人情報保護委員会に報告しなければならない。[※]

[※]　当義務は本書本章第18節「事業者に求められる対応」参照

1 個人データの正確性・最新性の確保

　個人情報取扱事業者は、利用目的の達成に必要な範囲内において、個人情報データベース等への個人情報の入力時の照合・確認の手続きの整備、誤り等を発見した場合の訂正等の手続きの整備、記録事項の更新、保存期間の設定等を行うことにより、個人データを**正確かつ最新の内容に保つ**よう努めなければならない（法22条）。

　これは**努力義務**であり、保有するすべての個人データを常に最新化する必要はなく、それぞれの利用目的に応じて、その**必要な範囲内**で正確性・最新性を確保すればよい。

　また、保有する個人データを利用する必要がなくなったとき、法令の定めにより保存期間等が定められている場合を除いて、**遅滞なく消去する**よう努めなければならない。特定の個人を識別できないよう対応してもよい。

2 安全管理措置

　個人情報取扱事業者は、取り扱う個人データの安全管理のため、**必要かつ適切な措置**を講じなければならない（法23条）。その際は、個人データの漏洩や紛失等が起こった場合に、本人が被る権利利益の侵害の大きさを考慮し、**事業の規模やリスクに応じた必要かつ適切な措置**を講じる。

　個人情報取扱事業者は、個人データの適正な取扱いの確保について組織として取り組むために基本方針を策定することが望まれている。また、個人データの具体的な取扱いに対する規律を整備することが求められている。

　それらには、個人データの取得・利用・保存・提供・削除・廃棄等の段階ごとに、取扱方法、責任者・担当者とその任務等について定める個人データの取扱規程を策定し、それらの規程には、「組織的安全管理措置」、「人的安全管理措置」、「物理的安全管理措置」、「技術的安全管理措置」の内容を織り込むことが望まれている。これらに対する具体的な基準や対応内容例は、**個人情報保護法ガイドライン**で示されている。ガイドラインで示されている基準は、法律と同等の意義をもつため、事業者はそれらをもとに社内規程類を策定する必要がある。

（1）組織的安全管理措置

個人情報取扱事業者は、組織的安全管理措置として、次に掲げる措置を講じなければならない。

① 組織体制の整備

② 個人データの取扱いに係る規律に従った運用

③ 個人データの取扱状況を確認する手段の整備

④ 漏洩等の事案に対応する体制の整備

⑤ 取扱状況の把握および安全管理措置の見直し

（2）人的安全管理措置

個人情報取扱事業者は、人的安全管理措置として、従業者に個人データの適正な取扱いを周知徹底するとともに適切な教育を行わなければならない。また、従業者に個人データを取り扱わせるにあたって、個人データの安全管理が図られるよう従業者に対する監督をしなければならない。

（3）物理的安全管理措置

個人情報取扱事業者は、物理的安全管理措置として、次に掲げる措置を講じなければならない。

① 個人データを取り扱う区域の管理

② 機器および電子媒体等の盗難等の防止

③ 電子媒体等を持ち運ぶ場合の漏洩等の防止

④ 個人データの削除および機器、電子媒体等の廃棄

（4）技術的安全管理措置

個人情報取扱事業者は、情報システムを使用して個人データを取り扱う場合、技術的安全管理措置、いわゆる情報セキュリティ対策として、次に掲げる措置を講じなければならない。

① アクセス制御

② アクセス者の識別と認証

③ 外部からの不正アクセス等の防止

④ 情報システムの使用にともなう漏洩等の防止

3 従業者の監督

　個人情報取扱事業者は、従業者に個人データを取り扱わせるにあたって、**安全管理措置を遵守**させるよう必要かつ適切な監督をしなければならない（法24条）。

　従業者とは、個人情報取扱事業者の組織内にあって直接間接に事業者の指揮監督を受けて事業者の業務に従事している者を指す。正社員や、その他の雇用関係にある契約社員・嘱託社員・パート社員・アルバイト社員等だけでなく、取締役・執行役・理事・監査役・監事・派遣社員も含まれる。

4 委託先の監督

　個人情報取扱事業者は、個人データの取扱いの全部または一部を委託する場合は、委託先において個人データについて安全管理措置が適切に講じられるよう、**委託先に対し必要かつ適切な監督**をしなければならない（法25条）。

　委託する業務内容に対して必要のない個人データを提供しないようにするとともに、委託先にも自社内と同様の水準の安全管理措置を講じるよう監督を行う。再委託を行う場合は、再委託先に関して委託先から事前報告を受け、承認を行うことが望ましい。再々委託を行う場合も同様である。

　委託先に対して、個人データが漏洩等をした場合に本人が被る権利利益の侵害の大きさを考慮し、委託する事業の規模やリスクに応じて、次の①から③の必要かつ適切な措置を講じる。

① 適切な委託先の選定

　委託先の選定にあたって、委託先の安全管理措置が、委託する業務内容に沿って、確実に実施されることをあらかじめ確認しなければならない。

② 委託契約の締結

　委託契約には、同意した内容とともに、委託先における個人データの取扱状況を委託元が合理的に把握することを盛り込むことが望ましい。

③ 委託先における個人データ取扱状況の把握

　委託先の監査を定期的に行う等により、適切に評価することが望ましい。

第2章

第2章第6節～第9節◎過去問題チェック

1. 個人情報の利用目的の特定及び変更に関する以下のアからエまでの記述の うち、誤っているものを１つ選びなさい。

ア．「個人情報の利用目的」とは、事業者がその個人情報を利用することによっ て最終的に達成しようとする目的のことをいい、例えば、第三者に提供す ることを目的とする場合は、その旨を特定しておくことが必要である。

イ．個人情報取扱事業者は、個人情報の取得時までに利用目的を特定してお く必要がある。

ウ．利用目的は、「できる限り特定」しなければならず、「お客様サービスの 向上のため」ということを利用目的とすることは、できる限り特定したこ とになる。

エ．変更前の利用目的と関連性を有すると合理的に認められる範囲内であれ ば、個人情報取扱事業者は、本人の同意なしに利用目的を変更することが できるが、変更した利用目的は、本人に通知又は公表しなければならない。

〈第 64 回出題　問題 11〉

2. 個人情報の利用目的による制限に関する以下のアからエまでの記述のうち、 誤っているものを１つ選びなさい。

ア．法令に基づく場合であって、かつ、本人の同意を得ることが困難である ときに、特定された利用目的の達成に必要な範囲を超えて個人情報を取り 扱うのであれば、当該取扱いに関する本人の同意は不要である。

イ．人の生命、身体又は財産の保護のために必要がある場合であって、かつ、 本人の同意を得ることが困難であるときに、特定された利用目的の達成に 必要な範囲を超えて個人情報を取り扱うのであれば、当該取扱いに関する 本人の同意は不要である。

ウ．公衆衛生の向上又は児童の健全な育成の推進のために特に必要がある場 合であって、かつ、本人の同意を得ることが困難であるときに、特定され た利用目的の達成に必要な範囲を超えて個人情報を取り扱うのであれば、 当該取扱いに関する本人の同意は不要である。

エ．国の機関若しくは地方公共団体又はその委託を受けた者が法令の定める事務を遂行することに対して個人情報取扱事業者が協力する必要がある場合であって、かつ、本人の同意を得ることにより当該事務の遂行に支障を及ぼすおそれがあるときに、特定された利用目的の達成に必要な範囲を超えて個人情報を取り扱うのであれば、当該取扱いに関する本人の同意は不要である。　　　　　　　　　　　　　〈第63回出題　問題12〉

3．個人情報の適正な取得に関する以下のアからエまでの記述のうち、誤っているものを１つ選びなさい。

ア．個人情報取扱事業者が、個人情報を取得する際に自らの氏名を偽って、本人から個人情報を取得することは、不正の手段による個人情報の取得に該当する。

イ．個人情報取扱事業者が、不正の手段で個人情報が取得されたことを知っているにもかかわらず、当該個人情報を取得することは、不正の手段による個人情報の取得に該当する。

ウ．個人情報取扱事業者が、個人情報保護法に規定されている第三者提供制限違反がされようとしていることを容易に知ることができるにもかかわらず、個人情報を取得する場合は、当該事情を知っていなかった以上、不正の手段による個人情報の取得に該当しない。

エ．個人情報を含む情報がインターネットにより公にされている場合に、個人情報取扱事業者が、単にこれを閲覧するにすぎないときは、不正の手段による個人情報の取得に該当することはない。　　〈第64回出題　問題13〉

4．要配慮個人情報の取得に関する以下のアからエまでの記述のうち、正しいものを１つ選びなさい。

ア．個人情報取扱事業者が要配慮個人情報を書面により本人から適正に直接取得する場合に、本人が当該情報を提供したことをもって、当該個人情報取扱事業者が当該情報を取得することについて本人の同意があったものとすることはできない。

イ．個人情報取扱事業者が要配慮個人情報を第三者提供の方法により取得し

た場合は、提供元が個人情報保護法に基づいて本人から必要な同意を得ているか否かにかかわらず、提供を受けた当該個人情報取扱事業者は、改めて本人から取得することについて同意を得なければならない。

ウ．要配慮個人情報が、国の機関や地方公共団体により公開されている場合は、あらかじめ本人の同意を得ることなく、当該公開されている要配慮個人情報を取得することができる。

エ．本人を目視し、又は撮影することにより、その外形上明らかな要配慮個人情報を取得する場合において、本人の同意を得ることが困難でないときは、あらかじめ本人の同意を得なければならない。　〈第 63 回出題　問題 14〉

5．データ内容の正確性の確保等に関する以下のアからエまでの記述のうち、正しいものを 1 つ選びなさい。

ア．個人情報取扱事業者は、個人データを正確かつ最新の内容に保つ法的義務を負っているが、この義務を負うのは、利用目的の達成に必要な範囲内に限られる。

イ．個人情報取扱事業者は、利用する必要がなくなった個人データを遅滞なく消去する努力義務を負っているが、ここにいう消去とは、個人データとして使えなくすることであり、当該データを削除することのほか、当該データを匿名化して特定の個人を識別できないようにすることを含む。

ウ．個人情報取扱事業者は、利用する必要がなくなった個人データを遅滞なく消去する努力義務を負っており、この義務に違反した場合には、個人情報保護委員会による勧告・命令の対象となる。

エ．利用する必要がなくなった個人データを遅滞なく消去するのは、努力義務にすぎないので、消去せずに放置していたため漏えいしたとしても、個人情報取扱事業者が本人から責任を追及されることはない。

〈第 64 回出題　問題 16〉

6．「個人情報の保護に関する法律についてのガイドライン（通則編）」の「（別添）講ずべき安全管理措置の内容」（中小規模事業者に関するものを除く。）に関する以下のアからエまでの記述のうち、誤っているものを 1 つ選びなさい。

ア．本ガイドラインに掲げられた内容は最低限のものであるから、個人情報
　　取扱事業者は、その全ての措置を講じなければならない。

イ．個人情報取扱事業者は、個人データの適正な取扱いの確保について組織
　　として取り組むために、基本方針を策定することが重要であり、具体的に
　　定める項目としては、「関係法令・ガイドライン等の遵守」、「質問及び苦情
　　処理の窓口」等が考えられる。

ウ．個人情報取扱事業者は、個人データの具体的な取扱いに係る規律を整備
　　しなければならず、手法としては、個人データの取扱規程を策定すること
　　が考えられる。

エ．個人情報取扱事業者は、情報システム（パソコン等の機器を含む。）を使
　　用して個人データを取り扱う場合（インターネット等を通じて外部と送受
　　信等する場合を含む。）、技術的安全管理措置として、一定の措置を講じな
　　ければならない。　　　　　　　　　　　　　　　　〈第64回出題　問題17〉

**7．従業者の監督に関する以下のアからエまでの記述のうち、誤っているもの
を１つ選びなさい。**

ア．従業者とは、個人情報取扱事業者の組織内にあって直接間接に当該事業
　　者の指揮監督を受けて当該事業者の業務に従事している者等をいい、取締
　　役、執行役、監査役等の役員は含まれない。

イ．従業者が、個人データの安全管理措置を定める規程等に従って業務を行っ
　　ていることを、個人情報取扱事業者が確認しなかった結果、個人データが
　　漏えいした場合は、当該個人情報取扱事業者は、従業者に対して必要かつ
　　適切な監督を行っていなかったことになる。

ウ．マンション管理組合においては、当該マンション管理組合の運営を担う
　　理事等が、監督が必要となる従業者に該当する。

エ．内部規程に違反して個人データが入ったノート型パソコンが従業者によ
　　り繰り返し持ち出されていたにもかかわらず、その行為を放置した結果、
　　当該パソコンが紛失し、個人データが漏えいした場合は、個人情報取扱事
　　業者は、従業者に対して必要かつ適切な監督を行っていなかったことにな
　　る。　　　　　　　　　　　　　　　　　　　　　〈第63回出題　問題18〉

第三者提供に関する義務

（第三者提供の制限）

第27条　個人情報取扱事業者は、次に掲げる場合[※1]を除くほか、あらかじめ本人の同意を得ないで、個人データを第三者に提供してはならない。

2　個人情報取扱事業者は、第三者に提供される個人データについて、本人の求めに応じて当該本人が識別される個人データの第三者への提供を停止することとしている場合であって、次に掲げる事項について、個人情報保護委員会規則で定めるところにより、あらかじめ、本人に通知し、又は本人が容易に知り得る状態に置くとともに、個人情報保護委員会に届け出たときは、前項の規定にかかわらず、当該個人データを第三者に提供することができる。ただし、第三者に提供される個人データが要配慮個人情報又は第20条第1項の規定に違反して取得されたもの若しくは他の個人情報取扱事業者からこの項本文の規定により提供されたもの（その全部又は一部を複製し、又は加工したものを含む）である場合は、この限りでない。

一　第三者への提供を行う個人情報取扱事業者の氏名又は名称及び住所並びに法人にあっては、その代表者（法人でない団体で代表者又は管理人の定めのあるものにあっては、その代表者又は管理人）の氏名

二　第三者への提供を利用目的とすること。

三　第三者に提供される個人データの項目

四　第三者に提供される個人データの取得の方法

五　第三者への提供の方法

六　本人の求めに応じて当該本人が識別される個人データの第三者への提供を停止すること。

七　本人の求めを受け付ける方法

八　その他個人の権利利益を保護するために必要なものとして個人情報保護委員会規則で定める事項

[※1]　適用除外事由〔1〕、P.83 参照

1 第三者提供の制限

　個人情報取扱事業者は、個人データを**第三者提供**するには、あらかじめ**本人の同意**を得なければならない（法27条1項）。個人データの第三者提供の制限は、本人の知らないところで自らの情報が事業者から事業者へ流れて悪用されるなど、個人情報保護の趣旨である本人の個人情報に関する権利利益の保護を害する可能性があるための定めであり、自分や第三者の**不正な利益を図る目的で提供したときは、刑事罰が科されうる**（法174条）。これらの義務は**個人データ**が対象である。「あらかじめ」とは、第三者への提供時が基準となる。また、同一事業者内の他部門へデータ提供する場合は第三者提供にあたらないが、親子兄弟会社やグループ会社、フランチャイズ加盟店との個人データ交換は第三者提供に該当する。

　第三者への個人データの提供にあたって、利用目的による制限の例外（適用除外事由〔1〕、P.85参照）と同様の場合は、本人の同意は不要である。

2 オプトアウトによる第三者提供

　個人情報取扱事業者は、法27条2項の**「次に掲げる事項」**をあらかじめ本人に通知または本人が容易に知り得る状態に置くとともに、**個人情報保護委員会に届け出た場合**には、あらかじめ本人の同意を得ることなく、個人データを第三者に提供することができる（法27条2項）。これらを**オプトアウトによる第三者提供**という。委員会に届けた内容は自らもインターネット等により公表する。

　オプトアウトは、住宅地図業者やダイレクトメール用の名簿等を作成・販売するデータベース事業者が販売を行う場合等が想定されている。

　オプトアウトにより提供される個人データの項目、提供の方法、あるいは第三者提供を停止すべきとの本人の求めの受付方法を**変更する場合**は、変更する内容について、あらかじめ、本人に通知または本人が容易に知り得る状態に置くとともに、**個人情報保護委員会に届け出**なければならない（法27条3項）。この場合も、その内容を自らも公表する。

　要配慮個人情報は、オプトアウトによる**第三者提供**はできない。

第 27 条（第三者提供の制限）の続き

3　個人情報取扱事業者は、前項第一号に掲げる事項に変更があったとき又は同項の規定による個人データの提供をやめたときは遅滞なく、同項第三号から第五号まで、第七号又は第八号に掲げる事項を変更しようとするときはあらかじめ、その旨について、個人情報保護委員会規則で定めるところにより、本人に通知し、又は本人が容易に知り得る状態に置くとともに、個人情報保護委員会に届け出なければならない。

4　個人情報保護委員会は、第 2 項の規定による届出があったときは、個人情報保護委員会規則で定めるところにより、当該届出に係る事項を公表しなければならない。前項の規定による届出があったときも、同様とする。

5　次に掲げる場合において、当該個人データの提供を受ける者は、前各項の規定の適用については、第三者に該当しないものとする。

> 一　個人情報取扱事業者が利用目的の達成に必要な範囲内において個人データの取扱いの全部又は一部を委託することに伴って当該個人データが提供される場合
>
> 二　合併その他の事由による事業の承継に伴って個人データが提供される場合
>
> 三　特定の者との間で共同して利用される個人データが当該特定の者に提供される場合であって、その旨並びに共同して利用される個人データの項目、共同して利用する者の範囲、利用する者の利用目的並びに当該個人データの管理について責任を有する者の氏名又は名称及び住所並びに法人にあっては、その代表者の氏名について、あらかじめ、本人に通知し、又は本人が容易に知り得る状態に置いているとき。

6　個人情報取扱事業者は、前項第三号に規定する個人データの管理について責任を有する者の氏名、名称若しくは住所又は法人にあっては、その代表者の氏名に変更があったときは遅滞なく、同号に規定する利用する者の利用目的又は当該責任を有する者を変更しようとするときはあらかじめ、その旨について、本人に通知し、又は本人が容易に知り得る状態に置かなければならない。

3　第三者に該当しない場合

　次の①から③の場合は、個人データの提供先は個人情報取扱事業者とは別の主体であり、形式上は第三者に該当するが、本人との関係において、個人情報取扱事業者と一体として取り扱うことに合理性があると考えられ、**第三者に該当しない**ものとされる。

　これらの要件を満たす場合には、個人情報取扱事業者は、法27条1項から3項までの規定にかかわらず、あらかじめの本人の同意や第三者提供におけるオプトアウトを行うことなく、個人データを提供することができる。

①　委託（法27条5項一号）

　利用目的の達成に必要な範囲内において、個人データの取扱いに関する業務の全部または一部を委託することにともない、当該個人データが提供される場合は、提供先は第三者に該当しない。

　ただし、提供元には、委託先に対する監督責任が課される。

②　事業の承継（法27条5項二号）

　合併、分社化、事業譲渡等により事業が承継されることで事業に関係する個人データが提供される場合は、提供先は第三者に該当しない。

　ただし、事業承継後も、個人データが事業承継により提供される前の利用目的の範囲内で利用しなければならない。

　また、事業承継のための契約締結前の交渉段階で、相手会社から自社の調査を受け、自社の個人データを相手会社へ提供する場合も該当する。

> ・事例1）合併、分社化により、新会社に個人データを提供する場合
> ・事例2）事業譲渡により、譲渡先企業に個人データを提供する場合

③　共同利用（法27条5項三号）

　特定の者との間で共同して利用される個人データを、その者に提供する場合で、指定された情報をあらかじめ本人に通知または本人が容易に知り得る状態に置いているときには、第三者に該当しない。

　既に特定の事業者が取得している個人データを他の事業者と共同利用する場合も、当初に特定した利用目的の範囲で利用しなければならない。

第2章

4　共同利用するにあたり通知等が必要な情報

共同利用するにあたり以下の情報の通知等が必要である。

> ①　共同利用をする旨
> ②　共同して利用される個人データの項目
> ③　共同して利用する者の範囲
> 　本人がどの事業者まで将来利用されるか判断できる程度に明確にする。
> ④　利用する者の利用目的
> 　利用目的は、すべて本人に通知または本人が容易に知り得る状態に置いていなければならないが、個人データの項目によって異なる場合には、個人データの項目ごとに区別して記載することが望まれている。
> ⑤　該当する個人データの管理について責任を有する者の氏名、名称および住所、法人の場合はその代表者の氏名
> 　個人データの管理について責任を有する者とは、開示等の請求および苦情を受け付け、その処理に尽力するとともに、個人データの内容等について、開示、訂正、利用停止等の権限を有し、安全管理等個人データの管理について責任を有する者をいう。

「責任を有する者」とは、共同して利用するすべての事業者の中で、第一次的に苦情の受付・処理、開示・訂正等を行う権限を有する者をいう。

5　共同利用する事項の変更時の対応

個人データを共同利用する場合、利用目的については本人が通常に予期できる限度と客観的に認められる範囲内において、そして管理の責任を有する者については、変更することができるが、いずれも変更する前に、本人に通知または本人が容易に知り得る状態に置かなければならない（法27条6項）。

共同利用を行う個人データの項目や事業者を変更する場合は、あらかじめ本人の同意を得る必要がある。ただし、事業者の名称変更だけの場合や、事業承継が行われた場合は該当しない。

（外国にある第三者への提供の制限）

第 28 条　個人情報取扱事業者は、外国（本邦の域外にある国又は地域をいう。以下この条及び第 31 条第 1 項第二号において同じ）（個人の権利利益を保護する上で我が国と同等の水準にあると認められる個人情報の保護に関する制度を有している外国として個人情報保護委員会規則で定めるものを除く。以下この条及び同号において同じ）にある第三者（個人データの取扱いについてこの節の規定により個人情報取扱事業者が講ずべきこととされている措置に相当する措置（第 3 項において「相当措置」という）を継続的に講ずるために必要なものとして個人情報保護委員会規則で定める基準に適合する体制を整備している者を除く。以下この項及び次項並びに同号において同じ）に個人データを提供する場合には、前条第 1 項各号に掲げる場合を除くほか、あらかじめ外国にある第三者への提供を認める旨の本人の同意を得なければならない。この場合においては、同条の規定は、適用しない。

2　個人情報取扱事業者は、前項の規定により本人の同意を得ようとする場合には、個人情報保護委員会規則で定めるところにより、あらかじめ、当該外国における個人情報の保護に関する制度、当該第三者が講ずる個人情報の保護のための措置その他当該本人に参考となるべき情報を当該本人に提供しなければならない。

3　個人情報取扱事業者は、個人データを外国にある第三者（第 1 項に規定する体制を整備している者に限る）に提供した場合には、個人情報保護委員会規則で定めるところにより、当該第三者による相当措置の継続的な実施を確保するために必要な措置を講ずるとともに、本人の求めに応じて当該必要な措置に関する情報を当該本人に提供しなければならない。

6　外国にある第三者への提供の制限

　外国にある第三者に個人データを提供する場合には、あらかじめ**外国にある第三者への提供を認める旨の本人の同意**を得なければならない（法 28 条）。この事項についての詳細は、「個人情報の保護に関する法律についてのガイドライン（外国にある第三者への提供編）」で定められている。

第2章

7　第三者提供に係る記録の作成等

個人情報取扱事業者は、個人データを第三者に提供したときは、**指定の事項に関する記録**を、提供した都度、速やかに作成しなければならない（法 29 条 1 項）。ただし、第三者に対し個人データを継続的や反復して提供するときの記録は、一括して作成することができる。文書、電磁的記録やマイクロフィルムを用いて記録する。記録すべき指定の事項は、以下のとおり。

（第三者提供に係る記録の作成等）

第 29 条　個人情報取扱事業者は、個人データを第三者（第 16 条第 2 項各号に掲げる者を除く）に提供したときは、個人情報保護委員会規則で定めるところにより、当該個人データを提供した年月日、当該第三者の氏名又は名称その他の個人情報保護委員会規則で定める事項に関する記録を作成しなければならない。ただし、当該個人データの提供が第 27 条第 1 項各号又は第 5 項各号のいずれか（前条第 1 項の規定による個人データの提供にあっては、第 27 条第 1 項各号のいずれか）に該当する場合は、この限りでない。

2　個人情報取扱事業者は、前項の記録を、当該記録を作成した日から個人情報保護委員会規則で定める期間保存しなければならない。

（第三者提供を受ける際の確認等）

第 30 条　個人情報取扱事業者は、第三者から個人データの提供を受けるに際しては、個人情報保護委員会規則で定めるところにより、次に掲げる事項の確認を行わなければならない。ただし、当該個人データの提供が第 27 条第 1 項各号又は第 5 項各号のいずれかに該当する場合は、この限りでない。

> 一　当該第三者の氏名又は名称及び住所並びに法人にあっては、その代表者の氏名
> 二　当該第三者による当該個人データの取得の経緯

2　前項の第三者は、個人情報取扱事業者が同項の規定による確認を行う場合において、当該個人情報取扱事業者に対して、当該確認に係る事項を偽ってはならない。

3　個人情報取扱事業者は、第１項の規定による<u>確認を行ったとき</u>は、個人情報保護委員会規則で定めるところにより、当該個人データの提供を受けた年月日、当該確認に係る事項その他の個人情報保護委員会規則で定める事項に関する<u>記録を作成</u>しなければならない。

4　個人情報取扱事業者は、前項の記録を、当該記録を作成した日から個人情報保護委員会規則で定める期間保存しなければならない。

第２章

① 　第三者の氏名または名称その他の第三者を特定するに足りる事項（不特定かつ多数の者に対して提供したときは、その旨）

② 　提供した本人の氏名、その他の本人を特定するに足りる事項

③ 　個人データの項目

・オプトアウトの場合は、個人データを提供した年月日

・それ以外の場合は、本人の同意を得ている旨

　物品やサービス提供のために本人の個人データを第三者提供した場合で、提供に関する契約書等の書面に記録すべき事項が記載されているときは、この書面をもって記録に代えることができる。これらの記録は、該当する個人データの提供を行った日から起算して３年間、契約書等の書面の場合は１年間保存しなければならない。提供を受けた場合も同様。

8　第三者提供を受ける際の確認等

　個人情報取扱事業者は、第三者から個人データの提供を受けるに際しては、適切な方法により、提供元の氏名または名称および住所、法人の場合は代表者の氏名、および取得の経緯の**確認**を行わなければならない（法30条１項）。確認を行ったときは、以下の**記録を作成**する。

① 　確認を行った氏名等の内容

② 　提供を受ける本人の氏名、その他の本人を特定するに足りる事項

③ 　個人データの項目

・オプトアウトの場合は、個人データの提供を受けた年月日

・それ以外の方法で第三者提供を受けた場合は、本人の同意を得ている旨

（個人関連情報の第三者提供の制限等）

第31条　個人関連情報取扱事業者は、第三者が個人関連情報（個人関連情報データベース等を構成するものに限る）を個人データとして取得することが想定されるときは、第27条第１項各号に掲げる場合を除くほか、次に掲げる事項について、あらかじめ個人情報保護委員会規則で定めるところにより確認することをしないで、当該個人関連情報を当該第三者に提供してはならない。

> 一　当該第三者が個人関連情報取扱事業者から個人関連情報の提供を受けて本人が識別される個人データとして取得することを認める旨の当該本人の同意が得られていること。
>
> 二　外国にある第三者への提供にあっては、前号の本人の同意を得ようとする場合において、個人情報保護委員会規則で定めるところにより、あらかじめ、当該外国における個人情報の保護に関する制度、当該第三者が講ずる個人情報の保護のための措置その他当該本人に参考となるべき情報が当該本人に提供されていること。

2　第28条第３項の規定は、前項の規定により個人関連情報取扱事業者が個人関連情報を提供する場合について準用する。この場合において、同条第３項中「講ずるとともに、本人の求めに応じて当該必要な措置に関する情報を当該本人に提供し」とあるのは、「講じ」と読み替えるものとする。

3　前条第２項から第３項までの規定は、第１項の規定により個人関連情報取扱事業者が確認する場合について準用する。この場合において、同条第３項中「の提供を受けた」とあるのは、「を提供した」と読み替えるものとする。

⑨　個人関連情報の第三者提供の制限等

　個人関連情報取扱事業者は、提供先の第三者が、個人データに個人関連情報を付加する等、個人データとして利用するために取得することが想定されるときは、本人の同意が得られていること等を確認しないで、それらの個人関連情報を提供してはならない。

図表 2-14　確認・記録義務の全体図

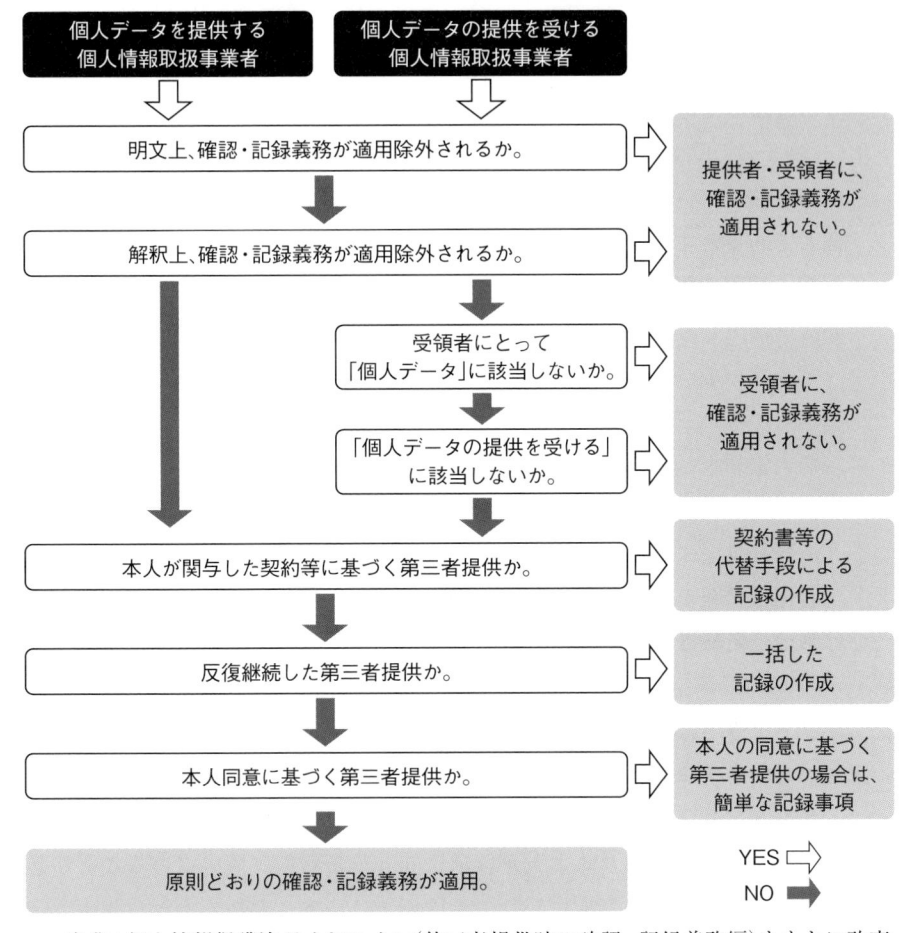

出典：個人情報保護法ガイドライン（第三者提供時の確認・記録義務編）をもとに改変

> **PICK UP**
> ・個人データに対する義務として、正確性の確保や安全管理措置が求められ、さらに本人の権利利益の侵害を防ぐため、第三者提供についての義務が定められており、法改正によって制限や記録の作成等さらなる詳細と刑事罰も定められた。

第2章第10節◎過去問題チェック

1．個人データの第三者提供の制限の原則に関する以下のアからエまでの記述のうち、誤っているものを１つ選びなさい。

　ア．「第三者」とは、原則として、当該個人データによって特定される本人及び当該個人データを提供しようとする個人情報取扱事業者以外の者をいい、個人であるか法人その他の団体であるかを問わない。

　イ．個人情報取扱事業者が自社の他の部署に個人データを提供する場合、この提供に関して、あらかじめ本人の同意を得る必要はない。

　ウ．個人情報取扱事業者は、本人から個人情報を取得する時に、同時に、当該本人から第三者提供についての同意を得ることもできる。

　エ．個人情報取扱事業者の従業者が指定感染症に罹患したため、当該従業者が感染可能期間中に訪問した取引先が適切な対応策を取ることができるよう情報提供しようとする場合は、たとえ当該従業者が入院中であるため第三者提供に係る同意を得ることが困難であっても、当該従業者の同意がなければ、情報提供することはできない。　　　　　〈第 63 回出題　問題 20〉

2．オプトアウトによる第三者提供に関する以下のアからエまでの記述のうち、正しいものを１つ選びなさい。

　ア．オプトアウトによる第三者提供を行うためには、個人情報取扱事業者が所定の事項をあらかじめ本人が容易に知り得る状態に置いていることが必要であるが、本人が容易に知り得る状態とは、本人が知ろうとすれば、時間的にも、その手段においても、簡単に知ることができる状態をいい、例えば、官報であれば一度掲載することがこれに該当する。

　イ．オプトアウトによる第三者提供を行うためには、個人情報取扱事業者が所定の事項をあらかじめ本人に通知するか、又は本人が容易に知り得る状態に置いていることが必要であるが、これらの措置は、本人が当該提供の停止を求めるのに必要な期間を置かなければならない。

　ウ．オプトアウトによる第三者提供を行うために必要な所定の事項を本人に通知し又は本人が容易に知り得る状態に置く時期と個人情報保護委員会へ

届け出る時期は、同時でなければならない。

　　エ．要配慮個人情報についても、個人情報取扱事業者が所定の事項をあらか
　　　　じめ本人に通知するか、又は本人が容易に知り得る状態に置いていること
　　　　等の要件を充たせば、オプトアウトによる第三者提供を行うことができる。

〈第 64 回出題　問題 21〉

**3．個人データの委託及び事業の承継に関する以下のアからエまでの記述のう
　　ち、誤っているものを 1 つ選びなさい。**

　　ア．個人情報取扱事業者が、その利用目的の達成に必要な範囲内において、
　　　　ダイレクトメールの発送業務を業者に委託する場合には、顧客の氏名・住
　　　　所を当該業者に伝えても、第三者提供の制限に違反しない。

　　イ．個人情報取扱事業者が、配送事業者を利用して個人データを含むものを
　　　　送る場合は、当該配送事業者が配送を依頼された中身について関知してい
　　　　なくても、当該個人データに関して取扱いの委託をしていることになる。

　　ウ．事業譲渡により事業が承継されることに伴い、当該事業に係る個人デー
　　　　タが提供される場合は、当該提供先は、第三者に該当しない。

　　エ．事業の承継のための契約を締結するよりも前の交渉段階で、個人データ
　　　　の利用目的及び取扱方法等、相手会社に安全管理措置を遵守させるために
　　　　必要な契約を締結した上で、相手会社から自社の調査を受け、自社の個人
　　　　データを提供する場合は、当該相手会社は、第三者に該当しない。

〈第 63 回出題　問題 22〉

**4．個人データの共同利用に関する以下のアからエまでの記述のうち、正しい
　　ものを 1 つ選びなさい。**

　　ア．個人データの共同利用として個人データの提供先が第三者に該当しない
　　　　とされるためには、「共同して利用する者の範囲」を、あらかじめ本人に通
　　　　知し、又は本人が容易に知り得る状態においていることが必要であるが、「当
　　　　社の子会社及び関連会社」という表記は一切認められない。

　　イ．共同利用の対象となる個人データの提供については、全ての共同利用者
　　　　が双方向で行う必要があり、一部の共同利用者に対し、一方向で行うこと

はできない。

　　ウ．使用者と労働組合との間で取得時の利用目的（個人情報保護法の規定に
　　　　従い変更された利用目的を含む。）の範囲内で従業者の個人データを共同利
　　　　用する場合は、共同利用に該当する。

　　エ．共同利用者の範囲に委託先事業者が含まれている場合は、委託先との関
　　　　係も共同利用となるので、委託元は当該委託先の監督義務を免れる。

〈第 63 回出題　問題 23〉

5．外国にある第三者への提供の制限に関する以下のアからエまでの記述のう
　ち、誤っているものを 1 つ選びなさい。

　　ア．個人情報取扱事業者は、個人データを外国にある第三者に提供する場合
　　　　には、原則として、あらかじめ外国にある第三者への提供を認める旨の本
　　　　人の同意を得なければならないが、ここにいう外国とは、本邦の域外にあ
　　　　る国又は地域をいうので、未承認国家も含まれる。

　　イ．個人情報取扱事業者は、個人データを、個人の権利利益を保護する上で
　　　　我が国と同等の水準にあると認められる個人情報の保護に関する制度を有
　　　　している外国として個人情報保護委員会規則で定める外国にある第三者に
　　　　提供する場合には、あらかじめ外国にある第三者への提供を認める旨の本
　　　　人の同意を得る必要はない。

　　ウ．個人情報取扱事業者は、個人データを外国にある、個人データの取扱い
　　　　について個人情報取扱事業者が講ずべきとされている措置に相当する措置
　　　　を継続的に講ずるために必要なものとして個人情報保護委員会規則で定め
　　　　る基準に適合する体制を整備している第三者に提供する場合には、あらか
　　　　じめ外国にある第三者への提供を認める旨の本人の同意を得る必要はない。

　　エ．個人情報取扱事業者は、合併による事業の承継に伴って個人データを外
　　　　国にある第三者に提供する場合には、あらかじめ外国にある第三者への提
　　　　供を認める旨の本人の同意を得る必要はない。　〈第 64 回出題　問題 24〉

6．次の文章は、外国にある第三者への提供の制限に関するものである。以下
　のアからエまでのうち、文章中の（　　）に入る最も適切なものの組合せを

1つ選びなさい。

> 「外国にある第三者」の該当性については、次のように判断される。
>
> 法人の場合、個人データを提供する個人情報取扱事業者と別の法人格を有するかどうかで第三者に該当するかを判断する。
>
> 例えば、日本企業が、外国の法人格を取得している当該企業の現地子会社に個人データを提供する場合には、当該日本企業にとって「外国にある第三者」への個人データの提供（　a　）が、現地の事業所、支店など同一法人格内での個人データの移動の場合には、「外国にある第三者」への個人データの提供（　b　）。また、外資系企業の日本法人が外国にある親会社に個人データを提供する場合、当該親会社は「外国にある第三者」（　c　）。

ア．a．に該当する　　　b．には該当しない　　c．に該当する

イ．a．には該当しない　b．は該当する　　　c．には該当しない

ウ．a．には該当しない　b．は該当する　　　c．に該当する

エ．a．に該当する　　　b．には該当しない　　c．には該当しない

〈第63回出題　問題25〉

7．第三者提供に係る記録の作成等に関する以下のアからエまでの記述のうち、誤っているものを1つ選びなさい。

ア．個人情報取扱事業者は、個人データを第三者に提供した場合は、原則として、その都度、速やかに、個人情報保護委員会規則で定める事項に関する記録を作成し、同規則で定める期間保存しなければならない。

イ．個人情報取扱事業者は、個人データを地方公共団体に提供した場合は、第三者提供に係る記録の作成等の義務を負わない。

ウ．個人情報取扱事業者は、個人データを第三者に提供した場合であっても、当該提供が人の生命、身体又は財産の保護のために必要がある場合であって、本人の同意を得ることが困難であるときに該当する場合には、第三者提供に係る記録の作成等の義務を負わない。

エ．個人情報取扱事業者は、個人データを外国にある第三者に提供した場合であっても、当該提供がオプトアウトによる提供に該当するときは、第三者提供に係る記録の作成等の義務を負わない。　〈第64回出題　問題26〉

保有個人データに対する義務

（保有個人データに関する事項の公表等）

第32条　個人情報取扱事業者は、保有個人データに関し、次に掲げる事項について、本人の知り得る状態（本人の求めに応じて遅滞なく回答する場合を含む）に置かなければならない。

> 一　当該個人情報取扱事業者の氏名又は名称及び住所並びに法人にあっては、その代表者の氏名
>
> 二　全ての保有個人データの利用目的[※1]
>
> 三　次項の規定による求め又は次条第1項、第34条第1項若しくは第35条第1項、第3項若しくは第5項の規定による請求に応じる手続（第38条第2項の規定により手数料の額を定めたときは、その手数料の額を含む）
>
> 四　前三号に掲げるもののほか、保有個人データの適正な取扱いの確保に関し必要な事項として政令で定めるもの

2　個人情報取扱事業者は、本人から、当該本人が識別される保有個人データの利用目的の通知を求められたときは、本人に対し、遅滞なく、これを通知しなければならない。ただし、次の各号のいずれかに該当する場合は、この限りでない。

> 一　前項の規定により当該本人が識別される保有個人データの利用目的が明らかな場合
>
> 二　第21条第4項第一号から第三号まで[※2]に該当する場合

3　個人情報取扱事業者は、前項の規定に基づき求められた保有個人データの利用目的を通知しない旨の決定をしたときは、本人に対し、遅滞なく、その旨を通知しなければならない。

[※1]　第21条第4項第一号から第三号までに該当する場合を除く
[※2]　適用除外事由〔2〕の①〜③、P.88 参照

■1　保有個人データに関する事項の公表等

　個人情報取扱事業者は、保有個人データについて、次の①から④までの情報を**本人の知り得る状態**に置かなければならない（法32条1項）。本人の求めに応じて遅滞なく回答することも可能である。

> ①　個人情報取扱事業者の氏名または名称、法人の場合はその代表者の氏名
> ②　すべての保有個人データの利用目的（ただし一定の場合を除く）
> ③　保有個人データの利用目的の通知の求め又は開示等の請求に応じる手続および保有個人データの利用目的の通知の求めや開示の請求に係る手数料を定めた場合、その金額
> ④　保有個人データの安全管理のために講じた措置や取扱いに関する苦情の申出先

■2　保有個人データの利用目的の通知

　個人情報取扱事業者は、次の①から④までの場合を除いて、本人から、当該本人が識別される保有個人データの利用目的の通知を求められたときは、遅滞なく、**本人に通知**しなければならない（法32条2項）。利用目的を通知しないことを決定した場合も同様に通知する義務がある（法32条3項）。

> ①　本人が識別される保有個人データの利用目的が明らかである場合
> ②　利用目的を本人に通知または公表することにより本人または第三者の生命、身体、財産その他の権利利益を害するおそれがある場合
> ③　利用目的を本人に通知または公表することにより個人情報取扱事業者の権利または利益が侵害されるおそれがある場合
> ④　国の機関等が法令の定める事務を実施する上で、民間企業等の協力を得る必要がある場合で、協力する民間企業等が国の機関等から受け取った保有個人データの利用目的を本人に通知または公表することにより、本人の同意を得ることが事務の遂行に支障を及ぼすおそれがある場合

（開示）

第33条　本人は、個人情報取扱事業者に対し、当該本人が識別される保有個人データの電磁的記録の提供による方法その他の個人情報保護委員会規則で定める方法による開示を請求することができる。

2　個人情報取扱事業者は、前項の規定による請求を受けたときは、本人に対し、同項の規定により当該本人が請求した方法（当該方法による開示に多額の費用を要する場合その他の当該方法による開示が困難である場合にあっては、書面の交付による方法）により、遅滞なく、当該保有個人データを開示しなければならない。ただし、開示することにより次の各号のいずれかに該当する場合は、その全部又は一部を開示しないことができる。

> 一　本人又は第三者の生命、身体、財産その他の権利利益を害するおそれがある場合
>
> 二　当該個人情報取扱事業者の業務の適正な実施に著しい支障を及ぼすおそれがある場合
>
> 三　他の法令に違反することとなる場合

3　個人情報取扱事業者は、第１項の規定による請求に係る保有個人データの全部若しくは一部について開示しない旨の決定をしたとき、当該保有個人データが存在しないとき、又は同項の規定により本人が請求した方法による開示が困難であるときは、本人に対し、遅滞なく、その旨を通知しなければならない。

4　他の法令の規定により、本人に対し第２項本文に規定する方法に相当する方法により当該本人が識別される保有個人データの全部又は一部を開示することとされている場合には、当該全部又は一部の保有個人データについては、第１項及び第２項の規定は、適用しない。

5　第１項から第３項までの規定は、当該本人が識別される個人データに係る第29条第１項及び第30条第３項の記録[※1]（「第三者提供記録」という）について準用する。

[※1]　その存否が明らかになることにより公益その他の利益が害されるものとして政令で定めるものを除く

3　保有個人データの開示

　個人情報取扱事業者は、本人から、当該本人が識別される保有個人データの開示の請求を受けたときは、本人に対し、電磁的記録の提供による方法、書面の交付による方法等により、遅滞なく、該当の**保有個人データを開示**しなければならない（法33条1、2項）。開示請求を受けた情報が存在しないときには、その旨を知らせることを含む（法33条3項）。さらに、他の法令で方法が規定されている場合はその方法で行う（法33条4項）。

　ただし、開示することにより次の①から③までのいずれかに該当する場合は、その全部または一部を**開示しない**とすることができるが、これにより開示しない旨の決定をしたときまたは請求に係る保有個人データが存在しないときは、遅滞なく、その旨を**本人**に**通知**しなければならない。

> ①　本人または第三者の生命、身体、財産その他の権利利益を害するおそれがある場合
> 　事例）医療機関等において、病名等を患者に開示することにより、患者本人の心身状況を悪化させるおそれがある場合
> ②　個人情報取扱事業者の業務の適正な実施に著しい支障を及ぼすおそれがある場合
> 　事例）同一の本人から複雑な対応を要する同一内容について繰り返し開示の請求があり、事実上問合せ窓口が占有されることによって他の問合せ対応業務が立ち行かなくなる等、業務上著しい支障を及ぼすおそれがある場合
> ③　他の法令に違反することとなる場合
> 　事例）刑法134条（秘密漏示罪）や電気通信事業法4条（通信の秘密の保護）に違反することとなる場合

　また、他の法令の規定により、指定どおりの方法により当該本人が識別される保有個人データを開示することとされている場合には、これらの規定は適用されず、該当の他の法令の規定が適用される。そして、個人データを提供・受領した第三者提供記録も開示対象とされている。

（訂正等）

第34条　本人は、個人情報取扱事業者に対し、当該本人が識別される保有個人データの内容が事実でないときは、当該保有個人データの内容の訂正、追加又は削除（以下「訂正等」という）を請求することができる。

2　個人情報取扱事業者は、前項の規定による請求を受けた場合には、その内容の訂正等に関して他の法令の規定により特別の手続が定められている場合を除き、利用目的の達成に必要な範囲内において、遅滞なく必要な調査を行い、その結果に基づき、当該保有個人データの内容の訂正等を行わなければならない。

3　個人情報取扱事業者は、第１項の規定による請求に係る保有個人データの内容の全部若しくは一部について訂正等を行ったとき、又は訂正等を行わない旨の決定をしたときは、本人に対し、遅滞なく、その旨（訂正等を行ったときは、その内容を含む）を通知しなければならない。

（利用停止等）

第35条　本人は、個人情報取扱事業者に対し、当該本人が識別される保有個人データが第18条[※1]若しくは第19条[※2]の規定に違反して取り扱われているとき、又は第20条[※3]の規定に違反して取得されたものであるときは、当該保有個人データの利用の停止又は消去（以下「利用停止等」という）を請求することができる。

2　個人情報取扱事業者は、前項の規定による請求を受けた場合であって、その請求に理由があることが判明したときは、違反を是正するために必要な限度で、遅滞なく、当該保有個人データの利用停止等を行わなければならない。ただし、当該保有個人データの利用停止等に多額の費用を要する場合その他の利用停止等を行うことが困難な場合であって、本人の権利利益を保護するため必要なこれに代わるべき措置をとるときは、この限りでない。

[※1]　第18条：利用目的外利用
[※2]　第19条：違法又は不当な行為を助長したり、誘発するおそれがある方法により取得したものの利用
[※3]　第20条：偽りその他不正の手段による取得、あらかじめ本人の同意を得ないで要配慮個人情報を取得

4　保有個人データの訂正等

　個人情報取扱事業者は、本人から、**内容の訂正、追加、削除の請求**を受けた場合は、利用目的の達成に必要な範囲で遅滞なく必要な調査を行い、その結果に基づき、原則として、それらの対応を行わなければならない（法34条2項）。ただし、あくまでも情報が事実でないという誤りに対する対応のみが義務であり、それら以外の本人の希望等による請求の場合は、法律の定めとは関係なく、対応するかどうかは事業者の判断によるものとなる。

　法の定めに基づいて対応を行ったとき、あるいはそれらを行わない旨を決定したときは、遅滞なく、その旨を**本人に通知**しなければならない。訂正等の対応を行ったときは、その内容もあわせて通知する。

5　保有個人データの利用停止等

　個人情報取扱事業者は、本人から、**保有個人データの利用の停止または消去の請求**を受けた場合、原則として遅滞なく、それらの対応を行わなければならない（法35条1項）。ただし、その対応が義務となるのは、本人が識別される保有個人データが、本人の**同意なく目的外利用**されている場合（法18条）、不適正な方法で利用されている場合（法19条）、あるいは**偽りその他不正の手段により個人情報が取得**されたり、本人の**同意なく要配慮個人情報が取得**されたもの（法20条）であるという理由に限られ、その請求に理由の確認も必要となる。

　ただし、事業者が利用停止等の対応をするのに**多額の費用**を要する場合等、利用停止等を行うことが困難な場合で、本人の権利利益を保護するために必要なこれに代わる措置をとることも許される。

　また、利用停止や消去に関して、**義務として対応するべき対象**は、不正な取得等の場合に限られるため、本人の事前同意があるものや、本人の意図に基づいて取得した個人データに関しては、対応するかどうかは法律の定めとは関係なく、**事業者の判断**によるものとなる。本人の権利利益保護の観点からは、事業活動の特性・規模等を考慮して、自主的に利用停止や消去に応じる等、本人からの求めにできる限り対応することが望ましい。

第 35 条（利用停止等）の続き

3　本人は、個人情報取扱事業者に対し、当該本人が識別される保有個人データが第 27 条第 1 項又は第 28 条の規定に違反して第三者に提供されているときは、当該保有個人データの第三者への提供の停止を請求することができる。

4　個人情報取扱事業者は、前項の規定による請求を受けた場合であって、その請求に理由があることが判明したときは、遅滞なく、当該保有個人データの第三者への提供を停止しなければならない。ただし、当該保有個人データの第三者への提供の停止に多額の費用を要する場合その他の第三者への提供を停止することが困難な場合であって、本人の権利利益を保護するため必要なこれに代わるべき措置をとるときは、この限りでない。

5　本人は、個人情報取扱事業者に対し、当該本人が識別される保有個人データを当該個人情報取扱事業者が利用する必要がなくなった場合、当該本人が識別される保有個人データに係る第 26 条第 1 項本文に規定する事態が生じた場合その他当該本人が識別される保有個人データの取扱いにより当該本人の権利又は正当な利益が害されるおそれがある場合には、当該保有個人データの利用停止等又は第三者への提供の停止を請求することができる。

6　個人情報取扱事業者は、前項の規定による請求を受けた場合であって、その請求に理由があることが判明したときは、本人の権利利益の侵害を防止するために必要な限度で、遅滞なく、当該保有個人データの利用停止等又は第三者への提供の停止を行わなければならない。ただし、当該保有個人データの利用停止等又は第三者への提供の停止に多額の費用を要する場合その他の利用停止等又は第三者への提供の停止を行うことが困難な場合であって、本人の権利利益を保護するため必要なこれに代わるべき措置をとるときは、この限りでない。

6　第三者提供の停止

　本人から、**第三者提供の停止の請求**を受けた場合、その請求に理由があることが判明したときは、原則として遅滞なく、第三者提供を停止しなければならない（法35条4項）。ただし、その対応が義務となるのは、本人の同意なく第三者に提供されていたり、外国にある第三者への提供の制限の**規定に違反**しているという理由による請求に限られる。

　また、事業者が第三者への提供の停止に**多額の費用**を要する場合等、第三者への提供を停止することが困難な場合で、本人の権利利益を保護するために必要なこれに代わる措置をとることも許される。

　利用停止や消去の求めと同様に、第三者提供に関して、本人の事前同意をとっている場合にそれらの求めに対応するかどうかは、法律の定めとは関係なく、**事業者の判断**によるものとなる。本人の権利利益保護の観点から、自主的に提供停止に応じる等、本人からの求めにできる限り対応することが望ましい。

7　利用停止等の対応に関する通知

　個人情報取扱事業者は、これらの利用停止等の保有個人データに対する対応について、応じるか否かを決定をしたとき、遅滞なく、その旨を**本人に通知**しなければならない（法35条7項前段）。

　また、第三者提供の停止の求めに対しても、第三者提供を停止する、しないにかかわらず、本人がその旨を知れるよう、遅滞なく、その旨を**本人に通知**しなければならない（法35条7項後段）。

8　理由の説明

　個人情報取扱事業者は、保有個人データの利用目的の通知の求めや保有個人データの開示・訂正等・利用停止等、あるいは第三者提供の停止に関する請求に対する措置の全部や一部について、その措置をとらない旨や、その措置と異なる措置をとる旨を本人に通知する場合は、本人に対して、その**理由を説明**するように努めることが求められている（法36条）。

第2章

119

第 35 条（利用停止等）の続き

7　個人情報取扱事業者は、第１項の規定による請求に係る保有個人データの全部若しくは一部について利用停止等を行ったとき若しくは利用停止等を行わない旨の決定をしたとき、又は第３項の規定による請求に係る保有個人データの全部若しくは一部について第三者への提供を停止したとき若しくは第三者への提供を停止しない旨の決定をしたときは、本人に対し、遅滞なく、その旨を通知しなければならない。

（理由の説明）

第 36 条　個人情報取扱事業者は、第 32 条第３項、第 33 条第３項、第 34 条第３項又は前条第７項の規定により、本人から求められ、又は請求された措置の全部又は一部について、その措置をとらない旨を通知する場合又はその措置と異なる措置をとる旨を通知する場合には、本人に対し、その理由を説明するよう努めなければならない。

（開示等の請求等に応じる手続）

第 37 条　個人情報取扱事業者は、第 32 条第２項の規定による求め又は第 33 条第１項、第 34 条第１項若しくは第 35 条第１項、第３項若しくは第５項の規定による請求（以下「開示等の請求等」という）に関し、政令で定めるところにより、その求め又は請求を受け付ける方法を定めることができる。この場合において、本人は、当該方法に従って、開示等の請求等を行わなければならない。

2　個人情報取扱事業者は、本人に対し、開示等の請求等に関し、その対象となる保有個人データ又は第三者提供記録を特定するに足りる事項の提示を求めることができる。この場合において、個人情報取扱事業者は、本人が容易かつ的確に開示等の請求等をすることができるよう、当該保有個人データ又は当該第三者提供記録の特定に資する情報の提供その他本人の利便を考慮した適切な措置をとらなければならない。

3　開示等の請求等は、政令で定めるところ[※1]により、代理人によってすることができる。

4　個人情報取扱事業者は、前三項の規定に基づき開示等の請求等に応じる手続を定めるに当たっては、本人に過重な負担を課するものとならないよう配慮しなければならない。

[※1]（1）未成年者又は成年被後見人の法定代理人　（2）本人が委任した代理

9 開示等の請求等に応じる手続

個人情報取扱事業者は、開示等の請求等において、これを**受け付ける方法**として次の①から④までの事項を定めることができる。

①　開示等の請求等の申出先

②　提出すべき書面の様式、その他の開示等の請求等の受付方法

③　請求をする者が本人またはその代理人であることの確認の方法

④　利用目的の通知や開示をする際に徴収する手数料の徴収方法

開示等の請求等を受け付ける方法を定めた場合には、**本人の知り得る状態**に置いておかなければならない。本人の求めに応じて遅滞なく回答する対応も可能である。

開示等の請求等を受け付ける方法を**合理的な範囲**で定めたときは、本人は、指定の方法に従って開示等の請求等を行わなければならず、従わなかった場合、個人情報取扱事業者は開示等の請求等を拒否することができる。

個人情報取扱事業者は、円滑に開示等の手続きが行えるよう、本人に対し、開示等の請求等の対象となる**本人を確認**するため、保有個人データの特定に必要な、住所・ID・パスワード・会員番号等の事項の提示を求めることができる。その際には、本人が容易かつ的確に開示等の請求等ができるよう、保有個人データの特定のための情報を提供するなど、本人の利便性を考慮しなければならない。

10 手数料

個人情報取扱事業者は、保有個人データの利用目的の通知を求められたり、開示の請求を受けたとき、さらに第三者提供記録の開示の請求を受けたときは、それらの措置に関し、**手数料の額**を定め、徴収することができる（法38条1項）。手数料を徴収する場合は、**実費を勘案**して合理的な範囲内でその手数料の額を定めなければならない（同2項）。なお、手数料の額を定めた場合は、本人の知り得る状態に置いておかなければならない（法32条1項三号）。

第2章

（手数料）

第38条　個人情報取扱事業者は、第32条第２項の規定による<u>利用目的</u><u>の通知</u>を求められたとき又は第33条第１項の規定による<u>開示の請求</u>を受けたときは、当該措置の実施に関し、<u>手数料を徴収</u>することができる。

2　個人情報取扱事業者は、前項の規定により手数料を徴収する場合は、<u>実費を勘案して合理的であると認められる範囲内</u>において、その手数料の額を定めなければならない。

（事前の請求）

第39条　本人は、第33条第１項[※1]、第34条[※2]第１項又は第35条[※3]第１項、第３項若しくは第５項の規定による請求に係る<u>訴えを提起し</u>ようとするときは、その訴えの被告となるべき者に対し、<u>あらかじめ、</u><u>当該請求を行い</u>、かつ、その<u>到達した日から２週間を経過した後</u>でなければ、その訴えを提起することができない。ただし、当該訴えの被告となるべき者がその請求を拒んだときは、この限りでない。

2　前項の請求は、その請求が通常到達すべきであった時に、到達したものとみなす。

3　前二項の規定は、第33条第１項[※1]、第34条[※2]第１項又は第35条[※3]第１項若しくは第５項の規定による請求に係る仮処分命令の申立てについて準用する。

（個人情報取扱事業者による苦情の処理）

第40条　個人情報取扱事業者は、個人情報の取扱いに関する<u>苦情の適切</u><u>かつ迅速な処理</u>に努めなければならない。

2　個人情報取扱事業者は、前項の目的を達成するために<u>必要な体制の整備</u>に努めなければならない。

[※1]　開示請求
[※2]　訂正、追加または削除請求
[※3]　利用の停止または消去請求

11　裁判上の訴えの事前請求

　自身の保有個人データに対する開示、訂正、利用停止等、第三者提供の停止および提供記録の開示の個人情報取扱事業者への請求について、**裁判上の訴えを起こそうとするとき**は、その訴えの前にそれらの請求を個人情報取扱事業者に対して行い、請求が個人情報取扱事業者に到達した日から**2週間後**でなければできない（法39条1項）。

　これらは、**個人の権利に配慮**しつつも、事業者がその請求の要件を満たしているかなど、検討の時間をもてるよう、**事業者への配慮**が含まれ、双方の便益を考慮し改正法から盛り込まれた。

　ただし、個人情報取扱事業者が裁判外の請求を拒んだときは、2週間を経過する前に、裁判上の訴えを起こすことができる。ここでいう「拒む」は、開示・訂正・追加や削除の求めや、その通知とともに、それらの対応をしない場合に理由の説明をせずに通知した場合も含む。

　事前の請求を受けた個人情報取扱事業者がすべて応じたときは訴えを提起できないが、一部でも応じなかったときは、その部分の提起はできる。

12　個人情報の取扱いに関する苦情処理

　個人情報取扱事業者は、個人情報の取扱いに関する**苦情の適切かつ迅速な処理**に努めなければならない（法40条1項）。また、苦情の適切かつ迅速な処理を行うにあたり、**苦情処理窓口の設置**や苦情処理の手順を定める等、必要な体制の整備に努めなければならない（法40条2項）。

　これらは、ともに**努力義務**であり、いわゆるクレーマーなどによる無理な要求にまで対応する必要はない。

　保有個人データの取扱いに関する**苦情の申出先**については、本人の知り得る状態に置かなければならない（法32条1項四号）。

　本人からの苦情に関しては、一般的には国民生活センターや関係省庁へ伝達されることが少なくないが、事業者の個人情報の取扱いに関しては、その事業者との間での解決が求められており、事業者自体がその処理に努めるべきである。それらで解決しない場合は、認定個人情報保護団体や、地方公共団体などを含め、対応を行う体制がとられている。

第2章

123

仮名加工情報

第2条（定義）

5　この法律において「仮名加工情報」とは、次の各号に掲げる個人情報の区分に応じて当該各号に定める措置を講じて<u>他の情報と照合しない限り特定の個人を識別することができないように個人情報を加工して得られる個人に関する情報をいう。</u>

一　第1項第一号に該当する個人情報　当該個人情報に含まれる記述等の一部を削除すること（当該一部の記述等を復元することのできる規則性を有しない方法により他の記述等に置き換えることを含む）。

二　第1項第二号に該当する個人情報　当該個人情報に含まれる個人識別符号の全部を削除すること（当該個人識別符号を復元することのできる規則性を有しない方法により他の記述等に置き換えることを含む）。

第四章　個人情報取扱事業者等の義務等　第16条（定義）

5　この章、第六章及び第七章において「仮名加工情報取扱事業者」とは、仮名加工情報を含む情報の集合物であって、特定の仮名加工情報を電子計算機を用いて検索することができるように体系的に構成したものその他特定の仮名加工情報を容易に検索することができるように体系的に構成したものとして政令で定めるもの（「仮名加工情報データベース等」という）を事業の用に供している者をいう。ただし、第2項各号に掲げる者[※1]を除く。

第三節　仮名加工情報取扱事業者等の義務

（仮名加工情報の作成等）

第41条　個人情報取扱事業者は、<u>仮名加工情報（仮名加工情報データベース等を構成するものに限る）を作成する</u>ときは、他の情報と照合しない限り特定の個人を識別することができないようにするために必要なものとして個人情報保護委員会規則で定める基準に従い、個人情報を加工しなければならない。

[※1]　国の機関、地方公共団体、独立行政法人等、地方独立行政法人

１ 仮名加工情報制度制定の背景

　情報通信社会の進展にともなって、ビッグデータ処理など仮名化・匿名化された個人情報を利活用しようとするニーズが高まってきた。2015 年改正法で創設された匿名加工情報では、元の情報に復元できないような加工基準等が求められ、それらは利活用促進を妨げる要因であった。

　それらに対し、一定の安全性を確保しつつ、データとしての有用性を加工前の個人情報と同等程度に保つことにより、匿名加工情報よりも詳細な分析を比較的簡便な加工方法で実施し得るものとして、氏名等を削除した**「仮名加工情報」**が 2020 年改正法で創設された。簡便な仮名加工によって、漏洩した際に本人が受ける権利利益の侵害リスクを低減させられることにともない、個人情報に対する義務を緩和されることにより、情報の内部分析や利活用を促進させることが目指されている。

２ 仮名加工情報制度における定義

（1） 仮名加工情報

　「仮名加工情報」とは、他の情報と照合しない限り特定の個人を識別することができないように加工された個人に関する情報である。個人情報に含まれる特定の個人を識別することができる記述等の一部を削除または置換をしたものや、個人識別符号の全部を削除または置換したものである。

（2） 仮名加工情報データベース等

　仮名加工情報を含む情報の集合物で、特定の仮名加工情報を、電子計算機を用いて検索することができるように体系的に構成したもの、および特定の仮名加工情報を容易に検索することができるように体系的に構成したものを**「仮名加工情報データベース等」**という。

（3） 仮名加工情報取扱事業者

　仮名加工情報データベース等を、事業に利用している者を**仮名加工情報取扱事業者**という。仮名加工情報取扱事業者等の義務（法第四章第三節）は、仮名加工情報データベース等を構成するものに限られる。

第 41 条（仮名加工情報の作成等）の続き

2　個人情報取扱事業者は、<u>仮名加工情報を作成したとき</u>、又は仮名加工情報及び当該仮名加工情報に係る<u>削除情報等</u>[※1]を取得したときは、削除情報等の漏えいを防止するために必要なものとして個人情報保護委員会規則で定める基準に従い、削除情報等の<u>安全管理のための措置を講じ</u>なければならない。

3　仮名加工情報取扱事業者（個人情報取扱事業者である者に限る）は、第 18 条の規定にかかわらず、法令に基づく場合を除くほか、第 17 条第 1 項の規定により特定された利用目的の達成に必要な範囲を超えて、仮名加工情報（個人情報であるものに限る）を取り扱ってはならない。

5　仮名加工情報取扱事業者は、仮名加工情報である個人データ及び削除情報等を利用する必要がなくなったときは、当該個人データ及び削除情報等を遅滞なく消去するよう努めなければならない。この場合においては、第 22 条の規定[※2]は、適用しない。

7　仮名加工情報取扱事業者は、仮名加工情報を取り扱うに当たっては、当該仮名加工情報の作成に用いられた個人情報に係る本人を識別するために、当該仮名加工情報を他の情報と照合してはならない。

9　仮名加工情報、仮名加工情報である個人データ及び仮名加工情報である保有個人データについては、第 17 条第 2 項[※3]、第 26 条[※4]及び第 32 条から第 39 条までの規定[※5]は、適用しない。

（仮名加工情報の第三者提供の制限等）

第 42 条　仮名加工情報取扱事業者は、法令に基づく場合を除くほか、仮名加工情報（個人情報であるものを除く）を第三者に提供してはならない。

3　第 23 条から第 25 条まで、第 40 条[※6]並びに前条第 7 項及び第 8 項の規定は、仮名加工情報取扱事業者による仮名加工情報の取扱いについて準用する。

[※1]　仮名加工情報の作成に用いられた個人情報から削除された記述等及び個人識別符号並びに前項の規定により行われた加工の方法に関する情報をいう
[※2]　データ内容の正確性の確保等　　[※3]　利用目的の変更　　[※4]　漏えい時の報告等
[※5]　保有個人データに関する義務
[※6]　安全管理措置、従業者の監督、委託先の監督、苦情処理

3　仮名加工情報を取り扱う事業者の義務

仮名加工情報は、他の情報と照合しない限り特定の個人を識別できないよう個人情報を仮名加工した情報である。仮名加工とは、氏名など識別性のある記述等や、旅券番号など個人識別符号を削除・置換することで、それらの削除された情報や加工方法の情報を**削除情報等**という。事業者は、これらの削除情報等を消去する義務はない。

仮名加工情報は、他の情報と照合することで誰の情報か識別できるなら**個人情報に該当**し、通常と同様の個人情報や個人データ、保有個人データに対する義務規定が適用される。ただし、制度趣旨に沿うよう、義務内容や適用が一部緩和されているとともに、特有の制限や管理が求められている。

例えば、仮名加工情報は一般の個人情報と同様に利用目的の範囲内に限られるが、取得後の利用目的の変更は可能で、それらは、本人同意は不要で公表することで行える。これらにより、当初目的には該当しない目的での利用や、該当するかどうか判断が難しい新たな目的での内部分析、さらに将来的に統計分析に利用するために加工した上で保管するなどの利活用ができる。また、保有個人データに該当する場合でも、開示等の請求等の対象にはならない。逆に、仮名加工情報の作成に用いられた削除情報等に対して安全管理措置が定められ、適切な管理が求められている。

（1）　仮名加工情報扱事業者が遵守する義務等

個人情報取扱事業者が、事業で仮名加工情報データベース等を作成する場合等、および個人情報取扱事業者である仮名加工情報取扱事業者が遵守すべき義務を規定している（法第四章第三節）。

① 　仮名加工情報の適正な加工（法 41 条 1 項）

② 　仮名加工情報と削除情報等の安全管理措置等（法 41 条 2 項）

③ 　仮名加工情報の利用目的の制限（法 41 条 3 項・4 項）

④ 　仮名加工情報である個人データや削除情報の消去努力（法 41 条 5 項）

⑤ 　第三者提供の禁止（法 41 条 6 項、法 42 条）

⑥ 　識別行為の禁止（法 41 条 7 項）

(2)　仮名加工情報の適正な加工（法41条1項）

　仮名加工情報を作成するとき、他の情報と照合しない限り特定の個人を識別できないようにするために、施行規則で基準が定められており、以下の情報の削除や置換が求められている。

① 氏名等の特定の個人を識別することができる記述等

② 個人識別符号

③ 不正な利用により財産的被害が生じるおそれがある記述等

(3)　仮名加工情報の安全管理措置等（法41条2項・5項・9項）

　仮名加工情報は、削除情報や加工方法が漏洩した際、情報を復元するおそれがあるため、それらに対して安全管理措置義務が施行規則で定められている。

① 削除情報等を取り扱う者の権限と責任の明確化

② 削除情報等の取扱いに関する規程類の整備、規程類に従った適切な取扱い、および削除情報等の取扱状況の評価およびその結果に基づき改善を図るために必要な措置の実施

③ 削除情報等を取り扱う正当な権限を有しない者による削除情報等の取扱いを防止するために必要かつ適切な措置

　仮名加工情報は、個人の権利利益が侵害されるリスクが低減されているので、個人データに該当しても、漏洩等の報告等に義務を負わず、開示や利用停止等の個人の請求対応義務も適用されない。また、仮名加工情報である個人データや削除情報等は、それらを利用しなくなった際は、遅滞なく消去するよう努力義務が課されているが、正確性の確保は不要である。なお、仮名加工前の個人情報は削除の必要はなく、それらの利用は可能である。

(4)　仮名加工情報の利用目的の制限（法41条3項・4項・9項）

　個人情報に該当する仮名加工情報は、加工前の個人情報の利用目的が引き継がれ、それらの範囲内に限られる。しかし、利用目的に変更の制限は適用されない。変更後の利用目的は、本人に通知は必要としないが公表が必要である。

(5) 仮名加工情報の第三者提供の禁止（法41条6項、法42条）

仮名加工情報の第三者提供は禁止されている。本人同意による提供もできない。法令に基づく場合や、委託または事業承継にともなう場合、共同利用については、仮名加工情報だけを提供することができる。提供を受けた事業者においては、それらは個人情報に該当せず、個人情報取扱事業者に該当しない場合もあるが、それらの事業者は、安全管理措置、従業者および委託先の監督、苦情処理、識別行為の禁止等、仮名加工情報取扱事業者の義務を負う。

(6) 仮名加工情報の識別行為の禁止（法41条7項）

仮名加工情報取扱事業者は、仮名加工情報の作成に用いられた個人情報の識別のために、仮名加工情報を**他の情報と照合する**ことを**禁止**されている。

【識別行為にあたらない取扱いの事例】

事例1）複数の仮名加工情報を組み合わせて統計情報を作成すること。

事例2）仮名加工情報を個人と関係のない情報（例：気象情報、交通情報、金融商品等の取引高）とともに傾向を統計的に分析すること。

【識別行為にあたる取扱いの事例】

事例1）保有する個人情報と仮名加工情報について、共通する記述等を選別してこれらを照合すること。

事例2）仮名加工情報を、当該仮名加工情報の作成の元となった個人情報と照合すること。

（※）「他の情報」に限定はなく、本人を識別する目的をもって行う行為であれば、個人情報、個人関連情報、仮名加工情報および匿名加工情報を含む情報全般と照合する行為が禁止される。また、具体的にどのような技術または手法を用いて照合するかは問わない。

PICK UP
・仮名加工情報は、加工の容易性と利用制限によって、社内におけるビッグデータ等の利活用促進等を目指し創設された。
・仮名加工情報には、個人情報にあたるものとそうでないものがある。

第13節

匿名加工情報

第2条（定義）

6　この法律において「匿名加工情報」とは、次の各号に掲げる個人情報の区分に応じて当該各号に定める措置を講じて特定の個人を識別することができないように個人情報を加工して得られる個人に関する情報であって、当該個人情報を復元することができないようにしたものをいう。

　一　第1項第一号に該当する個人情報　当該個人情報に含まれる記述等の一部を削除すること（当該一部の記述等を復元することのできる規則性を有しない方法により他の記述等に置き換えることを含む）。
　二　第1項第二号に該当する個人情報　当該個人情報に含まれる個人識別符号の全部を削除すること（当該個人識別符号を復元することのできる規則性を有しない方法により他の記述等に置き換えることを含む）。

第四章　個人情報取扱事業者等の義務等　第16条（定義）

6　この章、第六章及び第七章において「匿名加工情報取扱事業者」とは、匿名加工情報を含む情報の集合物であって、特定の匿名加工情報を電子計算機を用いて検索することができるように体系的に構成したものその他特定の匿名加工情報を容易に検索することができるように体系的に構成したものとして政令で定めるもの（「匿名加工情報データベース等」という）を事業の用に供している者をいう。ただし、第2項各号に掲げる者(※)を除く。

(※) 国の機関、地方公共団体、独立行政法人等、地方独立行政法人

1　匿名加工情報制度制定の背景

　高度情報通信社会の進展にともなって、さまざまな情報が収集され、ビッグデータとして取り扱われるようになった。これらの情報が**匿名化**されていればよいが、加工された情報が復元されたり、特定の個人の情報だとわかれるようであれば問題がある。これらに対し、情報の適切な利活用促進を目指し、匿名加工方法やその情報の利用に関する規則が定められた。

2　匿名加工情報制度における定義

(1)　匿名加工情報

　「**匿名加工情報**」とは、所定の措置によって特定の個人を識別できないように個人情報を加工した個人に関する情報で、その情報を復元して特定の個人を再識別することができないようにしたものである（法2条6項）。

　個人識別符号が含まれない個人情報を加工元とする際は、特定の個人を識別することができなくなるように個人情報に含まれる**氏名、生年月日その他の記述等を削除する**ことで匿名加工情報となる。

　個人識別符号が含まれる場合は、個人情報に含まれる**個人識別符号の全部**を特定の個人を識別することができなくなるように**削除する**ことで匿名加工情報となる。「削除すること」には、置き換えた記述から、置き換える前の特定の個人を識別することとなる記述等や個人識別符号の内容を復元することができない方法も含まれる。

(2)　匿名加工情報データベース等

　特定の匿名加工情報を、電子計算機を用いて検索することができるように体系的に構成した匿名加工情報を含む情報の集合物、および特定の匿名加工情報を容易に検索することができるように体系的に構成したものを「**匿名加工情報データベース等**」という。電子計算機を用いず、一定の規則に従って整理・分類し、目次や索引によって検索可能な紙媒体のものも対象となる。

(3)　匿名加工情報取扱事業者

　匿名加工情報データベース等を、事業に利用している者を「**匿名加工情報取扱事業者**」という。

　事業とは、一定の目的をもって反復継続して遂行される同種の行為であり、かつ社会通念上事業と認められるものをいい、営利・非営利の別は問わない。

　法人格のない任意団体や個人であっても匿名加工情報データベース等を事業の用に供している場合は該当する。ただし、国の機関・地方公共団体・独立行政法人等・地方独立行政法人は除かれる。

第四節 匿名加工情報取扱事業者等の義務

（匿名加工情報の作成等）

第43条　個人情報取扱事業者は、<u>匿名加工情報（匿名加工情報データベース等を構成するものに限る）を作成するとき</u>は、特定の個人を識別すること及びその作成に用いる個人情報を<u>復元することができないようにする</u>ために必要なものとして個人情報保護委員会規則で定める基準に従い、当該個人情報を加工しなければならない。

2　個人情報取扱事業者は、<u>匿名加工情報を作成したとき</u>は、その作成に用いた個人情報から削除した記述等及び個人識別符号並びに前項の規定により行った加工の方法に関する情報の漏えいを防止するために必要なものとして個人情報保護委員会規則で定める基準に従い、これらの情報の<u>安全管理のための措置</u>を講じなければならない。

3　個人情報取扱事業者は、<u>匿名加工情報を作成したとき</u>は、個人情報保護委員会規則で定めるところにより、当該匿名加工情報に含まれる個人に関する<u>情報の項目を公表</u>しなければならない。

4　個人情報取扱事業者は、匿名加工情報を作成して<u>当該匿名加工情報を第三者に提供するとき</u>は、個人情報保護委員会規則で定めるところにより、あらかじめ、第三者に提供される匿名加工情報に含まれる個人に関する<u>情報の項目及びその提供の方法</u>について<u>公表</u>するとともに、当該第三者に対して、当該提供に係る情報が<u>匿名加工情報である旨を明示</u>しなければならない。

5　個人情報取扱事業者は、匿名加工情報を作成して自ら<u>当該匿名加工情報を取り扱う</u>に当たっては、当該匿名加工情報の作成に用いられた個人情報に係る本人を識別するために、当該匿名加工情報を<u>他の情報と照合</u>してはならない。

3　匿名加工情報を取り扱う事業者の義務

　匿名加工情報は、特定の個人を識別できない情報のため、**個人情報には該当しない**。**匿名加工情報データベース等**についても、個人識別性がない情報の集りなので、**個人データに該当しない**。したがって、個人情報や個人データ、保有個人データに関する義務の対象にはならない。

しかし、これらの**匿名加工情報の有用性の確保**のために、匿名加工情報を作成する個人情報取扱事業者の義務を定めるとともに、それらの提供を受けて情報を取り扱う事業者を、新たに**匿名加工情報取扱事業者**と定義し、それらが個人情報取扱事業者に該当しない場合もあることから、匿名加工情報取扱事業者の義務として定められている。

なお、匿名加工情報取扱事業者は、匿名加工情報の入手元は個人情報取扱事業者とは限らない。

（1） 匿名加工情報を作成する個人情報取扱事業者が遵守する義務等

匿名加工情報を作成する個人情報取扱事業者が、匿名加工情報を取り扱う場合等に遵守すべき義務を規定している。

① 匿名加工情報の適正な加工（法43条1項）

② 匿名加工情報等の安全管理措置等（法43条2項・6項）

③ 匿名加工情報の作成時の公表（法43条3項）

④ 匿名加工情報の第三者提供（法43条4項）

⑤ 識別行為の禁止（法43条5項）

（2） 匿名加工情報取扱事業者が遵守する義務等

匿名加工情報データベース等を事業で利活用している匿名加工情報取扱事業者が、その情報を取り扱う場合に遵守すべき義務が定められている。

① 匿名加工情報の第三者提供（法44条）

② 識別行為の禁止（法45条）

③ 匿名加工情報等の安全管理措置等（法46条）

（3） 匿名加工情報の適正な加工（法43条6項関係）

個人情報取扱事業者は、匿名加工情報を作成するとき、特定の個人を識別できないよう、また復元できないようにするために、個人情報保護委員会規則で基準が定められており、以下のような対応が求められている。

① 特定の個人を識別することができる記述等の削除

② 個人識別符号の削除

③ 情報を相互に連結する符号の削除

④ 特異な記述等の削除

第43条（匿名加工情報の作成等）の続き

6　個人情報取扱事業者は、<u>匿名加工情報を作成したとき</u>は、当該匿名加工情報の安全管理のために必要かつ適切な措置、当該匿名加工情報の作成その他の取扱いに関する苦情の処理その他の当該匿名加工情報の適正な取扱いを確保するために<u>必要な措置を自ら講じ</u>、かつ、当該措置の<u>内容を公表</u>するよう努めなければならない。

（匿名加工情報の提供）

第44条　<u>匿名加工情報取扱事業者</u>は、<u>匿名加工情報</u>（自ら個人情報を加工して作成したものを除く）<u>を第三者に提供するとき</u>は、個人情報保護委員会規則で定めるところにより、あらかじめ、第三者に提供される匿名加工情報に含まれる個人に関する情報の項目及びその提供の方法について<u>公表</u>するとともに、当該第三者に対して、当該提供に係る情報が匿名加工情報である旨を<u>明示</u>しなければならない。

（識別行為の禁止）

第45条　<u>匿名加工情報取扱事業者</u>は、<u>匿名加工情報を取り扱うに当たって</u>は、当該匿名加工情報の作成に用いられた個人情報に係る本人を識別するために、当該個人情報から削除された記述等若しくは個人識別符号若しくは第43条第1項[※1]若しくは第114条第1項[※2]の規定により行われた加工の方法に関する情報を取得し、又は当該匿名加工情報を<u>他の情報と照合してはならない</u>。

（安全管理措置等）

第46条　<u>匿名加工情報取扱事業者</u>は、匿名加工情報の安全管理のために必要かつ適切な措置、匿名加工情報の取扱いに関する苦情の処理その他の匿名加工情報の適正な取扱いを確保するために<u>必要な措置を自ら講じ</u>、かつ、当該措置の<u>内容を公表</u>するよう努めなければならない。

[※1]　個人情報取扱事業者による匿名加工情報作成時
[※2]　行政機関等による匿名加工情報作成時

（4）　匿名加工情報の作成時の公表（法43条6項）

　個人情報取扱事業者は、匿名加工情報を作成したとき、作成後遅滞なく、**匿名加工情報に含まれる個人に関する情報の項目を公表**しなければならない。これらを同じ手法で反復・継続的に作成する場合は、継続的な作成を予定している旨を明らかにしておくことで対応が可能である。

(5) 匿名加工情報等の安全管理措置等 (法43条2項・6項、46条)

　個人情報取扱事業者および匿名加工情報取扱事業者は、匿名加工情報の安全管理措置、苦情処理等の匿名加工情報の適正な取扱いを確保するために**必要な措置を自ら講じ**、その措置の内容を**公表**するよう努めなければならない。匿名加工情報は、個人情取扱事業者に対しての個人データに対する安全管理措置等の対象ではないが、それらを参考に合理的かつ適切な措置を講ずることが望ましい。

(6) 匿名加工情報の第三者提供 (法43条4項、44条)

　個人情報取扱事業者および匿名加工情報取扱事業者は、匿名加工情報を第三者に提供するときは、提供にあたりあらかじめインターネット等を利用して、以下を公表する。

① 　第三者に提供する匿名加工情報に含まれる個人に関する情報の項目
② 　匿名加工情報の提供の方法

　また、第三者に対して、提供する情報が匿名加工情報である旨を電子メールや書面等により明示しなければならない。反復・継続的に提供する場合には、その旨を明記することにより対応可能である。

　匿名加工情報をインターネット等で公開する場合も、不特定多数への第三者提供にあたるため、これらの義務を履行する必要がある。

(7) 識別行為の禁止 (法43条5項、45条)

　個人情報取扱事業者が、自ら作成した匿名加工情報に対して本人を識別するために他の情報と照合すること、および、匿名加工情報取扱事業者が、他者の作成した匿名加工情報を取り扱う場合において、受領した匿名加工情報の**加工方法等情報を取得**したり、本人を識別するために**他の情報**と照合することは、**禁止**されている。

・ビッグデータの時代に対応し、個人情報の匿名化について詳細が定義された。匿名化を行う際の義務とともに、それらの情報の提供を受ける事業者に対して詳細に義務が定められている。

第2章第11節〜第13節◎過去問題チェック

1. 保有個人データに関する事項の公表等に関する以下のアからエまでの記述のうち、誤っているものを１つ選びなさい。

ア．個人情報取扱事業者は、保有個人データに関し、所定の事項について、本人の知り得る状態（本人の求めに応じて遅滞なく回答する場合を含む。以下本問において同じ。）に置かなければならないが、問合せ窓口を設け、問合せがあれば、口頭又は文書で回答できるよう体制を構築しておくことは、本人の知り得る状態に該当する。

イ．個人情報取扱事業者は、保有個人データに関し、所定の事項について、本人の知り得る状態に置かなければならないが、この所定の事項には、保有個人データの取扱いに関する苦情の申出先が含まれる。

ウ．個人情報取扱事業者は、本人から、当該本人が識別される保有個人データの利用目的の通知を求められた場合であっても、利用目的を本人に通知することにより当該個人情報取扱事業者の権利又は利益が侵害されるおそれがあるときは、通知する必要はない。

エ．個人情報取扱事業者は、本人から、当該本人が識別される保有個人データの利用目的の通知を求められた場合は、所定の事項について本人の知り得る状態に置いていることにより当該本人が識別される保有個人データの利用目的が明らかな場合であっても、通知しなければならない。

〈第 64 回出題　問題 28〉

2. 保有個人データの開示に関する以下のアからエまでの記述のうち、誤っているものを１つ選びなさい。

ア．個人情報取扱事業者は、本人から、当該本人が識別される保有個人データの開示の請求を受けた場合であっても、開示することにより、本人又は第三者の生命、身体、財産その他の権利利益を害するおそれがあるときは、その全部又は一部を開示しないことができる。

イ．個人情報取扱事業者は、本人から、当該本人が識別される保有個人データの開示の請求を受けた場合であっても、開示することにより、当該個人

情報取扱事業者の業務の適正な実施に著しい支障を及ぼすおそれがあると
きは、その全部又は一部を開示しないことができる。

ウ．他の法令の規定により、別途、保有個人データの開示の手続が定められ
ている場合には、当該他の法令の規定が優先して適用される。

エ．個人情報取扱事業者は、請求を受けた保有個人データの全部を開示する
旨の決定をした場合には、本人に対し、遅滞なく、その旨を通知しなけれ
ばならない。　　　　　　　　　　　　　　　〈第 64 回出題　問題 29〉

**3．保有個人データの訂正等に関する以下のアからエまでの記述のうち、誤っ
ているものを 1 つ選びなさい。**

ア．本人は、個人情報取扱事業者に対し、当該本人が識別される保有個人デー
タの内容が客観的な事実と異なっているときは、当該保有個人データの内
容の訂正等を請求することができる。

イ．個人情報取扱事業者は、本人から保有個人データの訂正等の請求を受け
た場合には、遅滞なく必要な調査を行い、保有個人データの内容が客観的
な事実と異なっているときは、利用目的からみて訂正等が必要ではないと
きであっても、その結果に基づき、訂正等を行わなければならない。

ウ．保有個人データの内容の訂正等に関して他の法令の規定により特別の手
続が定められている場合は、当該他の法令の規定が優先して適用される。

エ．個人情報取扱事業者は、本人からの保有個人データの訂正等の請求に係
る保有個人データの全部について訂正等を行ったときは、本人に対し、遅
滞なく、その旨（訂正等の内容を含む。）を通知しなければならない。

〈第 64 回出題　問題 30〉

**4．保有個人データの利用停止等及び第三者提供の停止に関する以下のアから
エまでの記述のうち、誤っているものを 1 つ選びなさい。**

ア．個人情報取扱事業者は、本人から、当該本人が識別される保有個人データ
が、個人情報保護法の規定に違反して本人の同意なく目的外利用されてい
るという理由によって、当該保有個人データの全部消去を求められた場合で
あって、その請求に理由のあることが判明したときは、利用停止によって手

続違反を是正できる場合であっても、全部消去を実施しなければならない。

イ．個人情報取扱事業者は、本人から、当該本人が識別される保有個人デー
　タが、個人情報保護法の規定に違反して本人の同意なく第三者に提供され
　ているという理由によって、当該保有個人データの第三者提供の停止の請
　求を受けた場合であって、その請求に理由のあることが判明したときは、
　原則として、遅滞なく、第三者提供を停止しなければならない。

ウ．個人情報取扱事業者は、本人から、当該本人が識別される保有個人デー
　タが、個人情報保護法の規定に違反して偽りその他不正の手段により取得
　されたものであるという理由によって、当該保有個人データの利用の停止
　又は消去の請求を受けた場合で、その請求に理由のあることが判明したと
　きであっても、他の措置をとることができる場合がある。

エ．個人情報取扱事業者は、本人からの請求により、利用停止等を行ったと
　き若しくは利用停止等を行わない旨の決定をしたとき、又は、第三者提供
　の停止を行ったとき若しくは第三者提供を停止しない旨の決定をしたとき
　は、遅滞なく、その旨を本人に通知しなければならない。

〈第 63 回出題　問題 31〉

5．開示等の請求等に応じる手続及び手数料に関する以下のアからエまでの記
　述のうち、誤っているものを 1 つ選びなさい。

ア．個人情報取扱事業者は、保有個人データの利用目的の通知の求め、又は
　保有個人データの開示、訂正等、利用停止等若しくは第三者提供の停止の
　請求（以下本問において「開示等の請求等」という。）に関し、政令で定める
　ところにより、その求め又は請求を受け付ける方法を定めることができる。

イ．個人情報取扱事業者が、開示等の請求等を受け付ける方法を合理的な範
　囲で定めたときは、本人は、当該方法に従って開示等の請求等を行わなけ
　ればならず、当該方法に従わなかった場合は、個人情報取扱事業者は、当
　該開示等の請求等を拒否することができる。

ウ．個人情報取扱事業者は、本人に対し、開示等の請求等に関し、その対象と
　なる保有個人データを特定するに足りる事項の提示を求めることができる。

エ．個人情報取扱事業者は、訂正等の請求を受けたとき、又は利用停止等の

請求を受けたときは、当該措置の実施に関し、手数料を徴収することが個人情報保護法により認められている。　　　　〈第63回出題　問題32〉

6.「**匿名加工情報**」に関する以下のアからエまでの記述のうち、正しいものを1つ選びなさい。

ア．匿名加工情報は、個人情報ではないので、個人情報に関する義務の対象とはならない。

イ．匿名加工情報とは、他の情報と照合しない限り特定の個人を識別することができないように個人情報を加工して得られる個人に関する情報をいうと定義されている。

ウ．個人識別符号を含まない個人情報について匿名加工情報に加工する場合の「加工」とは、当該個人情報に含まれる特定の個人を識別できる記述等の全部を削除することのみをいう。

エ．個人識別符号を含む個人情報について匿名加工情報に加工する場合の「加工」とは、当該個人情報に含まれる個人識別符号の一部を削除することをいう。　　　　　　　　　　　　　　　　　　〈第64回出題　問題9〉

7.「**匿名加工情報取扱事業者**」に関する以下のアからエまでの記述のうち、誤っているものを1つ選びなさい。

ア．特定の匿名加工情報をコンピュータを用いて検索することができるように体系的に構成した、匿名加工情報を含む情報の集合物を事業の用に供している者は、匿名加工情報取扱事業者に該当する。

イ．紙媒体の匿名加工情報を一定の規則に従って整理・分類し、特定の匿名加工情報を容易に検索することができるよう、目次、索引、符号等を付し、他人によっても容易に検索可能な状態においている物を事業の用に供している者は、匿名加工情報取扱事業者に該当する。

ウ．匿名加工情報取扱事業者は、自己が保有するすべての匿名加工情報について、匿名加工情報の提供に関する義務や識別行為の禁止等の義務を負う。

エ．匿名加工情報取扱事業者は、匿名加工情報について、個人情報保護法に定められている個人情報に関する義務を負わない。〈第63回出題　問題10〉

第五節 民間団体による個人情報の保護の推進

（認定）

第47条 個人情報取扱事業者、仮名加工情報取扱事業者又は匿名加工情報取扱事業者（以下「個人情報取扱事業者等」という）の個人情報、仮名加工情報又は匿名加工情報（以下「個人情報等」という）の適正な取扱いの確保を目的として次に掲げる業務[※]を行おうとする法人（法人でない団体で代表者又は管理人の定めのあるものを含む）は、個人情報保護委員会の認定を受けることができる。

（苦情の処理）

第53条 認定個人情報保護団体は、本人その他の関係者から対象事業者の個人情報等の取扱いに関する苦情について解決の申出があったときは、その相談に応じ、申出人に必要な助言をし、その苦情に係る事情を調査するとともに、当該対象事業者に対し、その苦情の内容を通知してその迅速な解決を求めなければならない。

（個人情報保護指針）

第54条 認定個人情報保護団体は、対象事業者の個人情報等の適正な取扱いの確保のために、個人情報に係る利用目的の特定、安全管理のための措置、開示等の請求等に応じる手続その他の事項又は匿名加工情報に係る作成の方法、その情報の安全管理のための措置その他の事項に関し、消費者の意見を代表する者その他の関係者の意見を聴いて、この法律の規定の趣旨に沿った指針を作成するよう努めなければならない。

2 認定個人情報保護団体は、前項の規定により個人情報保護指針を作成したときは、個人情報保護委員会規則で定めるところにより、遅滞なく、当該個人情報保護指針を個人情報保護委員会に届け出なければならない。これを変更したときも、同様とする。

4 認定個人情報保護団体は、前項の規定により個人情報保護指針が公表されたときは、対象事業者に対し、当該個人情報保護指針を遵守させるため必要な指導、勧告その他の措置をとらなければならない。

[※]「(2)認定個人情報保護団体の業務」、P.141 参照

1　認定個人情報保護団体

（1）　認定個人情報保護団体とは

　認定個人情報保護団体とは、苦情等に対して、個人情報取扱事業者と本人の間に立って問題解決にあたったり、個人情報保護指針を定めて遵守させる等、個人情報取扱事業者等の**個人情報等の適正な取扱いの確保**を目的として、自主的な個人情報保護の取り組みを推進する法人や団体である。

　認定個人情報保護団体は、個人情報保護委員会に認定され公示されるが、改正前に比べ、よりその**位置づけや任務が重要視**されている。

（2）　認定個人情報保護団体の業務

　認定個人情報保護団体の業務は、次のように規定されている（法 47 条）。

① 　業務の対象となる個人情報取扱事業者の個人情報等の取扱いに関する**苦情の処理**

② 　個人情報等の適正な取扱いの確保に寄与する事項についての対象事業者に対する**情報の提供**

③ 　対象事業者の個人情報等の適正な取扱いの確保に関し必要な業務

2　個人情報保護指針

　認定個人情報保護団体は、対象事業者の個人情報等の適正な取扱いの確保のために、利用目的の特定、安全管理措置、開示等の請求等に応じる手続や、匿名加工情報の作成方法、その情報の安全管理のための措置などに関し、**消費者の意見を代表する者など関係者の意見を聴いて**、この法律の規定の趣旨に沿った指針として**個人情報保護指針**を作成するよう努めなければならない（法 54 条）。

　この指針を作成したり変更したときは、個人情報保護委員会に届け出なければならない。届出により個人情報保護委員会からその個人情報保護指針が公表されたとき、認定個人情報保護団体は、対象事業者に対し、個人情報保護指針を遵守させるため必要な指導、勧告など措置をとらなければならない。この措置は、当初努力義務であったが、2015 年改正法では**義務**とされて、**より積極的な指導監督**が期待されている。

第2章

雑則

第四章 個人情報取扱事業者等の義務等　第六節 雑則

（適用除外）

第57条　個人情報取扱事業者等及び個人関連情報取扱事業者のうち次の各号に掲げる者については、その個人情報等及び個人関連情報を取り扱う目的の全部又は一部がそれぞれ当該各号に規定する目的であるときは、この章の規定は、適用しない。

> 一　放送機関、新聞社、通信社その他の報道機関（報道を業として行う個人を含む）　報道の用に供する目的
>
> 二　著述を業として行う者　著述の用に供する目的
>
> 三　宗教団体　宗教活動（これに付随する活動を含む）の用に供する目的
>
> 四　政治団体　政治活動（これに付随する活動を含む）の用に供する目的

2　前項第一号に規定する「報道」とは、不特定かつ多数の者に対して客観的事実を事実として知らせること（これに基づいて意見又は見解を述べることを含む）をいう。

3　第一項各号に掲げる個人情報取扱事業者等は、個人データ、仮名加工情報又は匿名加工情報の安全管理のために必要かつ適切な措置、個人情報等の取扱いに関する苦情の処理その他の個人情報等の適正な取扱いを確保するために必要な措置を自ら講じ、かつ、当該措置の内容を公表するよう努めなければならない。

第七章 雑則

（適用範囲）

第166条　この法律は、個人情報取扱事業者、仮名加工情報取扱事業者、匿名加工情報取扱事業者又は個人関連情報取扱事業者が、国内にある者に対する物品又は役務の提供に関連して、国内にある者を本人とする個人情報、当該個人情報として取得されることとなる個人関連情報又は当該個人情報を用いて作成された仮名加工情報若しくは匿名加工情報を、外国において取り扱う場合についても、適用する。

1 適用除外

　個人情報取扱事業者等または個人関連情報取扱事業者のうち、以下の事業者が特定目的の活動を行う場合は、個人情報取扱事業者等の義務等（第四章）の規定は適用されない（法57条1項）。

> ・放送機関、新聞社、通信社その他の報道機関による報道活動
> ・著述を業として行う者による著述活動
> ・宗教団体による宗教活動とそれに付随する活動
> ・政治団体による政治活動とそれに付随する活動

　報道機関には報道を業として行う個人、著述には著述を業とする出版社も含まれる。事業者そのものが適用除外とされるのではなく、それぞれの事業において指定された活動のみ適用除外となるため、それぞれの適用除外活動以外の活動における個人情報の取扱いについては、個人情報取扱事業者としての義務規定が適用される。また、これらの主体は、安全管理措置、苦情処理等、個人情報等の適正な取扱いを確保するために必要な措置を講じ、その内容を公表するよう努めなければならない（法57条3項）。

　なお、2021年法改正により、それまで一律適用除外とされていた学術研究機関等は、義務ごとの例外規定として精緻化された。

2 域外適用

　外国にある個人情報取扱事業者、仮名加工情報取扱事業者、匿名加工情報取扱事業者、個人関連情報取扱事業者のうち、日本の居住者に対して物品やサービスの提供を行い、これに関連して個人情報を取得した者が、外国においてその個人情報や個人情報を用いて作成した仮名加工情報や匿名加工情報を外国において取り扱う場合には、**外国にある個人情報取扱事業者**に対して個人情報保護法の規定が適用され、個人情報保護委員会の指導、助言、勧告、命令等の対象にもなる。

　これらの対象は、日本に支店や営業所等がある個人情報取扱事業者等の外国にある本店や、本店は日本で外国にある支店や営業所等も含まれる。

第2章

3 　EU から移転を受けた個人データの取扱いに関する補完的ルール

　個人情報保護委員会は、EU を、個人の権利利益を保護する上で我が国と同等の水準にあると認められる個人情報保護制度を有している外国と指定し、欧州委員会は、GDPR 第 45 条に基づき、日本が個人データについて十分な保護水準を確保しているとしている。これらにより日本と EU 間で、個人の権利利益を高い水準で保護した上で、相互の円滑な個人データ移転が図られている。

　日本と EU の制度は類似しているが、いくつかの関連する相違点がある。EU 域内から十分性認定により移転を受けた個人情報について、適切な取扱いや有効な義務の履行を確保するため、個人情報保護委員会は「**個人情報の保護に関する法律に係る EU 域内及び英国から十分性認定により移転を受けた個人データの取扱いに関する補完的ルール**」を策定し、2019 年 1 月から施行されている。

　英国は 2020 年 2 月に EU を離脱したが、日本の指定や英国からの認定は維持しており、これらのルールの対象としている。以下、EU または英国域内を EU 等という。

（1）　補完的ルール内容

①　要配慮個人情報（法２条３項関係）

　EU 等から十分性認定に基づき提供を受けた個人データに、GDPR と英国 GDPR それぞれにおいて特別な種類の個人データと定義されている性生活、性的指向または労働組合に関する情報が含まれる場合には、個人情報取扱事業者は、その情報を要配慮個人情報と同様に取り扱うこととする。

②　保有個人データ（法 16 条４項関係）

　個人情報取扱事業者が、EU 等から十分性認定に基づき提供を受けた個人データについては、消去することとしている期間にかかわらず、保有個人データとして取り扱うこととする。

　なお、EU 等から十分性認定に基づき提供を受けた個人データであっても、その存否が明らかになることにより公益その他の利益が害されるものとして政令で定めるものは、保有個人データから除かれる。

③　利用目的の特定、利用目的による制限（法 17 条、18 条、30 条関係）

　個人情報取扱事業者が、EU 等から十分性認定に基づき個人データの提供を受ける場合、EU 等から個人データの提供を受ける際に特定された利用目的を含め、その取得の経緯を確認し、記録することとする。

　また、個人情報取扱事業者が、EU 等から十分性認定に基づき移転された個人データの提供を受けた他の個人情報取扱事業者から個人データの提供を受ける場合、その個人データの提供を受ける際に特定された利用目的を含め、その取得の経緯を確認し、記録することとする。

　上記のいずれの場合においても、個人情報取扱事業者は、法 30 条 1 項および 3 項の規定に基づき確認し、記録した当該個人データを当初またはその後提供を受ける際に特定された利用目的の範囲内で利用目的を特定し、その範囲内で当該個人データを利用することとする（法 17 条、18 条）。

④　外国にある第三者への提供の制限（法 28 条、規則 11 条の 2 関係）

　個人情報取扱事業者は、EU 等から十分性認定に基づき提供を受けた個人データを外国にある第三者へ提供する場合、次の**ア**から**ウ**までの場合を除いて、本人が同意に係る判断を行うために必要な移転先の状況についての情報を提供した上で、あらかじめ外国にある第三者への個人データの提供を認める旨の本人の同意を得ることとする。

　　ア．第三者が、個人の権利利益の保護に関して、我が国と同等の水準にあると認められる個人情報保護制度がある国として定める国にある場合
　　イ．個人情報取扱事業者と個人データの提供を受ける第三者との間で、適切かつ契約などの方法により、個人情報保護法と同等水準の個人情報の保護に関する措置を連携して実施している場合
　　ウ．法 27 条 1 項各号に該当する場合

⑤　匿名加工情報（法 2 条 6 項、法 43 条 1 項・2 項関係）

　EU 等から十分性認定に基づき提供を受けた個人情報については、個人情報取扱事業者が、加工方法等情報（匿名加工情報の作成に用いた個人情報から削除した記述等および個人識別符号と加工の方法に関する情報）を削除することにより、匿名化された個人を再識別できなくした場合に限り、匿名加工情報とみなすこととする。

個人情報保護委員会

第六章 個人情報保護委員会 第一節 設置等

（設置）

第127条 内閣府設置法第49条第3項の規定に基づいて、<u>個人情報保護委員会</u>（以下「委員会」という）を置く。

2 委員会は、内閣総理大臣の所轄に属する。

（任務）

第128条 委員会は、行政機関等の事務及び事業の適正かつ円滑な運営を図り、並びに個人情報の適正かつ効果的な活用が新たな産業の創出並びに活力ある経済社会及び豊かな国民生活の実現に資するものであることその他の個人情報の有用性に配慮しつつ、個人の権利利益を保護するため、個人情報の適正な取扱いの確保を図ること^{（※1）}を任務とする。

（所掌事務）

第129条 委員会は、前条の任務を達成するため、<u>次に掲げる事務</u>^{（※2）}をつかさどる。

（組織等）

第131条 委員会は、委員長及び委員8人をもって組織する。

3 委員長及び委員は、人格が高潔で識見の高い者のうちから、両議院の同意を得て、<u>内閣総理大臣が任命</u>する。

（任期等）

第132条 委員長及び委員の任期は、<u>5年</u>とする。

（規則の制定）

第142条 委員会は、その所掌事務について、法律若しくは政令を実施するため、又は法律若しくは政令の特別の委任に基づいて、<u>個人情報保護委員会規則を制定</u>することができる。

^{（※1）} 個人番号利用事務等実施者に対する指導及び助言その他の措置を含む
^{（※2）} 「(1) 個人情報保護委員会の所掌事務」、P.148 参照

第二節 監督　第一款 個人情報取扱事業者等の監督

（報告及び立入検査）

第143条　委員会は、第四章（第五節を除く）の規定の施行に必要な限度において、個人情報取扱事業者、仮名加工情報取扱事業者、匿名加工情報取扱事業者又は個人関連情報取扱事業者（以下「個人情報取扱事業者等」という）その他の関係者に対し、個人情報等の取扱いに関し、<u>必要な報告若しくは資料の提出を求め</u>、又はその職員に、当該個人情報取扱事業者等その他の関係者の事務所その他必要な場所に<u>立ち入らせ</u>、個人情報等の取扱いに関し<u>質問させ</u>、若しくは帳簿書類その他の物件を<u>検査させる</u>ことができる。

（指導及び助言）

第144条　委員会は、第四章の規定の施行に必要な限度において、個人情報取扱事業者等に対し、個人情報等の取扱いに関し必要な<u>指導及び助言</u>をすることができる。

（勧告及び命令）

第145条　委員会は、個人情報取扱事業者等が対象の規定^{（※）}に違反した場合において個人の権利利益を保護するため必要があると認めるときは、当該個人情報取扱事業者等に対し、当該違反行為の中止その他違反を是正するために必要な措置をとるべき旨を<u>勧告する</u>ことができる。

2　委員会は、前項の規定による勧告を受けた個人情報取扱事業者等が正当な理由がなくてその勧告に係る措置をとらなかった場合において個人の重大な権利利益の侵害が切迫していると認めるときは、当該個人情報取扱事業者等に対し、その勧告に係る措置をとるべきことを<u>命ずる</u>ことができる。

（権限の委任）

第147条　委員会は、緊急かつ重点的に個人情報等の適正な取扱いの確保を図る必要があることその他の政令で定める事情があるため、個人情報取扱事業者等に対し、第145条第1項の規定による勧告又は同条第2項若しくは第3項の規定による命令を効果的に行う上で必要があると認めるときは、政令で定めるところにより、民事訴訟法の規定による権限を事業所管大臣に委任することができる。

（※）ほぼすべての義務規定が対象となるが一部対象外規定あり

1　個人情報保護委員会

　当初内閣府の所管であった個人情報保護法は、2009年消費者庁設立にともない移管されたが、民間部門の監督等については事業分野ごとの主務大臣制がしかれ、それぞれの分野ごとにガイドラインが策定されていた。

　しかし、事業によっては複数の分野にまたがっていて主務大臣が明確でないなどにより、迅速な対応や監督ができにくい場合があった。また、諸外国においては、公的部門、民間部門かかわらず、すべての分野を所管している監督機関が設置されており、それらとの連携等において課題があった。

　2015年改正法によって、マイナンバー法で設置が定義されていた**特定個人情報保護委員会**を改組・拡大し、内閣府に個人情報保護に関する独立した監督機関として**個人情報保護委員会**が新設され2016年1月に発足した。

　2017年5月、2015年改正法全面施行により、**監督機関の役割が個人情報保護委員会に完全に移行**した。ただし、報告・立入検査については、事業所管大臣等への**権限委任**が認められており、所管官庁と委員会の連携による任務達成が目指されている（法147条）。

（1）　個人情報保護委員会の所掌事務

　個人情報保護委員会の所掌事務は以下のとおりである。

---

① 基本方針の策定および推進

② 個人情報と匿名加工情報の取扱いに関する監督、苦情の申出についての必要なあっせんやその処理を行う事業者への協力

③ 認定個人情報保護団体に関係する業務

④ 特定個人情報の取扱いに関する監視、監督、苦情の申出についての必要なあっせんやその処理を行う事業者への協力

⑤ 特定個人情報保護評価

⑥ 個人情報の保護および適正かつ効果的な活用についての広報、啓発

⑦ 上記事務を行うために必要な調査および研究

⑧ 所掌事務に係る国際協力

⑨ 法律に基づき委員会に属させられた事務

（2）　個人情報保護ガイドラインの適用

　個人情報保護委員会は、自らが公表した**個人情報保護ガイドライン**に対し、個人情報取扱事業者等がそれらに沿って必要な措置等を講じたか否かについて判断し「勧告」、「命令」・「緊急命令」を行う。

　ガイドラインの中で、「しなければならない」や「してはならない」とされている事項については、これらに従わなかった場合、規定違反と判断される可能性がある。

　一方、「努めなければならない」、「望ましい」等とされている事項については、これに従わなかったことをもって直ちに法違反と判断されることはないが、法の基本理念（法3条）を踏まえ、事業者の特性や規模に応じ可能な限り対応することが望まれている。

（3）　個人情報取扱事業者等の監督

　これらをもとに個人情報保護委員会は、個人情報取扱事業者等から個人情報等の取扱いに関し、**報告や資料の徴収や立入検査**を行うことができる（法143条）。

　それらに加え、個人情報取扱事業者等の義務規定の施行に対し、必要な**指導や助言**をすることができる（法144条）。

　これらは法的拘束力がないため、それらでは解決できない場合のために、個人情報保護委員会による**勧告・命令**の対応が定められている（法145条）。

　通常は、事業者の違反を是正するために、一定期間内に必要な措置をとるよう勧告される。その勧告に従わず、個人の重大な権利利益の侵害が切迫している場合は、勧告の措置をとるよう命令することができる。

　また、個人の重大な権利利益を害する事実があり、緊急に措置すべき場合は、勧告を経ず、**緊急命令**を行うことができる。

　これらの命令に対し、指定した期間中に措置が講じられない場合は、公表の対象となり、さらに罰則の対象となる。

　また、個人情報保護委員会は、事案の性質等に応じて、国民への情報提供等の観点から、個人情報保護委員会による権限行使について、公表を行うことがある。

罰則

第八章 罰則

第171条　行政機関等の職員若しくは職員であった者、第66条第2項各号に定める業務[※1]若しくは第73条第5項[※2]若しくは第121条第3項[※3]の委託を受けた業務に従事している者若しくは従事していた者又は行政機関等において個人情報、仮名加工情報若しくは匿名加工情報の取扱いに従事している派遣労働者若しくは従事していた派遣労働者が、正当な理由がないのに、<u>個人の秘密に属する事項が記録された第60条第2項第一号に係る個人情報ファイルを提供した</u>ときは、二年以下の懲役又は百万円以下の罰金に処する。

第173条　第145条第2項又は第3項の規定による<u>命令に違反した場合</u>には、当該違反行為をした者は、一年以下の懲役又は百万円以下の罰金に処する。

第174条　個人情報取扱事業者（その者が法人である場合にあっては、その役員、代表者又は管理人）若しくはその従業者又はこれらであった者が、その業務に関して取り扱った<u>個人情報データベース等</u>（その全部又は一部を複製し、又は加工したものを含む）を自己若しくは第三者の<u>不正な利益を図る目的で提供</u>し、又は<u>盗用した</u>ときは、一年以下の懲役又は五十万円以下の罰金に処する。

第177条　次の各号のいずれかに該当する場合には、当該違反行為をした者は、五十万円以下の罰金に処する。

> 一　第143条第1項[※4]の規定による<u>報告若しくは資料の提出をせ</u>ず、若しくは<u>虚偽の報告</u>をし、若しくは<u>虚偽の資料を提出</u>し、又は当該職員の質問に対して<u>答弁をせ</u>ず、若しくは<u>虚偽の答弁</u>をし、若しくは<u>検査を拒み</u>、妨げ、若しくは忌避したとき。
>
> 二　第150条[※5]の規定による<u>報告をせ</u>ず、又は<u>虚偽の報告</u>をしたとき。

[※1] 行政機関等からの個人情報の取扱い業務
[※2] 行政機関の長等からの仮名加工情報の取扱い業務
[※3] 行政機関等からの行政機関等匿名加工情報等の取扱い業務
[※4] 報告の徴収、立入検査
[※5] 認定個人情報保護団体への報告の徴収

第178条　第171条、第172条及び第174条から第176条までの規定は、日本国外においてこれらの条の罪を犯した者にも適用する。

第179条　法人の代表者又は法人若しくは人の代理人、使用人その他の従業者が、その法人又は人の業務に関して、次の各号に掲げる違反行為をしたときは、行為者を罰するほか、その法人に対して当該各号に定める罰金刑を、その人に対して各本条の罰金刑を科する。

> 一　第173条及び第174条　一億円以下の罰金刑
> 二　第177条　同条の罰金刑

2　法人でない団体について前項の規定の適用がある場合には、その代表者又は管理人が、その訴訟行為につき法人でない団体を代表するほか、法人を被告人又は被疑者とする場合の刑事訴訟に関する法律の規定を準用する。

第180条　次の各号のいずれかに該当する者は、十万円以下の過料に処する。

> 一　第30条第2項^(※1)（第31条第3項^(※2)において準用する場合を含む）の規定に違反した者

^(※1) 個人情報取扱事業者が第三者から個人データの提供を受ける際の確認時の偽り
^(※2) 個人関連情報取扱事業者が個人データを提供する際の確認の偽り

1　罰則

　個人情報保護委員会の命令に違反した場合は、1年以下の懲役または100万円以下の罰金となる（法173条）。個人情報保護委員会への報告や資料提出を怠ったり、虚偽の報告・資料提出を行った場合、さらに立入検査を妨害した場合などは、50万円以下の罰金の対象となる（法177条1号）。

　これらの罰則は、法人の代表者、代理人、従業者等その行為者とともに、法人に対しても処せられる両罰規定となっている（法179条）。

　従業者が不正な利益を図る目的で個人情報データベース等を提供または盗用した場合、個人情報データベース等不正提供罪として、1年以下の懲役または50万円以下の罰金となる（法174条）。

　また、第三者提供を受ける者が確認を行う際、確認に関する事項を偽った場合は、10万円以下の過料に処せられる（法180条）。

事業者に求められる対応

1 個人情報取扱事業者等が講ずべき個人情報保護措置

（1） 基本方針で求められている事項

　政府の基本方針において、「個人情報取扱事業者等が講ずべき個人情報の保護のための措置に関する基本的な事項」が記載されている。

　基本方針では、個人情報取扱事業者は、法の規定に従うとともに、個人情報保護委員会のガイドライン、認定個人情報保護団体の個人情報保護指針等に則して、消費者の権利利益を一層保護する観点から、個人情報保護を推進する上での考え方や方針をプライバシーポリシーやプライバシーステートメント等として対外的に明確化するなど、個人情報の保護と適正かつ効果的な活用について主体的に取り組むことが期待され、体制の整備等に積極的に取り組んでいくことが求められている。

　そして、これらの実施の際は、事業の規模や性質、個人データの取扱状況等に応じて、各事業者において適切な取り組みが実施されることが重要であるとされている。

（2） ガイドラインで求められている事項

　基本方針に記載の内容に対応し、個人情報保護委員会のガイドラインでは、講ずべき安全管理措置の内容として、具体的に講じなければならない措置や当該措置を実践するための手法の例が示されており、それらは、個人データが**漏洩**をした場合に本人が被る権利利益の侵害の大きさを考慮し、事業の規模や性質、取り扱う個人データの性質または量を含む個人データの取扱状況や、個人データを記録した媒体の性質に起因するリスクに応じて、必要かつ適切な内容とすべきものであるとされている。

　中小規模の事業者については、その他の個人情報取扱事業者と同様に安全管理措置を講じなければならないが、取り扱う個人データの数量や個人データを取り扱う従業者数が一定程度にとどまることなどを踏まえ、円滑にその義務を履行し得るようにするため、その手法の例が示されている。

（3）　個人情報取扱事業者が講ずべき安全管理措置の内容

3-1. 組織的安全管理措置

組織的安全管理措置として、次に掲げる措置を講じる。

①　組織体制の整備

安全管理措置を講ずるための組織体制を整備する。

②　個人データの取扱いに係る規律に従った運用

あらかじめ整備された個人データの取扱いに関する規律に従って取り扱う。それらの運用状況を確認するため、システムログや利用実績を記録することも重要である。

③　個人データの取扱状況を確認する手段の整備

個人データの取扱状況を確認するための手段を整備する。

④　漏洩等の事案に対応する体制の整備

漏洩等の事案の発生または兆候を把握した場合に適切かつ迅速に対応するための体制を整備する。

⑤　取扱状況の把握および安全管理措置の見直し

個人データの取扱状況を把握し、安全管理措置の評価、見直しおよび改善に取り組む。

3-2. 人的安全管理措置

人的安全管理措置として、従業者に、個人データの適正な取扱いを周知徹底するとともに、個人データの取扱いに関する留意事項について、従業者に定期的な研修等を行う。また、従業者に個人データを取り扱わせるにあたって、従業者に対する監督を行う。さらに、個人データについての秘密保持に関する事項を就業規則等に盛り込む。

3-3. 物理的安全管理措置

物理的安全管理措置として、次に掲げる措置を講じる。

①　個人データを取り扱う区域の管理

個人情報データベース等を取り扱うサーバやメインコンピュータ等の重要な情報システムを管理する管理区域およびその他の個人データを取り扱う事務を実施する取扱区域について、それぞれ適切な管理を行う。

第2章

② 機器および電子媒体等の盗難等の防止

個人データを取り扱う機器、電子媒体および書類等の盗難または紛失等を防止するために、適切な管理を行う。

③ 電子媒体等を持ち運ぶ場合の漏洩等の防止

個人データが記録された電子媒体または書類等を持ち運ぶ場合、容易に個人データが判明しないよう、安全な方策を講じる。

④ 個人データの削除および機器、電子媒体等の廃棄

個人データを削除または個人データが記録された機器、電子媒体等を廃棄する場合は、復元不可能な手段で行う。また、個人データを削除した場合や、個人データが記録された機器、電子媒体等を廃棄した場合には、削除または廃棄した記録を保存する。また、それらの作業を委託する場合には、委託先が確実に削除または廃棄したことについて証明書等により確認することも重要である。

3-4. 技術的安全管理措置

情報システムを使用して個人データを取り扱う場合、技術的安全管理措置として、次に掲げる措置を講じる。

① アクセス制御

担当者および取り扱う個人情報データベース等の範囲を限定するために、適切なアクセス制御を行う。

② アクセス者の識別と認証

個人データを取り扱う情報システムを使用する従業者が正当なアクセス権を有する者であることを、識別した結果に基づき認証する。

③ 外部からの不正アクセス等の防止

個人データを取り扱う情報システムを外部からの不正アクセスまたは不正ソフトウェアから保護する仕組みを導入し、適切に運用する。

④ 情報システムの使用にともなう漏洩等の防止

情報システムの使用にともなう個人データの漏洩等を防止するための措置を講じ、適切に運用する。

2　個人情報取扱事業者に義務づけられている事項

（1）　公表および本人が容易に知り得る状態に置く事項

　個人情報取扱事業者等の義務として、公表あるいは本人が容易に知り得る状態に置かなければならない事項が定められている。これらは、明示が要求されている場合を除き、各事業者のWebページに、プライバシーポリシーとあわせて掲載することで対応が可能である。

図表2-15　通知・公表等を要する主な場合

通知・公表等を要する主な場合	対応条項
個人情報を取得する際	法21条
漏洩等事案の発生時	法26条2項
オプトアウト方式で第三者提供する場合	法27条2項
オプトアウト方式で個人情報保護委員会に届け出た事項の公表	施行規則10条
利用目的を変更する場合	法27条3項
共同利用する場合	法27条5項3号
共同利用する者の利用目的またはデータの管理について責任を有する者の氏名・名称を変更する場合	法27条6項
外国にある第三者への提供時	法28条3項
保有個人データに関し、本人の知り得る状態に置くべき事項	法32条1項
開示等の請求を受けたとき	法32、33、34条
仮名加工情報を第三者に提供するとき	法41条6項
仮名加工情報の提供を受けるとき	法42条2項
匿名加工情報を作成したとき	法43条3項・6項
匿名加工情報を作成し、それを第三者に提供するとき	法43条4項
自ら以外が作成し加工した匿名加工情報を第三者に提供するとき	法44条
自ら以外が作成し加工した匿名加工情報を取り扱う場合	法46条

（2）　委員会への届出

　オプトアウト方式で第三者提供をする場合における通知などの事項、および変更する場合における通知などの事項は、個人情報保護委員会への届出が義務づけられている（法27条2項・3項）。

（3）　記録の作成、保存の対象事項

　個人データの第三者提供における提供元および提供先となる事業者は、記録の作成および保存義務を負う（法29条、30条）。

第2章

3　個人データの漏洩等の報告等

　個人情報取扱事業者は、取り扱う個人データの漏洩、滅失、毀損その他の個人データの安全の確保において、個人の権利利益を害するおそれが大きいもの（漏洩等事案）が生じたときは、個人情報保護委員会への報告や本人への通知等の措置を講じなければならない（法 26 条）。

　これらは個人情報保護委員会規則で定められており、個人情報保護ガイドライン（通則編）に対応すべき内容が詳細に記載されている。

（1）　漏洩等事案が発覚した場合に講ずべき措置

　個人情報取扱事業者は、漏洩等事案が発覚した場合は、次の①から⑤の事項について必要な措置を講じなければならない。

①　事業者内部における報告および被害の拡大防止

　責任ある立場の者に直ちに報告するとともに、漏洩等事案による被害が発覚時よりも拡大しないよう必要な措置を講ずる。

②　事実関係の調査および原因の究明

　漏洩等事案の事実関係の調査や原因の究明に必要な措置を講ずる。

③　影響範囲の特定

　上記②で把握した事実関係による影響範囲の特定のために必要な措置を講ずる。

④　再発防止策の検討および実施

　上記②の結果を踏まえ、漏洩等事案の再発防止策の検討及び実施に必要な措置を講ずる。

⑤　個人情報保護委員会への報告および本人への通知

　漏洩等事案の内容等に応じて、事実関係等について速やかに本人へ連絡するか、本人が容易に知り得る状態に置く。

　なお、漏洩等事案の内容等に応じて、二次被害の防止、類似事案の発生防止等の観点から、事実関係及び再発防止策等について、速やかに公表することが望ましい。

図表 2-16 漏洩等事案の各定義

「漏洩」	外部への誤送信や公開、盗難などにより、個人データが外部に流出することをいう。個人データを第三者に閲覧されないうちに全てを回収した場合は、漏洩に該当しない。
「滅失」	誤った廃棄や紛失などにより、個人データの内容が失われることをいう。廃棄や紛失したものと内容の同じデータが他に保管されている場合は、滅失に該当しない。
「毀損」	改ざんや復元不可などにより、個人データの内容が意図しない形で変更されることや、内容を保ちつつも利用不能な状態となることをいう。復元不可となったものと内容の同じデータが他に保管されている場合は、毀損に該当しない。

（2） 個人情報保護委員会等への報告

2-1. 報告対象となる事態

　個人情報取扱事業者は、次の①から④までに掲げる報告対象事態を知ったときは、個人情報保護委員会に報告しなければならない。なお、個人情報保護委員会が報告を受理する権限を事業所管大臣に委任している場合には、その事業所管大臣に報告する。

① 要配慮個人情報が含まれる個人データの漏洩等が発生または発生したおそれがある事態

② 不正に利用されることにより財産的被害が生じるおそれがある個人データの漏洩等が発生または発生したおそれがある事態

③ 不正の目的をもって行われたおそれがある個人データの漏洩等が発生または発生したおそれがある事態

　　不正の目的をもって漏洩等を発生させた主体には、従業者も含まれる。

④ 個人データの数が 1,000 人を超える漏洩等が発生または発生したおそれがある事態

　　事態が発覚した当初は 1,000 人以下であっても、その後 1,000 人を超えた場合には、1,000 人を超えた時点で報告対象事態に該当する。

　なお、漏洩等が発生または発生したおそれがある個人データについて、高度な暗号化等の秘匿化がされている場合等、高度な暗号化その他の個人の権利利益を保護するために必要な措置が講じられている場合については、報告を必要としない。

第2章

2-2. 報告義務の主体

　漏洩等報告の義務を負う主体は、漏洩等が発生または発生したおそれがある個人データを取り扱う個人情報取扱事業者である。

　個人データの取扱いを委託している場合、委託元と委託先の双方が個人データを取り扱っていることになるため、報告対象事態においては原則として委託元と委託先の双方が報告する義務を負う。この場合、委託元および委託先の連名で報告することができる。なお、委託先が、報告義務を負っている委託元に当該事態が発生したことを通知したときは、委託先は報告義務を免除される。

2-3. 速報

　個人情報取扱事業者は、報告対象事態を知ったとき、速やか（個人情報取扱事業者が当該事態を知った時点からおおむね３〜５日以内）に報告しなければならない。

　個人情報保護委員会への漏洩等報告については、指定された事項で把握している内容を、原則として、個人情報保護委員会のホームページの報告フォームに入力する方法により行う。

2-4. 確報

　個人情報取扱事業者は、報告対象事態を知ったときは、速報に加え、30日以内または60日以内に報告しなければならない。速報の時点で全ての事項を報告できる場合は、1回の報告で速報と確報を兼ねることができる。

2-5. 委託元への通知による例外

　委託先は、個人情報保護委員会への報告義務を負っている委託元に対し、その時点で把握しているものを通知したときは、報告義務を免除される。この場合、委託先から通知を受けた委託元が報告をする。

（3）　本人への通知

　個人情報取扱事業者は、報告対象事態を知ったときは、事態の状況に応じて速やかに、本人の権利利益を保護するために必要な範囲において、本人への通知を行わなければならない。当初報告対象事態に該当すると判断したものの、その後実際には報告対象事態に該当していなかったことが判明した場合には、本人への通知は不要である。

個人データの取扱いを委託している場合において、委託先が、報告義務を負っている委託元に必要事項を通知したときは、委託先は報告義務を免除されるとともに、本人への通知義務も免除される。

【本人の権利利益を保護するために必要な範囲において通知を行う事例】

事例1）不正アクセスにより個人データが漏洩した場合において、その原因を本人に通知するに当たり、個人情報保護委員会に報告した詳細な内容ではなく、必要な内容を選択して本人に通知すること。

事例2）漏洩等が発生した個人データの項目が本人ごとに異なる場合において、当該本人に関係する内容のみを本人に通知すること。

本人への通知は、事業の性質及び個人データの取扱状況に応じ、通知すべき内容が本人に認識される合理的かつ適切な方法によらなければならない。また、漏洩等報告と異なり、本人への通知については、その様式が法令上定められていないが、本人にとって分かりやすい形で通知を行うことが望ましい（P.84 参照）。

なお、本人への通知を要する場合であっても、本人への通知が困難である場合は、本人の権利利益を保護するために必要な代替措置を講ずることによる対応が認められる。ただ、代替措置として事案の公表を行わない場合であっても、当該事態の内容等に応じて、二次被害の防止、類似事案の発生防止等の観点から公表を行うことが望ましい。

【本人への通知が困難な場合に該当する事例】

事例1）保有する個人データの中に本人の連絡先が含まれていない場合

事例2）連絡先が古いために通知を行う時点で本人へ連絡できない場合

【代替措置に該当する事例】

事例1）事案の公表

事例2）問合せ窓口を用意してその連絡先を公表し、本人が自らの個人データが対象となっているか否かを確認できるようにすること

第一章 総則

第２条（**定義**）

8　この法律において「行政機関」とは、次に掲げる機関をいう。

　一　法律の規定に基づき内閣に置かれる機関及び内閣の所轄の下に置かれる機関

　二　内閣府、宮内庁並びに内閣府設置法に規定する機関

　三　国家行政組織法に規定する機関

　四　内閣府設置法並びに宮内庁法で定める機関並びに内閣府設置法に定める特別の機関で、政令で定めるもの

　五　国家行政組織法に定める施設等機関及び同法で定める機関で、政令で定めるもの

　六　会計検査院

9　この法律において「独立行政法人等」とは、独立行政法人通則法に規定する法人及び別表第一に掲げる法人(※1)をいう。

10　この法律において「地方独立行政法人」とは、地方独立行政法人法に規定する法人をいう。

11　この法律において「行政機関等」とは、次に掲げる機関をいう。

　一　行政機関

　二　地方公共団体の機関（議会を除く）

　三　独立行政法人等（別表第二に掲げる法人(※2)を除く）

　四　地方独立行政法人

(※1) 別表第一に掲げる法人：沖縄科学技術大学院大学学園、株式会社日本政策金融公庫、国立大学法人、大学共同利用機関法人、日本銀行、日本中央競馬会、日本年金機構、放送大学学園等

(※2) 別表第二に掲げる法人：沖縄科学技術大学院大学学園、国立研究開発法人、国立大学法人、大学共同利用機関法人、独立行政法人国立病院機構、独立行政法人地域医療機能推進機構、放送大学学園

第五章 行政機関等の義務等　第一節 総則

（定義）

第 60 条　この章及び第八章において「保有個人情報」とは、行政機関等の職員（独立行政法人等及び地方独立行政法人にあっては、その役員を含む）が職務上作成し、又は取得した個人情報であって、当該行政機関等の職員が組織的に利用するものとして、当該行政機関等が保有しているものをいう。ただし、行政文書、法人文書又は地方公共団体等行政文書（「行政文書等」という）に記録されているものに限る。

2　この章及び第八章において「個人情報ファイル」とは、保有個人情報を含む情報の集合物であって、次に掲げるものをいう。

> 一　一定の事務の目的を達成するために特定の保有個人情報を電子計算機を用いて検索することができるように体系的に構成したもの
>
> 二　前号に掲げるもののほか、一定の事務の目的を達成するために氏名、生年月日、その他の記述等により特定の保有個人情報を容易に検索することができるように体系的に構成したもの

3　この章において「行政機関等匿名加工情報」とは、次の各号のいずれにも該当する個人情報ファイルを構成する保有個人情報の全部又は一部を加工して得られる匿名加工情報をいう。

4　この章において「行政機関等匿名加工情報ファイル」とは、行政機関等匿名加工情報を含む情報の集合物であって、次に掲げるものをいう。

> 一　特定の行政機関等匿名加工情報を電子計算機を用いて検索することができるように体系的に構成したもの
>
> 二　前号に掲げるもののほか、特定の行政機関等匿名加工情報を容易に検索することができるように体系的に構成したものとして政令で定めるもの

5　この章において「条例要配慮個人情報」とは、地方公共団体の機関又は地方独立行政法人が保有する個人情報（要配慮個人情報を除く）のうち、地域の特性その他の事情に応じて、本人に対する不当な差別、偏見その他の不利益が生じないようにその取扱いに特に配慮を要するものとして地方公共団体が条例で定める記述等が含まれる個人情報をいう。

第2章

第五章　行政機関等の義務等の続き

第二節　行政機関等における個人情報等の取扱い

第 61 条（個人情報の保有の制限等）

第 62 条（利用目的の明示）

第 63 条（不適正な利用の禁止）

第 64 条（適正な取得）

第 65 条（正確性の確保）

第 66 条（安全管理措置）

第 67 条（従事者の義務）

第 68 条（漏えい等の報告等）

第 69 条（利用及び提供の制限）

第 70 条（保有個人情報の提供を受ける者に対する措置要求）

第 71 条（外国にある第三者への提供の制限）

第 72 条（個人関連情報の提供を受ける者に対する措置要求）

第 73 条（仮名加工情報の取扱いに係る義務）

第三節　個人情報ファイル

第 74 条（個人情報ファイルの保有等に関する事前通知）

第 75 条（個人情報ファイル簿の作成及び公表）

第四節　開示、訂正及び利用停止

第一款　開示（第 76 条～第 89 条）

第二款　訂正（第 90 条～第 97 条）

第三款　利用停止（第 98 条～第 103 条）

第四款　審査請求（第 104 条～第 106 条）

第五節　行政機関等匿名加工情報の提供等（第 107 条～第 121 条）

PICK UP

・行政機関等の義務規定は、個人情報取扱事業者の項目とほぼ同じであるが、内容は行政機関の特性を反映したものとなっている。

1　個人情報保護法の改正・統合による法構成

　日本で最初に制定された行政機関の個人情報保護法および独立行政法人の個人情報保護法は、2021年改正法によって個人情報保護法の中に統合され、2021年改正法第二弾施行によって、地方公共団体も対象となった。

　個人情報保護法第一章から第三章は、当初の制定時から、官民共通の目的や定義、基本理念などが定められていたが、第四章以降は主に民間部門を対象とした一般法となっていた。2021年改正法で、第五章に行政機関等の義務等を定めた行政機関等向けの一般法が組み入れられた。

　これにより、用語の定義について、共通のものは第一章に、民間部門と行政機関で異なるものは、それぞれの章の冒頭に置かれている。

　また、行政機関等の監視監督機能が個人情報保護委員会に統合されたため、官民共通の監視機関として、それぞれの一般法が定められている後に第六章に個人情報保護委員会の規定が置かれている。

2　個人情報保護法への統合の意義と特性反映

　一つの個人情報保護法に統合された行政機関等の義務規定内容は、これまでの個人情報取扱事業者の義務規定項目にあわせるとともに、行政機関等の特性を反映する内容となっている。

　利用目的の特定や変更、明示や提供の制限などは、もとの規定を踏襲する形、適正な取得や委員会への報告、仮名加工情報の取扱いなど、これまでになかったものは個人情報保護法のガイドライン等で定めることとし、安全管理措置や従業者の義務などは、規律の充実が図られ、こちらもガイドラインで定められる。

　また、病院や大学など国公立か私立かによって区別することの意味が薄い医療分野や学術研究分野については、民間部門と同様の義務が適用され、それらの機関の特性に対応し適用除外規定が定められている。

　個人情報保護委員会による行政機関等の監視について、指導、助言、勧告や報告の要求は同様であるが、命令の規定や命令違反に対する罰則規定はない。

第2章

3　行政機関等の義務等における特有の定義

　法律の統合にあわせ、行政機関等の義務等において、各種用語の概念は、個人情報取扱事業者を対象とした義務における用語に概念にあわせるよう努められているが、職務内容の違いなどから、行政機関等特有の義務に対しての用語が定義され（法60条）、行政機関等の義務等の章においてのみ適用される（一部は罰則規定の章（第八章）にも適用）。

（1）　保有個人情報

　保有個人情報とは、行政機関等の職員が、職務上作成や取得した個人情報で、組織的に利用するものとして保有しているもの指すが、行政文書等に記録されているものに限られる。これらは、行政機関特有の定義となるが、以前の行政機関等の個人情報保護法を踏襲している。

（2）　個人情報ファイル

　個人情報データベース等と同様の概念の情報の集合物を個人情報ファイルという。これらは、一定の事務の目的を達成するためのものに限定される。

（3）　行政機関等匿名加工情報

　行政機関等匿名加工情報とは、個人情報ファイルを構成する保有個人情報の全部または一部を加工して得られる匿名加工情報のことで、事務や事業に支障を及ぼすおそれがあるために個人情報ファイル簿に掲載しないとされるものでなく、開示の請求に対応するものであり、加工して匿名加工情報を作成することができるものに限定される。

（4）　行政機関等匿名加工情報ファイル

　行政機関等匿名加工情報を含む情報の集合物で検索できるよう体系的に構成されたものを行政機関等匿名加工情報ファイルという。

（5）　条例要配慮個人情報

　要配慮個人情報にはあたらないが、地域の特性その他の事情に応じて取扱いに特に配慮を要するものとして地方公共団体が条例で定める記述等が含まれる個人情報を条例要配慮個人情報という。

4　行政機関等の特有の義務項目

（個人情報の保有の制限等）

　利用目的を変更する場合、変更前の利用目的と相当の関連性を有すると合理的に認められる範囲を超えて行ってはならないとされ、「相当の」というより厳しい内容となっている。

　個人情報を取得した場合、あらかじめその利用目的を公表している場合を除き、その利用目的を本人に通知や公表することは必要とされない。

　保有できる個人情報は、法令・条例が定める所掌事務や、事務遂行に必要な場合に限られる（法61条）。利用目的の変更の範囲も同様。

　要配慮個人情報を取得に際し、あらかじめ本人の同意を得ることは不要である。

（正確性の確保）

　行政機関等の場合は、公文書管理法等の対象となるため、利用する必要がなくなったときの消去に関する規定はない。

（従事者の義務）

　従業者やそうであった者に対し、業務に関して知り得た個人情報の内容をみだりに他人に知らせたり不当な目的に利用してはならないという守秘義務が課されている（法67条）。

（利用及び提供の制限）

　行政機関の長等は、法令に基づいて利用や提供が可能である。提供先に対し、利用目的や利用方法など必要な制限を設けて安全管理措置を講じるよう求めるものとされている（法69条）。

（開示、訂正、利用停止）

　訂正要求と利用停止請求は、開示を受けた場合に限られる（法76条～108条）。

（行政機関等匿名加工情報の提供等）

　行政機関等匿名加工情報に関する規定は、行政機関の長等が保有する個人情報ファイルに関し、行政機関等匿名加工情報を用いる事業に関する提案を募集し、それらを審査して提供する際の特有の業務に対する規定である（法109条～123条）。

第2章

個人情報保護法の関連法規

1 官民データ活用推進基本法

　2016 年 12 月、国や自治体、民間事業者がもつ「官民データ」の活用推進を目的とした「**官民データ活用推進基本法**」が公布、施行された。

　官民データ活用推進基本法制定により、少子高齢社会におけるさまざまな課題に対応するため、国、地方公共団体、独立行政法人、民間事業者などが管理するデータを活用し、データを活用した新ビジネスの創出や、データに基づく行政、医療介護、教育などの効率化が期待されている。

　法律で初めて AI や IoT などの用語が定義されるとともに、行政手続のオンライン化やマイナンバーカードの普及・活用にも言及されている。

（1）　基本理念

　官民データ活用の推進は、その理念として、高度情報通信ネットワーク社会形成基本法、サイバーセキュリティ基本法、個人情報の保護に関する法律、マイナンバー法等による施策とあわせて、個人や法人の権利利益を保護しつつ情報の円滑な流通の確保を図るとされ、さらに、地域経済の活性化や地域の就業機会創出を通じた地域社会の形成や、新たな事業の創出、産業の健全な発展および国際競争力の強化を図ることにより、活力ある日本社会の実現に寄与することが示されている。

（2）　基本的施策

　官民データ活用推進基本法は、基本的施策として以下が挙げられている。

・行政機関にかかわる申請、届出などの手続きのオンライン化
・国や地方公共団体、および事業者による自ら保有する官民データの活用推進など関連する制度の見直し
・官民データの円滑な流通促進、データ流通時の個人関与の仕組みの構築
・情報通信技術に関する地理的制約や年齢等による格差の是正
・マイナンバーカードの普及・活用計画、研究開発の推進、人材育成、教育、学習振興、普及啓発等

（3）　官民データ活用推進基本法による用語

「官民データ」

　電磁的記録に記録された情報であって、国もしくは地方公共団体または独立行政法人もしくはその他の事業者により、その事務または事業の遂行にあたり、管理され、利用され、または提供されるものをいう。

AI：「人工知能関連技術」

　人工的な方法による学習、推論、判断等の知的な機能の実現および人工的な方法により実現した機能の活用に関する技術をいう。

IoT：「インターネット・オブ・シングス活用関連技術」

　インターネットに多様かつ多数の物が接続されて、それらの物から送信され、またはそれらの物に送信される大量の情報の活用に関する技術であって、情報の活用による付加価値の創出によって、事業者の経営の能率および生産性の向上、新たな事業の創出ならびに就業の機会の増大をもたらし、もって国民生活の向上および国民経済の健全な発展に寄与するものをいう。

「クラウド・コンピューティング・サービス関連技術」

　インターネットその他の高度情報通信ネットワークを通じて電子計算機を他人の情報処理の用に供するサービスに関する技術をいう。

図表 2-17　官民データ活用推進基本法制定の背景

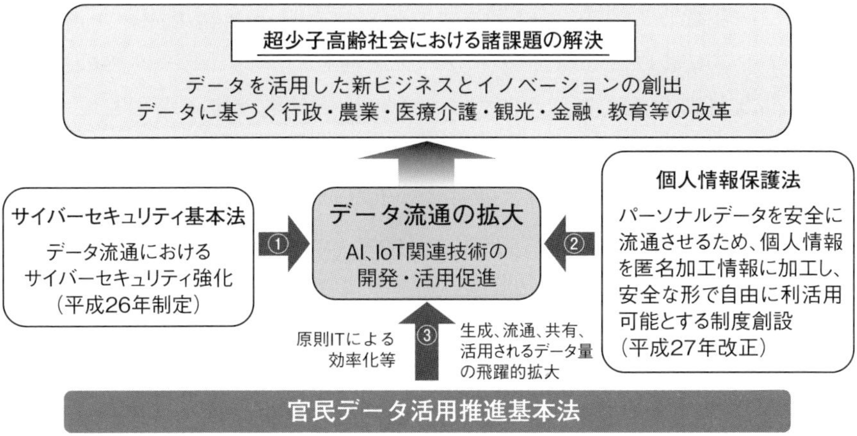

出典：「官民データ活用推進基本法について」（内閣官房IT総合戦略室）

2　不正アクセス行為の禁止等に関する法律

　不正アクセス行為の禁止等に関する法律（**不正アクセス禁止法**）は、ネットワークを通じて行われるコンピュータを利用した犯罪の防止や、アクセス制御機能により実現される電気通信に関する秩序の維持を図り、高度情報通信社会の健全な発展に寄与することを目的に、2000 年に制定された。

　不正アクセス禁止法には、次の２つの側面がある。

① 　不正アクセス行為等の禁止・処罰という行為者に対する規制

② 　不正アクセス行為を受ける立場のアクセス管理者に防御措置を求め、防御措置を的確に講じられるよう行政が援助するという防御側の対策

（1）　サイバー犯罪

　サイバー犯罪とは、「コンピュータ技術や電気通信技術を悪用した犯罪」のことで、以前はハイテク犯罪と呼ばれていたが、国際的な用語にあわせて変更された。ネットワーク利用犯罪、コンピュータ・電磁的記録を対象とした犯罪、不正アクセス禁止法違反の３つに大別される。

　サイバー犯罪の特徴として、匿名性が高いこと、痕跡が残りにくいこと、不特定多数の人に被害が及ぶこと、容易に国境を越えることなどが挙げられる。

　サイバー犯罪検挙件数は、その大半をネットワーク利用犯罪が占める。不正アクセス禁止法によりネットワークを通じたコンピュータへの不正アクセス行為が禁止されるようになり、その検挙件数は毎年増加している。

（2）　ネットワーク利用犯罪

　ネットワーク利用犯罪とは、犯罪の実行手段として、インターネットや電子メール、電子掲示板などのネットワークを利用した犯罪のことである。

　ネットワーク利用犯罪の中には、詐欺、児童買春・児童ポルノ法違反、青少年保護育成条例違反、出会い系サイト規制法違反、商標法違反、猥褻（わいせつ）物頒布、著作権法違反などがある。この中では、**ネットワーク利用による詐欺**が最も多く、主に、インターネットオークションを利用した犯罪となっている。

（3）　コンピュータ・電磁的記録対象犯罪

コンピュータ・電磁的記録対象犯罪とは、コンピュータシステムの機能を阻害したり、コンピュータシステムを不正に使用する犯罪のことである。

刑法で、電子計算機使用詐欺罪、電磁的記録不正作出及び供用罪、電子計算機損壊等業務妨害罪が規定されている。

3　不正競争防止法

不正競争防止法は、事業者間の公正な競争とこれに関する国際約束の的確な実施を確保するため、不正競争の防止と不正競争にかかわる損害賠償に関する措置などを講じて国民経済の健全な発展に寄与することを目的に定められている。

不正競争防止法は、営業活動における営業情報や開発情報などの「機密」と企業ブランドなどの「信用」を保護対象としており、機密情報については、不正取得する行為、不正利用する行為、競合他社に不正開示する行為などを禁止している。この法律で保護される「**営業秘密**」は、秘密として管理され（**秘密管理性**）、事業活動に有用であり（**有用性**）、公然と知られていない（**非公知性**）ことを満たす情報を指す。

4　特定電子メールの送信の適正化等に関する法律

特定電子メールの送信の適正化等に関する法律（**特定電子メール法**）は、特定電子メールの送信の適正化のための措置などを定めることにより、電子メールの利用についての良好な環境の整備を図り、高度情報通信社会の健全な発展に寄与することを目的として制定された。

特定電子メール法は、迷惑メール防止法とも呼ばれ、一時に多数の者に対して発信される特定電子メールによる電子メールの送受信上の支障を防止する必要性を考慮した法律である。

なお、2008年の改正により、広告宣伝メールは、あらかじめ送信に同意した者に対してのみ送信を認める方式（**オプトイン方式**）が導入された。

個人情報保護法の施行状況

1 個人情報保護法施行状況の報告と公表

（1） 取りまとめと報告および公表

　当初、個人情報保護法では、「内閣総理大臣は関係行政機関の長に対し、この法律の施行状況について報告を求めることができる」と規定され、基本方針でそれらを公表することとされていた。これらに対し、毎年、内閣府国民生活局から『個人情報保護の現状と施策について』が公表され、その中で個人情報漏洩事案や苦情の状況などが記載されていた。

　2009年、消費者庁発足にともない、それらの取りまとめと公表は消費者庁から行われた。2015年、個人情報保護委員会の発足と法改正にともない、個人情報保護委員会が毎年報告を取りまとめ、内閣総理大臣を経由して国会に対し報告され、その概要が公表されている。

（2） 個人情報保護委員会の年次報告書

　毎年、国会に報告されている年次報告では、個人情報保護委員会の組織や所掌事務についてとともに、所掌事務の処理状況が記載されている。それらの中で、個人情報保護法等およびマイナンバー法に関する事務として、監視・監督等の状況が記載されている。

令和２年度　年次報告（個人情報保護委員会）目次

　第１章　委員会の組織等及び所掌事務

　　第１節　委員会設置の経緯

　　第２節　委員会の組織等

　　第３節　委員会の所掌事務の概要

　第２章　委員会の所掌事務の処理状況

　　Ⅰ　個人情報保護法等に関する事務

　　第１節　いわゆる３年ごと見直し

　　　1　令和２年改正法の成立

　　　2　令和２年改正法に関連する政令・規則・ガイドライン等の整備

第２節　個人情報保護制度の一元化

第３節　個人情報保護法に基づく監督等

　　1　漏えい等事案に関する報告の受付状況等

　　2　立入検査の状況

　　3　指導・助言の状況

　　4　勧告・命令の状況

　　5　セキュリティに関する注意喚起

　　6　情報セキュリティ関係機関との連携

　　7　個人情報保護法の域外適用

　　8　外国執行当局との連携

　　9　その他実態調査

第４節　個人情報保護法等に基づく個人情報等の利活用等

Ⅱ　マイナンバー法に関する事務

Ⅲ　国際協力

Ⅳ　新型コロナウイルス感染症に係る対応

Ⅴ　個人情報保護法、マイナンバー法等に共通する事務

付表　活動実績

　　　※　https://www.ppc.go.jp/aboutus/report/annual_report_2020/

(3)　2020（令和２）年度の個人情報保護法に基づく監督等

「令和２年度　年次報告（個人情報保護委員会）」　第２章　Ⅰ　第３節

1　漏えい等事案に関する報告の受付状況等

　令和２年度において、個人データの漏えい等事案について、4,141 件の報告を受けた。このうち、委員会が直接報告を受けたものが 1,027 件、委任先省庁を経由して報告を受けたものが 1,122 件、認定団体を経由して報告を受けたものが 1,992 件であった。

　漏えい等事案の多く（82.2％）は、書類及び電子メールの誤送付、書類及び電子媒体の紛失であり、その他の発生原因としては、インターネット等のネットワークを経由した不正アクセス等であった。１件あたり漏えい等した人数は 500 人以下が最も多く（91.3％）、漏えい等した情報は顧客情報

が最も多かった（80.4％）。漏えい等した情報の形態は、紙媒体のみが漏えい等したもの（50.9％）、電子媒体のみが漏えい等したもの（45.3％）が、それぞれほぼ半数を占めた。また、事案の多くは、従業者の不注意により発生し（63.8％）、漏えい等した後、ほとんどの事業者（93.1％）は、本人へ謝罪又は連絡を行っている。

委員会においては事実関係及び再発防止策の確認等を行うとともに、同種の事態が起きないよう必要に応じて指導等を行った。

また、なりすましメールによるウイルス感染被害が増加していることから、その手口と対策について注意喚起を行った。

2　立入検査の状況

外国の委託先事業者に、利用者の個人情報へのアクセス権を付与していたメッセージングアプリ事業者等に対して、個人情報保護法第22条（委託先の監督）や個人情報保護法第24条（外国にある第三者への提供の制限）の遵守状況等について確認するために個人情報保護法第40条第１項に基づく立入検査を実施した。

3　指導・助言の状況

令和２年度において、個人データの漏えい等、通報及び苦情事案の対応に際し、報告徴収（委任先省庁実施分を除く）を354件、指導・助言を198件行った。

例えば、個人情報の取得・保有・廃棄に関する社内ルールが規定されていなかった事業者に対して、全社的なルールの策定や従業員に対する研修の実施等を行うよう指導した。

4　勧告・命令の状況

多数の個人データがウェブサイトに違法に掲載されており、それらの個人データの主体の権利が侵害されていた事案において、掲載者であるウェブサイトの運営者の氏名や法人等の名称が判明しておらず、かつ所在不明であった。そこで、名あて人の特定が必要となる行政行為について、民法上の公示送達により行政行為を行うことができると整理し、同ウェブサイトの掲載者に対して令和２年３月にウェブサイトを直ちに停止した上、利用目的の通知・公表を行うとともに、その個人データを第三者に提供する

> ことの同意を得るまでは、同ウェブサイトを再開してはならない旨の勧告を行った。しかしながら、勧告事項について、対応期限の日までに措置が講じられなかったため、令和2年7月に上述の勧告に係る措置をとるべきことの命令を行った。

（4）　事業者からの個人データの漏えい等事案の状況

「令和2年度　年次報告（個人情報保護委員会）」付表　活動実績

（期間：令和2年4月1日～令和3年3月31日）

① 漏えい等した人数

報告先	件数（割合）	漏えい等した人数				
		500人以下	501～5,000人	5,001～50,000人	50,001人以上	不明
委員会	1,027	824（80.2%）	109（10.6%）	51（5.0%）	29（2.8%）	14（1.4%）
包括委任先省庁	1,122	1,089（97.1%）	16（1.4%）	7（0.6%）	5（0.4%）	5（0.4%）
認定団体	1,992	1,867（93.7%）	63（3.2%）	22（1.1%）	9（0.5%）	31（1.6%）
計	4,141	3,780（91.3%）	188（4.5%）	80（1.9%）	43（1.0%）	50（1.2%）

※　漏えい等事案には、「漏えい」のほか、「滅失」、「毀損」の事案を含む。
※　「漏えい等した人数」とは、漏えい等した個人情報によって識別される特定の本人の数であり、人数が確定できない場合は、漏えい等した可能性のある本人を含む最大人数として報告を受けている。

② 漏えい等した情報の種類（①のうち委員会に報告されたもの）

件数（割合）		漏えい等した情報の種類					
		顧客情報	うち基本情報のみ	従業員情報	うち基本情報のみ	その他の情報	うち基本情報のみ
1,027	92（9.0%）	826（80.4%）	78（7.6%）	114（11.1%）	8（0.8%）	145（14.1%）	8（0.8%）

※　「基本情報」とは、氏名、生年月日、性別、住所を指す。
※　一つの事案で複数の情報が漏えい等した場合は、全ての項目について記入。

第2章

③ 漏えい等した情報の形態

件数 (割合)	電子媒体のみ	紙媒体のみ	電子・紙媒体	その他
1,027	465 (45.3%)	523 (50.9%)	5 (0.5%)	34 (3.3%)

④ 漏えい等した元・漏えい等した者

件数 (割合)	事業者					委託先				
	従業者		第三者		その他	従業者		第三者		その他
	意図的	不注意	意図的	不注意		意図的	不注意	意図的	不注意	
1,027	13 (1.3%)	655 (63.8%)	156 (15.2%)	25 (2.4%)	32 (3.1%)	2 (0.2%)	112 (10.9%)	27 (2.6%)	0 (0.0%)	5 (0.5%)

⑤ 漏えい等した後の改善措置状況

件数 (割合)	事業者による安全管理措置			
	組織的	人的	物理的	技術的
1,027	627 (61.1%)	487 (47.3%)	172 (16.7%)	199 (19.4%)

件数 (割合)	事業者による対応		
	本人への謝罪・連絡	専用窓口の設置	商品券等の配付
1,027	956 (93.1%)	207 (20.2%)	13 (1.3%)

※ 一つの事業で複数の安全管理措置又は対応を事業者が実施した場合は、全ての項目について記入。

※ 表中の事業者による安全管理措置は、漏えい等後に事業者が実施した再発防止策を、個人情報の保護に関する法律についてのガイドライン（通則編）の「別添」講ずべき安全管理措置の内容に基づき、その再発防止策の内容に応じて分類している。具体的な内容としては、「組織的」に社内規程及び電子媒体等の整備や監査の実施等を、「人的」に教育・研修の実施等を、「物理的」に機器及び電子媒体等の盗難の防止や持ち運ぶ場合の漏えいの防止等を、「技術的」にアクセス制御や外部からの不正アクセスの防止等を、それぞれ分類している。

（5）　個人情報の取扱いに関する監督に係る処理状況推移（総括）

対応事項	令和2年度	令和元年度	平成30年度
個人データの漏えい等事案の報告の受付件数	4,141件 （内訳） 委員会直接受付分： 1,027件 （うち域外適用分： 8件） 委任先省庁経由： 1,122件 認定団体経由： 1,992件	4,520件 （内訳） 委員会直接受付分： 1,066件 （うち域外適用分： 13件） 委任先省庁経由： 1,519件 認定団体経由： 1,935件	4,380件 （うち委任先省庁経由： 1,325件）
報告徴収	357件 （内訳） 委員会実施分： 354件 委任先省庁実施分： 3件	357件 （内訳） 委員会実施分： 294件 委任先省庁実施分： 63件	444件 （うち委任先省庁実施分： 53件）
立入検査	4件 （内訳） 委員会実施分： 2件 委任先省庁実施分： 2件	40件 （内訳） 委員会実施分： 6件 委任先省庁実施分： 34件	32件 （うち委任先省庁実施分： 30件）
指導・助言	198件 （うち域外適用分： 2件）	131件 （うち域外適用分： 7件）	238件
勧告	0件	5件	0件
命令	2件	0件	0件
あっせん申出受付件数	28件	38件	31件

出典：「令和2年度／令和元年度／平成30年度 年次報告（個人情報保護委員会）」

第2章

個人情報保護法の解釈に関する Q&A

　個人情報保護委員会は、個人情報保護法ガイドラインとともにそれらに関する Q&A を公表している。これは、法改正時だけでなく、諸環境の変化を踏まえて必要に応じ見直しを行うものとされており、随時更新されている。以下は、2022年5月26日更新版の中から一部を抜粋し掲載している。

※最新のQ&Aは、個人情報保護委員会「法令・ガイドライン等」ページを参照のこと。
　https://www.ppc.go.jp/personalinfo/legal/
※説明文内の個人情報保護法の条番号は、2020年改正法による改正後の条番号が示されている。

1　「個人情報」について

Q　「特定の個人を識別することができる」とは、どのような意味ですか。

A　「特定の個人を識別することができる」とは、社会通念上、一般人の判断力や理解力をもって、生存する具体的な人物と情報との間に同一性を認めるに至ることができることをいいます。

Q　メールアドレスだけでも個人情報に該当しますか。

A　メールアドレスのユーザー名及びドメイン名から特定の個人を識別することができる場合（例：kojin_ichiro@example.com）、当該メールアドレスは、それ自体が単独で、個人情報に該当します。これ以外の場合、個別の事例ごとに判断することになりますが、他の情報と容易に照合することにより特定の個人を識別することができる場合、当該情報とあわせて全体として個人情報に該当することがあります。

Q　新聞やインターネットなどで既に公表されている個人情報は、個人情報保護法で保護されるのですか。

A　公知の情報であっても、その利用目的や他の個人情報との照合など取扱いの態様によっては個人の権利利益の侵害につながるおそれがあることから、個人情報保護法では、既に公表されている情報も他の個人情報と区別せず、保護の対象としています。

Ⓠ 顧客との電話の通話内容を録音していますが、通話内容から特定の個人を識別することはできません。この場合の録音記録は、個人情報に該当しますか。

Ⓐ 基本的には個人情報に該当しません。ただし、その他の情報と容易に照合でき、それによって特定の個人を識別することができれば、その情報とあわせて全体として個人情報に該当することはありますので、個別の事例ごとの判断が必要です。なお、録音した音声から特徴情報を抽出し、これを話者認識システム等本人を認証することを目的とした装置やソフトウェアにより、本人を認証することができるデータに変換した場合、当該データは個人識別符号に該当し、それ単体で個人情報に該当します。

2　個人識別符号

Ⓠ 携帯電話番号やクレジットカード番号は個人識別符号に該当しますか。

Ⓐ 携帯電話番号やクレジットカード番号は、様々な契約形態や運用実態があり、およそいかなる場合においても特定の個人を識別することができるとは限らないこと等から、個人識別符号に位置付けておりません。なお、このような番号も、氏名等の他の情報と容易に照合することができ、それにより特定の個人を識別することができることとなる場合には、個人情報に該当します。

3　要配慮個人情報

Ⓠ 診療又は調剤に関する情報は、全て要配慮個人情報に該当しますか。

Ⓐ 本人に対して医師等により行われた健康診断等の結果及びその結果に基づき医師等により行われた指導又は診療若しくは調剤が行われたことは、要配慮個人情報に該当します（施行令第2条第2号及び第3号）。具体的には、病院、診療所、その他の医療を提供する施設における診療や調剤の過程において、患者の身体の状況、病状、治療状況等について、医師、歯科医師、薬剤師、看護師その他の医療従事者が知り得た情報全てを指し、診療記録や調剤録、薬剤服用歴、お薬手帳に記載された情報等が該当します。また、病院等を受診したという事実及び薬局等で調剤を受けたという事実も該当します。

第2章

4　個人情報データベース等

Ⓠ メールソフトのアドレス帳や一定の規則で整理された名刺について、従業者本人しか使用できない状態であれば、企業の個人情報データベース等には該当しないと考えてよいですか。

Ⓐ 従業者の私的な使用のみに用いられているのであれば、企業にとっての個人情報データベース等には含まれないと考えられます。しかし、従業者が企業における業務の用に供するために使用しているのであれば、企業の個人情報データベース等に該当することになり得ます。

Ⓠ 個人情報データベース等に入力する前の帳票類であれば、個人情報データベース等に該当しませんか。

Ⓐ 個人情報データベース等に入力する前の帳票等であっても、それに記載された個人情報を50音順に整理している場合など、特定の個人情報を容易に検索することができるように体系的に構成している場合には、それ自体が個人情報データベース等に該当します。

5　個人情報取扱事業者

Ⓠ 個人情報を「事業の用に供している」とは、どのような意味ですか。加工、分析などをせず、データベースとして利用しているのみであれば、該当しませんか。

Ⓐ「事業の用に供している」とは、事業者がその行う事業のために個人情報を利用していることをいい、特にその方法は限定されません。事業のために個人情報データベース等を作成、加工、分析、提供することだけでなく、事業を行う上で必要となる顧客情報、従業員情報、配達先情報などをデータベースとして利用していることなども含みます。

Ⓠ 従業者に関する個人情報データベース等しか保有していない場合であっても、個人情報取扱事業者に該当しますか。

Ⓐ 取り扱っている個人情報が従業者の個人情報のみであっても、個人情報データベース等を事業の用に供している者は、個人情報取扱事業者に該当します。

6 保有個人データ

Q 個人データの取扱いが委託される場合、当該個人データは委託元と委託先のどちらの保有個人データとなりますか。

A 特に定めのない限り、委託元の保有個人データになると考えられますが、具体的には個別の事例ごとに判断することとなります。委託元が、個人データを受託処理する個人情報取扱事業者である委託先に対し、自らの判断で当該個人データの開示等を行う権限を付与していないとき（委託元・委託先間で何ら取決めがなく委託先が自らの判断で開示等をすることができない場合も含む。）は、本人に対する開示等の権限を有しているのは委託元であるため、当該個人データは委託元の「保有個人データ」となります。

7 公表

Q 店頭販売が中心の事業者が「公表」を行う場合、店頭ではなくホームページで公表することは可能ですか。

A 「公表」とは、広く一般に自己の意思を知らせることであり、公表に当たっては、事業の性質及び個人情報の取扱状況に応じ、合理的かつ適切な方法による必要があります。ホームページで公表することも可能と解されますが、当該店舗に来訪した者にとってそのホームページが合理的に把握可能であることを含め、分かりやすい場所への掲載が求められるものと解されます。

8 本人の同意

Q 本人に対して、一定期間内に回答がない場合には同意したものとみなす旨の電子メールを送り、当該期間を経過した場合に、本人の同意を得たこととすることはできますか。

A 本人が同意に係る判断を行うために必要と考えられる合理的かつ適切な方法によらなければなりません。したがって、一定期間回答がなかったことのみをもって、一律に本人の同意を得たものとすることはできません。

第2章

9　個人情報の利用目的

Q「利用」とは何を意味しますか。

A 特段の定義があるわけではありませんが、取得及び廃棄を除く取扱い全般を意味すると考えられます。したがって、保管しているだけでも利用に該当します。

Q 当初の利用目的が変更となったためその旨を通知する際、利用目的の範囲に含まれない商品告知等もあわせて同封することは問題はないのですか。

A 利用目的の範囲に含まれない商品告知等をすることはできません。利用目的の達成に必要な範囲を超える利用は、事前に本人の同意が必要となります。

10　個人情報の取得

Q 名簿業者から個人の名簿を購入することは禁止されていますか。また、不正取得された名簿をそれと知らずに購入した場合は、どうですか。

A 名簿業者から個人の名簿を購入すること自体は禁止されていませんが、その購入に際しては、適正取得（法第20条第1項）や第三者提供を受ける際の確認・記録義務（法第30条）が適用される点に留意する必要があります。具体的には、名簿の購入の際、相手方が個人データを取得した経緯などを確認・記録する必要があり、その結果、相手方が不正の手段により個人データを取得したことを知り又は容易に知ることができたにもかかわらず当該個人データを取得する場合、法第20条第1項に違反するおそれがあります。特に、平成27年改正の施行（平成29年5月30日）以降は、一般的に名簿業者はオプトアウト規定による届出が必要となるため（法第27条第2項及び第3項）、個人情報保護委員会のホームページ上で、当該名簿業者が届出をしていることを確認する必要があると解されます。

Q 申込書やホームページ上のユーザー入力画面で連絡先を記入させる場合、当該連絡先の利用目的を明示する必要がありますか。また、具体的にどのような場合に取得の状況からみて利用目的が明らかで利用目的の明示が不要となりますか。

A 申込書等の書面（ホームページ上の入力画面を含む。）に本人が記入し、直接

その本人から個人情報を取得する場合は、原則として利用目的の明示が必要です（法第 18 条第 2 項）。ただし、取得の状況からみて利用目的が明らかな場合は、例外的に利用目的の明示は不要です（同条第 4 項第 4 号）。具体的には、次のような事例が考えられます。

【取得の状況からみて利用目的が明らかであると認められる場合】

○申込書の記載により取得したメールアドレス情報等を申込内容の確認、履行の結果通知等の目的で利用する場合（ただし、新たなサービスの案内、提携先への提供等に利用することは自明の利用目的に該当しない場合があるので注意を要します。）

○懸賞付きアンケートによって取得した連絡先を、懸賞商品の抽選や懸賞商品に関する連絡・発送等のみに利用する場合

11　個人データの管理

Q A 事業のために個人データを取得した後、B 事業のために取得した個人データの内容から住所変更があった事実が判明した場合、A 事業についても住所変更を反映させることが可能ですか。

A 法第 22 条により、個人データを正確かつ最新の内容に保つよう努めなければならないとされていることから、住所変更の内容を反映させることは可能と考えられます。ただし、A 事業と B 事業における個人情報の利用目的が異なる等、利用目的の達成に必要な範囲を超えて個人情報を取り扱うこととなる場合には、あらかじめ本人の同意が必要と考えられます。

Q 町内会やマンション管理組合等において、監督が必要となる「従業者」には、どのような者が該当しますか。

A 町内会やマンション管理組合等の形態や管理の実態にもよりますが、例えば、町内会やマンション管理組合の運営を担う理事等は、個人情報保護法における「従業者」に該当するものと考えられます。

Q 委託元が、法第 23 条が求める水準を超える高い水準の安全管理措置を講じている場合、委託先は、これと同等の水準の措置を講じる必要がありますか。

A 委託元が法第 23 条が求める水準を超える高い水準の措置を講じている場合に、委託先はこれと同等の措置を講じることまで法により義務付けられる

わけではなく、法律上は、委託先は法第 23 条が求める水準の安全管理措置を講じれば足りると解されます。

12 個人データの第三者への提供

Q ある大学から当社に対して、当社に勤務する当該大学の卒業生の名簿（氏名・卒業年度・所属部署）の提出を求められました。これは第三者提供に該当しますか。従業者数が多いので同意の取りようがないのですが、具体的に何をすればよいですか。

A 第三者提供に該当しますので、本人の同意が必要になります。例えば、該当する従業者に対しメール等でその旨を通知し、同意を得られた従業者のみを名簿にして提出するなどの方法が考えられます。

Q 本人の同意は、個人データの第三者提供に当たってその都度得る必要があるのですか。

A 必ずしも第三者提供のたびに同意を得なければならないわけではありません。例えば、個人情報の取得時に、その時点で予測される個人データの第三者提供について、包括的に同意を得ておくことも可能です。

Q ホームページに継続的に掲載すれば、法第 27 条第 2 項の「本人が容易に知り得る状態」に該当しますか。

A 「本人が容易に知り得る状態」とは、本人が知ろうとすれば、時間的にも、その手段においても、簡単に知ることができる状態をいい、事業の性質及び個人情報の取扱状況に応じ、本人が確実に認識できる適切かつ合理的な方法によらなければなりません。例えば、本人が閲覧することが合理的に予測される個人情報取扱事業者のホームページにおいて、本人が分かりやすい場所（例：ホームページのトップページから 1 回程度の操作で到達できる場所等）に法に定められた事項を分かりやすく継続的に掲載しておくことで、通常は、「本人が容易に知り得る状態」になり得ると考えられます。

Q ダイレクトメールの発送業務を業者に委託する場合、ダイレクトメールの発送業務の委託に伴い、ダイレクトメールの送付先である顧客の氏名や住所等を本人の同意なくこの業者に伝えることはできますか。

A 個人情報取扱事業者が、その利用目的の達成に必要な範囲内において、ダ

イレクトメールの発送業務を業者に「委託」（法第 27 条第 5 項第 1 号）する場合には、顧客の氏名や住所等をダイレクトメールの発送業者に伝えても第三者提供の制限に違反することにはなりません。ただし、委託者は、委託先を監督する義務があります（法第 25 条）。

Q 複数の企業でセミナーを共催して、申込受付やアンケートを共同で実施する場合等、個人情報を数社が共同で取得する際には、どのようにすればよいですか。

A 申込受付やアンケートの形式上、共催する各社が、それぞれ個人情報を取得することが分かるようにする方法があります。この場合には、各社ごとに、利用目的をあらかじめ明示する必要があります（法第 21 条第 2 項）。また、申込受付やアンケートの形式上、幹事会社だけが取得する場合で、その後、個人データとして幹事会社から共催各社に提供するのであれば、原則として、本人の同意を取得する必要があります（法第 27 条第 1 項）。その他、共同利用の要件（法第 27 条第 5 項第 3 号）を満たせば、共同利用とすることも可能です。

Q クラウドサービスの利用が、法第 27 条の「提供」に該当しない場合、クラウドサービスを利用する事業者は、クラウドサービスを提供する事業者に対して監督を行う義務は課されないと考えてよいですか。

A クラウドサービスの利用が、法第 27 条の「提供」に該当しない場合、法第 25 条に基づく委託先の監督義務は課されませんが、クラウドサービスを利用する事業者は、自ら果たすべき安全管理措置の一環として、適切な安全管理措置を講じる必要があります。

13 保有個人データに関する事項の公表等、開示等の請求等

Q 法第 32 条第 1 項第 3 号は、開示等の請求等に応じる手続を本人の知り得る状態に置かなければならないと定めていますが、必ずホームページに掲載しなければいけませんか。

A 必ずしもホームページに掲載しなければならないわけではありません。開示等の請求等に応じる手続については、本人の知り得る状態に置かなければなりませんが、本人の求めに応じて遅滞なく回答する場合も含むとされています（法第 32 条第 1 項）。例えば、問合せ窓口を設け、問合せがあれば、口頭又は文書で回答できるよう体制を構築しておけば足ります。なお、問

合せ窓口（保有個人データの取扱いに関する苦情の申出先。施行令第10条第2号）については、分かりやすくしておくことが望ましいと考えられます。

Q 市販の人名録を利用してダイレクトメール等を送付していた場合、人名録の利用者は、その内容の訂正、追加、削除等の権限を有していないため、保有個人データに該当しないものとして、開示等の請求を受けた場合であっても、これに応じる義務はないと考えてよいですか。

A 市販の人名録を用いる場合であっても、これを営業活動等に利用している限り、このデータについては、その内容の訂正、追加、削除等の権限を有します。したがって、その他の保有個人データの要件を満たす場合には、開示等の請求に応じる義務が課されます。

Q 一般的には「削除」と「消去」は同じ意味と考えられますが、保有個人データを削除すべき場合（法第34条）と消去すべき場合（法第35条）の違いは何ですか。

A 法第34条は、保有個人データの内容が事実ではない場合について規定しており、他方、法第35条は、保有個人データが法第18条若しくは第19条の規定に違反して取り扱われている場合又は法第20条の規定に違反して取得されたものである場合について規定しており、その適用場面が異なります。なお、「削除」とは、不要な情報を除くことであり、他方、「消去」とは、保有個人データを保有個人データとして使えなくすることであり、当該データを削除することのほか、当該データから特定の個人を識別できないようにすること等を含みます。

Q 当社では、電話で資料請求をしてきたお客様にダイレクトメールを送付していますが、お客様から、ダイレクトメールの停止及び個人情報の消去を求められた場合、応じなければならないですか。

A ダイレクトメールを送付することについて、利用目的として特性した上で、当該利用目的を顧客に通知又は公表する必要があります。そして、個人情報取扱事業者は、保有個人データを法第18条若しくは第19条の規定に違反して取り扱っている場合又は法第20条の規定に違反して取得したものである場合には、当該保有個人データの利用の停止又は消去をする義務があります（法第35条第2項）。また、個人情報取扱事業者は、当該本人の権利

又は正当な利益が害されるおそれがある場合等、法第 35 条第 5 項の要件を満たす場合には、当該保有個人データの利用の停止又は消去をする義務があります（法第 35 条第 6 項）。

Ⓠ 本人からの開示等の請求等に備えて、開示等の請求等を受け付ける方法をあらかじめ定めておく必要がありますか。

Ⓐ 個人情報保護法上、個人情報取扱事業者は、開示等の請求に応じる義務がありますが、その手続については各事業者において定めることができます（法第 37 条第 1 項）。開示等の請求等を受け付ける方法をあらかじめ定めている場合には、本人は当該方法に従って開示等の請求等をすることになります。一方、当該方法をあらかじめ定めていない場合には、本人は任意の方法により開示等の請求等をすることとなりますので、その事業者は、個別に相談しながら対応することとなります。

14　講ずべき安全管理措置の内容

Ⓠ「中小規模事業者」も、大企業と同等の安全管理措置を講じなくてはいけませんか。

Ⓐ 法第 23 条により、個人情報取扱事業者は、取り扱う個人データの安全管理のために必要かつ適切な措置を講じなければなりません。ただし、安全管理措置を講ずるための具体的な手法については、個人データが漏えい等をした場合に本人が被る権利利益の侵害の大きさを考慮し、事業の規模及び性質、個人データの取扱状況（取り扱う個人データの性質及び量を含む。）、個人データを記録した媒体の性質等に起因するリスクに応じて、必要かつ適切な内容とすべきものであるため、中小規模事業者において、必ずしも大企業と同等の安全管理措置を講じなければならないわけではありません。

15　ガイドライン（外国にある第三者への提供編）

Ⓠ 外国にあるサーバに個人データを含む電子データを保存することは外国にある第三者への提供に該当しますか。

Ⓐ 個人情報取扱事業者自らが外国に設置し、自ら管理・運営するサーバに個人データを保存することは、外国にある第三者への提供（法第 28 条第 1 項）

に該当しません。また、個人情報取扱事業者が、外国にある事業者が外国に設置し、管理・運営するサーバに個人データを保存する場合であっても、当該サーバを運営する当該外国にある事業者が、当該サーバに保存された個人データを取り扱わないこととなっている場合には、外国にある第三者への提供に該当しません。ここでいう「当該サーバに保存された個人データを取り扱わないこととなっている場合」とは、契約条項によって当該事業者がサーバに保存された個人データを取り扱わない旨が定められており、適切にアクセス制御を行っている場合等が考えられます。

16 ガイドライン（第三者提供時の確認・記録義務編）

Q 電話や口頭で個人情報を聞いた場合には、確認・記録義務は適用されますか。

A 個人データに該当しない個人情報を取得した場合には、確認・記録義務は適用されません。

Q 本人以外の者（「当初の提供元」）から個人データの提供を受けた場合において、あらかじめ公表している利用目的の範囲内で、後日、当初の提供元に対して、同じ内容の個人データを提供するとき、確認・記録義務は適用されますか。

A 当初の提供の際に作成した記録の枠内であれば、改めて、確認・記録義務は適用されません。なお、当初に作成した記録の範囲内にとどまらず、実質的に新規の第三者提供と同視される場合は、確認・記録義務が適用されるものと考えられます。

Q 確認・記録義務の履行のために個人データを保存する場合は、消去義務（法第 19 条）に違反しませんか。また、利用目的の特定・通知等をしなければなりませんか。

A 個人情報取扱事業者は、個人データを利用する必要がなくなったときは、当該個人データを遅滞なく消去するよう努めなければなりませんが、確認・記録義務の履行のために個人データを保存する場合は、この限りではないものと考えられます。また、利用目的の特定・通知等は不要です。

Q 対象となる複数の本人の記録を一体として作成する際に、保存期間は個々の個人ごとに計算するものですか。

Ⓐ 対象となる複数の本人の記録を一体として作成した場合も、保存期間は個々の個人ごとに計算することとなります。例えば、施行規則第19条第2項・第23条第2項に基づく記録を作成した場合は、個々の個人ごとに最後に当該記録に係る個人データの提供を行なった日から起算して3年を経過する日までの間が保存期間となります（施行規則第21条第2号・第25条第2号）。

17　ガイドライン（仮名加工情報・匿名加工情報編）

Ⓠ 要配慮個人情報を含む個人情報から仮名加工情報を作成することはできますか。

Ⓐ 法第2条第3項に定める要配慮個人情報を含む個人情報を加工して仮名加工情報を作成することも可能です。

Ⓠ 個人情報を加工して仮名加工情報を作成すること自体を、利用目的として特定する必要はありますか。

Ⓐ 仮名加工情報への加工を行うこと自体を個人情報の利用目的として特定する必要はありません。

Ⓠ 個人情報を、安全管理措置の一環等としてマスキング等によって匿名化した場合、匿名加工情報として取り扱う必要がありますか。

Ⓐ 匿名加工情報を作成するためには、匿名加工情報作成の意図を持って、法第43条第1項に基づき、施行規則第34条各号で定める基準に従い加工する必要があります。したがって、匿名加工情報作成基準に基づかずに、個人情報を安全管理措置の一環等としてマスキング等によって匿名化した場合には、匿名加工情報としては扱われません。

Ⓠ 委託に伴って提供された個人データを、委託先が自社のために匿名加工情報に加工した上で利用することはできますか。

Ⓐ 委託先は、委託（法第23条第5項第1号）に伴って委託元から提供された個人データを、委託された業務の範囲内でのみ取り扱わなければなりません。委託先が当該個人データを匿名加工情報に加工することが委託された業務の範囲内である場合には、委託先は当該加工を行うことができますが、委託された業務の範囲外で委託先が当該加工を行い、作成された匿名加工情報を自社のために用いることはできません。

第2章

第2章第14節〜第22節◎過去問題チェック

1．個人情報保護委員会（以下本問において「委員会」という。）による監督に関する以下のアからエまでの記述のうち、誤っているものを１つ選びなさい。

ア．委員会は、個人情報保護法の所定の規定の施行に必要な限度において、個人情報取扱事業者等に対し、個人情報等の取扱いに関し、必要な報告又は資料の提出を求めることができるが、個人情報取扱事業者等が個人情報保護法の所定の規定に違反した場合でなければ立入検査を行うことはできない。

イ．委員会は、個人情報保護法の所定の規定の施行に必要な限度において、個人情報取扱事業者等に対し、個人情報等の取扱いに関し、必要な指導及び助言をすることができる。

ウ．委員会は、個人情報取扱事業者が個人情報保護法の所定の規定に違反した場合において個人の権利利益を保護するため必要があると認めるときは、当該個人情報取扱事業者に対し、当該違反行為の中止その他違反を是正するために必要な措置をとるべき旨を勧告することができる。

エ．委員会は、個人情報保護法の規定による勧告を受けた個人情報取扱事業者が正当な理由がなくてその勧告に係る措置をとらなかった場合において個人の重大な権利利益の侵害が切迫していると認めるときは、当該個人情報取扱事業者に対し、その勧告に係る措置をとるべきことを命ずることができる。　　　　　　　　　　　　　　　　　　　　〈第 64 回出題　問題 34〉

2．次の文章は、個人情報保護委員会（以下「委員会」という。）の任務に関するものである。以下のアからエまでのうち、文章中の（　　）に入る適切なものの組合せを１つ選びなさい。

> 委員会は、個人情報の適正かつ効果的な活用が新たな産業の創出並びに活力ある経済社会及び豊かな国民生活の実現に資するものであることその他の（　a　）に配慮しつつ、（　b　）を保護するため、個人情報の適正な取扱いの確保を図ること（個人番号利用事務等実施者（行政手続における特定の個人を識別するための番号の利用等に関する法律第 12 条に規定する個人番号利用事務等実施者をいう。）に対する指導及び助言その他の措置を講じることを（　c　）。）を任務とする。

ア．a．経済社会の発展　　　b．個人の権利利益　　　c．含む

イ．a．個人情報の有用性　　b．個人情報等　　　　　c．除く

ウ．a．個人情報の有用性　　b．個人の権利利益　　　c．含む

エ．a．経済社会の発展　　　b．個人情報等　　　　　c．除く

〈第63回出題　問題36〉

3．次の文章は、「個人情報の保護に関する法律に係るEU及び英国域内から十分性認定により移転を受けた個人データの取扱いに関する補完的ルール」に関するものである。以下のアからエまでのうち、（　　）に入る最も適切なものの組合せを1つ選びなさい。

> EU又は英国域内から十分性認定に基づき提供を受けた個人データに、GDPR及び英国GDPRそれぞれにおいて特別な種類の個人データと定義されている性生活、性的指向又は労働組合に関する情報が含まれる場合には、個人情報取扱事業者は、当該情報について法第2条第3項における（　a　）と同様に取り扱うこととする。
>
> EU又は英国域内から十分性認定に基づき提供を受けた個人データであっても、「その存否が明らかになることにより公益その他の利益が害されるものとして政令で定めるもの」は、「保有個人データ」（　b　）。
>
> EU又は英国域内から十分性認定に基づき提供を受けた個人情報については、個人情報取扱事業者が、加工方法等情報（匿名加工情報の作成に用いた個人情報から削除した記述等及び個人識別符号並びに法第43条1項の規定により行った加工の方法に関する情報（その情報を用いて当該個人情報を復元することができるものに限る。）をいう。）を削除することにより、匿名化された個人を再識別することを（　c　）とした場合に限り、法第2条第6項に定める匿名加工情報とみなすこととする。

ア．a．要配慮個人情報　　　b．から除かれる　　　c．何人にとっても不可能

イ．a．要配慮個人情報　　　b．に含まれる　　　　c．一般人にとって不可能

ウ．a．個人データ　　　　　b．から除かれる　　　c．一般人にとって不可能

エ．a．個人データ　　　　　b．に含まれる　　　　c．何人にとっても不可能

〈第63回出題　問題26・一部改変〉

4．個人情報保護法に規定されている苦情処理に関する以下のアからエまでの記述のうち、誤っているものを１つ選びなさい。

ア．個人情報取扱事業者は、個人情報の取扱いに関する苦情の適切かつ迅速な処理を行う努力義務を負っている。

イ．認定個人情報保護団体は、本人その他の関係者から対象事業者の個人情報等の取扱いに関する苦情について解決の申出があったときは、その相談に応じる等するとともに、当該対象事業者に対し、その苦情の内容を通知してその迅速な解決を求める努力義務を負っている。

ウ．地方公共団体は、個人情報の取扱いに関し事業者と本人との間に生じた苦情が適切かつ迅速に処理されるようにするため、苦情の処理のあっせんその他必要な措置を講じる努力義務を負っている。

エ．匿名加工情報取扱事業者は、匿名加工情報の取扱いに関する苦情の処理に必要な措置を自ら講じる努力義務を負っている。　〈第64回出題　問題36〉

5．個人情報保護法における罰則に関する以下のアからエまでの記述のうち、誤っているものを１つ選びなさい。

ア．個人情報保護委員会からの命令に違反した場合、行為者は、令和２年の改正により引き上げられた１年以下の懲役又は100万円以下の罰金に処される。

イ．個人情報保護委員会からの命令に違反した場合、両罰規定により、法人等に対しては、令和２年の改正により引き上げられた１億円以下の罰金刑が科される。

ウ．個人情報データベース等の不正提供等を行った場合、行為者は、令和２年の改正により引き上げられた４年以下の懲役又は200万円以下の罰金に処される。

エ．個人情報データベース等の不正提供等を行った場合、両罰規定により、法人等に対しては、令和２年の改正により引き上げられた１億円以下の罰金刑が科される。　〈第63回出題　問題39〉

マイナンバー法の
背景と取り組み

① マイナンバー法の経緯と展開
② マイナンバー制度の概要

マイナンバー法の経緯と展開

1 マイナンバー法制定の経緯

　近年、少子高齢化の進行による高齢者の増加や労働人口減少が続き、所得格差や低所得者層の増加といった問題への不安が高まってきた。このため、社会保障と税を一体としてとらえ、正確な所得等の情報に基づいて適切に所得を再分配し、国民が社会保障給付を適切に受ける権利を守る必要に迫られている。そこで、所得情報等の社会保障や税への活用を効率的に行うとともに、情報通信技術を活用することで効率的かつ安全に情報連携を行える仕組みとしての番号制度を整備する必要性が指摘されている。

　2009年12月、平成22年度税制改正大綱で「社会保障制度と税制を一体化し、真に手を差し伸べるべき人に対する社会保障を充実させるとともに、社会保障制度の効率化を進めるため、また所得税の公正性を担保するために、正しい所得把握体制の環境整備が必要不可欠です。そのために社会保障・税共通の番号制度の導入を進めます。」と、マイナンバー制度の原型についての言及がなされた。

　これ以降、政府において制度導入の検討が進められた。

　検討過程では、番号制度を活用して情報を連携させる範囲や、番号に何を使うか、個人情報保護のための保護措置をどうするか等が議論された。

　番号制度を活用して情報を連携させる範囲については、ドイツ型（税務分野のみ）、スウェーデン型（幅広い行政分野で利用）などが考えられるが、社会保障と税制を一体化し、真に手を差し伸べるべき人に対する社会保障を充実させる等の見地から、幅広い行政分野、行政分野以外への番号の利用を目指すことになった。ただし、制度導入の負担や国民の不安感等に配慮して、必要最小限の範囲で制度を開始し、その後、国民の意見を聴いた上で利用範囲の拡大を進めていくこととなった。

　番号に何を使うかについては、従来からある基礎年金番号や住民票コードなども考えられたが、プライバシー保護の観点から、従来の情報が紐付

けられている番号ではなく、住民票コードを変換して作成する新たな番号を用いることになった。

　また、個人情報保護のために、個人番号および個人番号と紐付いた個人情報（特定個人情報）について、個人情報保護法よりも厳しい保護措置を講ずることになり、個人番号の利用範囲の制限、特定個人情報の取扱いの原則禁止、個人番号を取得する際の本人確認措置などの各種規制が設けられるとともに、類型的に悪質な漏洩行為等の罰則規定も設けられた。

　そして、マイナンバー関連法の法律案が準備されて国会に提出され、2013 年 5 月に番号関連 4 法が国会で可決・成立した。

2　関連法令の公布と法改正

（1）　番号関連法令の公布

　2013 年 5 月 31 日、番号関連 4 法として、以下の法律が公布された。

- ・「行政手続における特定の個人を識別するための番号の利用等に関する法律」（マイナンバー法、番号法、番号利用法）
- ・「行政手続における特定の個人を識別するための番号の利用等に関する法律の施行に伴う関係法律の整備等に関する法律」（整備法）
- ・「地方公共団体情報システム機構法」
- ・「内閣法等の一部を改正する法律」（内閣 CIO 法）

（2）　マイナンバー法と個人情報保護法の改正

①　2015 年改正

　2015 年 9 月に個人情報保護法とマイナンバー法が改正され、特定個人情報の適正な取扱いの確保を図るための機関であった「特定個人情報保護委員会」が「**個人情報保護委員会**」に改組されるとともに権限を拡大し、個人情報の適正な取扱いの確保を図るための機関となった。

　この改正では、個人番号の利用範囲も拡大されている。例えば、健康保険組合等の行う特定健康診査情報の管理や保健指導に関する事務における個人番号の利用、地方公共団体間における予防接種履歴に関する情報連携のための個人番号の利用などが可能となった。

　また、「預貯金口座への個人番号の付番」も実現した。これは、金融機

関の預貯金口座を個人番号と紐付け、金融機関に預貯金情報を個人番号により検索可能な状態で管理する義務を課すことで、金融機関破綻時の自己資産保全（ペイオフ）のための預貯金額の合算、税務調査、生活保護の資産調査の実効性を高めるものである。

　なお、2021年10月時点において、原則として、金融機関等への個人番号の提供は法令上の義務ではなく任意となっており、また、預貯金に付番される個人番号の利用目的も、預貯金額合算や税務調査・生活保護における資産調査に限定され、行政などが広く個人の資産を把握できることにはなっていない。

② **2019年改正**

　2019年5月にマイナンバー法が改正され、個人番号の通知は、それまでの「通知カード」を送付する方法から「個人番号通知書」を送付する方法に変更された。個人番号通知書は、通知カードのように番号確認書類として利用することはできないものとされた。

③ **2020年改正**

　2020年6月に個人情報保護法とマイナンバー法が改正され、特定個人情報の漏えい等事案の本人への通知が新設された（現・法29条の4第2項）。また、法人の罰則が強化され、一定の行為について、法人に科される罰金の額が1億円以下に引き上げられた（法57条1号）。

④ **2021年改正**

　2021年5月にマイナンバー法が改正され、以下の規定が新設された。
　　・マイナンバーカードの発行等に関する規定（法16条の2、18条の2）
　　・特定個人情報を提供できる場合として「使用者等から他の使用者等に対する従業者等に関する特定個人情報の提供」（法19条4号）
　　・地方公共団体情報システム機構（機構）の役職員等の秘密保持義務（法38条の3の2）
　　・個人番号カード関係事務に係る中期目標等（法38条の8〜38条の13）
　　・38条の3の2違反による秘密漏えいの罪（法52条の2）

（3）　個人番号の利用範囲の拡大

　マイナンバー制度においては、制度開始当初は主に社会保障、税および

災害対策分野の必要最小限の範囲で利用を始めて、その検証をしつつ、国民の意見を聴いた上で、利用範囲を拡大していくことになった。

　マイナンバー法の基本理念でも、「個人番号及び法人番号の利用に関する施策の推進は、……社会保障制度、税制及び災害対策に関する分野における利用の促進を図るとともに、他の行政分野及び行政分野以外の国民の利便性の向上に資する分野における利用の可能性を考慮して行われなければならない」と定められている（法3条2項）。

　個人番号の利用範囲の拡大には慎重論があり、法改正も必要であるため、拡大は前述した預貯金口座への個人番号の付番等にとどまっている。

　これに対し、個人番号カード（マイナンバーカード）やマイナポータルについては、個人番号そのものを利用しない利活用が可能であり、その利活用のための法改正も不要である。このため、個人番号カードやマイナポータルの利用範囲は順次拡大され、マイナポイント、引っ越しワンストップサービス、個人番号カードの健康保険証としての運用などが実現している。

- マイナンバー制度の目的は①行政の効率化、②公平・公正な社会の実現、③国民の利便性の向上である。これらは基本理念でも触れられている重要な用語であり、その利用場面（社会保障・税・災害対策、そして条例による事務）とともに、今後の利用範囲の拡大等について議論されていくことになる。
- 情報管理は「分散管理」方式を採用している。その情報連携のために情報提供ネットワークシステムが必要となる。
- 個人番号の提供を受け、記載して、所定の提出先に提出する事務が「個人番号関係事務」、行政機関や地方公共団体、年金機構などが行う行政事務を「個人番号利用事務」という。
- 2015年9月の改正により、「預貯金口座への個人番号の付番」や「予防接種履歴に関する情報連携のための利用」が可能となった。
- 2019年5月の改正により、通知カードが廃止され、個人番号の通知は「個人番号通知書」で行うこととなった。
- 2020年6月の改正により、特定個人情報の漏洩等事案の本人への通知が新設され、一定の行為について法人に科される罰金の額が1億円以下に引き上げられた。

マイナンバー制度の概要

　2013年5月に成立した「行政手続における特定の個人を識別するための番号の利用等に関する法律」(マイナンバー法、番号法、番号利用法と略称される)と関連法に基づいて社会保障・税番号制度(マイナンバー制度)が動き出し、2015年10月から個人番号(マイナンバー)の通知、2016年1月から個人番号の利用が始まった。

１　社会保障・税番号制度（マイナンバー制度）の概要

　社会保障・税番号制度(マイナンバー制度)とは、住民票を有する全員に、「1人1番号」、「生涯不変」の個人番号(マイナンバー)を割り当てて、個人番号を情報連携の「キー」(鍵)として、複数の機関が管理している個人の情報が同一人の情報であることの確認(名寄せ)を行えるようにするための社会基盤(インフラ)である。

　マイナンバー制度が実現しようとしているものは、①**行政の効率化**、②**公平・公正な社会の実現**、そして③**国民の利便性の向上**である。

　すなわち、①各機関が保有している個人情報(市町村であれば福祉情報・所得情報・住基情報等)と個人番号を紐付けて情報の検索・抽出等を容易にすることで、情報の照合、転記、入力等の情報管理の労力や作業の重複等が削減されることが期待される【行政の効率化】。

　また、②情報提供ネットワークシステムによる情報連携によって、所得や他の行政サービスの受給状況を把握できるようになれば、税や社会保障の負担を不当に免れることや不正受給などが防止でき、さらには本当に困っている人にきめ細かな支援を行うことも期待できる【公平・公正な社会の実現】。

　それだけでなく、③情報連携等により、住民も、社会保障・税関係の申請をする際に求められる課税証明書などの添付書類が削減されたり、マイナポータル(情報提供等記録開示システム)を利用して自分の情報を確認できるなどの利益を享受できることになる【国民の利便性向上】。

　他方で、個人番号によって名寄せされた個人情報の漏洩等によりプライ

バシー等の権利利益が侵害されるのではないかという国民の不安も根強い。

そこで、マイナンバー法では、個人番号の利用や情報連携に関する規定だけでなく、個人情報保護のための各種の保護措置が規定されている。

図表 3-1 マイナンバー制度のイメージ

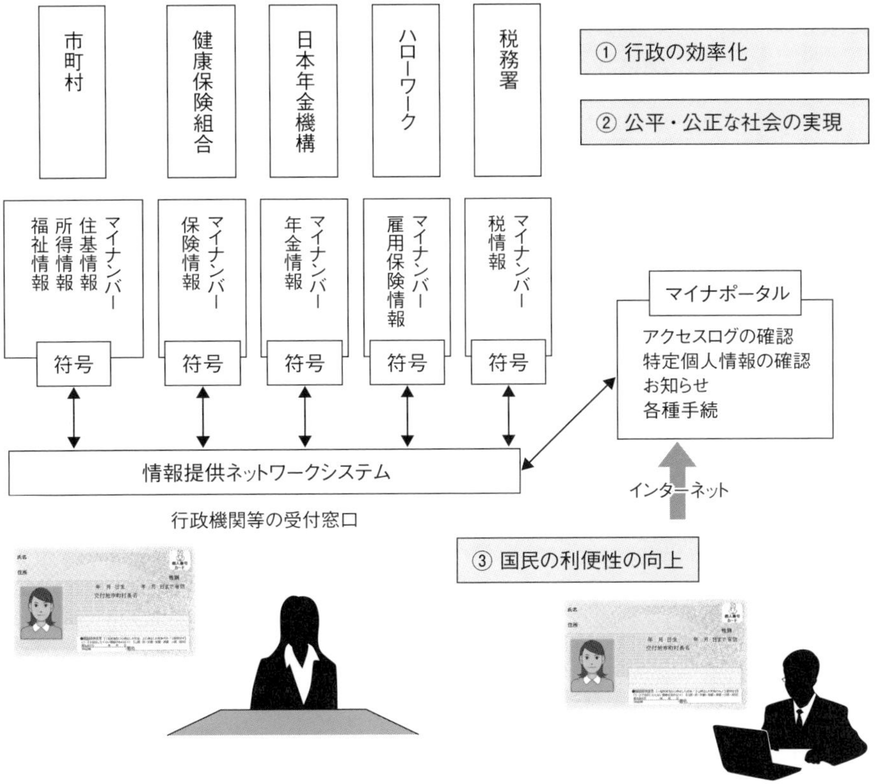
市町村
健康保険組合
日本年金機構
ハローワーク
税務署
① 行政の効率化
② 公平・公正な社会の実現
マイナンバー 住基情報 所得情報 福祉情報
マイナンバー 保険情報
マイナンバー 年金情報
マイナンバー 雇用保険情報
マイナンバー 税情報
符号
符号
符号
符号
符号
マイナポータル
アクセスログの確認
特定個人情報の確認
お知らせ
各種手続
情報提供ネットワークシステム
インターネット
行政機関等の受付窓口
③ 国民の利便性の向上

2 個人番号とその利用場面

個人番号（マイナンバー）は、住民票コードを変換して得られる12桁の番号であって、当該住民票コードが記載された住民票に係る者を識別するために指定されるものである（マイナンバー法２条５項）。

個人番号は、国の行政機関や地方公共団体などにおいて、社会保障、税、災害対策等の分野で利用される。

国民は、国の行政機関や地方公共団体等が個人番号を利用するために、年

金、雇用保険、医療保険の手続き、生活保護・児童手当等の福祉給付、確定申告の税の手続きなどで、申請書等に個人番号を記載することが求められる。

　また、税や社会保険の手続きにおいて、勤務先や金融機関が個人番号の本人に代わって手続きを行うこととされている場合（源泉徴収票の作成・提出等）、勤務先や金融機関などに個人番号を提出することが求められる。

図表 3-2　個人番号が利用される主な場合

社会保障分野	年金分野	・年金の資格取得・確認、給付　　　　　　　　　　　　　　等
	労働分野	・雇用保険法による失業等給付の支給、雇用安定事業、能力開発事業の実施に関する事務 ・労働者災害補償保険法による保険給付の支給、社会復帰促進等事業の実施に関する事務　　　　　　　　　　　　　等
	福祉・医療等の分野	・児童扶養手当等の支給に関する事務 ・生活保護の決定・実施に関する事務 ・介護保険の保険給付の支給、保険料の徴収に関する事務 ・健康保険の保険給付の支給、保険料の徴収に関する事務 ・日本学生支援機構における学資の貸与に関する事務 ・公営住宅、改良住宅の管理に関する事務　　　　　　　　等
税分野		・確定申告書、届出書、法定調書等に記載 ・国税の賦課・徴収に関する事務 ・地方税の賦課・徴収に関する事務　　　　　　　　　　　等
災害対策分野		・被災者生活再建支援金の支給に関する事務　　　　　　　等
社会保障、地方税、防災に関する事務その他これらに類する事務であって地方公共団体が条例で定める事務（独自利用事務）		

❸　マイナンバー制度における情報の管理

　我が国のマイナンバー制度においては、各行政機関が管理する情報を共通のデータベースに集約してそこから各機関が情報を閲覧する「一元管理」の方法は採用せず、年金情報は年金事務所、税の情報は税務署というように、各機関が情報を個別に管理しつつ、情報提供ネットワークシステムを介して情報の照会・提供を行う「**分散管理**」の方法を採用している。一元管理の場合には共通データベースから情報がまとめて漏洩する危険があるが、分散管理下では、各機関が管理する情報が個別に漏洩する危険はあるものの、各機関が管理する情報がまとめて漏洩する危険はない。

4　民間事業者（事業主）が個人番号を扱う場面

　一般の民間事業者は、社外の取引先のほか、社内の従業員等から個人番号の提供を受けて、個人番号を扱うことになる。

　例えば、事業者は、セミナーの講演者や顧問税理士などに報酬を支払ったり、著作権者に著作権料を支払った場合には、支払調書を作成して税務署に提出する必要がある。この支払調書に支払先の個人番号（法人の場合は法人番号）を記載しなければならないために、報酬等の支払先から個人番号の提供を受けて、個人番号を扱うことになる。

　また、事業者は、社内の従業員やその扶養親族の個人番号を、源泉徴収票や被保険者資格取得届などの書類に記載して、税務署・市町村や年金事務所・健康保険組合・ハローワークなどの行政事務を行う機関に提出しなければならない。そのため、従業員等から個人番号の提供を受け、個人番号を扱うことになる。

　このように、他人から個人番号の提供を受けて保管し、また所定の書類に個人番号を記載して所定の機関に提出する事務を「**個人番号関係事務**」という（国の行政機関や地方公共団体等も職員がいるので、給与の源泉徴収票の作成・提出などの個人番号関係事務は行う）。

　これに対し、国の行政機関や地方公共団体、年金事務所等が個人番号を利用して行う行政事務を、「**個人番号利用事務**」という。

図表3-3　事業者における番号の利用例

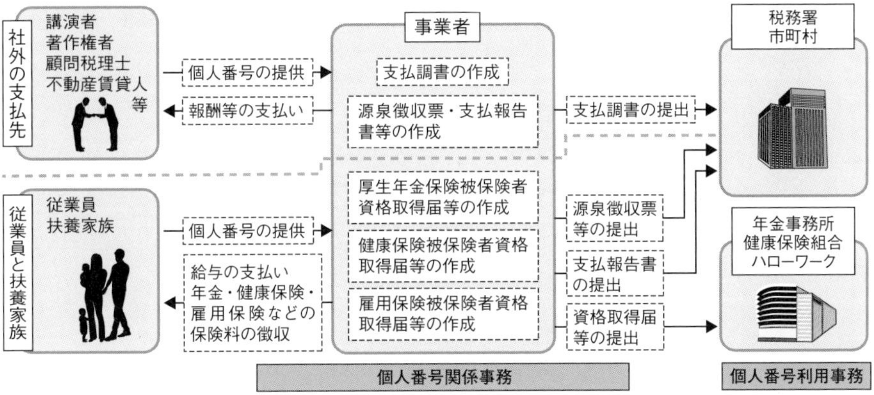

出典：内閣官房資料『事業主における番号の利用例』をもとに作成

第3章◎過去問題チェック

1．番号法の目的（1条）に関する以下のアからエまでの記述のうち、誤っているものを1つ選びなさい。

　ア．行政運営の効率化が目的として規定されている。

　イ．行政分野におけるより公正な給付と負担の確保が目的として規定されている。

　ウ．国民が、手続の簡素化による負担の軽減、本人確認の簡易な手段その他の利便性の向上を得られるようにすることが目的として規定されている。

　エ．特定個人情報の有用性に配慮しつつ、個人の権利利益を保護することが目的として規定されている。　　　　　　　　　　〈第64回出題　問題41〉

2．番号法の目的（法1条）に関する以下のアからエまでの記述のうち、誤っているものを1つ選びなさい。

　ア．個人情報の有用性に配慮しつつ、個人の権利利益を保護することは、番号法の目的として規定されていない。

　イ．行政分野におけるより公正な給付と負担の確保を図ることは、番号法の目的として規定されている。

　ウ．国民の的確な理解と批判の下にある公正で民主的な行政の推進に資することは、番号法の目的として規定されていない。

　エ．行政運営における公正の確保と透明性の向上を図ることは、番号法の目的として規定されている。　　　　　　　　　　〈第65回出題　問題41〉

マイナンバー法の理解

① 個人情報保護法制とマイナンバー法の構成
② マイナンバー法の目的と基本理念
③ 用語の定義
④ 個人番号の指定・通知等、個人番号カード
⑤ 特定個人情報等の保護措置の趣旨と概要
⑥ 利用範囲の制限（マイナンバー法9条）
⑦ 取扱いの制限・規制
⑧ 委託の規制
⑨ 安全管理措置
⑩ 特定個人情報の漏洩事案等が発生した場合の対応
⑪ 個人情報保護法制の規定の適用
⑫ その他の制度
⑬ 罰則

個人情報保護法制とマイナンバー法の構成

1 個人情報保護法とマイナンバー法の関係

　個人情報保護法制において、個人情報保護法は**一般法**である。そしてマイナンバー法は、個人番号や特定個人情報（個人番号をその内容に含む個人情報）の取扱い等について、個人情報保護法よりも厳格な規制を定める**特別法**である。したがって、民間事業者が特定個人情報を取り扱う場合、まず特別法たるマイナンバー法の規定が適用され、特別法たるマイナンバー法に規定がなければ、一般法たる個人情報保護法が適用される。

　ただし、一般法たる個人情報保護法の規定には、そのまま特定個人情報に適用してしまうとマイナンバー法の規制に抵触するものがある。そのような個人情報保護法の規定については、その適用を排除したり読み替えて適用することになっている（マイナンバー法30条3項。P.258参照）。

　個人情報保護法における個人情報取扱事業者の義務の規定（同法17条～40条）のうち、特定個人情報にそのまま適用される規定と適用を排除される規定、読み替えて適用される規定については、マイナンバー法30条3項の解説を参照されたい。

図表 4-1　特別法と一般法の関係

特別法

番号法
（規制の例）
・利用範囲の限定（9条）
・取扱いの制限（15条・19条・20条）
・本人確認の措置（16条）
・死者の個人番号も保護対象

特別法に規定のない分野は一般法が更に適用される。
※一般法の規定が特別法と矛盾する場合は、適用しないか
　読み替え等で対処

一般法

個人情報保護法
（番号法にはない規制の例）
・利用目的の特定・変更（17条1項・2項）
・利用目的の通知等（21条）
・保有個人データの開示請求等（33条～39条）

2 マイナンバー関連の政省令・ガイドライン等

(1) 政省令・ガイドライン等の公表

　マイナンバー法の成立後、マイナンバー法に関連した政令・省令や指針・ガイドラインが順次公表されている（主な政省令等は以下のとおり）。

① 政省令・規則

- 「行政手続における特定の個人を識別するための番号の利用等に関する法律施行令」（平成 26 年政令第 155 号）
- 「行政手続における特定の個人を識別するための番号の利用等に関する法律施行規則」（平成 26 年内閣府・総務省令第 3 号）
- 「特定個人情報保護評価に関する規則」（平成 26 年特定個人情報保護委員会規則第 1 号）、「特定個人情報の漏えいその他の特定個人情報の安全の確保に係る重大な事態の報告に関する規則」（平成 27 年特定個人情報保護委員会規則第 5 号）

② ガイドライン等（告示）

- 「特定個人情報保護評価指針」（平成 26 年特定個人情報保護委員会告示第 4 号）
- 「特定個人情報の適正な取扱いに関するガイドライン（事業者編）」（平成 26 年特定個人情報保護委員会告示第 5 号）
- 「特定個人情報の適正な取扱いに関するガイドライン（行政機関等・地方公共団体等編）」（平成 26 年特定個人情報保護委員会告示第 6 号）
- 「独立行政法人等及び地方公共団体等における特定個人情報の漏えい事案等が発生した場合の対応について」（平成 27 年特定個人情報保護委員会告示第 1 号）
- 「事業者における特定個人情報の漏えい事案等が発生した場合の対応について」（平成 27 年特定個人情報保護委員会告示第 2 号）

第4章

（2）　ガイドラインの適用対象

　個人情報保護委員会が公表しているマイナンバー法の指針・ガイドラインは、個人番号を扱う主体ごとに異なっている。

・「特定個人情報の適正な取扱いに関するガイドライン（事業者編）」
　→民間事業者を対象

　　なお、金融機関が金融業務に関連して顧客の個人番号を取り扱う事務を行う際の指針として「（別冊）金融業務における特定個人情報の適正な取扱いに関するガイドライン」も公表されている。

・「特定個人情報の適正な取扱いに関するガイドライン（行政機関等・地方公共団体等編）」
　→行政機関等及び地方公共団体等を対象

・「特定個人情報保護評価指針」
　→行政機関の長等を対象とした特定個人情報保護評価のガイドライン

（3）　個人情報保護法のガイドラインとの関係

　一般法である個人情報保護法については、「個人情報の保護に関する法律についてのガイドライン（通則編）」等のガイドラインが策定されている。この個人情報保護法のガイドラインとマイナンバー法の上記ガイドライン（特定個人情報の適正な取扱いに関するガイドライン（事業者編）等）との関係は、個人情報保護法とマイナンバー法における一般法と特別法の関係と同様である。すなわち、民間事業者の場合、特定個人情報の取扱いにおいて、一般法である個人情報保護法が適用される部分については、個人情報保護法のガイドラインの遵守が求められる。

3 マイナンバー法の構成

図表 4-2 マイナンバー法の構成

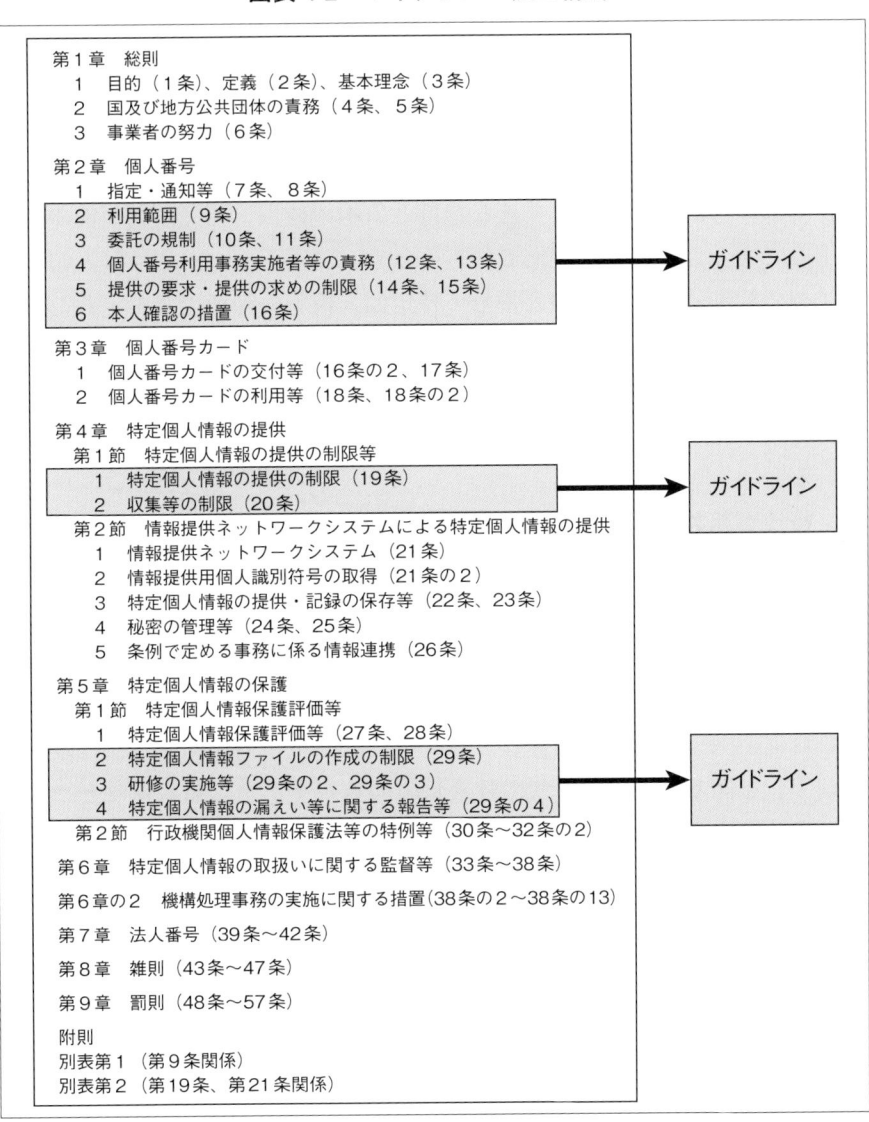

第1章 総則
1 目的（1条）、定義（2条）、基本理念（3条）
2 国及び地方公共団体の責務（4条、5条）
3 事業者の努力（6条）

第2章 個人番号
1 指定・通知等（7条、8条）
2 利用範囲（9条）
3 委託の規制（10条、11条）
4 個人番号利用事務実施者等の責務（12条、13条）
5 提供の要求・提供の求めの制限（14条、15条）
6 本人確認の措置（16条）

ガイドライン

第3章 個人番号カード
1 個人番号カードの交付等（16条の2、17条）
2 個人番号カードの利用等（18条、18条の2）

第4章 特定個人情報の提供
第1節 特定個人情報の提供の制限等
1 特定個人情報の提供の制限（19条）
2 収集等の制限（20条）

ガイドライン

第2節 情報提供ネットワークシステムによる特定個人情報の提供
1 情報提供ネットワークシステム（21条）
2 情報提供用個人識別符号の取得（21条の2）
3 特定個人情報の提供・記録の保存等（22条、23条）
4 秘密の管理等（24条、25条）
5 条例で定める事務に係る情報連携（26条）

第5章 特定個人情報の保護
第1節 特定個人情報保護評価等
1 特定個人情報保護評価等（27条、28条）
2 特定個人情報ファイルの作成の制限（29条）
3 研修の実施等（29条の2、29条の3）
4 特定個人情報の漏えい等に関する報告等（29条の4）

ガイドライン

第2節 行政機関個人情報保護法等の特例等（30条～32条の2）

第6章 特定個人情報の取扱いに関する監督等（33条～38条）

第6章の2 機構処理事務の実施に関する措置（38条の2～38条の13）

第7章 法人番号（39条～42条）

第8章 雑則（43条～47条）

第9章 罰則（48条～57条）

附則
別表第1（第9条関係）
別表第2（第19条、第21条関係）

第4章

マイナンバー法の目的と基本理念

1 目的（マイナンバー法1条）

　個人情報保護法の目的が個人情報の有用性に配慮しつつ個人の権利利益を保護することにある（個人情報保護法1条）のに対し、マイナンバー法の目的は、行政の効率化、公正な給付と負担の確保、国民の利便性の向上が中心であることに特徴がある。もっとも、マイナンバー法は個人情報保護法制の特別法であり、個人番号・特定個人情報の保護措置を定めた規定も多くあることから明らかなように、マイナンバー法が個人の権利利益という価値を行政の効率化等の価値よりも軽視しているというわけではない。

　そこで、マイナンバー法1条は、法の目的として、下記の4項目を掲げている。

① 　行政事務を処理する者が、情報システムを運用して、効率的な情報の管理・利用、他の行政事務を処理する者との迅速な情報の授受を行うことができるようにする

② 　①により、行政運営の効率化と行政分野におけるより公正な給付と負担の確保を図る

　これは、国や地方公共団体等における無駄や重複等を排除し、行政運営の効率化を図るとともに、税や社会保障の負担を不当に免れることや不正受給を防止するとともに、本当に困っている人にきめ細かな支援を行うことを意味する。

③ 　①により、国民の利便性の向上を図る

　すなわち、国民が社会保障・税関係の申請をする際に、課税証明書などの添付書類が削減されるなど、行政手続が簡素化されるとともに、マイナポータル制度により自分の情報の確認や行政サービス等のお知らせを受けられるようにもなる。

④ 　個人情報保護法制の特例を定めること

　個人番号その他の特定個人情報の取扱いが安全かつ適正に行われるよう、

マイナンバー法が個人情報保護法制の特例を定めることを確認している。

つまり、前述したように、マイナンバー法は、個人情報保護法制における一般法（個人情報保護法等）に対して特別法にあたることを法の目的として規定している。

2 基本理念（マイナンバー法３条）

マイナンバー法は、その基本理念として、個人番号の利用促進と利用範囲の拡大を視野に入れている点に特徴がある。

マイナンバー制度を導入するための検討過程において、個人番号の利用範囲については、幅広い行政分野で利用し、民間利用まで視野に入れることになったが、制度開始当初は必要最小限の範囲で利用を始めて、その検証をしつつ、国民の意見を聴いた上で、利用範囲を拡大していくことになった。

これを受けて、マイナンバー法３条は、第１項で法の目的（法１条）に対応した理念を掲げつつ、第２項以下において、個人番号や個人番号カードの利用促進・利用範囲の拡大を考慮することも理念として謳っている。

すなわち、個人番号および法人番号の利用に関する施策の推進は、「他の行政分野及び行政分野以外の国民の利便性の向上に資する分野における利用の可能性を考慮して行わなければならない」とし（２項）、将来的には、社会保障・税・災害対策分野以外の行政分野、ひいては民間にも個人番号の利用範囲を拡大することを視野に入れている。

また、個人番号の利用に関する施策の推進は、「行政事務以外の事務の処理において個人番号カードの活用が図られるように行われなければならない」とされ（３項）、個人番号カードについても、広い範囲での活用が視野に入れられている。

このほか、特定個人情報以外の情報の授受に情報提供ネットワークシステムの用途を拡大する可能性を考慮して施策を推進することも求めている（４項）。

このような基本理念に則り、今後、法改正や条例制定等によって、個人番号や個人番号カードの利用促進・利用範囲の拡大等が図られていくことになる。

第４章

用語の定義

1 個人情報関連の用語の定義

(1) 個人情報（マイナンバー法2条3項）

マイナンバー法における「個人情報」は、民間事業者の場合、個人情報保護法2条1項に規定する「個人情報」であって、行政機関及び独立行政法人等以外の者が保有するものをいう。

(2) 個人情報ファイル（マイナンバー法2条4項）

マイナンバー法における「個人情報ファイル」は、民間事業者の場合、個人情報保護法2条4項に規定する個人情報データベース等であって行政機関及び独立行政法人等以外の者が保有するものをいう。

「個人情報ファイル」は、もともと行政機関個人情報保護法と独立行政法人等個人情報保護法で用いられている用語であり、個人情報保護法の「個人情報データベース等」がこれに相当する。

(3) 個人番号（マイナンバー法2条5項）

「個人番号」は、**住民票コードを変換して得られる11桁の番号とその後に付された1桁の検査用数字の合計12桁で構成される番号**であって、当該住民票コードが記載された住民票に係る者を識別するために指定されるものである。

個人番号は死者の番号も含む（個人情報のような「生存する」という要件がない）。このため、死亡届が出されて住民登録が抹消されても、同じ個人番号が他の個人に付番されることはない（一人一番号）。

また、**利用範囲の限定**（法9条）や**委託の規制**（法10条、11条）、**安全管理措置**（法12条）といった個人番号に関する規定は**死者の個人番号についても適用**される。

(4) 本人（マイナンバー法2条6項）

「本人」とは、個人番号によって識別される特定の個人である。

(5) 個人番号カード（マイナンバー法２条７項）

「個人番号カード」は、**氏名、住所、生年月日、性別、個人番号その他政令で定める事項が記載**され、**本人の写真が表示**され、かつ、これらの事項その他総務省令で定めるカード記録事項が電磁的方法により記録されたカードであって、マイナンバー法等に定めるところによりカード記録事項を閲覧・改変する権限を有する者以外の者による閲覧・改変を防止するために必要なものとして総務省令で定める措置が講じられたものをいう。

カード記録事項が記録されている IC チップに記録されている情報は、原則として、氏名、住所、生年月日、性別、個人番号その他政令で定める事項（住民票コード等）や電子証明書（e-Tax などの電子申請で利用する）等に限られており、税や年金の情報などの情報のように**プライバシー性の高い情報は記録されない**。

なお、住民基本台帳カード（住基カード）は、個人番号の交付が始まっても有効期限内であれば利用可能とされているが、個人番号カードと機能が類似することから、個人番号カードの交付の際に住基カードは返納となり、住基カードの新規交付・再交付・更新もできないとされている。

(6) 特定個人情報（マイナンバー法２条８項）

「特定個人情報」は、**個人番号**（個人番号に対応し、当該個人番号に代わって用いられる番号、記号その他の符号であって、住民票コード以外のものを含む）**をその内容に含む個人情報**である。

「個人番号に対応し、当該個人番号に代わって用いられる番号、記号その他の符号であって、住民票コード以外のものを含む」とされているのは、個人番号の成り代わりと評価できるものを含む個人情報の提供等の取扱いも規制しないと、個人番号を含む個人情報の取扱いを規制した意味がないからである。

なお、個人番号は住民票コードを変換して作られる番号であるから、住民票コードは個人番号には含まれない（法２条８項）。

【「個人番号」に含まれる例】

・すべての個人番号の最後に０を足したり、１をＡ、２をＢ、３をＣ…というようにアルファベットに置き換える方法をとった場合

- ・個人番号を暗号化等により秘匿化した場合
- ・個人番号をばらばらの数字に分解して保管する場合（個人番号利用事務等の処理にあたり、分解した数字を集めて複合し、分解前の個人番号に復元して利用することになる以上、全体として「個人番号」である）
- ・情報提供ネットワークシステムを利用した情報提供に用いられる情報提供用個人識別符号（情報提供ネットワークを利用した情報連携では個人番号は用いず個人番号を個人識別符号に置き換えてやりとりするが、この個人識別符号も「個人番号」に含まれる）

（7）　特定個人情報ファイル（マイナンバー法2条9項）

　特定個人情報ファイルは、個人番号をその内容に含む個人情報ファイルである。個人情報ファイル（法2条4項）に個人番号が紐付けられたもの、または特定個人情報（法2条8項）がデータベース化したものともいえる。

2　個人番号利用事務と個人番号関係事務の定義

（1）　個人番号利用事務（マイナンバー法2条10項、9条1項・2項）

　「個人番号利用事務」は、**行政事務を処理する者**が、法9条1項または2項の規定によりその**保有する特定個人情報ファイルにおいて個人情報を効率的に検索し、および管理する事務**である。

　法9条1項の規定による場合とは、マイナンバー法が個人番号を利用することができると定めている場合であり、法別表第1の上欄と下欄に個人番号利用事務を行うことができる者と事務が列挙されている。

　法9条2項の規定による場合とは、条例で定める場合であり、地方公共団体の長等が、社会保障、地方税又は防災に関する事務その他これらに類する事務について、個人番号を利用することを条例で定めることができるものである。

（2）　個人番号関係事務（マイナンバー法2条11項、9条4項）

　「個人番号関係事務」は、法9条4項の規定により個人番号利用事務に関して行われる他人の個人番号を必要な限度で利用して行う事務である。

　従業員等を有する全事業者が個人番号を扱うことになるのが、個人番号関係事務である。

図表4-3 個人番号利用事務（法９条１項、法９条２項）の例

社会保障分野	年金分野	・年金の資格取得・確認、給付 　　　　等	9条1項別表第1で定める事務
	労働分野	・雇用保険法による失業等給付の支給、雇用安定事業、能力開発事業の実施に関する事務 ・労働者災害補償保険法による保険給付の支給、社会復帰促進等事業の実施に関する事務 　　　　等	
	福祉・医療等の分野	・児童扶養手当等の支給に関する事務 ・生活保護の決定・実施に関する事務 ・介護保険の保険給付の支給、保険料の徴収に関する事務 ・健康保険の保険給付の支給、保険料の徴収に関する事務 ・日本学生支援機構における学資の貸与に関する事務 ・公営住宅、改良住宅の管理に関する事務 　　　　等	
税分野		・国税の賦課・徴収に関する事務 ・地方税の賦課・徴収に関する事務 　　　　等	
災害対策分野		・被災者生活再建支援金の支給に関する事務 　　　　等	
社会保障、地方税、防災に関する事務その他これらに類する事務であって地方公共団体が条例で定める事務（独自利用事務）			9条2項条例で定める事務

【個人番号関係事務の例】

・事業者が、従業員等から個人番号の提供を受けて、これを給与所得の源泉徴収票、給与支払報告書に記載して、税務署長に源泉徴収票を、市町村長に支払報告書を提出する事務
・事業者が、従業員等から個人番号の提供を受けて、これを健康保険・厚生年金保険被保険者資格取得届、雇用保険被保険者資格取得届等の書類に記載して、健康保険組合・日本年金機構・ハローワークに提出する事務
・事業者が講師に講演料を支払った場合に、講師の個人番号を報酬、料金、契約金および賞金の支払調書に記載して、税務署長に提出する事務
・従業員が、扶養家族の個人番号を扶養控除等（異動）申告書に記載して、勤務先の事業者に提出する事務
・個人番号関係事務の委託を受けた事業者が委託のために行う事務

（3） 個人番号利用事務等（マイナンバー法 10 条 1 項）

　マイナンバー法では、個人番号利用事務と個人番号関係事務をあわせて「個人番号利用事務等」と略称している（法 10 条 1 項）。

第4章

③ 個人番号利用事務実施者と個人番号関係事務実施者の定義

(1) 個人番号利用事務実施者（マイナンバー法２条 12 項）

「個人番号利用事務実施者」は、個人番号利用事務を処理する者および個人番号利用事務の全部または一部の委託を受けた者である。

国の行政機関や地方公共団体、日本年金機構等がこれに該当する。

個人番号利用事務実施者には「特定個人情報の適正な取扱いに関するガイドライン（行政機関等・地方公共団体等編）」が適用される。

原則として、一般の民間事業者が個人番号利用事務実施者に該当することはない。しかし、個人番号利用事務の全部または一部の委託を受けた民間事業者は、個人番号利用事務実施者となる。この場合は、民間事業者であっても、委託の内容に応じて、「特定個人情報の適正な取扱いに関するガイドライン（行政機関等・地方公共団体等編）」が適用される。

(2) 個人番号関係事務実施者（マイナンバー法２条 13 項）

「個人番号関係事務実施者」は、個人番号関係事務を処理する者および個人番号関係事務の全部または一部の委託を受けた者である。

一般の民間事業者のほとんどは個人番号関係事務実施者に該当し、行政機関や地方公共団体等も、職員の源泉徴収票を作成し届け出るといった個人番号関係事務を行う場合は、個人番号関係事務実施者に該当する。

(3) 個人番号利用事務等実施者（マイナンバー法 12 条）

マイナンバー法では、個人番号利用事務実施者と個人番号関係事務実施者をあわせて「個人番号利用事務等実施者」と略称している（法 12 条）。

④ 情報提供ネットワークシステム（マイナンバー法２条 14 項）

「情報提供ネットワークシステム」とは、**行政機関の長等**の使用に係る電子計算機を相互に電気通信回線で接続した電子情報処理組織であって、暗号その他その内容を容易に復元することができない通信の方法を用いて行われる法 19 条８号または９号の規定による特定個人情報の提供を管理するために、法 21 条１項の規定に基づき**内閣総理大臣が設置し、および管理する**ものをいう。

　「行政機関の長等」は、行政機関の長、地方公共団体の機関、独立行政法人等、地方独立行政法人および地方公共団体情報システム機構（「機構」）ならびに情報照会者および情報提供者ならびに条例事務関係情報照会者および条例事務関係情報提供者である。

　情報提供ネットワークシステムを通じて特定個人情報の提供を求める者を「情報照会者」（法19条8号）または「条例事務関係情報照会者」（同条9号）といい、当該特定個人情報を保有し情報提供ネットワークシステムを通じて提供する者を「情報提供者」（同条第8号）または「条例事務関係情報提供者」（同条9号）という。

5　法人番号の定義（マイナンバー法2条15項）

　法人番号は、法39条1項または2項の規定により、特定の法人その他の団体を識別するための番号として指定されるものである。

　法人番号は、個人番号のような**利用範囲の制約がなく、自由に流通させる**ことができるし、原則として、当該団体の商号または名称、本店または主たる事務所の所在地とともに、**インターネット**（法人番号公表サイト）で公表されている。法人番号公表サイトでは、公表情報の変更履歴も公表され、**法人格が消滅しても法人番号は抹消されず**、法人格消滅事由等を公表事項に加えることになっている。

　法人番号の指定・通知等については、後述する（P.264参照）。

- ・個人番号は住民票コードを変換して得られる11桁の番号と1桁の検査用数字の合計12桁で構成されている。
- ・個人番号は死者の番号を含み、その規定も適用される。
- ・「特定個人情報」とは、個人番号を含む個人情報である。
- ・暗号化などにより秘匿化したものも「個人番号」に該当する。
- ・個人番号利用事務の委託を受けた場合は、民間事業者でも個人番号利用事務実施者となる。
- ・「情報提供ネットワークシステム」は、内閣総理大臣が設置・管理し、行政機関の長等が利用する。
- ・法人番号は利用範囲の制約がなく、所在地とともに公表され、番号自体は抹消されない。

個人番号の指定・通知等、個人番号カード

1 個人番号の指定・通知と変更等

（1） 個人番号の生成と指定・通知

① 個人番号の生成（マイナンバー法8条）

　市区町村長は、個人番号を指定するときは、地方公共団体情報システム機構（機構）に対し、個人番号を指定しようとする者に係る住民票に記載された住民票コードを通知して、個人番号とすべき番号の生成を求める（法8条1項）。機構が生成する個人番号とすべき番号は、**①他のいずれの個人番号とも異なること、②住民票コードを変換して得られるものであること、③住民票コードを復元することのできる規則性を備えるものでないこと**という要件を満たすものでなければならない（法8条2項）。

　機構が生成した個人番号とすべき番号は、市区町村長に通知される（法8条2項）。

② 個人番号の指定・通知（マイナンバー法7条1項）

　市区町村長は、機構から通知を受けた個人番号となるべき番号を個人番号として指定し（付番）、個人番号通知書で当該住民に通知する（法7条1項）。

　指定・通知の対象者は、住民票に住民票コードが記載されている者である。 このため、住民票コードが住民票に記載されている日本国民だけでなく、住民票作成の対象となる外国人住民（中長期在留者、特別永住者等）も個人番号が指定される。

　他方で、日本人でも、国外滞在者で住民票がない場合は個人番号の指定の対象外となる（住民票が作成されれば対象となる）。

（2） 個人番号の変更（マイナンバー法7条2項）

　個人番号は原則として**生涯不変**であり、漏洩して不正に用いられるおそれがあると認められるときに限り、変更することができる。

　個人番号カードが盗まれて当該個人番号カードが不正に利用される危険性がある場合など、個人番号が漏洩して不正に用いられるおそれがあると

認められるときは、**本人の請求**によるか、**市区町村長の職権**により、個人番号が変更される（法7条2項）。この場合は、個人番号の生成のときと同じ方法で機構から通知された個人番号とすべき番号をその者の新しい個人番号として指定し、個人番号通知書により通知する（法7条2項）。

(3) 個人番号通知書

生成・変更された個人番号は、かつては「通知カード」によって本人に通知されていたが、転居時等における通知カードの記載事項の変更の手続きが住民および市町村職員の負担だったことや、社会のデジタル化を進める観点からマイナンバーカードへの移行を早期に促すため、通知カードは2020年5月の改正で廃止された。

現在は、生成・変更された個人番号は、券面に個人番号・氏名・生年月日・交付申請用QRコード・音声コード等を記載した個人番号通知書を住民票の住所に簡易書留で郵送する方法で本人に通知している。

個人番号通知書の用途は、指定された個人番号の通知のみであり、「番号確認」（個人番号の証明）や身分証明書としての利用は認められていない。

(4) 個人番号カードの概要

① 個人番号カードの交付等

個人番号カードは、地方公共団体情報システム機構（機構）が、住民基本台帳に記録されている者の申請に基づき、発行する（法16条の2第1項）。

個人番号カードは、市町村長が、当該市町村が備える住民基本台帳に記録されている者に対し、上記申請を受けて交付する（法17条1項）。すなわち、個人番号カードは希望者のみに交付される。

この場合に、当該市町村長は、交付を受ける者が本人であることを確認するための措置をとらなければならない（法17条1項）。

個人番号カードは、表面に基本4情報のほか**顔写真が記載**されていて、表面は身分証明書として広く利用することができる。このため、個人番号カードを交付する際には、本人確認の措置をとることになっており（法17条1項）、**有効期限の定めがある**。

第4章

図表 4-4　個人番号カード（「個人番号カードの様式について」（総務省）より）

表面　　　　　　　　　　　　　　　　　裏面

②　個人番号カードの交付を受けている者の義務

個人番号カードの交付を受けている者は、次の義務を負う。

> ・転出・転入した際は、市町村長への転入の届出と同時に個人番号カードを提出しなければならない（市町村長が記録事項の変更等をして返還する）（法17条2項）。
> ・記載事項に変更があったときは、14日以内に住所地市町村長に届け出て、個人番号カードを提出しなければならない（法17条4項）。
> ・個人番号カードを紛失した場合は、直ちに、その旨を住所地市町村長に届け出なければならない（法17条5項）
> ・個人番号カードは身分証明書として利用することが想定されているため、有効期限があり、有効期限が満了した場合は市町村長に返納しなければならない（法17条7項）。有効期限は、本人が20歳以上の場合は発行の日から10回目の誕生日、20歳未満の場合は発行の日から5回目の誕生日とされている（施行令26条）。

③　個人番号カードの利用促進

個人番号カードは、市町村の機関が地域住民の利便性の向上に資するものとして条例で定める事務、および特定の個人を識別して行う事務を処理する行政機関、地方公共団体、民間事業者その他の者であって政令で定める者の事務に、独自利用することができる（法18条）。

条例または政令による独自利用は、個人番号カードの **IC チップ内の空き領域を利用**して行う。

条例または政令による独自利用の例としては、行政手続のオンライン申

請、印鑑登録証・図書館カードとしての利用、住民票・印鑑登録証等の取得、健康保険証としての利用等が行われている。将来的には、オンラインバンキング、引越時の各種届出や電気・ガス・水道などの民間サービスの届出のワンストップ化も検討されている。

④　**個人番号カードの発行に関する手数料**

　地方公共団体情報システム機構（機構）は、個人番号カードの発行に係る事務に関し、機構が定める額の手数料を徴収することができる（法 18 条の 2 第 1 項）。

（5）　罰則

　偽りその他不正の手段により個人番号カードの交付を受けた者は、6 月以下の懲役又は 50 万円以下の罰金に処せられる（法 55 条）。

第4章

・個人番号の指定・通知の対象は住民票に住民票コードが記載されている者である。
・個人番号は原則、生涯不変である。
・不正利用のおそれがあるときは、本人の請求か市区町村長の職権により変更できる。
・個人番号カードでは顔写真が記載され身分証明書として利用でき、有効期限がある。また、条例や政令により、IC チップの空き領域を活用して独自利用をすることができる。

特定個人情報等の保護措置の趣旨と概要

1 保護措置の趣旨と概要

　個人番号は、住民票に係る者を識別するために指定される12桁の番号であり、データマッチングの「キー」（鍵）として機能し、各種の個人情報が個人番号と紐づけ（名寄せ）されることで、個人情報の検索・抽出や集積、連携がしやすくなる。これにより、行政の効率化、公平・公正な社会の実現そして国民の利便性の向上が期待できる。

　他方で、あらゆる個人情報と個人番号が紐づけされ悪用されてしまうと、個人番号によって大量の個人情報が検索・集積され、プライバシー等の人権が侵害される危険がある。

　そこで法は、個人番号や、個人番号と紐付けられた「特定個人情報」について、個人情報保護法（一般法）におけるよりも厳格な保護措置を設けている。詳細は、第6節以下を参照。

【個人番号・特定個人情報の保護措置の例】

① 個人番号の利用範囲の限定

　個人番号は、社会保障・税・災害対策分野のうち、法令が限定的に列挙した特定の事務（個人番号利用事務や個人番号関係事務等）の処理に必要な範囲でしか利用できない（マイナンバー法9条）。

② 特定個人情報の取扱いの制限

　特定個人情報は取扱い（取得・利用・保存・提供）が原則として禁止され、法令が限定的に明記した場合に限り、取扱いが認められている（マイナンバー法15条、19条、20条）。

③ 本人確認の措置

　他人から個人番号の提供を受ける際には、なりすましを防ぐために「本人確認の措置」をとらなければならない（マイナンバー法16条）。

④ 委託の規制

　個人番号を扱う事務（個人番号利用事務および個人番号関係事務）を委託

する者には委託先の監督義務が課されている（マイナンバー法11条）。
また、個人番号を扱う事務の再委託は制限され、最初の委託者の許諾を
得た場合に限り再委託できる（マイナンバー法10条）。

⑤　安全管理措置

個人番号利用事務等実施者は、個人番号の漏洩等を防ぐために必要な安
全管理措置を講ずる義務が課されている（マイナンバー法12条）。

2　保護措置の実効性を担保するための制度

保護措置の実効性を担保するために、次のような制度が設けられている。

① 　個人情報保護委員会による監視・監督

個人情報保護委員会には、特定個人情報の取扱いに関する監視・監督を
行うため、個人番号利用事務実施者や個人番号関係事務実施者に対する指
導・助言、勧告、命令や、立入検査等の権限が認められている。

② 　マイナポータルによる監視

マイナポータル（情報提供等記録開示システム）は、情報提供ネットワー
クシステムにおける特定個人情報の提供等の記録や法律・条例で定める個
人情報の開示、本人の利益になると認められる情報の提供等を行うための
システムである（法附則6条3項）。

マイナポータルにより、本人は、情報提供ネットワークシステムにおける自
分の特定個人情報のやりとりの記録を確認して、行政機関等その他の行政事
務を処理する者による特定個人情報の取扱いを監視することが可能となる。

なお、高齢者やパソコン等を利用できない者でもマイナポータルにアク
セスできるよう、全市区町村にマイナポータル用端末が配置される。

また、個人番号カードを取得せず、マイナポータルを利用できない者で
も、情報保有機関に対する「**書面による開示請求**」ができる。

③ 　罰則

マイナンバー法では、個人情報保護委員会の監督権限行使に対する違反
行為だけでなく、類型的に悪質な漏洩行為等（故意犯）の罰則が設けられ
ている（法48条〜57条）。

利用範囲の制限（マイナンバー法9条）

1 概要

　マイナンバー法は、個人番号を利用できる事務の範囲を、社会保障、税、災害対策分野に限定し、しかもその中で特定の事務（個人番号利用事務や個人番号関係事務等）に限定している（法9条）。個人番号を利用しようとする者は、マイナンバー法があらかじめ限定的に定めた事務の中から具体的な利用目的を特定した上で個人番号を利用することを要し、**特定した利用目的の範囲を超えて個人番号を利用することができないのが原則**である。

【個人情報保護法との比較】

　個人情報保護法では、個人情報の利用目的そのものは法律では限定されていない（それゆえ、個人情報保護法17条1項は事業者が自ら個人情報の利用目的を特定して自己規制することを求めている）。

　これに対してマイナンバー法では、個人番号を利用できる事務の範囲が9条で限定されているから、法律によって**個人番号の本来の利用目的が限定されている**ということができる。

---

2 利用範囲の制限

（1） 個人番号を利用することができる事務の範囲

　個人番号の利用範囲は、以下の事務処理に必要な限度に限られる。

① すべての事業者が扱う事務（個人番号関係事務）

　従業員等を有するすべての事業者は、法令に基づき、従業員等の個人番号を給与所得の源泉徴収票、支払調書、健康保険・厚生年金保険被保険者資格取得届等の書類に記載して、行政機関等および健康保険組合等に提出する。この事務が、個人番号関係事務である。

　マイナンバー法9条3項は、個人番号関係事務を処理するために必要な限度で個人番号を利用することを認めている。

② 　行政機関等および地方公共団体等が扱う事務

　マイナンバー法９条１項および２項は、個人番号利用事務の処理に必要な限度での個人番号の利用を認めている。個人番号利用事務とは、主として、行政機関等が、社会保障、税および災害対策に関する特定の事務において、保有している個人情報の検索、管理のために個人番号を利用することをいう。行政機関等および健康保険組合等の個人番号利用事務実施者は、事業者の個人番号関係事務によって提出された書類等に記載されている特定個人情報を利用して、個人番号利用事務を行うこととなる。

　また、マイナンバー法９条６項は、各議院による国政調査等、同法19条13号から17号までに基づき特定個人情報の提供を受けた目的を達成するために必要な限度での個人番号の利用も認めている。

　したがって、行政機関等および地方公共団体等は、個人番号関係事務のほかに、個人番号利用事務およびマイナンバー法19条13号から17号までに基づき特定個人情報の提供を受けた目的を達成するために必要な限度で個人番号を利用することができる。

　これに対し、民間事業者は、原則として個人番号利用事務を行うことはなく、健康保険組合等の一部の事業者が法令に基づいて個人番号利用事務を行うにとどまる。なお、健康保険組合等以外の民間事業者であっても、行政機関等や健康保険組合等から個人番号利用事務の委託を受けた場合は、個人番号利用事務を行うことができる。この場合は、委託に関する契約の内容に応じて、「特定個人情報の適正な取扱いに関するガイドライン（行政機関等・地方公共団体等編）」が適用される。

3 　目的外利用について

　マイナンバー法は、原則として個人番号・特定個人情報を本来の利用目的を超えて利用すること（目的外利用）を認めていない。ただし、例外的に目的外利用の必要性が認められ、かつ、プライバシー等の人権侵害の危険がない次の２類型に限り、目的外利用を認めている。

① 　激甚災害等の場合における金融機関による目的外利用（法９条５項）

　銀行等の預金取扱金融機関等が、本来の利用目的である個人番号関係事

務のために保管している顧客の個人番号を、激甚災害等の事態に際して目的外利用することを認める規定である。

② 　人の生命、身体又は財産の保護のために必要がある場合であって、本人の同意があり、又は本人の同意を得ることが困難である場合（法9条6項、19条16号及び法30条3項により読み替えて適用される個人情報保護法18条3項2号）

【個人情報保護法との比較】

　個人情報保護法の場合、個人情報の目的外利用は「あらかじめ本人の同意」を得れば可能であるし（同法18条1項）、その他にも6類型の例外的な目的外利用を認めている（同法18条3項1号〜6号）。

　これに対してマイナンバー法では、**上記2類型しか認めておらず、それ以外は、あらかじめ本人の同意を得たとしても許されない。**

　したがって、個人番号の場合、事業者が利用目的を「源泉徴収票の作成・提出等」と特定して従業員から個人番号を取得した場合に、人事管理や営業管理のために目的外利用することはできない。

4 　特定個人情報ファイルの作成制限（マイナンバー法29条）

　個人番号利用事務等実施者その他個人番号利用事務等に従事する者であっても、特定個人情報ファイルを作成することができるのは、次の場合に限定されている（法29条）。

① 　個人番号利用事務及び個人番号関係事務（個人番号利用事務等）を処理するために必要な範囲
② 　法19条13号から17号までのいずれかに該当して特定個人情報を提供することができ、又は提供を受けることができる場合

　なお、個人番号利用事務等に従事する者以外の者は、特定個人情報ファイル作成の前提となる**特定個人情報の収集・保管が原則として禁止される**から（法20条）、特定個人情報ファイルを自由に作成できるわけではない。

　マイナンバー法では、**本人の同意による特定個人情報ファイルの作成を**

認めていないから、上記①②に該当しない場合には、たとえ本人の同意を得たとしても、特定個人情報ファイルを作成・利用することはできない。

例えば、個人番号関係事務実施者は従業員の個人番号を利用して源泉徴収票作成・提出のための特定個人情報ファイルを作成することができるが（上の①に該当）、特定個人情報ファイルを従業員の人事・営業等を管理するデータベースに転用することは法29条違反となる。

なお、個人番号を含むデータベースを、個人番号関係事務以外の事務を含む複数の事務で利用することは不可能ではないが、その場合は、個人番号関係事務以外の事務では個人番号にアクセスできないように**アクセス制御を行う**ことで、法29条違反にならないようにする必要がある。

また、障害への対応等のために特定個人情報ファイルのバックアップファイルを作成することはできるが、バックアップファイルも特定個人情報であるので、安全管理措置を講ずる必要がある。

図表4-5 利用範囲の限定 ―まとめ―（一般の民間事業者の場合）

特定個人情報の目的外利用

利用目的＝個人番号関係事務等の処理

| 雇用保険関連の届出・申請 |
| 健康保険・厚生年金保険届出 |
| 源泉徴収票の作成、提出 |
| 支払調書の作成、提出…… |

○ 個人番号の利用
特定個人情報の利用
特定個人情報ファイルの作成

① 銀行等が、激甚災害が発生したときに金銭の支払にかかる業務をする場合（法30条3項による個人情報保護法18条3項2号の読替え）

② 人の生命、身体又は財産の保護のために必要がある場合であって、本人の同意があり、又は本人の同意を得ることが困難であるとき（法30条3項による個人情報保護法18条3項2号の読替え）

✕ 従業員の人事管理・営業管理に個人番号（特定個人情報）を用いる。

※本人の同意を得ても、✕

特定個人情報ファイルの目的外での作成

○ 人の生命、身体又は財産の保護のために必要がある場合において、本人の同意があり、又は本人の同意を得ることが困難であるとき（法29条・19条16号）

✕ 従業員の個人番号を利用して営業成績等を管理するデータベースを作成する

※本人の同意を得ても、✕

第4章

取扱いの制限・規制

1 総論

　個人情報保護法（一般法）では、個人情報の取扱いそのものは原則として禁止されておらず、取得の方法を規制したり（偽りその他不正の手段により取得してはならない＝20条1項）、要配慮個人情報については例外的に取得には本人の同意を要するとしたり（20条2項）、個人データの第三者提供には本人の同意を要する（27条）などの規制にとどまっている。

　これに対し、**マイナンバー法では、特定個人情報の取扱い（取得・利用・保存・提供）が原則として禁止**され、法令（マイナンバー法19条各号）が限定的に明記した場合に限り、取扱いが認められている（マイナンバー法15条、19条、20条）。

【特定個人情報の取扱いの制限・規制】

（取得の段階）

・何人も、法19条各号により特定個人情報の提供が認められている場合を除き、他人に対し、特定個人情報の提供を求めてはならない（法15条）。

・本人から個人番号の提供を受ける際には、本人確認の措置が義務付けられている（法16条）。

（利用・保存の段階）

・何人も、特定個人情報の提供が認められている場合を除き、特定個人情報を収集・保管してはならない（法20条）。

（提供の段階）

・特定個人情報を提供できる場合は、法19条各号に該当する場合に限定されている（法19条）。

　本書では、特定個人情報の取扱いの制限・規制について、取得、利用・保存、提供および削除・廃棄という取扱いの段階ごとに分類して、それぞれ解説する。

2 取得段階の制限・規制

（1） 個人番号の提供の求めの制限（マイナンバー法 15 条）

> **（提供の求めの制限）**
>
> 第 15 条 何人も、第 19 条各号のいずれかに該当して特定個人情報の提供を受けることができる場合を除き[※]、他人（自己と同一の世帯に属する者以外の者をいう。第 20 条において同じ。）に対し、個人番号の提供を求めてはならない。

[※] 法が限定的に明記する場合を除き、個人番号の提供を求めることを禁止

① 個人番号の提供の求めの原則禁止

個人番号利用事務等実施者は、個人番号利用事務等を処理するために必要があるときは、本人または他の個人番号利用事務等実施者に対し個人番号の提供を求めることができる（法 14 条 1 項）。

また、**特定個人情報の提供の求めは、何人であっても原則として禁止**され、法 19 条各号で限定的に明記された場合に限り、提供を求めることが認められている（法 15 条）。

ア．「何人も」

法 15 条は、「何人も」法 19 条各号のいずれかに該当する場合を除いて、他人（……）に対し、個人番号の提供を求めてはならないとしている。

「何人も」となっており、提供を制限される主体には限定がない。

イ．「他人」に対し

法 15 条は、法 19 条各号のいずれかに該当する場合を除いて、他人（自己と同一の世帯に属する者以外の者をいう）に対し、個人番号の提供を求めることができないとしている。

「同一の世帯」は住居および生計をともにする者の集まりを意味するとされているから、同居の子に対しては、法 19 条各号に該当しない場合でも個人番号の提供を求めることができるが（子の通知カードを預かって保管する等）、別居し独立して生計を営んでいる子に対しては、原則として個人番号の提供を求めることができない。

ウ．法 19 条各号で限定的に明記された場合

　法 19 条各号で限定的に明記された場合（個人番号の提供を求めることができる場合）の主なものは、次のとおりである。

【19 条各号で限定的に明記された場合（抄）】

2 号　個人番号関係事務者が提供する場合

　（例）　従業員が、扶養親族の個人番号を記載した扶養控除等申告書を事業者に提出する場合（この場合の従業員は「個人番号関係事務実施者」である）

　　　　→事業者は、扶養控除等申告書を受領して個人番号関係事務書処理するために、従業員に対し、扶養控除等申告書に記載した扶養親族の個人番号の提供を求めることができる。

3 号　本人または代理人が個人番号利用事務実施者等に提供する場合

　（例）　従業員が、事業者（個人番号関係事務実施者）に、給与の源泉徴収票作成事務等（個人番号関係事務）のために個人番号を提供する場合

　　　　→事業者は、源泉徴収票作成事務等の個人番号関係事務を処理するために、従業員本人に対し、個人番号の提供を求めることができる。しかし、営業成績管理や人事評価の管理に個人番号を使うために個人番号の提供を求めることはできない。

4 号　使用者等から他の使用者等に対する従業者等に関する特定個人情報の提供

　（例）　A 社の従業員が B 社に転籍する場合に、A 社が当該従業員の同意を得た上で、B 社の個人番号関係事務の処理に必要な限度で、当該従業員の特定個人情報を B 社に提供する場合

　　　　→B 社は、A 社に対し、B 社の個人番号関係事務を処理するために必要な限度で、A 社が保有している特定個人情報の提供を求めることができる。

6 号　委託、合併に伴う提供

　（例）　個人番号の保管を委託した者が、委託先に個人番号を提供する場合

　　　　→委託先は、委託者に対し、委託者が保管している個人番号の提供を求めることができる。

---

② 個人番号の提供を求めることができる時期

　個人番号利用事務等実施者は、個人番号利用事務等を処理するために必要がある場合に限り、本人または他の個人番号利用事務等実施者に対し個人番号の提供を求めることができるので（法14条）、個人番号関係事務が発生した時点で個人番号の提供を求めるのが原則である。

　ただし、本人との法律関係等に基づいて、個人番号関係事務の発生が予想される場合には、契約締結時点等、当該**事務の発生が予想できる時点で提供を求めることが可能である**とされている。

【契約締結時点等に個人番号の提供を求めることができる場合】

・従業員に対しては、源泉徴収票等を作成する時点よりも前の雇用契約締結時点で、個人番号の提供を求めることができる。

・内定者に対しては、確実に雇用されることが予想される場合（正式な内定通知がなされ、入社に関する誓約書を提出した場合等）には、その時点で提供を求めることができると解される。

・非上場会社の株主に対しては、配当金の支払いの確定の都度、個人番号の提供を求めるのが原則だが、株主の地位を得た時点で提供を求めることも可能である。

・人材派遣会社が派遣登録した者に対して個人番号の提供を求めることができるのは、雇用契約成立時が原則だが、派遣登録した段階でも、登録時しか本人確認した上で個人番号の提供を求める機会がなく、実際に雇用する際の給与支給条件等を決める等、近い将来雇用契約が成立する蓋然性が高いと認められる場合は、雇用契約が成立した場合に準じて、派遣登録の時点で個人番号の提供を求めることができる。

（2）　個人番号の利用目的の特定と通知等

　生存する者の個人番号は個人情報（個人識別符号）に該当するので、事業者が個人番号を取得する際には個人情報保護法が適用され、利用目的の特定・変更、通知・公表、明示等の義務（個人情報保護法17条、21条等）を負う。

① **個人番号の利用目的の特定（個人情報保護法 17 条 1 項）**

　個人番号の利用目的の特定については、本人が自らの個人番号がどのような目的で利用されるのかを**一般的かつ合理的に予想できる程度に具体的に特定する**必要がある。

　したがって、「個人番号関係事務を処理するため」というだけでは利用目的が特定できているとはいえず、「源泉徴収票作成事務」と「健康保険・厚生年金加入等事務」という程度に区別して具体的にすれば、利用目的の特定ができているといえる。

② **個人番号の利用目的の通知等（個人情報保護法 21 条）**

　個人番号を取得する際には、本人から個人番号を直接取得する場合とそれ以外の場合にあわせて、利用目的の通知・公表等の方法をとる。

　利用目的の通知・公表等については、P.87 を参照。

③ **特定した利用目的の範囲内での利用**

　個人番号は、個人情報保護法 17 条 1 項の規定に基づいて特定した利用目的の範囲を超えて利用することができないのが原則である（マイナンバー法 30 条 3 項により読み替えて適用される個人情報保護法 18 条 1 項）。

　このため、当該利用が利用目的の範囲内といえるかどうかの判断は重要になる。

【利用目的の範囲内として利用できる場合】

・源泉徴収票は扶養控除等申告書の記載に基づいて作成されるため、扶養控除申告書に記載された個人番号の取得時の利用目的には源泉徴収票の作成が含まれていると解される。したがって、扶養控除等申告書に記載された個人番号は、源泉徴収票の作成に利用することができる。

・給与所得の源泉徴収票と給与支払報告書、退職所得の特別徴収票は、源泉徴収票とともに統一的な書式で作成することになるので、「源泉徴収票作成事務」という利用目的には、給与支払報告書と退職所得の特別徴収票の作成も含まれる。したがって、給与所得の源泉徴収票作成事務のために取得した個人番号を、給与支払報告書や退職所得の特別徴収票の作成に利用できる。

・給与所得の源泉徴収票作成事務のために提供を受けた個人番号の利用目

的には、次年度以降の源泉徴収票作成事務のためという利用目的も含まれる。したがって、当該個人番号を次年度以後の源泉徴収票作成事務のために利用することができる。

・退職者と再雇用契約を締結した場合に、前の雇用契約の際に給与所得の源泉徴収票作成事務のために提供を受けた個人番号を、再雇用契約に基づく給与所得の源泉徴収票作成事務のために利用することができる（前の雇用契約で提供を受けた個人番号の利用目的の範囲内）。

・講師との間で講演契約を再度締結した場合や、不動産の賃貸借契約を追加して締結した場合に、前の契約の際に支払調書作成事務のために提供を受けた個人番号を、後の契約に基づく支払調書作成事務のために利用する（前の契約の際に提供を受けた個人番号の利用目的の範囲内）。

④ 個人番号の利用目的の変更（個人情報保護法 17 条 2 項）

　個人番号の利用目的を特定した場合でも、個人情報保護法 17 条 2 項に基づき、利用目的を変更することができる。その場合は、**変更後の利用目的の通知・公表等が必要である**（個人情報保護法 21 条 3 項）。

【利用目的の変更を要する場合】

・給与所得の源泉徴収票作成事務のために提供を受けた個人番号を、健康保険・厚生年金届出事務に利用することは、目的外利用になるので、原則としてできない（「① 個人番号の利用目的の特定」の項で説明したとおり、「源泉徴収票作成事務」と「健康保険・厚生年金加入等事務」とでは利用目的が異なる）。この場合は、源泉徴収票作成事務という利用目的に健康保険・厚生年金加入等事務を加えて利用目的を変更し（個人情報保護法 17 条 2 項）、変更後の利用目的を本人に通知または公表すること（個人情報保護法 21 条 3 項）が必要となる。

そこで、このようなことになるのを回避するため、従業員から個人番号の提供を受ける場合には、事業者と従業員との間で発生が予想される事務であれば、「源泉徴収票作成事務」、「健康保険・厚生年金加入等事務」、「雇用保険届出等事務」など予想される事務のすべてを包括的に利用目的として特定することが可能であるとされている。

第4章

（3） 本人確認の措置（マイナンバー法16条）

① 概要と趣旨

　マイナンバー法16条は、個人番号利用事務実施者および個人番号関係事務実施者（＝個人番号利用事務等実施者）が、本人から個人番号の提供を受けるときは、**本人確認の措置**をとらなければならない旨を定めている。

　本人確認の措置には、a. 示された番号が正しい番号であることの確認（**番号確認**）と、b. 当該番号の提供者が番号の正しい持ち主であることの確認（**身元確認**）が含まれている。

　この本人確認の措置の趣旨は、個人番号の提供を受ける際に、提供者が他人の個人番号を告知してなりすましを行うことを防止することにある。

　海外で共通番号制度を導入した国では、番号のみによる本人確認を行ったために、他人の共通番号を利用したなりすまし犯罪が多発したといわれている。そこで我が国では、a. 番号確認だけでなく、b. 身元確認を必要としている。

図表 4-6　本人確認措置の必要性

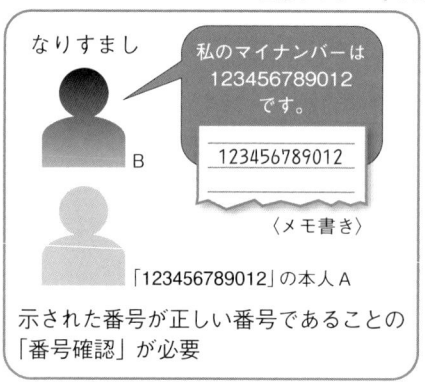

示された番号が正しい番号であることの「番号確認」が必要

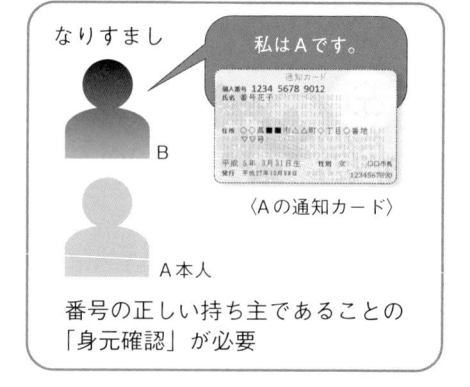

番号の正しい持ち主であることの「身元確認」が必要

　マイナンバー法16条は、以下のいずれかによる本人確認（a. 番号確認と b. 身元確認）の措置を認めている。

ア．個人番号カードの提示を受けること

　個人番号カードは、裏面に個人番号が記載され、表面には**基本四情報**

（**氏名、住所、生年月日および性別**）が記載され顔写真も表示されているので、裏面で a. 番号確認ができ、表面で b. 身元確認ができる。

　したがって、個人番号カードの提示を受ける場合は、運転免許証等の身元確認書類は不要である。

イ．通知カードおよび通知カードに記載された事項がその者にかかることを証するものとして主務省令で定める書類（運転免許証やパスポート等）の提示を受けること

　通知カードでは a. 番号確認しかできないので、身元確認書類が必要になる。

ウ．ア．イ．に代わるべきその者が本人であることを確認するための措置として政令で定める措置をとること

　本人が運転免許証やパスポートなどの身元確認書類を持っていない場合に対応する必要があり、また、オンライン方式や電話等による簡便な本人確認措置を認める必要などもあるため、それらの本人確認方法については、政令（施行令）等でその詳細を定めている。

第4章

図表4-7　法が定める本人確認の措置

番号確認 ※正しい番号であることの確認	身元確認 ※番号の正しい持ち主であることの確認
①個人番号カード （裏面）の提示 	①個人番号カード （表面）の提示 
または	
②通知カードの提示 	運転免許証等、提供者が通知カードに記載された個人番号の正しい持主であることを証するものとして主務省令（番号利用法施行規則）で定める書類の提示
または	
③これらに代わるべきその者が本人であることを確認するための措置として政令（番号利用法施行令）で定める措置	

　具体的な本人確認方法については、②以下を参照されたい（「令」は施行令、「則」は施行規則の略である。また、「個人番号利用事務実施者が適当と認めるもの」は国税庁告示によった）。

② 　本人から個人番号の提供を受ける場合の本人確認の措置

ア．対面で個人番号の提供を受ける場合

a．番号確認

　「番号確認」は、①**個人番号カードの裏面**（個人番号が記載）か、②**通知カードの提示**によって行うのが原則である。このほか、③**個人番号が記載された住民票の写し**でも「番号確認」できる。これらによるのが本則であるが、それが困難であると認められる場合は、④で挙げた方法によることができる場合もある。

番号確認
①　個人番号カードの提示【法16】
または
②　通知カードの提示【法16】
③　個人番号が記載された住民票の写し・住民票記載事項証明書の提示　【令12①一】
または
④　①から③までが**困難であると認められる場合**【則2①】 　ア　過去に本人確認の上、特定個人情報ファイルを作成している場合には、当該特定個人情報ファイルの確認【則2①五】 　イ　官公署または個人番号利用事務実施者・個人番号関係事務実施者から発行・発給された書類その他これに類する書類であって**個人番号利用事務実施者が適当と認める書類の提示**【則2①六】

b．身元確認

　「身元確認」は、①**個人番号カード**（表面）で行うことができる（個人番号カードがあれば、裏面で「番号確認」、表面で「身元確認」ができる）。

　個人番号カードがない場合は、**写真付きの身分証明書を身元確認書類とする**。写真付き身分証明書は、原則として、a）運転免許証、パスポート等の公的な身分証を用いるが、b）学生証・社員証等の民間の写真付

き身分証も身元確認書類として認められている。

　写真付きの身分証明書を用いることが困難であると認められる場合には、c）健康保険証（公的医療保険の被保険者証）、年金手帳、写真なし身分証明書、税・社会保険料・公共料金の領収書、住民票の写し、本人交付用税務書類といった**写真なしの書類を２種類提示する**ことで身元確認することができる。

　なお、d）個人番号の提供を行う者が本人であることが明らかであると認められる場合には、身元確認書類が不要とされる場合もある。

身元（実存）確認
①個人番号カードの提示【法16】
または
a　運転免許証、旅券、身体障害者手帳、精神障害者保健福祉手帳、療育手帳、在留カード、特別永住者証明書の提示【則１一、則２①一】
または
b　官公署から発行・発給された書類その他これに類する書類であって、個人識別事項の記載と写真の表示等の措置が施され、**個人番号利用事務実施者が適当と認めるもの**の提示【則１二、則２①六】 （国税庁告示１の例） ・**写真付身分証明書等**（学生証・身分証明書・社員証・資格証明書等） ・個人番号利用事務等実施者が過去に本人であることの確認を行った上で**個人識別事項をプレ印字した書類**
c　①、a、bまでが**困難であると認められる場合**は、以下の書類を**２つ以上の提示**【則１二、則２③】 　イ　公的医療保険の被保険者証、年金手帳、児童扶養手当証書など 　ロ　官公署又は個人番号利用事務実施者・個人番号関係事務実施者から発行・発給された書類その他これに類する書類であって**個人番号利用事務実施者が適当と認めるもの**の提示 　（国税庁告示２の例） 　・**写真なし身分証明書等**（学生証／社員証等） 　・**税・社会保険料・公共料金の領収書**、納税証明書 　・**写真なし公的書類**（印鑑登録証明書、住民票の写し、母子健康手帳等） 　・源泉徴収票等の**本人交付用税務書類**（交付義務のある法定調書）

第４章

233

> d　個人番号の提供を行う者が**本人であることが明らかである**と**個人番号利用事務実施者が認めるときは、身元（実存）確認書類は要しない。【則２⑥】**
>
> （国税庁告示８の例）
> ・雇用契約成立時等に本人であることを確認済であって、知覚すること等により個人番号の提供を行う者が本人であることが明らかな場合
> ・**扶養親族等**から個人番号の提供をうける場合で、**知覚すること（対面で確認すること）等により、個人番号の提供を行う者が本人であることが明らかな場合**
> ・**過去に本人であること**の確認済みの者から**継続して個人番号の提供を受ける場合で、知覚すること等により、個人番号の提供を行う者が本人であることが明らかな場合**

イ．郵送で個人番号の提供を受ける場合

　郵送で個人番号の提供を受ける場合は、上に挙げた番号確認書類・身元確認書類の原本または写しを提出させて行う。

ウ．本人からオンラインで個人番号の提供を受ける場合

a．番号確認

　本人からオンラインで個人番号の提供を受ける場合の番号確認は、**個人番号カードのIC チップの読み取り**のほか、対面での番号確認の④（P.232 参照）の内容についての画像データ等のメールや専用ページによる電子的送信が含まれる。

b．身元確認

　本人からオンラインで個人番号の提供を受ける場合の身元確認も個人番号カードのIC チップの読み取りについては番号確認と同じだが、そのほかにi. 公的個人認証による電子署名、ii. 個人番号利用事務実施者が適当と認める方法が挙げられ、民間電子証明書、身元確認書類の画像送信、個人番号関係事務実施者が本人であることを確認した上で発行したID・パスワードによるログイン認証などが国税庁告示で例として挙げられている。

③　代理人から個人番号の提供を受ける場合の本人確認の措置

　個人番号の提供は、代理人がすることもできる。この場合の本人確認の措置は、本人が自ら個人番号を提供する場合と異なり、**a．代理権の確認、**

ｂ．**代理人の身元の確認**、ｃ．**本人の番号確認**が必要となる。

ア．代理人から対面で個人番号の提供を受ける場合

ａ．代理権の確認

代理人から対面で本人の個人番号の提供を受ける場合の代理権確認は、①**法定代理**（未成年者の親が個人番号を提出する場合等）の場合は、**戸籍謄本等**の法定代理人であることの資格を証明する書類で、②**任意代理**の場合は、**委任状の提示**で行うのが原則である。

代理権の確認
①　法定代理人の場合は、戸籍謄本その他その資格を証明する書類の提示【則6①一】 ②　任意代理人の場合には、委任状の提示【則6①二】
または
③　①②が困難であると認められる場合には、官公署または個人番号利用事務実施者・個人番号関係事務実施者から**本人に対し一に限り発行・発給**された書類その他の代理権を証明するものとして**個人番号利用事務実施者が適当と認める書類の提示**【則6①三】 （国税庁告示12の例） 　・本人の署名・押印と**代理人の個人識別事項**（氏名および生年月日または住所）・押印のある届出書類 　・**本人しか持ち得ない書類の提出**（本人の個人番号カードや健康保険証など）

ｂ．代理人の身元の確認

代理人から対面で本人の個人番号の提供を受ける場合の代理人の身元確認は、代理人が自然人である場合と法人である場合とで異なる。

代理人が自然人の場合の代理人の身元確認の方法は、前述した「本人から個人番号の提供を受ける場合の本人確認の措置」の「身元確認」と同じ身元確認を、代理人について行う。

代理人が法人の場合は、法人の**登記事項証明書**（登記簿謄本）と実際に個人番号の提供を行う従業員の**社員証等**（その者と法人との関係を証する書類）で身元確認を行うのが原則である。

ｃ．本人の番号確認

代理人から対面で本人の個人番号の提供を受ける場合の本人の番号確認は、①本人の個人番号カードまたはその写しの提示、②本人の通知カー

第4章

ドまたはその写しの提示、③本人の個人番号が記載された住民票の写し等の提示で行うのが原則である。また、それらが困難な場合の方法は、本人から対面で番号確認する場合の④の内容と同じである。

イ．郵送で個人番号の提供を受ける場合

郵送で個人番号の提供を受ける場合は、上に挙げた代理権確認書類・代理人の身元確認書類・本人の番号確認書類の原本または写しを提出して行う。

ウ．代理人からオンラインまたは電話で個人番号の提供を受ける場合

代理人からオンラインまたは電話で個人番号の提供を受けることもでき、その場合も、代理権確認、代理人の身元確認および本人の番号確認の措置が定められている（施行規則９条・10条）。

④　関連する事項

ア．写し（コピー）の保管

個人番号利用事務等実施者が、本人から対面で個人番号の提供を受ける場合に提示を受けた本人確認書類の写し（コピー）を保管することは義務づけられていないが、**本人確認の記録を残すためにコピーを保管することはできる**と解されている。この場合、コピーについて安全管理措置を適切に講ずる必要があり、また、本人確認書類が不要となった段階で速やかに廃棄するべきである。

イ．従業員から扶養親族等の個人番号の提供を受ける場合

事業者は、従業員からその扶養親族の個人番号の提供を受ける場合がある。**①扶養控除等申告書に扶養親族の個人番号が記載されている場合**と、**②従業員の配偶者の国民年金の第３号被保険者**（第２号被保険者である従業員等の配偶者）**の届出書に配偶者の個人番号が記載されている場合**である。

①の場合は、扶養控除等申告書の提出義務者は従業員であるから、**従業員は自ら個人番号関係事務実施者として扶養親族から個人番号の提供を受けて**、これを事業者に提出することになる。したがって、①の場合は、事業者は「本人」（扶養親族）から個人番号の提供を受けるのではないから、扶養親族についての本人確認の措置を講じる必要はない（法16

条は「本人」から個人番号の提供を受ける場合に適用される）。

②の場合は、第3号被保険者届出書の提出義務者は従業員ではなく第3号被保険者となろうとする者（配偶者）であるから、第3号被保険者届出書を事業者に提出する従業員は、**配偶者本人の代理人として個人番号を提供する**ことになる。したがって、②の場合は、事業者は、代理人から個人番号の提供を受ける場合の本人確認をする必要がある。

⑤　19条4号により特定個人情報の提供を受けた場合

従業者等の出向・転籍・退職等があった場合において、当該従業者等の同意があるときは、出向・転籍・退職等前の使用者等から出向・転籍・再就職等先の使用者等に対して、その個人番号関係事務を処理するために必要な限度で、当該従業者等の個人番号を含む特定個人情報を提供することができる（法19条4号）。

この場合は、特定個人情報の提供を受けた使用者等は、法16条に基づく本人確認をしなくてよい。

3　利用・保存段階の制限・規制

> **（収集等の制限）**
> 第20条　何人も、前条各号のいずれかに該当する場合を除き[※]、特定個人情報（他人の個人番号を含むものに限る。）を収集し、又は保管してはならない。

[※] 法が限定的に明記する場合（19条各号に該当する場合）に限り、収集・保管できる

何人であっても、特定個人情報の収集・保管は原則禁止であり、**マイナンバー法19条各号に該当して特定個人情報の提供ができる場合に限り、特定個人情報を収集・保管できる（法20条）**。

したがって、事業者は、給与の源泉徴収事務を処理する目的で、従業員等の個人番号を収集・保管することができるが（法19条3号に該当）、従業員等の営業成績等を管理する目的で、従業員等の個人番号を収集・保管することはできない。

「収集」は、集める意思をもって自己の占有に置くことをいう。したがって、**個人番号を閲覧しメモ等しない場合は、「収集」にはならない**。

「保管」に関しては、継続的な契約関係（雇用契約や土地の賃貸借契約）の場合は、一度提供を受けた個人番号を保管して翌年度以降の書類に個人番号を記載できる。この場合は、**個人番号関係事務のために継続的に個人番号を利用する必要が認められる**からである。

退職後に数年にわたり繰延支給される賞与（給与所得に該当）がある場合も、退職後も繰延支給が行われなくなることが確認できるまで個人番号を保管することができる。この場合も、個人番号関係事務のために継続的に個人番号を利用する必要が認められるからである。

4　削除・廃棄段階の制限・規制

特定個人情報は、マイナンバー法で限定的に明記された事務を処理するために収集・保管されるものである（法20条）。

したがって、それらの事務を行う必要がある場合に限り特定個人情報を保管し続けることができることになるので、例えば従業員の退職等により**個人番号関係事務を処理する必要がなくなった場合は、速やかに特定個人情報を廃棄または削除しなければならない**。

ただし、個人番号部分を**復元できない程度に**マスキング・削除すれば、当該書類等の情報は「特定個人情報」ではなくなる（個人情報または個人データになる）ので、マイナンバー法20条の規制には違反しない形で書類の保管を継続することが可能と解されている。

なお、個人番号が記載された書類には、所管法令によって一定期間保存が義務づけられているものがある。例えば、給与所得者の扶養控除等（異動）申告書は7年間の保存期間が定められている。このような書類に記載された個人番号については、契約終了等により個人番号関係事務を処理する必要がなくなっても、**保存期間中は保管しなければならない**。また、保存期間中は、当該保存書類だけでなく、当該書類を作成するシステム内においても個人番号を保管することができるとされている。

> **【削除・廃棄についての注意】**
> ①個人番号部分を削除すれば、「特定個人情報」ではなくなりマイナンバー法20条の規制にはかからないが、削除した残りの情報が「個人データ」に該当する場合

には、個人情報保護法 22 条で、利用する必要がなくなった個人データは「遅滞なく削除するよう努めなければならない」とされているので注意が必要である。

②個人番号が記載された書類は保存期間経過後における廃棄を前提とした保管体制を、特定個人情報を保存するシステムは保存期間経過後における廃棄または削除を前提としたシステムを構築することが望ましい（ガイドライン）。

③特定個人情報に関する安全管理措置の手法の例として、特定個人情報ファイルの種類・名称、責任者・取扱部署、削除・廃棄状況等の個人番号を削除した記録を保存することが挙げられるが、削除した「個人番号」を記録してはならない。

5　提供段階の制限・規制

（特定個人情報の提供の制限）

第 19 条　何人も、次の各号のいずれかに該当する場合を除き、特定個人情報の提供をしてはならない。

一　個人番号利用事務実施者が個人番号利用事務を処理するために必要な限度で本人若しくはその代理人又は個人番号関係事務実施者に対し特定個人情報を提供するとき（略）。

二　個人番号関係事務実施者が個人番号関係事務を処理するために必要な限度で特定個人情報を提供するとき（第十号に規定する場合を除く。）。

三　本人又はその代理人が個人番号利用事務等実施者に対し、当該本人の個人番号を含む特定個人情報を提供するとき。

四　一の使用者等（使用者、法人又は国若しくは地方公共団体をいう。以下この号において同じ。）における従業者等（従業者、法人の業務を執行する役員又は国若しくは地方公共団体の公務員をいう。以下この号において同じ。）であった者が他の使用者等における従業者等になった場合において、当該従業者等の同意を得て、当該一の使用者等が当該他の使用者等に対し、その個人番号関係事務を処理するために必要な限度で当該従業者等の個人番号を含む特定個人情報を提供するとき。

五　（略）

六　特定個人情報の取扱いの全部若しくは一部の委託又は合併その他の事由による事業の承継に伴い特定個人情報を提供するとき。

七～十三　（略）

第4章

十四　第38条第１項の規定により求められた特定個人情報を個人情報保護委員会に提供するとき。

十五　各議院若しくは各議院の委員会若しくは参議院の調査会が国会法（略）第104条第１項（同法第54条の４第１項において準用する場合を含む。）若しくは議院における証人の宣誓及び証言等に関する法律（略）第１条の規定により行う審査若しくは調査、訴訟手続その他の裁判所における手続、裁判の執行、刑事事件の捜査、租税に関する法律の規定に基づく犯則事件の調査又は会計検査院の検査（第36条において「各議院審査等」という。）が行われるとき、その他政令で定める公益上の必要があるとき。

十六　人の生命、身体又は財産の保護のために必要がある場合において、本人の同意があり、又は本人の同意を得ることが困難であるとき。

十七　その他これらに準ずるものとして個人情報保護委員会規則で定めるとき。

（1）　提供の原則禁止

特定個人情報の提供は原則として禁止され、マイナンバー法19条各号で限定的に明記された場合に限り、提供が認められている。

個人情報保護法と異なり、**マイナンバー法では、本人の同意を得ても原則として特定個人情報を第三者提供することができない**。また、マイナンバー法19条は、条文上は、本人による特定個人情報の提供も制限しているから、**自己を本人とする特定個人情報の提供も原則として禁止**である。

１号から17号のうち、主な場合を見ていく。

①　（1号）個人番号利用事務実施者が提供する場合

【ケース例】

○市区町村長が、地方税の特別徴収のために、給与支払者に対し特別徴収税額を通知する場合

②　（2号）個人番号関係事務実施者が提供する場合

個人番号関係事務実施者が個人番号関係事務を処理するために必要な限度で特定個人情報を提供することができる。個人番号関係事務を処理するために提供する場面を規定している。

【ケース例】
○事業者が、法定調書（給与所得の源泉徴収票や支払調書など）に従業員や報酬を得た者などの個人番号を記載して税務署に提出する場合
○従業員が、扶養親族の個人番号を記載した扶養控除等申告書を事業者に提出する場合

③　（3号）本人または代理人が個人番号利用事務等実施者に提供する場合

　本人または代理人が個人番号利用事務等実施者に特定個人情報を提供することを認める規定である。条文上は、本人であっても個人番号利用事務等実施者への提供しか認められていないから、自己を本人とする特定個人情報の提供は、原則禁止されている。

【ケース例】
○従業員（本人）が、給与の源泉徴収事務、健康保険・厚生年金保険加入等事務等のために、自己の個人番号を記載した書類を事業主（個人番号関係事務実施者）に提出する場合

④　（4号）使用者等から他の使用者等に対する従業者等に関する特定個人情報の提供

　同じ系列の会社間等での特定個人情報の移動であっても、別の法人である以上、特定個人情報の「提供」にあたり、提供制限に従わなければならないのが原則である。

　ただし、従業者等の出向・転籍・退職等があった場合において、当該従業者等の同意があるときは、出向・転籍・退職等前の使用者等から出向・転籍・再就職等先の使用者等に対して、その個人番号関係事務を処理するために必要な限度で、当該従業者等の個人番号を含む特定個人情報を提供することができる。

　本号に基づく提供が認められる特定個人情報の範囲は、社会保障、税分野に係る健康保険・厚生年金保険被保険者資格取得届、給与支払報告書や支払調書の提出など、出向・転籍・再就職等先の使用者等が「その個人番号関係事務を処理するために必要な限度」に限定されるので、前職の離職

理由等の、当該届出、提出等に必要な情報であるとは想定されない情報については、本号に基づく提供は認められない。

【ケース例】

○Ａ社の従業員がＢ社に転籍するため、Ａ社がＢ社に対し、Ｂ社における健康保険・厚生年金保険被保険者資格取得届、給与支払報告書や支払調書の提出など、Ｂ社がその個人番号関係事務を処理するために必要な当該従業員の特定個人情報を提供する場合

マイナンバー法 19 条 4 号に基づく特定個人情報の提供は、従業者等の出向・転籍・退職等があった場合に、当該従業者等の同意を得た上で行われるものであるから、出向・転籍・退職等前の使用者等は、当該従業者等の出向・転籍・再就職等先の決定以後に、個人番号を含む特定個人情報の具体的な提供先を明らかにした上で、当該従業者等から同意を取得することが必要となる。従業者等からの同意の取得については、従業者等からの同意する旨の口頭による意思表示のほか、従業者等からの同意する旨の書面・電磁的記録の受領、従業者等からの同意する旨のメールの受信、従業者等による同意する旨の確認欄へのチェック、従業者等による同意する旨のウェブ上のボタンのクリック、従業者等による同意する旨のタッチパネルへのタッチ、ボタン等による入力等によることが考えられる。

なお、本号により特定個人情報の提供を受けた使用者等は、マイナンバー法 16 条に基づく本人確認は不要であるとされている。

⑤　（6号）委託、合併にともなう提供

特定個人情報の取扱いの全部もしくは一部の委託や、合併その他の事由による事業の承継の場合には、特定個人情報を提供することが不可欠であるから、この場合の特定個人情報の提供を認めている。

【ケース例】

○Ａ社が源泉徴収票作成事務を含む給与事務の処理を子会社に委託し、Ａ社がその従業員の個人番号を含む給与情報（特定個人情報）を子会社に提供する場合

○A社がB社を吸収合併したため、吸収されるB社がその従業員の特定個人情報をA社に提供する場合

⑥ （11号）地方公共団体の機関が条例に基づいて提供する場合

　地方公共団体の場合は、当該地方公共団体から民間事業者や他の地方公共団体等に特定個人情報が移動する場合だけでなく、同一地方公共団体内の異なる機関に特定個人情報が移動することも「提供」にあたるとされている。

【ケース例】

○甲市の市長部局にある市民課から、甲市教育委員会に特定個人情報が移動する場合は、同一地方公共団体内の異なる機関に特定個人情報が移動するから、「提供」にあたる（法19条7号の情報連携に該当しない場合には、法19条11号により条例を定めて、条例に基づいて提供しなければならない）。

⑦ （15号）公益上の必要があるときの提供

　訴訟手続その他の裁判所における手続、裁判の執行、刑事事件の捜査、租税に関する法律の規定に基づく犯則事件の調査、租税調査等により、個人番号が記載された書面を公的機関に提供する場合を定めている。

⑧ （16号）人の生命、身体または財産の保護のための提供

　人の生命、身体または財産の保護のため必要があり、本人の同意があるかまたは本人の同意を得ることが困難である場合は、提供制限の例外である。

【ケース例】

○事故で意識不明の状態にある者に対する緊急の治療を行うにあたり、個人番号でその者を特定するために個人番号カードを提供する場合

○客が小売店で個人番号カードを落としていったために、小売店が警察に遺失物として当該個人番号カードを届け出る場合

（2）　個人情報保護法 27 条の適用排除

　マイナンバー法においては、特定個人情報の提供ができるのは、法19条各号に限定的に明記された場合に限られており、法19条各号に該当しない場合には、たとえ本人の同意を得たとしても、特定個人情報の第三者

への提供はできない。

　一方、個人情報保護法（一般法）は、個人データの第三者提供について、本人の同意がある場合にはこれを認めており（個人情報保護法27条）、この規定を特定個人情報にそのまま適用すると、マイナンバー法の規制に抵触してしまう。

　そこで、マイナンバー法は、法30条3項で、特定個人情報に関して、個人情報保護法27条（個人データの第三者提供）の適用を排除している。

（3）　保有個人データの開示請求（個人情報保護法32条）の場合

　個人情報保護法32条の保有個人データの開示請求がなされた場合に、本人に対しその個人番号・特定個人情報を提供する場合は、マイナンバー法19条各号には該当しないが、法の解釈上当然に本人に対する特定個人情報の提供が認められるとされている。

　例えば、本来、従業員本人に交付する源泉徴収票には本人その他の者の個人番号は記載しないことになっているところ、従業員本人から、保有個人データの開示請求として、本人の個人番号を記載した状態での源泉徴収票の開示請求が行われた場合は、本人の個人番号を記載した源泉徴収票を本人に交付することができる。もっとも、本人以外の者（扶養親族等）の個人番号は提供できないから、本人以外の者の個人番号は記載しないか、復元できない程度にマスキングしなければならない。

（4）　「提供」

　「提供」とは、法的な人格を超える特定個人情報の移動を意味するものであり、同一法人の内部等の**法的な人格を超えない**特定個人情報の移動は「提供」ではなく「利用」にあたる。

【「利用」にあたる場合】
　・営業部に所属する従業員の特定個人情報を、営業部庶務課を通じ、給与所得の源泉徴収票を作成する目的で経理部に提出した場合

【「提供」にあたる場合】
　・事業者が、源泉徴収票作成事務を含む給与事務を子会社に委託し、子会社に対し、従業員等の個人番号を含む給与情報を提供すること（個人番号関係事務の委託にともなうので、法19条6号により提供できる）

　「利用」にあたる場合は、法 19 条は適用されず、利用制限（法 9 条、29 条、30 条 3 項）に従うこととなる。

　なお、地方公共団体の場合は、**同一地方公共団体の異なる機関に特定個人情報が移動する場合も「提供」にあたる**とされている。

(5)　個人番号を抹消して提供する場合

　書類に個人番号を記載しない措置や復元できない程度にマスキングするなどの措置をすれば、当該書類の情報は「特定個人情報」でなくなり、マイナンバー法 19 条の問題は回避できるので、本人の求めに応じて、当該書類を本人に送付したり第三者に提供したりすることはできる。

　ただし、個人番号は記載されていなくても第三者の個人情報（氏名等）が記載されたままの場合は、個人データの第三者提供の制限（個人情報保護法 27 条）の問題は残るので、注意が必要である。

(6)　法 19 条違反の場合—第三者提供停止の求め

　マイナンバー法 19 条違反の提供が行われている場合に、このことを知った本人から、当該特定個人情報の第三者提供停止を求められた場合であって、その求めに理由があると判明したときは、原則として、当該特定個人情報の第三者への提供を停止しなければならない（マイナンバー法 30 条 3 項により読み替えて適用される個人情報保護法 35 条 4 項）。

第4章

・個人情報保護法では、個人情報の取扱いそのものは原則として禁止されていないのに対し、マイナンバー法では、法令で限定的に明記した場合以外、特定個人情報の取扱い（取得・利用・保存・提供）が原則として禁止されている。

・個人番号利用事務（等）実施者が、本人から個人番号の提供を受けるときは、原則として番号確認と身元確認による本人確認の措置を取らなければならない。

・個人情報保護法と異なり、マイナンバー法では、本人の同意を得ても原則として特定個人情報を第三者提供することができない。また、自己を本人とする特定個人情報の提供も原則として禁止である。

委託の規制

1 委託先の監督（マイナンバー法 11 条）

> **（委託先の監督）**
> 第 11 条　個人番号利用事務等の全部又は一部の委託をする者は、当該委託に係る個人番号利用事務等において取り扱う特定個人情報の安全管理が図られるよう、当該委託を受けた者に対する[※]必要かつ適切な監督を行わなければならない。

[※] 監督の範囲は、直接の委託先である

（1） 趣旨

　個人番号利用事務等実施者は、**個人番号関係事務の全部または一部を外部に委託することができる**。例えば、個人番号の収集を委託すれば、委託先は、委託者の従業員等の個人番号を直接収集することができる。

　この場合、**委託者は委託先を監督する義務を負う**（法 11 条）。この委託先の監督は、個人情報保護法 25 条（個人データの取扱いの委託先の監督）と同趣旨の規制である。ただし、個人番号には死者の個人番号も含まれるから、個人番号関係事務の委託には死者の個人番号に関するものも含まれる。

（2） 必要かつ適切な監督の内容

　「必要かつ適切な監督」については、マイナンバー法に基づき委託者が果たすべき安全管理措置と同等の措置が委託先においても講じられるよう、必要かつ適切な監督を行わなければならないとされている。監督すべき委託先は国内外を問わず、具体的には次の 3 点の実施が必要とされている。

① **委託先の適切な選定**

　委託先の設備、技術水準や従業者に対する監督・教育の状況等を確認する。

② **委託先に安全管理措置を遵守させるために必要な契約の締結**

　秘密保持義務、事業所内からの特定個人情報の持ち出しの禁止、再委託の条件、漏洩事案等が発生した場合の委託先の責任、従業者に対する監督・教育、契約内容の遵守状況の報告等を契約の規定に盛り込む。

③ 委託先における特定個人情報の取扱状況の把握

委託契約の締結で終わらず、その後の取扱状況について、報告を求めるなどして把握する。

(3) 委託先の監督義務の範囲

委託者の委託先に対する監督義務の内容には、委託先が再委託先に対しても必要かつ適切な監督を行っているかどうかの監督も含まれるとされており、再委託先から個人番号や特定個人情報が漏洩等した場合、最初の委託者は、委託先に対する監督責任を問われる可能性がある。このため委託者は、**再委託先に対する直接的な監督義務はないものの、間接的な監督義務を負っている**と解されている。

(4) 個人番号利用事務等の委託にあたらない場合

特定個人情報の受渡しに関して、配送業者による配送手段を利用する場合や通信事業者による通信手段を利用する場合は、事業者と配送業者や通信業者との間で特に特定個人情報の取扱いについての合意があった場合を除き、個人番号関係事務または個人番号利用事務の委託には該当しない。

したがって、これらの場合には、委託先の監督義務を負うことはない。

もっとも、委託者は安全管理措置を講ずる義務を課されるので(法12条)、適切な外部事業者の選択、安全な配送・通信方法の指定等の措置を講ずる必要がある。

2 再委託の制限(マイナンバー法10条)

個人番号利用事務等(個人番号利用事務または個人番号関係事務)の全部または一部の委託を受けた者は、当該個人番号利用事務等の**最初の委託者の許諾を得た場合に限り、再委託できる**とされている(法10条1項)。

再委託以降のすべての段階における委託についても、再委託を受けた者は個人番号利用事務等の「委託を受けた者」とみなされ、同様となる(法10条2項)。

本条のような規制は個人情報保護法にはない(個人情報の取扱いの委託契約に再委託制限条項を盛り込んで対応する)。

安全管理措置

> **（個人番号利用事務実施者等の責務）**
> 第 12 条　個人番号利用事務実施者及び個人番号関係事務実施者（以下「個人番号利用事務等実施者」という。）は、個人番号の漏えい、滅失又は毀損の防止その他の個人番号の適切な管理のために必要な措置を講じなければならない[※]。

[※] 個人番号の安全管理措置を講ずる義務

1　概要

　マイナンバー法 12 条は、個人番号利用事務等実施者（＝個人番号利用事務実施者および個人番号関係事務実施者）に対し、個人番号に関する安全確保の措置を義務づけている。個人情報保護法 23 条（個人データの安全管理措置）と同趣旨の規制である。

　個人情報保護法 23 条とは別にマイナンバー法 12 条が規定された理由は、死者の個人番号も安全管理措置の対象とすることにある。すなわち、個人情報保護法は個人情報（生存する個人の情報）を保護対象としているため、死者の個人番号は個人情報保護法 23 条の安全管理措置の対象外である。これに対して、マイナンバー法は保護対象である個人番号を生存する者の番号に限定していない。マイナンバー制度においては、個人番号が個人情報を名寄せするための「キー」となるため、本人の生存中、生涯不変であるだけでなく、死後も不変である必要があるからである。このため、同法 12 条により、死者の個人番号についても安全管理措置を講ずることが必要となるのである。

2　安全管理措置の検討手順

　特定個人情報の安全管理措置の具体的な内容については、個人情報保護委員会が、「特定個人情報の適正な取扱いに関するガイドライン（事業者編）」を公表している。同ガイドラインでは、特定個人情報等の適正な取

扱いについて、次のような手順で検討を行う必要があるとしている。

A　個人番号を取り扱う事務の範囲の明確化

B　特定個人情報等の範囲の明確化

C　事務取扱担当者の明確化

D　基本方針の策定

E　取扱規定等の策定・見直し

（1）　個人番号を取り扱う事務の明確化（A）

一般的な事業者における個人番号関係事務の例は以下のものである。

図表 4-8　一般的な事業者における個人番号関係事務例

	個人番号を取り扱う事務（例）
（1）	雇用保険関連の届出・申請等に関する事務
（2）	健康保険・厚生年金保険届出等に関する事務
（3）	国民年金第３号被保険者関係届に関する事務
（4）	給与・賞与・年末調整の所得税源泉徴収等に関する事務（扶養控除等（異動）申告書、従たる給与についての扶養控除（異動）申告書、保険料控除申告書兼配偶者特別控除申告書を従業員が提出する事務）
（5）	源泉徴収票の作成、提出に関する事務（給与支払報告書含む）
（6）	退職所得の源泉徴収票の作成、提出に関する事務（退職所得の受給に関する申告書の提出、退職所得の特別徴収票の作成・提出、退職手当金等受給者別支払調書の作成・提出含む）
（7）	当社が報酬等を支払った講師、弁護士、税理士、社会保険労務士等における、報酬、料金、契約金および賞金の支払調書の作成・提出に関する事務
（8）	当社が配当等を支払った株主における、配当、剰余金の分配および基金利息の支払調書の作成・提出に関する事務
（9）	当社が賃料等を支払った不動産賃貸人における、不動産の使用料等の支払調書の作成・提出に関する事務

（2）　特定個人情報等の範囲の明確化（B）

Aで明確化した事務において取り扱う**特定個人情報等**（使用される個人番号および個人番号と関連付けて管理される氏名・生年月日等の個人情報）**の範囲を明確**にする。

（3）　事務取扱担当者の明確化（C）

Aで明確化した事務に**従事する従業者**（「事務取扱担当者」）**を明確**にする。

　事務取扱担当者の明確化は、例えば、Ａで明確化した事務の担当部署や個人番号を記載する書類の作成部署を確認するとともに、個人番号の取得、利用・保存・提供、削除・廃棄の各段階の処理を確認して、担当者（担当部署）を決定するなどして行う。

（4）　基本方針の策定（Ｄ）

　特定個人情報等の適正な取扱いの確保について組織として取り組むために、**基本方針を策定し公表する**。基本方針には、①個人情報の利用目的、②関係法令やガイドラインを遵守すること、③個人情報の安全管理措置に関すること、④マネジメントシステムの継続的改善に関すること、⑤問い合わせおよび苦情窓口等を盛り込む。

　既に個人情報の取扱いにかかる基本方針（「プライバシーポリシー」等）を策定している場合は、既存の基本方針を特定個人情報の保護措置に対応するように改正してもよいし、別に特定個人情報の取扱いにかかる基本方針を策定するのでも構わない。

　なお、基本方針の策定・公表は個人情報保護法・マイナンバー法で義務づけられているわけではない（「特定個人情報の適正な取扱いに関するガイドライン（事業者編）」でも、「基本方針を策定することが重要である」とし、「策定しなければならない」とまでではしていない）。

（5）　取扱規程等の策定・見直し（Ｅ）

　Ａ〜Ｃで明確化した事務における特定個人情報等の適正な取扱いを確保するために、組織的・人的・物理的・技術的な安全管理措置を織り込んだ**取扱規程等の策定・見直しを行わなければならない**。

　策定しなければならない「取扱規程等」は、「規程」や「細則」という形で制定するのが一般的であるが、事務フローや社内マニュアル、業務手順書等の形でも構わない。

　なお、特定個人情報に関する組織的・人的・物理的・技術的な安全管理措置については、「特定個人情報の適正な取扱いに関するガイドライン（事業者編）」の「（別添１）特定個人情報に関する安全管理措置（事業者編）」において、詳細に解説されている。

【講じなければならない安全管理措置の項目】

基本方針の策定

取扱規程等の策定

組織的安全管理措置

 ①組織体制の整備

 ②規程等に基づく運用

 ③取扱状況を確認する手段の整備

 ④情報漏えい等事案に対応する体制の整備

 ⑤取扱状況の把握及び安全管理措置の見直し

人的安全管理措置

 ①事務取扱担当者の監督

 ②事務取扱担当者の教育

物理的安全管理措置

 ①特定個人情報等を取り扱う区域の管理

 ②機器及び電子媒体等の盗難等の防止

 ③電子媒体等の取扱いにおける漏えい等の防止

 ④個人番号の削除、機器及び電子媒体等の廃棄

技術的安全管理措置

 ①アクセス制御

 ②アクセス者の識別と認証

 ③外部からの不正アクセス等の防止

 ④情報漏えい等の防止

3 中小規模事業者の特例的な扱い

　上記ガイドラインでは、**従業員の数が100人以下の事業者を「中小規模事業者」**として、**取扱規程の策定は義務としない**など、特例的な対応方法を認めている。ただし、以下の者は特例的な対応方法を認めるべきではないから「中小規模事業者」には該当しないとされている。

 ①　個人番号利用事務実施者

 ②　委託に基づいて個人番号利用事務等を業務として行う事業者

 ③　金融分野の事業者

特定個人情報の漏洩事案等が発生した場合の対応

　個人データの漏洩等事案が発生した場合、個人情報取扱事業者は、個人情報保護法26条に基づき、個人情報保護委員会規則で定める場合には、個人情報保護委員会への報告等の義務を負い、マイナンバーの漏洩等が個人データの漏洩等事案に該当すれば、事業者はこの報告義務等を負う。

　さらに、個人番号利用事務等実施者は、一定の場合に、個人情報保護委員会への報告等の義務を負う（マイナンバー法29条の4）。

　民間事業者において特定個人情報の漏洩等事案が発覚した場合に講ずべき措置等の具体的内容については、事業者ガイドラインの「（別添2）特定個人情報の漏えい等に関する報告等［事業者編］」に示されている（以下は、民間事業者に適用される部分についての説明である）。

1 個人情報保護委員会への報告

　個人番号利用事務等実施者は、特定個人情報ファイルに記録された特定個人情報の漏洩、滅失、毀損その他の特定個人情報の安全の確保に係る事態であって個人の権利利益を害するおそれが大きいものとして個人情報保護委員会規則で定めるものが生じたときは、個人情報保護委員会規則で定めるところにより、当該事態が生じた旨を委員会に報告しなければならない。ただし、当該個人番号利用事務等実施者が、他の個人番号利用事務等実施者から当該個人番号利用事務等の全部または一部の委託を受けた場合であって、個人情報保護委員会規則で定めるところにより、当該事態が生じた旨を当該他の個人番号利用事務等実施者に通知したときは、この限りでない（法29条の4第1項）。

（1）　個人の権利利益を害するおそれが大きいもの

　「個人の権利利益を害するおそれが大きいものとして個人情報保護委員会規則で定めるもの」（法29条の4第1項本文）とは、次のいずれかに該当するものである（行政手続における特定の個人を識別するための番号の利用等に関する法律第29条の4第1項および第2項に基づく、特定個

人情報の漏えい等に関する報告等に関する規則2条。以下、同規則を「規則」という）。

① 次に掲げる特定個人情報（高度な暗号化その他の個人の権利利益を保護するために必要な措置を講じたものを除く。以下同じ。）の漏えい、滅失若しくは毀損（以下「漏えい等」という。）が発生し、又は発生したおそれがある事態

・ 行政機関等から個人番号関係事務の全部又は一部の委託を受けた者が当該個人番号関係事務を処理するために使用する情報システムにおいて管理される特定個人情報

② 次に掲げる事態

　イ 不正の目的をもって行われたおそれがある特定個人情報の漏えい等が発生し、又は発生したおそれがある事態

　ロ 不正の目的をもって、特定個人情報が利用され、又は利用されたおそれがある事態

　ハ 不正の目的をもって、特定個人情報が提供され、又は提供されたおそれがある事態

③ 個人番号利用事務実施者又は個人番号関係事務実施者の保有する特定個人情報ファイルに記録された特定個人情報が電磁的方法により不特定多数の者に閲覧され、又は閲覧されるおそれがある事態

④ 次に掲げる特定個人情報に係る本人の数が100人を超える事態

　イ 漏えい等が発生し、又は発生したおそれがある特定個人情報

　ロ 法9条の規定に反して利用され、又は利用されたおそれがある個人番号を含む特定個人情報

　ハ 法19条の規定に反して提供され、又は提供されたおそれがある特定個人情報

（2） 報告義務の主体

漏洩等報告の義務を負う主体は、前述した事態（報告対象事態）に該当する特定個人情報を取り扱う個人番号利用事務等実施者である。

特定個人情報の取扱いを委託している場合においては、委託元と委託先の双方が特定個人情報を取り扱っていることになるため、報告対象事態に

該当する場合には、原則として委託元と委託先の双方が報告する義務を負う。

なお、委託先が、報告義務を負っている委託元に当該事態が発生したことを通知したときは、委託先は報告義務を免除される。

(3)　速報

個人番号利用事務等実施者は、報告対象事態を知ったときは、速やかに、次に掲げる事項を個人情報保護委員会に報告しなければならない（規則3条1項）。

① 概要
② 特定個人情報の項目
③ 特定個人情報に係る本人の数
④ 原因
⑤ 二次被害又はそのおそれの有無及びその内容
⑥ 本人への対応の実施状況
⑦ 公表の実施状況
⑧ 再発防止のための措置
⑨ その他参考となる事項

速報時点での報告内容については、報告をしようとする時点において把握している内容を報告すれば足りる。

(4)　確報

個人番号利用事務等実施者は、当該事態を知った日から 30 日以内（当該事態が (1) の②に掲げるものである場合にあっては、60 日以内）に、(3) に掲げる事項（①〜⑨）を報告しなければならない。

確報においては、(3) に掲げる事項（①〜⑨）のすべてを報告しなければならない。

(5)　委託元への通知の例外

個人番号利用事務や個人番号関係事務の委託先は、個人情報保護委員会への報告義務を負っている委託元に対し、前述した (3) に掲げる事項（①〜⑨）のうち、その時点で把握しているものを通知したときは、報告義務を免除される（規則4条）。

　委託元への通知については、速報としての報告と同様に、報告対象事態を知った後、速やかに行わなければならない。

2　本人への通知

　個人情報保護委員会への報告を要する場合には、個人番号利用事務等実施者は、本人に対し、個人情報保護委員会規則で定めるところにより、当該事態が生じた旨を通知しなければならない。ただし、本人への通知が困難な場合であって、本人の権利利益を保護するため必要なこれに代わるべき措置をとるときは、この限りでない（法29条の4第2項）。

　特定個人情報の取扱いを委託している場合において、委託先が、報告義務を負っている委託元に、前述した **1** (3)の①〜⑨までに掲げる事項のうち、その時点で把握しているものを通知したときは、委託先は報告義務を免除されるとともに、本人への通知義務も免除される。

第4章

・マイナンバーの漏えい等が発生した場合、個人情報取扱事業者は個人情報保護委員会規則に従い、また個人番号利用事務等実施者はマイナンバー法29条の4に従って、個人情報保護委員会への報告等の義務を負う。
・個人番号利用事務等実施者が特定個人情報の取扱いを委託している場合、報告対象事態があるときは、原則として委託元と委託先の双方が報告する義務を負う。なお、委託先が、報告義務を負っている委託元に当該事態が発生したことを通知したときは、委託先は報告義務を免除される。
・個人番号利用事務等実施者は、報告対象事態を知って報告をしようとする時点で、把握している内容を速報しなければならない。その後、当該事態を知った日から一定期間内に、法令で定める9事項すべてについて確報しなければならない。

個人情報保護法制の規定の適用

1 個人情報保護法の適用

　個人情報保護法は一般法、マイナンバー法は特別法の関係にあるため、特定個人情報でマイナンバー法に規定がない分野については、一般法たる個人情報保護法の規定が適用される。なお、生存する者の個人番号は個人情報（個人識別符号）であり、単体で特定個人情報でもあるから、マイナンバー法に適用のない分野については個人情報保護法が適用される。

　個人情報保護法の規定は、**そのまま適用される規定**と、**読み替えられて適用される規定・適用排除される規定がある**（下記で、読み替えられて適用される、適用排除されるといったコメントのない規定は、そのまま適用される規定である）。

A　利用目的の特定（個人情報保護法 17 条）
①利用目的の特定（1 項）
　　個人番号の利用目的の特定については、「個人番号の利用目的の特定」の項（P.228）を参照されたい。
②利用目的の変更（2 項）
　　個人番号の利用目的の変更については、「個人番号の利用目的の変更」の項（P.229）を参照されたい。
B　利用目的による制限（同法 18 条）
　　個人情報保護法 18 条の規定は読み替えて適用される規定と適用排除される規定がある（後述）。
C　不適正利用の禁止（同法 19 条）
D　適正取得（同法 20 条 1 項）
　　個人情報保護法 20 条 2 項は適用されない（後述）。
E　利用目的の通知等（同法 21 条）
①利用目的の通知等（1 項）
②利用目的の明示（2 項）

③変更された利用目的の通知等（3項）

④適用除外（4項）

F　データ内容の正確性の確保等の努力義務（同法22条）

　　個人データのデータ内容の正確性確保の努力義務（同法22条前段）に関しては、個人情報取扱事業者は、従業員等に対し、個人番号が変更されたときは事業者に申告するよう周知しておくとともに、一定の期間ごとに個人番号の変更がないか確認することが望ましい。

　　また、特定個人情報に関しては、個人番号利用事務等を処理する必要がなくなった場合には個人番号をできるだけ速やかに廃棄または削除「しなければならない」とされている点に注意を要する。個人番号を削除した後の個人データは、利用する必要がなくなれば消去するよう「努めなければならない」（法22条後段）。

G　個人データの安全管理措置（同法23条）

H　従業者の監督（同法24条）

I　委託先の監督（同法25条）

J　個人データの第三者提供に関する規定（同法27条〜30条）

　　個人データの第三者提供に関する個人情報保護法の規定（同法27条〜30条）は、特定個人情報には適用されない（後述）。

K　保有個人データに関する事項の周知（同法32条1項）

L　保有個人データの利用目的の通知の求め（同法32条2項・3項）

M　保有個人データの開示請求（同法33条）

N　保有個人データの訂正等の請求（同法34条）

O　保有個人データの利用停止等の請求（同法35条1項・2項・5項）

P　保有個人データの第三者提供停止の請求（同法35条3項・4項・5項）

　　保有個人データの第三者提供停止の請求については、同法35条3項の規定が読み替えて適用される（後述）。

Q　理由の説明（同法36条）

R　開示等の求めに応じる手続等（同法37条）

S　手数料（同法38条）

T　事前の請求（同法39条）

U　苦情の処理（同法40条）

第4章

2　個人情報保護法の規定の読み替え・適用排除

　個人情報保護法の規定の中には、そのまま特定個人情報に適用するとマイナンバー法の規制に抵触してしまうものがある。そこで、マイナンバー法は、30条3項で、一般法たる個人情報保護法の規定のうち、そのままだとマイナンバー法の規制に抵触してしまう以下の規定について、その適用を排除し、または字句を読み替えて適用する旨を定めている。

①　個人情報保護法 18 条 1 項・2 項の読み替え

　個人情報保護法18条1項・2項は、特定個人情報に関しては、「あらかじめ本人の同意を得ないで」の字句を削除して適用する。

　個人情報保護法18条1項・2項は、「あらかじめ本人の同意」を得ないで17条で特定した利用目的や承継前の利用目的の達成に必要な範囲を超えた個人情報の目的外利用をすることを認めていない。この規定によれば、「あらかじめ本人の同意」を得れば、目的外利用ができることになる。

　しかし、マイナンバー法では、個人番号・特定個人情報をその利用範囲（利用目的）を超えて利用することを原則として認めておらず、目的外利用できる場合を、①激甚災害等の場合における金融機関による目的外利用（番号法9条5項）と②生命、身体または財産の保護のために必要がある場合（番号法9条6項）の2類型しか認めておらず、本人の同意がある場合の目的外利用を認める規定を定めていない。

　そうすると、特定個人情報に個人情報保護法18条1項・2項をそのまま適用すると、「あらかじめ本人の同意」を得れば特定個人情報の目的外利用ができてしまい、マイナンバー法の規制と矛盾してしまう。

　そこで、同法30条3項で、特定個人情報に関しては、「あらかじめ本人の同意を得ないで」の字句を削除しして適用することにしたのである。

　これにより、特定個人情報の目的外利用は、「あらかじめ本人の同意」を得ていても認められないことになる。

②　個人情報保護法 18 条 3 項 3 号および 4 号の適用排除

　個人情報保護法18条3項3号および4号は特定個人情報に関しては適用しない。

　個人情報保護法18条3項3号は公衆衛生の向上または児童の健全な育成の推進のために必要な場合の目的外利用を認めており、同項4号は法令の定める事務の遂行に協力する場合の目的外利用を認める規定であり、いずれも、マイナンバー法が認めていない目的外利用の類型だからである。

③　個人情報保護法20条2項の適用排除

　個人情報保護法20条2項は特定個人情報に関しては適用しない。

　同項は原則としてあらかじめ本人の同意を得ないで要配慮個人情報の取得を認めない規定であるが、同行の適用排除により要配慮個人情報にあたる特定個人情報は、マイナンバー法で許される限りで、あらかじめ本人の同意を得ないで取得できる。

④　第三者提供に関する規定（個人情報保護法27条～30条）の適用排除

　個人情報保護法27条から30条までの規定は、特定個人情報に関しては適用しない。

　マイナンバー法では、特定個人情報の提供ができるのは法19条各号が限定的に明記した場合に限っていることから、特定個人情報の提供についての規制は個人情報保護法によらず、マイナンバー法の規制に一本化にしたのである。

　この結果、特定個人情報に関しては、あらかじめ本人の同意（個人情報保護法27条1項）を得ていなくても、マイナンバー法19条各号に掲げる事由に該当すれば、提供することができる。

⑤　個人情報保護法35条3項の読み替え

　個人情報保護法35条3項は、同法27条1項または28条の規定に違反する個人データの第三者提供の停止請求の規定である。しかし、特定個人情報に関しては、マイナンバー法30条3項により個人情報保護法27条・28条は適用排除され、特定個人情報の第三者提供に関してはマイナンバー法19条の規制が適用される（前述）。

　これに整合させるため、個人情報保護法35条3項の規定は、マイナンバー法30条3項により、マイナンバー法19条の規定に違反する第三者提供の停止請求に読み替えて適用される。

第4章

その他の制度

1 個人情報保護委員会による監督等（マイナンバー法33条〜35条）

　個人情報保護委員会は、個人番号利用事務等実施者に対し、特定個人情報の取扱いに関し、次の権限を有する。

> ・マイナンバー法の施行に必要な限度において、指導・助言をすることができる（法33条）
> ・必要な報告・資料の提出を求め、必要な場所に職員を立ち入らせ、特定個人情報の取扱いに関し質問、帳簿書類等の検査をさせる（法35条）

　法35条の規定による報告・資料の提出をしない、虚偽の報告、虚偽資料提出、職員の質問に答弁しない、虚偽の答弁、検査の拒否・妨害・忌避などの妨害行為が行われた場合については、1年以下の懲役又は50万円以下の罰金に処するとされている（法54条）。

　また、個人情報保護委員会は、法令の規定に違反する行為が行われた場合に、違反行為をした者に対し、次の権限を有する。

> ・違反を是正するために必要な措置をとるべき旨を勧告できる（法34条1項）
> ・正当な理由がなく勧告に係る措置をとらなかったときは、勧告に係る措置を講ずることを命令できる（通常の命令。法34条2項）
> ・重大な権利利益を害する場合等は、勧告なしに命令できる（緊急命令。法34条3項）

　法33条2項又は3項の規定による命令に違反した者は、2年以下の懲役又は50万円以下の罰金に処するとされている（法53条）。

2 情報提供ネットワークシステムによる特定個人情報の提供 （マイナンバー法21条〜26条）

(1) 概要

　情報提供ネットワークシステムは、**行政機関の長等の間で、特定個人情報を安全、効率的にやりとりするための情報システム**であり、内閣総理大臣が、個人情報保護委員会と協議して、設置・管理するものである。

　情報提供ネットワークシステムは、国の行政機関、地方公共団体等の間での情報提供等に利用されるものであり、情報照会者および情報提供者は、直接情報をやりとりするのではなく、情報提供ネットワークシステムを介して情報連携を行う。

　情報提供ネットワークシステムを介して情報連携を行う「行政機関の長等」は、以下の者であり、民間事業者は含まれていない。

- ・行政機関の長
- ・地方公共団体の機関
- ・独立行政法人等
- ・地方独立行政法人
- ・地方公共団体情報システム機構
- ・情報照会者および情報提供者
- ・条例事務関係情報照会者および条例事務関係情報提供者

(2) 管理・情報連携等

　情報提供ネットワークシステムは、**内閣総理大臣が、個人情報保護委員会と協議の上、設置し、管理する**（法21条1項）。

　情報提供ネットワークシステムを利用した情報連携については、セキュリティの観点から次のような規制がある。

第4章

- ・情報提供ネットワークシステムによる情報連携は、法により許される場合に限り許されている（法21条２項、22条１項）。
- ・情報提供ネットワークシステムにおける情報連携は、個人番号を直接用いず、個人番号に代わって用いられる「情報提供用個人識別符号」を用いて行われる。なお、「情報提供用個人識別符号」は、個人番号に対応し当該個人番号に代わって用いられる符号だから、法２条８項により「個人番号」に含まれる。
- ・内閣総理大臣、情報照会者および情報提供者等は、情報提供等事務等に関する秘密について、その漏洩の防止その他の適切な管理のために、情報提供ネットワークシステムや情報照会者・情報提供者等が情報提供等事務等に使用する電子計算機の安全性および信頼性を確保することその他の必要な措置を講じなければならない（法24条〜26条）。

3　マイナポータル（マイナンバー法附則６条３項、４項）

　マイナポータル（情報提供等記録開示システム）は、情報提供ネットワークシステムにおける特定個人情報の提供等の記録や法律・条例で定める個人情報の開示、本人の利益になると認められる情報の提供等を行うためのシステムである（法附則６条３項・４項）。

　マイナポータルは、政府が運営するオンラインサービスであり、本人専用のサイトにログインすることで、行政手続の検索やオンライン申請をワンストップでできたり、行政機関からのお知らせを受け取るなどの様々なサービスを受けることができる。

【マイナポータルで順次提供されている（予定含む）サービスの例】
- ・情報提供ネットワークシステムにおける自分の特定個人情報のやり取りについて記録を確認できる（情報提供等記録表示）。
- ・行政機関などがもっている自分の特定個人情報が確認できる（自己情報開示）。
- ・行政機関などからの、一人ひとりの個人に合ったお知らせを確認できる。

- ・行政機関や民間企業等からのお知らせなどについて、民間の送達サービスを活用して受け取ることができる（民間送達サービスとの連携）。
- ・地方公共団体の子育てに関するサービスの検索やオンライン申請（子育てワンストップサービス）ができる（サービス検索・電子申請機能＝ぴったりサービス）。
- ・認可保育所等の利用申込の際に提出が必要とされる「就労証明書」について、作成する作業負担を軽減するためのサービスを利用できる（就労証明書作成コーナー）。
- ・法人設立に必要な諸手続について、オンラインでまとめて行うことができるサービスを利用できる（法人設立ワンストップサービス）。
- ・コミュニケーションアプリ「LINE」との連携により、LINE のメッセージで子育て等の行政サービスを検索し、マイナポータルの「ぴったりサービス」に移動して、電子申請や内容確認ができる。
- ・AI エージェントサービス「my daiz」との連携により、my daiz で子育て等の行政サービスを検索し、マイナポータルの「ぴったりサービス」に移動して、電子申請や内容確認ができる。
- ・個人番号カードを健康保険証として利用するための利用申込ができる。
- ・マイナポータルのお知らせを使い、ネットバンキング（ペイジー）やクレジットカードでの公金決済ができる（公金決済サービス）。
- ・外部サイトに登録することで、マイナポータルから外部サイトへのログインが可能となる（外部サイト連携）。

第4章

　マイナポータルを利用するためには、個人番号カードのほかに、IC カードリーダライタおよびパソコン等の機器が必要である。

　なお、高齢者やパソコン等を利用することができない者でもマイナポータルを利用できるよう、各市区町村にはマイナポータル用端末（タブレット PC、IC カードリーダライタ、wi-fi ルータ等）が設置されている。

　マイナポータルでは、なりすましにより特定個人情報が詐取されないように、厳格な本人認証が求められている。すなわち、マイナポータルサイトにログインする際は、IC カードリーダライタを用いて、個人番号カー

ドに記録された電子証明書を用いた本人認証を行う。

なお、マイナンバーカードを取得せず、マイナポータルを利用できなくても、自己情報開示については、別途、情報保有機関に「書面による開示請求」をする方法が用意されている。

4 特定個人情報保護評価（マイナンバー法27条、28条）

特定個人情報保護評価は、情報提供ネットワークシステムを使用して情報連携を行う事業者が、特定個人情報の漏洩その他の事態を発生させるリスクを分析し、そのようなリスクを軽減するための適切な措置を講ずることを宣言するものである。

特定個人情報保護評価を義務づけられている評価実施機関は、行政機関の長や地方公共団体の機関等の行政機関が中心であり、行政機関等外の者では、健康保険組合等が法19条8号に規定する情報照会者および情報提供者として、評価実施機関となっている。

民間事業者である健康保険組合等が評価実施機関に含まれているのは、民間事業者であっても制度への関与の程度が深く、特定個人情報ファイルの保有が本人に対して与える影響も大きいものと考えられるからである。

5 法人番号（マイナンバー法39条〜42条）

（1） 概要

法人番号は、法39条1項または2項の規定により、特定の法人その他の団体を識別するための番号として指定されるものをいう（法2条15項）。

法人番号は、**12桁の基礎番号とその前に付された1桁の検査用数字**（チェックデジット）**で構成される13桁の番号**であり、個人番号と同様、**一団体一番号で、不変の番号**である（法人格が消滅しても抹消されない）。

（2） 法人番号の指定・通知等

法人番号は、**国税庁長官が指定して通知する**。

・ 「法人等」に該当する団体

以下の「法人等」に該当する団体は、届出をしなくても国税庁長官により法人番号が指定・通知される（法39条1項）。

①　国の機関

②　地方公共団体

③　会社法その他の法令の規定により設立の登記をした法人

④　上記以外の法人または人格のない社団等（法人でない社団または財団で代表者または管理人の定めがあるもの）であって、法人税・消費税の申告納税義務または給与等に係る所得税の源泉徴収義務を有することとなる団体

（3）　法人番号の利用範囲や取扱い

　法人番号が個人番号と大きく異なるのは、法人番号には**利用範囲の制限がなく、自由に流通させることができ、インターネット**（法人番号公表サイト）**でも公表される**ということである。

　法人番号には、個人番号や個人情報と異なってプライバシー等の問題がないからである。

　法人番号公表サイトで公表される事項は、①**商号または名称**、②**本店または主たる事務所の所在地**および③**法人番号等**である。ただし、人格のない社団等については、公表に際して代表者等の同意を要するとされている（法39条4項）。

第4章

PICK UP

・マイナンバーを活用して様々な行政サービスを受けられる、マイナポータルの機能が拡大している。

・特定個人情報保護評価の評価実施機関は、行政機関以外にも、制度への関与が深く本人に対して与える影響も大きい健康保険組合等の民間事業者も含まれる。

・法人番号は、個人番号と同様に一団体一番号で不変の番号だが、プライバシー等の問題がないためインターネット上（法人番号公表サイト）で公表される。

罰則

　個人情報保護法における個人情報取扱事業者に対する罰則の適用は、個人情報データベース等を不正な利益を図る目的で提供等した場合、委員会からの是正命令に違反した場合、虚偽報告を行った場合等に限られている。

　一方、マイナンバー法は、個人番号・特定個人情報について、利用範囲を限定し、取扱いについても規制するなど個人情報保護法よりも厳格な保護措置を講じている（マイナンバー法9条、15条、19条、20条等）。このような保護措置の実効性を確保するために、正当な理由なく特定個人情報ファイルを提供したとき、不正な利益を図る目的で個人番号を提供、盗用したとき、人を欺く等して個人番号を取得したときの罰則を定めている（法48条〜法57条）。

　このように、マイナンバー法が定める罰則は、個人情報保護法における罰則よりも強化されており、また、類似の罰則よりも刑の上限が引き上げられている。

　また、**マイナンバー法の罰則は「故意犯」であり、過失（不注意）による情報漏洩等は処罰対象とされていない。**

　マイナンバー法が定める罰則には、次の表にみるように、行為主体が限定されていないものと、行為主体が一定の者に限定されているものがある。

　行為主体が限定されていない罰則のうち、48条・49条・50条が個人番号等を漏洩する行為の処罰規定である。48条の特定個人情報ファイルの不正提供罪が最も法定刑が重い。

　53条・54条は、個人情報保護委員会の監督権限行使（法33条〜法35条）に対する罰則であり、55条は不正に個人番号カードの交付を受けた罪である。

　行為主体が限定されている罰則のうち、50条は、25条の情報提供等事務・情報提供ネットワークシステムの運営に関する事務に従事する者（していた者）の秘密保持義務に対応する罰則である。

　なお、48条から52条までは、日本国外においてこれらの罪を犯した者

にも適用される（法56条）。これを「国外犯処罰」いう。

　また、法人等の代表者（管理人）、法人（または人）の代理人、使用人その他の従業者が、その法人又は人等の業務に関して、48条・49条・51条・53条・53条の2〜55条の2の違反行為をしたときは、その行為者を罰するほか、その法人又は人に対しても罰金刑が科される（法57条）。これを「両罰規定」という。

図表 4-9　マイナンバー法における罰則規定

行為	マイナンバー法の罰則 （「法人」は両罰規定）		国外犯処罰	個人情報保護法の類似規定
個人番号関係事務又は個人番号利用事務に従事する者又は従事していた者が、正当な理由なく、特定個人情報ファイルを提供	行為者	4年以下の懲役若しくは 200 万円以下の罰金又は併科（48条）	○	－
	法人	1 億円以下の罰金（57 条 1 項 1 号）		
上記の者が、不正な利益を図る目的で、個人番号を提供又は盗用	行為者	3年以下の懲役若しくは 150 万円以下の罰金又は併科（49条）	○	1 年以下の懲役又は 50 万円以下の罰金（174 条）
	法人	1 億円以下の罰金（57 条 1 項 1 号）		1 億円以下の罰金（179 条 1 項 1 号）
情報提供ネットワークシステムの事務に従事する者又は従事していた者が、情報提供ネットワークシステムの業務に関して知り得た秘密を漏らす、又は盗用	行為者	3年以下の懲役若しくは 150 万円以下の罰金又は併科（50条）	○	－
人を欺き、人に暴行を加え、若しくは人を脅迫する行為により、又は財物の窃取、施設への侵入、不正アクセス行為その他の個人番号を保有する者の管理を害する行為により、個人番号を取得	行為者	3年以下の懲役又は 150 万円以下の罰金（51条）	○	－
	法人	同上（57 条 1 項 2 号）	○	－

第4章

国、地方公共団体、地方公共団体情報システム機構などの役職員が職権を濫用して、職務以外の目的で個人の秘密に属する特定個人情報が記録された文書などを収集	行為者	2年以下の懲役又は100万円以下の罰金（52条）	○	1年以下の懲役又は50万円以下の罰金（176条）
地方公共団体情報システム機構の役職員又はこれらの職にあった者が、機構処理事務に関して知り得た秘密を漏らす。機構処理事務特定個人情報等の電子計算機処理等の委託を受けた者、役職員又はこれらの者であった者が、その委託された業務に関して知り得た機構処理事務特定個人情報等に関する秘密又は機構処理事務特定個人情報等の電子計算機処理等に関する秘密を漏らす	行為者	2年以下の懲役又は100万円以下の罰金（52条の2）	○	－
戸籍関係情報作成用情報の作成に関する事務に従事する者又は従事していた者が戸籍関係情報作成用情報の作成に関する事務に関して知り得た当該事務に関する秘密を漏らす、又は盗用	行為者	2年以下の懲役若しくは100万円以下の罰金又は併科（52条の3）	○	－
個人情報保護委員会から命令を受けた者が命令に違反	行為者	2年以下の懲役又は50万円以下の罰金（53条）	×	1年以下の懲役又は100万円以下の罰金（173条）
	法人	1億円以下の罰金（57条1項1号）		1億円以下の罰金（179条1項1号）
取得番号の取扱い又は戸籍関係情報作成用情報の取扱いについて、個人情報保護委員会から命令を受けた者が命令に違反	行為者	1年以下の懲役又は50万円以下の罰金（53条の2）	×	－
	法人	同上（57条1項2号）		

個人情報保護委員会に対し、報告・資料提出の懈怠、虚偽の報告、虚偽の資料提出、職員の質問に対し答弁拒否・虚偽答弁、検査拒否・妨害・忌避	行為者	1年以下の懲役又は50万円以下の罰金（54条）	×	50万円以下の罰金（177条）
	法人	同上（57条1項2号）		同上（179条1項2号）
偽りその他の不正の手段により個人番号カードを取得	行為者	6月以下の懲役又は50万円以下の罰金（55条）	×	－
	法人	同上（57条1項2号）		
取得番号の取扱い又は戸籍関係情報作成用情報の取扱いについて、個人情報保護委員会に対し、報告・資料提出の懈怠、虚偽の報告、虚偽の資料提出、職員の質問に対し答弁拒否・虚偽答弁、検査拒否・妨害・忌避	行為者	30万円以下の罰金（55条の2）	×	－
	法人	同上（57条1項2号）		
地方公共団体情報システム機構の役職員が、法38条の4の規定に違反して帳簿を備えず、帳簿に記載せず、若しくは帳簿に虚偽の記載をし、又は帳簿を保存しない	行為者	30万円以下の罰金（55条の3第1項1号）	×	－
地方公共団体情報システム機構の役職員が、総務大臣に対し、報告・資料提出の懈怠、虚偽の報告、虚偽の資料提出、質問に対し答弁拒否・虚偽答弁、検査拒否・妨害・忌避	行為者	30万円以下の罰金（55条の3第1項2号）	×	－

第4章

PICK UP

・マイナンバー法が定める罰則は、個人情報保護法における罰則よりも強化されており、また、類似の罰則よりも刑の上限が引き上げられている。ただし、マイナンバー法の罰則は「故意犯」であり、過失（不注意）による情報漏洩等は処罰対象とされていない。
・マイナンバー法の罰則には、「国外犯処罰」や「両罰規定」の対象となるものがある。

第4章◎過去問題チェック

1．番号法における定義（2条）に関する以下のアからエまでの記述のうち、誤っているものを1つ選びなさい。

　ア．個人番号とは、番号法の規定により、住民票コードを変換して得られる番号であって、当該住民票コードが記載された住民票に係る者を識別するために指定されるものをいう。

　イ．個人情報とは、個人情報の保護に関する法律（個人情報保護法）に規定する個人情報であって行政機関及び独立行政法人以外の者が保有するもののみをいう。

　ウ．個人番号利用事務とは、行政機関、地方公共団体、独立行政法人等その他の行政事務を処理する者が番号法の規定によりその保有する特定個人情報ファイルにおいて個人情報を効率的に検索し、及び管理するために必要な限度で個人番号を利用して処理する事務をいう。

　エ．個人番号関係事務とは、番号法の規定により個人番号利用事務に関して行われる他人の個人番号を必要な限度で利用して行う事務をいう。

〈第63回出題　問題41〉

2．個人番号の指定及び通知並びに個人番号とすべき番号の生成に関する以下のアからエまでの記述のうち、誤っているものを1つ選びなさい。

　ア．市町村長（特別区の区長を含む。以下同じ。）は、住民基本台帳法の規定により住民票に住民票コードを記載したときは、速やかに、地方公共団体情報システム機構（以下「機構」という。）から通知された個人番号とすべき番号をその者の個人番号として指定し、その者に対し、当該個人番号を通知しなければならない。

　イ．市町村長は、当該市町村（特別区を含む。以下同じ。）が備える住民基本台帳に記録されている者の個人番号が漏えいして不正に用いられるおそれがあると認められるときは、その者の請求又は職権により、その者の従前の個人番号に代えて、機構から通知された個人番号とすべき番号をその者の個人番号と指定し、速やかに、その者に対し、当該個人番号を通知しな

ければならない。

ウ．他のいずれの個人番号とも異なることが、番号法上、個人番号とすべき
番号の要件の一つとされているが、番号法に規定されている従前の個人番
号は、ここにいう「他のいずれの個人番号」には含まれない。

エ．市町村長が指定しようとする者に係る住民票に記載された住民票コード
を変換して得られるものであることが、番号法上、個人番号とすべき番号
の要件の一つとされている。　　　　　　　　　〈第 65 回出題　問題 43〉

3．特定個人情報の「利用」と「提供・取得」に関する以下のアからエまでの
記述のうち、正しいものを 1 つ選びなさい。

ア．A 社営業部が A 社従業者本人から取得した特定個人情報を、A 社総務部
が入手する場合は、取得に該当する。

イ．A 社営業部が A 社従業者の特定個人情報をその従業者本人から入手する
場合は、利用に該当する。

ウ．A 社従業者が、その扶養家族から特定個人情報を入手する場合は、取得
に該当する。

エ．甲社ホールディングス傘下の A 社総務部が保有している A 社従業者の特
定個人情報を、甲社ホールディングス傘下の B 社総務部に渡す場合は、それが
共同利用にあたるのであれば、利用に該当する。　〈第 63 回出題　問題 43〉

4．個人番号の利用制限に関する以下のアからエまでの記述のうち、正しいも
のを 1 つ選びなさい。

ア．事業者が、講師に対して講演料を支払った場合において、所得税法の規
定に従って、講師の個人番号を報酬、料金、契約金及び賞金の支払調書に
記載して、税務署長に提出することは個人番号利用事務に該当する。

イ．従業員が、所得税法の規定に従って、扶養親族の個人番号を扶養控除等
（異動）申告書に記載して、勤務先である事業者に提出することは個人番号
関係事務に該当する。

ウ．事業者甲が、事業者乙の事業を承継し、源泉徴収票作成事務のために乙
が保有していた乙の従業員等の個人番号を承継した場合、当該従業員等の

個人番号を当該従業員等に関する源泉徴収票作成事務の範囲であっても、利用することはできない。

エ．人の生命、身体又は財産の保護のために必要がある場合であって、本人の同意があり、又は本人の同意を得ることが困難である場合であっても、個人番号関係事務を処理する目的で保有している個人番号を、人の生命、身体又は財産を保護するために利用することはできない。

〈第 63 回出題　問題 46〉

5．委託の取扱いに関する以下のアからエまでの記述のうち、誤っているものを１つ選びなさい。

ア．個人番号利用事務等の全部又は一部の委託をする者（以下本問において「委託元」という。）は、当該委託に係る個人番号利用事務等において取り扱う特定個人情報の安全管理が図られるよう、当該委託を受けた者（以下本問において「委託先」という。）に対する必要かつ適切な監督を行わなければならない。

イ．委託元は、委託先を適切に選定し、委託先との間で安全管理措置を遵守させるために必要な契約を締結し、委託先における特定個人情報の取扱状況を把握しなければならない。

ウ．委託先は、委託元の許諾を得た場合に限り、再委託をすることができる。

エ．再委託を受けた者は、直前の委託元の許諾を得た場合に限り、更に再委託をすることができる。　　　　　　〈第 64 回出題　問題 45〉

6．本人確認に関する以下のアからエまでの記述のうち、誤っているものを１つ選びなさい。

ア．本人から対面で個人番号の提供を受ける場合は、個人番号カードの提示のみで本人確認を行うことができる。

イ．本人が個人番号カードを取得していない場合は、原則として、番号確認書類と本人の身元確認書類が本人確認のために必要となる。

ウ．本人の代理人から個人番号の提供を受ける場合は、本人確認として、代理権確認、代理人の身元確認、本人の番号確認の３つの行為が必要となる。

エ．これまで番号確認書類として利用可能であった通知カードは廃止された
　　ため、通知カードを本人確認に利用することは一切できない。

〈第 64 回出題　問題 44〉

7．個人番号カードの交付等に関する以下のアからエまでの記述のうち、誤っ
　ているものを 1 つ選びなさい。

　ア．市町村長は、当該市町村が備える住民基本台帳に記録されている者に対
　　　し、その者の申請により、その者に係る個人番号カードを交付するが、そ
　　　の際、その者が本人であることを確認するための措置をとらなければなら
　　　ない。

　イ．個人番号カードの交付を受けている者は、住民基本台帳法に規定する最
　　　初の転入届をする場合には当該最初の転入届をした日から 14 日以内に、当
　　　該個人番号カードを市町村長に提出しなければならない。

　ウ．個人番号カードの交付を受けている者は、他の市町村に転入した場合を
　　　除くほか、カード記録事項に変更があった場合には、原則として、その変
　　　更があった日から 14 日以内に、その旨を住所地市町村長に届け出るととも
　　　に、当該個人番号カードを提出しなければならない。

　エ．個人番号カードの交付を受けている者は、当該個人番号カードを紛失し
　　　た場合には、直ちに、その旨を住所地市町村長に届け出なければならない。

〈第 65 回出題　問題 45〉

8．特定個人情報の提供の制限等に関する以下のアからエまでの記述のうち、
　誤っているものを 1 つ選びなさい。

　ア．個人番号利用事務等実施者は、個人番号利用事務等を処理するために必
　　　要があるときは、本人又は他の個人番号利用事務等実施者に対し個人番号
　　　の提供を求めることができる。

　イ．事業者は、従業員に対し、給与の源泉徴収事務のため、当該従業員の扶
　　　養親族の個人番号を記載した扶養控除等申告書の提出を求めることができ
　　　るが、この場合、当該従業員は、個人番号関係事務実施者として取り扱わ
　　　れる。

ウ．地代等の支払に伴う支払調書の作成事務の場合、契約締結時点において
は、支払調書の作成が必要であるかどうかが不明であるため、契約締結時
点で個人番号の提供を求めることはできず、支払調書の作成事務が発生し
た時点ではじめて個人番号の提供を求めることができる。

エ．何人も、番号法に規定されている場合に該当し特定個人情報の提供を受
けることができる場合を除き、他人の個人番号の提供を求めてはならない
が、自己と同一の世帯に属する者に対しては、当該場合に該当しなくても、
個人番号の提供を求めることができる。　　　　〈第 65 回出題　問題 47〉

9．特定個人情報の収集等の制限に関する以下のアからエまでの記述のうち、
誤っているものを１つ選びなさい。

ア．意図せずに、他人の個人番号が記載された書類を取得してしまった場合
は、特定個人情報の収集制限違反には当たらない。

イ．他人の個人番号カードの裏面に記載された個人番号の提示を受け、個人
番号を閲覧しただけでは収集に当たらない。

ウ．継続性のある契約に基づいて発生する個人番号関係事務については、当
該契約が終了するまでは、特定個人情報を保管することができる。

エ．個人番号利用事務や個人番号関係事務を処理する必要がなくなった場合
は、他の法令の規定にかかわらず、直ちに個人番号を廃棄又は削除しなけ
ればならない。　　　　　　　　　　　　　　　〈第 64 回出題　問題 48〉

10．次の文章は、特定個人情報保護評価に関するものである。以下のアからエ
までのうち、文章中の（　　）に入る適切な語句の組合せを１つ選びなさい。

特定個人情報保護評価とは、プライバシー権等侵害を未然に防止するため
の事前評価である。諸外国では、マイナンバーに相当するものに限らない、
（　ａ　）に対して、個人情報を保有する前に、プライバシー権等に対して
どのような影響、リスクがあるか、それを緩和・軽減するためにはどうし
たらよいかを自ら考え、関係者とコミュニケーションを図る、プライバシー
影響評価（Privacy Impact Assessment、頭文字をとって PIA と呼ばれる）

が実施されてきた。日本では、マイナンバー制度導入に伴い、充実した個人情報保護を図るため、プライバシー影響評価制度が導入された。特定個人情報保護評価とは、日本版のプライバシー影響評価である。特定個人情報保護評価は、諸外国のPIAに倣い、（　b　）ではなく、（　c　）である。もっとも、適切な実施を確保するため、一部の評価については、（　d　）の承認を得なければならないものとされている。

ア．a．個人情報全般　　　b．自己評価　　　c．第三者評価
　　d．個人情報保護委員会
イ．a．プライバシー全般　b．第三者評価　　c．自己評価
　　d．事業所管大臣
ウ．a．個人情報全般　　　b．第三者評価　　c．自己評価
　　d．個人情報保護委員会
エ．a．プライバシー全般　b．自己評価　　　c．第三者評価
　　d．事業所管大臣　　　　　　　　　　〈第63回出題　問題45〉

11. 法人番号に関する以下のアからエまでの記述のうち、誤っているものを1つ選びなさい。

ア．法人番号とは、番号法の規定により、特定の法人その他の団体を識別するための番号として指定されるものをいう。

イ．法人等の本店等の所在地を管轄する市町村長は、法人等に対して、法人番号を指定し、これを当該法人等に通知する。

ウ．国税庁長官は、原則として、法人番号保有者の商号又は名称、本店又は主たる事務所の所在地及び法人番号を公表する。

エ．行政機関の長等は、他の行政機関の長等に対し、特定法人情報（法人番号保有者に関する情報であって法人番号により検索することができるものをいう。）の提供を求めるときは、当該法人番号を当該他の行政機関の長等に通知してするものとされている。　　〈第65回出題　問題49〉

12. 番号法における罰則に関する以下のアからエまでの記述のうち、誤っているものを１つ選びなさい。

ア．番号法においては、一般的に個人情報保護法に規定されている類似の刑の上限が引き上げられている。

イ．番号法においては、個人情報保護法に規定されていない独自の罰則が設けられている。

ウ．国内犯の処罰のみでは限界があるため、すべての罰則について、国外犯処罰規定が設けられている。

エ．法人等自身の行為といえる等、法人等も処罰する必要がある場合があるので、一定の罰則については、両罰規定が設けられている。

〈第 65 回出題　問題 50〉

13. 番号法における罰則に関する以下のアからエまでの記述のうち、誤っているものを１つ選びなさい。

ア．人を欺き、人に暴行を加え、若しくは人を脅迫する行為により、又は財物の窃取、施設への侵入、不正アクセス行為その他の個人番号を保有する者の管理を害する行為により、個人番号を取得した者は、３年以下の懲役又は 150 万円以下の罰金に処される。

イ．偽りその他不正の手段により個人番号カードの交付を受けた者は、６月以下の懲役又は 50 万円以下の罰金に処される。

ウ．刑罰の適用については、日本国内において罪を犯した者又は日本国外にある日本船舶若しくは日本航空機内において罪を犯した者に適用するという属地主義が原則であるが、これでは限界があるので、番号法にも、国外犯処罰規定が設けられている。

エ．法人の代表者等又は法人の代理人その他の従業者が行った行為は、実質的には法人自身の行為といえるので、番号法では、全ての罰則について両罰規定が設けられている。

〈第 63 回出題　問題 50〉

第 **5** 章

脅威と対策

① 個人情報保護の対策
② リスクマネジメント
③ 脅威への認識
④ 脆弱性への認識
⑤ ソーシャル・エンジニアリング

個人情報保護の対策

1 個人情報保護の対策

（1）　個人情報取扱事業者の義務規定

　個人情報保護法で個人情報取扱事業者に課せられた義務は、次の 4 項目に分類することができる（同法上の規定との対応は図表 5-1 参照）。

・個人情報の適切な取得・取扱（法 17 条～法 21 条、法 40 条）
・個人情報の適切・安全な管理（法 22 条～法 25 条）
・第三者提供の制限、記録、確認（法 27 条～法 30 条）
・開示・削除請求などへの対応（法 32 条～法 38 条）

　この中で、個人情報の適切・安全な管理について、情報セキュリティ対策が義務づけられている（図表 5-1 の網掛け部分）。

図表 5-1　個人情報取扱事業者の義務規定

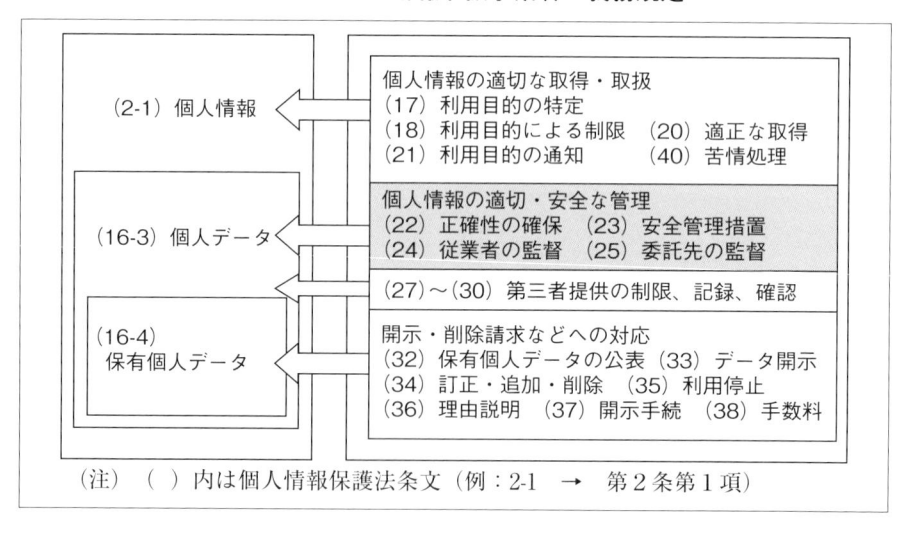

2020 年の改正個人情報保護法には、要配慮個人情報や匿名加工情報に加え、仮名加工情報という新しい定義とそれにともなう義務規定が加わり、

マイナンバー法での特定個人情報も含めた対応が求められる。

(2)　情報セキュリティ対策の義務化

　個人情報保護法は、個人情報の適切・安全な管理という形で、民間企業に情報セキュリティ対策の実施を義務づけたものである。2017 年改正法施行後は、小規模取扱事業者、非営利組織や個人事業主も個人情報取扱事業者となり、自主的に適切な個人情報保護対策を実施することが要請されている。

(3)　プライバシーガバナンスによる企業価値向上への取り組み

　プライバシー問題を経営戦略としてとらえ、経営者が積極的にコミットメントすることで企業価値向上へつなげるプライバシーガバナンスが注目され、「DX 時代における企業のプライバシーガバナンスモデルガイドブック」（経済産業省・総務省）が公表されている。

2　個人情報保護管理体制の構築

　個人情報を保護するための管理体制を構築するにあたり、注意すべきことは、情報の重要性を踏まえずにファイアーウォールや暗号化ツールを導入するなど、現場レベルでの場当たり的な対策に終始しないことである。

(1)　リスクの明確化

　個人情報の漏洩が発生した場合のリスクを十分に検討し、明確にしておくことが重要である。

　保有する個人情報の重要度、漏洩した場合に想定されるリスクや損失の大きさと、費用対効果を勘案し、個人情報の適切な管理体制を構築しなければならない。

(2)　マネジメントシステムの構築

　適切な管理体制を構築するためには、経営者から従業者にわたる体系的で全経営活動に統合された「個人情報保護に関するマネジメントシステム」を構築し、PDCA（Plan-Do-Check-Action）サイクルを運用することが必要である。

　このマネジメントシステムが成功するかどうかは、すべての組織階層および部門の関与、特に経営者の関与の度合いにかかっている。

第5章

3 個人情報保護対策の流れ

まず、JIS Q 15001:2017 に示されている要求事項の管理目的および管理策に沿って、個人情報保護対策の流れを紹介する（図表 5-2）。

図表 5-2　JIS Q 15001:2017 に準拠した個人情報保護の要求事項

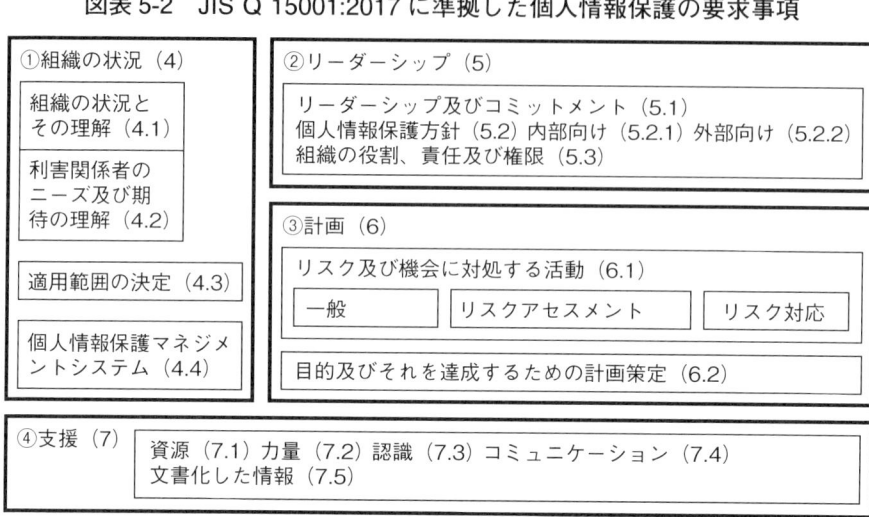

①組織の状況（4）
　組織の状況とその理解（4.1）
　利害関係者のニーズ及び期待の理解（4.2）
　適用範囲の決定（4.3）
　個人情報保護マネジメントシステム（4.4）

②リーダーシップ（5）
　リーダーシップ及びコミットメント（5.1）
　個人情報保護方針（5.2）内部向け（5.2.1）外部向け（5.2.2）
　組織の役割、責任及び権限（5.3）

③計画（6）
　リスク及び機会に対処する活動（6.1）
　　一般　　リスクアセスメント　　リスク対応
　目的及びそれを達成するための計画策定（6.2）

④支援（7）　資源（7.1）力量（7.2）認識（7.3）コミュニケーション（7.4）文書化した情報（7.5）

⑤運用（8）　⑤-1 運用の計画及び管理(8.1) リスクアセスメント(8.2) ⑤-2 リスク対応(8.3)

⑦改善（10）
　不適合及び是正処置（10.1）
　継続的改善（10.2）

⑥パフォーマンス管理（9）
　監視，測定，分析及び評価（9.1）
　内部監査（9.2）マネジメントレビュー（9.3）

※①〜⑦各要求事項に付けられた番号（4）〜（10）は JIS Q 15001:2017 の項番である。

JIS Q 15001:2017 では、全体構造が変更され、ISO マネジメント規格での「HLS（ハイレベルストラクチャー）」に合わせられており、同一組織内で運用している他の ISO 規格に規定を統一しやすくなるよう配慮されている。具体的な要求事項は、図表 5-2 と以下に説明する概要となる。

① 組織の状況（4）

　組織の目的に関連し、かつ、個人情報保護マネジメントシステムの成果を達成するために、組織の内外の課題と利害関係者のニーズおよび期待を

明確にし、個人情報保護マネジメントシステムの適用範囲を決定する。決定に従い、個人情報保護マネジメントシステムの確立・実施・維持そして継続的改善を行うことが求められる。

② リーダーシップ（5）

経営者は、内部向け個人情報保護方針を文書化し従業員に周知するとともに、外部向け個人情報保護方針を作成しWebサイトや会社案内などで公表する。それにより、経営者が個人情報マネジメントシステムの構築・維持・改善にリーダーシップを発揮することを示す。そして、個人情報保護マネジメントシステムの有効性を確実にする部門・担当者、および経営者へ報告する部門・担当者につき、責任および権限を与える。

③ 計画（6）

組織の課題及び利害関係者の要求事項を考慮して、個人情報保護リスクアセスメントの計画とプロセスおよび実施基準を定め適用する。リスクアセスメントの実施結果をもとに、個人情報保護リスク対応を実施するための計画およびプロセスを定め、必要な管理策を特定し、リスク対応計画を策定する。リスク対応計画の妥当性を検証するとともに、残留リスクの受容について関係者の承認を得る。

④ 支援（7）

マネジメントシステムに必要な資源を提供する。必要な資源として、人的力量、認識、コミュニケーションおよび文書化が挙げられている。

教育計画に沿って、従業員に適切な教育を実施する。従業員に個人情報保護対策の重要性や自身の役割を自覚させることが重要である。また、個人情報取扱いガイドブックやマニュアルを整備し、従業員向け教育を繰り返すことにより、人的な力量を向上させ、意識を高めていくことが望ましい。

また、個人情報保護マネジメントシステムに関連する内部および外部のコミュニケーションのための各種規定を定める。必要な情報を文書化して、維持・管理を行うための規定と仕組みを決定しておくことも必要である。

⑤ 運用（8）

ア．⑤-1　運用の計画及び管理（8.1）とリスクアセスメント（8.2）

規程に沿って、個人情報保護に必要な対策を実施・運用する。体制や

第5章

責任を定めて周知し、安全管理措置を実施するほか、収集、利用、提供に関する措置および開示、訂正、削除に関する措置を実施する。

　あらかじめ定めた間隔で、あるいは重大な変更や重大な変化が発生した場合に、個人情報保護リスクアセスメントを実施する。

イ．⑤-2 リスク対応 (8.3)

　リスク対応計画に従って対策を実施し、その結果を文書化し保持する。

⑥　パフォーマンス評価 (9)

ア．監視、測定、分析及び評価 (9.1)

　個人情報保護のプロセスおよび管理策の運用状況を監視・測定し、結果を分析することにより、個人情報保護対策のパフォーマンスおよび個人情報保護マネジメントシステムの有効性を評価する。

イ．内部監査 (9.2)

　監査計画や監査プログラムを策定し、監査計画に沿って定められた間隔で内部監査を実施する。個人情報保護対策の組織全体での運用状況について、要求事項に対する適合状況と、マネジメントシステムが有効に実施され、維持されているかどうかについて、内部監査の結果を関係する管理層、経営者に報告する。

ウ．マネジメントレビュー (9.3)

　経営者は、個人情報保護マネジメントシステムの運用状況に関する評価結果、監査結果から適宜マネジメントシステムの見直しを行う。継続的改善の機会、および個人情報保護マネジメントシステムの変更の必要性に関する決定を行い、文書化した情報として保持する。

⑦　改善 (10)

　組織として、不適合に対する是正処置を確実に実施するための責任および権限を定める手順を確立する。手順に沿って是正処置を実施し、維持する。それにより、個人情報保護マネジメントシステムの適切性、妥当性および有効性を継続的に改善する。

　以上の個人情報保護マネジメントシステム規格（JIS Q 15001:2017）の要求事項について、他のマネジメントシステムでのあり方と同様に、次の3

階層の PDCA サイクルを適用すべきと解される。

> A）組織が自律的に個人情報保護を実施し、維持し、継続的に改善できるシステムの確立
>
> B）優先順位付けされた戦略的レベルでの個人情報保護への取り組み
>
> C）現場レベルでの実施プロセス

　3 階層の PDCA サイクルは、それぞれ①〜⑦の要求事項との対応が異なる。対応の概要を図表 5-3 に示す。

図表 5-3　3 階層の PDCA サイクルと要求事項の対応

要求事項		A)	B)	C)
①組織の状況		P		
②リーダーシップ				
③計画		D	P	
④支援			D	
⑤運用	1 計画と管理、リスクアセスメント			P
	2 リスク対応			D
⑥パフォーマンス管理		C	C	C
⑦改善		A	A	A

　このように、3 階層の PDCA サイクルとなっているが、上位の PDCA サイクルは、それらが組織の状況に対応し、個人情報保護対策を組織の戦略的な方向性と両立することを確実にすることを重要視している。個人情報保護マネジメントシステムを、組織のプロセスおよびマネジメント構造全体の一部とし、かつ、その中に組み込むことを想定している。そして、従来よりも組織体である事業者の規模、事業内容、そしてリスクの変化に応じた主体的で柔軟な個人情報保護マネジメントシステムの構築・運用・見直しが可能となり、また、それが求められているといえよう。

4　マネジメントサイクルの構築

　個人情報保護の活動を実効性あるものにするためには、PDCA に基づくマネジメントサイクルの構築が重要なことは前述したとおりである。本項では、特に参考にすべきマネジメントシステムの規格を取り上げる。

(1)　JIS Q 15001

JIS Q 15001「個人情報保護マネジメントシステム—要求事項」は、個人情報保護に関するマネジメントシステムを構築・運用する上で最初に参照すべき規格であり、図表 5-3 および図表 5-4 に示すように、継続的に PDCA を回して改善するスパイラルアップモデルとなっている。改正個人情報保護法への対応と他のマネジメント規格 (ISO) との整合を図った 2017 年版が発行され、現在のプライバシーマーク制度における個人情報保護マネジメントシステム構築・運用指針および審査基準はこれに準拠している。

図表 5-4　個人情報保護マネジメントシステムのスパイラルアップモデル

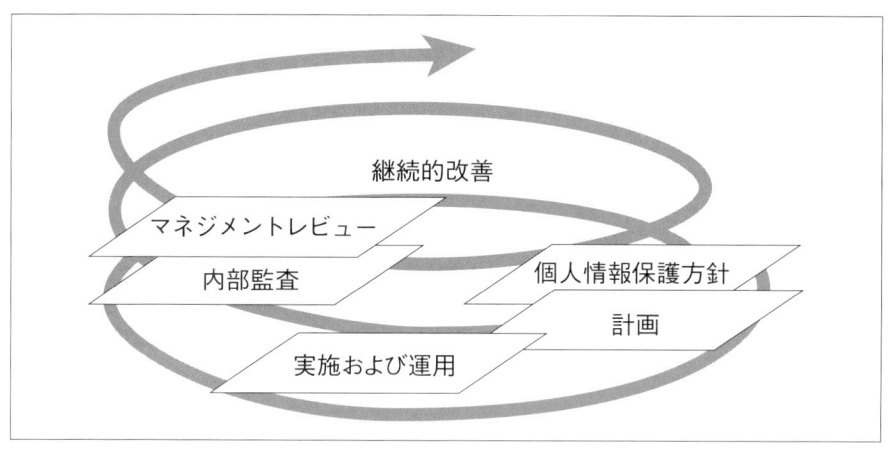

なお、プライバシーマーク制度については、一般財団法人日本情報経済社会推進協会 (JIPDEC) が、「プライバシーマークにおける個人情報保護マネジメントシステム構築・運用指針」ならびに「プライバシーマーク付与適格性審査基準」を公開しており、2021 年 8 月の最新版が、2022 年 4 月 1 日以降の申請に審査基準として適用される。

(2)　JIS Q 31000

JIS Q 31000「リスクマネジメント—指針」は、2010 年に制定された一般的なリスクマネジメントに関する規格である。2019 年の改訂で、すべてのマネジメントシステム規格においてこの規格のリスクマネジメントの概念を活用することとなった。

以上、JIS Q 15001 および JIS Q 31000 を紹介したが、個人情報保護で必要とされるマネジメントシステムは、ISO9000 など、他のマネジメントシステム規格の要求事項と共通する項目が多い。したがって、他のマネジメントシステム規格の認証を取得している組織では、その策定済みの規程類や管理体制を一部引用・共有することも可能である。これによって、個別に構築するよりも、マネジメントシステムを適切に統合でき、結果として実施体制の効率化も図ることができる。

(3)　ISMS

情報セキュリティマネジメントシステム（ISMS）は、個人情報保護の安全管理対策と親和性の高いマネジメントシステムである。ISMS では、情報セキュリティを「機密性、完全性、可用性を維持すること」と定義している（図表 5-5）。ISMS は、組織が保護すべき情報資産について、機密性、完全性、可用性をバランスよく維持し改善する仕組みとして、PDCA サイクルを確立し情報セキュリティのレベル向上を図るものである。

図表 5-5　情報セキュリティの定義

要件	概要
機密性	アクセスを認可された者だけが、情報に確実にアクセスできる。
完全性	情報や処理方法が、正確かつ完全であることを保証する。
可用性	認可された利用者が、必要なときに、情報や関連する資産に確実にアクセスできる。

ISMS の国際的な基準として ISO/IEC27000 シリーズが広く知られており、日本でも JIS 規格化して追従している。一般財団法人日本情報経済社会推進協会（JIPDEC）が運営する認証制度「ISMS 適合性評価制度」の現在の認証基準は「情報セキュリティマネジメントシステム―要求事項」（JIS Q 27001:2014）である。新しい規格の特徴の1つとして、より経営視点での企業・組織のガバナンスを強化に重点が置かれていることが挙げられる。また、JIS Q 31000 の標準的なリスクマネジメントプロセスと整合をとるほか、技術の変化を反映して管理策が追加されるなど、新たなリスクへの対応が進み、情報セキュリティ対策の改善・強化のための指針として有用である。

第5章

5　情報セキュリティポリシーの策定

　情報セキュリティを確保するために組織が最初に行う作業は、情報セキュリティポリシー（情報セキュリティ基本方針）の策定である。情報セキュリティ基本方針は、組織全体の取り組みを明示するものであり、経営方針として対外的に公開される文書として作成される。

　この情報セキュリティに関する文書体系は、基本方針を頂点に基準や実施手順を具体化する3階層の形をとる（図表5-6）。

図表 5-6　情報セキュリティポリシーの階層

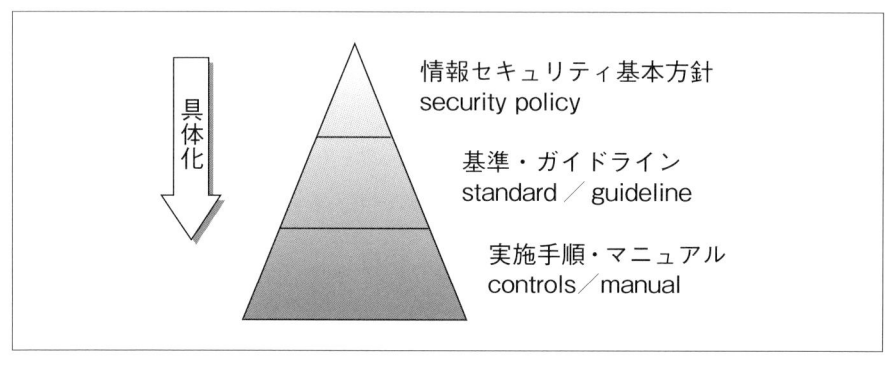

（1）　情報セキュリティ対策の流れ

　情報セキュリティ対策の流れは、一般的に次のとおりとなる。

①　情報セキュリティ基本方針の策定

②　リスク分析・評価・対策の検討

③　情報セキュリティ対策基準の策定

④　情報セキュリティ対策の実施・運用

⑤　監査・見直し

　この手順は、個人情報保護対策の流れと基本的に同じである。個人情報保護対策は、情報セキュリティ対策の一環である。

（2）　情報セキュリティ基本方針

　情報セキュリティ基本方針には、主に次の指針が含められており、これに基づいて各種の規程（ガイドライン）や規程類に沿った実施手順の文書

化を進めていくことになる（記載例は図表 5-7 参照）。

> ・情報セキュリティの定義、目的および適用範囲
> ・情報セキュリティに関する経営者の方針
> ・情報セキュリティ基本方針の運用体制
> ・基本方針の遵守ならびに違反に対する措置

　なお、基本方針と各種規程を策定するためには、情報セキュリティ対策推進会議の「情報セキュリティポリシーに関するガイドライン」（2002 年 11 月 28 日改定版）や、日本ネットワークセキュリティ協会の「情報セキュリティポリシーサンプル改版（1.0 版）」（2016 年改版）などが参考になる。

図表 5-7　情報セキュリティ基本方針の例

> １．当社は情報セキュリティの重要性を認識し、情報セキュリティを確保することにより、情報通信社会の発展に貢献します。
> ２．当社が保有するすべての情報資産の保護に努め、適切な情報セキュリティ管理体制を構築します。
> ３．情報セキュリティ管理のための規程の整備、対策の実施、教育の充実および監査体制の整備を進めていきます。
> ４．当社の全従業員が本方針ならびに関連法規等を遵守するよう努めます。

（3）　個人情報保護方針との関係

　情報セキュリティ基本方針は、組織が保有する個人情報を含むすべての情報資産を安全に管理するための組織の方針を文書化したものである。

　これに対し、個人情報保護方針には、利用目的の特定や適正な取得、利用の制限といった個人情報保護特有の項目を含むため、この 2 つの方針は個別に作成するのが一般的である。

> ・個人情報保護対策は情報セキュリティ対策の一環である。
> ・個人情報保護対策には、利用目的の特定や適正な取得など固有の項目がある。

第5章

リスクマネジメント

1 リスクマネジメントシステム

（1） リスクとは

　リスクは一般的に「危険」と訳され、災害など不測の事態によって発生する損害の可能性を指す。しかし、リスクは「不確実」であることを指し、プラスの影響が出た場合に利益をもたらす側面もある。

　発生した事象により、利益または損失の影響をもたらすものを**投機リスク**と呼ぶ。一方、安全面にマイナスの影響を与えるものを**純粋リスク**と呼ぶ。情報セキュリティが対象とするのは、主に純粋リスクである。

（2） リスクマネジメントの定義

　リスクマネジメントはリスクアセスメント、リスクの受容、リスク対応およびリスクコミュニケーションを含んだ活動で、PDCA マネジメントサイクルを構築・運用し、継続的改善を図る組織の取り組みである。

　リスクマネジメント用語の規格である JIS Q 0073 では、リスクを純粋リスクに限定せず、リスクマネジメントを「リスクについて、組織を指揮統制するための調整された活動」と定義している（図表5-8）。

図表5-8　JIS Q 0073 リスクマネジメント用語の関係

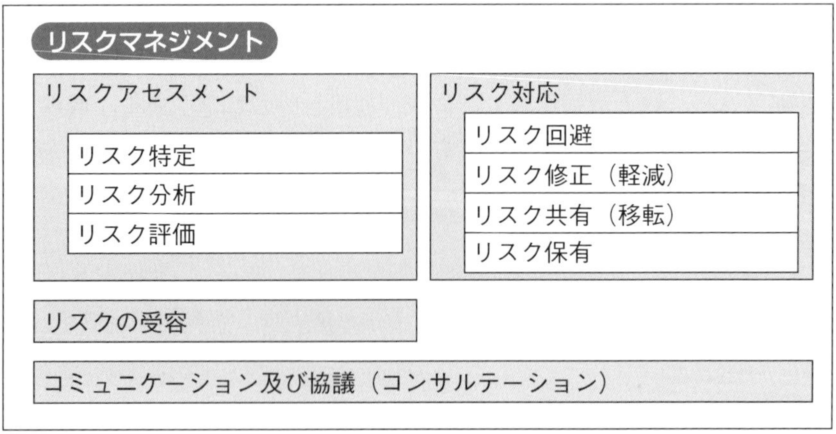

(3) リスクマネジメントの規格

① JIS Q 31000「リスクマネジメント―原則と指針」

JIS Q 31000 では、図表5-9 のようなリスクマネジメントのプロセスが提示されている。

図表 5-9 JIS Q 31000 リスクマネジメントのプロセス

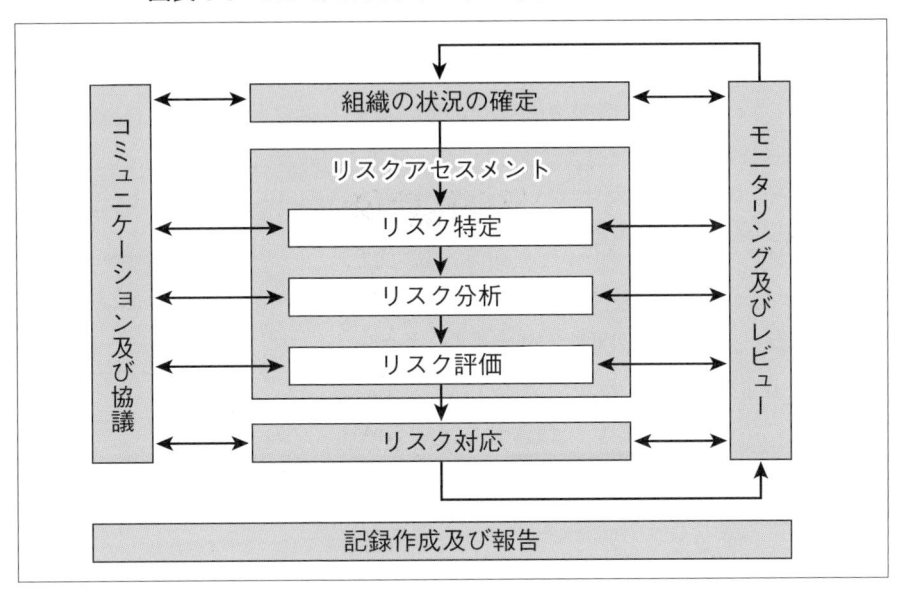

② JIS Q 27002「情報セキュリティマネジメントの実践のための規範」

JIS Q 27002 では、セキュリティリスクアセスメントを実施することによってセキュリティ要求事項が識別されるとし、リスク分析を体系的に行うことを推奨している。ただし、具体的な実施方法については言及されていない。

③ ISO/IEC 27005「情報通信技術セキュリティマネジメント」(MICTS)

リスク分析については、JIS Q 13335-1（通称 MICTS）に記述されていたが、規格が廃止され、ISO/IEC27005 に引き継がれている。MICTS が示すリスク分析手法は、図表5-10 のとおりである（詳細リスク分析については、「　2　(4) リスク分析の具体例」参照）。

第5章

図表 5-10　MICTS のリスク分析手法

手法	概要
ベースライン アプローチ	個々の情報資産に着目するのではなく、特定の実践規範のレベルとのギャップを分析する手法
非形式 アプローチ	個人の知識や経験をベースに、体系化されていない方法で分析を行う手法
詳細リスク 分析	個々の情報資産について脅威、脆弱性を識別し分析する手法
組合せ アプローチ	重要な情報資産については詳細リスク分析を、それ以外にはベースラインアプローチを適用する手法

2　リスク分析・評価

　情報セキュリティのリスク分析・評価によって、情報資産および情報資産にかかわる脅威や脆弱性（図表 5-11）を明らかにし、情報資産へのリスクの影響を把握することができる。

図表 5-11　情報セキュリティリスクの要素

要素	概要
情報資産	情報システムに関連づけられる資産（データ、ソフトウェア資産、物理的資産など）
脅威	システムまたは組織に危害を与える、好ましくない事故の潜在的な原因
脆弱性	脅威によって影響を受け得る資産または資産グループの弱点
リスク	ある脅威が、資産または資産グループの脆弱性を利用して、資産への損失、または損害を与える可能性

（1）　リスク分析・評価の流れ

①　情報資産の洗い出し

　まず、組織の情報資産の保有状況を調査・確認し、資産目録を作成する。同時に、洗い出した情報資産の管理者を特定することも必要である。加えて、以降の作業を効率よく進めるため、情報資産をグループ化するとよい。

②　脅威の洗い出し

　情報資産が置かれている状況から、発生する可能性のある脅威を洗い出す。参考として、脅威の例が MICTS に示されている（図表 5-12）。

脅威は、おおまかに人為的（意図的、偶発的）なものと、環境的なものに分類される。脅威を分類することは、どのような対策が有効かを考える上で有用である。

図表 5-12　脅威の分類（MICTS での例示）

人為的		環境的（Environmental）
意図的（Deliberate）	偶発的（Accidental）	
・盗聴、盗難	・誤りやケアレスミス	・地震
・情報の改ざん	・ファイルの削除	・落雷
・システム・ハッキング	・不正な経路	・洪水
・悪意のコード	・物理的な事故	・火災

③　脆弱性の洗い出し

脆弱性とは、脅威の影響を実際に誘引する情報資産のもつ弱点であり、管理体制やソフトウェアのセキュリティホールなどを指す。発生の可能性がある脅威と関連づけて整理すると、理解しやすい。なお、特定の脅威を誘引する可能性がない脆弱性については、必ずしもリスク評価の対象とする必要はない。

④　情報セキュリティリスクの大きさ

情報セキュリティリスクは、一般的に次の式で表される。

> リスクの大きさ ＝ 情報資産（価値）× 脅威（大きさ）× 脆弱性（大きさ）
> リスクの大きさ ＝ 被害の大きさ × 発生確率（または発生頻度）

（2）　定量的評価と定性的評価

リスクの要素となる情報資産、脅威、脆弱性およびそれらの組合せの洗い出しを行った後、リスク評価の段階へ入る。リスク評価の方法は、定量的評価と定性的評価に大別できる。

① 定量的評価

リスクの大きさを金額で算出する手法である。代表的な手法に ALE（Annual Loss Exposure）がある。定量的手法は評価結果がわかりやすい反面、基準値の設定が難しく評価結果の妥当性の検証も難しい。

したがって、実際には定性的評価が使われる場合が多い。また、定量的評価を限定的に採用して、定性的評価と組み合わせる場合もある。

第5章

② 定性的評価

リスクの大きさを高・中・低や5段階評価といった表現で評価する方式である。MICTS の第2部から引き継がれた ISO/IEC 27005 では定性的評価手法が紹介されており、ISMS でも推奨されているため、一般に広く使用されている。定性的評価では、情報資産や脅威といった各リスク因子を何段階に分類するか、そして分類の基準をどのように定義するかを決める必要がある。また、リスク値を求める場合、定性化されたリスク因子を加算する方法、乗算する方法など、さまざまな手法がある。

(3) 代表的リスク評価手法

① ALE（Annual Loss Exposure）

米国国立標準技術院が開発した年間予想損失額を算出する定量的評価手法である。最近では Annual Loss Expectancy とも呼ばれる。

ALE = f × i　　　　f：損失が発生する予想頻度　i：1回あたりの予想損失額

各部門で情報資産ごとに年間予想損失額を算出し、評価する。

② JNSA 損害額算出モデル

日本ネットワークセキュリティ協会（JNSA）が作成したセキュリティ事故の損害賠償額や情報セキュリティの対策投資額を算出するモデルである。また、JNSA からは「インシデント損害額調査レポート」が公表されており、インシデント発生時の具体的な対応、そのアウトソーシング先、対応等によって実際に生じるコスト（損害額・損失額）の調査結果が記載されているため、具体例として参考になる。

③ ビジネスインパクト分析（BIA：Business Impact Analysis）

事業継続の観点から注目される手法である。起こり得るリスクに対して、事業継続に影響を及ぼす重要業務を特定し、その業務の目標復旧時間を算定する。BIA の結果が、事業継続計画の策定の根拠となる。

④ プライバシー影響評価（PIA：Privacy Impact Assessment）

個人情報を保有する際、プライバシーや特定個人情報へ及ぼす影響を事前に評価し、その保護のための措置を講じる仕組み。マイナンバー制度で法的義務づけが生じたため、早急な対応が求められる。

(4) リスク分析の具体例

ここでは、MICTS に示されている詳細リスク分析の手順を紹介する。

① 分析対象の確定

分析・評価の対象を特定する（IT 資産、環境、業務など）。

② 情報資産の洗い出しと評価

分析対象に含まれるすべての情報資産を洗い出し、一覧を作成する。個々の情報資産につき、その重要度を評価する。ここでは5段階評価とする。

③ 脅威の評価

個々の情報資産に対して発生するおそれがある脅威を洗い出し、その脅威の発生頻度・可能性を評価する。ここでは3段階（高中低）評価とする。

④ 脆弱性の評価

情報資産がもつ弱点を洗い出し、脅威との関係づけを行う。その上で、その脆弱性が脅威を発生させる誘引となり得る度合いを評価する。ここでは3段階（高中低）評価とする。

⑤ リスクの評価

MICTS が例示している「あらかじめ定義された評価用マトリックス」を利用する（図表5-13）。そして、情報資産、脅威、脆弱性の組合せとそのリスク値を評価した結果が、図表5-14である。

図表5-13 あらかじめ定義された評価用マトリックス（MICTS より抜粋）

脅威のレベル		低			中			高		
脆弱性のレベル		低	中	高	低	中	高	低	中	高
情報資産の価値	0	0	1	2	1	2	3	2	3	4
	1	1	2	3	2	3	4	3	4	5
	2	2	3	4	3	4	5	4	5	6
	3	3	4	5	4	5	6	5	6	7
	4	4	5	6	5	6	7	6	7	8

図表5-14 マトリックスでの評価結果例

情報資産		脅威		脆弱性		評価
Web サーバ	2	不正アクセス	高	不適切なパスワード	中	5
ノートPC	4	紛失	中	持出規則の不徹底	高	7
顧客台帳	3	盗難	中	保管の不備	低	4

　リスクの評価結果として、許容可能なリスクの水準を設定しておき、それを超えるレベルのリスクを対象に必要な対策を行う。水準以下のリスクについては、対策を実施せずリスクを保有する場合もある。

3　リスク対応

（1）　リスク対応の分類

　リスク対応は、回避、修正（軽減）、共有（移転）、保有（受容）に分類される（図表 5-15）。

図表 5-15　リスク対応の分類

分類	概要
リスクの回避	リスクが発生する状況に巻き込まれないように意思決定する、または撤退する。
リスクの修正（軽減）	対策を実施して、リスク発生の可能性を低減する、もしくはリスク発生時の損失を軽減する。
リスクの共有（移転）	リスク発生時の損失負担などを他者に分散、または他者と共有する。保険の利用が代表的である。
リスクの保有（受容）	特定の対策を実施せず、発生時の損失負担を受容し、リスクを保有する。

　リスク発生の可能性、発生時の損失、リスク対策に必要な費用などから、リスクを許容できるレベルとのかねあいで対応方法を決定する。一般的には、図表 5-16 に示す指針に沿って対応されることが多い。

図表 5-16　リスク対応指針

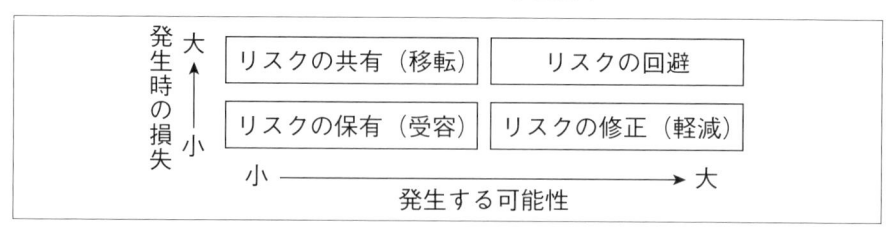

　組織内のリスクに対する認識の共有を円滑に行うために、リスク分析、評価および対応すべての過程で**リスクコミュニケーション**の重要性の認識が高まっている。組織内だけでなく、利害関係者や監督官庁、業界団体との連絡・情報共有・調整という面でも重要であり、リスクコミュニケー

ションおよび協議（コンサルテーション）の体制・方法を検討しておく。

（2） リスクファイナンス

リスクファイナンスとは、リスク対応を実施するコストおよび関連するコストに見合う資金供給の用意をすることである。積立金や準備金などの名目で必要な費用を**内部留保で確保する方法**と、保険を利用することにより**損失負担を外部へ移転する方法**がある。

リスクの発生確率は高くないが、発生時の損失が大きい場合に、リスクファイナンスとして保険を利用することが有効である。個人情報保護法の施行により、情報セキュリティ保険や個人情報保護保険といった保険商品が損害保険会社を中心に用意されている。

（3） 残存リスク

リスク対応した後に残っているリスクを残存リスクという。残存リスクは、リスク評価の過程で設定したリスクの許容水準以下に抑える必要がある。この残存リスクについては、現実にリスクが発生したときに必要な費用を負担することを受容した上でリスクを保有することになる。

リスクの許容水準の設定、および残存リスクの承認は、経営者の判断において行うべきで、現場担当者の判断によるべきではない。保有するリスクについては、リスクコミュニケーションの一端として、対象となる情報資産、脅威、脆弱性とともに、経営者や従業員などに周知する必要がある。

また、組織内部・外部の諸要因の変化によりリスクの状況は常に変動するため、定期的にリスク分析・評価を実施する必要がある。その際、残存リスクの変動状況についても調査・検討し、必要があれば許容水準自体の見直しを行う場合もある。

第5章

PICK UP
- リスク分析の主要な要素は、情報資産、脅威、脆弱性である。
- リスク評価は、定量的評価と定性的評価に大別される。
- リスク対応は、リスクの発生頻度、損失の大きさに応じて決定する。
- リスク対応は、回避、修正（軽減）、共有（移転）、保有（受容）に分類される。

脅威への認識

先に述べたとおり、情報セキュリティに対するリスク要因である脅威については、MICTS で人為的（意図的、偶発的）、環境的なものに分類される（本章第 2 節図表 5-12）。

ここでは、対策を打つ視点で、脅威を技術的、物理的および人的なものに分けて、個々の脅威の具体例を解説する。

1 技術的脅威

（1） 技術的脅威の分類

技術的脅威は、ネットワークシステムや Web アプリケーションなどに対して、技術を用いた意図的な不正による脅威である。技術的脅威の例として、脅威の頭文字を取った **STRIDE 脅威モデル**（図表 5-17）がよく知られている。また、技術的脅威には、STRIDE 脅威モデルにあるもの以外に、ウイルスやワームといった一般によく知られた脅威も含まれる。

図表 5-17　STRIDE 脅威モデル

技術的脅威	脅威（英表記）
なりすまし	Spoofing Identity
データの改ざん	Tampering with Data
否認	Repudiation
情報の漏洩	Information Disclosure
サービス拒否	Denial of Service（DoS）
特権の昇格	Elevation of Privilege

（2） 技術的脅威の事例

① なりすまし

他人のユーザ ID やパスワードを盗用し、本来その人しか見ることができない情報を盗み出したり、その人のふりをしてネットワーク上で不正行為を行ったりすることをいう。ID やパスワードの管理が適切に行われていないと、情報を盗み出される危険性がある。また、管理者のふりをして

パスワードを聞き出すソーシャル・エンジニアリングといった脅威もある（第5節参照）。最近では、スパイウェアや、Webサイトに不正なデータベース操作を行うSQLインジェクション（Webサイトの不備を突くSQL文を与えることにより、データを改ざんしたり、情報を不正入手するもの）といった新たな脅威による被害も増加している。

② データの改ざん

ネットワークを通じて外部からコンピュータに侵入し、管理者の許可を得ずに、Webサイトやアクセスログ、機密情報などを書き換える行為をいう。

③ 否認

ネットワーク上での売買や契約などを実行した後、それに関する事実を否認するような虚偽の主張をされることをいう。認証に不備がある場合や、通信履歴の適切な保管ができていないと、対抗できないおそれがある。

④ 情報の漏洩

アクセス権限の管理が不適切な場合、ネットワークからの侵入により、サーバ内の機密情報を不正に取得されることをいう。競合企業への転売やWebサイトに公開されるといった漏洩事件につながる。

⑤ サービス拒否

特定のサーバやネットワークに向けて大量の無意味な通信を送りつけ、大きな負荷を与えて、サービスを利用不能にする行為。一般に、DoS攻撃と呼ばれる。分散した多数の踏み台から一斉に攻撃を行うDDoS（Distributed DoS）攻撃もある（図表5-18）。

図表5-18　DDoS攻撃

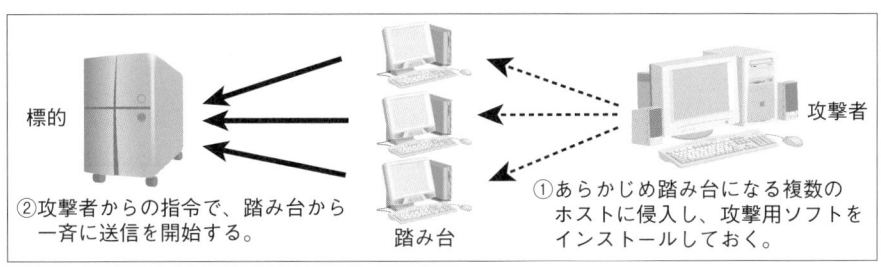

標的

②攻撃者からの指令で、踏み台から一斉に送信を開始する。

踏み台

攻撃者

①あらかじめ踏み台になる複数のホストに侵入し、攻撃用ソフトをインストールしておく。

⑥ 特権の昇格（不正取得）

不正侵入した攻撃者が、コンピュータの特権ユーザ（administrator、

第5章

root など）の権限を取得することをいう。管理者特権を取得された場合、コンピュータやネットワーク上でのファイルを改ざん・削除したり、不正プログラムのインストールなどが容易に可能となる。

以上①〜⑥の不正アクセスについては、サーバの設定の不備やセキュリティホールの修正版の適用漏れなどが原因になる場合が多い。具体的な攻撃手法や関連するセキュリティの最新情報を収集し、常に適切な対応ができるようにしておくことが必要である。

2　物理的脅威

（1）　物理的脅威の種類

　物理的脅威は、自然災害など環境的要因によるもの、建造物やオフィスにかかわるもの、コンピュータやネットワーク機器の故障などによるものに分けられる。MICTS の脅威分類との対応は、図表 5-19 のとおりである。

図表 5-19　物理的脅威の種類と MICTS の分類との対応

物理的脅威の種類	MICTS の分類
災害（自然災害や火災）	環境的
施設内への侵入による破壊や盗難	意図的
機器の故障や劣化	偶発的

（2）　物理的脅威の事例

① 災害（自然災害や火災）

　ア．地震

　震度4程度の中規模地震であっても、コンピュータ、特にディスプレイ装置が転倒して損壊する場合がある。震度6以上の大地震の場合、建物の倒壊の危険性だけでなく、電気・ガス・水道の断絶、通信の途絶、交通の麻痺など社会インフラへの多大な影響により、長期にわたり業務継続ができない状況が続くといった、深刻な被害を受ける可能性が高い。

　イ．洪水

　1階フロアが浸水し、機器や保管文書などが水没する危険性がある。加えて、1階や地下にある電源設備、通信用設備あるいは空調設備が浸水し

た場合、建物や機器は無事でも業務が継続できないといった被害もあり得る。短時間で局所的な集中豪雨が大きな被害をもたらすケースが増えており、浸水対策は十分に検討すべきである。

ウ．台風

猛烈な風雨による建物の損壊や、電気、通信などのインフラへの影響が発生し、1日ないし数日の間、業務に影響が出るおそれがある。

エ．落雷・停電

落雷による瞬間的な過電圧や、停電が発生した場合、バックアップ電源などが整備されていないと、情報システムを使用する業務が停止することになる。また、電源断によって、機器の故障が引き起こされる可能性もある。

オ．火災

火災が発生すると、情報機器や文書が焼失する。また、消火活動によって、機器などが使用できなくなるといった被害もある。

②　施設内への侵入による破壊や盗難

情報システムや機密文書がある建物・区画への入退出のセキュリティ管理が甘いと、外部から侵入される危険性がある。いったん侵入されると、ノートパソコンや文書の盗難、あるいは機器が破壊されるといった被害が容易に起こり得る。さらに、サーバやクライアントパソコンのアクセス制御、パスワード管理が適切でなければ、誰にも気づかれないように、電子文書や管理者のパスワードだけを盗まれて悪用されることも考えられる。

③　機器の故障や劣化

サーバやネットワーク機器を長期連続運転することで老朽化し、故障が起きやすくなる状況を放置すると、サービス停止につながりかねない。

電源供給設備の劣化による電圧不安定、空調設備の不調による高温・多湿は、コンピュータなどの機器の故障の要因となる。また、ほこりや静電気の影響も、機器の誤作動の原因となり得るため無視できない。

以上①～③の物理的脅威については、経済産業省の「情報システム安全対策基準」や一般社団法人電子情報技術産業協会（JEITA）の「情報システムの設備ガイド」に多くの事例が挙げられており、参考になる。

第5章

3　人的脅威

(1)　人的脅威の分類

　人的脅威とは、人の不注意、怠慢、過失あるいは不正行為によって引き起こされるさまざまなセキュリティ上の問題をいう。具体的には、誤操作、設定ミス、持ち出し、紛失、不正行為、パスワードの不適切な管理、許可されていないソフトウェアの使用などが考えられる。

(2)　人的脅威の具体例

① 　誤操作

　メールやFAXの宛先を間違う誤送信や、多数のメールアドレスが見える形式でメールを送信するなど、誤操作による情報漏洩事故は、個人情報保護法施行以降も後を絶たない。操作者自身の不注意だけでなく、操作マニュアルが整備されていない、または、操作マニュアルどおりに運用が守られていないことに起因するケースも多く見られる。

② 　設定ミス

　管理者による設定ミスでWebサーバ上の機密情報が外部から参照できる状態になり、そこから漏洩した事例も多数発生している。

　セキュリティパッチの適用漏れやウイルス定義ファイルの更新忘れにより、ウイルスに感染した結果、情報漏洩したケースも多い。

③ 　持ち出し

　ノートパソコン、USBメモリといった小型記憶装置や顧客名簿などを、正規の手続きなしに持ち出されるケースが、後を絶たない。持ち出し規則そのものがない場合も多いが、規則が形骸化して守られていないといった問題も多い。規則の整備や規則遵守の徹底とともに、従業者に情報の重要性と、持ち出した場合の危険性を認識させる教育を行う必要がある。

④ 　紛失

　ノートパソコンの持ち出しや名簿などの紛失などが、数多くの組織で発生している。また、それらを電車の網棚などに置き忘れるケースも非常に多い。オフィス内で適切な管理が実施されていないため、文書や機器の所在がわからなくなったというケースもよくある。

⑤　不正行為

　内部の人間が、金銭目的や怨恨^{えんこん}のために、故意に個人情報を持ち出して名簿業者に売り渡したり、匿名サイトに公開するといった意図的な不正行為は、後を絶たない。さらに、個人情報の経済的価値が広く知られ、外部からの金銭の授受や恐喝により不正行為に至るケースもある。

　従業者の業務上の監視だけでなく、ちょっとした素行の変化にも注意を払うことが必要になってきている。従業者が「ついその気にならない」ような管理体制を整備する必要性が高まっているといえる。

⑥　パスワードの不適切な管理

　類推されやすいパスワードを使用したり、パスワードのメモをディスプレイに貼り付けたり、パスワードを複数の人間で共有するなど、パスワードが適切に管理されていない組織もまだ多い。

　パスワードが漏洩すると、正規の利用者になりすまされる事態も起こり得る。また、複数のサイトで同じパスワードを使い回している場合、1つのパスワードが漏洩・解析されると被害が拡大する危険性は高い。

⑦　不適切なソフトウェアやサービスの使用

　ファイル共有ソフトであるWinnyがインストールされたパソコンから、個人情報や原子力発電所の機密情報などが流失した事件が多発したように、ソフトウェア利用規則が整備されていない、または、整備されていても守られていない状態で、本来使用されるべきではないソフトウェアから漏洩するケースが目立ってきた。最近は、ソーシャル・ネットワーク・サービスやインターネット上の共有サービスの情報公開範囲の設定ミスにより、個人情報が流出する事故が増加している。

- ・技術的脅威は、不正アクセスやウイルスが代表的である。
- ・物理的脅威には、災害、建物への外部からの侵入者および機器の故障などがある。
- ・人的脅威は誤操作、設定ミス、持ち出し、紛失、パスワードの不適切な管理、許可されていないソフトウェアの使用などがある。

第5章

4 漏洩事故・事件の傾向

　個人情報保護法の施行以前より、大規模な漏洩事件が発生している（図表5-20）。これらの漏洩事件は、内部による犯行も少なくない。また、委託先や派遣社員から漏洩した事例も目立っており、個人情報の取扱いを委託する場合の管理体制のあり方が問われている。

図表 5-20　大規模な個人情報漏洩事件

時期	事業者（件数）	発生原因とその後の経緯
2001年12月	自治体（22万）	委託先業者の学生アルバイトから住民基本台帳データが流出。慰謝料1万円、弁護士費用5,000円の判決
2003年6月	コンビニエンスストア（56万）	内部犯行により、カード会員情報が漏洩。500円の商品券を全員に送付
2007年3月	印刷（863万）	業務委託先の元社員が個人情報を不正に持ち出し、詐欺グループに売渡し。プライバシーマークの改善要請
2008年11月	学校（11万）	Winnyの暴露ウイルスに感染したシステム開発外部委託社員のパソコンから個人情報が流失
2011年4〜5月	情報通信（1億超）	外部から内部ネットワークに不正侵入され、クレジットカード情報を含む個人情報が漏洩。過去最大規模の事件
2013年7月	情報通信（3,700万）	ウイルス対策などと称した偽のスマートフォンアプリにより、ダウンロードした利用者の電話帳データの抜き取り
2014年7月	通信教育（2,070万）	委託先社員が不正に持ち出した顧客情報が転売され社会問題となった。経済産業省から改善勧告、プライバシーマーク認証取消
2015年5月	行政委託（125万）	標的型攻撃でマルウェアに感染したPCから個人情報が漏洩。社会に大きな影響を与え、マイナンバー法にも影響
2020年1月	情報通信（2,000万）	海外から不正アクセスを受け、個人情報や加盟店情報にアクセスされた可能性
2021年5月	サービス業（171万）	外部からの不正アクセスで、画像を含む会員の個人情報が流出

　漏洩の原因としては、紛失・置忘れや誤操作が多く、管理ミス等も含め、個人情報を取り扱う際の不注意や意識不足が目立っている（図表5-21）。つまり、担当者への教育・指導の不徹底といった、事業者の管理体制の不備を露呈した結果となっている。また、最近では、Webサイトを利用した巧妙な手法で個人情報を不正に取得する不正アクセスも増しており、利用者の意識向上を図るとともに、最新のセキュリティ情報を収集して迅速な措置を行うなど、管理体制の強化が求められている。

　ただし、図表5-20にあるとおり、ウイルスや不正アクセス、あるいは関係者の不正行為の場合、発生すると大規模な漏洩事件になるおそれが大きい。したがって、これらの不正行為を許さない技術的対策や管理体制を軽視してはならない。

　また、自組織の個人情報保護の管理体制の弱点や改善点を見出すために、漏洩事例や統計情報を活用することも有益である。

図表5-21　漏洩原因の傾向（2018）

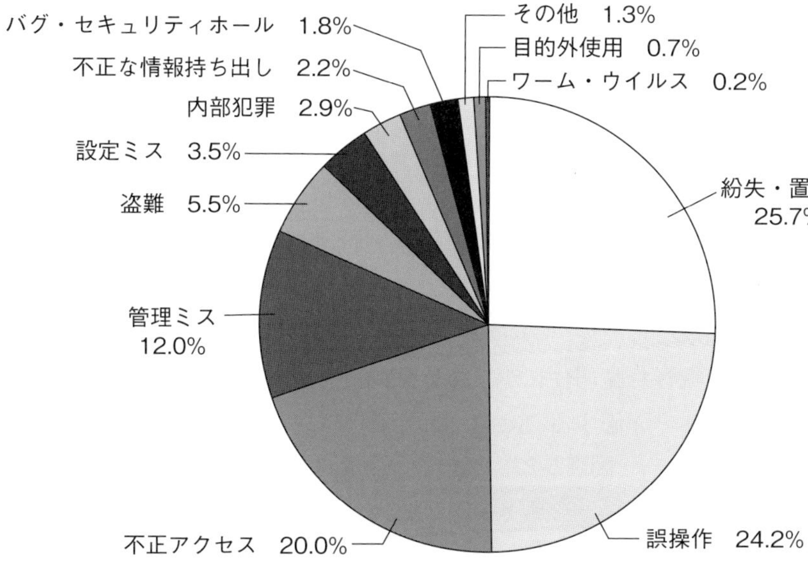

第5章

- バグ・セキュリティホール　1.8%
- 不正な情報持ち出し　2.2%
- 内部犯罪　2.9%
- 設定ミス　3.5%
- 盗難　5.5%
- 管理ミス　12.0%
- 不正アクセス　20.0%
- 誤操作　24.2%
- 紛失・置忘れ　25.7%
- ワーム・ウイルス　0.2%
- 目的外使用　0.7%
- その他　1.3%

出典：日本ネットワークセキュリティ協会
　　　「2018年 情報セキュリティインシデントに関する調査報告書」より

脆弱性への認識

1 脆弱性の分類と例

　情報資産に関する脆弱性とは、物理的な環境、組織的および人的な環境、技術的な環境などに含まれる弱点で、脅威によってつけこまれる可能性のあるものをいう（図表5-22）。

図表 5-22　脆弱性の分類の例

分類	対象	脆弱性の例
物理的	建物	災害対策の不足
	セキュリティ区画	入退出管理の不備
	電源、空調	電源や空調設備の保守不足
組織的	組織	不明確なセキュリティ体制
	規程	セキュリティポリシーの未策定
人的	セキュリティ意識	教育の不足
	業務ミス	マニュアルの不備
	無断持ち出し	規程の不備、モニタリングの不足
技術的	ソフトウェア	セキュリティパッチの更新漏れ
	ネットワーク	アクセスログの監視不足

　脆弱性は、情報資産や脅威が明確であれば、それに対する弱点として洗い出すことができる。また、脅威によるつけこまれやすさや頻度も分析しておかなければならない。

　さらに、認識した脆弱性について、実施されている保護対策の効果も考慮し、その程度を評価することも必要である（図表5-23）。

図表 5-23　脆弱性の評価基準の例

レベル	脆弱性の評価基準
高	保護対策がないため、脅威が発生すれば問題が発生する。
中	保護対策はあるが、発生する脅威によっては問題が発生する。
低	十分な保護対策があり、脅威が発生しても問題の発生はない。

2 脅威との組合せ

脆弱性は、設備・施設やハードウェア、ソフトウェア、組織など、情報資産の区分ごとに分類できる。脅威との組合せ例は、図表5-24のとおりである。

図表5-24 脆弱性と脅威の組合せの例

分類	脆弱性の例	関連する脅威の例
設備・施設	ドア、窓など物理的保護の欠如	盗難
	不安定な電源配給設備	停電、誤作動
	災害を受けやすい立地条件	洪水、地震
ハードウェア	湿度変化	誤作動
	メンテナンス不足	故障、情報漏洩
	持ち出し規則の不備	ノートパソコンの紛失、盗難
ソフトウェア	仕様書の不備	ソフトウェア障害、誤作動
	アクセスコントロールの欠如	なりすまし、改ざん、情報漏洩
	不適切なパスワード	不正アクセス、改ざん、情報漏洩
	監査証跡（ログ管理）の欠如	不正アクセス
	バックアップコピーの欠如	災害、故障（発生時に復旧不能）
	文書化の欠如	オペレーティングミス
通信	保護されていない通信経路	盗聴
	ケーブル接続の欠陥	通信傍受、通信不能
	非暗号化通信	情報漏洩
文書	保管不備	盗難、紛失
	コピーに関する教育の不徹底	盗難、情報漏洩
人事	要員の欠如	ミス、不満によるいやがらせ
	清掃員などに対する監督不在	盗難、システム破壊
	不十分なセキュリティ訓練	オペレーションミス、復旧遅延
	セキュリティ意識の欠如	情報漏洩、システム破壊
組織	継続的な見直しの欠如	新たに出現する脅威
	不明確な緊急時体制	災害、業務停止

例えば、ハードウェアの分類にあるノートパソコンの場合、携帯性という利点がある反面、公共の場で用いられることによる盗難の脅威が挙げられる。適切な対策が実施されていないなければ、これらが「盗難」「置き忘れ」および「情報漏洩」という脅威につけこまれるおそれが高くなる。

3 脆弱性と脅威の例

実際の事件や事故から、脆弱性と関連する脅威の例を挙げる。

①　委託業者からの情報流失

　自治体がシステム開発業務を業者に委託したが、再委託の禁止を定めた契約を再委託業者との間では取り交わさなかった。委託業者は別の業者に再委託して開発作業を行った。そして、再委託先のアルバイト従業員がデータを不正にコピーし名簿販売業者に売却したことにより、情報流失が発生した。

［脆弱性］　再委託先との業務委託契約の不備、委託先の監視不足
［脅　威］　再委託先従業員による不正

②　ネットワーク経由の情報漏洩

　Ｗｅｂサーバ上に個人情報ファイルを保存し、アクセス制御をかけていなかった。さらに、ファイル交換ソフトにより、個人情報がインターネットに流出した。

［脆弱性］　アクセスコントロールの欠如
［脅　威］　情報漏洩

③　ワーム感染

　インターネットに接続している業務用パソコンのディスク内のファイルを暗号化され、要求された金額を支払うようメッセージが表示された。他のパソコンも数台が同様の症状に陥り、業務に混乱をきたした。調査の結果、ランサムウェアと呼ばれるワームに感染したことがわかった。Windowsの修正版の最新版を適用していれば回避できた可能性があったが、更新処理が忘られていた。

［脆弱性］　ソフトウェアの修正版適用の不徹底
［脅　威］　ウイルスやワームの感染、業務停止

④　事務所からの盗難

　事務所の窓ガラスが割られ、机上においてあったノートパソコンやCD-ROMなどが盗難の被害にあった。

［脆弱性］　ドアや窓などの物理的保護の欠如、クリアデスクの実施の欠如
［脅　威］　盗難、情報漏洩

⑤　持ち出し先での紛失、盗難

　担当者が、帰宅途中、業務用のノートパソコンを電車の網棚に置き忘れ紛失した。また、営業担当者が客先回りを終え自動車に顧客名簿を置いた

ままにしていたところ、車上荒らしにあい、顧客名簿が盗まれた。

［脆弱性］　セキュリティ意識の欠如、持ち出し規則の不徹底

［脅　威］　紛失

⑥　文書管理の不備

　顧客名簿が、普段は施錠されている書庫からなくなっていることがわかった。いつなくなったのか、誰が持ち出したのかはわからなかった。その書庫の鍵の保管場所は、従業者であれば誰でも知っていた。

［脆弱性］　保管不備

［脅　威］　紛失、盗難

⑦　内部犯行による情報漏洩

　部署が異動になった前担当者の権限がそのままで変更されていなかったため、不正にアクセスされ、数万件の顧客情報が流出した。

［脆弱性］　アクセス制御の管理不備

［脅　威］　内部犯行、情報漏洩

⑧　建物の洪水対策不足

　集中豪雨により短時間のうちに洪水が発生し、地下フロアの配電設備区画が浸水し、停電により業務が停止した。

［脆弱性］　災害を受けやすい立地、災害（洪水）対策の不足

［脅　威］　浸水、業務停止

⑨　セキュリティ管理の欠如

　不正請求があったとの外部からの通報により、顧客情報の流出の可能性が判明した。ただし、流失した総数と原因は不明のままである。

［脆弱性］　セキュリティ管理の欠如

［脅　威］　情報漏洩など多数

PICK UP

・脆弱性は、関連する脅威と組み合わせて認識すると効率的である。

・脆弱性は、物理的、組織的、人的、技術的に分類すると理解しやすい。

ソーシャル・エンジニアリング

1 ソーシャル・エンジニアリングとは

ソーシャル・エンジニアリングは、情報セキュリティ上は、「パスワードなどの不正アクセスを行う上で必要な情報を、自分の身分を偽るなどして関係者から直接聞き出す不正アクセスの手口の1つ」という意味で使われている。技術的なセキュリティ対策の裏を突くことで、ネットワークを攻める方法ということができる。

ソーシャル・エンジニアリングの手法には、のぞき見（ショルダーハック）、トラッシング（ゴミ箱あさり）、構内侵入、ピギーバック、なりすまし、リバース・ソーシャル・エンジニアリングといったものがある。

図表 5-25　ソーシャル・エンジニアリング

特に最近では、不特定多数を相手としたフィッシング（phishing）や、特定の個人や企業を標的にしたスピア型攻撃（標的型攻撃）といった巧妙な手口が目立って増加している。2011 年に入り、標的型攻撃メールが急増し、個人情報を含む機密情報の漏洩事件が広範囲にわたり多発している。標的型攻撃メールの手口はますます巧妙になっており、個人の対応では限界があり、機密情報の管理体制の見直しが求められている。

2　ソーシャル・エンジニアリングの手法

(1)　のぞき見（ショルダーハック）

不正アクセスするために、次のような方法で必要なパスワードを入手する行為である。

・ディスプレイに貼り付けられたパスワードを見る。

・キーボードで入力するところを後ろから盗み見る（ショルダーハック）。

・持ち主の不在時に机の上に置いてある手帳を見る。

または、パスワードを口頭で教えているのを聞くという方法もある。

(2)　トラッシング（ゴミ箱あさり）

上記(1)ののぞき見もあわせて、情報をあさるような行為全般をいう。スカビンジングということもある。

次のような方法で、パスワードなどのメモ、再利用した裏紙、フロッピー、産業廃棄物としてのパソコンのハードディスクを収集する行為である。

・深夜にターゲットにした企業のゴミ収集所へ行く。

・清掃員になりすます、または実際に清掃員になってゴミをあさる。

(3)　構内侵入やピギーバック（偽装同伴）

次のような不正な方法でオフィス内部に侵入する行為である。いったん内部侵入を許してしまうと、トラッシングやのぞき見の原因になる。

・同伴者のふりをして、他人についていく（ピギーバック）。

・偽装または拾得したIDカードで、入門チェックをパスする。

・清掃員になりすます、または実際になったり、清掃員を共犯者にする。

・何かの用事で訪問したついでに侵入する。

(4)　なりすまし

次のように、別の者になりすまして、不正に情報を入手する方法である。

・システム管理者やサービスプロバイダのサポート担当になりすまして、ユーザをだます（あまり疑われないため成功しやすい）。

・ユーザになりすまして、システム管理者をだます（初心者ユーザになりすまして管理者を面倒がらせたり、他部署の上司になりすまして上司には逆らいにくいことを利用して、パスワードを聞き出す）。

第5章

（5）　フィッシングメールなどのリバース・ソーシャル・エンジニアリング

　ソーシャル・エンジニアリングは、一般的に不正行為者がターゲットへ近づき目的を達成する。逆に、あらかじめ仕掛けをつくっておきターゲットからの行動を待つ手法をリバース・ソーシャル・エンジニアリングという。次のような流れである。

・偽の緊急連絡先を知らせておき、トラブル時に重要な情報を聞き出す。

・偽の Web サイトに誘導し、パスワードなどを入力させる（フィッシング）。

　最近は、インターネットの普及とともにフィッシングメールや標的型攻撃メールによる被害が深刻化している。次のようなものがある。

・DNS サーバのキャッシュを書き換えて、偽の Web サイトに誘導する。

・URL をメールで送りつけ、偽の Web サイトへ誘導し、パスワードやカード番号などを入力させる（図表 5-26）。

・特定の個人や組織に向け、偽の Web サイトに誘導したり、添付したマルウェアを開かせて、機密情報などを入手する（標的型攻撃メール）。

・ユーザが普段アクセスしている Web サイトを改ざんし、ユーザがアクセスした際にマルウェアをダウンロードさせる（水飲み場型攻撃）。

図表 5-26　フィッシングの例

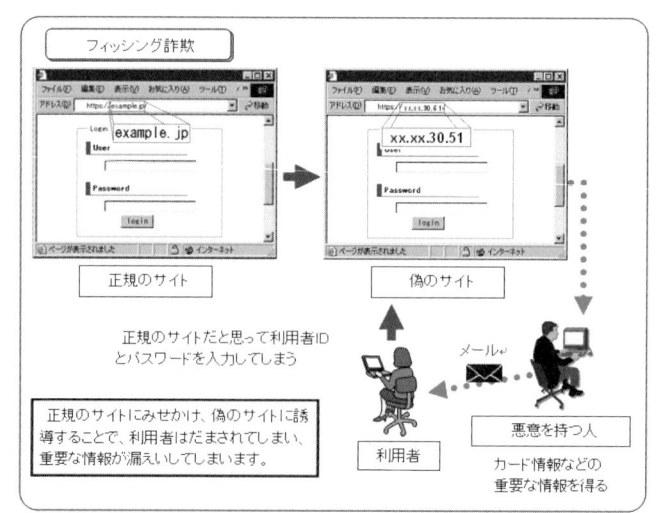

出典：独立行政法人情報処理推進機構（IPA）ホームページ

3　ソーシャル・エンジニアリングの対策

（1）　のぞき見やトラッシングへの対策

　のぞき見やトラッシングに対しては、建物・施設面の対策および適切な入退出管理が前提であるが、その上で、次の対策を実施しておく必要がある。

・パスワードを書いたメモをディスプレイに貼り付けるなど、不適切な取扱いをしないこと。

・クリアデスク、クリアスクリーンを義務づけ、遵守させること。

・書類、メディアの廃棄方法を明確化し、遵守させること。

・適切な清掃業者を選定し、セキュリティ規定を契約に盛り込むこと。

（2）　なりすましへの対策

　ユーザ ID やパスワードなどを付与・照会・変更する手続きを正規の手順に限定し、電話対応の場合などにも例外なく遵守させることが必要である。

（3）　フィッシングメールや標的型攻撃メールへの対策

　フィッシングや標的型攻撃への対策は、ユーザ側が運用ルールに従った正しい行動をとることが基本である。次のことを普段から心がけるよう、教育や啓蒙を徹底しなければならない。

・メールを無条件に信用しない、リンクをクリックしない。

・メールヘッダの詳細情報を確認する。

・不審な点があるときは、こちらから本物の Web サイトにアクセスする。

・アドレスバーで「本物の Web サイト」かどうかを確認する。

・不審な点があるときは、不用意に添付ファイルを開かない。

　なお、標的型攻撃の場合、不正なメールなのかどうかの判別が難しいため、組織内のファイルが外部へ送信される際の認証など、出口対策を実施して技術的に防御することも必要である。出口対策については、技術面と運用面の連携が求められる。具体的には、IPA が公表している「標的型メール攻撃対策に向けたシステム設計ガイド」などが参考になる。

　・ソーシャル・エンジニアリングは、のぞき見、トラッシング、なりすまし、フィッシングが代表的であったが、近年、標的型攻撃メールなど新たな脅威が増加している。

第5章◎過去問題チェック

1．以下のアからエまでの記述のうち、企業における「プライバシーガバナンス」の説明に該当するものを1つ選びなさい。

ア．企業等の越境個人データの保護に関して、APECプライバシー原則への適合性を認証するシステムであり、APEC域内において国境を越えて流通する個人情報に対する消費者や事業者などにおける信用を構築する仕組みである。

イ．プライバシー問題の適切なリスク管理と信頼の確保による企業価値の向上に向け、経営者が積極的にプライバシー問題への取組みにコミットし、組織全体でプライバシー問題に取り組むための体制を構築し、それを機能させることを基本的な考え方とするものである。

ウ．EUから転送された個人データの使用と処理、及び参加企業が、EUの市民に提供しなければならないアクセス及び紛争解決のメカニズムを管理する一連の要件を定義したものである。

エ．プライバシー情報を扱うあらゆる側面において、プライバシー情報が適切に取り扱われる環境を、あらかじめ作り込もうというコンセプトである。その対象として、技術、ビジネス・プラクティス、物理設計の3つが想定されている。　　　　　　　　　　　　　　　　　　〈第63回出題　問題54〉

2．以下のアからエまでのうち、個人情報保護方針に関する次の文章中の（　　）に入る最も適切なものの組合せを1つ選びなさい。

> PMSを推進するにあたり、経営者がPMSに関する考え方を組織に示し、リーダーシップを発揮するために、個人情報保護方針を策定し公表する。この個人情報保護方針は、プライバシーポリシーや（　a　）などと呼ばれる。また、「個人情報保護法」において、個人情報保護方針に関する（　b　）、個人情報保護方針をWebサイトなどで対外的に公表することによって、消費者との信頼関係を構築し、事業活動に対する社会の信頼を確保することにつながる。このため、プライバシーマーク制度の認定基準であるJIS Q 15001:2017では、個人情報保護方針の策定、実行・維持・文書化と内外への公表を（　c　）と示している。

ア．a．プロシージャ　　b．規定はないが

　　c．することが望ましい

イ．a．プロシージャ　　b．規定が明記されていて

　　c．しなければならない

ウ．a．プライバシーステートメント　　b．規定はないが

　　c．しなければならない

エ．a．プライバシーステートメント　　b．規定が明記されていて

　　c．することが望ましい　　　　　　　〈第 64 回出題　問題 65〉

3．以下のアからエまでのうち、情報セキュリティ方針文書に含めることが望ましい記述として、**不適切なもの**を 1 つ選びなさい。

　ア．リスクアセスメント及びリスクマネジメントの構造を含む、管理目的及び管理策を設定するための枠組み

　イ．情報セキュリティ方針群への違反に対する処置及び違約金の請求額、損害賠償額

　ウ．情報セキュリティインシデントを報告することも含め、情報セキュリティマネジメントに関する一般的な責任及び特定の責任の定義

　エ．情報セキュリティ方針を支持する文書（例えば、特定の情報システムのためのより詳細なセキュリティ方針及び手順、利用者が順守することが望ましいセキュリティ規則など）への参照　　　　〈第 64 回出題　問題 66〉

4．情報セキュリティ関連の規範や規格などに関する以下のアからエまでの記述のうち、**誤っているもの**を 1 つ選びなさい。

　ア．我が国には、情報セキュリティの内容を具体的に定めた法律はなく、「個人情報保護法」の安全管理措置に関する規定や、「不正競争防止法」の営業秘密の保護に関する規定など、個々の法規定に情報セキュリティを保護する役割を果たすものが存在しているにとどまっている。

　イ．企業が具体的にどのような情報セキュリティ対策を講じるか、一般的、包括的にまとめた法律はないため、各企業は、事業の規模や特性などに応じて、情報セキュリティの必要性、効果、実施のためのコストなどの事情

を考慮しつつ、具体的な情報セキュリティ対策を自主的に決定することとなる。

ウ．情報セキュリティマネジメントシステム（ISMS）に関する規格である JIS Q 27001:2014 は、英国規格協会（BSI）の BS 25999 を翻訳して国内規格化したものであり、コンピュータシステムのセキュリティ対策だけではなく、トータルなセキュリティ管理体系の構築を要求している。

エ．個人情報保護マネジメントシステム（PMS）に関する規格である JIS Q 15001:2017 は、個人情報を取り扱う際のトータルな個人情報保護の管理体系の構築を要求していて、「個人情報保護法」に準拠した個人情報特有の保護基準も設けられている点に特徴がある。　〈第 63 回出題　問題 53〉

5．以下のアからエまでのうち、リスクマネジメントに関する次の文章中の（　　）に入る最も適切な語句の組合せを 1 つ選びなさい。

> 「リスクマネジメント」は、事業者の目的の達成に影響を与えるものすべてを「リスク」として、リスクを（　a　）し、（　b　）するという手順で、リスクを効果的に運用管理するための枠組み及びプロセスである。
>
> 「リスクマネジメント」一般における「リスク」は、影響が好ましいか好ましくないかを問わない。これを、（　c　）という。一方、「情報セキュリティマネジメント」における「リスク」は、好ましくないもの、つまり、組織に損害を与えるものを対象としている。これを、（　d　）という。

ア．a．特定　　b．評価、分析　　c．純粋リスク　　d．投機的リスク
イ．a．特定　　b．分析、評価　　c．投機的リスク　　d．純粋リスク
ウ．a．分析　　b．特定、評価　　c．投機的リスク　　d．純粋リスク
エ．a．分析　　b．評価、特定　　c．純粋リスク　　d．投機的リスク

〈第 63 回出題　問題 59〉

6．以下のアからエまでのうち、リスクアセスメントに関する次の文章中の（　　）に入る最も適切なものの組合せを1つ選びなさい。

> リスクアセスメントの実施にあたっては、「リスク（　a　）」を確立することが必要である。
>
> また、リスク（a）は企業が決めるものであるが、法規制の要求事項、利害関係者の見解、関連するコストなどに配慮しつつ、リスクレベルをどのように決定するか、リスクが（　b　）可能になるレベルをどのように定めるかなどを考慮して決めることとなる。リスクレベルの評価・決定については、大まかにいえば、リスクにさらされる資産の価値、脅威の程度、ぜい弱性の程度のいずれかが増大すれば、リスクレベルが（　c　）といえる。
>
> なお、リスク（a）とは、リスクの重大性を評価するための目安とする条件であり、リスクの（b）とは、リスク対応を実施せずにそのリスクを受け入れ、保有することである。

ア．a．基準　　　b．受容　　　c．高まる

イ．a．基準　　　b．防止　　　c．低下する

ウ．a．ヘッジ　　b．受容　　　c．低下する

エ．a．ヘッジ　　b．防止　　　c．高まる　　　〈第63回出題　問題60〉

7．以下のアからエまでのうち、技術的脅威に関する次の文章中の（　　）に入る最も適切な語句の組合せを1つ選びなさい。

> （　a　）モデルとは、マイクロソフト社が提唱した脅威分析手法の一つである。6つの技術的脅威のそれぞれの英単語の頭文字から構成されている。その6つの脅威のうち、「（　b　）」は、利用者がサービスの利用等の事実を否定することである。また、「（　c　）」は、アクセス権を持たない利用者に情報が公開されることである。

ア．a．COCOMO　　b．否認　　　　　　c．権限昇格

イ．a．COCOMO　　b．サービス拒否　　c．漏えい

ウ．a．STRIDE　　b．否認　　　　　　c．漏えい

エ．a．STRIDE　　b．サービス拒否　　c．権限昇格

〈第64回出題　問題60〉

8．以下のアからエまでの記述のうち、情報セキュリティの要素の一つである「信頼性」を保持するための具体例に該当するものを 1 つ選びなさい。

　ア．システムのログインパスワードは、複雑な内容で構成している。

　イ．操作ミスをした場合であっても、データの欠損や消失などが発生しないような仕組みにする。

　ウ．アクセスログを取得し、データの閲覧や削除などの操作を誰が行ったかを特定できるようにする。

　エ．入退管理システムを設置して、サーバ室などの特定のエリアへの入室制限を行う。　　　　　　　　　　　　　　　〈第 63 回出題　問題 52〉

9．以下のアからエまでの記述のうち、ソーシャルエンジニアリングの具体例に該当するものを 1 つ選びなさい。

　ア．最終退出時の社内点検（施錠、防火確認等）を正しく行わず、管理者に虚偽の報告をする。

　イ．契約書などの重要な書類を作成する際は、内容に誤りがないように、複数人でクロスチェックを行い、責任者の確認を取るようにする。

　ウ．システムのマニュアルなどを整備し、操作者に対する訓練等を行い、誤操作や誤入力の発生を防ぐようにする。

　エ．パスワードや個人情報などを入力しているところを後ろから近づき、肩越しに画面をのぞき込み、表示されている情報を盗み出す。

〈第 64 回出題　問題 71〉

第 **6** 章

組織体制の整備

① 個人情報保護体制の整備
② 個人情報保護の規程文書の策定
③ 個人情報の特定と管理
④ 監査・改善

個人情報保護体制の整備

　第5章で述べたとおり、組織面での個人情報保護対策は、個人情報保護体制を整備し、個人情報保護規程・細則の策定→情報保護の実施→流出兆候のモニタリング→監査と評価→業務の見直し・教育の流れに沿って実施する。

1　要求される管理体制

　個人情報保護法では、個人情報取扱事業者の義務事項を実施するための組織体制として、「個人情報の取扱いに関する苦情の適切かつ迅速な処理」に必要な体制のみを定めている（法40条）。

　これを補完する個人情報保護法ガイドラインでは、「組織的安全管理措置として講じなければならない事項」に**安全管理措置を講じるための組織体制の整備**が挙げられ、組織体制の整備を要求している（図表6-1）。

図表6-1　個人情報保護法ガイドラインでの組織的安全管理措置

（1）　組織体制の整備
　　安全管理措置を講ずるための組織体制を整備しなければならない。

（2）　個人データの取扱いに係る規律に従った運用
　　　あらかじめ整備された個人データの取扱いに係る規律に従って個人データを取り扱わなければならない。

（3）　個人データの取扱状況を確認する手段の整備
　　個人データの取扱状況を確認するための手段を整備しなければならない。

（4）　漏えい等の事案に対応する体制の整備
　　漏えい等の事案の発生又は兆候を把握した場合に適切かつ迅速に対応するための体制を整備しなければならない。

（5）　取扱状況の把握及び安全管理措置の見直し
　　個人データの取扱状況を把握し、安全管理措置の評価、見直し及び改善に取り組まなければならない。

　個人情報保護対策が実効性をもつには、個人情報を保護する仕組みがマネジメントシステムとして機能していなければならない。そのためには、個人情報保護の組織体制づくりが必要不可欠である。

2　個人情報保護の推進体制

　組織体制の整備には、経営資源の投入、業務フローの変更、現場の説得などが必要になる。また、全社的に取り組む個人情報保護活動への積極性などを評価するため、目標管理制度の見直しも必要となる。そのため、まずは経営者自身が個人情報保護対策の重要性を理解し、判断力とリーダーシップを発揮しなければならない。その上で、個人情報保護を推進する組織体制を構築する。

（1）　個人情報保護管理者（CPO）

　個人情報保護管理者（CPO：Chief Privacy Officer）は、個人情報保護の最高責任者として、個人情報保護方針および個人情報管理規程の策定、運用、改善を実施する。個人情報保護対策の要であるため、役員が就任することが望ましい。

（2）　個人情報管理委員会

　個人情報管理委員会（以下、「委員会」）は、個人情報保護の推進を組織として継続的に取り組むための意思決定機関である。個人情報保護管理者のもと、次に示す責務を負う。

> ・各部門、各職務の役割、責任、権限の決定と任命
> ・個人情報保護方針の策定と規程の承認
> ・個人情報保護対策に必要な経営資源の手配
> ・個人情報保護体制の定期的なレビュー
> ・問題の是正、予防処置の方針決定と実施のレビュー

　委員会は、営業や総務、人事など、実際の業務に熟知した人材を中心に部門横断的に招集される。また、組織内においては、その活動に実効性をもたせられるよう、公式の部門として位置づけられなければならない。

第6章

(3)　個人情報保護監査責任者

個人情報保護監査責任者は、個人情報保護管理者や委員会から独立し、個人情報管理の状況について監査の実施と報告を行う。個人情報保護の推進体制の実効性をチェックする重要な役割をもつ（詳細は、本章第4節の「監査・改善」参照）。

(4)　事務局

個人情報保護の推進に関する組織内の調整機関として、事務局を設置する。事務局は、個人情報管理規程の策定、従業者への周知・教育、運用、見直しなどの実務を行う。

(5)　個人情報の苦情・相談窓口

個人情報の苦情・相談窓口は、顧客や従業者などからの個人情報に関する問合せや苦情などを受け付ける窓口である。

個人情報保護法40条で要求される「個人情報の取扱いに関する苦情の適切かつ迅速な処理」の体制の一環として設けられ、上記事務局が担うこともある（詳細は、第7章第5節の「苦情・違反・事故への対応」参照）。

3　役割・責任の明確化

(1)　従業者の役割・責任

個人情報を保護する上では、従業者によって安全管理対策にばらつきがあってはならない。そこで、従業者が個人データの取扱いについて果たすべき役割と責任を定義し、安全管理対策を標準化することが重要である。具体的には、従業者の役割と責任を職務分掌規程、職務権限規程などの内部規程、契約書、職務記述書などに定めることが望ましい。

(2)　責任者の設置と担当者の限定

個人データの取扱いに際しては、支店または部門ごとに情報管理責任者を設置し、その役割と責任を明確化する。情報管理責任者は、個人情報保護対策を現場の各従業者に徹底する重要な役割を担うため、支店長または部門長が就任することが望ましい。さらに、次の点で対策を講じる。

①　個人データの取扱い作業

作業責任者を設置し、個人データを取り扱う担当者も限定する。個人デー

タは、取得・入力、移送・送信、利用・加工、保管・バックアップ、消去・廃棄など、ライフサイクルにわたって取り扱われる。

② 個人データを取り扱う情報システムの運用

　個人データをデータベースとして管理したり、検索機能を提供したりする情報システムについては、運用責任者を設置し、運用にあたる担当者をシステム管理者も含めて限定する。

　以上を踏まえた個人情報保護の推進体制図は、図表6-2のとおりである。

図表6-2　個人情報保護の推進体制図

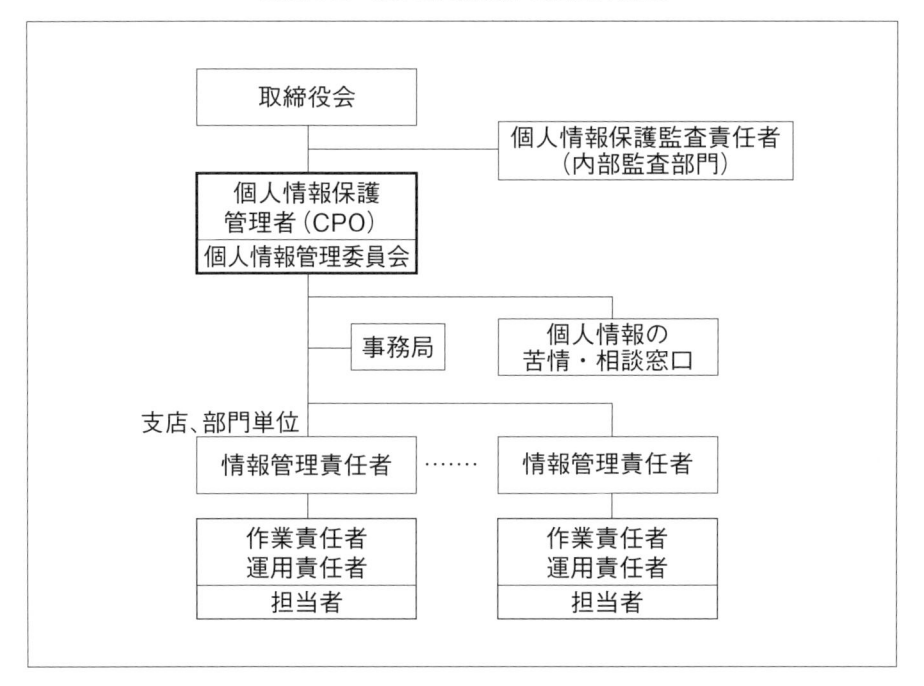

第6章

PICK UP

・個人情報保護管理者（CPO）を設置する。

・個人情報管理委員会は、個人情報保護の推進に関する意思決定機関である。

・事務局は、個人情報保護の推進に関する組織内の調整機関である。

・従業者の役割と責任を明確化する。

個人情報保護の規程文書の策定

■1■ 規程文書の策定目的

　個人情報保護対策を"暗黙の了解"や従業者本人の自覚だけに任せていると、従業者によっては個人情報をずさんに取り扱うことがあるため、漏洩事故が起きる危険性が高くなる。

　個人情報を確実に保護するためには、個人情報保護に関するルールを明文化し、すべての従業者に対して同一水準の安全対策を義務づけなければならない。

　なお、個人情報保護法ガイドラインでは、組織的安全管理措置について「あらかじめ整備された個人データの取扱いに係る規律に従って個人データを取り扱わなければならない」としている。

■2■ 規程文書の体系

（1）　ピラミッド型の文書体系

　すべての従業者が個人情報保護対策を実践するためには、個別の規程がわかりやすく、かつ全体として整合性がとられている必要がある。そこで、個々のルールを策定する前に、全体の文書体系を整理しなければならない。

　個人情報保護の規程文書の体系は、多くのマネジメントシステムが採用している「ピラミッド型文書体系」をもとに検討することができる。このピラミッド型文書体系では、規程の文書を、「方針」「基準」「手順」の3つの階層に分類している（図表6-3）。

① 　方針

　企業・団体の経営方針および代表者の決意表明である。

② 　基準

　組織全体で遵守しなければならない、基本的な判断基準や行動基準である。

③　手順

　作業や手続に関する手順書や様式などである。その多くは、部門ごとに業務特性を加味して作成される。

図表 6-3　ピラミッド型文書体系

（2）　個人情報保護の規程文書への展開

　個人情報保護の規程文書は、方針→基準→手順の順に策定する。これは、組織全体の方針と基準を先に作成しておけば、部門や作業ごとに手順を決める際に、内容がずれたり矛盾が生じたりするのを防止できるためである。

　個人情報保護の規程文書をピラミッド型文書体系に対応させると、図表6-4のようになる。ただし、個人情報管理規程を総則と細則に分割するなど、組織の実情を反映して階層を増減させることもある。

図表 6-4　個人情報保護の規程文書の体系

方針	個人情報保護方針
基準	個人情報管理規程
手順	手順書、業務マニュアル、台帳、様式

3　個人情報保護方針

（1）　個人情報保護方針とは

　個人情報保護方針は、個人情報保護に対する経営方針および代表者の決意表明である。

　この個人情報保護方針をもとに、すべての個人情報管理規程や手順書、業務マニュアルなどが策定される。

第6章

(2)　個人情報保護方針の策定

　個人情報保護方針の策定にあたっては、まず、個人情報保護法や個人情報保護委員会規則、個人情報保護法ガイドラインの要求事項を満たすようにしなければならない。その上で、組織の文化や業務内容に沿った自社独自のものを作成すればよい。

　個人情報保護方針に盛り込む項目の例は、図表 6-5 のとおりである。なお、(1) (a) の下線部分および (3) は、法令によって個人情報取扱事業者が「本人の知り得る状態」におくことを義務づけられている項目である。

図表 6-5　個人情報保護方針の項目例

(1)　個人情報の適切な取得、利用および提供
(a)　保有個人データに関すること 　・個人情報取扱事業者の氏名または名称、住所、代表者氏名 (法人の場合) 　・すべての保有個人データの利用目的 　　※利用目的に第三者提供が含まれる場合は、その旨も明示 　・利用目的の通知の求めに応じる手続きと手数料の額 (定めた場合) 　・開示等の請求に応じる手続きと手数料の額 (定めた場合) 　　※開示等には、開示、訂正・追加・削除、利用停止、第三者提供の停止 　　が含まれる。 　・保有個人データの取扱いに関する苦情の申出先
(b)　＜個人情報の取扱いの委託を行う場合＞ 　個人情報の委託を行うこと、委託する事務の内容
(c)　＜オプトアウトにより第三者提供をする場合＞ 　対象データ項目、提供方法、求めに応じた提供停止と受付方法
(d)　＜共同利用する場合＞ 　対象データ項目、共同利用者の範囲、共同利用者の利用目的、共同利用者の個人データ管理責任者
(e)　匿名加工情報、仮名加工情報、要配慮個人情報の取扱い
(2)　個人情報の保護に関する法令、指針、その他規範を遵守すること
(3)　個人保有データの安全管理措置の内容 (個人情報への不正アクセス、個人情報の紛失、破壊、改ざん、および漏洩などの予防および是正)
(4)　個人情報保護マネジメントシステムの継続的改善

出典：「個人情報保護法ガイドライン」を参考に作成

(3)　個人情報保護方針の遵守

　策定した個人情報保護方針は、行動規範として従業者に遵守されなけれ

ばならない。そこで、社内報や社内ネットワーク、ポスターなどで従業者に周知し、教育・訓練を実施することが大切である。

（4）　個人情報保護方針の公開

個人情報保護法は、必ずしも個人情報保護方針の公開を義務づけていない。しかし、個人情報保護に関する社会の意識の高まりを考慮すれば、個人情報保護方針をWebサイトや店舗などで一般公開し、個人情報保護に取り組む姿勢を対外的に示すべきである。公開文書の例は、図表6-6のとおりである。

図表6-6　公開文書の例

個人情報保護に対する基本方針

○○株式会社

　○○株式会社は、個人情報の重要性を認識し、個人情報保護マネジメントシステムを適切に運用するとともに、このプライバシーポリシーに則り、保護の徹底に努めます。

　○○は、業務を円滑に行うため、お客さまの氏名、住所、電話番号、Eメールアドレス等の情報を取得・利用させていただく場合がございます。

　○○は、これらのお客さまの個人情報（以下「個人情報」といいます）の適正な保護を重大な責務と認識し、この責務を果たすために、次の方針のもとで個人情報を取り扱います。

1.　○○事業の使命と責任を十分に自覚し、個人情報の保護に努めます。
2.　個人情報は公正な事業活動に必要な範囲に限定して、適切に収集、利用、提供します。
3.　○○が保有する個人情報への不正アクセス、紛失、破壊、改ざんおよび漏洩等を予防するため、合理的な安全対策を講じるとともに、必要な是正措置を講じます。
4.　個人情報保護に関する法令およびその他規範を遵守します。
5.　個人情報保護に関する取組みは継続的に見直し、改善・向上に努めます。
　（1）　個人情報の利用目的について（詳細は省略。以下、同じ）
　（2）　個人情報の目的外使用の禁止について
　（3）　個人情報の取扱い委託、第三者提供、共同利用について
　（4）　個人情報の管理、保護について
　（5）　個人情報に関するお問合せについて

第6章

4　個人情報管理規程

　個人情報管理規程は、個人情報保護に関して組織全体に共通する基本ルールであり、個人情報保護対策の PDCA サイクルに沿って項目を定義する。具体的には、個人情報保護方針をブレイクダウンする形で、図表6-7のように策定される。

　個人情報管理規程は、手順書や様式などを決める際の物差しとなるため、

図表6-7　個人情報管理規程の項目の例

(1) 総則と用語定義	・個人情報管理規程の目的と対象範囲、照会先 ・用語の定義 (個人情報保護法の用語など)
(2) 体制と責任	・個人情報保護の推進体制 ・各部門、役職の責務と権限
(3) 個人情報の取扱い	・利用目的と適正な取得、本人への通知 ・利用目的の変更手続き ・匿名加工情報の作成、提供、取得 ・仮名加工情報の作成、提供、取得 ・要配慮個人情報の取扱い ・共同利用 ・第三者提供の制限、オプトアウト、提供記録の保存 ・外国にある第三者への提供の制限 ・第三者から提供を受ける際の確認事項 ・正確性の確保、不要になった個人情報の消去
(4) 安全管理措置	・文書の台帳管理、分類 ・情報システムの開発、運用、保守 ・オフィス管理 (建物、部屋、保管庫等)
(5) 維持および継続的改善	・法令遵守 ・個人情報保護の規程文書体系 ・個人情報保護マネジメントシステムの継続的改善 ・従業者の教育、研修 ・罰則
(6) 委託先管理	・業務委託時の共通ルール ・委託先の選定基準、契約、監督
(7) 監査	・監査体制、計画、実施、改善勧告 ・監査証跡 (本章第4節「監査・改善」参照) の保持
(8) 本人からの要求等への対応	・開示、訂正、削除、利用停止の要求への対応 ・苦情、相談への対応 ・窓口、本人確認、通知方法

個人情報保護対策をすべて網羅した内容でなければならない。また、業務実態とかけ離れた無理なルールにならないよう、策定作業の前に現場へのヒアリングなどを実施し、実情をよく把握しておく必要がある。

5　手順書と様式

　手順書や業務マニュアル、台帳、様式は、個人情報管理規程を基準として、実務上の手順や書式を具体的に定めるものである。個人情報管理規程の項目に沿って図表6-8のように対象を洗い出し、その対象別に具体化していく必要がある。特に手順書や業務マニュアルは、従業者から見てわかりやすくなるように、ケース事例を多く入れることが望まれる。

図表6-8　作成する文書の例

(1) 個人情報の取扱い	・各種業務マニュアル
(2) 安全管理措置(本章第3節「個人情報の特定と管理」、第8章第1節「入退室管理」参照)、第9章第10節「機器・媒体の廃棄」	・個人情報取扱い手順書 ・個人情報(個人データ)管理台帳 ・個人情報資料受領書 ・第三者提供(または受領)の記録 ・入退室記録帳 ・パソコン購入廃棄記録帳
(3) 非開示契約と罰則(第7章第1節「従業者との契約」参照)	・機密保持契約書 ・誓約書
(4) 従業者教育(第7章第2節「従業者への教育とモニタリング」参照)	・教育手順書 ・教育計画書 ・教育実施記録帳
(5) 委託先管理(第7章第4節「委託先の管理」参照)	・委託契約書 ・委託先管理台帳
(6) 監査(本章第4節「監査・改善」参照)	・監査手続書 ・監査計画書 ・監査報告書
(7) 苦情・違反・事故(第7章第5節「苦情・違反・事故への対応」参照)	・苦情対応手順書 ・個人情報漏洩時対応手順書 ・個人情報開示請求書

第6章

PICK UP
・規程文書は、方針、基準、手順の体系で作成する。
・個人情報保護方針は、経営方針および代表者の決意表明である。
・個人情報管理規程は、組織全体に共通する基本ルールである。

個人情報の特定と管理

1 個人情報管理台帳による管理

　個人情報を保護するためには、保護すべき個人情報を特定し、その所在、重要度、利用目的、取扱い状況などを個人情報管理台帳（個人データ管理台帳ともいう）で管理しなければならない。

　個人情報保護法ガイドラインでも、組織的安全管理措置として「**個人データの取扱い状況を確認する手段の整備**」を挙げている。

　個人情報管理台帳による個人情報の一元管理は、保有個人データの開示、訂正、利用停止などを規定した個人情報保護法に対応するためにも必要である。

2 個人情報管理台帳作成の流れ

　個人情報管理台帳は、個人情報管理委員会が主体となって作成する。その際、全社一斉に作業を実施するため、個人情報を登録する基準や書式などが部門ごとにバラバラになりがちで、全体として個人情報管理台帳の内容に統一性がとれなくなるおそれがある。

　これを防止するためには、個人情報管理台帳に登録する対象と手順を先に定義した後に、作成に着手すべきである。個人情報管理台帳作成までの流れは、図表6-9のとおりである。

図表6-9　個人情報管理台帳の作成までの流れ

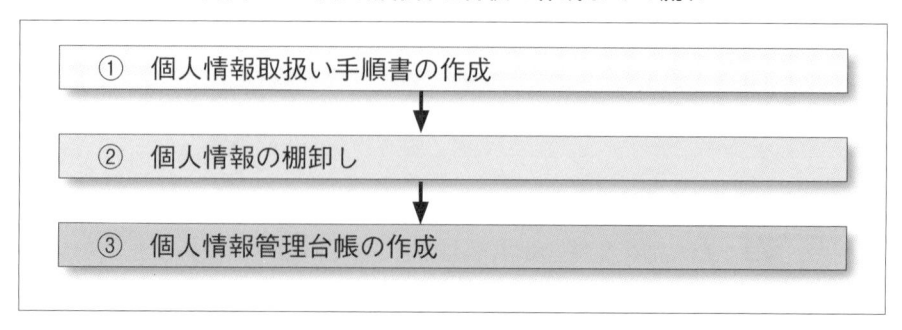

```
①　個人情報取扱い手順書の作成
          ↓
②　個人情報の棚卸し
          ↓
③　個人情報管理台帳の作成
```

① 個人情報取扱い手順書の作成

個人情報の分類体系、取扱い方法、個人情報管理台帳作成方法などを策定する。

② 個人情報の棚卸し

保有している個人情報を洗い出して、整理・分類する。

③ 個人情報管理台帳の作成

個人情報管理台帳を作成して、個人情報を管理する。

3 個人情報取扱い手順書の作成

個人情報取扱い手順書は、個人情報管理規程を基準として、次の項目に従って作成する。

> ① 個人情報の分類体系
> ② 個人情報の取扱い方法
> ③ 個人情報管理台帳の作成方法
> ④ 表記方法

(1) 個人情報の分類体系

一般的に、情報の利便性と安全性は両立しにくいトレードオフの関係にある。取扱いに際して利便性と安全性のバランスをどこでとるかは、個人情報の内容によって異なるが、それを1つひとつの個人情報に対して定めていくのは効率的ではない。

そこで、個人情報を重要度に応じた管理レベルによって分類し、「社外秘情報の保管手順」など、管理レベルごとに取扱い手順を定めることが望ましい。

管理レベルを策定する視点には、**情報の CIA** がある。情報の CIA とは、情報セキュリティの三大要素（第5章第1節図表5-5参照）である機密性（Confidentiality）、完全性（Integrity）、可用性（Availability）の頭文字である。これを個人情報に当てはめると、図表6-10 のようになる。

第6章

図表 6-10　情報の CIA

機密性	個人情報が漏洩した場合の影響度
完全性	個人情報の正確性が失われた場合の影響度
可用性	個人情報が利用できない場合の影響度

　個人情報は、漏洩事故の影響の大きさを考慮し、機密性に重点を置いて管理レベルを策定する。管理レベルの体系としては、「関係者外秘・社外秘・公開」または「最重要・重要・普通」などがある（図表 6-11）。

図表 6-11　管理レベル体系の例

関係者外秘	社内の一部関係者のみが扱える情報（大規模に集積された個人情報など）
社外秘	社内では共有可能だが、社外には公開しない情報（個人管理の名刺など）
公開	一般に広く公開する情報（会社案内など）

（2）　個人情報の取扱い方法

　個人情報の取扱い手順は、個人情報の取得から廃棄までのライフサイクルを踏まえて策定する。図表 6-12 に示すように、ライフサイクルを (1) 〜 (5) の「取扱い内容」に分解し、それぞれに対して、(a) 〜 (d) の「安全管理対策」の視点から具体的な手順を定めていく。

図表 6-12　個人情報の取扱い手順策定のマトリックス

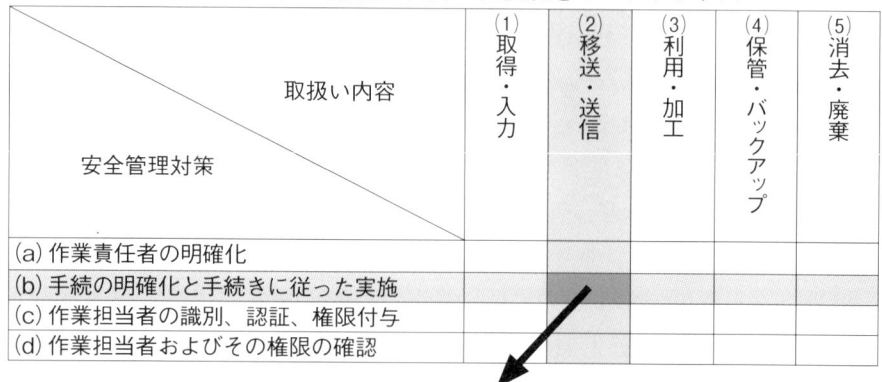

安全管理対策＼取扱い内容	(1) 取得・入力	(2) 移送・送信	(3) 利用・加工	(4) 保管・バックアップ	(5) 消去・廃棄
(a) 作業責任者の明確化					
(b) 手続の明確化と手続きに従った実施					
(c) 作業担当者の識別、認証、権限付与					
(d) 作業担当者およびその権限の確認					

> ①　個人情報をメール送信する場合は暗号化する。
> ②　個人情報を FAX 送信する場合は受領確認をする。
> （以下、省略）

出典：「個人情報保護法ガイドライン」を参考に作成

（3） 個人情報管理台帳の作成方法

個人情報は、電子ファイルや書類、電子メール、名刺などさまざまな形態で存在するため、個人情報管理台帳で管理する項目や内容を最初に定義する必要がある。

その上で、個人情報の棚卸し実施手順、整理・分類の方法、個人情報管理台帳への登録方法、記入例などを策定しなければならない。さらに、個人情報管理台帳や個人情報調査票、個人情報資料受領書などの書式も策定する。

（4） 表記方法

管理対象の個人情報には、利用者が取扱い方法を間違えないよう、「関係者外秘」「社外秘」などと、管理レベルに応じた表記（**ラベリング**）を行う。

業務委託を行っている場合は、特に委託先への監督責任を果たすために、個人情報への分類表記は必須である。これは、管理レベルを明記せずに預けた個人情報が、万一委託先から外部に流出すれば、委託元の説明不足が問題になるからである。

また、表記方法は組織全体で統一すべきであるため、そのルールを個人情報取扱い手順書に盛り込む必要がある。

４ 個人情報の棚卸し

（1） 個人情報の洗い出し

個人情報保護体制は、全社的に組織運営することが重要であり、個人情報を洗い出すにあたっては、部門ごとに管理している情報が異なっていても、漏れなく集約し全社的に管理する必要がある。

各部門の情報管理責任者がリーダーシップを発揮し、個人情報取扱い手順書で策定した棚卸し実施手順に沿って個人情報を洗い出し、個人情報調査票に記入していくことになる。

洗い出し作業から漏れた個人情報は、管理対象から外れてしまうため、漏れがないように注意しなければならない。個人情報は外部から入ってくるため、次のような**外部との接点**を起点として個人情報の流れを追っていくととらえやすい。

第6章

① 顧客：申込用紙、電話、FAX、電子メール、SNS、チャット、購入履歴

② 他社：委託、第三者提供、共同利用

③ 他部門：業務フロー、社内便

④ 情報システム：入力画面、帳票、タブレット、スマートフォン、POS端末

（2） 保有対象の見直し

経営方針の変更などにより、不要となった個人情報は、保有していても漏洩リスクと管理コストが増大するだけである。そこで、個人情報のうち、利用目的に合わないデータや項目は廃棄する。

（3） 個人情報の整理と分類

洗い出した個人情報は、整理の上、管理レベルに応じて分類する。その過程で、次の作業も実施する。

① 重複データの廃棄

書類のコピーなど、同じ個人情報が複数の場所に存在する場合は、一本化して重複分を廃棄する。

② 管理責任者の明確化

個人情報の管理部門および管理責任者を明確にする。

③ アクセス可能者の明確化

個人情報にアクセスできる従業者の範囲を定義する。

④ 保管媒体の分割

個人情報の保管ファイルなどに管理レベルの異なる個人情報が混在する場合は、それぞれの取扱い方法が異なるため、ファイルを分割する。

5　個人情報管理台帳の作成

整理・分類した個人情報は、手順書に則って個人情報管理台帳に登録する。項目例は、図表6-13のとおりである。また、手順書のルールに従って保管ファイルなどに管理レベルの表記を行う。

個人情報は個人情報管理台帳に基づいて管理されるため、個人情報管理台帳は個人情報の取扱い状況を正しく反映したものでなければならない。

したがって、個人情報を取得・廃棄した場合には速やかに更新し、個人情報を部門間で授受した場合には個人情報資料受領書を交わして、履歴を残す必要がある。

また、作成した個人情報管理台帳は最新状態を維持する必要がある。そこで、少なくとも年に1回以上は個人情報の棚卸しを実施し、実在する個人情報と個人情報管理台帳に登録されている個人情報との差異をチェックし、ずれがあれば個人情報管理台帳を修正しなければならない。

図表6-13　個人情報管理台帳の例

項目	記述例
名称	第3回アンケート返信データ
管理責任者	第一管理部部長　山田太郎
管理レベル	関係者外秘
管理媒体	電子データ
管理場所	Aサーバのアンケート返信入力ファイル
利用目的	(1) プレゼントの発送、(2) 新商品の案内
取得元と取得方法	顧客からの返信葉書受取り
廃棄基準	取得から1年経過
委託	X株式会社（データ入力）
第三者提供	なし
共同利用	なし
アクセス権の範囲	第一管理部システム運用係
保有開始時期	20XX年4月1日
現在の保有件数	13,000件

第6章

・個人情報は、取扱い手順書の作成、個人情報の棚卸し、個人情報管理台帳の作成の流れで管理する。

・個人情報には、管理レベルに応じた取扱い手順を定める。

・管理レベルは機密性、完全性、可用性という情報のCIAの視点で策定する。

・個人情報の保管ファイルには、管理レベルに応じた表記を行う。

監査・改善

1 個人情報保護監査とは

　個人情報保護監査とは、独立かつ専門的な立場から、個人情報の取扱い状況を検証・評価して、個人情報の安全管理に寄与する助言・勧告を行いフォローアップする一連の活動のことである。これは、個人情報保護のPDCAサイクルの中で、**C（Check）** に位置づけられる。

　個人情報保護法ガイドラインでは、組織的安全管理措置の「取扱状況の把握及び安全管理措置の見直し」の手法として、監査の実施が例示されている。

2 個人情報保護監査の体制

　個人情報保護監査は、個人情報保護監査責任者のもとで内部監査部門が実施する。もしくは、外部の専門機関に監査を依頼する。監査を客観的に実施するため、監査を実施する者（監査人）には、次の2つの独立性が求められる。

（1）　外観上の独立性

　監査人は、身分上、被監査主体と密接な利害関係をもつことがあってはならない。個人情報保護管理者（CPO）や個人情報管理委員会の業務内容も監査対象であるため、内部監査部門は代表者の直轄部門として位置づけるべきである（本章第1節図表6-2）。

（2）　精神上の独立性

　監査人は、心理的な偏向を排し、常に公正かつ客観的に監査上の判断をしなければならない。私的利益への誘惑や、被監査主体とのなれあいなどは排除すべきである。

3 個人情報保護監査の流れ

　個人情報保護監査は、計画→実施→報告の順に実施する（図表6-14）。

図表6-14　個人情報保護監査の流れ

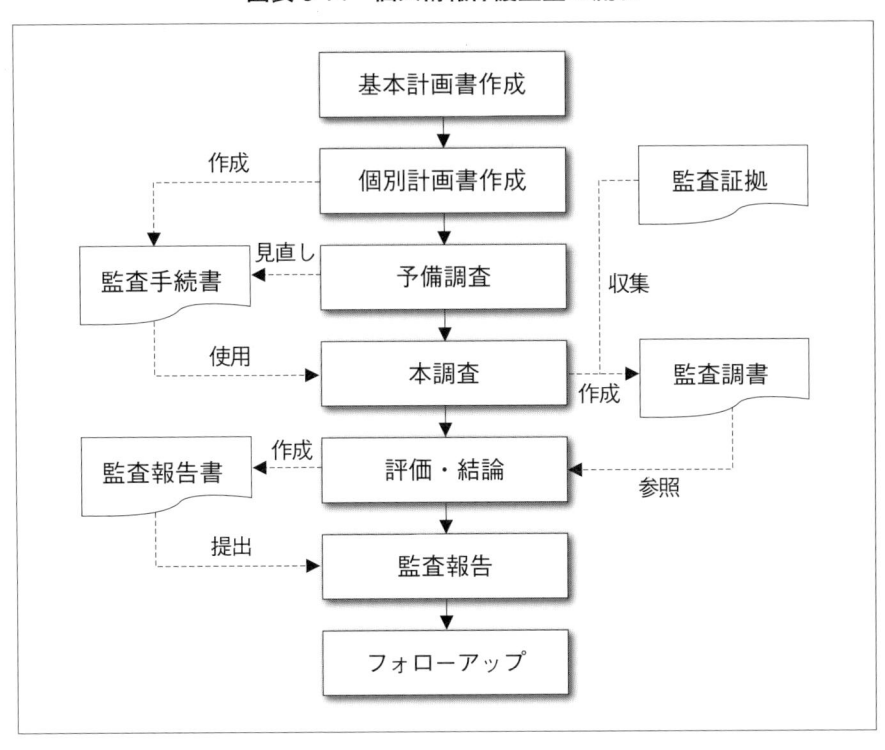

（1）　監査計画書の作成

　監査計画書には、監査の目的、責任者、監査対象、日程などを記述する。

①　基本計画書

　当該年度に実施する個人情報保護監査の計画書であり、年度の予算編成に合わせて作成する。

②　個別計画書

　基本計画書に記載された個別の監査ごとの実施計画である。個別計画書とともに、監査の具体的な実施手順を定めた監査手続書も作成する。

（2）　監査の実施

　監査は、予備調査→本調査→評価・結論の順で実施する。

①　予備調査

　予備調査は、監査対象の実態を把握するために実施する。質問票への記

入やヒアリング、資料閲覧などにより、監査対象に関する情報を収集する。また、必要に応じて、監査手続書の見直しも実施する。

② **本調査**

本調査では、予備調査で把握した情報を踏まえ、被監査主体の協力を得ながら調査を実施する。

監査人が述べるすべての監査意見には、裏付けとなる**監査証拠**が必要であるため、監査手続書に従って監査証拠を収集する。収集方法としては、現地調査、ヒアリングの実施、チェックシートへの記入、複数の資料間の突合せ検査、アクセスログの取得などがある。

また、収集範囲には、監査対象のトランザクション（業務処理）を全件抽出する**精査**と、サンプリングをする**試査**とがある。精査はかかる時間とコストが膨大であるため、経済効率（費用対効果）を考えて、通常は試査を適用する。

収集した監査証拠をもとに監査対象を検証し、結果を**監査調書**として文書化する。

③ **評価・結論**

予備調査および本調査の結果を踏まえ、監査対象の状況が監査基準と照らし合わせて適切かどうかを判断する。評価に正確を期すため、結論を出す前に、被監査主体との間で、監査調書の記載内容についての事実確認を行わなければならない。

（3）　監査報告

① **監査報告書**

監査の実施後は、監査意見をまとめた監査報告書を作成し、代表者に提出する。なお、改善に緊急を要する事項は、報告書の作成を待たずに、代表者に口頭などで報告する。監査報告書には、監査対象に関する**指摘事項**と**改善勧告**を記述する。指摘事項は、「重大・軽微・観察」「緊急・通常」など、重大性と緊急性に応じた区分をする。

代表者は、監査報告を踏まえて、被監査主体に改善を指示する。

② **監査人の責任と役割**

監査人は、監査報告書の記載事項に対して責任を負う。個人情報保護の

責任自体は被監査主体に帰属するが、監査人は監査報告書における指摘事項が改善されるよう、被監査主体をフォローアップすることが要求される。

(4) 監査証跡

監査証跡（audit trail）とは個人情報の取扱い内容を後から追跡できるように時系列にまとめた監査証拠の記録をいい、情報システム利用申請書、権限付与申請書、教育実施記録帳、入退室記録帳、アクセス記録などがある。個人情報保護監査の有効性は監査証跡の有無に左右されるため、監査証跡はあらかじめ業務フローおよび情報システムの機能の中に組み込んでおかなければならない。

4 監査基準

(1) JIS Q 15001:2017

プライバシーマークの認証を受ける場合には、JIS Q 15001:2017 を基準として個人情報保護監査を実施する。その際は、個人情報保護マネジメントシステムについて、次の2点を評価する。

・個人情報保護マネジメントシステムの JIS Q 15001:2017 への適合状況
・個人情報保護マネジメントシステムの運用状況

(2) 情報セキュリティ監査基準

情報セキュリティ監査基準は、経済産業省の情報セキュリティ監査制度の標準的な基準として策定され、個人情報をはじめとした情報資産のセキュリティ監査に使用される。監査上の判断尺度としては、姉妹編である「情報セキュリティ管理基準」を用いる。

(3) JIS Q 19011:2019

JIS Q 19011:2019 は、マネジメントシステム監査のための指針として策定されており、個人情報保護法ガイドラインでも、監査の参考規格として例示している。

第6章

・監査人には、外観上の独立性と精神上の独立性が求められる。
・個人情報保護監査は、計画、実施、報告の順に実施する。
・監査人は、監査報告書の記載事項に責任をもつが、指摘事項の改善には責任を負わない。

第6章◎過去問題チェック

1．PMSにおける組織体制に関する以下のアからエまでの記述のうち、最も適切なものを1つ選びなさい。

　ア．事業者における個人情報の取扱いを総括する部署は、専門部署として設置しなければならないと個人情報保護法により規定されている。

　イ．事務局は、取締役会直轄の機関であり、管理委員会（個人情報保護管理委員会）を管理監督する役割を担う。

　ウ．個人情報保護管理者は、苦情・相談窓口の担当者を兼任しても差支えはない。

　エ．個人情報保護監査責任者は、個人情報保護管理者を兼任しても差支えはない。

〈第64回出題　問題67〉

2．以下のアからエまでのうち、JIS Q 15001:2017における「個人情報保護方針」に関する次の文章中の（　）に入る最も適切なものの組合せを1つ選びなさい。

> トップマネジメントは、内部向け個人情報保護方針を文書化した情報には次の事項を含めなければならない。
>
> 　・事業の内容及び規模を考慮した適切な個人情報の取得、利用及び（　a　）に関すること［特定された利用目的の達成に必要な範囲を超えた個人情報の取扱い（以下、"目的外利用"という。）を行わないこと及びそのための措置を講じることを含む。］。
>
> 　・個人情報の取扱いに関する法令、国が定める指針その他の規範を遵守すること。
>
> 　・個人情報の漏えい、滅失又はき損の防止及び是正に関すること。
>
> 　・（　b　）に関すること。
>
> 　・個人情報保護マネジメントシステムの継続的改善に関すること。
>
> 　・トップマネジメントの氏名
>
> トップマネジメントは、内部向け個人情報保護方針を文書化した情報を、組織内に伝達し、（　c　）ための措置を講じなければならない。

ア．a．削除　　b．苦情及び相談への対応

　　c．従業者以外には秘匿する

イ．a．削除　　b．不正行為に対する懲戒処分

　　c．必要に応じて、利害関係者が入手可能にする

ウ．a．提供　　b．苦情及び相談への対応

　　c．必要に応じて、利害関係者が入手可能にする

エ．a．提供　　b．不正行為に対する懲戒処分

　　c．従業者以外には秘匿する　　　　　　〈第63回出題　問題65〉

3．規程文書の整備に関する以下のアからエまでの記述のうち、最も適切なものを1つ選びなさい。

ア．一般的に、内部規程は「実施手順」→「対策基準」→「基本方針」の順にボトムアップ形式で作成する。また、これらの規程文書は一冊にして全従業者が閲覧できるようにしておく必要はなく、従業者が必要な範囲で参照できればよい。

イ．「実施手順」は「スタンダード」とも呼ばれ、実務上の手順や様式を具体的に定めるものであり、業務手順書や作業手順書などが該当する。これらの手順書は、現場の個々の担当者が必要に応じて作成し、それを部門長が承認する。

ウ．「対策基準」は「プロシージャ」とも呼ばれ、「基本方針」の基となる規程であり、何を実施しなければならないかという組織のルールを具体的に記述するものである。細則やチェックリスト、作業マニュアルなどが該当する。

エ．「基本方針」は、個人情報保護方針や情報セキュリティ方針などが該当し、「基本方針」と「対策基準」の2つを合わせて「セキュリティポリシー」と呼ばれることもある。これらの規程は、管理委員会（個人情報管理委員会）などの経営者レベルで策定される。　　　　〈第63回出題　問題67〉

4．個人情報の特定や台帳管理などに関する以下のアからエまでの記述のうち、不適切なものを1つ選びなさい。

ア．個人情報の取得・入力、移送・送信、利用・加工、保存・バックアップ、消去・廃棄までの段階ごとに、想定されるすべてのリスクに関するアセスメント及び対応策の検討は、個人情報の特定（洗い出し）を実施する前に行わなければならない。

イ．個人情報を特定する方法として、組織内にある帳票や保存データから個人情報を洗い出す方法、業務フロー図を活用し、業務の流れに沿って個人情報を洗い出す方法などがある。

ウ．個人情報管理台帳は、その内容を定期的に確認するなどして、正確かつ最新の状態を維持すべきである。

エ．個人情報管理台帳に含めるべき項目には、個人情報の項目や個人情報の利用目的、アクセス権限を有する者、利用期限、件数が挙げられ、この他にも入手経路や組織内での取扱部署、保管形態、廃棄方法などを含めることも考えられる。　　　　　　　　　　　　　　〈第63回出題　問題64〉

5．「個人情報保護法ガイドライン（通則編）」の「（別添）講ずべき安全管理措置の内容」では、組織的安全管理措置の手法の例として、「個人データの取扱いに係る規律に従った運用を確保するため、例えば次のような項目に関して、システムログその他の個人データの取扱いに係る記録の整備や業務日誌の作成等を通じて、個人データの取扱いの検証を可能とすることが考えられる」と示されている。

　　ここでの「次のような項目」について、以下のアからエまでのうち誤っているものを1つ選びなさい。

ア．個人情報データベース等の利用・出力状況

イ．個人データが記載又は記録された書類・媒体等の持ち運び等の状況

ウ．個人情報データベース等の削除・廃棄の状況（委託した場合の消去・廃棄を証明する記録を含む）

エ．個人情報データベース等を情報システムで取り扱う場合、担当する者に関する情報（権限、役職、職務経歴、保有資格等）　　〈第64回出題　問題64〉

6．以下のアからエまでのうち、情報セキュリティ監査に関する次の文章中の（　）に入る最も適切な語句の組合せを１つ選びなさい。

> ログ（履歴）は、セキュリティ事故が発生した際、原因を特定する手がかりになり、（　a　）を確保するために重要となる。また、情報セキュリティにおける監査の際の（　b　）にもなる。
> ログは、正確に記録する仕組みを構築するだけでなく、定期的に分析して、異常がないかどうかを確認することが重要である。さらに、事故原因特定の手がかりや（b）となるものであるから、（　c　）を維持して保管する必要がある。

ア．a．トレーサビリティ　　b．監査実施記録　　c．保全性

イ．a．トレーサビリティ　　b．監査証跡　　　　c．完全性

ウ．a．スケーラビリティ　　b．監査実施記録　　c．完全性

エ．a．スケーラビリティ　　b．監査証跡　　　　c．保全性

〈第63回出題　問題70〉

7．内部監査に関する以下のアからエまでの記述のうち、不適切なものを１つ選びなさい。

ア．監査員は、個人情報保護監査責任者によって選任され、監査責任者の下で監査の実施を担当する者であり、力量があり、かつ客観的に行える立場にある者を当てることが望ましい。

イ．事業者内から選任された監査員による内部監査を実施する際は、監査の客観性、公平性を確保するため、監査員は自己の所属する組織の監査を担当してはならない。

ウ．監査の有効性は監査証跡の有無に左右されるため、監査証跡が保持できるように、あらかじめ業務フローに盛り込んだり、情報システムの機能に組み込んで自動化することが望ましい。

エ．監査証跡の具体例として、情報システム利用申請書や教育実施記録、入退室記録帳、システムの操作記録などがあり、アクセスした情報そのものも監査証跡に含めることが望ましい。

〈第64回出題　問題68〉

8．次の図は、「個人データの漏えい等の事案が発生した場合等の対応について
（平成 29 年個人情報保護委員会告示第 1 号）」における、漏えい等事案が発
覚した場合に講ずべき措置の流れを示したものである。以下のアからエまで
のうち、次の図中の（　　）に入る最も適切な語句の組合せを 1 つ選びなさい。

漏えい等事案の発覚

↓

①	【事業者内部における報告及び被害の拡大防止】 責任ある立場の者に直ちに報告するとともに、漏えい等事案による被害が発覚時よりも拡大しないよう必要な措置を講ずる。

↓

②	【事実関係の調査及び原因の究明】 漏えい等事案の事実関係の調査及び原因の究明に必要な措置を講ずる。

↓

③	【影響範囲の特定】 上記②で把握した事実関係による影響の範囲を特定する。

↓

④	【（　a　）】 上記②の結果を踏まえ、漏えい等事案の（ a ）に必要な措置を速やかに講ずる。

↓

⑤	【（　b　）】 漏えい等事案の内容等に応じて、二次被害の防止、類似事案の発生防止等の観点から、事実関係等について、（ b ）を速やかに行う。

↓

⑥	【（　c　）】 漏えい等事案の内容等に応じて、二次被害の防止、類似事案の発生防止等の観点から、事実関係等について、（ c ）を速やかに行う。

ア．a．再発防止策の検討及び実施

　　b．影響を受ける可能性のある本人への連絡

　　c．事実関係及び再発防止策等の公表

イ．a．再発防止策の検討及び実施

　　b．事実関係及び再発防止策等の公表

　　c．影響を受ける可能性のある本人への連絡

ウ．a．関係者に対する責任の所在の確認

　　b．影響を受ける可能性のある本人への連絡

　　c．事実関係及び再発防止策等の公表

エ．a．関係者に対する責任の所在の確認

　　b．事実関係及び再発防止策等の公表

　　c．影響を受ける可能性のある本人への連絡　　〈第 64 回出題　問題 74〉

人的管理の実務知識

①従業者との契約
②従業者への教育とモニタリング
③派遣社員・契約社員の受け入れ
④委託先の管理
⑤苦情・違反・事故への対応

従業者との契約

1 従業者の監督

(1) 監督の意義

　個人情報の漏洩事故の多くは、従業者の故意または過失が原因となって起きている。個人情報へのアクセス権限をもつ者の出来心や無防備さから起きる漏洩事故は、情報システムの機能による対策だけでは防ぐことが難しく、外部からの不正アクセスよりも問題の根が深い。

　そこで、人的安全管理措置として、従業者を適切に監督することが求められる。従業者の監督は、個人情報保護対策の中でも特に重要であるため、個人情報保護法 24 条でも「個人情報取扱事業者は、その従業者に個人データを取り扱わせるに当たっては、当該個人データの安全管理が図られるよう、当該事業者に対する必要かつ適切な監督を行わなければならない」として、実施が義務づけられている。

　必要かつ適切な監督を行っていない例として、次のものがある。

・従業者が個人情報の安全管理措置を定める規程などに従って業務を行っているかどうかを、定期的に確認していない。

・従業者が個人情報を保存しているノートパソコンや外部記録媒体を規程などに違反して繰り返し持ち出していることを、黙認している。

　従業者の監督を怠った結果として個人情報の漏洩事故が起きた場合、「監督を適切に実施していたがそれでも事故が起きた場合」に比べて、事業者に科される罰則や社会的制裁が重くなる可能性がある。

(2) 従業者とは

　個人情報保護法および個人情報保護法ガイドラインでは、監督の対象を「従業員」ではなく「従業者」としている。従業者とは、個人情報取扱事業者の組織内にあって、直接または間接的に事業者の指揮監督を受け事業者の業務に従事している者をいう。雇用関係にある従業員だけでなく、取締役、執行役、

監査役、理事、監事などの役員、および派遣社員も含まれる（図表7-1）。

図表 7-1 従業者の範囲

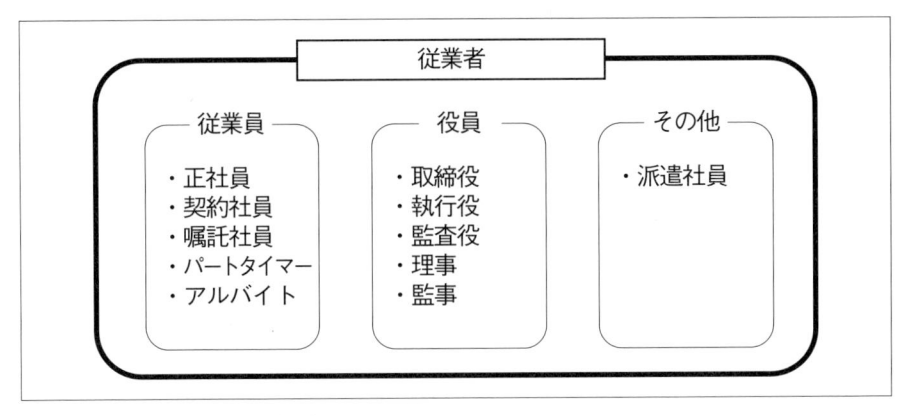

（3） 監督の対象と方法

① 監督の対象

　個人情報を保護するためには、個人情報を直接取り扱う従業者を監督するだけでは不十分であり、個人情報を取り扱う可能性がある従業者をすべて含めた広い範囲を監督対象とすべきである。

② 監督の方法

　従業者の監督に際しては、個人情報が漏洩、紛失、毀損した場合の被害の大きさを考慮し、事業の性質および個人情報の取扱い状況などに起因するリスクに応じて、次のような必要かつ適切な措置を講じる。

- ・雇用時に非開示契約を締結し、誓約書の提出を義務づける。
- ・個人情報保護の規程・手順を周知徹底し、教育・訓練を実施する。
- ・個人情報の取扱い状況に対するモニタリングを実施する。

2　非開示契約

　非開示契約とは、個人情報などの機密情報を第三者に許可なく開示しない旨を約束する契約であり、NDA（Non-Disclosure Agreement）、機密保持契約などと同義で扱われる。

第7章

（1）　対象

　個人情報を取り扱う従業者は、当然、非開示契約の対象であるが、次の者も対象に含めるべきである。

> ・個人情報を取り扱う情報システムにアクセスする可能性のある者
> ・個人情報を保有する建物に立ち入る可能性のある者

　具体例としては、例えば、情報システムの開発・保守関係者、清掃担当者、警備員などがある。

（2）　非開示契約の要件

①　内容

　非開示契約には、個人情報などの機密情報を第三者に許可なく開示しないこと、および個人情報保護に関する規則を定めた規程文書や就業規則などを遵守することを定める。なお、個人情報保護は、営業秘密の保護とは目的や対象範囲などが異なるため、個人情報保護と営業秘密保持とで非開示契約の内容を分けたほうが、従業者からの理解を得やすい。

②　有効期限

　従業者が退職後に個人情報を漏洩しないよう、非開示契約は雇用契約が終了しても一定期間は有効であるようにすべきである。

③　罰則規定

　従業者が軽い気持ちで個人情報を持ち出すことを防止するために、個人情報の規程違反に対する懲戒処分および損害賠償の可能性を、罰則規定として契約書に明記する。就業規則にも重ねて明記するとよい。ただし、損害賠償額が労働関連法規に抵触しないよう注意しなければならない。例えば、予定された損害賠償額を禁じる労働基準法 16 条や、就業規則の内容や作成手続を規定する労働基準法 89 条・90 条などがある。

3　誓約書

　誓約書は、法的効力はもたないが、個人情報保護に対する従業者の意識を高めるのに有効である。誓約書には、漏洩禁止、モニタリングへの同意、退職時の個人情報の返却、損害賠償などを明記する（図表 7-2）。

図表 7-2 誓約書の例

誓約書

株式会社○○○○
代表取締役社長　○○○○　殿

個人情報その他の機密情報の保持について

　私は、貴社の個人情報その他の機密情報（以下、機密情報）について、下記の事項を在職中はもとより退職後も遵守することを誓約致します。
　なお、機密情報の漏洩が、私の故意または重大な過失によると判明した場合には、就業規則等貴社の規程に基づく懲戒処分および法的責任の追及を受ける可能性があることを了承致します。

記

一．在職中に業務上知り得た、貴社の機密情報について、その取扱いには十分な注意を払い、業務上の正当な理由なく、第三者への開示、外部への漏洩をすることは致しません。退職後も同様とします。

二．貴社の機密情報は、指示または権限付与された業務以外での目的で使用することは致しません。

三．貴社が、機密情報の安全管理目的の範囲内において、私を含む従業員を対象としたモニタリングを実施することに同意致します。

四．貴社を退職する際は、その時点で私が管理もしくは所持している機密情報およびその電子媒体の一切を、退職日までに貴社の指定する方法で返却または破棄致します。

以上

令和　　年　　月　　日

住所
氏名　　　　　　　　　　　印

第7章

・従業者の監督は、個人情報保護法で義務づけられている。
・従業者には、取締役や執行役などの役員、および派遣社員も含まれる。
・従業者との間に、罰則規定も含めた非開示契約を締結する。

第 2 節
従業者への教育とモニタリング

1 従業者への周知・教育

　第5章でも述べたとおり、個人情報漏洩事故には、パソコンや電子媒体などの盗難・紛失によるものや、従業者の不注意・故意によるものも多い（第5章第3節図表5-20）。多くの企業では、オフィスや情報システムにおける個人情報保護対策に比べ、従業者の意識改革が遅れており、個人情報保護対策の周知・教育の徹底が急がれる。

　個人情報保護法ガイドラインでは、人的安全管理措置として「従業者に、個人データの適正な取扱いを周知徹底するとともに適切な教育を行わなければならない」とし、次の手法を例示している。

> （1）　個人データの取扱いに関する留意事項について、従業者に定期的な研修等を行う。
> （2）　個人データについての秘密保持に関する事項を就業規則等に盛り込む。

2 周知の徹底

　いくら規程や手順などのルールを作成しても、従業者がその存在を知らなければ作成した意味がない。ところが、策定したルールを従業者が知らないケースは、意外に多い。

　個人情報保護についての従業者の役割と責任は、社内通達、社内報、社内ポスターなどですべての従業者に周知し、個人情報の取扱いに対する責任の自覚を促さなければならない。また、周知は1回だけで終わりにせず、折に触れて従業者に発信することが必要である。

　なお、個人情報の取扱い手順は、具体的な業務の流れに組み込まれていなければ従業者の仕事として理解されにくい。したがって、個人情報保護の規程などを業務マニュアルに組み込むことが求められる。

3　教育の計画と実施

（1）　教育計画の作成

　従業者の教育は、個人情報管理委員会の承認のもと、事務局が計画し実施する。教育内容にばらつきが生じるのを防止するため、従業者教育の目的や共通ルールを教育手順書として事前に策定しておく。

　その上で教育手順書を踏まえ、年度ごとに具体的な実施時期、対象者、カリキュラム、実施方法などを定めた教育計画書を作成するとよい。

①　実施時期

　年に１回の実施だと中途入社者または欠席者への教育が漏れる可能性があるため、同一内容の教育を年間に複数回実施することが望ましい。

②　対象者

　従業者は、立場によって個人情報の安全管理について果たす役割が異なるため、教育内容ごとに対象者を明確化する。

③　教育カリキュラム

　教育カリキュラムは対象者ごとに作成する（図表7-3）。

図表7-3　教育内容の例

区分	内容
法律やルールを遵守する重要性と利点	・個人情報を保護する目的 ・個人情報保護法および個人情報保護法ガイドラインの内容 ・ルール遵守と漏洩事故予防との因果関係
個人情報保護に対する従業者の役割と責任	・個人情報保護の組織体制 ・各役職に与えられた責任と権限 ・システム管理者の役割と責任 ・ユーザの責務および業務上の注意点、ケーススタディ
規程違反によって予想される問題	・漏洩事故の事例（原因、件数、損害額など） ・規程違反によって起きる結果のシミュレーションやロールプレイング

第7章

　教育内容は、新しい法律の施行など社会情勢の変化や新技術の進歩、業務フローの変更などに応じて、随時見直す必要がある。また、社内で事故・違反が発生した場合も、今後の防止対策を教育内容にフィードバックする。

④　実施方法

　教育手順書に定めた範囲内で、組織の実状や教育内容に合った方法を選択する。具体的には、講義や e- ラーニング、ビデオ、外部セミナー参加などがある。

（2）　教育の実施

　従業者が教育を受けるために業務から離れると、現場に欠員分の負担がかかる。したがって、負担軽減の配慮をするとともに、従業者教育に対する現場の理解と協力を得る努力が欠かせない。個人情報保護の教育を受けることを、入社・昇進・昇格の条件にするなどの方策も必要である。

　教育の実施後は、アンケートや試験、管理者による面接などで理解度を確認しなければならない。理解度が一定の基準に満たない従業者は、再教育したり当該業務から外したりすることも検討する。また、「理解したからにはルールを遵守します」との誓約書を提出させるのも有効である。

（3）　教育の実施記録

　教育の実施状況は、記録をとっておく。これは、個人情報保護監査の監査証跡（第6章第4節「監査・改善」参照）でもあり、従業者の監督責任を履行した証拠でもある。

　記録方法としては、教育実施記録帳に、教育の名称、日時、対象部門・役職、参加者、講師、内容、配付資料、修了確認などを記録する。

　また、実施した教育が個人情報の安全管理に寄与しているかどうかを定期的に評価し、問題があれば以降の教育方法を改善することも必要である。

　4　従業者へのモニタリング

（1）　モニタリングとは

　モニタリングとは、従業者が個人情報を規程・手順に従って取り扱っているかどうかを監視することをいう。モニタリングには、ルール違反を発見するだけでなく、第三者に見られているという意識を従業者にもたせることによって、違反を予防する目的もある。モニタリングの例は、次のとおりである。

- ・監視カメラによる撮影
- ・入退室の記録
- ・情報システムへのアクセスログの取得
- ・インターネット閲覧履歴の記録
- ・電子メールの検閲
- ・電話と FAX の発信先の記録

（2）　モニタリングの留意点

　モニタリングは、従業者の監視強化にあたるため、従業者が必要以上に萎縮したり組織に不満を抱いたりしないよう、実施にあたっては次の点に留意しなければならない。

- ・労働組合などへの事前通知および必要に応じた協議
- ・モニタリングの目的の特定
- ・モニタリング規程の策定と周知（就業規則への記載）
- ・従業者への事前通知
- ・モニタリングの責任者および権限の明確化
- ・モニタリングの実施ルール策定と運用者への徹底
- ・モニタリング実施状況の適切性の監査または確認

　なお、事業者には、顧客の個人情報だけでなく従業者の個人情報に対しても安全管理が求められる。モニタリングの記録は、従業者の個人情報を含む可能性があるため、取扱いには十分注意しなければならない。

第7章

- ・規程などを従業者に周知するとともに、業務マニュアルにも組み込む。
- ・教育の実施記録を残し、状況に応じて内容を見直す。
- ・モニタリングの留意点には、労働組合などへの通知と協議、従業者への事前通知、適切性の確認などがある。

派遣社員・契約社員の受け入れ

▍**1**▍ 派遣社員の受け入れ

（1） 派遣社員とは

　派遣社員とは、派遣元企業に雇用された労働者であって、派遣先企業の指揮命令を受けて業務に従事する者をいう。派遣先企業は派遣元企業と労働者派遣契約を締結後、派遣社員を受け入れて業務に従事させる。派遣社員・派遣元企業・派遣先企業の三者の関係は、図表7-4のとおりである。

図表7-4　派遣社員・派遣元企業・派遣先企業の関係

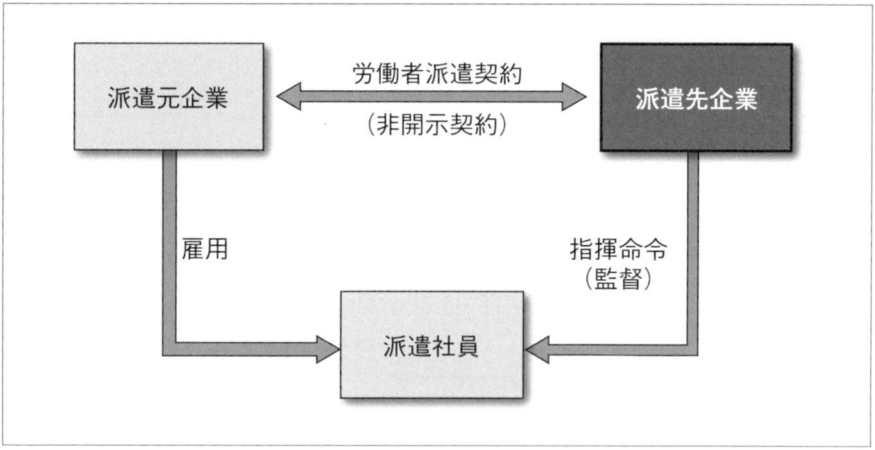

　派遣先企業は、個人情報の安全管理措置を講じる上で、派遣社員の雇用者と指揮命令者が異なっている点に留意しなければならない。

（2） 派遣元企業との非開示契約

　派遣社員は、派遣先企業と雇用関係にないため、就業規則の罰則規定が適用されない。したがって、派遣先企業は、派遣元企業との間に非開示契約を締結しなければならない。

　なお、派遣期間終了後における情報漏洩も考えられるため、非開示契約は、派遣期間終了後も有効である旨を契約書に明記しておく。

(3) 派遣社員への監督

受け入れた派遣社員を業務に従事させる以上は、他の従業者と同様に個人情報の安全管理に関する監督責任が発生する。派遣社員は、過去に複数の企業で業務に従事しているため、安全管理意識の低い企業の考え方で個人情報を取り扱う可能性がある。したがって、派遣社員への個人情報の安全管理教育は必須である。

また、派遣社員がアクセスできる個人情報の範囲を限定するとともに、必要に応じて個人情報の取扱い状況のモニタリングも実施すべきである。

(4) 誓約書における留意点

派遣社員に誓約書の提出を求める場合は、労働基準法や労働者派遣法、職業安定法などの関連法規に抵触しないよう注意しなければならない。

また、派遣社員の個人情報にも注意が必要である。派遣社員の自宅住所などの連絡先は、労働者派遣法が規定する「派遣元が派遣先に通知すべき事項」の範囲を逸脱するため、誓約書への記入は義務づけるべきではない。

(5) 現場従業者への教育

派遣社員を受け入れる現場の従業者への教育も欠かせない。一緒に仕事をしていると、個人情報を気軽に派遣社員に渡してしまう雰囲気が起きやすいが、派遣社員はあくまでも派遣元企業の被用者であり、自社に対する帰属意識は一般的に希薄である。現場の従業者は、派遣社員はもともと他社の人間であることを意識しておかなければならない。

2 契約社員の受け入れ

契約社員や嘱託社員についても、個人情報の安全管理の監督に関する基本的な考え方は正社員と同じである。雇用期間が短く重要な職務を担当することも少ないとして、個人情報保護の教育に時間を割かない企業もあるが、教育は確実に実施すべきである。

第7章

- ・派遣社員の非開示契約は、派遣元企業と締結する。
- ・派遣社員にも、個人情報保護教育を実施する。
- ・派遣社員に誓約書を提出させる場合は、関連法規に注意する。

委託先の管理

■1■ 委託先管理の目的

（1） 業務委託に付随するリスク

　最近は、自社の中核（コアコンピタンス）以外の業務を外部の企業に委託するアウトソーシングが進んでいる。その一環として、個人情報を取り扱う業務を他社に委託している企業も多い。

　しかし、その反面、委託先からの個人情報漏洩事故も多発している。委託先に預けた個人情報の取扱い状況は委託元からは見えにくく、取扱いがずさんであっても気づきにくい。自社だけで個人情報を取り扱うよりも、漏洩などの事故が発生するリスクは高いといえる。

（2） 委託者の法的責任

　本来は自社の業務である個人情報の取扱いを他社に依頼する以上、委託元は委託先を監督する責任を負う。委託先の監督は、従業者の監督と同様に、個人情報保護法25条でも「個人情報取扱事業者は、個人データの取扱いの全部又は一部を委託する場合は、その取扱いを委託された個人データの安全管理が図られるよう、委託を受けた者に対する必要かつ適切な監督を行わなければならない」として、実施が義務づけられている。

　必要かつ適切な監督を行っていない例として、次のものがある。

> ・委託先での個人情報の取扱い状況を契約締結時に把握していない。
> ・個人情報の安全管理措置の内容を委託先に指示していない。
> ・再委託の条件に関する指示を委託先に行っていない。
> ・委託先の個人情報取扱い状況を定期的に確認していない。
> ・再委託の状況把握を契約に盛り込んでいるにもかかわらず、報告を求めていない。

　監督を怠った結果として、委託先から個人情報が漏洩した場合、委託元は個人情報漏洩の責任追及を免れることができない。

再委託についても、注意が必要である。委託元が委託先に対して「必要かつ適切な監督」を行っていない状態で、委託先がさらに他の事業者に当該業務の委託（再委託）をした場合、再委託先で生じた問題に対して委託元が責任を追及される可能性がある。また、クレジットカードなど二次被害が大きい個人情報については、より高い水準での監督が必要である。

2 委託先管理のポイント

委託先に対する必要かつ適切な監督には、委託先の適切な選定から始まり、非開示契約の締結、個人情報取扱い状況の監督、評価と契約の見直しまでの幅広い範囲が含まれる。委託先管理のポイントを整理すると、図表7-5のようになる。

図表7-5　委託先管理のポイント

選定	委託先を適切な基準で選定する。
契約	委託先と非開示契約を締結する。
監督	委託先の個人情報取扱い状況を監督する。
評価	委託先の評価および契約見直しを実施する。

3 委託先の選定

（1） 選定基準

委託先は、「信頼できる企業」から選定する。委託先の選定にあたっては、癒着（ゆちゃく）やなれあいを排除し、合理的な基準をもって判断しなければならない。委託先の選定基準を部門ごとの独自の判断に任せると、選定基準にばらつきが生じやすくなる。したがって、委託先の選定基準は、個人情報管理委員会のもと、全社共通のルールとして策定すべきである。

委託先の選定基準としては、業務効率やコストパフォーマンスのみでなく、セキュリティの面も考慮しなければならない。つまり、委託先の評価項目は、大きく分けて、**パフォーマンス**と**情報セキュリティ**の2つになる（図表7-6）。

第7章

図表 7-6　委託先選定基準の評価項目

①パフォーマンス	
信頼度	財務状況、作業の品質、コスト、納期、受託実績などを評価する。
②情報セキュリティ	
a. 情報セキュリティ認証	ISO27001（ISMS）、プライバシーマークなどの認証取得の有無を評価する。ただし、認証の取得を絶対条件にする必要はない。
b. 個人情報の管理体制	個人情報保護法および個人情報保護法ガイドラインで求められる安全管理措置の実施状況を確認する。具体的には、個人情報保護方針や個人情報管理規程の有無およびその内容を評価する。また、個人情報保護の組織体制として、個人情報保護管理者や情報管理責任者などの存在およびその責務を評価する。
c. セキュリティ事故履歴	過去のセキュリティ関連事故の有無を評価する。事故歴がある場合は、再発防止策も評価する。
d. セキュリティ保険	個人情報漏洩対策保険への加入の有無および保険金額などの賠償責任能力を評価する。

（2）　選定手順

　個人情報を取り扱う業務を委託するかどうかは、当該事業者が委託先選定基準を満たすかどうかで判断する。

　ただし、業務委託が日常化している場合は、委託の都度判断するのは煩雑である。そこで、選定基準を満たす事業者をあらかじめ「委託先管理台帳」に登録しておき、業務を委託する際は、委託先管理台帳に登録されている事業者から選択するといった方法が多くの企業でとられている。

　なお、委託先管理台帳に登録された事業者であっても、選定基準を満たすかどうかの定期的な確認を怠ってはならない。

4　委託先との契約

　業務を委託する際、「個人情報を厳重に管理してほしい」と口頭で伝えるだけでは、安全管理に関する強制力が働かず、問題発生時の責任の所在

があいまいになりやすい。

したがって、業務委託時は、委託先が法人・個人であるかを問わず、非開示契約を締結し、委託先への監督権限や損害賠償の可能性を担保しておかなければならない。

（1） 非開示契約の項目

委託契約を締結する際は、安全管理に関する次の事項を非開示契約に盛り込まなければならない。

---

① 委託者および受託者の責任の明確化

② 個人情報の安全管理に関する事項

・個人情報の漏洩防止、盗用禁止に関する事項

・委託契約範囲外の加工、利用の禁止

・委託契約範囲外の複写、複製の禁止

・委託契約期間

・委託契約終了後の個人情報の返還、消去、廃棄に関する事項

③ 再委託に関する事項

④ 個人情報の取扱い状況に関する委託者への報告の内容および頻度

⑤ 契約内容の遵守の確認（情報セキュリティ監査など）

⑥ 契約内容が遵守されなかった場合の措置

⑦ セキュリティ事件や事故が発生した場合の報告・連絡に関する事項

出典：「個人情報保護法ガイドライン」を参考に作成

第7章

（2） 再委託の留意点

再委託先は委託元と直接の契約関係にないため、委託先以上に監督が難しく、さらに再々委託先にも個人情報が預託される可能性がある。この場合、個人情報が漏洩するリスクがさらに高まり、問題発生時の原因究明も困難になりやすい（図表 7-7）。

図表 7-7　再委託と漏洩リスク

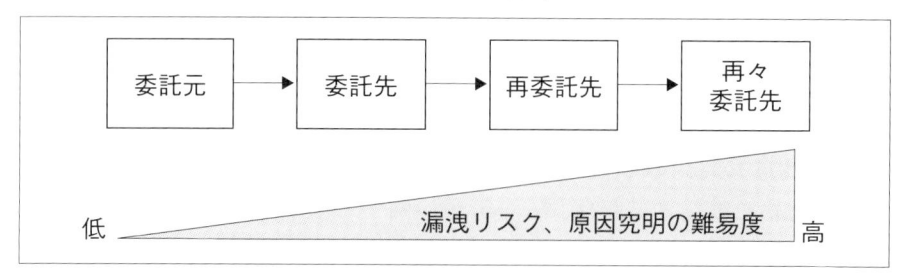

　したがって、再委託は原則として禁止すべきである。やむを得ず再委託する場合であっても、次の条件を満たす場合に限定すべきである。

- ・再委託する場合は、委託元から書面で事前許可を得る。
- ・委託先に規定している安全管理義務を、再委託先にも負わせる。
- ・委託先は損害賠償を含めて、再委託先の監督責任を負う。
- ・再委託の実施状況を、委託元に適宜報告する。
- ・再委託先がさらに他の事業者に業務委託（再々委託）する場合も、上記と同様の義務を負わせる。

（3）　対象業務

　個人情報を預ける委託先はもちろんのこと、個人情報を保有する建物などに立ち入ったり個人情報を取り扱う情報システムにアクセスしたりする可能性がある委託先についても、非開示契約を締結すべきである。

（4）　契約期間

　委託契約などにおける非開示条項は、契約終了後も一定期間有効であるようにすることが望ましい。

（5）　優越的地位の濫用防止

　委託先と非開示契約を締結する際は、行き過ぎにも注意する。委託元が委託先に対して優越的地位にある場合は、委託先に不当な負担を課してはならない。あくまで、双方納得の上で契約を締結すべきである。

5　委託先の監督

　委託先の監督の際には、個人情報が漏洩、滅失、毀損した場合の被害の

大きさを考慮し、事業の性質および個人情報の取扱い状況などに起因するリスクに応じて、必要かつ適切な措置を講じなければならない。

（1）　個人情報の引き渡し

委託先に引き渡す個人情報の項目は、必要最低限にとどめる。また、責任の所在を明らかにするため、個人情報の受け渡しの際には、個人情報資料受領書を交わして記録を残す。

（2）　返却・廃棄の確認

委託業務終了後に個人情報が委託先に残らないよう、使用を終了した個人情報の速やかな返却または廃棄を徹底する。

（3）　再委託先の監督

再委託を許可する場合でも、委託先選定基準に則って再委託先を評価し、個人情報の安全管理に問題がある事業者に個人情報が預託されないようにする。また、再委託の実施状況を適宜報告させる。

（4）　監査

委託先の個人情報安全管理に関する監査を定期的に実施し、問題があれば、改善を促す。委託元または監査会社が立ち入り監査する方法と、委託先に監査結果を報告させる方法がある。

６　委託先の評価

現在、業務を委託している委託先の個人情報取扱い状況について、チェックリストなどを使って定期的に評価し、問題があれば契約の継続を見直すべきである。その際、評価基準に満たずに契約を終了した委託先についても、今後の参考のために理由も含めて記録を残しておくとよい。

第7章

- ・委託元には、委託先の個人情報取扱い状況を監督する法的責任がある。
- ・委託先を選定する際は、パフォーマンスと情報セキュリティを基準として評価する。
- ・再委託は漏洩リスクが高いため、原則として禁止する。認める場合でも、厳格なルールに沿って行う。

苦情・違反・事故への対応

■1■ 苦情への対応

個人情報保護法40条は、「個人情報取扱事業者は、個人情報の取扱いに関する苦情の適切かつ迅速な処理に努めなければならない。……目的を達成するために必要な体制の整備に努めなければならない」としている。

（1） 苦情対応の体制

苦情対応の体制整備の中心は、各機関の責務定義と権限付与である。なお、体制の整備にあたっては、JIS Q 10002:2019「品質マネジメント－顧客満足－組織における苦情対応のための指針」が参考になる。

① 個人情報管理委員会

苦情対応プロセスの策定・評価・見直しをする。

② 事務局

苦情対応プロセスを運用・監視し、各部門の個人情報取扱い業務の改善を取りまとめる。

③ 個人情報の苦情・相談窓口

個人情報に関する苦情を外部または従業者から受け付ける。

（2） 苦情対応プロセス

苦情への対応は、図表7-8の流れで実施する必要がある。

① 苦情の受付

苦情・相談窓口において、外部または従業者からの苦情を受け付ける。

② 苦情への対応

苦情対応には3つの段階がある。最初に苦情・相談窓口で対応し、解決できなければ、次に当該個人情報を取り扱っている部門が対応する。それでも解決しない場合は、最終的に事務局で対応する。

③ 是正処置

苦情の内容と対応結果を事務局に報告する。事務局は、その内容から個人情報取扱い業務の見直しが必要かどうかを判断する。必要な場合、各関

係部門に対して業務の是正を求め、個別の改善結果を取りまとめる。また、個人情報管理委員会は事務局が取りまとめた内容を評価し、問題があれば苦情処理プロセス全体の見直しを実施する。

図表 7-8　苦情対応の流れ

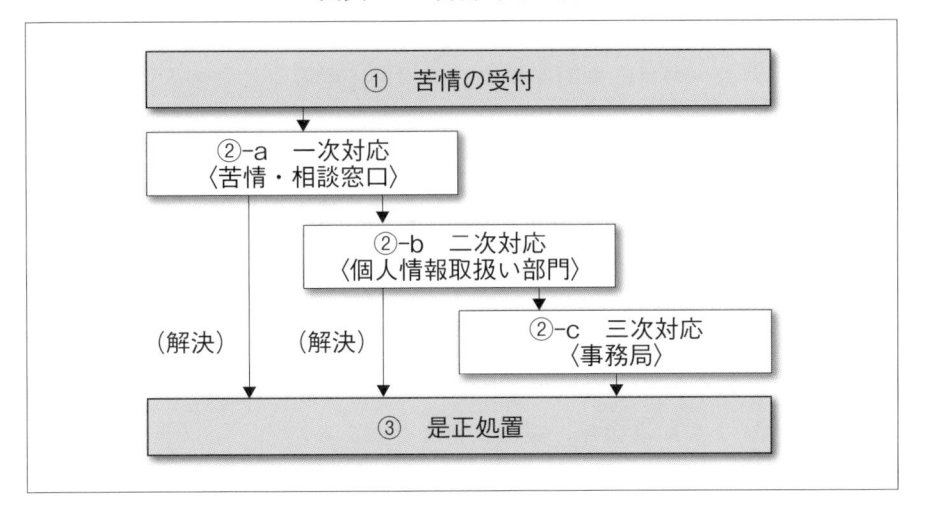

2　違反・事故に対する組織体制

（1）　代表者への報告

違反・事故の発生時で最も悪い状況は、現場に情報がとどまり、何も対処がなされないことである。これを避けるためには、問題が発生した場合に速やかに代表者に報告が伝わる体制を整備しなければならない。違反・事故の事実または兆候に気づいた場合の報告ルールの策定、および従業者への周知・教育が必須である。

なお、上司が規程に違反しているケースも考えられる。したがって、情報管理責任者や事務局に直接報告する手段を設けるなど、報告の経路は複線化すべきである。また、個人情報の苦情・相談窓口に寄せられる情報によって事故が発覚する場合もあるため、苦情・相談窓口との連携も求められる。

（2）　対外的な情報提供

問題発生時には速やかにマスコミなどに情報公開できるよう、広報部門は事前準備をしておく必要がある。また、大規模な漏洩事故の場合、組織

第7章

全体で被害者への対応にあたるため、従業者には事故発生時の被害者への連絡・謝罪・苦情対応に関する訓練を受けさせておくべきである。

3　事故発生時の対応

　事故発生時の対応は、スピードが大切である。したがって、事実確認から公表、被害者への対応や関係機関への報告に至る流れを個人情報漏洩時対応手順書としてあらかじめ策定し、従業者に周知・教育しておく。

（1）　事実確認

　個人情報漏洩事故の報告を受けたら、まず、漏洩した個人情報の件数や項目、二次被害の有無などの事実確認をする。

（2）　事実関係の公表

　漏洩事故発生の公表は、早いほどよい。公表が遅れると、社会や被害者が抱く心証が悪くなり、事態がより深刻化する可能性がある。公表手段には、Web サイトや記者会見、謝罪広告などがある。

　公表時点で事故の経緯や原因が不明であっても、その時点で判明している事実をいったん公表し、早い段階で謝罪すべきである。その後、事故の経緯や原因がわかった時点で、追って公表していけばよい。

（3）　被害者への対応

　個人情報漏洩によって被害を受ける可能性のある人を速やかに特定し、連絡・謝罪をするとともに犯罪行為に巻き込まれないよう注意を促す。

（4）　関係機関への報告

　事件性がある場合は、被害届を警察に提出する。また、図表 7-9 に挙げる関係機関に事故発生の事実と経緯を報告する。なお、要配慮個人情報の漏洩、不正利用による財産的被害、不正目的の漏洩、千人分以上の漏洩等が発生した場合（または発生のおそれがある場合）は、個人情報保護委員会への報告と本人への通知が法令で義務づけられている。

（5）原因究明と対策

　応急処置が済んだ後は、原因究明と再発防止が重要である。漏洩ルートやチェック機能の欠陥などを洗い出し、事故の再発を防止する仕組みを構築しなければならない。これには、個人情報保護管理者（CPO）や個人情

報管理委員会が中心となって取り組むが、もし事故が再発すれば経営責任にまで発展するため、経営者もけっして無関心であってはならない。

　再発防止策を策定したら、すべての従業者に周知・教育するとともに、Webサイトなどで公表する。また、再発防止策が機能しているかどうかを定期的に確認しなければならない。

図表7-9　事故発生時の届出先

届出先	役割
個人情報保護委員会	内閣総理大臣の所轄に属し、個人情報取扱事業者に対して、個人情報等の取扱いに関する指導・助言、報告徴収、立入検査、勧告・命令を行う。
認定個人情報保護団体	個人情報の取扱いに関する苦情の処理を行い、必要があれば対象事業者に説明・資料提出を求める。
情報処理推進機構セキュリティセンター（IPA/ISEC）	被害の拡大と再発を防止し、情報セキュリティ対策を普及させるために、経済産業省の告示に基づき、コンピュータウイルス・不正アクセス・脆弱性情報に関する発見・被害の届出を受け付けている。
JPCERT コーディネーションセンター	インターネットに関するセキュリティ問題への対応支援と情報公開を実施するために、問題発生の届出を受け付けている。

4　本人からの開示請求への対応

　個人情報保護法には、保有個人データの本人からの開示請求に対する遅滞ない開示が規定されている（法33条）。ただし、本人または第三者の生命、身体、財産その他の権利・利益を害するおそれや業務の適正な実施に著しい支障を及ぼすおそれがある場合、他の法令に違反する場合は、開示しなくてもよい。なお、個人データを提供・受領した記録も開示対象である。

　また、企業は開示請求に備えて対応手順を策定し、開示請求手続きと手数料（定めた場合）を、本人の知り得る状態に置かなければならない。

・苦情対応の体制を整備し、苦情対応プロセスを策定する。
・違反・事故発生時の代表者への報告経路は複数設け、可能性の段階でも報告させる。
・保有個人データの開示請求に対する遅滞ない開示が、個人情報保護法で義務づけられている。

第7章

第7章◎過去問題チェック

1. 次の文章は、従業者が入社する際に提出させる「秘密保持に関する誓約書」の一部を抜粋したものである。第1条～第3条、第5条の秘密保持条項の内容として不適切なものを、以下のアからエまでのうち1つ選びなさい。

> 秘密保持に関する誓約書
>
> 　この度、私は、貴社に採用されるにあたり、下記事項を遵守することを誓約いたします。
>
> 記
>
> 第1条（在職時の秘密保持）
> 　貴社就業規則及び貴社情報管理規程を遵守し、次に示される貴社の秘密情報について、貴社の許可なく、不正に開示又は不正に使用しないことを約束いたします。
> 　　①製品開発に関する技術資料、製造原価及び販売における価格決定等の貴社製品に関する情報
> 　　②［中略］
> 第2条（秘密保持）
> 　前条各号の秘密情報については、雇用期間中は、不正に開示又は不正に使用しないことを約束いたします。退職の日までは、秘密保持に関する誓約が継続することに同意します。
> 第3条（損害賠償）
> 　前2条に違反して、第1条各号の秘密情報を不正に開示又は不正に使用した場合、法的な責任を負担するものであることを確認し、これにより貴社が被った一切の被害を賠償することを約束いたします。
> 第4条（第三者の秘密情報）
> 　1.［中略］
> 　2.［中略］
> 第5条（第三者に対する守秘義務等の遵守）
> 　貴社に入社する前に第三者に対して守秘義務又は競業避止義務を負っている場合は、必要な都度その旨を上司に報告し、当該守秘義務及び競業避止義務を守ることを約束いたします。
> ……… 以下省略 ………

ア．第1条（在職時の秘密保持）

イ．第2条（秘密保持）

ウ．第3条（損害賠償）

エ．第5条（第三者に対する守秘義務等の遵守）

〈第64回出題　問題70〉

2．退職者への対応に関する以下のアからエまでの記述のうち、不適切なもの
　を１つ選びなさい。

　　ア．誓約書などの非開示条項は、契約（雇用）終了後も一定期間有効であるよ
　　　　うにすることが望ましく、競業避止義務を記載する場合には、職業選択の
　　　　自由を侵害しないように、適切に範囲を設定することが必要である。

　　イ．退職時には、支給されていたソフトウェア、業務に関連する書類、マニュ
　　　　アル、USB メモリなどの組織の資産をすべて返却するよう、誓約書などに
　　　　盛り込んでおく。

　　ウ．入館証や ID カードなどは、退職後に速やかに無効となる手続きをする。
　　　　ただし、再雇用の予定がある場合は、再雇用時まで本人の責任の下で ID カー
　　　　ドなどを正しく保管するように手続きを行う。

　　エ．システムへのログイン ID・パスワードは、退職後に速やかに無効となる
　　　　手続きをする。また、グループ ID などを利用していた場合は、その ID の
　　　　パスワードも速やかに変更する。　　　　　　　〈第 63 回出題　問題 73〉

3．従業者への個人情報保護や情報セキュリティに関する教育についての以下
　のアからエまでの記述のうち、不適切なものを１つ選びなさい。

　　ア．従業者に対する教育は、教育計画書に基づいて実施し、アンケートまた
　　　　は小テストを実施することによって、教育を受けたことを自覚させる仕組
　　　　みを取り入れることが望ましい。

　　イ．教育の内容として、個人情報の管理の重要性や、自社における個人情報
　　　　の取扱いに関する規定などを盛り込み、法律の施行・改正などの社会情勢
　　　　の変化などに応じて、随時見直すようにする。

　　ウ．教育を受けることを入社・昇進・昇格などの条件にすることや、理解度
　　　　が一定水準に達していない従業者を再教育したり、当該業務から外すこと
　　　　などの方策も検討する。

　　エ．教育は、年に１回実施し、実施の形態については、講義形式やセミナー
　　　　形式などの集合教育とすることが望ましく、e ラーニングや独学などの学
　　　　習状況が把握しにくい形態は避けるようにする。

　　　　　　　　　　　　　　　　　　　　　　　〈第 64 回出題　問題 72〉

第
7
章

4．次の文章は、業務委託契約の事例であり、個人情報を含む機密情報の取扱いを A 社から B 社に委託する際に取り交わす機密保持契約書の一部を抜粋したものである。文中の（5）、（7）〜（9）の機密保持条項の内容について、以下のアからエまでのうち正しいものを 1 つ選びなさい。なお、ここでの「甲」は委託元である A 社、「乙」は委託先である B 社となる。

第○条（機密保持）

1．乙は、本契約の履行にあたり、甲が機密である旨指定して開示する情報及び本契約の履行により生じる情報（以下「機密情報」という）を機密として取り扱い、甲の事前の書面による承諾なく第三者に開示してはならない。

　　　　　………　中略　………

3．乙は、甲より開示された機密情報の管理につき、乙が保有する他の情報、物品等と明確に区別して管理するとともに、以下の事項を遵守する。

　　　　　………　中略　………

（5）乙の代表者が許可した場合を除き、機密情報を複写、複製せず、また、機密情報を開示、漏えいしない。但し、政府機関又は裁判所の命令により要求された場合、その範囲で開示することができる。なお、その場合には、甲に対するその旨の通知は不要である。

（6）機密情報は本契約の目的の範囲でのみ使用する。

（7）委託期間満了時または本契約の解除時、機密情報（（5）に基づく複写、複製を含む）を甲に返却、または自己で廃棄の上廃棄の証拠を甲に報告する。

（8）（7）にかかわらず、甲から返却または廃棄を求められたときは、機密情報（（5）に基づく複写、複製を含む）を甲に返却、または自己で廃棄の上廃棄の証拠を甲に報告する。

（9）乙は、甲に対して、機密情報の以下の具体的管理状況を毎月月末に報告する。乙は、甲が乙の事務所における機密情報の管理状況を確認するために乙の事務所への立入検査を希望する場合には、当該検査に協力する。また、甲は乙に対して是正措置を求めることができ、乙はこれを実施するものとする。

①委託契約範囲外の加工、利用の禁止の遵守

②委託契約範囲外の複写、複製の禁止の遵守

③安全管理措置状況

　　　　　………　以下省略　………

ア．(5) の機密保持条項が不適切である。

イ．(7) の機密保持条項が不適切である。

ウ．(8) の機密保持条項が不適切である。

エ．(9) の機密保持条項が不適切である。　　　　〈第 63 回出題　問題 74〉

5．JIS Q 15001:2017 における「委託先の監督」に関する以下のアからエまでの記述のうち、誤っているものを 1 つ選びなさい。

　ア．個人データの取扱いの全部又は一部を委託する場合は、十分な個人データの保護水準を満たしている者を選定しなければならない。

　イ．委託の際は、個人データの安全管理に関する事項や再委託に関する事項などを契約によって規定し、十分な個人データの保護水準を担保しなければならない。

　ウ．委託に関する契約書などの書面を、少なくとも個人データの保有期間にわたって保存しなければならない。

　エ．委託の際は、本人の権利利益保護の観点から、事業内容の特性、規模に関わらず、委託の有無や委託する事務の内容を部外秘にするなど、委託処理の秘匿化を進めなければならない。　　　　〈第 64 回出題　問題 73〉

6．JIS Q 15001:2017 及び JIS Q 10002:2019 における苦情及び相談の処理体制に関する以下のアからエまでの記述のうち、誤っているものを 1 つ選びなさい。

　ア．組織は、個人情報の取扱い及び PMS に関して、本人からの苦情及び相談を受け付けて、適切かつ迅速な対応を行う手順を確立し、かつ、維持しなければならず、そのために必要な体制の整備を行わなければならない。

　イ．苦情及び相談に関する「必要な体制の整備」とは、例えば、常設の対応窓口の設置又は担当者を任命することなどをいう。ただし、個人情報保護管理者とは兼任をしても差し支えない。

　ウ．苦情対応プロセスは、全ての苦情申出者が容易にアクセスできることが望ましく、苦情対応プロセス及びサポート情報は分かりやすく、使いやすいことが望ましい。

　　エ．苦情対応の要員について苦情が申し立てられた場合は、その調査は独立
　　　して行うことが望ましく、その要員に対して責任を取らせることを視野に
　　　入れたプロセスを設計する。　　　　　　　　　　〈第 63 回出題　問題 69〉

**7．違反・事故に対する組織体制に関する以下のアからエまでの記述のうち、
不適切なものを 1 つ選びなさい。**

　　ア．違反・事故発生時には、速やかに代表者に報告が伝わる体制を整備しな
　　　くてはならない。そのため、違反・事故の事実または兆候に気付いた場合
　　　の報告ルールの策定、事務局（窓口）の設置、従業者への周知・教育が必須
　　　となる。

　　イ．報告の経路を複数設定すると、情報の伝達が煩雑となり、情報が滞留し
　　　やすくなる。そのため、報告の経路はできる限り一本化すべきであり、必
　　　ず上司を経由して事務局に報告が届くよう、経路を固定すべきである。

　　ウ．違反・事故の報告を受け付けた際、事務局は報告者や報告の対象となっ
　　　た者の個人情報を取り扱うこととなるため、情報を共有する者の範囲を限
　　　定するなど、報告に関する秘密保持や個人情報の保護などを徹底させるこ
　　　とが必要である。

　　エ．対外的な対策として、問題発生時にはマスコミなどに情報公開できるよ
　　　う、広報部門は事前に準備をしておく必要があり、大規模な漏えい事故を
　　　想定して、従業者には苦情対応などに関する訓練を受けさせておく必要が
　　　ある。　　　　　　　　　　　　　　　　　　　〈第 64 回出題　問題 75〉

オフィスセキュリティ

① 入退出管理
② オフィス内の保護対策
③ オフィス外の保護対策
④ 情報システム設備のガイドライン
⑤ 災害対策

入退出管理

入退出管理の目的は、第三者を個人情報に近づけないようにすることで、情報の破壊や、外部への情報漏洩などを防ぐことである。

■1■ セキュリティ区画の設定・管理方法

第三者を個人情報に近づけないようにするとはいえ、オフィスである限り侵入を完全には防ぐことができない。そのため、次の3つの考え方を併用して、外部への情報漏洩を防ぐ必要がある。

① 情報の置き場所を分ける。

② 情報にアクセスできる人を識別する。

③ 情報そのもののセキュリティを強化する。

（1） ゾーニング区別と対応方針

ゾーニングとは、守るべき情報の重要性に応じて、情報の置き場所を分けることである。

各エリアの境界をドアや壁、ゲートなどで物理的に区分けし、そのエリアへ入室できる人を制限する必要がある。

また、各エリア間の通過には、許可された者しか出入りができないように、警備員の監視、IDや暗証番号を利用した入退出装置、セキュリティゲートの通過を義務づける。

（2） ゾーニングの例

例えば、一般的といえる受付、事務所、役員室、サーバルームがある企業の場合、オフィスビル内を最低限に分割すると次のとおりである（図表 8-1）。

① オープンエリア

業務時間中に、訪問者などが立ち入ることができるエリアである。受付や打合せコーナーなどがあり、警備員などによる監視を行う。

なお、オープンエリアでは、受付に個人情報などの印刷を行うプリンターやFAXなどを置かないよう注意する必要がある。

図表 8-1　ゾーニングの例

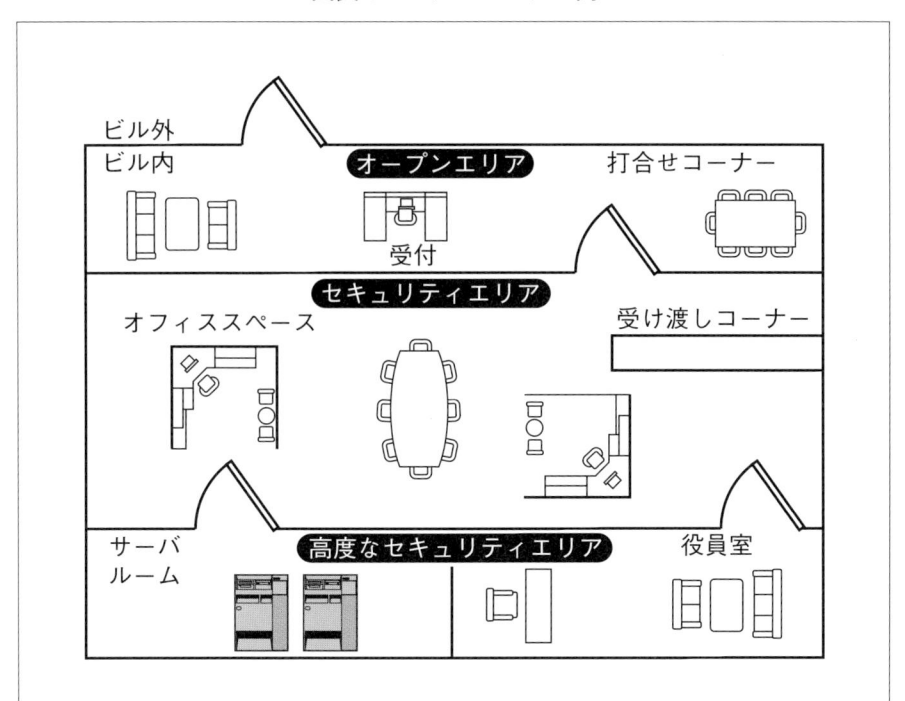

② セキュリティエリア

　ID カードなどによって入室制限を行うエリアである。一般的なオフィススペースであり、セキュリティエリア内では社員同士が相互監視を行う。

　顧客名簿など重要書類の机上への放置を禁止し、パソコンは第三者に持ち出されないように施錠管理するなど、対策をとらなければならない。

③ 高度なセキュリティエリア

　ID カードとパスワードなどにより入室制限を行うエリアである。役員室やサーバルームなどがあり、より厳重な監視を行う対象となる。

　第三者が高度なセキュリティエリアに入る場合は、許可された社員の立会いのもとに作業などをさせるよう留意しなければならない。

④ 受け渡しコーナーの設置

　運送会社など、第三者との物品の受け渡し場所は、管理された特定の場所に限定する。必ず社員の監視のもとに受け渡しを行い、危険物の持ち込

第8章

みや情報漏洩がないかを点検する。

　また、受け渡しの手順を決めておき、事故発生時に漏洩の原因を調査するために受け渡しの記録を残しておくことも重要である。

（3）　従業者の識別

　エリアを分けた後、そのエリアに入室し個人情報にアクセスできる人を識別する。このため、社員証やバッジを常に明示することが重要である。

　社員証は ID カードと共有するのが一般的である。ID カードを用いる場合は、入場者の身分を相互に確認できるよう、よく見える箇所に着用する。また、カードを携行していない人や、見かけない人へ声かけを行う。

（4）　ID カードの発行管理

①　社員の ID カード

　ID カードは社員証と兼用する場合が多い。偽造やなりすましを防止するため、写真や社印を印刷しておくことが望ましい。

②　常駐業者の ID カード

　オフィスでの常駐業者、清掃業者や協力会社などが、日常的にセキュリティエリアに立ち入る場合、安全管理に関する事項を盛り込んだ契約を取り交わし、ID カードを発行する（第 7 章第 4 節「委託先の管理」参照）。

③　訪問者の ID カード

　外部からの訪問者に対しては、オープンエリアで対応することが望ましい。やむを得ない場合、入退室記録帳にカードの番号を記入し、訪問者へゲストカードの ID を発行し貸与する。

　このカードは、オープンエリアからセキュリティエリアへの入退出用のカードとし、高度なセキュリティエリアへの入室は許可するべきではない。高度なセキュリティエリアへは、入退室をより厳しく管理するために、別途、入退室用のカードを発行する。

④　ID カードの再発行

ａ．ID カードの紛失

　ID カードを紛失した場合は、所定の紛失届を提出させて再発行する。また、以前のカードは、即刻、使用できないよう無効にする。

b．IDカードの破損

IDカードが破損などにより使用できない場合は、所定の申請書を提出させて再発行し、破損した現物と交換する。

c．IDカードの携帯忘れ

IDカードを忘れた場合は、代替カードを発行する。代替カードは、その日しか使用できないカードとし、退出時には回収する。

（5）　入退室記録帳

エリア間の入退室は、単票形式の入退室記録帳（図表8-2）に記録する。入退室記録帳には、日付、入退室の時刻、入退室者の会社名、氏名、訪問先、訪問先での作業概要、仮カードNo.などを記録する。この記録帳は責任者が保管する。

図表 8-2　入退室記録帳の例

入退室記録帳	
No.	123
日付	XXXX年　3月　31日
入室時刻	10時 00分
退室時刻	12時 00分
会社名	ビーシステム（株）
氏名	沢田
訪問先	第1営業部
訪問概要	システム打合せ
仮カードNo.	5

第8章

2　入退管理技術

入退管理技術とは、セキュリティ区画への出入りを制限する技術である。ゾーニングで分けた区画に対して、誰がどのエリアへ、いつ入室したか、いつ退室したかを管理する。入退室データの取得にICカードを利用することで、利便性を損なわずセキュリティ向上に役立てることができる。

（1）　入室時の認証技術

　入室時の認証技術は、図表8-3のとおりである。個別に使用するだけでなく組み合わせることで、セキュリティレベルを向上させることができる。

図表8-3　入室時の認証技術

方式	特徴
暗証番号	・暗証番号として任意の番号を入力させる。 ・導入が簡単だが、忘却、盗み見やメモの貼り付けによる流出のリスクがある。
磁気カード	・磁気カードをリーダに通す。 ・カードの発行管理が必要である。 ・カードのため、紛失のリスクがある。
非接触カード（ICカード）	・赤外線や電波などを利用して、専用機器で情報を読み取る。磁気カードと比較してコストは高いが、登録できる情報が多い。 ・交通系ICカードなどの活用例が多い。 ・入室時の記録だけでなく、フラッパーゲートと組み合わせることで、退室時の記録を取得することができる。 ・ICチップを内蔵しており、パソコンのスクリーンロックとの連動などができる。
生体（バイオメトリクス）認証	・指紋や静脈、虹彩など、人間の身体的特徴を利用する（生体認証情報は個人識別符号に該当するため個人情報であり、利用目的の公表か通知を行い適切に管理する）。 ・認証媒体を持ち歩く必要がなく、厳密な個人識別が可能。 ・盗用や忘却のリスクがない。

（2）　入退室のチェック

　各エリア間の移動では、一人ずつの入退室処理を正確に行うようにする必要がある。これに対しては、オープンエリアとセキュリティエリアの間に、**フラッパーゲート**を導入するのが効果的である。フラッパーゲートとは、駅の自動改札と同じように、社員証などのカードを読み取り登録されている人だけを通過させるゲートである。導入によって、入退室を記録したり、認証なしの伴連れ入室（ピギーバック）を避けることが可能となる。

　セキュリティエリアから高度なセキュリティエリアへの移動には、許可された社員以外は、再度、入退出の手続きを行うようにしなければならない。また、退出時には、ゲストカードの回収や、社員の退出処理を忘れないようにする必要がある。

（3）　警備・監視モニタ

①　セキュリティエリア

　オープンエリアからセキュリティエリアへの出入りには、警備員を配置し不審者の監視や訪問者の誘導を行う。

②　高度なセキュリティエリア

　高度なセキュリティエリアには、不審者の監視や侵入を抑制する監視モニタを設置する。サーバルームなど通常は無人の場所には、センサー連動で侵入者を感知、警告、追跡、記録する監視モニタなどを設置し、「警備中」「防犯カメラ作動中」などを明記する。ただし、記録された情報など本人が判別できる映像情報は、個人情報に該当するので取扱いに注意する。

（4）　作業時の注意点

　サーバルームでのサーバの保守点検作業など、高度なセキュリティエリアでの作業は、作業員の氏名、持込書類、器具を事前に登録し、社員の立会いのもとで作業を行うようにする。

（5）　オープンドアポリシー

　「オープンドアポリシー」とは、何らかの方法で忍び込んだ不審者が隠れないように、普段使わない会議室などのドアを開けておくことをいう。

- ・守るべき情報の重要性に応じて、セキュリティエリアを設定する。
- ・情報にアクセスできる人物を識別するため、ID カードを発行する。
- ・ゾーニングとは、情報の重要性に応じてオープンエリア、セキュリティエリアなどに分けることである。
- ・入室時の認証技術には、暗証番号方式、磁気カード方式、非接触カード（IC カード）方式、生体（バイオメトリクス）認証方式がある。

第8章

オフィス内の保護対策

　第三者の侵入による個人情報の漏洩は、ゾーニングなどにより軽減できる。しかし、実際には、多くの個人情報漏洩事件に見られるように、従業者による内部犯行が多い。これを防止するためには、コンプライアンスの教育や機密保持誓約書への署名などの対策が必要であるが、オフィス内部から個人情報を持ち出すリスクを軽減することも重要である。

1　パソコン

　パソコンのハードディスクに多くの個人情報を保管して簡単に取り扱うことができるため、パソコンは最も厳重に管理する必要がある。

（1）　パソコンのワイヤーロック

　最近、省スペース化のため、ノートパソコンを導入することが多い。しかし、ノートパソコンは社外に持ち出しやすいため、盗難のリスクが高い。したがって、ノートパソコンを使用した後は、鍵付きのキャビネットなどに保管するか、盗難防止用のワイヤーを使ってロックする。

（2）　クリアスクリーンポリシーの徹底

　パソコンの使用中に席を離れる場合は、表示している内容の盗み見や、パソコンを他人に使用されないように、パスワード付きのスクリーンセーバーを起動し、一定時間が経つと画面がロックされる設定にしておく。なお、IC カード方式の社員証とスクリーンロックソフトを導入し、IC カードを常に携行することで、パソコンから離れるときに自動的にスクリーンロックをかけることができる。また、会議などで長時間にわたり席を離れる場合や、退社時には、パソコンの電源を切るようにする。

（3）　導入ソフトウェアの制限

　標準的に導入するソフトウェアは全社で統一し、フリーソフトウェアを安易にインストールさせないようにする。これは、悪意のあるフリーソフトウェアがインストールされることで、個人情報が漏洩することを防止するためである。業務上必要なフリーソフトウェアは、情報システム部門の

判断と責任者の承認後のインストールを義務づける必要がある。

２　電子媒体

個人情報は、コンピュータ内のハードディスク、CD や DVD、USB メモリなどの電子媒体に保管されている。特に電子媒体は、簡単に持ち出しができるため、次の対策によりリスクを軽減する必要がある。また、電子媒体への**個人情報のバックアップ**も欠かせない。

（1）　個人所有の電子媒体の持ち込み・持ち出し制限

USB メモリや外付け SSD などの電子媒体は、コンパクトかつ大容量の情報を保存することができる。このため、オフィスに持ち込みやすく、大量の個人情報を格納して持ち出すのも容易である。

したがって、原則として、オフィス内では、個人所有の電子媒体の持ち込みや持ち出し、使用などを禁止しなければならない。ただし、例外的に使用する場合には、ウイルスチェックを実施するとともに、管理簿を作成し、持ち込み記録および持ち出し記録を残す必要がある。さらに、高度なセキュリティエリアでは、カメラ付き携帯電話やスマートフォンも禁止するなど、禁止物をさらに厳格に定めなくてはならない（図表8-4）。

図表8-4　高度なセキュリティエリアへの持ち込み、持ち出し禁止物

電子媒体	外付け SSD、ハードディスク、CD、DVD、MO、磁気テープ、USB メモリ、DAT（Digital Audio Tape）など
その他	パソコン、カメラ付き携帯電話、スマートフォン、タブレット、かばん、大きな袋・箱など

（2）　バックアップと媒体の管理

個人情報の完全性および可用性を維持するため、手順や頻度などの実施方法を定め定期的にバックアップを実施する必要がある。また、バックアップデータは暗号化しておき、迅速に復元できるようにテストを行う。

DAT などのバックアップ媒体は、１カ所に集中しないように保管し、輸送経路上で盗難や紛失が発生しないよう注意する。また、この媒体を確実に受け取ったかどうかの記録を残すことも必要である。なお、輸送のリスクを削減するため、ネットワーク経由でのバックアップも効果的である。

第8章

•**USB メモリによるウイルス感染と対策**•

　独立行政法人情報処理推進機構(IPA)の 2013 年第 3 四半期の統計によると、パソコンへのウイルス感染の届出件数は減少している。しかし、米国では、発電所の制御システムが USB メモリ経由でウイルスに感染し、発電に影響が出る被害が発生する事例があり、今後も注意が必要である。

　USB から感染するタイプのウイルスは、パソコンに感染し、システム全体に影響を及ぼすだけでなく、他の USB メモリにウイルスをコピーし、被害を拡大させることがある。このようなウイルスに感染すると、パソコンに保存している情報が漏洩する被害が発生する。USB メモリによるウイルス感染を防ぐためには、① USB 自動実行機能の無効化、② OS セキュリティの更新、③ウイルス対策ソフトの導入と定義ファイルの最新化、④管理していない USB メモリを接続しないなどの対策が必要である。

3　文書

(1)　施錠管理

　個人情報記載の文書、未使用のパソコン、システム操作マニュアル、情報システムの設置状況記載の文書などは、施錠管理できるロッカーに保管する。さらに、重要度の高い書類や電子媒体などは、耐火・耐熱金庫や生体(バイオメトリクス)認証機能がある収納ユニットに保管する。

(2)　鍵の管理

　施錠管理できるロッカーの鍵は、責任者が管理する。机の横に下げたままなどにはせず、関係者のみが利用できるようにする。

(3)　閲覧記録の管理

　ロッカー内の文書は、原則持ち出し禁止とする。例外的に持ち出す場合は、文書の管理責任者の許可を得て、日時、氏名、持ち出し文書名、持ち出し理由などを個人情報閲覧記録帳に記録しなければならない。

4　オフィス内備品

(1)　ホワイトボードの情報消去

　会議などで使用するホワイトボードや黒板などには、打合せ時の重要な

内容を書き込んでいることが多い。したがって、ホワイトボードや黒板などを使った後は、全画面の書き込み内容を消さなくてはならない。なお、電子ホワイトボードには、画面の内容をメモリードライブに保存できるものもあるが、そのメモリーの中身も使い終わったら消去する。

(2) クリアデスクポリシーの徹底

クリアデスクポリシーとは、机の周りをきれいにするという、整理整頓の基本精神である。主に次の点に注意する必要がある。

① 業務時間中は、使用していない書類や電子媒体などを机上などに放置せず、施錠管理できるロッカーに保管する。

② 一定時間以上にわたって席を離れる場合には、机上の書類は引き出しに保管するか、裏返しにしておく。

③ 決裁書や申請書など重要書類の回付は在席者に対して行い、不在者に対しては在席時に行う。

④ 業務時間終了後は、すべての書類や電子媒体、ノートパソコンなどを机上などに放置せず、施錠管理できるロッカーに保管する。

(3) 機器の利用管理

① コピー機やプリンタ

社内で利用するコピー機やプリンタは、第三者に使用されて個人情報が持ち出されないように、暗証番号やIDカードで利用制限や取出し制限をかける。さらに、個人情報を印刷した不用な印刷物などは、シュレッダーを使って確実に処分する（第9章第10節 **2** (2)「媒体・紙の廃棄の対策」参照）。

② FAX

FAX送信側は、宛先を間違えないように注意し、個人情報など重要な内容を送信する場合は着信したかどうかの確認を必ず行う。

FAX受信側は、トレーなどに放置せず、速やかに担当者が受け取りにいく。もし、放置されている受信文書があれば、担当者に確実に渡す。

③ スキャナ

ハードディスク付き複合機に搭載されるスキャナは、保存先のディスクアクセス管理対策を行う。

第8章

オフィス外の保護対策

1 個人情報の輸送対策

　個人情報を輸送する場合、輸送途中における盗難や紛失などのリスクが常にある。このため、次のルールや管理策を講じておくことが重要である。

（1）　輸送手段のルール化

　輸送手段のルール化の例は、次のとおりである。

- ・個人情報を受け渡しする場合は、不透明な封筒に入れ、手渡しを基本とする。
- ・社員が輸送する場合は、施錠できるケースを利用し、輸送中はケースを常に身につけておく。
- ・社員が車で輸送する場合は、車上荒らしに注意し、個人情報を車内に置いたまま離れないようにする。
- ・社員が電車で輸送する場合は、網棚に置き忘れないように注意する。
- ・郵送の場合は、簡易書留郵便その他特定のサービスを利用する。
- ・社内便の場合は、親展扱いにする。
- ・宅配便の場合は、あらかじめ選定した運送業者に依頼する。
- ・メールやFAXでの受け渡しは、原則的に行わない。例外的にメールで送信する場合は、高度な暗号化やパスワードによる保護を実施しておく。
- ・インターネットによるファイルのアップロードは、原則的に行わない。例外的にファイルのアップロードをする場合は、暗号化やパスワード、利用者を限定しアクセス設定を実施しておく。

（2）　運送業者の選定基準

　運送業者による独自の方法で、個人情報を輸送してしまうと、社内と同じようなコントロールが効かず、個人情報漏洩のリスクが高くなる。したがって、運送業者が個人情報を適正に取り扱うことができるかどうかを評価した上で、委託することが重要である（第7章第4節「委託先の管理」参照）。

（3）　情報の発送、受領の管理と通知

　運送業者を利用し個人情報を受発送するときは、受け渡し日付や伝票番号、輸送業者名、輸送担当者名、発信会社名、発信担当者名、情報名、数量、媒体を記録し（図表8-5）、輸送の責任がどちらにあるのかを明確にする。

　さらに、発送後（受領後）、個人情報の発送相手（受領相手）に対して受け取り確認を行い、双方のトラブル発生を防止する。

図表8-5　個人情報受け取り記録の例

個人情報受け取り記録	
受け取り日付	XXXX年 4月 28日
輸送伝票番号	XXXX-04-0013
輸送業者名	ダイワ宅配便
輸送担当者名	吉田　進
発信会社名	経営システム（株）
発信担当者名	山川雄一
情報名	保険年金データ
数量	1
媒体	CD-ROM
注意：宅配受け取り伝票を添付すること	

（4）　輸送時における物理的セキュリティとデータの暗号化

　個人情報の輸送では、施錠できるケースを利用した物理的なセキュリティ対策が必要である。

　また、テープをはがしたことが一目でわかる開封防止梱包（こんぽう）を使うことにより、開封や改ざんを抑制することができる。

　万が一、盗難や紛失の事故が発生した場合に備えて、個人情報を不正に利用されないように、ファイルの暗号化やパスワードの保護を義務づける。

■2■　モバイルパソコンの管理

　ノートパソコンや社外に持ち出すパソコン（以下、「モバイルパソコン」）は、紛失や盗難による個人情報流出のリスクが大きい。しかし、顧客へのデモンストレーションなどのために、業務上モバイルパソコンを持ち出す

第8章

ことは多い。このため、モバイルパソコンを持ち出して利用する場合は、個人情報流出のリスクを低減する手順の確立が必要である。

（1） モバイルパソコンの利用申請と注意事項

① 利用申請の手順の確立

モバイルパソコンを持ち出して利用する場合は、あらかじめ申請を行う必要がある。

申請時には、申請日、部門名、申請者名、承認者名、持ち出し期間、持ち出し目的、パソコン型番、個人情報の有無、セキュリティ対策の実施状況を明確にする（図表8-6）。

図表8-6　モバイルパソコン利用申請書の例

モバイルパソコン持ち出し申請書

申請日	xx 年 10 月 12 日
部門名	○○システム開発室
申請者名	山川　太郎
承認者名	小山　進
持ち出し期間	xx 年 10 月 12 日から xx 年 12 月 31 日
持ち出し目的	お客様先での開発作業
パソコン型番	PCF-ABC1
個人情報の有無	個人情報　有り　　無し
セキュリティ対策の実施状況	xx 年 10 月 12 日　　対策済み

② モバイルパソコンの利用における注意点

個人情報の漏洩を防ぐために、私物のモバイルパソコンの利用は認めないようにする。

また、個人情報の漏洩やモバイルパソコン紛失などの問題が発生したときは、速やかに事故状況を報告する。

（2） モバイルパソコンの取扱い

① データの非保管

モバイルパソコンでデータを取り扱う場合は、原則的に個人情報をモバイルパソコンに保管せず、サーバに保管する。

サーバに保管したデータは、利用者に応じたアクセス制限を設定し、アクセス監視ソフトを使い、個人情報の保存と取り出しの記録を残さなくて

はならない（第9章第2節「アクセス制限とアクセス制御」参照）。

② 利用の制限

モバイルパソコンの盗難や紛失時に個人情報が引き出されないように、BIOS（Basic Input/Output System）パスワードやログインパスワード、PIN コードやバイオメトリクスなどによる利用制限を実施する。

③ データの暗号化

モバイルパソコンからハードディスクが取り外されて、個人情報が読み取られないように、ハードディスク全体の暗号化や個人情報フォルダの暗号化などを実施しなければならない。

（3） リモートアクセスでの認証強化

リモートアクセスとは、社外から主にインターネットを利用して、社内のメールサーバやファイルサーバなどにアクセスすることである。

リモートアクセスを利用する場合には、ワンタイムパスワードやバイオメトリクスなどによる認証を利用し、安全性の高い保護対策を実施しなければならない。

さらに、リモートアクセスによるログインに対しては、情報の重要度に応じてアクセス制限をかけ、ログイン情報やファイルへのアクセス、権限外作業や特権 ID での作業のログを残しておくことが重要である。

特権 ID の管理は、アクセスログをゲートウェイと呼ばれるサーバで一元管理する方法や、特権 ID の貸出管理や棚卸を厳密に管理する方法などがある。

3 携帯電話・スマートフォン・タブレットの管理

（1） 特徴とリスク

携帯電話やスマートフォン、タブレットは、携帯性と利便性に優れ、モバイルパソコン以上にオフィス外で利用することが多い端末である。住所や電話番号を大量に保存し、メールや添付文書の送受信ができるので利便性が高い。その反面、盗難や紛失による個人情報の流出リスクが高い。

さらに、スマートフォンやタブレットは、公開アプリケーションをダウンロードすることで利便性を高めることができる。その反面、ウイルス感

第8章

染により、個人情報の流出の可能性が高い。

（2）　携帯電話やスマートフォンの管理

盗難や紛失時の状況を把握するため、携帯電話やスマートフォンは、会社から貸与することが望ましい。個人所有端末を業務利用として認める場合には、個人用データと業務用データの管理を分けるなどの工夫をする。

（3）　盗難や紛失時の対策

盗難や紛失時は、個人情報の管理者に届けることを周知徹底する。これは、会社貸与の端末だけでなく、個人所有端末を業務利用している場合も同様に運用する。

また、盗難や紛失時、第三者が容易に使えないようにするため、暗証番号によるロックを義務づけておく。さらに、第三者にロックを容易に解除させないため、指定回数以上パスワードを間違えるとデータを消去する対策を講じておく。このほか、各キャリアから提供されている遠隔データ消去サービスを利用して、データを消去できるようにしておくことが望ましい。したがって、個人所有端末を業務利用している場合には、プライベートデータを含めた個人情報の遠隔消去に関する同意を得ておく必要がある。

なお、スマートフォンのセキュリティ対策は、NPO 日本ネットワークセキュリティ協会発行の「スマートフォン活用セキュリティガイドライン β版」が参考になる。

（4）　クラウドサービス利用時の注意点

スマートフォンは、クラウドサービスを利用して名刺や住所録、メールの添付文書などをインターネット上に保存することができる。これにより、高い利便性が得られる反面、情報流出のリスクが高くなることを十分に認識する必要がある。

クラウドサービスを利用する際は、サービスの信頼性やセキュリティ対策の実施状況を確認することが重要である。利用にあたり、経済産業省発行の「クラウドサービス利用のための情報セキュリティマネジメントガイドライン」や独立行政法人情報処理推進機構（IPA）発行の「中小企業のためのクラウドサービス安全利用の手引き」が参考になる。

• スマートフォンの情報漏洩対策 •

　IDC Japan の調査（2021 年 2 月）によると、スマートフォンの国内出荷台数は、2020 年で前年比 5.9％増の 3,363 万台の出荷となった。5G 対応機種の出荷に加え、人気モデルの廉価版発売が要因と考えられる。2022 年には 3G 停波が始まるため、スマートフォンへの乗り換えによる出荷増加が予想されている。これにともない、ますますスマートフォンの情報漏洩問題が深刻になっている。

　IPA が発表している「情報セキュリティ 10 大脅威 2021」によると、脅威の第 1 位と 2 位はそれぞれ「スマホ決済の不正利用」「フィッシングによる個人情報等の詐取」である。フィッシングは、実在する公的機関や有名企業を騙ったメールや SMS を送信し、正規のウェブサイトを模倣した偽のウェブサイト（フィッシングサイト）へ誘導して、個人情報や認証情報等を入力させる方法である。詐取された情報は悪用され、「スマホ決済の不正利用」により金銭的な被害が発生することがある。スマートフォンの情報漏洩対策は、パソコンと同等に扱うことを心がけるべきである。

　具体的には、① OS やアプリケーション、ウイルス対策ソフトを最新状態に更新する、②パスワードを使い回さない、③アプリケーションは、公式マーケットや公式ストア、携帯電話会社が運営するマーケットなど信用できる場所からインストールする、④「提供元不明のアプリケーションのインストール」を許可しない、⑤重要なお知らせ等の緊急性を煽る内容で誘導されたウェブサイトにおいて、重要情報はすぐに入力せず、ドメイン名等を確認してサイトの真偽を確かめる、などである。

PICK UP

・運送業者が個人情報を適正に取り扱えるかを評価する。
・個人情報ファイルの暗号化やパスワードの保護を義務づける。
・モバイルパソコンを持ち出す場合は、あらかじめ申請し承認を得る。
・モバイルパソコンを持ち出す場合、BIOS パスワードによるログイン制限、ハードディスクのデータの暗号化を実施する。
・携帯電話やスマートフォンは、暗証番号によるロックを義務づける。
・携帯電話やスマートフォンは、遠隔ロックや遠隔データ消去など、盗難や紛失時の対策を講じておく。

第8章

情報システム設備のガイドライン

1　JIS Q 27002:2014 の概要

JIS Q 27002:2014 は、組織が情報セキュリティマネジメントを実施する
プロセスにおいて管理策を選定するための参考として用いる手引きを記載
している（第 1 章第 4 節 **4** 「ISMS 適合性評価制度」参照）。

（1）　JIS Q 27002:2014 の体系

JIS Q 27002:2014 は、情報セキュリティー管理の管理目的や管理策を規
定している。規格書の 1 から 4 では規格の構成、5 から 18 では管理策が
記載されている。

1. 適用範囲	10. 暗号
2. 引用規格	11. 物理的および環境的セキュリティ
3. 用語および定義	12. 運用のセキュリティ
4. 規格の構成	13. 通信のセキュリティ
5. 情報セキュリティのための方針群	14. システムの取得、開発および保守
	15. 供給者関係
6. 情報セキュリティのための組織	16. 情報セキュリティインシデント管理
7. 人的資源のセキュリティ	17. 事業継続マネジメントにおける情報セキュリティの側面
8. 資産の管理	
9. アクセス制御	18. 順守

（2）　「11. 物理的および環境的セキュリティ」の概要

JIS Q 27002:2014 の 11「物理的および環境的セキュリティ」では、オフィ
スセキュリティに関する管理策が規定されている。

> **11.1 セキュリティを保つべき領域**
> 目的：組織の情報および情報処理施設に対する許可されていない物理的アクセス、損傷および妨害を防止するため

情報処理施設および情報に対して認可されていないアクセスや損傷、妨
害を防御するため、次の 6 つの管理策から構成されている。

> **11.1.1 物理的セキュリティ境界**
> 物理的セキュリティ境界は、施設および情報を保護するために必要なセキュリティ区画の設定・管理の手引きである。オフィスに対して、物理的に頑丈にする、ゾーニングの設定を行う、有人の受付を作る、などの対策がある。

11.1.2 物理的入退管理策

物理的入退管理策は、許可されたものだけにアクセスを許す方法である。ゾーニング設定を行った領域間で、訪問者の記録をとる入退管理や、ゾーニング内でアクセスカードや二要素認証の仕組みの導入を実施するなどの対策をする。

11.1.3 オフィス、部屋および施設のセキュリティ

情報処理施設などの重要設備の表示を最小限にする、扉や窓は外部からの防御を厳重にするなど、オフィス内部のセキュリティを強化することが重要である。

11.1.4 外部および環境の脅威からの保護

火災、洪水、地震などの自然災害または人的災害からの物理的な保護をする。

11.1.5 セキュリティを保つべき領域での作業

セキュリティを保つべき領域での作業に関する物理的な保護の設計をする。セキュリティを保つべき領域の存在は、知る必要があるものだけが知るという原則を適用する。

11.1.6 受渡場所

許可されていないものが立ち入ることもある場所を管理する。

11.2 装置
目的：資産の損失、損傷、盗難または劣化および組織の業務に対する妨害を防止するため

　資産の損失や劣化および組織の活動に対する妨害を防止するため、装置を物理的に保護する次の9つの管理策から構成されている。

11.2.1 装置の設置および保護

装置は、環境上の脅威および災害からのリスク、ならびに許可されていないアクセスの機会を低減するように保護する。

11.2.2 サポートユーティリティ

サポートユーティリティ（例えば、電気、給水、空調）が正しく機能することを確実にするため、定期的な点検や検査を行うことが望ましい。

11.2.3 ケーブル配線のセキュリティ

電源ケーブルや通信ケーブルは、損傷や傍受から保護することが望ましく、可能な限り地下に埋設する。

11.2.4 装置の保守

装置は、可用性および完全性を維持するために、保守が必要である。保守を実施した場合は、保守装置の搬入出や保守作業の記録を取らなくてはならない。

11.2.5 資産の移動

装置、情報などは、事前の許可なしでは、構外に持ち出さないことが望ましい。

11.2.6 構外にある装置および資産のセキュリティ

セキュリティリスク（例えば、損傷、盗難、傍受）は、場所によって大きく異なる場合がある。それぞれの場所に応じた最も適切な管理策を設定する。

11.2.7 セキュリティを保った処分または再利用

取扱いに慎重を要する情報を格納した装置は、物理的に破壊するか確実に上書きすることが望ましい。

第8章

11.2.8 無人状態にある利用者装置
無人状態にある装置が適切な保護対策を実施していること。
11.2.9 クリアデスク・クリアスクリーン方針
書類および取り外し可能な記憶媒体に対するクリアデスク方針、ならびに情報処理設備に対するクリアスクリーン方針を適用することが望ましい。

2　クラウドサービスへの対応

　クラウドサービスは、電子メールやファイルサーバとしての利用だけではなく、テレワークやウェブ会議、ビジネスチャットなどの利用が進んだことにより、普及が拡大している。

　総務省の情報通信白書によると「クラウドサービスを一部でも利用している」企業の割合は、2019 年が 64.7％であり、2018 年の 58.7％から 6.0 ポイント上昇した。また、2015 年からみると平均 5 ポイント上昇している。

　一方、同じ調査では「情報漏洩などセキュリティに不安がある」企業の割合は 31.8％であり、まだまだ不安が拭えていない状況である。

　クラウドサービスは、Amazon Web Services（AWS）、Microsoft Azure 、Google クラウドプラットフォーム（GCP）などの企業が、世界中から優秀な技術者を集めてサービスを維持している。さらに、利用継続性だけではなく、セキュリティの不安を解消するために、情報セキュリティや個人情報保護に関する ISO の認証を取得している。

　情報セキュリティの基本となるのが ISO/IEC 27001 である。これに加えて、クラウドサービス提供者が取得する ISO/IEC 27017 がある。ISO/IEC 27017 は、クラウドサービスに関する情報セキュリティ管理策の規格である。具体的には、クラウドサービスを提供する企業が、ISO/IEC 27001 に ISO/IEC 27017 をアドオンした規格を適用して、情報セキュリティに対する管理体制の構築や運用を行う。

　さらに、個人情報に関する規定としては ISO/IEC 27018 がある。ISO/IEC 27018 は、クラウドサービスに関する情報セキュリティ管理策のうち、個人情報に限定した規格である。具体的には、ISO/IEC 27017 と同様に、クラウドサービスを提供する企業が、ISO/IEC 27001 に ISO/IEC 27018 をアドオンした規格を適用して、情報セキュリティに対する管理体制や運

用を行う。ISO/IEC 27018 は、クラウドサービスに保管されている個人情報を保護するための追加管理策を規定している。

ISO/IEC 27018 は、既に Microsoft や Google 、Amazon Web Services が認証を取得しており、例えば Microsoft は、「顧客がデータの保存場所を把握している」「明確な同意がない限りマーケティングや広告に使用されない」「顧客データの開示に対する要求には法的拘束力がある場合にのみ応じる」などを明示している。

3 情報システム安全対策基準の概要

情報システム安全対策基準は、経済産業省（制定時点は通商産業省）が機密性、保全性、可用性の確保を目的として制定した指針である。1995 年に初版が制定され、1997 年に改正されている。

情報システム安全対策基準は、設置基準、技術基準、運用基準の３つの基準で体系的に整理されており、企業が情報セキュリティポリシーを策定する際のリスク分析や、評価の際のチェックリストとして利用できる。

（1） 情報システム安全対策基準の体系

情報システム安全対策基準は、100 項目の設置基準、26 項目の技術基準、66 項目の運用基準から整理されており、この基準に対して、適用区分ごとの対策が明記されている。

① 適用区分

情報システム安全対策基準では、設置基準、技術基準、運用基準のそれぞれに適用区分が明記され、どの基準は、どこに適用すべきかが明確になっている。設置基準における適用区分（図表8-7）では、建物、コンピュータ室、事務室、データ等保管室、端末スペース、関連設備の６項目に区分し、各対策項目に対する適用場所を明確にしている。

図表 8-7　設置基準における適用区分

適用区分					
1	2	3	4	5	6
建物	コンピュータ室	事務室	データ等保管室	端末スペース	関連設備

第8章

　技術基準と運用基準における適用区分（図表8-8）では、情報システムの利用形態や情報システム利用者を考慮し、各対策項目に対する適用利用者を明確にしている。

図表8-8　技術基準と運用基準における適用区分（抜粋）

利用者区分	不特定利用者	特定企業内利用者	特定部門内利用者
情報システムの利用者	・不特定の一般の者	・情報システムを保有する企業に属する者	・情報システムを保有する企業および外部企業の特定部門に所属する者
情報システムの例	・銀行オンラインシステム ・パソコン通信システム ・受発注オンラインシステム	・販売、在庫管理システム ・住民情報システム	・CAD、CAM、CIM ・企業間資金移動システム

② 　情報システムの重要度

　情報システムの重要度を決める上で、適用区分を明確にし、情報システムの重要度を ABC の3つに分け、対策基準の実施判断に適用する。

　重要度は、次のように分けられる。

・A：人命や他人の財産、プライバシー等、社会に影響を与える、企業における個人情報を含む基幹系の情報システム
・B：企業への影響の大きい基幹系や情報系の情報システム
・C：企業への影響の小さい部門ファイルシステム

③ 　対策項目と適用区分のマトリックス

　どの適用区分にどの対策を実施すべきかをマトリックス形式で表現し、コスト、効果、難易度から対策の優先度を☆（A に限定して必要）、○（A・B に必要）、◎（A・B・C すべてに必要）の3つに分類している。たとえば、基幹系システムは、免震構造のサーバルームが必要と考えるが、ファイルサーバや部門サーバは、費用対効果によりこの対策の優先順位を低くすることができる。

（2）　設置基準

　設置基準（図表8-9）は、設置環境、電源設備、空気調和設備、監視設備、地震対策の5つの項目から構成されている。このうち、個人情報保護の観点から次の3点について解説する。

図表8-9　設置基準（抜粋）

項目	対策項目	適用区分					
		1 建物	2 コンピュータ室	3 事務室	4 データ等保管室	5 端末スペース	6 関連設備
イ．設置環境 1．立地・配置	(1) 建物及び室は、火災の被害を受ける恐れのない場所に設けること。	☆	◎	☆	◎	○	－
	(2) 建物及び室は、水の被害を受ける恐れのない場所に設けること。	☆	○	☆	◎	☆	－
	(3) 建物は、落雷の被害を受ける恐れのない場所に設けること。	☆	－	－	－	－	－
	(4) 建物及び室は、電界及び磁界の被害を受ける恐れのない場所に設けること。	☆	◎	☆	◎	☆	－
	(5) 建物及び室は、空気汚染の被害を受ける恐れのない場所に設けること。	☆	☆	☆	☆	－	－
	(6) 室は、専用とすること。	－	○	－	○	☆	－
	(7) 情報システムを事務室に設置する場合は、設置位置等に配慮すること。	－	－	○	－	－	－
	(8) 建物の内外及び室は、情報システム及び記録媒体の所在を明示しないこと。	◎	◎	☆	◎	－	－
	(9) 建物及び室は、避難のために必要な空間を確保すること。	◎	◎	◎	◎	－	－
2．開口部	(1) 外部及び共用部分に面する窓は、防災措置を講ずること。	☆	◎	☆	◎	－	－
	(2) 外部より容易に接近しうる窓は、防犯措置を講ずること。	○	◎	☆	◎	－	－
	(3) 室は、外光による影響を受けない措置を講ずること。	－	◎	◎	◎	－	－
	(4) 出入口は、不特定多数の人が利用する場所を避けて設置すること。	☆	◎	☆	◎	－	－
	(5) 出入口は、できるだけ少なくし、入退管理設備を設けること。	☆	◎	☆	◎	－	－
	(6) 建物及び室の適切な位置に非常口を設けること。	◎	◎	☆	◎	－	－

第8章

①　設置環境

　立地・配置においては、その場所でどのような情報を扱っているかを明示しない。また、出入り口は入退管理設備を設けるようにする。

②　監視設備

　情報システム設備を設置した建物への人の出入りを遠隔監視したり、通信回線の利用状況や障害発生などを監視する必要がある。

③　地震対策

　地震発生の際にもデータを保全するため、遠隔地に設置した環境で個人データをバックアップする必要がある。

（3）　技術基準

　技術基準（図表8-10）は、情報技術の適用、災害・障害対策機能、故意・過失対策機能、監査機能の4つの項目から構成されている。このうち、個人情報保護の観点から、次の2点について解説する。

①　災害・障害対策機能

　災害対策として、データのバックアップやサーバの代替運転ができるようにする。また、障害対策として、情報システムの障害箇所を検出し、切り離しても処理が継続する機能を設ける。

②　故意・過失対策機能

　故意・過失にかかわらず情報漏洩や消失の対策として、情報システム資源へのアクセス認証、アクセス権限の制御、アクセス監視の機能が必要である。さらに、個人情報には暗号化を講じることも重要である。

図表8-10　技術基準（抜粋）

項目		対策項目	利用者区分による適用		
			1 不特定	2 特定企業内	3 特定部門内
イ．情報技術の適用		(1) 情報技術による安全機能は、情報システムの集中、分散処理の形態に応じて採用すること。	◎	◎	◎
		(2) 情報技術製品は、安全機能を評価及び確認し、適切に利用すること。	◎	◎	◎
ロ．災害・障害対策機能	1. 災害対策機能	(1) 情報システムは、代替運転する機能を設けること。	◎	○	☆
		(2) データ及びプログラムを復旧する機能を設けること。	◎	○	☆
		(3) 回復許容時間に対応したバックアップ機能を設けること。	◎	○	☆
		(4) 情報システムを遠隔地でバックアップする機能を設けること。	☆	☆	☆
	2. 障害対策機能	(1) データのエラー検出機能を設けること。	◎	◎	○
		(2) 集中、分散処理の形態に応じて、情報システムの障害箇所を検出し、切り離して処理を継続する機能を設けること。	◎	○	○
		(3) 集中、分散処理の形態に応じて、障害による情報システムの停止の後、処理を回復する機能を設けること。	◎	○	○
	3. 保守機能	(1) 障害内容を解析し障害箇所を特定化する機能を設けること。	◎	○	○
		(2) 情報システムを停止しないで保守する機能を設けること。	○	○	☆
		(3) 遠隔操作により保守する機能を設けること。	○	○	☆
	4. 運用支援機能	(1) 情報システムの稼動及び障害を監視し、運転を制御する機能を設けること。	○	○	☆
		(2) 情報システムを自動的に運転する機能を設けること。	○	○	☆
ハ．故意・過失対策機能	1. アクセス制御機能	(1) 集中、分散処理の形態に応じて、情報システムの資源の機密度を区別する機能を設けること。	◎	◎	○
		(2) 集中、分散処理の形態に応じて、情報システムの利用者の登録と管理機能を設けること。	◎	◎	◎
		(3) 集中、分散処理の形態に応じて、情報システム及びその資源にアクセスするユーザ等の正当性を識別し、認証する機能を設けること。	◎	◎	○

（4）　運用基準

　運用基準（図表 8-11）は、計画、情報システムの運用、データ等および記録媒体の保管および使用、入退館および入退室、関連設備・防災設備および防犯設備、要員、外部委託、システム監査の8つの項目から構成されている。個人情報保護対策の観点からは、PDCA（Plan-Do-Check-Action）サイクルに合わせて、運用基準を利用することが重要である。

①　運用計画（Plan）

　計画時点では、リスク評価に基づいて運用計画を立て、データの重要性を区分けしてデータの作成や更新などのライフサイクルを管理することが重要である。また、災害時の対応計画を盛り込むことも欠かせない。

②　運用（Do）

　情報システムの運用時点では、特に次の点に留意する必要がある。

・ユーザのアクセス権やパスワードを管理する。

・データや記録媒体の保管・使用では、暗号鍵の管理を特定の者が行う。

・入退室では、ID カードなど資格識別証を発行し、搬出入物に対しては内容を確認して記録をとる。

・要員や外部委託先と安全対策に関する作業契約を締結する。また、委託先における安全対策の実施状況を確認する。

③　実績評価・運用計画の見直し（Check & Action）

　情報システム安全対策を講じる上での計画は、安全基準に基づく仮説を設定したにすぎない。したがって、運用実績に基づき仮説を検証し運用計画の見直しを行うため、システム監査を継続的に実施することが重要である。

図表 8-11 運用基準（抜粋）

項目		対策項目	利用者区分による適用		
			1 不特定	2 特定企業内	3 特定部門内
イ. 計画	1. 情報システム等の運用計画	(1) 情報システム等の運用計画は、集中、分散処理の形態に応じて策定すること。	◎	◎	○
		(2) 集中、分散処理の形態に応じ、情報システムの構成機器の変更及びソフトウェアの修正、変更等の管理計画を策定すること。	◎	◎	◎
		(3) 運用計画は、リスク評価に基づく災害、障害、故意及び過失の安全対策を盛り込むこと。	◎	◎	◎
	2. データ等の管理計画	(1) データ等は、機密度及び重要度に応じた区分を設け、保有、利用、配布、持出し、持込み、保管、消去、廃棄等の管理計画を策定すること。	◎	◎	☆
		(2) データ等の作成、更新、複写、移動、伝送等に当たっては、集中、分散処理の形態に応じた管理計画を策定すること。	◎	◎	◎
	3. 組織・管理規程	(1) 情報システム等の円滑な運用を行う組織及び災害等への対応組織を整備すること。	◎	◎	◎
		(2) 情報システム等の運用に当たっては、責任分担及び責任分界点を明確にすること。	◎	◎	◎
		(3) 情報システムの集中、分散処理の形態に応じた運用に関する管理規程を整備するとともに、管理責任者を定めること。	◎	◎	○
		(4) データ等及び記録媒体の使用及び保管に関する管理規程を整備するとともに、管理責任者を定めること。	◎	◎	○
		(5) 入退館及び入退室に関する管理規程を整備するとともに、管理責任者を定めること。	◎	◎	☆
		(6) 防災及び防犯に関する管理規程を整備するとともに、管理責任者を定めること。	◎	◎	○
		(7) 関連設備、防災設備及び防犯設備に関する管理規程を整備するとともに、管理責任者を定めること。	◎	◎	○

PICK UP

・JIS Q 27002:2014 は、情報セキュリティマネジメントシステム（ISMS）の運用のための規範である。

・情報システム安全対策基準は、設置基準、技術基準、運用基準の 3 つの基準で体系的に整理されている。

第8章

第 5 節

災害対策

1 災害対策の必要性

2011年3月の東日本大震災をはじめ、災害、テロ事件などの発生は予測できない。災害やテロ事件は、企業に対して、業務の停止、顧客の流出、マーケットシェアの低下、企業評価の低下などの影響を与える。

しかも、現在の企業は複数の企業によるサプライチェーンで構成されていることが多いため、影響は1つの企業にとどまらないおそれがある。このため、事業継続性を中心とした災害対策を実施する必要がある。

2 事業継続計画と事業継続管理

事業継続計画（BCP：Business Continuity Plan）とは、災害時に重要業務を中断させない、また万一中断した場合に被害を最小限にするための計画である。なお、ビジネスインパクトの分析や取り組み方針・計画の策定、運用、見直しまでのマネジメントシステム全体を強調する場合は、事業継続管理（BCM：Business Continuity Management）という。

3 事業継続計画の策定

事業継続計画の策定で最も大切なことは、災害の種類にかかわらず業務を中断させない、万一、業務が中断しても短期間で回復できる計画にすることである。そのためには、事業継続管理で重大被害を想定した業務分析を行い、リスクアセスメントに基づく取り組み方針・計画を立て、事業継続上のボトルネックを解消する対応を検討することが重要である。

また、事業継続計画を実効性あるものにするためには、目標復旧時間を設定して教育・訓練などによる結果を検証し、継続的改善を実施するといったPDCAサイクル（図表8-12）を回さなければならない。

なお、事業継続計画の策定には、経済産業省発行の「事業継続計画策定ガイドライン」が組織体制の構築や留意点などに言及しており、参考になる。

図表 8-12　事業継続管理の PDCA サイクル

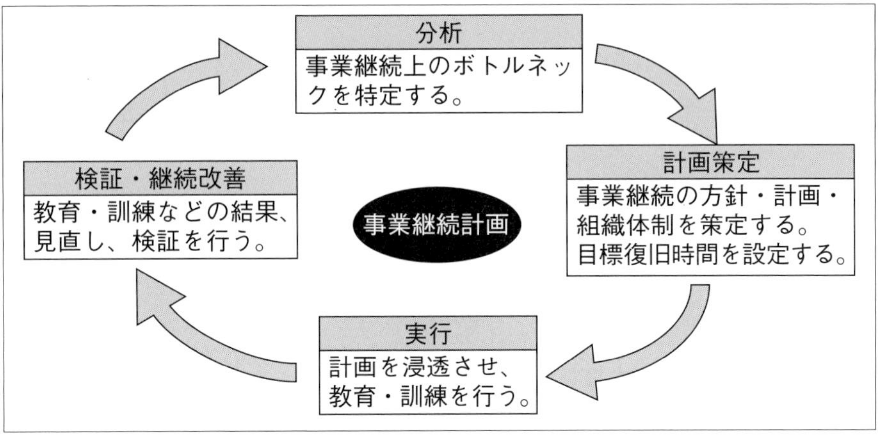

4　情報システムの障害対策

　情報システムによる業務遂行が当たり前となっている昨今、災害で情報システムが停止することは、事業停止に追い込まれることと同じである。したがって、情報システムの障害対策は、同じ場所で同じ被災をしないための備えが必要である。具体的には、建物や設備、システムのバックアップなどの二重化対策が求められる。また、情報流出のリスクを考慮した上で、ファイルのバックアップ先にクラウドサービスも検討する。

図表 8-13　主な二重化の形態

二重化の形態	概要	復旧までの時間	費用
ミラーサイト	同程度の機器やシステムを別の場所に設置し、同一情報を両方の場所に更新する。	即時	大
ウォームサイト	同程度の機器やシステムを別の場所に準備し、バックアップ媒体から復旧処理をする。	数時間レベル	中
コールドサイト	同程度の機器を設置する場所を準備し、災害時に機材を搬入する。	数日レベル	小

> **PICK UP**
> ・事業継続計画（BCP）は、災害時に重要業務を中断させず、また中断した場合に被害を最小限にするための計画である。
> ・情報システムの障害対策は、建物や設備、システムのバックアップなどの二重化が必要である。

第8章

第8章◎過去問題チェック

1.　入退室管理などに関する以下のアからエまでの記述のうち、不適切なものを1つ選びなさい。

　ア．従業者に対し、入退室管理に用いるIDカード（社員証）を社内では常時携行（着用）することを義務付け、IDカードを忘れた場合は、当日のみ使用できる代替カードを発行し、退出時には確実に回収する。

　イ．非常口は内部から施錠し、通用口や廊下、執務室等には監視カメラを設置して、常時録画する。また、監視カメラを設置していることは、関係者以外には秘匿し、不正行為等を検出しやすくする。

　ウ．来訪者に対し、来訪者であることが一目でわかるような入館証・ゲスト用バッジ等を携行（着用）させる。また、入館証・ゲスト用バッジ等にはナンバリングしておき、入退室の記録にその番号を記録するなどして、入退室記録と連携させる。

　エ．セキュリティレベルの高い区域での部外者による保守点検作業の際は、作業員の所属・氏名・持込み書類・器具などを事前に登録し、正社員立会いのもとで作業させ、スマートフォンやタブレット等の機器の持込みを原則として禁止する。

〈第63回出題　問題81〉

2.　以下のアからエまでのうち、入退管理などに用いる認証装置の方式とその概要を示した次の表の（　　）に入る最も適切な語句の組合せを1つ選びなさい。

方式	概要
（　a　）認証	身体的特徴や行動的特徴を識別手段として利用した本人認証の方式であり、（　b　）カードやパスワード認証などと組み合わせて利用することが多い。認証媒体を持ち歩く必要はない。
（b）カード	カードに（b）チップ を内蔵し、赤外線や電波などを利用して認証情報を読み取る方式である。（　c　）カードのような接触不良が発生しにくく、スキミングや偽造のリスクが少ない。
（c）カード	カードリーダーに通して、認証情報を読み取る方式であり、（c）カードと暗証番号の組合せで判断するのが一般的である。接触不良の問題や偽造などのリスクがある。

　ア．a．Basic　　　　　　　　b．磁気　　c．IC

イ．a．Basic　　　　　　b．IC　　　c．磁気
ウ．a．バイオメトリクス　b．磁気　　c．IC
エ．a．バイオメトリクス　b．IC　　　c．磁気

〈第 64 回出題　問題 77〉

3．以下のアからエまでの記述のうち、「ピギーバック」の対策として最も有効なものを 1 つ選びなさい。

ア．入室の際は 2 人を同時に照合しないと認証・解錠されず、退室の際は 1 人を残してもう 1 人が退室しようとすると解錠されないという仕組みの「ツーパーソン制御」を導入する。

イ．複数の認証ゲートを通過する際、あらかじめ決められた順番で認証を行わないと、次のゲートの通過が許可されないという仕組みの「順路制御」を導入する。

ウ．入室時に正しく認証されていない（入室履歴がない）場合は、退室時の認証が許可されないという仕組みの「アンチパスバック」を導入する。

エ．特定エリアに特定の人物が在室している場合のみ、入室を許可される仕組みの「優先 ID 機能」を導入する。　　　　　〈第 63 回出題　問題 77〉

4．USB キーに関する以下のアからエまでの記述のうち、不適切なものを 1 つ選びなさい。

ア．USB 端子に抜き差しすることで、ハードウェアやソフトウェアの稼働を制御することができ、USB キーを抜けばロックがかかり、差せばロックが解除される。

イ．製品によっては、パスワードの代替（ロック／解除）だけではなく、ネットワークにアクセスするための個人認証機能を有する USB キーもある。

ウ．業務に使用する USB キーを紛失したり盗難に遭った場合であっても、再発行を容易に行うことができ、作業を即時再開できるため、業務への影響が少ない。

エ．USB キーは携帯性に優れ、デバイスの配付とドライバのインストールだけで、利用可能な状態にすることができる。　　〈第 63 回出題　問題 79〉

第8章

5．内閣府の「事業継続ガイドライン」における「方針の策定」及び「分析・検討」に関する以下のアからエまでの記述のうち、誤っているものを1つ選びなさい。

ア．BCM の実施に当たり、経営者はまず自社の事業及び自社を取り巻く環境を改めてよく理解し、自社が果たすべき責任や、自社にとって重要な事項を明確にすることが必要である。

イ．BCM においては、顧客及び自社、関連会社、派遣会社、協力会社などの役員・従業員の身体・生命の安全確保や、自社拠点における二次災害の発生の防止は、当然、最優先とすべきである。

ウ．経営者は、BCM の導入に当たり、分析・検討、BCP 策定等を行うため、その実施体制、すなわち、BCM の責任者及び BCM 事務局のメンバーを指名し、関係部門全ての担当者によるプロジェクトチーム等を立ち上げるなど、全社的な体制を構築する必要がある。

エ．BCP 策定においては、故障モード影響解析（FMEA）を行うことにより、企業・組織として優先的に継続または早期復旧を必要とする重要業務を慎重に選び、当該業務をいつまでに復旧させるかの目標復旧時間等を検討するとともに、それを実現するために必要な経営資源を特定する必要がある。

〈第 63 回出題　問題 84〉

6．経済産業省の「秘密情報の保護ハンドブック」における「具体的な情報漏えい対策例」に関する以下のアからエまでの記述のうち、誤っているものを1つ選びなさい。

ア．秘密情報が記載された書類について、市販のコピー偽造防止用紙（コピーできないものや浮き出し文字によって不正コピーであることを明らかにするもの等）を使用することで、不完全な複製物しか作成できないようにする。

イ．共有保管された書類、ファイル、記録媒体を貸し出す場合には、誰にどの記録媒体を貸し出しているかわかるように、貸出し時及び返却時に、その日時、氏名、貸し出した資料名等を記録して管理する。

ウ．秘密情報が保管されている書庫や区域（倉庫、部屋など）の出入口に「写真撮影禁止」、「関係者以外立入り禁止」といった掲示を行うことにより、情報管理に係る関心が高く、管理が行き届いた職場であると認識させるよ

うにする。

エ．秘密情報が記録された書類・電子媒体が保管された書庫や区域など、秘密情報の不正な取得や複製の現場となり得る場所に防犯カメラを秘密裏に設置して、撮影していることを気づかれないようにし、不正行為の検出率を高めるようにする。　　　　　　　　　　〈第 64 回出題　問題 76〉

7．業務で使用する携帯可能な端末や記録媒体などへの対策に関する以下のアからエまでの記述のうち、**不適切なもの**を 1 つ選びなさい。

ア．持出し専用のノート PC は、指紋認証や BIOS パスワードなど、通常オフィスで利用する端末よりも強固な情報セキュリティ対策を施し、ノート PC には、持ち出す必要のない情報は保存せず、ファイルを保存する場合は暗号化する。

イ．スマートフォンを接続させるネットワークのセグメントは、組織内の他のセグメントと分離する。また、スマートフォン専用のネットワークにおける端末の認証ログなどは、定期的に確認する。

ウ．USB メモリを接続する可能性のあるコンピュータはオートラン機能を有効にし、USB メモリを接続した際は、ファイルを開く前に必ず不正プログラムのチェックを行うようにする。

エ．業務で使用する USB メモリは、情報セキュリティ対策機能やソフトウェアが装備されている製品を使用し、管理下にない PC や不特定多数が利用する PC に USB メモリを接続しない。　　　　　〈第 63 回出題　問題 82〉

8．以下のアからエまでのうち、システムの災害対策に関する次の文章中の（　　　）に入る最も適切な語句の組合せを 1 つ選びなさい。

災害に備えるためのバックアップの手法として、「二重化」がある。二重化は、システムの（　a　）を維持するための対策であるといえ、二重化の方式には、（　b　）システムと（　c　）システムがある。
（b）システムは、同じ処理を行う二系統を同時に稼働・運用する方式であり、どちらかのシステムに障害が発生したときには、他方のシステムで処理を継続する方式である。処理結果を相互に照合、または比較することで、

高い信頼性を得ることができる。

一方、（ c ）システムは、待機冗長化方式とも呼ばれ、3つのスタンバイ方式がある。そのうちの一つである（　d　）スタンバイは、待機系に現用系のオンライン処理プログラムをロードして待機させておき、現用系に障害が発生した場合に即時に待機系に切り替えて処理を続行する方式である。

ア．a．相互運用性　　　b．デュプレックス　　c．デュアル
　　d．ホット

イ．a．相互運用性　　　b．デュアル　　　　　c．デュプレックス
　　d．ウォーム

ウ．a．可用性　　　　　b．デュプレックス　　c．デュアル
　　d．ウォーム

エ．a．可用性　　　　　b．デュアル　　　　　c．デュプレックス
　　d．ホット

〈第63回出題　問題83〉

9．事業継続に関する以下のアからエまでの記述のうち、最も適切なものを1つ選びなさい。

　ア．BCPは、地震などの自然災害や大規模なシステム障害、テロ攻撃などの緊急事態に企業が遭遇した場合において、損害を最小限に抑え、基幹となる事業の継続や早期復旧を図るために、緊急時における対応のみを取り決めておく計画である。

　イ．BCMは、策定したBCPをもとに、緊急時に発動するマネジメント活動であり、復旧後に行うBCPの点検と継続的な改善もBCMに含まれる。

　ウ．BCMにおけるBIAとは、事業の中断による、業務上や財務上の影響を確認するプロセスのことであり、事業影響度分析とも呼ばれる。重要な事業・業務・プロセス及びそれに関連する経営資源を特定し、事業継続に及ぼす経営などへの影響を時系列に分析する。

　エ．BCMは、従業者が主体となって実施していくものであり、経営者はそれを支援しなければならない。また、経営者は、事業内容や事業規模、資金力、人的余裕などを考慮して、自社にとって適切と思われるBCMを採用する。

〈第64回出題　問題84〉

情報システムセキュリティ

①ユーザ ID とパスワードの管理
②アクセス制限とアクセス制御
③暗号化
④認証システム
⑤電子メールの利用
⑥不正アクセスに対する防御策
⑦ウイルスなど不正プログラムに対する防御策
⑧無線 LAN のセキュリティ管理
⑨情報システムの動作検証における個人データの取扱い
⑩機器・媒体の廃棄

ユーザ ID とパスワードの管理

　悪意ある第三者や、故意または過失による事故から情報資産を保護するために、多くの情報システムでは、利用する際、ユーザ ID とパスワードによって認証を行うように設定されている。運用ルールを整備した上で、利用者自身が適正にユーザ ID やパスワードを管理できるようにすることが、情報システムセキュリティを確保することの第一歩であるといえる。

1　利用者の識別と認証

（1）　利用者の識別と認証

　ユーザ ID は各利用者を識別するために与えられた文字列であり、パスワードは個人の認証のために利用される文字列で暗証番号としての役割をもつ。コンピュータシステムはユーザ ID とパスワードの組合せが正しく入力された場合に限り、本人であると判断する（図表 9-1）。

図表 9-1　利用者の識別と認証

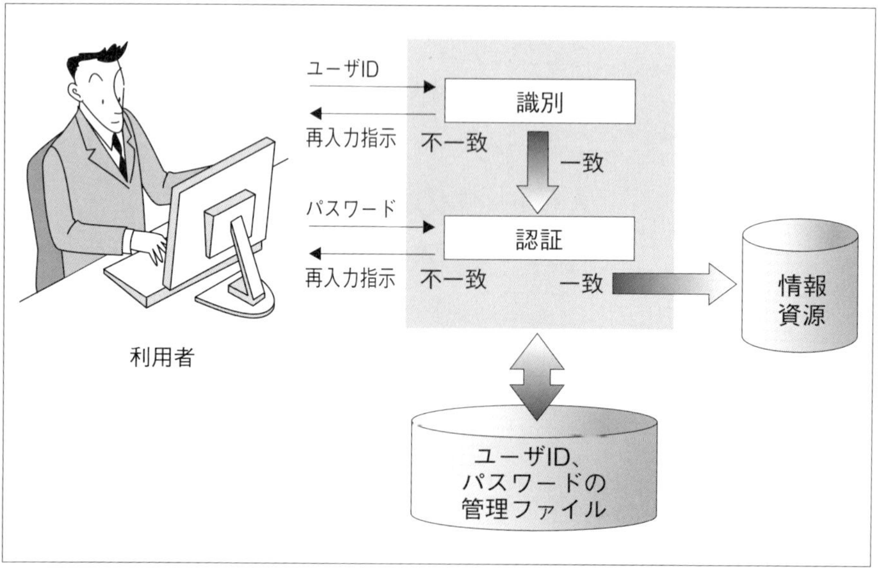

　すべての利用者には、その活動が追跡できるように、個人を特定するためのユーザ ID が与えられる。利用者は、自分だけが知り得るパスワード、あるいは、顔認証などの生体情報、もしくは、利用者所有のスマートカードなどによる認証によって、本人性が確認される（本章第4節「認証システム」参照）。

　ユーザ ID 管理のポイントをまとめると、次のとおりである。

> ・他人のユーザ ID を使わない。
> ・1つのユーザ ID を複数の利用者で共有しない。
> ・複数の利用者で1つのユーザ ID をやむを得ず共同使用する場合は、その管理を厳重に行う。
> ・利用されなくなったユーザ ID は、速やかに管理者が削除する。

　なお、**二要素認証**といって、2つの異なる認証方法を組み合わせることでセキュリティ強度を高くする認証方式が、金融機関のインターネットバンキングサービスをはじめ、広く用いられるようになってきた（図表9-2）。

図表 9-2　二要素認証の例（金融機関のネットバンキング）

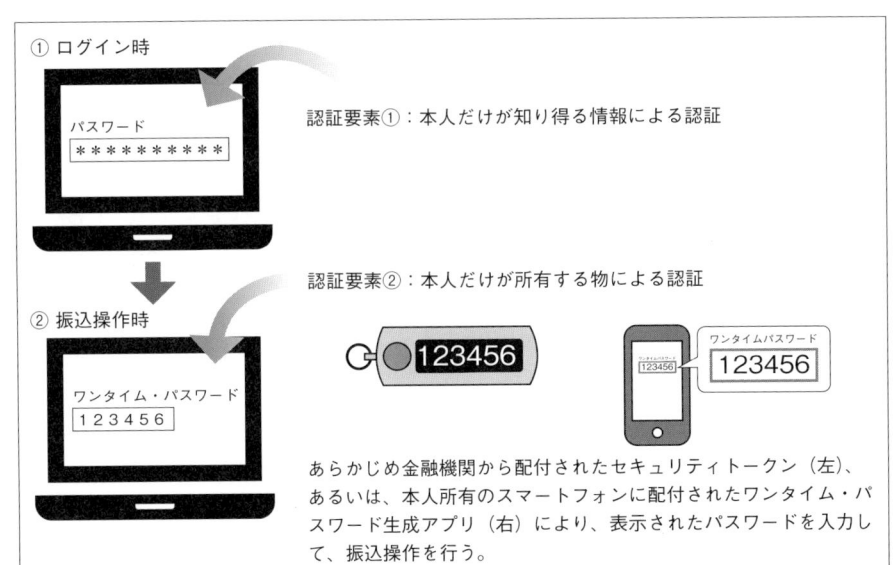

（2）　シングルサインオン

　ユーザＩＤとパスワードの組合せを一度入力すれば、アクセスを許可された複数の情報資源の利用が可能になる仕組みを、シングルサインオンという。利用者の入力の手間を省く（利便性向上）とともに、アクセス制御（本章第２節「アクセス制限とアクセス制御」参照）を実現させるための安全な仕組みとして注目されている。

　シングルサインオンの導入により、システムの管理者や開発者はユーザの識別・認証管理を一元化でき、各ユーザがどのような権限に基づいて情報資源にアクセスできるかを的確に管理することが可能となる。

2　パスワード管理

（1）　パスワードの強度

　パスワードの強度とは、「パスワードの見破られにくさ」である。攻撃者が、総当たりでパスワードを解析しシステムにアクセスしようと試みた場合（ブルートフォース攻撃）、パスワードに使用できる文字の種類の総数を n 乗した組合せを試す必要がある（n はパスワード文字数）。

　例えば、使用可能文字として英大小文字＋数字を組み合わせ、パスワード長（文字数）を８文字とすれば、168 兆に及ぶ組合せを試すことになり、パスワードの強度は高くなると考えてよい。さらに、パスワードの変更頻度が高ければ、見破られる前にパスワードが別の値に変化し、強度が増す。

（2）　パスワード管理の留意点

　パスワード管理は、システムの設計・運用を担う管理者と利用者本人の２つの側面で、次の点に留意しなければならない。

①　管理者

・仮のパスワードを設定し、利用者本人が初回ログイン時に変更できるようにする。

・パスワードの強度を確保するために、最低パスワード文字数を設定する（安全性を確保するには、最低でも６文字は必要とされている）。

・パスワード設定時に、連続文字を避け、英字と数字を混合させるようチェックをかける。

- パスワードは画面上に表示しない（入力時の利便性を考慮して、1度だけ表示できるようにすることは可）。
- 利用者に自分のパスワードの変更を許可し、入力ミスの発生を考慮した確認手段を提供する。
- 同一または類似パスワードの再利用を制限する。
- 一定回数以上ログインに失敗した ID を停止する。
- 必要に応じて有効期限を設定する（**パスワードエージング**）。
- パスワードの管理ファイルは、業務用のデータと別に保存し管理する。

② **利用者本人**

- パスワードには氏名、生年月日、電話番号など他人に推測されやすいものは使わない。
- パスワードを他人に教えない。
- パスワードを入力するときは、他人に見られないようにする。
- パスワードを紙に書いたり、電子媒体の記録に残したりしない。
- 必要に応じて新しいパスワードに変更する。
- 過去に使ったことのあるパスワードを繰り返して使わない。
- パスワードが破られたと気づいた場合は、直ちに新しいパスワードに変更し、管理者に連絡する。
- パスワード漏洩時に備えて、複数のシステムで同じ値のパスワードを使い回さないようにする。

　もし、1つのシステムからユーザ ID とパスワードの組み合わせ情報（パスワードリスト）が流失し、犯罪者の手に渡ると、**パスワードリスト型攻撃（クレデンシャルスタッフィング攻撃）** という、SNS やショッピングサイトなど複数システムへの不正ログインの総当たり攻撃を受け、アカウントの乗っ取りやショッピングサイトの不正利用などのリスクが高くなる。

- 情報システムでは、情報資産を保護するために、ユーザ ID とパスワード、その他、生体情報や本人のみが所有する物によって利用者の識別と認証を行う。
- 情報システムのセキュリティを確保するために、認証情報の適切な管理と運用が重要である。

第9章

アクセス制限とアクセス制御

1 アクセス制限

（1） システムに対するアクセス制限計画

　システムに対するアクセス制限は、あらかじめ計画を立てて、設定・管理していく。ユーザは、次のような計画に従い、所定の手続きを踏んだ上で、適正なアクセス権が付与されたユーザ ID を用いてシステムを利用する。

① データ端末の制限

　すべての端末で個人情報にアクセスできるようにするのではなく、アクセスできる端末をあらかじめ登録しておく。これにより、権限の付与されていない者が不正にアクセスすることを防ぐことができる。

② 個人情報データに対する利用時間の制限

　個人情報に長時間アクセスする行為は、利用者本人以外の情報についての漏洩、改ざんの可能性が高くなる。したがって、一定の合理的な時間制限を設けることで、危険性を軽減するようにすべきである。

③ 同時利用者数の制限

　同時に多人数での個人情報へのアクセスを許可してしまうと、個人情報データについて、閲覧、加工、複写、削除などの行為の主体者を特定することが難しくなり、不正使用や漏洩の危険性が高くなる。個人情報へのアクセスに関する事実を正確に記録・管理し、セキュリティレベルを維持するために、同時利用者数の制限を設ける必要がある。

④ アクセス権限レベルに応じた業務システムやデータの利用制限

　利用者が一般ユーザなのかサービス管理者なのかといった情報システムに対する権限のレベルや、利用者の担当する業務分野に応じて、アクセスできるファイルやデータを必要最低限の範囲に設定する。これにより、個人情報へのアクセスを最小限に制限することができる。

（2）ユーザと端末に応じたアクセス権限の設定

　許可されたユーザのみが、与えられたアクセス権限の範囲内で適正に情

報資源にアクセスできるようにする必要がある。そこで、業務システムや
データファイルごとにあらかじめアクセス権限のレベルを設定し、それを
ユーザや端末に対応づけして管理する（図表 9-3）。

図表 9-3　ユーザと端末に応じたアクセス権限による管理

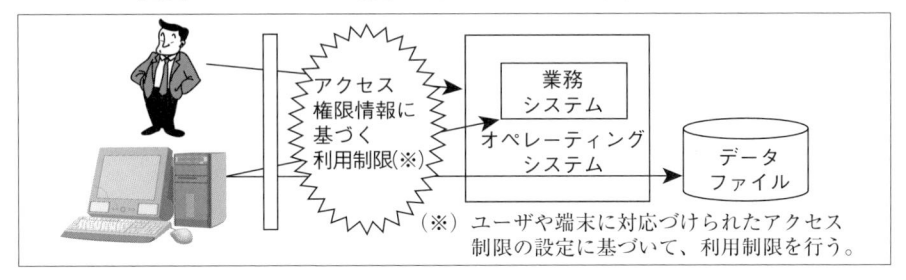

リモートワークの普及にともない、パソコンやスマートフォンなどの個
人所有端末をビジネスでも活用し、利便性や生産性を向上させるものとし
て、**BYOD**（Bring Your Own Device）が注目されている。この場合、ユー
ザ、端末ごとのきめ細かなアクセス制限がますます重要となる。

2 アクセス制御

(1) アクセス記録の管理

不正アクセスを検出し情報セキュリティレベルを維持管理する目的で、個
人情報データにアクセスしたユーザ ID、ログオン・ログオフ日時、端末 ID
と所在、アクセスの成功・失敗状況などのアクセス記録を作成し保持する。

なお、このアクセス記録に、どの個人情報データがアクセスされたかを
含めると、これ自体が個人情報となるため、扱いには注意が必要である。

(2) アクセス管理レベルの妥当性検証・見直し

ユーザごとに設定された利用制限やアクセス権限のレベルが妥当であ
り、計画どおりに運用されているかを常に監視し、必要であれば、アクセ
ス権限の設定を見直して、セキュリティレベルを維持するようにする。

 ・不正アクセスを防ぎながら、利用者が個人情報に適切にアク
セスできるようにするために、情報システムへのアクセス制
限を検討・計画し、妥当な仕組みと運用体制のもとにアクセ
ス制御を行う必要がある。

第9章

第 3 節

暗号化

1 暗号化の目的

　暗号とは、情報をやりとりする当事者以外の第三者にはその意味が認識されないようにする目的で、当事者間で取り決めた特殊な記号や文字による情報の表現方式である。また、情報のやりとりの手順でもあり、個人情報保護の観点から重要な技術である。

2 暗号化の仕組み

　情報発信者が作成したもともとの情報を平文（ひらぶん）といい、暗号表現に変換する作業のことを**暗号化**という。そして、受信者が暗号表現をもともとの認識可能な形式に戻すことを**復号化**という。

　この暗号化や復号化を行うための手順が**アルゴリズム**であり、暗号化に用いるパラメータを**鍵（キー）**という。暗号における鍵の長さを**鍵長**といい、通常ビット数で表す。鍵長が長いほど、解読されにくく、安全性が高いといえる。

3 暗号化の方式

　暗号化の方式には、**ストリーム暗号**と**ブロック暗号**がある。

　ストリーム暗号とは、平文を１ビット（または１バイト）ずつ処理する暗号方式である。一方、ある大きさのビットのまとまりに対して暗号化する方式がブロック暗号である。

　また、暗号に用いる**鍵（キー）**の扱い方によって、**共通鍵**暗号方式、**公開鍵**暗号方式、それらを組み合わせたハイブリッド方式がある。

（1）　共通鍵暗号方式

　共通鍵暗号方式は、暗号化と復号化に同一の鍵を使うところからつけられた呼称で、慣用暗号方式、秘密鍵暗号方式とも呼ばれる。具体的な共通鍵暗号方式には、DES（Data Encryption Standard）やFEAL（Fast data

Encipherment ALgorithm)、RC5（Rivest's Cipher 5）などがある。

　DES は米国商務省標準局（NBS：National Bureau of Standards）が非機密事項に対する暗号化アルゴリズムとして 1977 年に公表した方式で、64 ビットの鍵を用いて暗号化処理を行うものである。元のデータに対して、データ位置の交換や、データのシフト等の比較的簡単な操作を組み合わせることで、複雑な暗号処理を実現している。

　しかし、鍵長が短く固定長であることから、コンピュータ計算技術の向上によりパソコンを使ったブルートフォース攻撃（本章第 1 節「ユーザ ID とパスワードの管理」参照）でも暗号が破られるようになった。このため、後継として、128 ビット、192 ビット、256 ビットの鍵長が使える **AES**（Advanced Encryption Standard）が開発され、現在主流となっている。

(2)　公開鍵暗号方式

　公開鍵暗号方式は、データの暗号化に使用する鍵と、復号化に必要な鍵を別々に用意するのが特徴である。作成した本人が所有し誰にも公開しない**秘密鍵**と、情報をやりとりしたい相手にあらかじめ渡しておく**公開鍵**とが用いられる。運用上、一方の鍵を公開するところから、公開鍵暗号方式と呼ばれており、現在、**RSA**（Rivest Shamir Adleman）方式や楕円曲線暗号などがある。

　公開鍵暗号方式の手順は、次のとおりである。

●A から B へメールを送信する場合の例（図表 9-4）

　A の個人情報の安全性を確保するために、A は、受信者である B の公開鍵を使ってメール文書を暗号化し、それを B に送る。公開鍵で暗号化したものは秘密鍵でしか復号化されないため、万が一、メールが第三者に傍受されたとしても、内容が解読されることはなく機密性が確保されているといえる。

　暗号化されたメール文書を受け取った B は、自分の秘密鍵で復号化する。B から A への返信は、逆に、A の公開鍵を利用して暗号化したメールを送ることになる。

第9章

図表9-4　公開鍵暗号方式を用いたメールの送受信

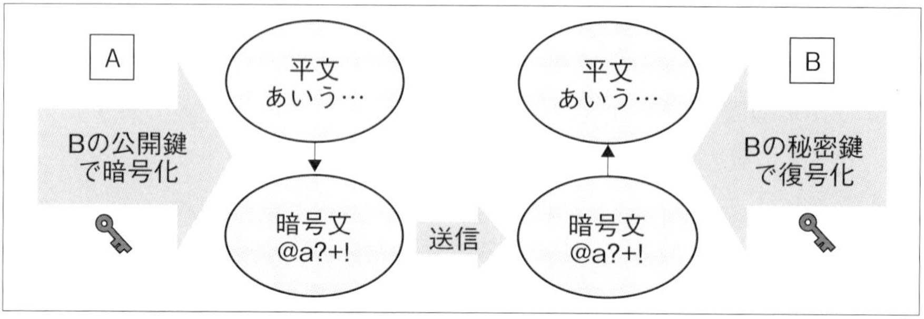

（3）　公開鍵暗号方式の電子署名技術への応用

　公開鍵暗号方式は、個人認証のための**電子署名**としても用いることができる（本章第4節「認証システム」参照）。

　送信者が自分の秘密鍵でメッセージを暗号化すれば、受信したメッセージは送信者の公開鍵でのみ復号化できるため、本人が送信したメッセージであることを確認できる。受信者が送信者の公開鍵で復号化できない場合は、通信途中で内容が改ざんされていたり、第三者が送信者になりすましている可能性が考えられる。これを認識することで、個人情報の真正性、完全性が確認でき、受信後のトラブルを防ぐことができる。

（4）　ハイブリッド方式

　ハイブリッド方式では、まず公開鍵暗号方式で共通鍵の受け渡しだけを行った後、実際のデータの送受信は共通鍵暗号方式で行う。双方を組み合

図表9-5　暗号方式のメリット・デメリット

暗号方式	メリット	デメリット
共通鍵暗号方式	・暗号化・復号化の処理速度が速い。	・やりとりする相手の数だけ鍵が必要になる。 ・鍵の受け渡し時の漏洩対策が手間となる。
公開鍵暗号方式	・一対の公開鍵・秘密鍵があればよく、鍵の管理が容易である。	・暗号化・復号化の処理速度が遅い。
ハイブリッド方式	・暗号化・復号化の処理速度が速い。 ・鍵の受け渡しが容易である。 ・安全性が高い。	―

わせることで、安全性、運用管理の容易性、処理の効率性を備えた方式である（図表9-5）。

（5） インターネット利用時のセキュリティを確保する暗号化

インターネットを利用した電子決済などにおいては、データの盗聴、改ざん、なりすましを防ぐために暗号化技術が不可欠である。**SSL**（Secure Sockets Layer）/**TLS**（Transport Layer Security）は、公開鍵暗号方式と共通鍵暗号方式を組み合わせて、セキュアなデータの送受信を行うための通信手段である。Web ブラウザに装備されており、電子決済時のクレジットカード情報をはじめ、個人情報の送受信に広く用いられている。

図表 9-6　SSL の仕組み

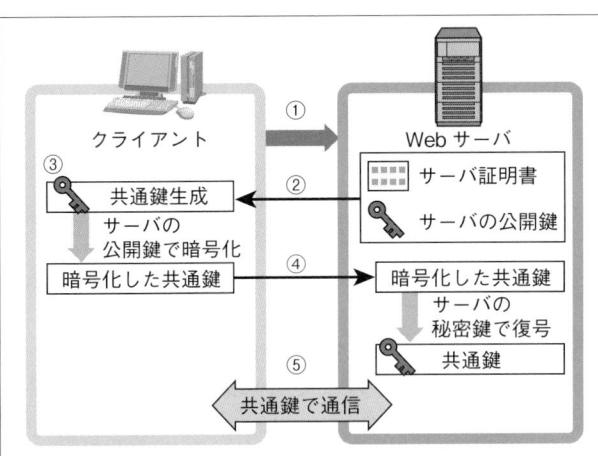

① ブラウザからセキュアな Web サイトである、「https:// ～」へ接続要求。
② サーバ認証
ブラウザは、Web サーバからサーバ情報を受信し、デジタル証明書（ルート認証局証明書）を利用して、サーバの真正性を確認（ブラウザと Web サーバ間にセキュアな通信チャネルが確立）。
※このとき、ルート認証局証明書は「信頼される認証局」としてクライアント端末にあらかじめ登録されている。

③ 共通鍵生成
ブラウザ側で、サーバ ID の情報をもとに共通鍵（セッションキー）を生成。
④ 共通鍵の交換
ブラウザは、Web サーバの公開鍵を用いて共通鍵（セッションキー）を暗号化し Web サーバへ送付。Web サーバは、自分の秘密鍵で復号化し共通鍵を取り出す。
⑤ 暗号化データ通信開始
共通鍵（セッションキー）を利用した暗号化通信が開始される。

第9章

・個人情報の機密性、真正性、完全性を保護するために、暗号化技術が効果的に利用されている。
・暗号化技術の利用においては、鍵の管理が重要である。

認証システム

　認証（または本人認証）とは、利用者が本人であることを証明するプロセスをいう。本人であることの証拠として、自らの名前とパスワードなど利用者の知識や、スマートカードなど利用者の持ち物を要求したり、利用者の身体的特徴をシステムが検知したりすることで、あらかじめ登録済みの情報と照合することによって確認する。

1　さまざまな認証方式

　情報システムによるユーザ認証は、従来、本人であることの証拠として、利用者に自らについての知識を入力させる方式（パスワード入力など）が主流であった。しかし、近年、利用者本人しか所持し得ないカードや、利用者の生体情報に基づく認証（バイオメトリクス認証）が一般化した。本人識別に用いられる情報そのものは、個人情報であることにも注意が必要である。

（1）　ユーザ認証の方法とメカニズム

①　本人のみが知り得る情報による認証

　ユーザ ID とパスワードの組合せによりあらかじめ登録されている登録情報と照合して本人として識別する認証方法は、古くから利用され続けているものである。しかし、近年、漏洩、解読などによるパスワードの脆弱性が明らかになっており、重要な個人情報を扱うシステムにおいては、より安全な認証方式への切り替えや併用が進んでいる。

　従来のパスワード方式の弱点をカバーするパスワード方式に、**ワンタイム・パスワード（チャレンジ・パスワード）方式**がある。サーバがクライアントに毎回変化するチャレンジという値を送り、クライアントがそれをもとに、一定のルールによってハッシュ値という擬似乱数をつくり出し、レスポンスとしてサーバに返す。このとき、サーバ側でも同じルールで演算を行い、クライアントからのレスポンスとの一致を検査するのである。クライアントとサーバが共有するルールが暗号鍵に相当し、クライアント

が返すレスポンスがワンタイム・パスワードとなる。

② **本人のみが所持する物による認証**

　スマートカードを用いた方式が代表的である。スマートカードはクレジットカードと同じ大きさのプラスチックカードにCPU、メモリ、セキュリティ回路などのICチップが組み込まれたもので、演算能力が高くきわめて高度なセキュリティを確保することが可能である。また、PKI認証（**2**　参照）に欠かせないデジタル証明書の情報も記憶できる。

　スマートカードは紛失や盗難、破損などの事故の可能性も高いが、紛失、盗難に備えてデータが暗号化され保護されている。

③ **本人のみがもつ生体情報を利用した認証**

　身体的特徴や行動的特徴は、他者がまねたり、変えることのできない本人固有のものである。これらの特徴をあらかじめ画像などのパターンとして登録しておき、認証時に再度取得したデータと照合して、本人性を確認する技術が**生体認証（バイオメトリクス認証）**である。現在、指紋、掌紋、静脈、顔、虹彩、眼球血管、音声（声紋）など身体的特徴による認証、および筆跡（筆記時の軌跡・速度・筆圧の変化のパターン）などの行動的特徴を利用した認証技術がある。

　生体認証は、認証精度や安全性で他の方式を凌駕しているが、本人識別に用いる情報が個人識別符号に該当し、注意が必要である。また、実用上、登録時と照合時のデータ取得環境の差異に起因して誤認識（本人拒否や他人受入れ）となる可能性がゼロではない点に留意する必要がある。一般に、他人のなりすましを防ぐためには照合時の「他人許容率」を低く抑える必要があるが、照合されるべき本人までが拒否される可能性（「本人拒否率」）が高くなってしまう。反対に、運用のしやすさを重視して「本人拒否率」を下げると、「他人許容率」が大きくなってしまい、セキュリティが担保できなくなる。運用上の適正な照合精度が求められる。

（2）　各生体認証の特徴

　各生体認証方式の特徴と考慮点は図表9-7に示すとおりである。

第9章

図表 9-7　生体 (バイオメトリクス) 認証の特徴と考慮点

認証方式 (モード)	特徴	考慮点
指紋認証	・指紋の縞模様 (隆線) の切れているポイントと分岐しているポイントを特徴量として利用した認証方式。 ・個人ごとに固有の特徴があり、照合精度が高い。	・窃取・複製によるなりすましリスクがある。 ・汗などの影響で動作不良が発生する可能性がある。
掌紋認証	・手のひら全体に出ている掌紋を利用した認証方式。 ・個人ごとに固有の特徴があり、照合精度が高い。	汗などの影響で動作不良が発生する可能性がある。
静脈認証	・指先や手のひらの中にある静脈の形や分岐点、方向などを利用した認証方式。 ・照合精度が高く、体内の情報であることから、第三者に取得されたり偽装されたりする可能性がほとんどない→金融機関の ATM で活用されている。	認証機器が高額であり、導入コストが大きい。
顔認証	・顔の輪郭や目や鼻などの位置情報を画像認識技術で取り出し、距離や角度、色の濃淡などによって個人を特定する認証方式。 ・赤外線センサーにより顔の立体画像情報までデータ化する方式では、照合精度が高い。	・眼鏡やマスクの着用、化粧や加齢による影響で、うまく認証できない場合もある。 ・集合写真などから本人の意思とは無関係に情報を取得・利用される可能性もあり、個人情報保護の観点から、本来の認証目的のみに的確に運用される必要がある。
虹彩認証	・瞳の周辺部分である虹彩のしわの特徴を利用した認証方式。 ・本人特定の精度が極めて高く、第三者に取得されたり偽装されたりする可能性がほとんどなく、加齢による変化もない。	眼鏡やコンタクトの装着により認識不可となる。

眼球血管認証	・眼の白目部分の血脈の特徴を利用した認証方式。 ・照合精度が極めて高く、第三者に取得されたり偽装されたりする可能性がほとんどない。 ・眼鏡やコンタクトの装着時も認証可能である。	顔の近接写真などから情報を抜き取られて悪用される可能性がある。
音声（声紋）認証	・声の特徴を周波数の分布情報として取り出し、個人を特定する認証方法。 ・マイク以外に特別な認証用機器が不要であり、通話での認証も可能。	騒音の大きい環境ではうまく認識できないことがある。

2 通信相手の本人性認証方式

　情報システムに直接アクセスしようとする者だけでなく、電子メールなどにおける通信相手の本人性の確認も、個人情報保護の観点から重要である。この場合、ネットワーク越しの相手を認証するための基盤である、**公開鍵基盤**（PKI：Public Key Infrastructure）による認証が有効である。

（1）　電子署名による本人性と通信内容の真正性の保証

　PKI認証においては、電子メールなどのメッセージに対して、**電子署名**（**デジタル署名**）をつけることによって、発信者が正しく本人であることとメッセージが改ざんされていないことを証明できる（図表9-8）。同時に、発信者による文書送信の事実を証明することができるので、後になって、発信者が送信の事実やその内容を否定することを防止できる（**否認防止**）。

　PKI認証を用いた電子メール送受信の手順は、次のとおりである。

> 【発信者】
> ①送信内容（平文）を作成
> ②送信内容をハッシュ関数で圧縮（メッセージダイジェスト）
> ③メッセージダイジェストを発信者の秘密鍵で暗号化（電子署名）
> ④平文と電子署名を相手に送信

第9章

図表 9-8　電子署名（デジタル署名）の概要

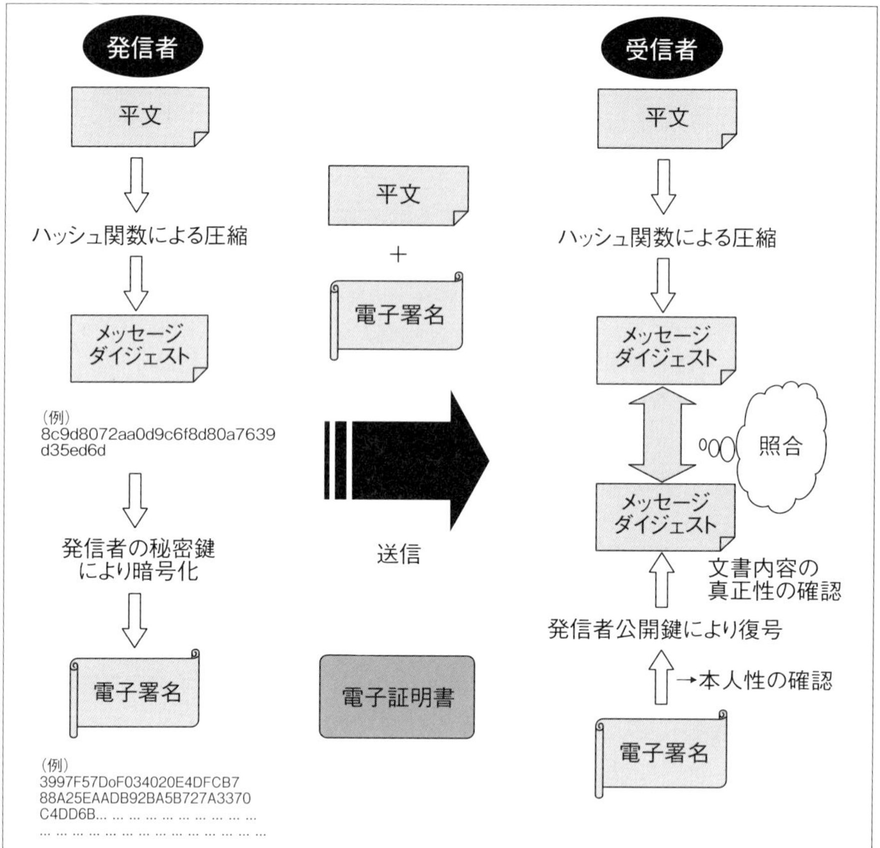

※（注）　1　この他、文書内容の秘匿性を確保するための暗号化に鍵ペアが使用されることもある。
　　　　　2　ハッシュ関数:y=f(x)において、x（平文）からy（メッセージ・ダイジェスト）を求めるのは簡単であるが、yからxを求めるのは事実上困難であり、かつ異なるxから同一のyを生成するのが計算上不可能であるような関数をいう。

【受信者】

①相手（発信者）の公開鍵を入手

②受信した電子署名を、公開鍵で復号化

③受信した平文を、相手と同じハッシュ関数で圧縮

④上記②と③で得られたメッセージダイジェスト同士を照合

⇒　一致すれば、発信者の本人性と受信内容の真正性を確認できる

（2）　電子証明書と認証局（CA）

　仮に発信者が、本来の相手ではないなりすましであり、公開鍵もにせものを提示されてしまった場合、偽装を見破ることができなくなる。公開鍵の真正性を証明し確認できる仕組みが PKI 認証の鍵を握っている。

　PKI 認証においては、公開鍵の真正性を保証する機関として**認証局（CA：Certification Authority）**が設置され、認証局の発行する**電子証明書（デジタル証明書）**によって、公開鍵が真正であることを確認できるようになっている。ちょうど、不動産や自動車の売買、住宅ローンなどの契約時に、自治体にあらかじめ登録済みの印鑑を用い、自治体の発行する印鑑証明（印鑑登録証明書）を添付してその正当性を保証するのと同様である。

　利用者が認証局に発行申請を行い、所有者情報の登録審査が完了すると、IC カード、もしくは電子ファイル形式で発行される。

　電子証明書には、公開鍵、証明書所有者の名前、認証局の名前、認証局自身の電子署名などが含まれており、それらは印鑑証明における登録印影、氏名、市区町村長の名前、市区町村長の印に相当するといえる。

　印鑑証明の場合は、市区町村長の名前と印が真正であることがわかれば、証明に偽りがないと確認できるが、電子証明書の場合には、さらに、認証局がなりすましではない、真正なものであることの確認も必要になってくる。電子署名の確認に必要な電子証明書について、その真正性確認のため、さらなる電子証明書が必要……という無限の繰り返しを避けるため、認証局の頂点として、外部機関による厳しい監査のもとに、自らの正当性を証明することのできる**ルート認証局（ルート CA）**が設定されており、PKI 認証の仕組みが担保されている。

・認証技術の利用により利用者の本人性の確認を行うにあたっては、適切な認証方式の採用とその運用管理が重要である。
・個人情報の機密性保護の一環として、認証技術の効果的な利用についての適切な方策を検討し、運用管理する必要がある。

第9章

電子メールの利用

■1■ 電子メールの脅威と対策

（1）　電子メールシステムのセキュリティレベル

　クライアント端末とメールサーバによるメールの送受信という基本的な機能を搭載しただけの電子メールシステムは、セキュリティレベルが高いものではなく、個人情報保護や機密保持の観点からも万全のシステムとはいいがたい。基本機能以外のさまざまなセキュリティ機能を補完して運用することや、利用規程の整備、利用者本人の注意義務の順守が、セキュリティを確保し個人情報を保護するための重要なポイントとなる。

（2）　電子メールの利用におけるさまざまな脅威

①　メールの誤送信

　別の相手に送るはずのメールを気づかずに誤った宛先に送信してしまう、誤ったファイルを添付して送信してしまうといったケアレスミスが、個人情報の漏洩に直結するおそれがある。

②　ウイルス付きメールの送受信

　電子メールの利用において、ウイルスがついたメールの受信による感染被害や送信によって加害者となってしまうことが懸念される。

③　スパムメール受信

　受信者の許可なく勝手にメールを送りつける迷惑メールをスパムメールという。身元を詐称した偽装メールを大量に受信することにより、時間的・コスト的損失を被る。業務そのものに多大な影響を受ける可能性もある。スパムメールには、対策ソフトのフィルタリング機能が対応していないファイル形式を狙って迷惑メールをばらまくという特徴がある。

　画像スパムは、メール本文ではなく、メールに添付された画像に文章などが書かれているタイプのスパムである。大手証券会社のロゴを画像に入れ、特定の銘柄を宣伝して注文を促すといった犯罪の手口であるが、最新の対策ソフト（フィルタリング機能）では、検出・防御が可能となってい

る。PDF（Portable Document Format）スパムは、PDF で読ませたい文書が添付されているものである。そのほか、Excel スパムや、圧縮ファイルを利用した ZIP スパムが存在する。

④　フィッシング

フィッシング詐欺としては、正規の金融機関などを装って偽の URL を電子メールで送りつけ、偽の Web サイトへ誘導して、住所、氏名、銀行口座番号、暗証番号、クレジットカード番号などの個人情報を詐取するなどがある（第5章第5節「ソーシャル・エンジニアリング」参照）。

⑤　標的型攻撃

自社の社員、組織のメンバーや官公庁などを装って、ウイルスの添付された電子メールを送りつけるなどがある。添付ファイルを開くと感染し、場合によっては、コンピュータ内にある機密情報が海外のサーバに送信され、その情報が悪用されてしまう可能性もある。トロイの木馬（本章第7節「ウイルスなど不正プログラムに対する防御策」参照）などの例がある。

（3）　電子メールをとりまく脅威への対策

まずは利用者本人が、電子メール本文に不審な部分があった場合、本文中の URL や添付ファイルを開く前に、必ず送信者の真正性を確認すること、電子メールシステム管理者に報告することが大切である。

さらに、ウイルス対策ソフトをメールサーバおよびクライアント端末に装備し、送受信時には必ず検査して、ウイルスの侵入・蔓延を防止する対応が必須である。

また、サーバにおいて**メールフィルタリング**機能を搭載し、メールタイトルと本文のキーワード、メール本体のサイズ、送信元アドレス、ヘッダ情報や添付ファイルの特徴などをリアルタイムに検査する方法が有効である。

検査結果に応じて、メールをそのまま送受信する、送信を保留する、指定アドレスへ転送する、削除する、隔離する、受信を拒否するなど、適切な処置を講じることができ、情報漏洩をはじめとする事故やトラブルを未然に防ぐことができる。また、メールの暗号化機能やデジタル署名機能を駆使することにより、個人情報を電子メールでやりとりする際に発生し得る盗聴や改ざんなどの危険を回避することが可能となる。

第9章

図表9-9　電子メールシステムのセキュアな運用例

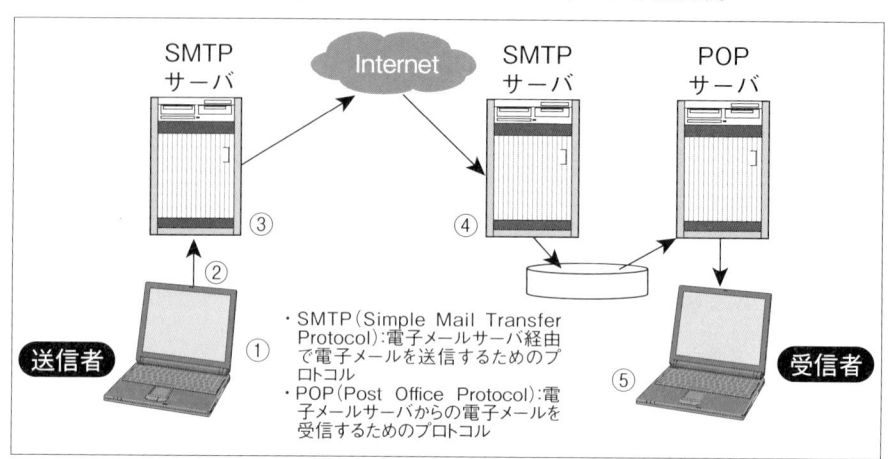

① 　クライアント端末におけるメールの暗号化とデジタル署名の付与
② 　クライアント端末からメールサーバへ送信
③ 　メールサーバにおいてウイルスチェック、フィルタリングを実施し、その後、宛先へ送信（送信記録を管理）
④ 　受信側メールサーバにおいてウイルスチェックを実施（受信記録を管理）
⑤ 　受信側クライアント端末におけるメールの復号化とデジタル署名の確認による送信元の確認

2 電子メールの利用におけるセキュリティ管理のポイント

電子メールシステムの利用許可（利用範囲）の方針について明確にする。

【例1】「従業員は業務の遂行を目的とする場合に限って、電子メールシステムを利用することができる」

【例2】「電子メールシステムを、業務に派生的な個人的目的のために使用することを許可する。ただし、業務に支障を及ぼすような長時間の使用やコンピュータ資源を不当に独占する使用については、この限りではない」

電子メールの文章の記述要領について、ある程度規定する。

【例】「電子メールの末尾にはシグネチャ（署名）として、発信者の名前、所属先、連絡先（メールアドレスなど）を書き添えるものとする。ただし、住所や電

話番号などを含めるときは、必要以上に情報を開示しないよう留意する」

電子メールの宛先に関する注意点を、ある程度規定する。

【例1】「参考までに内容を伝えたい人の宛先を指定する『CC：（カーボンコピー）』は、宛先が受信者全員に表示されるため、第三者のメールアドレスが不要な人にまで公開されないよう配慮が必要である。特定の人物にメールが届けられることを他者に知られたくないときは『BCC：（ブラインドカーボンコピー）』を用いる」

【例2】「メールを一斉同報する場合は、適切なメーリングリストを利用する」

電子メールの利用における諸注意について、明確に規定する。

【例1】「電子メールはネットワーク上の複数のコンピュータを経由して送付されるため、基本的には、個人情報、秘密情報、クレジットカード番号、パスワードなどを電子メールで送信すべきではない。電子メールで送信が必要な場合には、送信内容を暗号化する」

【例2】「重要な内容の電子メールを受信したら直ちに確認メールを返信する」

【例3】「受信した電子メールを第三者に転送する場合は、電子メールの内容と転送する宛先に十分注意し、社外秘文書や顧客の個人情報などを流失させないようにしなければならない」

【例4】「マクロ付きの添付ファイルを電子メールで送付する場合は、送受信者間であらかじめ連絡をとりあい、その旨を電子メール本文にも明記するようにする」

PICK UP

- 個人情報保護の観点から、電子メールの適正な利用について、その方針、規定を明確にし、利用者に周知徹底させながら運用管理することが重要である。
- 電子メールシステムの安全性を確保するためには、ウイルス対策、不正アクセス防止、認証、暗号化などの技術による総合的な対策が必要である。

第9章

不正アクセスに対する防御策

■1■ 不正アクセスの脅威と対策

（1） 不正アクセスの脅威

　不正アクセスとは、インターネットに公開している Web サーバや FTP（File　Transfer　Protocol）サーバに対して外部から侵入し、Web サイトの改ざんやファイルの盗み見や破壊を行うことである。不正アクセスにより、企業は Web サイトの改ざんによるイメージダウンや、オンラインショップからの顧客情報流出による信用喪失や顧客離反といった被害を受ける。

（2） 不正アクセス対策

① ファイアーウォール

　社内ネットワークとインターネットを接続する以上、外部からの侵入経路を排除できない。この外部からの侵入を防ぐため、ネットワーク上に外部との境界を作るシステムをファイアーウォールという（図表 9-10）。

図表 9-10　ファイアーウォール

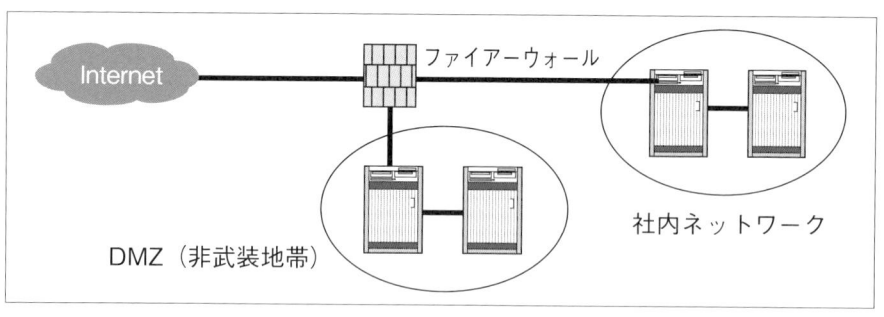

　ファイアーウォールを構築するときは、外部に公開する Web サーバや FTP サーバを **DMZ**（DeMilitarized Zone：非武装地帯）に置くのが一般的である。DMZ とは、外部インターネットと社内ネットワークの中間に位置づけられるネットワークの領域である。

　外部に公開する Web サーバや FTP サーバを DMZ に置くことで、外部からの不正なアクセスを排除でき、また Web サーバに侵入された場合で

も、社内ネットワークに被害が及ばないようにできる。

② IDS

ファイアーウォールを設置しても、不正アクセスへの対策は万全ではない。Web サーバの OS の不備や、ファイアーウォールの設定ミスなどが、不正アクセスを許してしまう可能性があるからである。そのため、侵入を早期に検知する IDS（Intrusion Detection System：侵入検知システム）を設置する必要がある。

IDS は、コンピュータやネットワークに対する不正行為を検出し通知するシステムで、ネットワーク上の不正アクセスと思われるパケットを発見してアラームを表示する。IDS の侵入検知には、次の 2 種類の方式がある。

ア．不正検出方式…あらかじめ登録されたシグネチャと呼ばれる不正侵入のパターンと不正侵入の手口を突き合わせて検出する方法で、既知の侵入手口が利用された場合に検出することができる。

イ．異常検出方式…通常とは異なるネットワーク上の動作を検出する方法で、未知の侵入でも発見することができる。

③ WAF

Web サイトを運営している場合、ファイアーウォールと IDS のほかに、Web アプリケーションの脆弱性を悪用した攻撃への対策も必要である。

WAF（Web Application Firewall）は、Web サーバと外部インターネットとの HTTP/HTTPS の通信内容を監視し、不正なアクセスを見極め、通信をブロックすることで、Web サイトを保護する仕組みである。

④ VPN

ファイアーウォールを設置し、外部から侵入できないようにすると、外出先から社内のサーバの利用や、他の事業者とのデータの送受信ができなくなってしまう。このため、VPN（Virtual Private Network）を構築する必要がある。

VPN は、インターネットを利用して、社内のサーバに安全に接続する仕組みである。データを送信前に暗号化してインターネットに送り、受信側で復号化してデータを解読する仕組みである。これにより、インターネット上の情報を盗み見されても、安全に、かつ、あたかも専用線を利用して

第9章

いるようなネットワークを構成できる。限られた人だけが利用するためには、利用者認証の仕組み(本章第4節「認証システム」参照)が必要である。

2　コンピュータ不正アクセス対策基準の概要

コンピュータ不正アクセス対策基準は、経済産業省(制定時点は通商産業省)がコンピュータ不正アクセスによる被害の予防、発見、再発防止を目的として制定した指針である。1996年に初版が制定され、2000年に最終改正されている。

この基準は、次のように対象者の役割別に体系化されており、対象者間の共通項目と対象者別の独自項目で構成されている。

> ①　システムユーザ基準
> ②　システム管理者基準
> ③　ネットワークサービス事業者基準
> ④　ハードウェア・ソフトウェア供給者基準

いずれも、事後対応、教育および情報収集、監査という共通項目があり、不正アクセスによる被害の再発を防止する上で、重要な項目である。

異常を発見した場合は、原因を追究して被害の状況を把握し、被害の復旧に努め、再発防止などの必要な措置を講じることが重要である。

(1)　システムユーザ基準

システムユーザ基準は、パスワードやユーザID、重要な情報の管理方法などから構成されている。重要なポイントは、次のとおりである。

> ・ユーザIDは、複数のユーザで利用せず、パスワードを必ず設定する。
> ・異なるシステムでは、同じユーザIDであっても同じパスワードを使用せず、異なるパスワードを設定する。
> ・パスワードは、定期的に変更する必要がある。また、紙媒体などに記述してはならない。
> ・システム管理者が使うAdministratorやrootといった特権IDは、全ファイルに対するアクセス権やアプリケーションのインストール権限をもつため、操作ログや使用履歴などを把握する。

・重要な情報は、パスワード、暗号化、アクセス権などの対策を実施し、重要な情報を記録した紙、磁気媒体などは、安全な場所に保管する。

(2) システム管理者基準

システム管理者基準は、管理体制の整備や情報管理方法などから構成されている。重要なポイントは、次のとおりである。

・システムのセキュリティ方針は、管理体制や管理手順を確立して周知・徹底する。
・通信経路上の情報は、漏洩を防止し、情報の盗聴および漏洩が行われても、内容が解析できない暗号化機密保持機能を用いる。
・通信経路上で情報の改ざんが行われても、検出できるような改ざん検知機能を用いる。

(3) ネットワークサービス事業者基準

ネットワークサービス事業者基準は、管理体制の整備や設備管理方法などから構成されている。重要なポイントは、次のとおりである。

・ネットワークサービス事業者の責任範囲、提供できるセキュリティサービスを明示する。
・ネットワークサービスにかかわる機器は、許可を与えられた者だけが立ち入れる場所に設置し、厳重に管理する。

(4) ハードウェア・ソフトウェア供給者基準

ハードウェア・ソフトウェア供給者基準は、管理体制の整備や開発管理方法などから構成されている。重要なポイントは、次のとおりである。

・ハードウェア・ソフトウェア供給者の責任範囲を明確にする。
・製品には、機密保持機能や認証機能、改ざん検知機能などのセキュリティ機能を設ける。
・製品のネットワークにかかわる機能には、セキュリティ上の重要な情報の解析を防ぐ機能を組み込む。
・製品の保守にかかわる機能には、利用者を限定する機能を組み込む。

第9章

PICK UP
・不正アクセス対策は、ファイアーウォールの設置から始める。
・コンピュータ不正アクセス対策基準は、不正アクセスによる被害の予防、発見、再発防止を目的として経済産業省が制定した指針である。

第7節 ウイルスなど不正プログラムに対する防御策

不正プログラム(マルウェア)とは、利用者の意図とは無関係にコンピュータに脅威を与えるような不都合な動作を行うプログラムのことである。初期の不正プログラムは、感染→潜伏→発病の行動パターンをとることから、自然界になぞらえてウイルスと呼称された。現在でも、不正プログラムの総称として「コンピュータウイルス」を用いる場合も多い。

1 不正プログラムの脅威

(1) 不正プログラムの種類

狭義のコンピュータウイルスとは、侵入→感染→潜伏→発病(データの破壊や動作の不安定など)の行動パターンをもつものをいい、システム領域感染型、メモリ常駐型、ファイル感染型、マクロ型などの種類がある。その他、トロイの木馬、ワーム、ボット、スパイウェア、ランサムウェアなどの不正プログラムが存在する(図表9-11)。

(2) 感染経路

① メール

メールに添付されたファイルをクリックすることで感染する場合が多い。セキュリティホールがあると、自動的にウイルスファイルを実行してしまう悪質なものも増えている。

② Webサイト

インターネットからのファイルのダウンロード、Webサイトの閲覧により感染する。ツールやゲームを装っている場合もあり、感染の機会が多い。

③ ネットワーク

パソコンやスマートフォンにセキュリティホールが存在していると、インターネットやLANに接続しただけで、ウイルス感染する危険がある。

④ 電子媒体

CD、DVDやUSBメモリなどの電子媒体をパソコンで利用した際、自動実行機能を悪用したウイルスに感染する場合がある(第8章第2節「オ

フィス内の保護対策」参照）。

図表 9-11　主な不正プログラムの種類と特徴

名称	特徴
システム領域感染型ウイルス	ハードディスクのシステム領域（ブートセクタ、パーティションテーブル）に感染する。
メモリ常駐型ウイルス	メモリに潜伏する。実行プログラムすべてに感染する可能性がある。
ファイル感染型ウイルス	拡張子 COM、EXE、SYS などの実行型ファイルに感染する。制御を奪い、プログラムを書き換えて感染・増殖する。
マクロ型ウイルス	マイクロソフト社の Office 製品のマクロ機能を利用して感染する。なお、オフィスソフトのセキュリティ機能が強化されたことで、一時期は危険性が低下したが、再び増加傾向にあるという報告もある。
トロイの木馬	プログラムへの感染（増殖）を行わない不正プログラムの総称。役に立つものに見せかけて、実際には不正を働く。システム破壊型、バックドア型（常習的不正侵入の窓口）、遠隔操作型がある。Web サイトからの侵入では、セキュリティ警告に気づかず誤ってダウンロードしてしまう場合や、ブラウザのセキュリティホールをすり抜けて自動でインストールされる場合がある。また、受信した電子メールの添付ファイル経由でインストールされるケースもある。
ワーム	ネットワークを通じて他のコンピュータに拡散することを目的とした不正プログラムで、メールの添付ファイルの形で広まるものや、ネットワークを通じて広まるものなどがあり、強い増殖能力に特徴がある。
ボット	強い増殖力をもつワームの特徴と、ネットワーク経由で攻撃者から遠隔操作されるトロイの木馬の特徴をあわせもった不正プログラムで、感染したコンピュータのシステム情報が攻撃者に盗まれ、遠隔指令によって Web サイト攻撃や迷惑メール送信などの攻撃活動が行われる。ウイルス対策ソフトや監視ツールの機能を無効化するなど自己防衛機能をもつため、利用者からは気づきにくい。

2　不正プログラムに対する防御策と対策基準

（1）　OS、アプリ、ウイルス対策ソフトの最新化

　ウイルス感染を防ぐには、OS、アプリケーション、ウイルス対策ソフトをいずれも常に最新の状態にアップデートしておくことが重要である。

　ウイルス対策ソフトは、「ワクチンソフト」「アンチウイルスソフト」とも呼ばれ、コンピュータウイルスを除去する機能をもつアプリケーションソフトウェアである。基本的には、コンピュータ 1 台ごとに導入される。ウイルス対策ソフトはウイルスに感染したファイルを修復し、コンピュータを感染前の状態に回復させることができる。また、通信状況を監視することで、ウイルスの侵入を防止する機能を備えたソフトもある。

第9章

　さらに、企業やインターネットプロバイダなど、大規模なネットワークにおいては、ゲートウェイ（ネットワーク中継機器）やメールサーバ、Webサーバ、ファイルサーバなどに対しても、専用の監視・対策ソフトを導入し、ウイルスの侵入・拡散を未然に防ぐ必要がある。

　スマートフォンは、標準OSの上にユーザが好みのアプリを自由にダウンロードして実行する利用形態となっている。アプリやファイルのダウンロード、アプリの実行にともなってウイルスに感染する危険性は、パソコンと同様に高い。スマートフォンにもウイルス対策ソフトを搭載し、感染を防ぐ必要がある。

（2）　対応ルールの周知、教育訓練

　不正プログラムの種類と対策について、日ごろから利用者の教育・啓蒙を行う。

　万が一、感染した場合の連絡方法、応急処置の内容等について、利用者にあらかじめ周知しておく。

（3）　感染時の措置

　感染した場合は、感染したシステムの使用を中止し、直ちにシステム管理者に連絡して、その指示に従う。

　被害の拡大を防止するため、システムの復旧は、システム管理者の指示に従う。また、感染したプログラムを含むCD、DVDやUSBメモリなどの電子媒体は破棄する。

（4）　対策基準

　図表9-12の各対策基準に従い、基準を満たし、適正な対策方法がとられているか、管理運営体制が万全かに着目して、ウイルス対策レベルの妥当性を定期的に診断し、検証すべきである。

　ウイルス対策の効果は、他の情報セキュリティ対策と同様、利用者一人ひとりの意識によるところが大きい。定期的に対応状況を検証し、問題があれば早期に是正することが大切である。

図表 9-12　ウイルス対策基準の種類と概要

①　コンピュータ管理上のウイルス対策基準

- ウイルス対策を円滑に行うため、コンピュータの管理体制を明確にする。
- ウイルス感染を防止するため、機器やソフトウェアを導入する際、ウイルス検査を励行する。
- ウイルス被害に備えるため、システムにインストールした全ソフトウェアの構成情報を保存しておく。
- オリジナルプログラムは、ライトプロテクト措置、バックアップの確保等の安全な方法で保管しておく。
- 不正アクセスによるウイルス被害を防止するため、システムのユーザ数およびユーザのアクセス権限を必要最小限に設定する。
- ウイルス被害を防止するため、共用プログラムが格納されているディレクトリに対するユーザの書き込みをあらかじめ禁止し、またシステム運営に必要のないプログラムは削除する。

②　ネットワーク管理上のウイルス対策基準

- ウイルス対策を円滑に行うため、ネットワークの管理体制を明確にする。
- ウイルスに感染した場合の被害範囲を特定するため、ネットワーク接続機器の設置状況をあらかじめ記録し、管理する。
- ウイルス被害に備えるため、緊急時の連絡体制を定め、周知・徹底する。
- 不正アクセスによるウイルス被害を防止するため、ネットワーク管理情報のセキュリティを確保し、また外部ネットワークと接続する機器のセキュリティを確保する。

③　システム運用管理上のウイルス対策基準

- システムの重要情報の管理体制を明確にする。
- 不正アクセスからシステムの重要情報を保護するため、システムがもつセキュリティ機能を活用する。
- ウイルスの被害に備えるため、運用システムのバックアップを定期的に行い、一定期間保管する。
- ウイルス被害を防止するため、匿名で利用できるサービスは限定し、またアクセス履歴を定期的に分析する。
- ウイルス感染を早期に発見するため、システムの動作を監視するとともに、最新のワクチンの利用等により定期的にウイルス検査を行う。
- システムの異常が発見された場合は、速やかに原因を究明する。

④　システム利用上のウイルス対策基準

- 外部より入手したファイルおよび共用するファイル媒体は、必ずウイルス検査後に利用する。
- 出所不明のソフトウェアは利用しない。
- ウイルス感染を早期に発見するため、最新のワクチンの利用等により定期的にウイルス検査を行い、またシステムの動作の変化に注意する。
- 不正アクセスによるウイルス被害を防止するため、パスワードの適正な管理を行い、ユーザID の共用を避け、アクセス履歴を確認する。
- 個人情報や機密情報を格納しているファイルを厳重に管理する。
- ファイルのバックアップを定期的に行い、一定期間保管する。

⑤　ウイルス感染時の対応基準

- ウイルス感染の拡大を防止するため、感染したシステムの使用を直ちに中止する。
- 必要な情報をユーザに速やかに通知する。
- ウイルス被害の状況を把握するため、ウイルスの種類と感染範囲の解明に努める。
- 安全な復旧手順を確立し、システムの復旧作業にあたる。
- ウイルス被害の拡大と再発を防止するため、原因を分析し、再発防止対策を講ずるとともに、必要な情報を経済産業大臣が指定する者（IPA セキュリティセンター）に届け出る。

3　スパイウェア、ランサムウェアの対策方法

（1）　スパイウェアとは

　スパイウェアとは、名前が示すとおり、外部から不法にシステム内に侵入し、個人情報や機密情報などの大切な情報を盗み出して、外部に送信してしまうスパイ活動を行う不正プログラムである。インターネット利用時に、利用者が気づかないうちにクッキーファイル（ブラウザが保持しているWebサイトとのやりとりの記録）を書き換えたり、Webサイトの閲覧に必要なソフトのふりをして、インストール時に許諾（OKをクリック）させたり、フリーソフトのダウンロード時に混入させるなどが一般的である。

　ユーザ動向のリサーチ目的で商用サイトが仕掛け、個人のインターネット閲覧情報を指定された管理者に送信させるものもある（**アドウェア**）。閲覧情報の解析結果に基づいて大量のポップアップ広告などが送りつけられ、パソコンの動作に不具合が生じるような被害もある。

　ネットカフェなど不特定多数が利用するパソコンに仕掛けられたスパイウェア（**キーロガー**）によって、キーボードの入力情報を監視、送信されてしまい、クレジットカード番号やネットバンキングの口座番号、プロバイダIDやパスワードなどの個人情報が収集されてしまう被害もある。

　次のような現象が発生したら、スパイウェアによる可能性がある。

① 　ポップアップ広告が常に表示されるようになった

　Webサイトを参照していないときでも、ポップアップ広告が頻繁に表示されるなどがある。

② 　設定が勝手に変更され、元に戻せなくなった

　Webブラウザの起動初期に表示されるページや、「検索」時に表示されるページが、覚えのないものに変わってしまっているなどがある。

③ 　ダウンロードした覚えのないコンポーネントがWebブラウザに追加

　Webブラウザに不要なツールバーが追加され、手動で削除しても、コンピュータを再起動するたびに、また現れるようになるなどがある。

④ 　コンピュータの動作が遅くなった、あるいは、異常終了が頻発するようになった

（2）　ランサムウェアとは

　ランサムウェアとは、標的となるパソコンやファイルサーバに感染し、存在するデータをすべて暗号化して利用できないようにしてしまう不正プログラムである。復号化キーと引き換えに身代金（ランサム）を要求する。データが使えなくなると業務そのものが停止するリスクを抱える法人で被害が拡大している。身代金要求に応じない企業に対しては、大量のデータを送りつける（**DDoS 攻撃**を仕掛けてくる）場合もある。

　ランサムウェアには、パソコンやスマートフォンの画面をロックして身代金を要求してくる手口も存在する（スクリーンロック型）。この場合、データは暗号化されておらず、自力でロックを解除できるものもある。

　万が一、感染した際に感染前の状態に戻せるよう、データのバックアップを複数箇所に、かつ頻繁に行うことが、対策の第一歩である。

（3）　スパイウェア、ランサムウェアの対策

　Web ブラウザや電子メールシステムの多くは、スパイウェア、ランサムウェアの侵入・潜伏を検知することができない。心あたりのない画面やメッセージが表示されていないかに注意し、安易に OK ボタンを押さない、怪しい Web サイトにはアクセスしない、怪しい添付ファイルは開かないといった利用上の注意を怠らないことが重要である。

　また、システム運用面において、ファイアーウォールの設置、VPN の構築と利用の徹底、ウイルス対策に加えてスパイウェア、ランサムウェア対策機能を備えたソフトを導入することが望ましい。

・不正プログラムの脅威からシステムを守るには、セキュリティの確保で不正アクセスの被害を防止し、最新の対策ソフトなどにより定期的にウイルス検査を実施しなければならない。
・不正プログラムの被害に備えるため、システムのバックアップの定期的実施、感染時の行動規定と連絡体制の整備および周知・徹底、関連情報の収集と伝達に努める必要がある。
・利用者の日ごろのセキュリティ意識と自覚をもった行動が、不正プログラムによる被害の発生を食い止める上で、重要な意味をもつ。

第9章

無線 LAN のセキュリティ管理

❶ 無線 LAN の普及と危険性

（1） 無線 LAN の急速な普及

　無線 LAN は、通信方式の標準化（図表 9-13）の進展やスマートフォン・タブレットの普及もあって広く使われ、現在 6 種類の規格がある。

図表 9-13　無線 LAN 通信方式の IEEE 規格

規格	伝送速度（最大）	特徴
802.11a	54Mbps	混信やノイズの影響が少なく最大速度で通信しやすいが、伝送距離が短く、障害物の影響を受けやすい。
802.11b	11Mbps	伝送距離が長い。障害物の影響も受けにくいが、混信やノイズの影響を受けやすい。
802.11g	54Mbps	
802.11n	600Mbps 以上	MIMO（Multiple Input Multiple Output）技術によって高速化された規格である。
802.11ac	6.9Gbps	第 5 世代と呼ばれる高速な新規格であり、デジタル家電や自動車などの接続も進むと考えられている。
802.11ax	9.6Gbps	2021 年 2 月に策定された第 6 世代の新規格である。

（2） 無線 LAN の危険性

　モバイル Wi-Fi ルータの登場もあり、どこからでも無線 LAN に接続できるようになった。しかし、暗号化などのセキュリティ機能を設定しないまま無線 LAN を導入すると、通信を傍受され、ID やパスワードあるいはクレジットカード番号といった個人情報を盗み見られる危険性がある。また、無線 LAN に接続している PC に侵入されて、情報漏洩や改ざん、なりすましの被害にあう危険性も高い。

　実際に、オフィス街などを車で移動し、無防備な無線 LAN を探し回るウォードライビング（War Driving）という手口によって、セキュリティ設定が行われていない無線 LAN に侵入された事例も発生している。

2　無線 LAN のセキュリティ対策

　無線 LAN のセキュリティ対策には、接続制限方式とデータの暗号化方式があり、これらを組み合わせて有効な保護対策を打つ必要がある。

(1)　SSID（Service Set Identifier）

　接続先のアクセスポイントを指定する ID であり、複数のアクセスポイントで共通なものを ESSID と呼ぶ。SSID にはできるだけ無意味な文字列を指定することが望ましい。SSID を特定しない ANY 接続を拒否する設定や、SSID を見えなくするステルス機能の利用といった対策を行う。

(2)　MAC アドレスフィルタリング

　個々の無線 LAN 機器がもつ MAC アドレスを、無線 LAN アクセスポイントにあらかじめ登録することで、接続可能な機器を限定する。

(3)　WEP（Wired Equivalent Privacy）

　802.11 シリーズで規格化されている初期の暗号化方式である。解読ツールが出回り、ＷＰＡ以降の暗号化方式を利用することが推奨されている。

(4)　WPA（Wi-Fi Protected Access）

　暗号鍵を一定時間ごとに自動的に更新する TKIP（Temporal Key Integrity Protocol）による強力な暗号化をサポートした方式である。WEP より高いセキュリティを実現している。

(5)　最新のセキュリティ機能と現状

　ユーザ認証方式の規格 IEEE802.1X や暗号アルゴリズムに AES を採用した暗号方式 WPA2 および WPA3、統合したセキュリティ機能の標準化（IEEE802.11i）が進展しており、これらの機能を実装した機器を設置し、セキュリティ対策を適切に実施することが望ましい。無線 LAN の普及拡大にともない、セキュリティ対策の実施率は逆に低下しているという報告もある。利用者側としても、セキュリティ機能が実装されていないアクセスポイントへ接続して情報漏洩につながる危険性への認識も必要である。

 ・無線 LAN のセキュリティ対策には、WPA2 暗号方式など最新の機能を選択すべきである。

第9章

情報システムの動作検証における個人データの取扱い

　個人情報保護に関する外部からの脅威や内部流出について、十分に対策を実施している企業においても、情報システム開発部門については対策が不十分なことが多い。改正個人情報保護法で「匿名加工情報」に加え「仮名加工情報」の定義と取扱いが規定化されており、ここでは、情報システム開発における個人情報保護について考慮すべき点を解説する。

1　情報システム開発における個人データ利用の留意点

　原則として、顧客管理システムなどの開発では、個人情報などセキュリティ上問題のあるデータをテスト環境でそのまま使用するべきではない。しかし、本番環境ではデータへのアクセスが厳しく制限されていても、テスト環境やテスト用データの場合、適切な管理がなされていないケースが多い。システムの品質確保のため、やむを得ず本番データによるテストが必要な場合には、次のような定められた手続きにより本番データを使用する必要がある。

> ①　個人情報を含む本番データ利用の事前承認
> ②　個人情報のマスキング（図表9-14）や置き換え、暗号化

　上記①②によって、開発担当者個人のモラルに頼るのではなく、組織として個人情報保護を徹底させることにつながる。なお、②に関しては、個人情報保護委員会ガイドライン（匿名加工情報編）が参考になる。仮名加工情報を利用する場合も十分に留意する必要がある。

図表9-14　個人情報のマスキングの例

氏名	住所	クレジットカード
＊＊＊太郎	東京都＊＊区＊＊１－１－１	****-****-****-9999
＊＊＊次郎	大阪府＊＊区＊＊２－２－２	****-****-****-8888
＊＊＊花子	沖縄県＊＊市＊＊３－３－３	****-****-****-7777

　手順の遵守とツールの活用により、開発生産性や品質の低下を抑え、アプリケーションのテストケースに合わせた形でテストデータを使うことができる。同時に、テストデータの回収・廃棄漏れによる情報漏洩を防ぐため、テスト実施中および終了後のテストデータの保管・破棄方法も明確にしておかなくてはならない。

2　個人データを取り扱う情報システムの変更における留意点

　個人データを取り扱う情報システムを変更する場合、それらの変更によって情報システム自体または運用環境のセキュリティが損なわれるおそれがある（図表 9-15）。

図表 9-15　情報システム変更にともなうセキュリティ侵害の例

不適切なケース	セキュリティ侵害
新規画面での入力処理でのチェックが不十分な場合	バッファオーバーフロー（メモリーを上回るデータが入力されて起きる不具合）などの攻撃によるシステムダウン
新規帳票の保存方法が不明確な場合	個人情報の紛失、漏洩
テスト環境と本番環境が同一コンピュータである場合	本番データの誤った書き換え、試験環境ダウンによる運用停止
開発用のユーザ ID がそのまま残っている場合	不正利用、改ざん、情報漏洩

　したがって、システムの変更箇所が新たなセキュリティホールとならないよう、セキュリティ面の検証も十分に実施しておく必要がある。

　また、テスト環境と本番環境を分離しておくことは、図表 9-15 のセキュリティ侵害を回避し運用を維持する上で重要である。同一環境を使用せざるを得ない場合は、システムの使用領域（ディスク、ユーザグループ）を分離するべきである。

PICK UP
・本番データをテスト環境で使用する場合は、個人情報のセキュリティについて対策を講じる必要がある。
・本番環境とテスト環境を分離することは、運用を維持する上で重要なことである。

第9章

機器・媒体の廃棄

　個人情報のライフサイクルの最終段階は、情報の破棄および機器やメディアの廃棄である。廃棄にかかわる個人情報の漏洩事例は、数多く報告されている。中古で購入したパソコンからデータリカバリソフトなどでハードディスクのデータが復元され悪用されたり、規則がないまま廃棄された紙や電子媒体が外部の人間によって流失するなど、後を絶たない。

　情報漏洩のリスクを最小限に抑えるためには、パソコンなどの情報機器、紙の情報やCD、USBメモリなど電子媒体を安全かつ確実に処分する必要がある。

1 廃棄基準・手続きの策定

　適切な廃棄を行うため、次の対策を実施しておく必要がある。
① 廃棄基準や手続きを策定する。
② 廃棄手続きを確立し遵守する。
③ 廃棄手続きの遵守状況をチェックする。

（1）廃棄基準・手続きの策定

　情報機器や媒体の廃棄については、取得・保管と同じように廃棄手続きに関する基準を策定し、手続きに沿って廃棄を実施する必要がある。廃棄基準で策定しておくべき事項を図表9-16に示す。

図表9-16　廃棄基準・手続の策定事項

策定事項	廃棄基準・手続き
承認手続き	廃棄の承認ルール（承認者と承認方法など）を規定する。
廃棄方法	PCや媒体、紙の廃棄方法を規定する。
廃棄確認	現場や委託先での実施状況をチェックするなど、廃棄処理の確認方法を規定する。
廃棄記録	廃棄記録、および記録のチェック方法を規定する。 ・廃棄実施の記録 ・資産台帳（パソコン購入廃棄記録帳など）の更新 ・記録のチェック
委託先選定	廃棄業者に委託する場合、委託業者の管理レベルや実績を考慮して、委託先を適切に選定する。

（2） 廃棄手続きの確立・遵守

　策定した廃棄基準を従業員に周知し、適切な廃棄手順を確立する。廃棄作業を委託する場合には、廃棄基準が要求する事項を委託契約に盛り込むことが必要である。

（3） 廃棄手続き遵守状況のチェック

　廃棄作業については、廃棄記録（図表 9-17）の内容を確認するとともに、実際の現場および委託先での実施状況を、内部監査での確認事項として、定期的にチェックすることが望ましい。

図表 9-17　廃棄記録の例

管理番号	保有データ	レベル	取得年月日	廃棄年月日	担当	承認
XX99-0001	顧客リスト	高	19.04.01	22.12.01	田中	山田
ZY88-0003	従業員データ	高	19.10.10	22.12.01	鈴木	山田
KK01-0010	社内通達情報	中	20.01.05	22.12.29	青山	吉村

2　機器・媒体の廃棄対策

（1） 情報機器の廃棄の対策

　パソコンを廃棄する場合は、ハードディスク上のデータが漏洩するのを防ぐため、ハードディスクを物理的に破壊するか、次に述べるデータ消去を行う必要がある。普及が進んでいる SSD についても同様である。

① ハードディスクのデータ消去

　まず、ハードディスク上のデータを消去する必要がある。

　一般的に「データを消去する」という場合、次の操作が思い浮かぶ。

- ・データを「ゴミ箱」に捨てる。
- ・「削除」操作を行う。
- ・「ゴミ箱を空にする」のコマンドを使って消す。
- ・ソフトウェアで初期化（フォーマット）する。
- ・パソコンに付属するリカバリー CD を使って、工場出荷状態に戻す。

　しかし、これらの方法ではハードディスクの管理情報が消去されただけであるため、データリカバリーツールなどを使えば、データのすべて（ま

たは一部）を読み出されてしまう危険性が残る。

　完全にデータを消去するには、**専用のデータ消去ツール**を使って、ハードディスクに特定パターンを書き込み、元のデータが読み取られないようにしなければならない（図表9-18）。

図表9-18　ハードディスク消去のイメージ

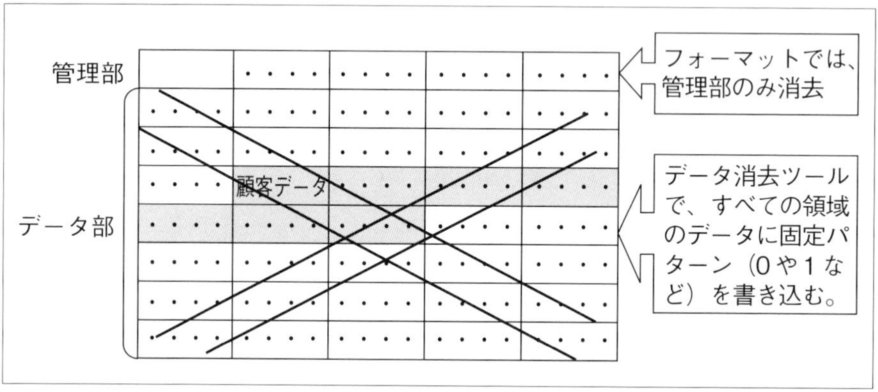

米国国防省の基準では、1回目にすべて「0」を、2回目はすべて「1」を書き込み、3回目はランダムパターンを書き込むことが要求されている。

　機密情報の重要性にもよるが、一般的には1回もしくは2回書き込みを行うと安全に廃棄できると考えてよい。データ消去方法の詳細については、社団法人電子技術産業協会（JEITA、現・一般社団法人電子情報技術産業協会）が策定した「パソコンの廃棄・譲渡時におけるハードディスク上のデータ消去に関するガイドライン」が参考になる。

② 廃棄業者に委託する場合の留意点

　原則として、データ消去を含む廃棄業務は組織内での実施が望ましい。

　業務上やむを得ず廃棄業務を委託する必要がある場合は、委託先の選定基準を満たすとともに、次の条件を満たす委託先であることが望ましい。

・廃棄証明書を発行してもらえること
・廃棄作業に立ち会い、廃棄状況の確認を実施できること

③ リース、レンタル品を返却する場合の留意点

　リース、レンタル品を返却する場合は、データ消去ツールを適用した後、

リカバリー CD などで出荷状態に戻す作業を行う。なお、**コピー機や FAX のハードディスクにも個人情報が記録されている**ため、返却する場合は、業者からデータ消去の確約書を取り付けておくか、データ消去に立ち会う必要がある。

（2） 媒体・紙の廃棄の対策

① 電子媒体の廃棄

CD、MO、DVD および USB メモリといった電子媒体を廃棄する場合、次を実施する必要がある。

> ・物理的に破壊する（媒体用のシュレッダーも市販されている）。
> ・媒体を再利用する場合は、データ消去ツールを使用して、完全にデータを消去する。

② 紙の廃棄

紙に印字された機密情報を破棄する場合、次を実施する必要がある。

> ・シュレッダーで裁断する。あるいは、焼却または溶解する。
> ・裏紙として再利用しない。

シュレッダーにより裁断された紙は、時間をかければ復元される可能性もあるため、情報の重要性に応じて裁断の細かさを決める必要がある。細長く裁断するストレートカット方式では 4 mm 幅でも復元が可能な場合があり、横にも裁断するクロスカット方式やランダムに裁断するパーティクルカット方式で復元を困難にしなければならない。最近では、さらに微細な細断が可能なマイクロクロスカットシュレッダーの利用が進んでいる。

③ 廃棄業者に委託する場合の留意点

廃棄業者に媒体や紙の処分を委託する場合、前述の機器の廃棄の委託と同様である。また、定期的に委託先の視察を行うことが望ましい。

第9章

PICK UP
・基準および手続きを遵守した廃棄の実施が必要である。
・ハードディスクのデータは、専用ツールで消去する必要がある。
・媒体や紙の廃棄は、シュレッダーなどで物理的に復元されないような方法をとる。

第9章◎過去問題チェック

1．以下のアからエまでの記述のうち、「シングルサインオン」の説明に該当するものを1つ選びなさい。

ア．インターネット接続やオンラインサービスなどを利用する際、あらかじめ端末に記憶されているユーザID・パスワードを用いて、自動的にログインすることである。

イ．管理者であるrootだけがシステムにアクセスすることができる、メンテナンスなどの管理上重要な操作を行う際に利用される特殊なモードである。

ウ．ユーザIDとパスワードを1度入力して認証手続きを行えば、複数の情報システムやアプリケーションにアクセスできるようにする仕組みである。

エ．クライアントに入力したパスワードと、サーバから送られたランダムなデータとをクライアント側で演算し、その結果をサーバに送信して認証用データに用いる認証方式である。　　　　　　　　〈第63回出題　問題88〉

2．以下のアからエまでのうち、不正ログインに関する次の文章中の（　　　）に入る最も適切なものの組合せを1つ選びなさい。

> インターネットサービスに対して不正ログインが行われた場合、顧客情報やサービス利用者の個人情報などが窃取されたり、不正に操作されるなどの被害が発生する。不正ログインの手口として、フィッシングや標的型攻撃によって不正に取得したユーザID・パスワードを用いたり、別のサービスやシステムから流出したアカウント情報を用いてログインを試みる（　a　）攻撃などがある。
> これらに対する利用者側の対策として、添付ファイルを安易に開いたり、メールに記載されているURLを安易にクリックしないことや、（　b　）ことなどが挙げられる。また、サービスを提供する側の対策として、利用履歴を確認できる機能を提供したり、（　c　）を採用することなどが挙げられる。（c）とは、アクセスログなどからユーザの行動パターンやWebブラウザなどの情報を分析し、ログイン時の状況がいつもと異なっていた場合は、追加の質問などによって、より厳格に本人認証を行う仕組みである。

ア．a．パスワードリスト　　b．パスワードを使いまわさない

　　c．リスクベース認証

イ．a．パスワードリスト　　b．長時間ログインし続けない

　　c．エディットバリデーションチェック

ウ．a．リフレクター　　　　b．パスワードを使いまわさない

　　c．エディットバリデーションチェック

エ．a．リフレクター　　　　b．長時間ログインし続けない

　　c．リスクベース認証　　　　　　　〈第 63 回出題　問題 96〉

3．暗号化技術に関する以下のアからエまでの記述のうち、不適切なものを 1 つ選びなさい。

ア．暗号鍵とは、データの暗号化や復号の際に用いられる一定の規則のことであり、暗号鍵のデータ量を「鍵長」といい、一般的にはビット数で表している。鍵長が小さいほど暗号強度が高くなるが、暗号化処理の時間が長くなる。

イ．暗号化処理の方式で暗号化方式を分類すると、ストリーム暗号とブロック暗号に大別することができ、ストリーム暗号はブロック暗号と比較すると、復号に要する時間が短い。

ウ．鍵のタイプで暗号化方式を分類すると、共通鍵暗号方式と公開鍵暗号方式に大別することができ、共通鍵暗号方式は受信者・送信者の双方で共通鍵を厳重に管理しなくてはならないが、公開鍵暗号方式では送信者は自分の秘密鍵のみを厳重に管理すればよい。

エ．ハイブリッド暗号方式とは、共通鍵暗号方式と公開鍵暗号方式を組み合わせたものであり、共通鍵暗号方式の高速な処理と、公開鍵暗号方式の安全性という双方のメリットを活かした方式である。

〈第 63 回出題　問題 85〉

4．公開鍵暗号方式に関する以下のアからエまでの記述のうち、不適切なものを1つ選びなさい。

　ア．公開鍵暗号方式は、暗号化と復号に異なる鍵を使用する方式であり、公開鍵を用いた暗号の代表的なものとして、「DES暗号」とその後継である「AES暗号」が挙げられる。

　イ．鍵の作成者は、「公開鍵」と「秘密鍵」を作成し、「公開鍵」を他人に知られても構わない鍵として扱い、「秘密鍵」を自分で厳重に管理する。

　ウ．一方の鍵で暗号化した暗号文は、他方の鍵でなければ復号できないため、公開鍵で暗号化した場合は秘密鍵でないと復号できず、秘密鍵で暗号化した場合は公開鍵でないと復号できない仕組みとなっている。

　エ．共通鍵暗号方式と比較すると、送信相手との公開鍵の共有が容易なことや、送信相手の数に関係なく公開鍵は1つでよいなど、鍵の管理が容易で安全性が高い。

〈第64回出題　問題85〉

5．次の文章は、情報セキュリティの要素の一つである「否認防止」を説明したものである。以下のアからエまでのうち、「否認防止」を実現する技術に該当するものを1つ選びなさい。

> JIS Q 27000:2019において、「否認防止」は、主張された事象又は処置の発生、及びそれらを引き起こしたエンティティを証明する能力と定義されている。具体的には、システムの利用や操作、データの送信などを行った場合、それを行った本人が後から否定できないようにすること、後になって否認されないように証明することである。

　ア．IPマスカレード　　　　　　　イ．ファジング
　ウ．インフラストラクチャモード　　エ．デジタル署名

〈第63回出題　問題86〉

6. 以下のアからエまでのうち、本人認証とその技術に関する次の文章中の（　　）に入る最も適切な語句の組合せを1つ選びなさい。

> 本人認証とは、何らかのサービスを提供する側が、サービスの提供を求める資格を持つと主張する者の本人性を確認することである。情報システムにおける本人認証は、「主体認証」や「（　a　）」などともいわれる。
>
> 主体認証にはいくつかの方法があるが、その代表的な方法として、次の3つが挙げられる。
>
> ・知識による方法：暗証番号やパスワードなど、本人のみが知りうる情報を提示する方法
>
> ・所有による方法：ICカードやワンタイムパスワード用の（　b　）など、本人のみが所有する機器などを介して検証する方法
>
> ・生体情報による方法：指紋や虹彩、静脈などの生体的特徴により検証する方法
>
> また、オンラインサービスでは、これらを組み合わせる「（　c　）」も多く採用されている。

ア．a．エンティティ認証　　　　　　b．ノード
　　c．2フェーズコミット

イ．a．エンティティ認証　　　　　　b．トークン
　　c．2要素認証

ウ．a．プロダクトアクティベーション　b．ノード
　　c．2要素認証

エ．a．プロダクトアクティベーション　b．トークン
　　c．2フェーズコミット　　　　　　〈第63回出題　問題87〉

7. 以下のアからエまでのうち、公開鍵暗号基盤などに関する次の文章中の（　　）に入る最も適切な語句の組合せを1つ選びなさい。

> 公開鍵暗号基盤は（　a　）とも呼ばれ、公開鍵暗号技術と電子署名の機能を使って、インターネット上の安全な通信を実現するための技術基盤である。（a）は、様々な場面で活用されていて、その一つに「電子証明書」がある。「電子証明書」とは、信頼できる第三者である「（　b　）」によって、間違いなく本人であることを証明するものであり、書面取引における印鑑証

明書に代わるものといえる。

電子証明書の利用の一例として、マイナンバーカードが挙げられる。マイナンバーカードには、「署名用電子証明書」と「利用者証明用電子証明書」の2種類が記録されている。「署名用電子証明書」は、e-Tax などの電子申請の際、インターネットなどで電子文書を作成・送信する際に利用する。これによって、作成・送信した電子文書が、利用者が作成した（　c　）ものであり、利用者が送信したものであることを証明することができる。

ア．a．CLI　　　b．認証局　　　c．最新の

イ．a．CLI　　　b．CSIRT　　　c．真正な

ウ．a．PKI　　　b．認証局　　　c．真正な

エ．a．PKI　　　b．CSIRT　　　c．最新の　　　〈第64回出題　問題86〉

8．以下のアからエまでのうち、不正アクセスへの対策の技術に関する次の文章中の（　　）に入る最も適切な語句の組合せを1つ選びなさい。

（　a　）とは、ファイアウォールや（　b　）が備えている機能の一つであり、通過する（　c　）のヘッダを検査して設定された条件と比較し、条件と合う（c）だけを通過させる、あるいは条件に合う（c）を遮断する。（a）は、簡便なセキュリティ技術として広く用いられ、（b）の多くはこの機能を備えている。

（b）は、ネットワーク間を相互接続する通信機器である。（b）の機能は、ネットワーク間の通信を可能にすることが基本であるが、セキュリティの見地から、（a）などの様々な機能が搭載されている。

ア．a．バナーチェック　　　　　　　b．ターミネータ　　　c．バナー

イ．a．バナーチェック　　　　　　　b．ルータ　　　　　　c．バナー

ウ．a．パケットフィルタリング　　　b．ターミネータ　　　c．パケット

エ．a．パケットフィルタリング　　　b．ルータ　　　　　　c．パケット

〈第63回出題　問題89〉

9. 以下のアからエまでのうち、不正アクセスへの対策の技術とその概要を示した次の表の（　　）に入る最も適切な語句の組合せを１つ選びなさい。

技術	概要
（　a　）	ネットワーク上でユーザの認証や権限の付与、利用状況の記録などを行うための通信プロトコルである。リモートアクセスサービスの認証情報の一元的な管理や、無線LAN の認証サービスなどにも利用されている。
（　b　）	侵入検知システムとも呼ばれ、ネットワークやホストをリアルタイムで監視し、不正アクセスの兆候を検知すると、ネットワーク管理者に通報する機能を持つソフトウェアまたはハードウェアである。
メッセージ認証	ネットワークを通じて伝送されたメッセージが改ざんされていないかを確認する技術である。メッセージ認証を行うために、メッセージに添付して送られる短いメッセージを（　c　）といい、（c）はメッセージ認証コードとも呼ばれる。

ア．a．RADIUS　　b．IPS　　　c．ACL

イ．a．RADIUS　　b．IDS　　　c．MAC

ウ．a．DHCP　　　b．IPS　　　c．MAC

エ．a．DHCP　　　b．IDS　　　c．ACL　　　　　〈第 63 回出題　問題 91〉

10. マルウェアに関する以下のアからエまでの記述のうち、不適切なものを１つ選びなさい。

ア．トロイの木馬とは、ネットワークを通じて、自分自身のコピーを拡散させ、他のコンピュータに感染することを目的とした不正プログラムである。自己増殖する点では、狭義のコンピュータウイルスと同じだが、単独で動作でき、感染対象となるプログラムを要しない。

イ．スパイウェアとは、コンピュータに保存されている個人情報やアクセス履歴などを不正に収集して、外部に送信するプログラムである。インターネット利用時に Cookie 情報を収集して、設定を書き換えることもある。

　　ウ．ルートキットとは、攻撃者がコンピュータに侵入した後に利用するための
　　　ソフトウェアをまとめたパッケージである。ログを改ざんするツールやバッ
　　　クドアを作成するツール、改ざんされたシステムコマンド群などがある。
　　エ．ボットとは、コンピュータに感染し、ネットワークを通じてそのコン
　　　ピュータを外部から操ることを目的として作成された不正プログラムであ
　　　る。感染すると外部からの指示を待ち、与えられた指示に従って、スパムメー
　　　ル送信やサービス拒否攻撃などの処理を実行する。〈第 63 回出題　問題 93〉

**11. システムへの攻撃に関する以下のアからエまでの記述のうち、不適切なも
　のを１つ選びなさい。**

　　ア．クロスサイトフォージェリとは、Web アプリケーションのぜい弱性をつ
　　　いて、Web サイトにログイン中のユーザのスクリプトを操ることで、ユー
　　　ザの意図していない処理を行わせる攻撃手法である。
　　イ．IP スプーフィングとは、IP 通信において、送信者の IP アドレスを詐称
　　　して別の IP アドレスになりすましを行う攻撃手法であり、不正アクセスの
　　　手段として使われることが多い。
　　ウ．ドライブバイダウンロード攻撃とは、Web ブラウザなどを介して、ユー
　　　ザに気づかれないように、不正プログラムなどをユーザのコンピュータに
　　　ダウンロードさせる攻撃手法である。
　　エ．SEO ポイズニングとは、ユーザを視覚的にだまして正常に見える Web
　　　ページのコンテンツをクリックさせ、別の Web ページのコンテンツをク
　　　リックさせる手法である。これによって、意図せずに情報を登録させられ、
　　　個人情報を詐取される場合もある。〈第 63 回出題　問題 95〉

**12. 以下のアからエまでのうち、無線 LAN のセキュリティに関する次の文章
　中の（　　）に入る最も適切な語句の組合せを１つ選びなさい。**

　（　a　）とは、無線 LAN におけるアクセスポイントを指定する識別子の
　機能を、複数のアクセスポイントを設置したネットワークでも使えるよう
　に拡張したものである。アクセスポイントと各端末に（a）を設定して、同
　じ（a）を設定した機器だけを接続させることにより、混信を避けることが

できる。ただし、セキュリティ対策としてはぜい弱であるため、（　b　）の有効化や（　c　）拒否などの対策を行う必要がある。

（b）は、アクセスポイントが自身の（a）を知らせるために発信するビーコン信号を停止して、アクセスポイントの存在を知らせないようにするための機能である。また、（c）拒否とは、アクセスポイントで、（a）が（　d　）の設定になっている端末を拒否する対策である。この接続を拒否することで、不特定端末からの接続を禁止することができる。

ア．a．ESSID　　b．サスペンド　　　c．カスケード接続
　　d．アクセスポイント名

イ．a．ESSID　　b．ステルス機能　　c．ANY 接続
　　d．ANY または空欄

ウ．a．WWID　　b．サスペンド　　　c．ANY 接続
　　d．ANY または空欄

エ．a．WWID　　b．ステルス機能　　c．カスケード接続
　　d．アクセスポイント名　　　　　　〈第 63 回出題　問題 92〉

13．不正アクセス対策に関する以下のアからエまでの記述のうち、不適切なものを 1 つ選びなさい。

ア．IEEE 802.1X は、LAN 内のユーザ認証方式を定めた規格であり、認証されていないクライアントからの通信をすべて遮断し、認証されたユーザにのみ通信を許可する方式である。

イ．IEEE 802.1X は、IEEE 802.11b などの無線 LAN に対応しているが、有線 LAN には対応しておらず、通信の暗号化は行わないため、別に暗号化方式を用いる必要がある。

ウ．VLAN は、物理的な接続とは別に、仮想的なネットワークを構築する技術であり、例えば、同じスイッチに接続している複数の機器を、仮想的な 2 つのネットワークに分割する。

エ．VLAN と IEEE 802.1X 認証を組み合わせ、認証 VLAN を構築することができ、これによって認証 VLAN で認証したコンピュータのみを業務用の VLAN に接続させることができる。　　　　〈第 64 回出題　問題 88〉

14 〜 16. 以下の用語に該当する内容を、下の解答群のアからエまでのうちか らそれぞれ 1 つ選びなさい。

14．トロイの木馬　　　15．Hoax　　　16．ランサムウェア

【14 〜 16 の解答群】

ア．身代金要求型ウイルスとも呼ばれ、感染したコンピュータに制限をか け、その制限の解除と引き替えに金銭（身代金）を要求する不正プログラ ムである。制限をかける対象によって、コンピュータに保存しているファ イルを暗号化する「ファイル暗号化型」と、コンピュータの操作ができな いようにロックをかける「端末ロック型」に大別することができる。

イ．攻撃者がコンピュータに侵入した後に利用するためのソフトウェアを まとめたツール一式であり、攻撃対象のコンピュータに侵入・感染し、 ウイルス対策ソフトなどのセキュリティツールによって検知されにくい ように設計されている。ログを改ざんするツールやバックドアを作成す るツール、改ざんされたシステムコマンド群、パスワード盗用ツール、 オンラインバンキングの情報を盗み出すモジュールなどが含まれている。

ウ．実在しない嘘の不正プログラムの情報（デマ情報）、あるいはそのよう な情報を記載しているメール（デマメール）のことであり、近年の不正プ ログラムによる被害の拡大に乗じて、チェーンメールの効果を狙ったも のである。例えば、「ウイルスについての最新重要情報をなるべく多くの 人に知らせてください」という内容をメールで拡散し、これを受け取った 人は、善意の気持ちから次々とこの情報を転送してしまう。

エ．一見無害なプログラムを装ってインストールされたうえで、利用者の 知らないうちに遠隔操作のためのバックドアをコンピュータの中に作成 したり、セキュリティ侵害をするプログラムの総称である。原則として 自己複製をすることがないため、感染したコンピュータから他のコン ピュータに侵入し感染することはなく、単独で動作でき、寄生対象とな るプログラムは要しない。特定のコンピュータに密かに感染して長く滞 在することで、不正な活動を行う。

〈第 64 回出題　問題 98 〜 100〉

●監修者紹介

中村博（なかむら ひろし）
1〜4章監修担当
弁護士（東京弁護士会所属）。新霞が関綜合法律事務所パートナー弁護士。中央大学法学部政治学科卒、司法修習47期。公益財団法人日本レスリング協会理事。立正大学心理学部非常勤講師（法学担当）。東京都港区教育委員。著書に『事例で学ぶ 労働問題対応のための民法基礎講座』（日本法令、ロア・ユナイテッド法律事務所編集）他。

●著者紹介

柴原健次（しばはら けんじ）https://healthybrain.jp/
1・2章担当
一般財団法人個人情報保護士会理事。合同会社ヘルシーブレイン代表CEO。全日本情報学習振興協会特任講師。株式会社アイカム・シンカ専務取締役。働き方改革支援コンソーシアム主務理事・事務局長。人材育成コンサルタント・講師。ワークライフメンター。クリエイティブプロデューサー。

坂東利国（ばんどう よしくに）
3・4章担当
弁護士（東京弁護士会所属）。東京エクセル法律事務所パートナー弁護士。慶応義塾大学法学部法律学科卒、2013年弁護士登録。上級個人情報保護士認定講習会（全日本情報学習振興協会主催）講師。著書に『マイナンバー実務検定公式テキスト』（日本能率協会マネジメントセンター）、『マイナンバー社内規程集』（日本法令）、『管理職用 ハラスメント研修の教科書』（マイナビ出版）他。

克元亮（かつもと りょう）
5〜9章統括
ソリューションの事業開発に従事。著書に『この1冊ですべてわかる 新版 ITコンサルティングの基本』（日本実業出版社、共著）他。

福田啓二（ふくだ けいじ）
5章、9.8〜9.10担当
株式会社アンヴィックス取締役。セキュリティ監査等に従事。資格にシステム監査技術者、情報セキュリティスペシャリスト、個人情報保護士他。日本ITストラテジスト協会会員。

井海宏通（いかい ひろみち）　https://www.ikai.jp/
6章、7章担当
株式会社経営戦略オフィス代表取締役。中小企業向け経営コンサルティングに従事。著書に『小さな会社のIT担当者になったら読む本』（日本実業出版社）他。中小企業診断士。

山口透（やまぐち とおる）　https://mt-brain.jp/
8章、9.6担当
株式会社エムティブレイン代表取締役。中小企業に対する経営とITのコンサルティングに従事。著書に『IoTのしくみと技術がこれ1冊でしっかりわかる教科書』（技術評論社、共著）他。IT戦略企画や新サービスの開発を得意としている。日本ITストラテジスト協会会員。中小企業診断士。

鈴木伸一郎（すずき しんいちろう）
9.1〜9.5、9.7担当
ITコンサルタント、システムアナリスト。著書に『図解でよくわかる SEのための業務知識』『SEのための金融の基礎知識』（日本能率協会マネジメントセンター、共著）、『この1冊ですべてわかる　ITコンサルティングの基本』（日本実業出版社、共著）他。日本ITストラテジスト協会会員。

改訂7版 個人情報保護士認定試験公式テキスト

| 2022年3月30日 | 初版第1刷発行 |
| 2022年7月15日 | 第2刷発行 |

著 者 ―― 柴原健次、坂東利国、克元亮、福田啓二、井海宏通
山口透、鈴木伸一郎
ⓒ2022 Kenji Shibahara, Yoshikuni Bando, Ryo Katsumoto
Keiji Fukuda, Hiromichi Ikai, Toru Yamaguchi
Shinichiro Suzuki

発行者 ―― 張 士洛
発行所 ―― 日本能率協会マネジメントセンター
〒103-6009 東京都中央区日本橋2-7-1 東京日本橋タワー
TEL 03(6362)4339(編集)／03(6362)4558(販売)
FAX 03(3272)8128(編集)／03(3272)8127(販売)
https://www.jmam.co.jp/

装 丁 ―― 株式会社志岐デザイン事務所
本文DTP ―― 広研印刷株式会社
印刷所 ―― 広研印刷株式会社
製本所 ―― 株式会社三森製本所

ISBN978-4-8207-2997-6 C3032
落丁・乱丁はおとりかえします。
PRINTED IN JAPAN

コンプライアンス
実務ハンドブック

長瀬 佑志／斉藤 雄祐　著

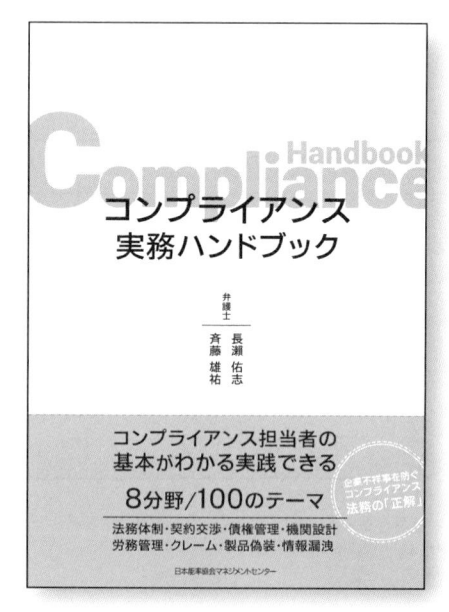

A5判 256頁

　大手企業でも不祥事が起こる昨今、企業活動においてどこまでが法令を遵守した対応になるのか──。

　法務担当者の前には、コンプライアンスリスクの想定、予防、初動対応等々の問題に加え、社内外の理解や協力といった調整や教育も検討して対応する課題まで横たわっています。

　本書はこうした企業法務の実務における諸問題に対し、コンプライアンスリスクが生じやすい「人」「物」「金」「情報」に関わる場面を中心に、リスク管理上の注意点をわかりやすく整理した1冊です。

日本能率協会マネジメントセンター

企業法務のための
初動対応の実務

長瀬 佑志／長瀬 威志／母壁 明日香　著

A5判 420頁

　企業法務において最も重要なものの一つに、事故発生直後に求められる初動対応が挙げられます。過去の公表や報道などを見渡しても、初動対応の判断を誤ったためにさらなる大事故につながったり、企業の信用を事故以上に失墜させて事業に支障をきたしたりした事例は枚挙に暇がありません。

　本書は企業で想定される、様々な法的対応について迫られるトラブルを7つの分野に集約し、「分野ごとに3つの特徴」「相談事例」「7つのポイント」「参考書式」で整理した、企業としての初動対応の要点を把握できる1冊です。

日本能率協会マネジメントセンター

これだけは知っておきたい
コンプライアンスの基本24のケース
「会話で学ぶ」ビジネストラブル防止対策

秋山 進　著

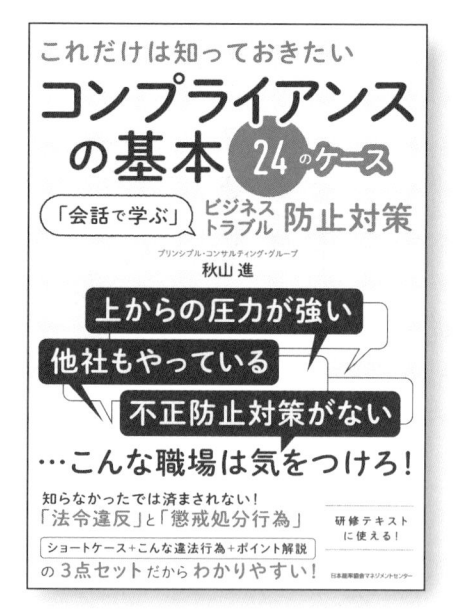

A5判 80頁

　コンプライアンス対策本の多くは、「法律をよく知らない従業員」が起こすという前提に立っていますが、実は企業を窮地に陥れるような不祥事は「上からの圧力によるもの」が多く引き起こされています。

　こうした実情に対して本書では、組織が間違った行為をとってしまうメカニズムについて、「上司が部下に問題行動を要請する場面」を中心に、ありがちなコンプライアンス問題をミニストーリーで簡潔に解説しました。

　汎用的なケースをコンパクトにまとめましたので、社内研修や勉強会などで手軽に学べる1冊です。

日本能率協会マネジメントセンター

Ⅰ．個人情報保護の総論　　解説 ……　 2

Ⅱ．個人情報保護の対策　　解説 …… 38

※解答・解説は、主催団体の試験講評をもとに、令和4年4月1日時点で施行される法制度による一部改変を行っている。

Ⅰ. 個人情報保護の総論　解説

〈第1章〉

1.ウ　　令和2年改正個人情報保護法の概要

　本問は、令和4年4月1日に全面施行される「個人情報の保護に関する法律等の一部を改正する法律」の概要についての理解を問うものである。

ア．正しい

　改正前の個人情報保護法（以下「法」という。）においては、保有個人データの定義から、いわゆる「短期保存データ」が除外されていたが（旧・2条7項）、改正法では、短期保存データを除外する規定が削除されることとなった（法16条4項）。これは、情報化社会の進展により、短期間で消去される個人データであっても、漏えい等が発生すれば、瞬時に個人データが拡散し、個人の権利利益を侵害する危険性が高まったことを考慮したものである。

イ．正しい

　法33条5項によって、個人データの授受に関する第三者提供記録について、原則として、本人が開示請求することができることとなった（ただし、その存否が明らかになることにより公益その他の利益が害されるものとして政令で定めるものは除かれる）。これは、本人が事業者間での個人データの流通を把握し、事業者に対する権利行使を容易にするためである。

ウ．誤　り

　法19条は、「個人情報取扱事業者は、違法又は不当な行為を助長し、又は誘発するおそれがある方法により個人情報を利用してはならない」と規定し、努力義務ではなく法的義務としている。これは、昨今の急速なデータ分析技術等の発展により、潜在的に個人の権利利益の侵害につながることが懸念される個人情報の利用形態がみられるようになったという実態を考慮したものである。

エ．正しい

　法30条の2によって、提供元では個人データに該当しないものの、提供先において個人データとなることが想定される情報の第三者提供について、本人の同意が得られていること等の確認が提供元に義務付けられることとなった。これは、近年、個人情報ではないインターネットの閲覧履歴等の情報を、提供先

において他の情報と照合することにより個人データとされることをあらかじめ知りながら、他の事業者に提供する事業形態が出現していることを考慮したものである。

2．エ　　プライバシーマーク制度

　本問は、プライバシーマーク制度についての理解を問うものである。

ア．正しい

　本記述のとおりである。医療法人等及び学校法人等については、一部例外がある。

イ．正しい

　主な審査ポイントは、文書審査(個人情報保護方針の公表やPMSを確立していること、実施のための基準を確立していること)と、現地審査(PMSの実施・維持・改善、リスクの認識・分析・対策、従業員への個人情報保護教育の実施、監査の実施、PMSの改善・見直しの実施)である。

ウ．正しい

　本記述のとおりである。

エ．誤　り

　プライバシーマーク付与の有効期間は2年間であり、2年ごとに更新を行うことができる。

〈第2章第1節〜第5節〉

1．エ　　個人情報

　「個人情報」とは、生存する「個人に関する情報」であって、「当該情報に含まれる氏名、生年月日その他の記述等により特定の個人を識別することができるもの(他の情報と容易に照合することができ、それにより特定の個人を識別することができるものを含む。)」(法2条1項1号)、又は「個人識別符号が含まれるもの」(法2条1項2号)をいう。本問は、この「個人情報」に関する理解を問うものである。

ア．誤　り

　個人に関する情報とは、氏名、住所、性別、生年月日、顔画像等個人を識別する情報に限られず、個人の身体、財産、職種、肩書等の属性に関して、事実、判断、評価を表す全ての情報をいう。

イ．誤　り

　取得時に生存する特定の個人を識別することができなかったとしても、取得後、新たな情報が付加され、又は照合された結果、生存する特定の個人を識別することができるようになれば、その時点で、個人情報に該当することになる。

ウ．誤　り

　他の情報と容易に照合することができるかどうかは、事業者の実態に即して個々の事例ごとに判断されるべきであるとされている。

エ．正しい

　死者に関する情報が、同時に、遺族等の生存する個人に関する情報でもある場合には、当該生存する個人に関する情報であり、他の要件を満たせば個人情報に該当するし、また、団体の役員や従業員に関する情報も同様に個人情報に該当する。

２．ウ　　個人識別符号

　「個人識別符号」とは、①特定の個人の身体の一部の特徴を電子計算機の用に供するために変換した文字、番号、記号その他の符号であって、当該特定の個人を識別することができるもの（法２条２項１号）、②個人に提供される役務の利用若しくは個人に販売される商品の購入に関し割り当てられ、又は個人に発行されるカードその他の書類に記載され、若しくは電磁的方式により記録された文字、番号、記号その他の符号であって、その利用者若しくは購入者又は発行を受ける者ごとに異なるものとなるように割り当てられ、又は記載され、若しくは記録されることにより、特定の利用者若しくは購入者又は発行を受ける者を識別することができるもの（法２条２項２号）のいずれかに該当する文字、番号、記号その他の符号のうち、政令で定めるものをいう（法２条２項柱書）。本問は、この「個人識別符号」に関する理解を問うものである。

ａ．該当する

　個人情報の保護に関する法律施行令（以下「施行令」という。）１条２号に規定されているとおりである。

ｂ．該当する

　施行令１条３号に規定されているとおりである。

ｃ．該当する

　施行令１条５号に規定されているとおりである。

ｄ．該当しない

　クレジットカード番号それ自体は、いろいろな契約形態や運用実態があり、どのような場合でも特定の個人を識別できるとは限らないこと等を考慮して、現時点では個人識別符号とはされていない。

ｅ．該当する

　施行令１条４号に規定されているとおりである。

　以上により、ａ、ｂ、ｃ、ｅが「個人識別符号」に該当する。よって、正解は肢ウとなる。

３．ウ　　要配慮個人情報

　「要配慮個人情報」とは、本人の人種、信条、社会的身分、病歴、犯罪の経歴、犯罪により害を被った事実その他本人に対する不当な差別、偏見その他の不利益が生じないようにその取扱いに特に配慮を要するものとして政令で定める記述等が含まれる個人情報をいう（法２条３項）。本問は、この「要配慮個人情報」に関する理解を問うものである。

ア．正しい

　人種は、世系又は民族的若しくは種族的出身を広く意味するが、肌の色は、人種を推知させる情報にすぎないので、含まない。

イ．正しい

　本記述のとおりである。

ウ．誤り

　社会的身分は、ある個人にその境遇として固着していて、一生の間、自らの力によって容易にそれから脱し得ないような地位を意味し、単なる職業的地位

や学歴は含まれない。単なる職業的地位や学歴は、自らの力によって容易にそれから脱しうるからである。

エ．正しい

本記述のとおりである。

４．エ　　個人情報データベース等

「個人情報データベース等」とは、個人情報を含む情報の集合物であって、「特定の個人情報を電子計算機を用いて検索することができるように体系的に構成したもの」及び「特定の個人情報を容易に検索することができるように体系的に構成したものとして政令で定めるもの」をいう（利用方法からみて個人の権利利益を害するおそれが少ないものとして政令で定めるものを除く）（法16条）。本問は、この「個人情報データベース等」に関する理解を問うものである。

ア．正しい

電子メールソフトに保管されているメールアドレス帳で、メールアドレスと氏名を組み合わせた情報を入力しているものは、特定の個人情報をコンピュータを用いて検索することができるように体系的に構成した、個人情報を含む情報の集合物であり、個人情報データベース等に該当する。

イ．正しい

人材派遣会社が登録カードを、氏名の50音順に整理し、50音順のインデックスを付してファイリングしているものは、紙面で処理した個人情報を一定の規則に従って整理・分類し、特定の個人情報を容易に検索することができるよう、目次、索引、符号等を付し、他人によっても容易に検索可能な状態に置いているものであり、個人情報データベース等に該当する。

ウ．正しい

アンケートの戻りはがきが、氏名、住所等により分類整理されていない状態であるものは、紙面で処理した個人情報を一定の規則に従って整理・分類し、特定の個人情報を容易に検索することができるよう、目次、索引、符号等を付し、他人によっても容易に検索可能な状態に置いているものとはいえず、個人情報データベース等に該当しない。

エ．誤 り

　市販の電話帳であっても、生存する個人に関する他の情報を加えたものは、政令3条1項3号に規定されている「<u>生存する個人に関する他の情報を加えることなく</u>その本来の用途に供しているものであること」という要件を欠くので、個人情報データベース等に該当しないものとはならない。

〈第2章第6節〜第9節〉

1．ウ　　個人情報の利用目的の特定・変更

　個人情報取扱事業者は、個人情報を取り扱うに当たっては、その利用目的をできる限り特定しなければならない（法17条1項）。また、個人情報取扱事業者は、利用目的を変更する場合には、変更前の利用目的と関連性を有すると合理的に認められる範囲を超えて行ってはならない（法17条2項）。本問は、この利用目的の特定及び変更に関する理解を問うものである。

ア．正しい

　ここでいう利用目的とは、事業者がその個人情報を利用することによって最終的に達成しようとする目的のことをいい、保管・編集などといった個々の取扱いごとの目的を細かく特定する必要はない。

イ．正しい

　個人情報取扱事業者は、個人情報を取り扱うに当たり、利用目的を特定しなければならず、取扱いは「取得」から始まるので、利用目的を特定すべき時期は、取得時までとなる。

ウ．誤 り

　「できる限り特定」するといえるには、実際に個々の取扱いが利用目的の達成に必要な範囲内かどうかを本人と事業者が一般的かつ合理的に想定・判断できる程度の明確性が必要である。「お客様サービスの向上のため」といった程度では、個々の取扱いが利用目的の達成に必要な範囲内かどうかを一般的かつ合理的に判断することはできず、「できる限り特定」したとはいえない。

エ．正しい

　変更前の利用目的と関連性を有すると合理的に認められる範囲内であれば、個人情報取扱事業者は、本人の同意なしに利用目的を変更することができるが

（法17条2項）、変更した利用目的は、本人に通知又は公表しなければならない（法21条3項）。

2．ア　　個人情報の利用目的による制限

　本問は、個人情報の利用目的による制限（法18条）に関する理解を問うものである。

ア．誤　り

　法令に基づく場合には、「本人の同意を得ることが困難であるとき」は適用除外の要件とされていない（法18条3項1号）。

イ．正しい

　人の生命、身体又は財産の保護のために必要がある場合であって、本人の同意を得ることが困難であるときに、特定された利用目的の達成に必要な範囲を超えて個人情報を取り扱うのであれば、法18条3項2号により同条1項の規定は適用されないので、当該取扱いに関する本人の同意は不要である。

ウ．正しい

　公衆衛生の向上又は児童の健全な育成の推進のために特に必要がある場合であって、本人の同意を得ることが困難であるときに、特定された利用目的の達成に必要な範囲を超えて個人情報を取り扱うのであれば、法18条3項3号により同条1項の規定は適用されないので、当該取扱いに関する本人の同意は不要である。

エ．正しい

　国の機関若しくは地方公共団体又はその委託を受けた者が法令の定める事務を遂行することに対して個人情報取扱事業者が協力する必要がある場合であって、本人の同意を得ることにより当該事務の遂行に支障を及ぼすおそれがあるときに、特定された利用目的の達成に必要な範囲を超えて個人情報を取り扱うのであれば、法18条3項4号により同条1項の規定は適用されないので、当該取扱いに関する本人の同意は不要である。

3．ウ　　個人情報の適正な取得

　個人情報取扱事業者は、偽りその他不正の手段により個人情報を取得しては

ならない（法19条）。本問は、この個人情報の適正な取得に関する理解を問うものである。

ア．正しい

本記述のとおりである。

イ．正しい

本記述のとおりである。

ウ．誤り

個人情報取扱事業者が、法27条1項に規定されている第三者提供制限違反がされようとしていることを知り、又は容易に知ることができるにもかかわらず、個人情報を取得する場合は、不正の手段による個人情報の取得に該当する。

エ．正しい

本記述の場合は、個人情報を取得したことにはならないので、不正の手段による個人情報の取得に該当することはない。

4．ウ　　要配慮個人情報の取得

個人情報取扱事業者は、原則として、あらかじめ本人の同意を得ないで、要配慮個人情報を取得してはならない（法20条2項）。本問は、この要配慮個人情報の取得に関する理解を問うものである。

ア．誤り

個人情報取扱事業者が要配慮個人情報を書面により本人から適正に直接取得する場合は、本人が当該情報を提供したことをもって、当該個人情報取扱事業者が当該情報を取得することについて本人の同意があったものと解される。本人が当該情報を提供したことは、当該個人情報取扱事業者が当該情報を取得することについて本人の同意があったことが前提となると考えられるからである。

イ．誤り

個人情報取扱事業者が要配慮個人情報を第三者提供の方法により取得した場合は、提供元が法20条2項及び法27条1項に基づいて本人から必要な同意を取得していることが前提となるため、提供を受けた当該個人情報取扱事業者が、改めて本人から法20条2項に基づく同意を得る必要はないと解されている。

ウ．正しい

　要配慮個人情報が、本人、国の機関、地方公共団体、法57条1項各号に掲げる者その他個人情報保護委員会規則（以下「規則」という。）で定める者（外国政府、国際機関等）により公開されている場合は、あらかじめ本人の同意を得ることなく、当該公開されている要配慮個人情報を取得することができる（法20条2項5号、規則6条）。

エ．誤　り

　本人を目視し、又は撮影することにより、その外形上明らかな要配慮個人情報を取得する場合は、あらかじめ本人の同意を得ることなく、当該要配慮個人情報を取得することができる（法20条2項8号、施行令7条1号）。

5．イ　　データ内容の正確性の確保等

　個人情報取扱事業者は、利用目的の達成に必要な範囲内において、個人データを正確かつ最新の内容に保つとともに、利用する必要がなくなったときは、当該個人データを遅滞なく消去するよう努めなければならない（法22条）。本問は、このデータ内容の正確性の確保等に関する理解を問うものである。

ア．誤　り

　データ内容の正確性の確保は、努力義務である（法22条）。

イ．正しい

　個人情報取扱事業者は、利用する必要がなくなった個人データを遅滞なく消去する努力義務を負っているが（法22条）、消去とは、個人データとして使えなくすることであり、当該データを削除することのほか、当該データを匿名化して特定の個人を識別できないようにすることを含む。

ウ．誤　り

　法22条の義務は努力義務であるから、個人情報保護委員会による勧告・命令の対象とはならない（法145条）。

エ．誤　り

　個人情報保護法上の義務が努力義務であることと、被害を受けた本人の責任追及とは別問題であり、民法709条等の要件を満たせば、本人からの責任追及を受ける。

6．ア　　安全管理措置

　個人情報取扱事業者は、その取り扱う個人データの漏えい、滅失又はき損の防止その他の個人データの安全管理のために必要かつ適切な措置を講じなければならない（法 23 条）。具体的に講じなければならない措置等については、「個人情報の保護に関する法律についてのガイドライン（通則編）」の「（別添）講ずべき安全管理措置の内容」に記載されている。本問は、この「（別添）講ずべき安全管理措置の内容」に関する理解を問うものである。

ア．誤　り

　本ガイドラインには、安全管理措置を講ずるための具体的な手法については、個人データが漏えい等した場合に本人が被る権利利益の侵害の大きさを考慮し、事業の規模及び性質、個人データの取扱状況、個人データを記録した媒体の性質等に起因するリスクに応じて、必要かつ適切な内容とすべきものであるため、**必ずしも通則指針に掲げる例示の内容の全てを講じなければならないわけではなく**、また、適切な手法はこれらの例示の内容に限られない旨が記載されている。

イ．正しい

　本記述のとおりである。

ウ．正しい

　本記述のとおりである。

エ．正しい

　本記述のとおりである。

7．ア　　従業者の監督

　個人情報取扱事業者は、その従業者に個人データを取り扱わせるに当たっては、当該個人データの安全管理が図られるよう、当該従業者に対する必要かつ適切な監督を行わなければならない（法 24 条）。本問は、この従業者の監督に関する理解を問うものである。

ア．誤　り

　従業者とは、個人情報取扱事業者の組織内にあって直接間接に当該事業者の指揮監督を受けて当該事業者の業務に従事している者等をいい、雇用関係にある従業員（正社員、契約社員、嘱託社員、パート社員、アルバイト社員等）のみ

ならず、取締役、執行役、理事、監査役、監事、派遣社員等も含まれる。

イ．正しい

　従業者が、個人データの安全管理措置を定める規程等に従って業務を行っていることを、個人情報取扱事業者が確認しなかった結果、個人データが漏えいした場合は、必要な確認を怠っていたのであるから、当該個人情報取扱事業者は、従業者に対して必要かつ適切な監督を行っていなかったことになる。

ウ．正しい

　マンション管理組合においては、その形態や管理の実態にもよるが、当該マンション管理組合の運営を担う理事等が、監督が必要となる従業者に該当するものと考えられる。

エ．正しい

　内部規程に違反して個人データが入ったノート型パソコンが従業者により繰り返し持ち出されていたにもかかわらず、その行為を放置した結果、当該パソコンが紛失し、個人データが漏えいした場合は、個人情報取扱事業者は、従業者に対して必要かつ適切な監督を行っていなかったことになる。

〈第2章第10節〉

1．エ　　個人データの第三者提供の制限の原則

　個人情報取扱事業者は、原則として、あらかじめ本人の同意を得ないで、個人データを第三者に提供してはならない（法27条1項）。本問は、この個人データの第三者提供の制限の原則に関する理解を問うものである。

ア．正しい

　法27条5項に規定されている場合には、当該個人データの提供を受ける者は第三者に該当しないこととなるので、これらの例外を除き、第三者とは、本記述に記載されている者となる。

イ．正しい

　同一事業者内での個人データの提供は、第三者提供に該当しないので、第三者提供に関する本人の同意は必要ない。

ウ．正しい

　法27条1項には「あらかじめ」と規定されているのみであるから、個人デー

タが第三者提供される時点より前に同意を得るのであれば問題はない。

エ．誤 り

　本記述のような場合は、取引先の従業者等の生命若しくは身体への危険を防止するために必要があると考えられるので、人の生命、身体又は財産の保護のために必要がある場合に該当し、本人の同意を得ることが困難であるときに該当するから、本人（当該従業者）の同意なく取引先に対して情報提供することができると解される（法27条1項2号）。

2．イ　　オプトアウトによる第三者提供

　個人情報取扱事業者は、第三者に提供される個人データ（要配慮個人情報を除く）について、本人の求めに応じて当該本人が識別される個人データの第三者への提供を停止することとしている場合であって、法27条2項で定められている事項について、個人情報保護委員会規則で定めるところにより、あらかじめ、本人に通知し、又は本人が容易に知り得る状態に置くとともに、個人情報保護委員会に届け出たときは、法27条1項の規定にかかわらず、あらかじめ本人の同意を得ることなく、当該個人データを第三者に提供することができる（27条2項）。本問は、このオプトアウトによる第三者提供に関する理解を問うものである。

ア．誤 り

　本人が知ろうとすれば、時間的にも、その手段においても、簡単に知ることができることが必要であり、事業所の窓口等への書面の掲示・備付けやホームページへの掲載その他の継続的方法による必要がある。

イ．正しい

　本記述のとおりである（法27条2項、規則7条1項1号）。

ウ．誤 り

　必ずしも同時である必要はない。

エ．誤 り

　法27条2項ただし書により、要配慮個人情報はオプトアウトの対象から除外されている。

３．イ　　個人データの委託・事業の承継

　個人情報取扱事業者が利用目的の達成に必要な範囲内において個人データの取扱いの全部又は一部を委託することに伴って当該個人データが提供される場合、第三者に該当しない（法27条5項1号）。また、合併、分社化、事業譲渡等により事業が承継されることに伴い、当該事業に係る個人データが提供される場合は、当該提供先は第三者に該当しない（法27条5項2号）。本問は、この個人データの委託及び事業の承継に関する理解を問うものである。

ア．正しい

　本記述の場合は、法27条5項1号が適用されるので、当該業者は第三者に該当せず、第三者提供の制限に違反しない。

イ．誤　り

　個人情報取扱事業者が、配送事業者を利用して個人データを含むものを送る場合は、通常、当該配送事業者は配送を依頼された中身の詳細については関知しないことから、当該配送事業者との間で特に中身の個人データの取扱いについて合意があった場合等を除き、当該個人データに関しては取扱いの委託をしているものではないと解される。

ウ．正しい

　本記述の場合は、法27条5項2号が適用されるので、当該業者は第三者に該当しない。

エ．正しい

　本記述の場合も、法27条5項2号が適用されるので、当該相手会社は第三者に該当しない。

４．ウ　　第三者に該当しない場合（共同利用）

　特定の者との間で共同して利用される個人データを当該特定の者に提供する場合であって、法27条5項3号で定められている情報（①共同利用する旨、②共同して利用される個人データの項目、③共同して利用する者の範囲、④利用する者の利用目的、⑤当該個人データの管理について責任を有する者の氏名又は名称）を、提供に当たりあらかじめ本人に通知し、又は本人が容易に知り得る状態に置いているとき、第三者に該当しない（法27条5項3号）。本問は、

この個人データの共同利用に関する理解を問うものである。

　なお、令和2年改正個人情報保護法において、上記⑤につき、「及び住所並びに法人にあっては、その代表者の氏名」が追記された。

ア．誤　り

　個人データの共同利用として個人データの提供先が第三者に該当しないとされるためには、「共同して利用する者の範囲」を、あらかじめ本人に通知し、又は本人が容易に知り得る状態においていることが必要であるが、「当社の子会社及び関連会社」という表記は、当該子会社及び関連会社の全てがホームページ上で公表されている場合であれば、認められる。

イ．誤　り

　共同利用の対象となる個人データの提供については、必ずしも全ての共同利用者が双方向で行う必要はなく、一部の共同利用者に対し、一方向で行うこともできる。

ウ．正しい

　使用者と労働組合又は労働者の過半数を代表する者との間で取得時の利用目的（個人情報保護法の規定に従い変更された利用目的を含む。）の範囲内で従業者の個人データを共同利用する場合は、共同利用に該当する。

エ．誤　り

　共同か委託かは、個人データの取扱いの形態によって判断されるので、本記述の場合、委託先との関係は、委託であり、共同利用となるわけではなく、委託元は当該委託先の監督義務を免れるわけではない。

5．エ　　個人データを外国にある第三者に提供する場合

　個人情報取扱事業者は、外国にある第三者に個人データを提供する場合には、法27条1項各号に掲げる場合を除くほか、あらかじめ外国にある第三者への提供を認める旨の本人の同意を得なければならない（法28条1項）。本問は、この個人データを外国にある第三者に提供する場合に関する理解を問うものである。

ア．正しい

　本記述のとおりである（法28条1項前段）。

イ．正しい

　本記述のとおりである（法 28 条 1 項前段）。

ウ．正しい

　本記述のとおりである（法 28 条 1 項前段）。

エ．誤　り

　外国にある第三者への提供については、法 27 条 5 項の適用はない（法 28 条 1 項後段）。

６．ア　　個人データを外国にある第三者に提供する場合

　個人情報取扱事業者は、外国にある第三者に個人データを提供する場合には、法 27 条 1 項各号に掲げる場合を除くほか、あらかじめ外国にある第三者への提供を認める旨の本人の同意を得なければならない（法 28 条）。本問は、この個人データを外国にある第三者に提供する場合に関する理解を問うものである。

> 「外国にある第三者」の該当性については、次のように判断される。
>
> 法人の場合、個人データを提供する個人情報取扱事業者と別の法人格を有するかどうかで第三者に該当するかを判断する。
>
> 例えば、日本企業が、外国の法人格を取得している当該企業の現地子会社に個人データを提供する場合には、当該日本企業にとって「外国にある第三者」への個人データの提供に該当するが、現地の事業所、支店など同一法人格内での個人データの移動の場合には、「外国にある第三者」への個人データの提供には該当しない。また、外資系企業の日本法人が外国にある親会社に個人データを提供する場合、当該親会社は「外国にある第三者」に該当する。

　なお、規則 11 条 1 項において、個人の権利利益を保護する上で我が国と同等の水準にあると認められる個人情報の保護に関する制度を有している外国は、「次に掲げる平成 31 年 1 月 23 日時点における欧州経済領域協定に規定された国」を指し、アイスランド、アイルランド、イタリア、英国、エストニア、オーストリア、オランダ、キプロス、ギリシャ、クロアチア、スウェーデン、スペイン、スロバキア、スロベニア、チェコ、デンマーク、ドイツ、ノルウェー、ハンガリー、

フィンランド、フランス、ブルガリア、ベルギー、ポーランド、ポルトガル、マルタ、ラトビア、リトアニア、リヒテンシュタイン、ルーマニア及びルクセンブルクであるとされている（「個人の権利利益を保護する上で我が国と同等の水準にあると認められる個人情報の保護に関する制度を有している外国等」（平成 31 年個人情報保護委員会告示第 1 号））。そして、欧州経済領域協定に規定された国に、EU 加盟国は含まれている。

7．エ　　第三者提供に係る記録の作成等

個人情報取扱事業者は、個人データを第三者に提供したときは、原則として、個人情報保護委員会規則で定めるところにより、当該個人データを提供した年月日、当該第三者の氏名又は名称その他の個人情報保護委員会規則で定める事項に関する記録を作成しなければならない（法 29 条 1 項）。本問は、この第三者提供に係る記録の作成等に関する理解を問うものである。

ア．正しい

本記述のとおりである（法 29 条、規則 12 条 2 項）。

イ．正しい

本記述のとおりである（法 29 条 1 項、同 2 条 5 項 2 号）。

ウ．正しい

本記述のとおりである（法 29 条 1 項、同 27 条 1 項 2 号）。

エ．誤 り

オプトアウトによる提供は、例外とされていない（法 29 条 1 項）。

〈第2章第 11 節〜第 13 節〉

1．エ　　保有個人データに関する事項の公表等

個人情報取扱事業者は、保有個人データに関し、法令に掲げる事項について、本人の知り得る状態（本人の求めに応じて遅滞なく回答する場合を含む。）に置かなければならない（法 32 条 1 項）。本問は、この保有個人データに関する事項の公表等に関する理解を問うものである。

ア．正しい

本記述のとおりである。

イ．正しい

本記述のとおりである（法32条1項4号、施行令8条2号）。

ウ．正しい

本記述のとおりである（法32条2項2号、法21条4項2号）。

エ．誤　り

個人情報取扱事業者は、本人から、当該本人が識別される保有個人データの利用目的の通知を求められた場合であっても、所定の事項について本人の知り得る状態に置いていることにより当該本人が識別される保有個人データの利用目的が明らかであれば、通知する必要はない（法32条2項1号）。

2．エ　　保有個人データの開示

本人は、個人情報取扱事業者に対し、当該本人が識別される保有個人データの開示を請求することができる（法33条1項）。本問は、この保有個人データの開示に関する理解を問うものである。

ア．正しい

本記述のとおりである（法33条2項1号）。

イ．正しい

本記述のとおりである（法33条2項2号）。

ウ．正しい

本記述のとおりである（法33条3項）。

エ．誤　り

本人に対する通知が必要となるのは、請求に係る保有個人データの全部又は一部について開示しない旨の決定をしたとき又は当該保有個人データが存在しないときである。全部開示の場合は、全部開示により、本人の請求に全面的に応じたことが分かるので、通知は不要である。

3．イ　　保有個人データの訂正等

本人は、個人情報取扱事業者に対し、当該本人が識別される保有個人データの内容が事実でないときは、当該保有個人データの内容の訂正、追加又は削除（訂正等）を請求することができる（法34条1項）。本問は、この保有個人デー

タの訂正等に関する理解を問うものである。

ア．正しい

本記述のとおりである（法34条1項）。

イ．誤り

個人情報取扱事業者は、本人から保有個人データの訂正等の請求を受けた場合であっても、利用目的からみて訂正等が必要ではないときは、訂正等を行う必要はない。訂正等は、利用目的の達成に必要な範囲内に限定されている（法34条2項）。

ウ．正しい

本記述のとおりである（法34条2項）。

エ．正しい

本記述のとおりである（法34条3項）。

4．ア　　保有個人データの利用停止等・第三者提供の停止

本人は、個人情報取扱事業者に対し、当該本人が識別される保有個人データが法18条の規定に違反して取り扱われているとき又は法20条の規定に違反して取得されたものであるときは、当該保有個人データの利用の停止又は消去（利用停止等）を請求することができる（法35条1項）。また、本人は、個人情報取扱事業者に対し、当該本人が識別される保有個人データが法27条1項又は法28条1項の規定に違反して第三者に提供されているときは、当該保有個人データの第三者への提供の停止を請求することができる（法35条3項）。本問は、この保有個人データの利用停止等・第三者提供の停止に関する理解を問うものである。

なお、令和2年改正個人情報保護法においては、利用停止等又は第三者への提供の停止を請求できる場合が、上記の場合に加え、①利用する必要がなくなった場合、②重大な漏えい等が発生した場合、③本人の権利又は正当な利益が害されるおそれがある場合等にもできるようになり、拡充されている（法35条1項・7項、法18条の2）。

ア．誤り

個人情報取扱事業者は、「違反を是正するために必要な限度で」保有個人デー

タの利用停止等の義務を負うのであるから（法35条2項）、利用停止によって手続違反を是正できるのであれば、利用停止の措置を講ずることにより義務を果たしたことになる。

イ．正しい

法35条4項に規定されているとおりである。例外は、当該保有個人データの第三者への提供の停止に多額の費用を要する場合その他の第三者への提供を停止することが困難な場合であって、本人の権利利益を保護するため必要なこれに代わるべき措置をとるときである（同項ただし書）。

この場合は、当該代替措置を実施すればよいことになる。

ウ．正しい

原則として、利用の停止又は消去を行わなければならないが、例外として、当該保有個人データの利用停止等に多額の費用を要する場合その他の利用停止等を行うことが困難な場合であって、本人の権利利益を保護するため必要なこれに代わるべき措置をとるときは、当該代替措置を実施すればよいとされている（法35条2項ただし書）。

エ．正しい

法35条7項に規定されているとおりである。

5．エ　　開示等の請求等に応じる手続及び手数料

個人情報取扱事業者は、開示等の請求等に関し、政令で定めるところにより、その求め又は請求を受け付ける方法を定めることができる（法37条1項）。また、個人情報取扱事業者は、保有個人データの利用目的の通知を求められたとき、又は保有個人データの開示の請求を受けたときは、当該措置の実施に関し、手数料を徴収することができる（法38条1項）。本問は、この開示等の請求等に応じる手続及び手数料に関する理解を問うものである。

ア．正しい

法37条1項前段に規定されているとおりである。

イ．正しい

個人情報取扱事業者が、開示等の請求等を受け付ける方法を合理的な範囲で定めたときは、本人は、当該方法に従って開示等の請求等を行わなければなら

ないので（法37条1項後段）、当該方法に従わなかった場合は、個人情報取扱事業者は、当該開示等の請求等を拒否することができる。

ウ．正しい

　個人情報取扱事業者は、円滑に開示等の手続が行えるよう、本人に対し、開示等の請求等に関し、その対象となる保有個人データを特定するに足りる事項の提示を求めることができる（法37条2項前段）。

エ．誤　り

　手数料の徴収が認められるのは、利用目的の通知を求められたとき、又は開示の請求を受けたときである。訂正等の請求や利用停止等の請求については、個人情報取扱事業者に落ち度がある場合も含まれているので、手数料の徴収は認められていない（法38条1項）。

6．ア　　匿名加工情報

　「匿名加工情報」とは、法2条6項の各号に掲げる個人情報の区分に応じて当該各号に定める措置を講じて特定の個人を識別することができないように個人情報を加工して得られる個人に関する情報であって、当該個人情報を復元することができないようにしたものをいう（法2条6項）。本問は、この「匿名加工情報」に関する理解を問うものである。

ア．正しい

　「匿名加工情報」とは、法2条6項の各号に掲げる個人情報の区分に応じて当該各号に定める措置を講じて特定の個人を識別することができないように個人情報を加工して得られる個人に関する情報であって、当該個人情報を復元することができないようにしたものであり、個人情報に該当しないので、個人情報に関する義務の対象とはならない。

イ．誤　り

　「匿名加工情報」とは、法2条6項の各号に掲げる個人情報の区分に応じて当該各号に定める措置を講じて特定の個人を識別することができないように個人情報を加工して得られる個人に関する情報であって、当該個人情報を復元することができないようにしたものをいう。

21

ウ．誤　り

　個人識別符号を含まない個人情報について匿名加工情報に加工する場合の「加工」とは、当該個人情報に含まれる特定の個人を識別できる記述等の全部又は一部を削除すること（当該一部の記述等を復元することのできる規則性を有しない方法により他の記述等に置き換えることを含む。）をいう（規則19条1号）。

エ．誤　り

　個人識別符号を含む個人情報について匿名加工情報に加工する場合の「加工」とは、当該個人情報に含まれる個人識別符号の全部を削除すること（当該個人識別符号を復元することのできる規則性を有しない方法により他の記述等に置き換えることを含む。）をいう（規則19条2号）。

7．ウ　　匿名加工情報取扱事業者

　「匿名加工情報取扱事業者」とは、匿名加工情報を含む情報の集合物であって、特定の匿名加工情報を電子計算機を用いて検索することができるように体系的に構成したものその他特定の匿名加工情報を容易に検索することができるように体系的に構成したものとして政令で定めるもの（匿名加工情報データベース等）を事業の用に供している者（法16条2項各号に掲げる者を除く）をいう（法16条6項）。本問は、この「匿名加工情報取扱事業者」に関する理解を問うものである。

ア．正しい

　特定の匿名加工情報をコンピュータを用いて検索することができるように体系的に構成した、匿名加工情報を含む情報の集合物は匿名加工情報データベース等に該当するので、これを事業の用に供している者は、匿名加工情報取扱事業者に該当する。

イ．正しい

　紙媒体の匿名加工情報を一定の規則に従って整理・分類し、特定の匿名加工情報を容易に検索することができるよう、目次、索引、符号等を付し、他人によっても容易に検索可能な状態においている物は匿名加工情報データベース等に該当するので、これを事業の用に供している者は、匿名加工情報取扱事業者に該

当する。

ウ．誤 り

匿名加工情報取扱事業者が、匿名加工情報の提供（法44条）や識別行為の禁止等（法45条、法46条）の義務を負うのは、匿名加工情報データベース等を構成する匿名加工情報に限られる（法43条1項かっこ書）。

エ．正しい

匿名加工情報は、特定の個人を識別することができないように個人情報を加工して得られる個人に関する情報であり（法2条6項）、個人情報ではないから、匿名加工情報取扱事業者は、匿名加工情報について、個人情報保護法に定められている個人情報に関する義務を負わない。

〈第2章第14節〜第22節〉

1．ア 個人情報保護委員会による監督

個人情報保護委員会（以下「委員会」という。）は、監督機関として、個人情報取扱事業者等に対し、報告及び立入検査（法143条）、指導及び助言（法144条）、勧告及び命令（法145条）を行うことができる。本問は、この委員会による監督に関する理解を問うものである。

ア．誤 り

委員会は、個人情報保護法の所定の規定の施行に必要な限度において、個人情報取扱事業者又は匿名加工情報取扱事業者（個人情報取扱事業者等）に対し、個人情報又は匿名加工情報（個人情報等）の取扱いに関し、必要な報告若しくは資料の提出を求め、又はその職員に、当該個人情報取扱事業者等の事務所その他必要な場所に立ち入らせ、個人情報等の取扱いに関し質問させ、若しくは帳簿書類その他の物件を検査させることができる（法143条1項）。違反行為があったことは、立入検査の要件とされていない。

イ．正しい

委員会は、個人情報保護法の所定の規定の施行に必要な限度において、個人情報取扱事業者等に対し、個人情報等の取扱いに関し、必要な指導及び助言をすることができる（法144条）。

ウ．正しい

　委員会は、個人情報取扱事業者が個人情報保護法の所定の規定に違反した場合において個人の権利利益を保護するため必要があると認めるときは、当該個人情報取扱事業者に対し、当該違反行為の中止その他違反を是正するために必要な措置をとるべき旨を勧告することができる（法145条1項）。

エ．正しい

　委員会は、個人情報保護法の規定による勧告を受けた個人情報取扱事業者が正当な理由がなくてその勧告に係る措置をとらなかった場合において個人の重大な権利利益の侵害が切迫していると認めるときは、当該個人情報取扱事業者に対し、その勧告に係る措置をとるべきことを命ずることができる（法145条2項）。

2．ウ　　個人情報保護委員会

　本問は、個人情報保護委員会の任務（法128条）に関する理解を問うものである。

> 委員会は、個人情報の適正かつ効果的な活用が新たな産業の創出並びに活力ある経済社会及び豊かな国民生活の実現に資するものであることその他の<u>個人情報の有用性</u>に配慮しつつ、<u>個人の権利利益</u>を保護するため、個人情報の適正な取扱いの確保を図ること（個人番号利用事務等実施者（行政手続における特定の個人を識別するための番号の利用等に関する法律第12条に規定する個人番号利用事務等実施者をいう。）に対する指導及び助言その他の措置を講じることを<u>含む</u>。）を任務とする。

3．ア　補完的ルールとGDPR

　個人情報保護委員会は、日EU間で相互の円滑な個人データ移転を図るため、法28条に基づき、個人の権利利益を保護する上で我が国と同等の水準にあると認められる個人情報の保護に関する制度を有している外国としてEUを指定し、これにあわせて、欧州委員会は、GDPR（一般データ保護規則）45条に基づき、日本が個人データについて十分な保護水準を確保していると決定している。

　これにより、日EU間で、個人の権利利益を高い水準で保護した上で相互の

円滑な個人データ移転が図られることとなる。日EU双方の制度は極めて類似しているものの、いくつかの関連する相違点が存在するという事実に照らして、個人情報の保護に関する基本方針を踏まえ、EU域内から十分性認定により移転を受けた個人情報について高い水準の保護を確保するために、個人情報取扱事業者によるEU域内から十分性認定により移転を受けた個人情報の適切な取扱い及び適切かつ有効な義務の履行を確保する観点から、各国政府との協力の実施等に関する法の規定に基づき個人情報保護委員会は補完的ルールを策定している。

　本問は、この補完的ルールに関する理解を問うものである。

> EU又は英国域内から十分性認定に基づき提供を受けた個人データに、GDPR及び英国GDPRそれぞれにおいて特別な種類の個人データと定義されている性生活、性的指向又は労働組合に関する情報が含まれる場合には、個人情報取扱事業者は、当該情報について法第2条第3項における**要配慮個人情報**と同様に取り扱うこととする。
>
> EU又は英国域内から十分性認定に基づき提供を受けた個人データであっても、「その存否が明らかになることにより公益その他の利益が害されるものとして政令で定めるもの」は、「保有個人データ」から除かれる。
>
> EU又は英国域内から十分性認定に基づき提供を受けた個人情報については、個人情報取扱事業者が、加工方法等情報（匿名加工情報の作成に用いた個人情報から削除した記述等及び個人識別符号並びに法第43条1項の規定により行った加工の方法に関する情報（その情報を用いて当該個人情報を復元することができるものに限る。）をいう。）を削除することにより、匿名化された個人を再識別することを何人にとっても不可能とした場合に限り、法第2条第6項に定める匿名加工情報とみなすこととする。

4．イ　　苦情処理制度

　個人情報取扱事業者は、個人情報の取扱いに関する苦情の適切かつ迅速な処理に努めなければならない（法40条1項。匿名加工情報については法43条6項）。その他、匿名加工情報取扱事業者につき法46条に、認定個人情報保護団

体につき法53条に、地方公共団体につき法14条に規定されている。本問は、これらの苦情処理に関する規定の理解を問うものである。

ア．正しい

　個人情報取扱事業者は、個人情報の取扱いに関する苦情の適切かつ迅速な処理に努めなければならない（法40条1項）。

イ．誤　り

　認定個人情報保護団体は、本人その他の関係者から対象事業者の個人情報等の取扱いに関する苦情について解決の申出があったときは、その相談に応じ、申出人に必要な助言をし、その苦情に係る事情を調査するとともに、当該対象事業者に対し、その苦情の内容を通知してその迅速な解決を求めなければならない（法53条1項）と規定されており、努力義務ではなく、法的義務である。

ウ．正しい

　地方公共団体は、個人情報の取扱いに関し事業者と本人との間に生じた苦情が適切かつ迅速に処理されるようにするため、苦情の処理のあっせんその他必要な措置を講ずるよう努めなければならない（法14条）。

エ．正しい

　匿名加工情報取扱事業者は、匿名加工情報の安全管理のために必要かつ適切な措置、匿名加工情報の取扱いに関する苦情の処理その他の匿名加工情報の適正な取扱いを確保するために必要な措置を自ら講じ、かつ、当該措置の内容を公表するよう努めなければならない（法46条）。

5．ウ　　罰　則

　本問は、罰則（法171条以下）についての理解を問うものである。

ア．正しい

　個人情報保護委員会からの命令に違反した場合、行為者は、令和2年の改正により、6月以下の懲役又は30万円以下の罰金から引き上げられた1年以下の懲役又は100万円以下の罰金に処される（法173条）。

イ．正しい

　個人情報保護委員会からの命令に違反した場合、両罰規定により、法人等に対しては、令和2年の改正により、30万円以下の罰金から引き上げられた1億

円以下の罰金刑が科される（法179条1項1号）。

ウ．誤り

データベース等不正提供罪については、2015年改正法によって創設された罰則であり、同改正法が施行されてから十分な期間が経過していないこと等を踏まえ、令和2年の改正においては、罰則は引き上げられていない（1年以下の懲役又は50万円以下の罰金）。

エ．正しい

個人情報データベース等の不正提供等を行った場合、両罰規定により、法人等に対しては、令和2年の改正により、50万円以下の罰金から引き上げられた1億円以下の罰金刑が科される（法179条1項1号）。

〈第3章〉

1．エ　目的

本問は、行政手続における特定の個人を識別するための番号の利用等に関する法律（以下「番号法」という。）の目的（1条）に関する理解を問うものである。

ア．正しい

本記述のとおりである。

イ．正しい

本記述のとおりである。

ウ．正しい

本記述のとおりである。

エ．誤り

番号法1条に本記述のようなことは規定されていない。なお、番号法1条には、個人情報保護法制の特例を定めることが目的として規定されている。

2．エ　目的

本問は、番号法の目的（1条）に関する理解を問うものである。

ア．正しい

本記述のとおりである。本記述の内容は、個人情報保護法1条に規定されているものである。

イ．正しい

　本記述のとおりである。

ウ．正しい

　本記述のとおりである。本記述の内容は、「行政機関の保有する情報の公開に関する法律」1条に規定されているものである。

エ．誤　り

　「行政運営における公正の確保と透明性向上を図ること」は、番号法1条ではなく、行政手続法1条に規定されているものである。

〈第4章〉

1．イ　　定義

　本問は、番号法の定義（2条）に関する理解を問うものである。

ア．正しい

　個人番号とは、番号法7条1項または2項の規定により、住民票コードを変換して得られる番号であって、当該住民票コードが記載された住民票に係る者を識別するために指定されるものをいう（番号法2条5項）。

イ．誤　り

　個人情報とは、行政機関個人情報保護法第2条第2項に規定する個人情報であって行政機関が保有するもの、独立行政法人等個人情報保護法第2条第2項に規定する個人情報であって独立行政法人等が保有するもの又は個人情報の保護に関する法律（個人情報保護法）第2条第1項に規定する個人情報であって行政機関及び独立行政法人等以外の者が保有するものをいう（番号法2条3項）。

ウ．正しい

　個人番号利用事務とは、行政機関、地方公共団体、独立行政法人等その他の行政事務を処理する者が番号法9条1項又は2項の規定によりその保有する特定個人情報ファイルにおいて個人情報を効率的に検索し、及び管理するために必要な限度で個人番号を利用して処理する事務をいう（番号法2条10項）。

エ．正しい

　個人番号関係事務とは、番号法9条4項の規定により個人番号利用事務に関して行われる他人の個人番号を必要な限度で利用して行う事務をいう（番号法

2条11項)。

2．ウ　　個人番号の指定及び通知等

　本問は、個人番号の指定及び通知（番号法7条）並びに個人番号とすべき番号の生成（番号法8条）に関する理解を問うものである。

ア．正しい

　本記述のとおりである（番号法7条1項）。

イ．正しい

　本記述のとおりである（番号法7条2項）。

ウ．誤　り

　他のいずれの個人番号（番号法7条第2項の従前の個人番号を含む。）とも異なることが、番号法上、個人番号とすべき番号の要件の一つとされている（番号法8条2項1号）。

エ．正しい

　本記述のとおりである（番号法8条2項2号）。

3．ウ　　特定個人情報の利用と提供・取得

　特定個人情報の「利用」とは、法人格が同一である場合の特定個人情報の取扱いをいい、利用制限（番号法9条、29条、30条3項）に従うことになる。「提供・取得」とは、法人格を別とする者との間の特定個人情報のやり取りをいい、提供制限（番号法14条、15条、19条）・収集制限（番号法20条）に従うことになる。本問は、この「利用」と「提供・取得」との区別に関する理解を問うものである。

ア．誤　り

　本記述の場合は、法人格が同一である同一企業内での取扱いであるから、利用に該当する。

イ．誤　り

　企業とその従業者とは別人格であるから、企業とその従業者との特定個人情報の授受は、提供・取得となる。本記述の場合は、企業がその従業者からその者の特定個人情報を入手しているので、取得に該当する。

ウ．正しい

従業者とその家族とは別人格であるから、本記述の場合は、取得に該当する。

エ．誤り

グループ会社であっても、法人格が異なるので、本記述の場合は、提供に該当する。

なお、個人情報保護法の共同利用に関する規定（番号法23条5項3号）は、番号法においては、適用が除外されている（番号法30条3項）。

４．イ　　個人番号の利用制限

個人番号は、番号法があらかじめ限定的に定めた事務の範囲の中から、具体的な利用目的を特定した上で、利用するのが原則である。本問は、この個人番号の利用制限（番号法9条、30条3項）に関する理解を問うものである。

ア．誤り

事業者が、講師に対して講演料を支払った場合において、所得税法の規定に従って、講師の個人番号を報酬、料金、契約金及び賞金の支払調書に記載して、税務署長に提出することは**個人番号関係事務（番号法9条4項の規定により個人番号利用事務に関して行われる他人の個人番号を必要な限度で利用して行う事務）**に該当する。

イ．正しい

従業員が、所得税法の規定に従って、扶養親族の個人番号を扶養控除等（異動）申告書に記載して、勤務先である事業者に提出することは個人番号関係事務（番号法9条4項）に該当する。

ウ．誤り

事業者甲が、事業者乙の事業を承継し、源泉徴収票作成事務のために乙が保有していた乙の従業員等の個人番号を承継した場合、当該従業員等の個人番号を当該従業員等に関する源泉徴収票作成事務の範囲で利用することができる（番号法30条3項、個人情報保護法18条2項）。

エ．誤り

人の生命、身体又は財産の保護のために必要がある場合であって、本人の同意があり、又は本人の同意を得ることが困難である場合は、個人番号関係事務

を処理する目的で保有している個人番号を、人の生命、身体又は財産を保護するために利用することができる（番号法 30 条 3 項、個人情報保護法 18 条 3 項 2 号）。

5．エ　委託の取扱い

本問は、再委託（番号法 10 条）、委託先の監督（番号法 11 条）に関する理解を問うものである。

ア．正しい

本記述のとおりである（番号法 11 条）。

イ．正しい

本記述のとおりである。

ウ．正しい

本記述のとおりである（番号法 10 条 1 項）。

エ．誤　り

再委託を受けた者は、<u>最初の</u>委託元の許諾を得た場合に限り、更に再委託をすることができる（番号法 10 条 2 項）。

6．エ　本人確認

他人のなりすましを防ぐため、本人から個人番号の提供を受ける場合には、本人確認を行わなければならない。本問は、この本人確認（番号法 16 条）に関する理解を問うものである。

ア．正しい

本人確認を行う場合、番号確認（正しい個人番号であることの確認）及び身元確認（個人番号を提供する者が個人番号の正しい持主であることの確認）を行う必要があるが、個人番号カードには、個人番号のほか、顔写真、氏名等の本人識別情報が記載されているので、個人番号カードの提示があれば、番号確認及び身元確認を一括して行うことができる。

イ．正しい

本記述のとおりである。例外として、雇用関係にある従業員等から個人番号の提供を受ける場合等の一定のケースでは、身元確認が不要となる場合もある

（行政手続における特定の個人を識別するための番号の利用等に関する法律施行規則 2 条 6 項）。

ウ．正しい

本記述のとおりである。

エ．誤り

通知カードに記載された氏名、住所等が住民票に記載されている内容と一致している場合に限り、引き続き、番号確認書類として利用することができる（「国税分野における番号法に基づく本人確認方法【事業者向け】」令和 3 年 4 月国税庁）。

7．イ　個人番号カードの交付等

本問は、個人番号カードの交付等（番号法 17 条）に関する理解を問うものである。

ア．正しい

市町村長は、当該市町村が備える住民基本台帳に記録されている者に対し、その者の申請により、その者に係る個人番号カードを交付するが、その際、その者が本人であることを確認するための措置をとらなければならない（番号法 17 条 1 項）。

イ．誤り

個人番号カードの交付を受けている者は、住民基本台帳法に規定する最初の転入届をする場合には当該最初の転入届と同時に、当該個人番号カードを市町村長に提出しなければならない（番号法 17 条 2 項）。

ウ．正しい

法 17 条 2 項の場合を除くほか、個人番号カードの交付を受けている者は、カード記録事項に変更があった場合には、その変更があった日から 14 日以内に、その旨を住所地市町村長に届け出るとともに、当該個人番号カードを提出しなければならない（番号法 17 条 4 項）。

エ．正しい

個人番号カードの交付を受けている者は、当該個人番号カードを紛失した場合には、直ちに、その旨を住所地市町村長に届け出なければならない（番号法

17条5項)。

8．ウ　特定個人情報の提供の制限等

　個人番号利用事務等実施者は、個人番号利用事務等を処理するために必要があるときは、本人又は他の個人番号利用事務等実施者に対し個人番号の提供を求めることができる(番号法14条1項)。また、何人も、番号法19条各号のいずれかに該当し特定個人情報の提供を受けることができる場合を除き、他人の個人番号の提供を求めてはならない(番号法15条)。本問は、この提供の要求(番号法14条)及び提供の求めの制限(番号法15条)に関する理解を問うものである。

ア．正しい

　本記述のとおりである(番号法14条1項)。

イ．正しい

　事業者は、従業員に対し、給与の源泉徴収事務のため、当該従業員の扶養親族の個人番号を記載した扶養控除等申告書の提出を求めることができるが、この場合、当該従業員は、扶養親族の個人番号を記載した扶養控除等申告書を提出する法令(所得税法194条1項)上の義務を負っていることから、個人番号関係事務実施者として取り扱われる。

ウ．誤　り

　地代等の支払に伴う支払調書の作成事務の場合は、賃料の金額により契約締結時点で支払調書の作成が不要であることが明らかである場合を除き、契約締結時点で個人番号の提供を求めることが可能であると解されている。

エ．正しい

　何人も、番号法に規定されている場合に該当し特定個人情報の提供を受けることができる場合を除き、他人の個人番号の提供を求めてはならないが(番号法15条)、自己と同一の世帯に属する者に対しては、当該場合に該当しなくても、個人番号の提供を求めることができる。番号法15条に規定されている「他人」とは、自己と同一の世帯に属する者以外の者だからである。

9．エ　　特定個人情報の収集等の制限

　何人も、番号法19条各号のいずれかに該当する場合を除き、他人の個人番号を含む特定個人情報を収集又は保管してはならない（番号法20条）。本問は、特定個人情報の収集等の制限（番号法20条）に関する理解を問うものである。

ア．正しい

　収集とは、集める意思をもって自己の占有に置くことを意味するところ、本記述の場合は、集める意思が認められないため、収集には当たらず、収集制限に違反しない。

イ．正しい

　閲覧しただけでは、自己の占有に置いたことにはならないので、収集に当たらない。

ウ．正しい

　継続性のある契約の場合、当該契約が継続する限りは、毎年、同じ個人番号関係事務が発生するので、個人番号関係事務を処理するために個人番号を利用する必要性が認められ、当該契約が終了するまで、特定個人情報を保管することができると解されている。

エ．誤り

　本記述の場合でも、所管法令によって個人番号が記載された書類等の保存が義務付けられている期間は、保管しなければならず、廃棄等をする必要はない。

10．ウ　　特定個人情報保護評価

　本問は、特定個人情報保護評価に関する理解を問うものである。

> 特定個人情報保護評価とは、プライバシー権等侵害を未然に防止するための事前評価である。諸外国では、マイナンバーに相当するものに限らない、**個人情報全般**に対して、個人情報を保有する前に、プライバシー権等に対してどのような影響、リスクがあるか、それを緩和・軽減するためにはどうしたらよいかを自ら考え、関係者とコミュニケーションを図る、プライバシー影響評価（Privacy Impact Assessment、頭文字をとってPIAと呼ばれる）が実施されてきた。日本では、マイナンバー制度導入に伴い、充実した個人情

報保護を図るため、プライバシー影響評価制度が導入された。特定個人情報保護評価とは、日本版のプライバシー影響評価である。

特定個人情報保護評価は、諸外国のPIAに倣い、**第三者評価**ではなく、<u>自己評価</u>である。もっとも、適切な実施を確保するため、一部の評価については、<u>個人情報保護委員会</u>の承認を得なければならないものとされている。

11．イ　法人番号

本問は、法人番号（番号法2条15項、39条以下）に関する理解を問うものである。

ア．正しい

法人番号とは、番号法39条1項または2項の規定により、特定の法人その他の団体を識別するための番号として指定されるものをいう（番号法2条15項）。

イ．誤り

国税庁長官は、法人等に対して、法人番号を指定し、これを当該法人等に通知する（番号法39条1項）。社会保障と税の一体改革のための番号制度の対象となる法人を最もよく把握していると考えられるのは国税庁だからである。

ウ．正しい

国税庁長官は、原則として、法人番号保有者の商号又は名称、本店又は主たる事務所の所在地及び法人番号を公表する（番号法39条4項）。

エ．正しい

行政機関の長等は、他の行政機関の長等に対し、特定法人情報（法人番号保有者に関する情報であって法人番号により検索することができるものをいう。）の提供を求めるときは、当該法人番号を当該他の行政機関の長等に通知してするものとされている（番号法40条1項）。正確かつ効率的な特定法人情報の授受を実現し、行政の効率的な運営を可能にするためである。

12．ウ　罰則

本問は、罰則（番号法48条以下）に関する理解を問うものである。

ア．正しい

本記述のとおりである。

イ．正しい

本記述のとおりである。

ウ．誤　り

国外犯処罰規定が設けられているのは、一部の罰則であり、番号法53条、54条、55条については日本国外においてこれらの条の罪を犯した者には適用されない（番号法56条）。

エ．正しい

本記述のとおりである。

13.　エ　　　罰　　則

本問は、罰則（番号法48条以下）に関する理解を問うものである。

ア．正しい

番号法51条1項に規定されているとおりである。個人番号取扱者から不正な手段により個人番号を取得する行為のうち、特に悪質なものを処罰する趣旨である。

イ．正しい

番号法55条に規定されているとおりである。個人番号カードの不正取得によるなりすまし被害の発生を防止するためである。

ウ．正しい

刑罰の適用については、属地主義が原則であるが（刑法1条、8条）、これでは限界があるので、番号法にも、国外犯処罰規定が設けられている（番号法56条）。

エ．誤　り

番号法の両罰規定は、全ての罰則ではなく一部の罰則について設けられている（番号法57条）。

なお、両罰規定（番号法57条）とは、罰則が規定された各行為が法人等の業務として行われた場合においては、各行為者を処罰するだけではなく、法人等も処罰する規定のことであり、国外犯処罰（番号法56条）の規定とは、違反行為が日本国外において行われた場合であっても処罰する規定のことをいう。

Ⅱ. 個人情報保護の対策　解説

〈第5章〉

1．イ　　プライバシーガバナンス

　本問は、企業における「プライバシーガバナンス」についての理解を問うものである。

ア．該当しない

　企業等の越境個人データの保護に関して、APEC プライバシー原則への適合性を認証するシステムであり、APEC 域内において国境を越えて流通する個人情報に対する消費者や事業者などにおける信用を構築する仕組みは、「CBPRシステム」である。

イ．該当する

ウ．該当しない

　EU から転送された個人データの使用と処理、及び参加企業が、EU の市民に提供しなければならないアクセス及び紛争解決のメカニズムを管理する一連の要件を定義したものは、「プライバシーシールド原則」である。

エ．該当しない。

　プライバシー情報を扱うあらゆる側面において、プライバシー情報が適切に取り扱われる環境を、あらかじめ作り込もうというコンセプトである。その対象として、技術、ビジネス・プラクティス、物理設計の3つが想定されているのは、「PbD（プライバシーバイデザイン）」である。

2．ウ　　個人情報保護方針の策定

　本問は、基本方針の策定についての理解を問うものである。

　個人情報保護方針に関する記述は、次のとおりである。

PMSを推進するにあたり、経営者がPMSに関する考え方を組織に示し、リーダーシップを発揮するために、個人情報保護方針を策定し公表する。この個人情報保護方針は、プライバシーポリシーや**プライバシーステートメント**などと呼ばれる。

また、「個人情報保護法」において、個人情報保護方針に関する**規定はない**

が、個人情報保護方針をWebサイトなどで対外的に公表することによって、消費者との信頼関係を構築し、事業活動に対する社会の信頼を確保することにつながる。このため、プライバシーマーク制度の認定基準であるJIS Q 15001:2017では、個人情報保護方針の策定、実行・維持・文書化と内外への公表を<u>しなければならない</u>と示している。

3．イ　情報セキュリティ方針文書

本問は、情報セキュリティ方針文書についての理解を問うものである。

ア．適　切

本記述のとおりである。

イ．不適切

情報セキュリティ方針文書には、組織にとって特に重要なセキュリティの個別方針や原則、標準類及び順守の要求事項の簡潔な説明を記載する。その一つに、「情報セキュリティ方針群への違反に対する処置」がある。

なお、セキュリティ違反を犯した場合の違約金の請求額や損害賠償額を前もって定めることは、「労働基準法」第16条で禁止されているため、注意が必要である。

ウ．適　切

本記述のとおりである。

エ．適　切

本記述のとおりである。

4．ウ　情報セキュリティ関連の規範・規格

本問は、情報セキュリティ関連の規範や規格などについての理解を問うものである。

ア．正しい

本記述のとおりである。

イ．正しい

本記述のとおりである。

ウ．誤　り

　情報セキュリティマネジメントシステム（ISMS）に関する規格である JIS Q 27001:2014 は、<u>国際標準規格である ISO/IEC 27001</u> を翻訳して国内規格化したものであり、コンピュータシステムのセキュリティ対策だけではなく、トータルなセキュリティ管理体系の構築を要求している。

エ．正しい

　本記述のとおりである。

5．イ　　リスクマネジメント

　本問は、リスクについての理解を問うものである。

　リスクマネジメントに関する記述は、次のとおりである。

> 「リスクマネジメント」は、事業者の目的の達成に影響を与えるものすべてを「リスク」として、リスクを<u>特定</u>し、<u>分析、評価</u>するという手順で、リスクを効果的に運用管理するための枠組み及びプロセスである。
> 「リスクマネジメント」一般における「リスク」は、影響が好ましいか好ましくないかを問わない。これを、<u>投機的リスク</u>という。一方、「情報セキュリティマネジメント」における「リスク」は、好ましくないもの、つまり、組織に損害を与えるものを対象としている。これを、<u>純粋リスク</u>という。

6．ア　　リスクアセスメント

　本問は、リスクについての理解を問うものである。

　リスクアセスメントに関する記述は、次のとおりである。

> リスクアセスメントの実施にあたっては、「リスク<u>基準</u>」を確立することが必要である。また、リスク<u>基準</u>は企業が決めるものであるが、法規制の要求事項、利害関係者の見解、関連するコストなどに配慮しつつ、リスクレベルをどのように決定するか、リスクが<u>受容</u>可能になるレベルをどのように定めるかなどを考慮して決めることとなる。リスクレベルの評価・決定については、大まかにいえば、リスクにさらされる資産の価値、脅威の程度、ぜい弱性の程度のいずれかが増大すれば、リスクレベルが<u>高まる</u>といえる。

なお、リスク**基準**とは、リスクの重大性を評価するための目安とする条件であり、リスクの**受容**とは、リスク対応を実施せずにそのリスクを受け入れ、保有することである。

7．ウ　　STRIDE モデル

本問は、技術的脅威についての理解を問うものである。

STRIDE モデルに関する記述は、次のとおりである。

STRIDEモデルとは、マイクロソフト社が提唱した脅威分析手法の一つである。6つの技術的脅威のそれぞれの英単語の頭文字から構成されている。

その6つの脅威のうち、「**否認**」は、利用者がサービスの利用等の事実を否定することである。

また、「**漏えい**」は、アクセス権を持たない利用者に情報が公開されることである。

8．イ　　情報セキュリティの要素

本問は、情報セキュリティの要素についての理解を問うものである。

なお、JIS Q 27000:2019 において、「**信頼性**」は、システムやプロセスが矛盾なく動作し、一貫して動作することであると定義されている。

ア．該当しない

システムのログインパスワードを、複雑な内容で構成するのは、「**機密性**」を保持する具体例である。

イ．該当する

ウ．該当しない

アクセスログを取得し、データの閲覧や削除などの操作を誰が行ったかを特定できるようにするのは、「**責任追跡性**」を保持する具体例である。

エ．該当しない

入退管理システムを設置して、サーバ室などの特定のエリアへの入室制限を行うのは、「**機密性**」を保持する具体例である。

9．エ　　ソーシャルエンジニアリング

　本問は、人的脅威についての理解を問うものである。

　ソーシャルエンジニアリングとは、ネットワークに侵入するために必要となるパスワードなどの重要な情報を盗み出す手法であり、人間の心理的な隙をつくことによって行われる。ソーシャルエンジニアリングの手法の具体例として、パスワードや個人情報などを入力しているところを後ろから近づき、肩越しに画面をのぞき込み、表示されている情報を盗み出す（ショルダーハック）などが挙げられる。

　以上により、ソーシャルエンジニアリングの具体例に該当するのは肢エである。

〈第6章〉

1．ウ　　PMS

　本問は、PMSにおける組織体制についての理解を問うものである。

ア．不適切

　事業者における個人情報の取扱いを総括する部署は、設置することを義務付けられているのではなく、個人情報の取扱い状況を取りまとめる体制がとれていればよい。

イ．不適切

　事務局は、個人情報保護の推進に関する組織内の調整機関として設置する。

ウ．適　切

　本記述のとおりである。

エ．不適切

　個人情報保護監査責任者は、個人情報保護管理者を兼任してはならない。

2．ウ　　個人情報保護方針のトップマネジメント

　本問は、個人情報保護方針についての理解を問うものである。

　JIS Q 15001:2017における「個人情報保護方針」に関する記述は、次のとおりである。

トップマネジメントは、内部向け個人情報保護方針を文書化した情報には次の事項を含めなければならない。

- 事業の内容及び規模を考慮した適切な個人情報の取得、利用及び**提供**に関すること［特定された利用目的の達成に必要な範囲を超えた個人情報の取扱い（以下、"目的外利用"という。）を行わないこと及びそのための措置を講じることを含む。］。
- 個人情報の取扱いに関する法令、国が定める指針その他の規範を遵守すること。
- 個人情報の漏えい、滅失又はき損の防止及び是正に関すること。
- **苦情及び相談への対応**に関すること。
- 個人情報保護マネジメントシステムの継続的改善に関すること。
- トップマネジメントの氏名

トップマネジメントは、内部向け個人情報保護方針を文書化した情報を、組織内に伝達し、**必要に応じて、利害関係者が入手可能にする**ための措置を講じなければならない。

3．エ　規程文書の整備

本問は、規程文書の整備についての理解を問うものである。

ア．不適切

一般的に、内部規程は「**基本方針**」→「**対策基準**」→「**実施手順**」の順に**トップダウン型で作成する**。これらの規程文書は一冊にして全従業者が閲覧できるようにしておく必要はなく、従業者が必要な範囲で参照できればよい。

イ．不適切

「実施手順」は「**プロシージャ**」とも呼ばれ、実務上の手順や様式を具体的に定めるものであり、業務手順書や作業手順書などが該当する。これらの手順書は、**部門長レベルによって策定**する。

ウ．不適切

「対策基準」は「**スタンダード**」とも呼ばれ、「**基本方針**」に基づき、何を実施しなければならないかという組織のルールを具体的に記述するものであり、**就業規則や情報管理規程、文書管理規程、個人情報保護規程**などが該当する。

エ．適　切

　本記述のとおりである。

4．ア　　個人情報の特定・台帳管理

　本問は、個人情報の特定や台帳管理などについての理解を問うものである。

ア．不適切

　個人情報の取得・入力、移送・送信、利用・加工、保存・バックアップ、消去・廃棄までの段階ごとに、想定されるすべてのリスクの特定・分析、対応の検討は、一般的に、個人情報の特定（洗い出し）を終えた後に行う。

イ．適　切

　本記述のとおりである。

ウ．適　切

　本記述のとおりである。

エ．適　切

　本記述のとおりである。

5．エ　　組織的安全管理措置の手法

　本問は、個人情報の台帳管理などについての理解を問うものである。

　「個人情報保護法ガイドライン（通則編）」の「（別添）講ずべき安全管理措置の内容」では、組織的安全管理措置の手法の例として、「個人データの取扱いに係る規律に従った運用を確保するため、例えば次のような項目に関して、システムログその他の個人データの取扱いに係る記録の整備や業務日誌の作成等を通じて、個人データの取扱いの検証を可能とすることが考えられる」と示されている。

ア．正しい

　本記述のとおりである。

イ．正しい

　本記述のとおりである。

ウ．正しい

　本記述のとおりである。

エ．誤　り

「個人情報データベース等を情報システムで取り扱う場合、<u>担当者の情報システムの利用状況（ログイン実績、アクセスログ等）</u>」が適切である。

ここでは、「個人データの取扱いの検証を可能とすること」が目的となるため、担当者に関する情報は関連性が低く、担当者の職務経歴や保有資格などは、個人情報に該当する場合もあるため、必要のない個人情報は取得するべきではない。

６．イ　　情報セキュリティ監査

本問は、監査についての理解を問うものである。

情報セキュリティ監査に関する記述は、次のとおりである。

> ログ（履歴）は、セキュリティ事故が発生した際、原因を特定する手がかりになり、<u>トレーサビリティ</u>を確保するために重要となる。また、情報セキュリティにおける監査の際の<u>監査証跡</u>にもなる。
>
> ログは、正確に記録する仕組みを構築するだけでなく、定期的に分析して、異常がないかどうかを確認することが重要である。さらに、事故原因特定の手がかりや<u>監査証跡</u>となるものであるから、<u>完全性</u>を維持して保管する必要がある。

７．エ　　内部監査

本問は、内部監査についての理解を問うものである。

ア．適　切

本記述のとおりである。

イ．適　切

本記述のとおりである。

ウ．適　切

本記述のとおりである。

エ．不適切

監査証跡とは、操作内容や処理内容などを後から追跡できるように時系列に

記録したものである。監査証跡の具体例として、情報システム利用申請書や教育実施記録、入退室記録帳、システムの操作記録などがある。なお、セキュリティの観点から、アクセスした情報そのものを監査証跡に含めてはならない。

８．ア　　個人データの漏えい等の事故・苦情への対応

本問は、事故・苦情への対応についての理解を問うものである。

「個人データの漏えい等の事案が発生した場合等の対応について（平成 29 年個人情報保護委員会告示第 1 号）」における、漏えい等事案が発覚した場合に講ずべき措置の流れを示す図は、次のとおりである。

漏えい等事案の発覚

↓

①	【事業者内部における報告及び被害の拡大防止】 責任ある立場の者に直ちに報告するとともに、漏えい等事案による被害が発覚時よりも拡大しないよう必要な措置を講ずる。

↓

②	【事実関係の調査及び原因の究明】 漏えい等事案の事実関係の調査及び原因の究明に必要な措置を講ずる。

↓

③	【影響範囲の特定】 上記②で把握した事実関係による影響の範囲を特定する。

↓

④	【再発防止策の検討及び実施】 上記②の結果を踏まえ、漏えい等事案の再発防止策の検討及び実施に必要な措置を速やかに講ずる。

↓

⑤	【影響を受ける可能性のある本人への連絡】 漏えい等事案の内容等に応じて、二次被害の防止、類似事案の発生防止等の観点から、事実関係等について、影響を受ける可能性のある本人への連絡を速やかに行う。

↓

⑥ 【事実関係及び再発防止策等の公表】
漏えい等事案の内容等に応じて、二次被害の防止、類似事案の発生防止等の観点から、事実関係等について、**事実関係及び再発防止策等の公表**を速やかに行う。

〈第7章〉

1．イ　秘密保持契約

本問は、従業者の管理についての理解を問うものである。

秘密保持契約の事例（従業者が入社する際に提出させる「秘密保持に関する誓約書」の一部を抜粋したもの）に関する記述は、次のとおりである。

秘密保持に関する誓約書

この度、私は、貴社に採用されるにあたり、下記事項を遵守することを誓約いたします。

記

第1条（在職時の秘密保持）

貴社就業規則及び貴社情報管理規程を遵守し、次に示される貴社の秘密情報について、貴社の許可なく、不正に開示又は不正に使用しないことを約束いたします。

①製品開発に関する技術資料、製造原価及び販売における価格決定等の貴社製品に関する情報

②［中略］

第2条（秘密保持）

前条各号の秘密情報については、**貴社を退職した後においても、**不正に開示又は不正に使用しないことを約束いたします。**退職時に、貴社との間で秘密保持契約を締結することに同意いたします。**

第3条（損害賠償）

前2条に違反して、第1条各号の秘密情報を不正に開示又は不正に使用した場合、法的な責任を負担するものであることを確認し、これにより貴社が被った一切の被害を賠償することを約束いたします。

第4条（第三者の秘密情報）

1．［中略］

2．［中略］

第5条（第三者に対する守秘義務等の遵守）

貴社に入社する前に第三者に対して守秘義務又は競業避止義務を負っている場合は、必要な都度その旨を上司に報告し、当該守秘義務及び競業避止義務を守ることを約束いたします。

………　以下省略　………

　以上により、秘密保持条項として不適切な内容は、「第２条（秘密保持）」である。したがって正解は肢イとなる。

２．ウ　　退職者への対応

　本問は、退職者への対応についての理解を問うものである。

ア．適　切

　本記述のとおりである。

イ．適　切

　本記述のとおりである。

ウ．不適切

　退職後もユーザ ID・パスワードを有効にしておくと、不正アクセスの原因につながる。そのため、再雇用をする予定であっても、退職時にユーザ ID・パスワードは無効にすべきであり、再雇用した際に改めてユーザ ID・パスワードを発行すればよい。

エ．適　切

　本記述のとおりである。

３．エ　　従業者への教育

　本問は、従業者への個人情報保護や情報セキュリティに関する教育についての理解を問うものである。

ア．適　切

　本記述のとおりである。

イ．適　切

　本記述のとおりである。

ウ．適　切

　本記述のとおりである。

エ．不適切

　教育は、教育計画書に基づき、年に１回以上実施する。また、教育の実施形態については、ｅラーニングやビデオ、外部セミナー参加、講義形式やセミナー形式などから、組織の実状や教育内容に合った方法を選択する。

4．ア　業務委託契約

本問は、委託契約についての理解を問うものである。

業務委託契約の事例（個人情報を含む機密情報の取扱いをA社からB社に委託する際に取り交わす機密保持契約書の一部を抜粋したもの）に関する記述は、次のとおりである。なお、ここでの「甲」は委託元であるA社、「乙」は委託先であるB社となる。

第○条（機密保持）

1．乙は、本契約の履行にあたり、甲が機密である旨指定して開示する情報及び本契約の履行により生じる情報（以下「機密情報」という）を機密として取り扱い、甲の事前の書面による承諾なく第三者に開示してはならない。

　　　　　　………　　中略　　………

3．乙は、甲より開示された機密情報の管理につき、乙が保有する他の情報、物品等と明確に区別して管理するとともに、以下の事項を遵守する。

　　　　　　………　　中略　　………

(5) <u>甲の書面による承諾を得た場合</u>を除き、機密情報を複写、複製せず、また、機密情報を開示、漏えいしない。但し、政府機関又は裁判所の命令により要求された場合、その範囲で開示することができる。なお、その場合には、**甲にその旨を速やかに通知する**こと。

(6) 機密情報は本契約の目的の範囲でのみ使用する。

(7) 委託期間満了時または本契約の解除時、機密情報（(5)に基づく複写、複製を含む）を甲に返却、または自己で廃棄の上廃棄の証拠を甲に報告する。

(8) (7)にかかわらず、甲から返却または廃棄を求められたときは、機密情報（(5)に基づく複写、複製を含む）を甲に返却、または自己で廃棄の上廃棄の証拠を甲に報告する。

(9) 乙は、甲に対して、機密情報の以下の具体的管理状況を毎月月末に報告する。乙は、甲が乙の事務所における機密情報の管理状況を確認するために乙の事務所への立入検査を希望する場合には、当該検査に協力する。また、甲は乙に対して是正措置を求めることができ、乙はこれを実施するものとする。

①委託契約範囲外の加工、利用の禁止の遵守

②委託契約範囲外の複写、複製の禁止の遵守

---

③安全管理措置状況

　　　　　　　………　　以下省略　　………

　以上により、機密保持条項として不適切な内容は、(5) である。したがって正解は肢アとなる。

5．エ　　委託先の監督

　本問は、委託先の監督についての理解を問うものである。

　なお、JIS Q 15001:2017 の「委託先の監督」において、具体的事項が示されている。

ア．正しい

　本記述のとおりである。

イ．正しい

　本記述のとおりである。

ウ．正しい

　本記述のとおりである。

エ．誤　り

　委託を行う場合においては、委託者は、消費者など、本人の権利利益保護の観点から、事業内容の特性、規模及び実態に応じ、委託の有無、委託する事務の内容を明らかにするなど、委託処理の透明化を進めることが望ましい。

6．エ　　苦情及び相談の処理体制

　本問は、苦情及び相談の処理体制についての理解を問うものである。

　JIS Q 15001:2017 及び JIS Q 10002:2019 において、苦情及び相談の処理体制に関する事項が具体的に示されている。

ア．正しい

　本記述のとおりである (JIS Q 15001:2017)。

イ．正しい

　本記述のとおりである (JIS Q 15001:2017)。

ウ．正しい

本記述のとおりである（JIS Q 10002:2019）。

エ．誤 り

苦情申出者、苦情の対象となった要員、又は組織に対して、いかなる偏った処遇も避けるようにする。苦情の対象となった要員を、偏った処遇から保護するように、プロセスを設計することが望ましい。**責任をとらせることではなく、問題の解決に、重点を置く**のがよい。苦情対応の要員について苦情が申し立てられた場合は、その調査は独立して行うのがよい（JIS Q 10002:2019）。

7．イ　苦情・違反・事故への対応

本問は、違反・事故に対する組織体制についての理解を問うものである。

ア．適 切

本記述のとおりである。

イ．不適切

上司が規定に違反しているケースも考えられるため、情報管理責任者や事務局に直接報告する手段を設けるなど、**報告の経路は複線化すべき**である。

ウ．適 切

本記述のとおりである。

エ．適 切

本記述のとおりである。

〈第8章〉

1．イ　入退出管理

本問は、入退室管理などについての理解を問うものである。

ア．適 切

本記述のとおりである。

イ．不適切

非常口は**内部**から施錠し、通用口や廊下、執務室等には監視カメラ設置して、常時録画する。また、監視カメラを作動させる場合は、**「警備中」**や**「監視カメラ作動中」**などと掲示することにより、**抑止効果を高める**ようにする。

　なお、監視カメラの映像については、個人情報に該当する場合があるため、取扱いに注意が必要となり、モニタリングとして監視カメラを作動させる場合は、その目的をあらかじめ明示しなければならない。

ウ．適　切

　本記述のとおりである。

エ．適　切

　本記述のとおりである。

２．エ　　入退管理の認証システム

　本問は、入退管理についての理解を問うものである。

　入退管理などに用いる認証装置の方式とその概要を示した表は、次のとおりである。

方式	概要
バイオメトリクス認証	身体的特徴や行動的特徴を識別手段として利用した本人認証の方式であり、IC カードやパスワード認証などと組み合わせて利用することが多い。認証媒体を持ち歩く必要はない。
IC カード	カードに IC チップを内蔵し、赤外線や電波などを利用して認証情報を読み取る方式である。磁気カードのような接触不良が発生しにくく、スキミングや偽造のリスクが少ない。
磁気カード	カードリーダーに通して、認証情報を読み取る方式であり、磁気カードと暗証番号の組合せで判断するのが一般的である。接触不良の問題や偽造などのリスクがある。

３．ウ　　ピギーバック

　本問は、入退室管理システムについての理解を問うものである。

　「ピギーバック」は共連れ侵入とも呼ばれ、１人の認証で複数人が出入りすることである。

　「ピギーバック」への対策として、入室時に正しく認証されていない（入室履歴がない）場合は、退室時の認証が許可されないという仕組みの「アンチパス

バック」を導入する。

　以上により、「ピギーバック」への対策として有効となるのは、肢ウである。

４．ウ　　USBキー

　本問は、セキュリティ対策用のデバイスの一つであるUSBキーについての理解を問うものである。

ア．適　切

　本記述のとおりである。

イ．適　切

　本記述のとおりである。

ウ．不適切

　業務に使用するUSBキーを紛失したり盗難に遭った際、再発行の手順として、管理者がワンタイムパスワードを発行して、それを使って本人(所有者)がロックを解除する方法などがある。

　この場合は、ワンタイムパスワードの発行・認証に時間を要することもあり、ネットワークアクセスのための個人認証機能を有していた場合は、その認証を一時停止する必要もあるため、作業の即時再開をすることは難しくなる。

エ．適　切

　本記述のとおりである。

５．エ　　事業継続

　本問は、事業継続についての理解を問うものである。

　内閣府の「事業継続ガイドライン」の「方針の策定」及び「分析・検討」において、BCM(事業継続管理)及びBCP(事業継続計画)に関し、具体的事項が示されている。

ア．正しい

　本記述のとおりである。

イ．正しい

　本記述のとおりである。

ウ．正しい

本記述のとおりである。

エ．誤　り

BCP策定においては、事業影響度分析（BIA）を行うことにより、企業・組織として優先的に継続または早期復旧を必要とする重要業務を慎重に選び、当該業務をいつまでに復旧させるかの目標復旧時間等を検討するとともに、それを実現するために必要な経営資源を特定する必要がある。

６．エ　　情報漏えい等の物理的対策

本問は、物理的対策についての理解を問うものである。

経済産業省が策定した「秘密情報の保護ハンドブック」の「具体的な情報漏えい対策例」において、物理的対策に関し、具体的事項が示されている。

ア．正しい

本記述のとおりである。

イ．正しい

本記述のとおりである。

ウ．正しい

本記述のとおりである。

エ．誤　り

秘密情報が記録された書類・電子媒体が保管された書庫や区域など、秘密情報の不正な取得や複製の現場となり得る場所に防犯カメラを設置して、情報漏えい行為を行おうとする者に「見られている」という認識を持たせるようにする。また、見えやすいところに防犯カメラを設置するとともに、そのそばに「防犯カメラ作動中」といった掲示をする。この掲示は、従業員等が知らない間に撮影されていたということがないようにする意味でも重要であり、情報漏えい行為が目につきやすい状況を作り出す対策にもつながる。

７．ウ　　携帯可能端末・記録媒体などへの対策

本問は、業務で使用する携帯可能な端末や記録媒体などへの対策についての理解を問うものである。

ア．適　切

　本記述のとおりである。

イ．適　切

　本記述のとおりである。

ウ．不適切

　USB メモリを接続する可能性のあるコンピュータは、**オートラン機能を無効**にし、USB メモリを接続した際は、ファイルを開く前に必ず不正プログラムのチェックを行うようにする。

　なお、ここでのオートラン機能とは、USB メモリを USB 端子に接続した際、ファイルが自動的に実行される Windows の機能であり、自動実行機能とも呼ばれる。これを無効にすることによって、USB メモリを媒介とするマルウェアの感染を防ぐようにする。

エ．適　切

　本記述のとおりである。

8．エ　　システム障害対策

　本問は、災害やシステム障害についての理解を問うものである。

　システム障害に関する記述は、次のとおりである。

災害に備えるためのバックアップの手法として、「二重化」がある。二重化は、システムの**可用性**を維持するための対策であるといえ、二重化の方式には、**デュアル**システムと**デュプレックス**システムがある。

デュアルシステムは、同じ処理を行う二系統を同時に稼働・運用する方式であり、どちらかのシステムに障害が発生したときには、他方のシステムで処理を継続する方式である。処理結果を相互に照合、または比較することで、高い信頼性を得ることができる。

一方、**デュプレックス**システムは、待機冗長化方式とも呼ばれ、3 つのスタンバイ方式がある。そのうちの一つである**ホット**スタンバイは、待機系に現用系のオンライン処理プログラムをロードして待機させておき、現用系に障害が発生した場合に即時に待機系に切り替えて処理を続行する方式である。

９．ウ　　事業継続

本問は、事業継続についての理解を問うものである。

ア．不適切

BCP は、地震などの自然災害や大規模なシステム障害、テロ攻撃などの緊急事態に企業が遭遇した場合において、損害を最小限に抑え、基幹となる事業の継続や早期復旧を図るために、平常時に行うべき活動や、緊急時における対応等を取り決めておく計画である。

イ．不適切

BCM は、BCP を策定して対策を実施するとともに、BCP を企業内に普及啓発し、BCP の点検と継続的な改善を行う平常時からのマネジメント活動である。

ウ．適　切

本記述のとおりである。

エ．不適切

BCM は、経営レベルの戦略的活動として位置付けられる。また、経営者は、事業内容や事業規模、資金力、人的余裕などを考慮して、自社にとって適切と思われる BCM を採用する。

〈第9章〉

１．ウ　　シングルサインオン

本問は、「シングルサインオン」についての理解を問うものである。

ア．該当しない

インターネット接続やオンラインサービスなどを利用する際、あらかじめ端末に記憶されているユーザ ID・パスワードを用いて、自動的にログインすることは、「オートログイン」である。

イ．該当しない

管理者である root だけがシステムにアクセスすることができる、メンテナンスなどの管理上重要な操作を行う際に利用される特殊なモードは、「シングルユーザモード」である。

ウ．該当する

エ．該当しない

クライアントに入力したパスワードと、サーバから送られたランダムなデータとをクライアント側で演算し、その結果をサーバに送信して認証用データに用いる認証方式は、「**チャレンジレスポンス認証**」である。

2．ア　不正ログイン

本問は、システムへの攻撃についての理解を問うものである。

不正ログインに関する記述は、次のとおりである。

インターネットサービスに対して不正ログインが行われた場合、顧客情報やサービス利用者の個人情報などが窃取されたり、不正に操作されるなどの被害が発生する。不正ログインの手口として、フィッシングや標的型攻撃によって不正に取得したユーザID・パスワードを用いたり、別のサービスやシステムから流出したアカウント情報を用いてログインを試みる**パスワードリスト**攻撃などがある。

これらに対する利用者側の対策として、添付ファイルを安易に開いたり、メールに記載されているURLを安易にクリックしないことや、**パスワードを使いまわさない**ことなどが挙げられる。また、サービスを提供する側の対策として、利用履歴を確認できる機能を提供したり、**リスクベース認証**を採用することなどが挙げられる。**リスクベース認証**とは、アクセスログなどからユーザの行動パターンやWebブラウザなどの情報を分析し、ログイン時の状況がいつもと異なっていた場合は、追加の質問などによって、より厳格に本人認証を行う仕組みである。

3．ア　暗号化技術

本問は、暗号化技術についての理解を問うものである。

ア．不適切

暗号鍵とは、データの暗号化や復号の際に用いられる一定の規則のことであり、暗号鍵のデータ量を「鍵長」といい、一般的にはビット数で表している。鍵

長が**大きい**ほど暗号強度が高くなるが、暗号化処理の時間が長くなる。

イ．適　切

　本記述のとおりである。

ウ．適　切

　本記述のとおりである。

エ．適　切

　本記述のとおりである。

4．ア　　暗号化技術

　本問は、暗号化技術についての解を問うものである。

ア．不適切

　公開鍵暗号方式は、暗号化と復号に異なる鍵を使用する方式であり、公開鍵を用いた暗号の代表的なものとして、「RSA暗号」や「楕円曲線暗号」が挙げられる。

イ．適　切

　本記述のとおりである。

ウ．適　切

　本記述のとおりである。

エ．適　切

　本記述のとおりである。

5．エ　　否認防止

　本問は、認証技術についての理解を問うものである。

　次の文章の「否認防止」の技術に該当するのは、**デジタル署名**である。

> JIS Q 27000:2019において、「否認防止」は、主張された事象又は処置の発生、及びそれらを引き起こしたエンティティを証明する能力と定義されている。具体的には、システムの利用や操作、データの送信などを行った場合、それを行った本人が後から否定できないようにすること、後になって否認されないように証明することである。

「デジタル署名」は、電子文書に対する電子的な署名であり、次の2要件を充たす必要がある。

①電子文書の作成者を示すために行われたものであること

②作成された電子文書に対する改ざんが行われていないことを確認できるものであること

つまり、「デジタル署名」では、①の本人認証と②のメッセージ認証の機能によって、電子文書の正当性を保証することができることとなる。

また、「否認防止」は、後から否定されないように証明しておくことであるので、例えば、デジタル署名を用いることにより、メール送信に関して、送信側がデータを作成・送信したことを否定できないようにすることができる。

6. イ　本人認証

本問は、認証技術についての理解を問うものである。

本人認証とその技術に関する記述は、次のとおりである。

> 本人認証とは、何らかのサービスを提供する側が、サービスの提供を求める資格を持つと主張する者の本人性を確認することである。情報システムにおける本人認証は、「主体認証」や「エンティティ認証」などともいわれる。
>
> 主体認証にはいくつかの方法があるが、その代表的な方法として、次の3つが挙げられる。
>
> ・知識による方法：暗証番号やパスワードなど、本人のみが知りうる情報を提示する方法
>
> ・所有による方法：ICカードやワンタイムパスワード用の<u>トークン</u>など、本人のみが所有する機器などを介して検証する方法
>
> ・生体情報による方法：指紋や虹彩、静脈などの生体的特徴により検証する方法
>
> また、オンラインサービスでは、これらを組み合わせる「<u>2要素認証</u>」も多く採用されている。

「2要素認証」は、2ファクタ認証とも呼ばれ、2FA と略す場合もある。

７．ウ　　公開鍵暗号基盤

　本問は、暗号化技術などについての理解を問うものである。

　公開鍵暗号基盤などに関する記述は、次のとおりである。

> 公開鍵暗号基盤は**PKI**とも呼ばれ、公開鍵暗号技術と電子署名の機能を使って、インターネット上の安全な通信を実現するための技術基盤である。**PKI**は、様々な場面で活用されていて、その一つに「電子証明書」がある。「電子証明書」とは、信頼できる第三者である「**認証局**」によって、間違いなく本人であることを証明するものであり、書面取引における印鑑証明書に代わるものといえる。
>
> 電子証明書の利用の一例として、マイナンバーカードが挙げられる。マイナンバーカードには、「署名用電子証明書」と「利用者証明用電子証明書」の2種類が記録されている。「署名用電子証明書」は、e-Taxなどの電子申請の際、インターネットなどで電子文書を作成・送信する際に利用する。これによって、作成・送信した電子文書が、利用者が作成した**真正な**ものであり、利用者が送信したものであることを証明することができる。

８．エ　　パケットフィルタリング

　本問は、不正アクセスへの対策についての理解を問うものである。

　不正アクセスへの対策の技術に関する記述は、次のとおりである。

> **パケットフィルタリング**とは、ファイアウォールや**ルータ**が備えている機能の一つであり、通過する**パケット**のヘッダを検査して設定された条件と比較し、条件と合う**パケット**だけを通過させる、あるいは条件に合う**パケット**を遮断する。**パケットフィルタリング**は、簡便なセキュリティ技術として広く用いられ、**ルータ**の多くはこの機能を備えている。
>
> **ルータ**は、ネットワーク間を相互接続する通信機器である。**ルータ**の機能は、ネットワーク間の通信を可能にすることが基本であるが、セキュリティの見地から、**パケットフィルタリング**などの様々な機能が搭載されている。

9．イ　　不正アクセスへの対策

本問は、不正アクセスへの対策についての理解を問うものである。

不正アクセスへの対策の技術とその概要を示した表は、次のとおりである。

技術	概要
RADIUS	ネットワーク上でユーザの認証や権限の付与、利用状況の記録などを行うための通信プロトコルである。リモートアクセスサービスの認証情報の一元的な管理や、無線LANの認証サービスなどにも利用されている。
IDS	侵入検知システムとも呼ばれ、ネットワークやホストをリアルタイムで監視し、不正アクセスの兆候を検知すると、ネットワーク管理者に通報する機能を持つソフトウェアまたはハードウェアである。
メッセージ認証	ネットワークを通じて伝送されたメッセージが改ざんされていないかを確認する技術である。メッセージ認証を行うために、メッセージに添付して送られる短いメッセージをMACといい、MACはメッセージ認証コードとも呼ばれる。

10．ア　　マルウェア

本問は、マルウェアについての理解を問うものである。

ア．不適切

ネットワークを通じて、自分自身のコピーを拡散させ、他のコンピュータに感染することを目的とした不正プログラムは、ワームである。自己増殖する点では、狭義のコンピュータウイルスと同じだが、単独で動作でき、感染対象となるプログラムを要しない。

なお、トロイの木馬とは、一見無害なプログラムを装ってインストールされ、利用者の知らないうちにバックドアを作成したり、セキュリティ侵害をするプログラムの総称である。一般的に自己増殖機能はもたず、他のコンピュータに感染しない。

イ．適　切

本記述のとおりである。

ウ．適　切

本記述のとおりである。

エ．適　切

本記述のとおりである。

11．エ　　システムへの攻撃

本問は、システムへの攻撃についての理解を問うものである。

ア．適　切

本記述のとおりである。

イ．適　切

本記述のとおりである。

ウ．適　切

本記述のとおりである。

エ．不適切

ユーザを視覚的にだまして正常に見える Web ページのコンテンツをクリックさせ、別の Web ページのコンテンツをクリックさせる手法は、**クリックジャッキング**である。これによって、意図せずに情報を登録させられ、個人情報を詐取される場合もある。

なお、SEO ポイズニングとは、検索エンジンの最適化機能を悪用し、不正プログラムなどが含まれる悪質な Web サイトを、検索結果の上位に表示させることである。

12．イ　　ESSID

本問は、無線 LAN についての理解を問うものである。

無線 LAN のセキュリティに関する記述は、次のとおりである。

> ESSID とは、無線 LAN におけるアクセスポイントを指定する識別子の機能を、複数のアクセスポイントを設置したネットワークでも使えるように拡張したものである。アクセスポイントと各端末に ESSID を設定して、同じ ESSID を設定した機器だけを接続させることにより、混信を避けることがで

きる。ただし、セキュリティ対策としてはぜい弱であるため、**ステルス機能**の有効化や**ANY接続**拒否などの対策を行う必要がある。

ステルス機能は、アクセスポイントが自身の**ESSID**を知らせるために発信するビーコン信号を停止して、アクセスポイントの存在を知らせないようにするための機能である。また、**ANY接続**拒否とは、アクセスポイントで、**ESSID**が**ANY**または**空欄**の設定になっている端末を拒否する対策である。この接続を拒否することで、不特定端末からの接続を禁止することができる。

13. イ　不正アクセスへの対策

本問は、不正アクセス対策についての理解を問うものである。

ア．適　切

本記述のとおりである。

イ．不適切

IEEE 802.1X は、IEEE 802.11b などの無線 LAN に対応しているが、**有線LAN にも対応している**。

ウ．適　切

本記述のとおりである。

エ．適　切

本記述のとおりである。

14．エ　　15．ウ　　16．ア　　コンピュータに対する脅威

　本問は、様々な脅威についての理解を問うものである。

【98 ～ 100 の解答群】

ア．**ランサムウェア**とは、身代金要求型ウイルスとも呼ばれ、感染したコンピュータに制限をかけ、その制限の解除と引き替えに金銭（身代金）を要求する不正プログラムである。制限をかける対象によって、コンピュータに保存しているファイルを暗号化する「ファイル暗号化型」と、コンピュータの操作ができないようにロックをかける「端末ロック型」に大別することができる。

イ．**ルートキット**とは、攻撃者がコンピュータに侵入した後に利用するためのソフトウェアをまとめたツール一式であり、攻撃対象のコンピュータに侵入・感染し、ウイルス対策ソフトなどのセキュリティツールによって検知されにくいように設計されている。ログを改ざんするツールやバックドアを作成するツール、改ざんされたシステムコマンド群、パスワード盗用ツール、オンラインバンキングの情報を盗み出すモジュールなどが含まれている。

ウ．**Hoax**とは、実在しない嘘の不正プログラムの情報（デマ情報）、あるいはそのような情報を記載しているメール（デママール）のことであり、近年の不正プログラムによる被害の拡大に乗じて、チェーンメールの効果を狙ったものである。例えば、「ウイルスについての最新重要情報をなるべく多くの人に知らせてください」という内容をメールで拡散し、これを受け取った人は、善意の気持ちから次々とこの情報を転送してしまう。

エ．**トロイの木馬**とは、一見無害なプログラムを装ってインストールされたうえで、利用者の知らないうちに遠隔操作のためのバックドアをコンピュータの中に作成したり、セキュリティ侵害をするプログラムの総称である。原則として自己複製をすることがないため、感染したコンピュータから他のコンピュータに侵入し感染することはなく、単独で動作でき、寄生対象となるプログラムは要しない。特定のコンピュータに密かに感染して長く滞在することで、不正な活動を行う。